문학사를 움직인 100인

국립중앙도서관 출판시도서목록(CIP)

국립중앙도서관 출판예정도서목록(CIP)

문학사를 움직인 100인 / 엮은이: 이한이. -- 파주 : 청아출판사, 2014
p. ; cm

ISBN 978-89-368-1064-1 03900 : ₩29000

문학사(역사)[文學史]

809-KDC5
809-DDC21 CIP2014036762

문학사를 움직인 100인

초판 1쇄 인쇄 · 2014. 12. 24.
초판 1쇄 발행 · 2014. 12. 31.

엮은이 · 이한이
발행인 · 이상용
발행처 · 청아출판사
출판등록 · 1979. 11. 13. 제9-84호
주소 · 경기도 파주시 광인사길 111
대표전화 · 031-955-6031 팩시밀리 · 031-955-6036
E-mail · chungabook@naver.com

ISBN 978-89-368-1064-1 03900

* 값은 뒤표지에 있습니다.
* 잘못된 책은 구입한 서점에서 바꾸어 드립니다.
* 본 도서에 대한 문의사항은 이메일을 통해 주십시오.
* 이 책에 사용된 사진 자료 중 일부는 저작권자를 찾지 못했습니다. 저작권자가 확인되는 대로 정식 허가 절차를 진행하겠습니다.

문학사를 움직인 100인

| 호메로스부터 마르케스까지 문학의 역사를 만든 사람들 |

이한이 엮음 | **이혜경** 감수

청아출판사

서문

케이블 텔레비전과 컴퓨터, 스마트폰 등을 통해 놀 거리가 다양해진 지금, 국내 1인당 연간 독서량이 2권도 되지 않을 정도로 책은 외면받고 있다. 그럼에도 1990년대 후반부터 지금까지 많은 국내 출판사들은 세계문학전집 출간에 힘을 기울이고 있고, 이 책들은 스테디셀러로 자리 잡을 만큼 독자들에게 꾸준히 사랑받고 있다.

본격적으로 문학 고전을 읽어 나가기로 결심하면, 대개는 익히 들어왔지만 통독해 본 적은 없는 작품이나 그런 작가의 작품을 먼저 읽기 시작한다. 그렇게 몇 권을 읽다 보면 작가나 작품에 관한 취향도 생기고, 다음으로 어떤 책을 읽을지 고민하게 된다. 때로는 취향이 아닌 작품에 대해 '고전이고 명작인데 나는 왜 이 작품에서 감동이 느껴지지 않을까?' 하고 고민도 한다. 하지만 같은 작품이라도 각자의 인생 경험에 따라, 각자가 놓인 인생 단계에 따라, 취향에 따라 느끼는 바와 정도가 모두 다른 것은 당연하다. 때문에 누군가가 추천해 준 책이라도, 고전이고 명작이라도 무조건 내게 많은 감동과 재미를 안겨 주는 것은 아니다.

이런 고민을 해결하고자 우리들은 고전 해설이나 요약이 된 책 혹은 독서 일기 유의 책을 통해 도움을 받곤 한다. 이 책 역시 그런 일환으로 쓰였다. 다만 이 책에서는 작품에 대한 단편적인 지식을 전달하기보다는, '문학'이라는 예술 양식이 탄생한 이후부터 오늘날에 이르기까지 주요 변화의 단계에 자리하고 있는 문학가들을 다룸으로써 조금 더 큰 그림을 그릴 수 있게 하고자 노력했다. 전 세계 문학사상과 문화 전반에 큰 영향을 끼친 소설가, 시인, 극작가, 수필가 등 100명의 문학가를 다루면서, 크게는 문학 발전의 흐름, 작게는 작가의 인생과 해당 작품을 쓰게 된 배경 등 작품을 해석하는 다양한 도구를 제시하고자 했다.

물론 이 책에서 별처럼 많은 세계 문학사의 거장과 위대한 작품들을 모두 다루기는 불가능했다. 따라서 문학사적으로 큰 성취를 이룬 작가들, 특정 사조나 사상의 비조鼻祖가 되는 인물을 중심으로, 영미 문화권이나 특정 사조, 분야에 치중하지 않고 문학의 다양성이 드러나도록 노력했다. 특히 아동 문학, 추리소설, SF 등 오늘날 하나의 문학 장르로 자리 잡았으나 많은 문학 관련 책들에서 다루지 않는 분야의 작가들도 소개한다. 따라서 이 책에서는 '작가의 작가'라 불리는 호메로스, 셰익스피어, 톨스토이, 도스토옙스키 등은 물론, H. G. 웰스, 안데르센, 애거서 크리스티, 아이작 아시모프 등 다양한 문학적 성취를 이룬 작가들도 다루었다. 또한 문학사적 성취를 당장 평가하기 어려운 현대 작가들은 국내에 많이 알려진 문학가 중 노벨 문학상을 수상한 작가들을 중심으로 선정하였음을 밝힌다. 그런 한편 세계 문학사의 흐름과 한국 문학의 발전사를 비교해 볼 수 있도록 〈이 시기의 한국 문학가와 작품〉이라는 별면도 구성하였다.

오랜 세월 문학사에 자리 잡고 있는 작가뿐만 아니라 평소 잘 접하지 못하는 국가의 작가들, 하위문화로 취급받는 문학 분야의 작가들까지 다룬 이 책을 통해 독자 여러분이 세계 문학에 대해 조금 더 다양하게 이해하실 수 있기를 바란다.

2014년 12월

엮은이 이한이

차례

16세기까지

17세기~18세기

19세기

20세기 이후

〈일러두기〉

1. 이 책에 실린 문학가들은 생년을 기준으로 배치하였으며, 장 구분 역시 세기를 기준으로 하였다.
2. 인명, 지명, 작품명 등은 대부분 국내에서 통용되는 이름으로 표기하였다. 단 번역상 같은 제목의 작품이라도 작품이 발표된 나라, 작가가 주로 활동한 나라에 따라 그 나라의 현지 발음으로 표기한 경우가 있으며, 일부 제목은 이해를 돕기 위해 번역하여 수록하였다.

생 년

B.C. ?
호메로스

B.C. 496?
소포클레스

B.C. 43
오비디우스

712
두보

973?
무라사키 시키부

1265?
단테 알리기에리

1304
프란체스코 페트라르카

1313
조반니 보카치오

B.C. 1200?
트로이 전쟁

B.C. 468
소포클레스,
〈트립톨레모스〉로 화려하게 데뷔

A.D. 8
오비디우스,
로마 제국에서 추방

751
두보,
집현원대제로 출사

1006
무라사키,
《무라사키 시키부 일기》 집필

1302
단테,
피렌체에서 추방

1321
단테,
《신곡》 완성

사 건

16세기까지

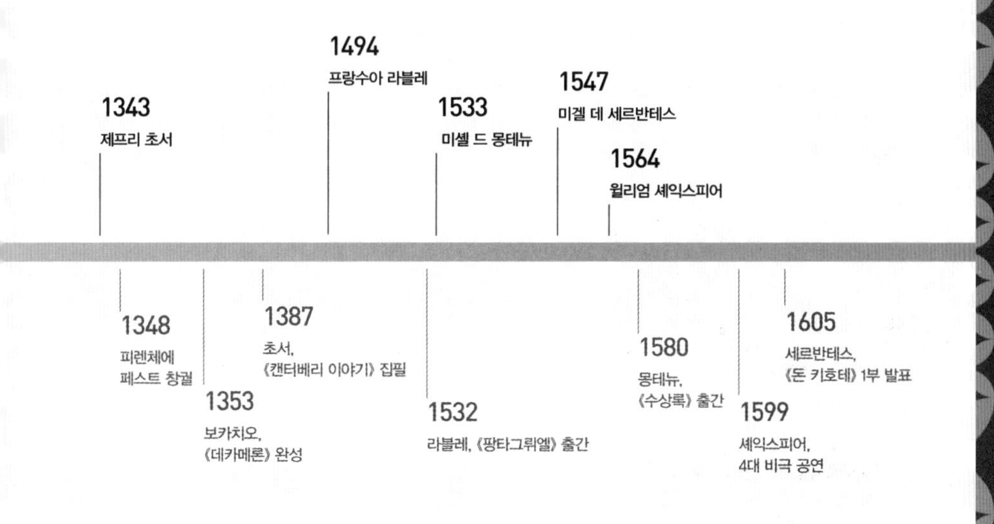
1494
프랑수아 라블레
1343
제프리 초서
1533
미셸 드 몽테뉴
1547
미겔 데 세르반테스
1564
윌리엄 셰익스피어
1348
피렌체에
페스트 창궐
1387
초서,
《캔터베리 이야기》 집필
1353
보카치오,
《데카메론》 완성
1532
라블레, 《팡타그뤼엘》 출간
1580
몽테뉴,
《수상록》 출간
1605
세르반테스,
《돈 키호테》 1부 발표
1599
셰익스피어,
4대 비극 공연

001

눈먼 음유시인

호메로스

Homeros(?~?)

| 그리스
| 유럽 문학의 효시인 《일리아스》와 《오디세이아》의 작가로 여겨지나, 그의 실존 여부는 확실하지 않다.
| 《일리아스》, 《오디세이아》 등

호메로스

호메로스는 고대 그리스의 시인으로, 유럽 최고最古의 문학 작품이자 유럽 문학의 효시로 일컬어지는 《일리아스》와 《오디세이아》의 작가로 알려져 있다. 이 두 작품은 서구에서 문자로 기록된 최초의 문학 작품이자, 그리스 문화의 원형이며 서양 정신의 출발점으로 여겨진다.

호메로스에 대해서는 알려진 바가 거의 없다. 실존 여부조차도 확증이 없다. 그의 생애에 대해 알려진 이야기들은 대개 그의 시에서 스스로를 언급한 것으로 여겨지는 몇 가지 단서들을 통해 유추한 것들이다. 예컨대 오늘날 그에 대해 알려진 것 중 가장 유명한 이미지는 맹인이었다는 것인데, 이는《오디세이아》에서 트로이 전쟁을 노래한 음유시인 데모도코스가 눈먼 시인으로 묘사된 데서 비롯한 것이다.

호메로스가 실제로 존재했다는 역사적인 증거는 거의 없다. 여기에다《일리아스》나《오디세이아》가 작품의 내적 연관성이 결여되어 있다는 점에서 한 사람이 썼다고 보기 어렵다는 입장, 두 작품의 작가가 동일인인지조차 의문시하는 입장도 있다. 따라서 호메로스는 한 명이 아니라 당시 고대 그리스의 음유시인들을 통칭하여 부른 명칭이라는 주장도 있다. 호메로스의 출신지로 추정되는 곳 역시 일곱 군데나 된다. 이런 호메로스 논쟁은 아직까지도 계속되고 있으며, 만족스럽게 밝혀진 바가 거의 없다. 오늘날에는 호메로스라는 한 명의 시인이 그때까지 구전되던 서사시들을 이어 붙여《일리아스》와《오디세이아》라는 하나의 서사시로 완성시켰다는 시각이 일반적으로 통용된다.

호메로스에 대한 기록은 고대부터 몇 편이 전해진다. 그중 가장 유명한 것은 고대 그리스의 역사가 헤로도토스(기원전 499~기원전 479)의 기록으로, 그는 호메로스가 자신보다 약 400년 전인 기원전 850년경 살았다고 한다. 시를 짓고 낭송하며 각지를 떠돌아다니는 고독한 음유시인의 이미지 또한 헤로도토스로부터 비롯된 것이라 할 수 있다. 여기에《일리아스》가 기원전 8세기 중반,《오디세이아》가 그로부터 약 반 세기 후쯤 완성되었다고 추정되면서, 호메로스는 대략 기원전 8세기경에 활동한 인물로 여겨진다. 그런 한편 올림피아 유적, 일리온 유적 등을 발굴한 빌헬름 되르펠트는 호메로스가 트로이 전쟁 전후인 기원전 1200년경의 사람이라고 보기도 한다.

6세기 초 그리스에서 발행된 《일리아스》의 한 페이지

호메로스의 출신지에 관해서도 의견이 분분하다. 두 서사시가 이오니아 방언으로 쓰인 점으로 미루어 소아시아 이오니아 지방으로 추정하지만, 정확한 지역은 밝혀지지 않았다.

실존 자체가 의문시되고 있다 해도, 호메로스는 고대 그리스 시기부터 시인의 대명사로 여겨지면서 'The Poet'으로 불렸다. 호메로스라는 이름은 서양 문학사를 통틀어 최고의 자리에 놓여 있으며, 그의 두 작품 《일리아스》와 《오디세이아》는 서양 문학의 효시로 여겨진다. 이 두 작품이 비록 호메로스의 창작이 아니라고 해도 호메로스의 위상에는 전혀 영향을 미치지 않는다. 소재에 있어서는 구전되던 서사시들이었다 할지라도, 호메로스가 이들을 통합하고 다룬 솜씨, 이 작품들에서 드러나는 인간 본성에 대한 통찰, 플롯, 은유법, 시적 감수성, 수사학적인 연설 등은 왜 그를 서양 문학사상 최고의 시인으로 꼽아야 하는지를 알려 주기 때문이다.

《일리아스》는 흔히 우리가 '트로이 전쟁'이라고 일컫는 10년간의 전쟁 중 마지막 51일 동안 일어나는 일들을 노래한 영웅서사시이다. 일리아스는 '일리온에 관한 이야기'라는 뜻이며, 일리온은 소아시아 서북부에 있는 트로이를 가리킨다. 무려 1만 5,693행, 24권으로 이루어진 방대한 양을 자랑한다.

트로이 전쟁은 스파르타 왕 메넬라오스의 왕비인 헬레네를 트로이의 왕자 파리스가 유혹해 데리고 가면서 촉발된 사건이다. 신화에서는 아테나, 헤라, 아프로디테 세 여신이 미美의 경쟁을 벌일 때 파리스를 심판관으로 삼았고, 파리스는 자신에게 절세미녀인 헬레네를 주겠다고 약속한 아프로디테의 손을 들어주었다고 한다. 이것이 '파리스의 심판' 일화이다. 이에 분노한 메넬라오스가 왕비를 되찾고 손상된 명예를 회복하고자 아가멤논을 총 사령관으로 삼고 그리스군을 편성하여 트로이를 공격하지만, 전쟁은 10년간 지지부진하게 이어진다. 10년째 되던 해 아가멤논이 아폴론 신의 사제 크리세스의 딸 크리세이스에게 반해 그녀를 데려오면서 아폴론 신의 재앙이 내린다. 이에 그리스의 장군 아킬레우스가 크리세이스를 떠나보내는 방책을 강구하자, 아가멤논은 그 보복으로 아킬레우스가 사랑하던 브리세이스를 빼앗는다. 분노한 아킬레우스가 이 전쟁에 더는 개입하지 않기로 하면서부터 이야기는 시작된다. 트로이 전쟁에 있어 앞선 9년간에 대해서는 알려진 것이 거의 없으며, '파리스의 심판'이라는 신화와 '트로이 목마' 공방전으로 알려진 마지막 50여 일간의 이야기가 이 오랜 전쟁의 거의 유일한 이야깃거리라 할 수 있다.

이 작품의 주제는 '아킬레우스의 분노'로 축약된다. 호메로스는 인간의 본성과 감정에 대한 전무후무한 통찰력을 드러내며, 어떻게 해야 독자들의 감동을 이끌어 내고 공감을 유도할 수 있는지 알았던 최초의 작가였다. 그는 전쟁이라는 소재를 통해 다양한 인간성을 묘사했다. 그리고 독자들이 이와 관련된 여러 감정들을 느낄 수 있도록 아킬레우스 한 사람의 고통과 분노에 이야기를 집중시켰다. 이로써 다양하고 방대한 일화들이 아킬레우스의 고뇌라는 장치를 통해 산만하지 않게 결합되었다. 아킬레우스가 전쟁에 다시 개입하는 이유 역시 친구 파트로클로스가 트로이의 장수 헥토르에게 살해된 것을 알고 분노를 품었기 때문이었다. 이후 이야기는 이 영웅의 활약상과 비극적인 죽음으로 끝을 맺는다.

지극히 인간적인 영웅과 전쟁에 개입된 다양한 인간들의 모습을 장대하고 비장하게, 시적 비유로 묘사한 《일리아스》는 인간의 운명에 내포된 비극을 표현한다. 또한 그리스인의 이상을 나타낸 상징 그 자체로, 유럽인의

오디세우스와 세이렌의 일화가 담긴 항아리 기원전 480년경 제작된 것으로 추정된다. 대영박물관 소장.

정신적, 사상적 원류를 담고 있다고 여겨진다. 무엇보다 신의 관점이 아닌 인간의 관점에서 사건을 묘사하고 진행시킨다는 데서 인간주의적 접근을 시도한 최초의 문학 작품이기도 하다. 하지만 한편으로는 인간의 추악함과 이기적인 속성마저 지나치게 사실적으로 묘사했다고 하여, 플라톤은 청소년들이 읽어서는 안 될 작품으로 분류하기도 했다.

트로이를 함락한 후 그리스 장수들은 각자 고국으로 돌아가면서 다양한 고난을 겪는다. 그중 오디세우스가 10여 년에 걸쳐 겪은 험난한 귀향담을 다룬 것이 《오디세이아》이다. 역시 1만 2,110행에 달하는 방대한 양으로, 단선적으로 진행되는 《일리아스》에 비해 서사 구조가 복잡하며, 이야깃거리가 풍부하다. 오디세우스가 고향 이타카를 떠난 동안 그의 아내 페넬로페가 구혼자들에게 시달리는 이야기, 전쟁을 마치고 이타카로 돌아오는 과정에서 오디세우스가 겪는 험난한 모험들, 오디세우스가 이타카로 돌아온 후 페넬로페의 구혼자들에게 복수하는 이야기 등 크게 세 부분으로 나뉜다. 현실 세계와 모험의 세계가 교차하며, 다양한 신화와 전설 속 인물이 등장하는 이 매혹적인 작품은 그리스의 국민 서사시가 되었다. 또한 '오디세우스의 이야기'라는 의미의 '오디세이아'는 오늘날까지도 모험이나 표류, 길고도 어려운 여정을 비유하는 대명사로 일상적으로 쓰이고 있다.

이 두 작품은 서구 서사시의 원형이자 그 내용이 지닌 보편성으로 말미암아 고대부터 오늘날에 이르기까지 수많은 문학 작품에 영감을 주었다.

미케네 궁성 유적

뿐만 아니라 역사학적으로도 많은 공훈을 세웠는데, 현대의 고고학자들은 두 작품에 등장한 많은 내용이 실제로 있었던 일이라고 확신한다. 《일리아스》에 경도된 고고학자 하인리히 슐리만이 트로이 유적을 발굴한 것은 너무나 유명한 일화이다. 이 두 작품, 특히 《오디세이아》에 등장하는 많은 인물과 지명들은 실제로 그 장소가 확인되었다. 《일리아스》의 주인공 중 하나인 아가멤논이 기원전 2000년에 세운 미케네 궁성도 발굴되었으며, 《오디세이아》에서 오디세우스가 저승 세계의 입구로 들어가는 일화에 묘사된 장소 역시 실제로 발견되었다. 메넬라오스, 아킬레우스, 오디세우스, 텔레마코스 등 두 작품에 등장하는 수많은 영웅 역시 단순히 전설 속 인물이 아니라 실존했을 가능성이 높다고 여겨진다.

002

비극의 미학을 완성하다

소포클레스

Sophocles(B.C. 496?~B.C. 406)

| 그리스
| 그리스의 3대 비극 시인 중 한 명으로 치밀한 구성, 완벽한 기교, 정교한 대화를 통해 인물의 비극적 상황을 탁월하게 그려 냈다.
| 〈오이디푸스〉, 〈안티고네〉, 〈엘렉트라〉 등

소포클레스는 아이스킬로스, 에우리피데스와 함께 그리스의 3대 비극 작가로 꼽히는 인물이다. 그가 활동하던 시기는 아이스킬로스라는 걸출한 비극 작가를 선두로 하여 극 공연이 활발하게 이루어지던 때로, 아테네 민주주의가 절정에 달한 그리스 문화의 황금기였다. 소포클레스는 〈오이디푸스〉, 〈안티고네〉, 〈엘렉트라〉 등을 쓴 극작가로 잘 알려져 있지만, 아테네의 정치가이기도 했다. 그는 당시 대표적인 정치가 페리클레스와 함께 최고위직인 스트라테고스(Strategos, 장군)를 지냈고, 펠로폰네소스 전쟁(기원전 431~기원전 404) 당시 자문위원회의 한 사람으로도 활동했으며, 델로스 동맹의 자금을 관리하는 재무관을 지낼 만큼 아테네를 대표하는 정치가이기도 했다.

소포클레스

소포클레스는 기원전 496년경 아테네 외곽 콜로노스에서 태어났다. 기사騎士 신분이었던 아버지 소필로스는 무기상으로 막대한 부를 축적한 인물이었다. 덕분에 소포클레스는 부유한 집안에서 태어나 고급 교양 교육을 받으며 자라났고, 특히 당대 아테네 최고의 음악가로 꼽히던 람프루스에게 음악을 배웠다. 16세 때 살라미스 해전에서 그리스 동맹군이 승리하자 승리 기념 제의에서 청소년 합창단을 이끌며 선창을 하고 하프를 연주할 정도로 음악적 자질이 뛰어났다. 춤과 연기에도 탁월해 배우로도 큰 명성을 얻었는데, 그가 시인 타미리스 역으로 출연해 하프를 켜는 모습은 벽화로까지 남겨졌다고 한다.

기원전 468년, 소포클레스는 디오니소스 축제에서 〈트립톨레모스〉로 당대 최고의 극작가 아이스킬로스를 꺾고 우승하면서 화려하게 데뷔했다. 이후 그는 123편의 작품을 집필하는 등 활발하게 활동하면서, 디오니소스 축제의 비극 경연에서 무려 18번, 레나이아 축제에서 6번이나 우승을 차지했다. 이는 아테네 역사상 전무후무한 기록이다.

이후 그리스 연극의 형식은 소포클레스가 창작한 극 형식에 따라 큰 전환점을 맞는다. 그는 극작가이자 배우, 연출가, 무대 장치가, 작곡가로 자신의 극 무대를 완전히 지배했다. 먼저 그는 종전까지 두 사람의 배우가 무대에 오르던 형식을 바꾸어 세 사람의 배우를 올리면서 각 인물의 성격을 부각시켰다. 이에 따라 두 사람 간의 단조로운 대화나 독백으로 극을 진행하던 것과 달리, 보다 복합적인 대화 형식과 인물의 성격 표현이 가능해졌다. 또 극의 이해를 돕고자 무대 배경 그림을 만들어 설치하고, 소도구를 사용했으며, 극 해설을 돕던 합창단 코로스Khoros의 수를 12명에서 15명으로 늘렸다. 이로써 좀 더 복합적이고 다원적인 극의 갈등 구조를 만들고, 다양한 무대 연출이 가능해졌다. 특히 극적 긴장감을 만들어 내는 데 탁월했던 소포클레스는 극 형식 외에 무대 연출 자체를 바꾸기도 했다. 그는 독백이나 해설로 사건을 설명하던 종래의 단조로운 형식에서 탈피해 관객에게 직접 보여 주는 방식을 사용했다. 독백보다 대화를 통해, 해설보다 장면을 직접 눈앞에 보여 줌으로써 관객의 공감을 이끌어 낸 것이다. 예컨대 스승 아이스킬로스가 아이아스의 자살을 누군가의 입으로 전달하게 했다면, 그는 직접 자살 장면을 보여 주었다. 아이스킬로스에 의해 그리스 비극이 창시되었다면, 소포클레스에 이르러 그리스 비극이 완성되고, 우리가 알고 있는 서구 연극의 형식이 확립되었다고 할 수 있다.

무엇보다도 그는 그동안 비극의 원인을 '신'으로 보던 것과 달리 '인간'에 초점을 맞추는 혁신적인 관점을 도입했다. 오늘날까지 온전한 상태로 전하는 작품으로는 〈아이아스〉, 〈안티고네〉, 〈트라키니아〉, 〈오이디푸스〉, 〈콜로노스의 오이디푸스〉, 〈엘렉트라〉, 〈필로크테테스〉 등이 있는데, 이 7편의 작품들은 대개 저항할 수 없는 운명에 휘말린 인물들의 고뇌를 그리고 있다. 그는 그리스 신화와 전설에서 인물들을 차용하여 운명 앞에 선 나약한 인간과 인간성의 진실을 보여 주었다.

현전하는 작품 중 가장 최초의 작품은 〈아이아스〉이다. 아이아스는 그리스 신화에 등장하는 트로이의 영웅으로, 타고난 자만심으로 말미암아 몰락하는 인물이다. 그는 트로이 성 공방전에서 목마 속에 들어간 장수 중 한 사람으로, 트로이 성을 함락시킨 뒤 아테나 신전으로 달아난 트로이의 공주이자 예언자 카산드라를 끌어내 능욕한다. 아테나 여신은 이 행위로써 자신을 욕보였다고 생각하고, 아이아스가 귀국하는 길에 그의 배를 침몰시킨다. 아이아스는 간신히 살아나지만, 신의 재앙에도 살아남았다고 오만하게 굴다가 결국 포세이돈의 삼지창에 죽는다. 그가 죽은 후 그의 고향 로크리스에는 아테나 여신의 분노로 인해 돌림병이 퍼진다.

트로이 전쟁 중 아킬레우스와 장기 놀이를 하고 있는 아이아스(오른쪽)

소포클레스는 이 내용을 아이아스가 아테나 여신에게 받은 광기 탓에 자신의 장군들을 적으로 착각하여 모두 도륙하고, 다음 날 제정신으로 돌아와 이 사실을 깨닫고 수치심에 자결하는 비극으로 꾸몄다. 신의 힘 앞에서 인간의 위대함은 아무것도 아니며, 때문에 인간은 자기 자신의 한계를 알고 신 앞에서 겸손해야 한다는 내용을 담고 있다. 이 작품은 그의 대부분의 작품들과는 주제 선정부터 극작 형식에 이르기까지 많은 부분에서 다른데, 이는 소포클레스가 극작 초기에 아이스킬로스의 영향을 많이 받았기 때문이다. 그러나 이 작품에서 주목해야 할 부분은 아이아스가 수치심을 스스로 깨닫고, 자신의 '자유의지'로 자결을 택한다는 점이다. 소포클레스의 영웅들은 인간의 한계를 받아들이고 수긍하기보다는 자신의 자유의지로 고난을 택함으로써 비극적 영웅의 면모를 보이는데, 이 초기 작품에서부터 이런 성향이 드러난다.

가장 널리 알려진 비극이자 소포클레스의 전형적인 작품이라고 할 수 있는 것은 〈오이디푸스〉이다. 오이디푸스는 그리스 신화에 등장하는 영웅으로, '퉁퉁 부은 발'이라는 의미이다. 그는 테베의 왕 라이오스와 왕비 이오카스테 사이에서 태어난 왕자로, '아버지를 죽이고 어머니와 관계를 가진다'

장 오귀스트 도미니크 앵그르, 〈오이디푸스와 스핑크스〉

라는 신탁을 받아 태어나자마자 버려진다. 이웃한 코린토스의 목동이 그를 주워 길렀는데, 이때 발이 퉁퉁 부어 있어 오이디푸스라는 이름을 붙였다. 장성한 오이디푸스는 자신이 누구인지 알고자 델포이에 신탁을 받으러

가고, 태어나던 날 받은 신탁을 듣고 자신의 운명을 피하고자 방랑길에 나선다. 그러나 방랑 도중 한 노인과 시비가 벌어져, 그 노인이 자신의 아버지인 줄 모르고 죽이고 만다. 이후 그는 괴물 스핑크스에게 시달리는 테베로 가서, 수수께끼를 통해 스핑크스를 물리치고 왕위에 올라 어머니인 이오카스테를 왕비로 맞이한다. 얼마 후 테베에 돌림병이 창궐하자 그 원인을 좇던 오이디푸스는 자신에 대한 신탁이 현실화되었음을 알고, 두 눈을 뽑아내고 방랑길에 오른다. 이후 아버지 오이디푸스를 따라 방랑하는 딸 안티고네의 이야기를 다룬 〈안티고네〉와 방랑하는 오이디푸스의 고난과 죽음, 이오카스테의 자살, 둘 사이에 낳은 자녀 넷이 모두 왕위 쟁탈전 끝에 죽고 마는 〈콜로노스의 오이디푸스〉로 '오이디푸스' 이야기는 끝을 맺는다.

'가장 뛰어난 인간, 은혜를 많이 받은 운명의 소유자'라고 자신하는 오이디푸스는 지혜로움과 용기, 활력, 정의감 등을 모두 갖춘 영웅이다. 그는 자신에게 주어진 비극적인 운명에서 벗어나고자 발버둥치지만 끝내 벗어나지 못한다. 아이러니하게도 그가 모든 비극을 깨닫게 된 것은 그 자신을 영웅으로 만들어 준 지혜로운 머리와 나라를 구하고자 하는 선의, 타협하지 않는 정직성 등 그가 지닌 좋은 자질들 때문이다. 이런 극적 구성은 비극성을 더욱 심화시킨다. 아리스토텔레스에 따르면, 우리는 자신들보다 사회적, 도덕적으로 탁월한 인물이 몰락하는 과정을 보면서 공포와 연민을 경험하고, 동시에 카타르시스를 느낀다고 한다. 때문에 아리스토텔레스는 이 작품을 일컬어 '전형적인 비극의 모델'이라고 칭했다.

소포클레스는 생전에도 비극 작가로 엄청난 인기를 누렸으며, 정치적으로도 명예로운 행보를 걸었다. 우아함과 지성, 사교성을 갖추고 예술에 대한 조예가 깊었던 그는 일생 아테네 사람들이 꼽는 이상적인 청년상이었다고 한다. 또한 아이스킬로스가 만년에 들어 시칠리아로, 후배 극작가인 에

시계방향으로 앙리 레비, 〈테베에서 벗어나는 오이디푸스〉, 샤를 프랑수아 잘라베르, 〈오이디푸스와 안티고네〉, 장 앙투안 테오도르 지루스트, 〈콜로노스의 오이디푸스〉

우리피데스가 마케도니아로 떠난 것과 달리 소포클레스는 거듭되는 외국의 초청을 거절하고 평생 아테네에 살았다. 애국심을 갖추고 성실한 시민으로서의 의무를 다하며 정치가로서도 헌신한 그는 아테네 시민들에게 많은 존경을 받았다고 한다. 기원전 406년에 90세의 나이로 사망했으며, 아테네 도시 성벽에서 조금 떨어진 데켈레아 지역의 가족 묘지에 묻혔다.

003

사랑을 노래한 연애시인

오비디우스

Publius Ovidius Naso(B.C. 43~A.D. 17)

| 로마

| 연애시에 탁월한 재능을 보였으며, 그의 세련된 감각, 풍부한 수사와 시적 상상력은 서양의 예술가들에게 많은 영감을 주었다.

| 《사랑의 노래》, 《여걸들의 서한집》, 《로마의 축제일들》, 《변신 이야기》 등

오비디우스는 로마의 시인으로, 중세 유럽에 가장 많은 영향을 미친 그리스-로마 시대의 작가 중 한 사람이다. 아우구스투스 치세 말기, 팍스 로마나 시대의 평화와 번영에 찬 로마 귀족 문화 및 풍습을 우아하고 간결하게, 음악적 시구와 기지 넘치는 문장으로 표현한 로마 시대 대표적 시인이다.

푸블리우스 오비디우스 나소는 기원전 43년 3월 20일 중부 이탈리아 술모나에서 태어났다. 기사 계급 출신으로 집안은 유복했으며, 당대 엘리트 계층의 보통 청년들처럼 정치가나 변호사가 되고자 12세 때 형과 함께 로마로 가서 수사학과 변론술 등을 배웠다. 또한 당대 웅변술의 대가였던 아우렐리우스 푸스쿠스와 포르키우스 라트로에게 수사학을 배운 뒤 아테네, 시칠리아 등을 유람하고 돌아와 로마 원로원에서 법관을 지냈다. 그러나 문학적 재능과 기지가 넘치는 자유분방한 청년 오비디우스에게 팍스 로마나의 번영을 구가 중인 호화롭고 평화로운 도시 로마는 관능적이기 그지없었다. 그는 결국 얼마 지나지 않아 관직 생활을 그만둔 뒤 시인이 되기로 한다.

오비디우스는 당시 향락적인 귀족 사회에서 유행하던 연애시에 특히 재능이 뛰어났다. 속되게 여겨지던 당대 연애 풍속들을 그리스 시대의 신화와 고전에서 차용한 소재와 절묘하게 버무리고, 여기에 세련된 감각과 풍부한 수사修辭를 사용한 그의 시는 로마 젊은 귀족들의 지지를 받았다. 일약 젊은 천재 시인으로 명망을 날리게 된 오비디우스는 잘생긴 외모와 반듯한 사교계 매너까지 갖춰 일약 로마 사교계의 총아가 된다.

이 시기의 대표작인《사랑의 노래》,《여걸들의 서한집》 등은 '사랑의 비가(애가시)'라는 기존 형식을 바탕으로 신화와 전설, 현실에 존재하는 (도덕적 관점에서 부적절한) 연애 풍속에 관한 이야기들을 엮은 모음집이라 할 수 있다. 또한《사랑의 기술》에서는 사랑에 대한 교과서적인 가르침들을 점잖은 체한다며 조롱하고, 남자가 여자를, 여자가 남자를 유혹하는 방법에 대해 신화부터 현실적인 풍속에 이르기까지 여러 이야기를 통해 실질적으로 조언했다. 마치 이 책의 후속편인 듯한《사랑의 치료약》은 실연을 극복하는 방법에 대한 조언이기도 하다. 이 때문에 지나치게 향락적이던 사교계의 모습을 경계하고 옛 로마의 경건주의로 회귀하고자 했던 아우구스투스 황제와 도덕주의자들은 그가 로마의 미풍양속을 해친다고 여기고 탐탁지 않아 했다.

오비디우스

《사랑의 기술》의 경우 그 적나라함으로 말미암아 선정적이라는 이유로 금서로 지정되기까지 했다.

이 작품들을 발표한 뒤 서기 2년경부터 오비디우스는 《로마의 축제일들》과 함께 오늘날까지 고전으로 널리 읽히는 《변신 이야기》를 집필하기 시작했다. 이 시기에는 선배 시인인 베르길리우스와 호라티우스도 죽고, 오비디우스가 로마의 대표적인 시인으로 군림하고 있었다.

DE ARTE AMANDI
Beschrieben durch,
Ouidium Nasonem

Wenn dich Gott so lang ließ leben
Biß Müllenstein trugen Weinreben
Und biß dieselben trugen Wein
Sollst du allzeit mein Liebste sein

Franckfurt bey Matthæo
Kempffer zu finden.

1644년 독일에서 발행된 《사랑의 기술》 표지

《로마의 축제일들》은 별자리들의 내력과 달력에 표시된 축제의 기원을 밝힌 책으로, 당대 의식과 관습들을 로마의 역사와 전설 등과 관련해 달별로 설명하고 있다. 아우구스투스 시대 로마인의 생활과 풍속을 생생하게 묘사하고 있어, 오늘날에는 사료로써의 가치를 높이 평가받고 있다.

오비디우스의 대표적인 걸작 《변신 이야기》는 서사시 형식으로 쓰인 15권짜리 작품으로, 천지창조부터 그리스 로마 신화, 로마 건국 신화 등 128편의 신화를 담고 있다. 《일리아스》, 《오디세이아》, 《아이네이스》와 더불어 서양

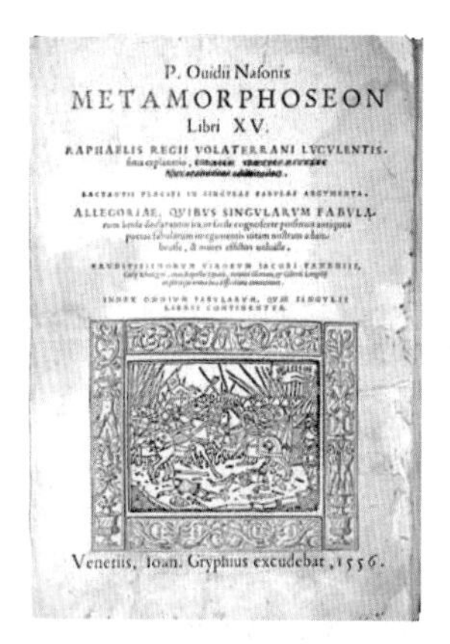

1556년 미국에서 발행된 《변신 이야기》 속표지

문학의 근간으로 꼽히는 이 작품은, 기독교에 물들기 전 고대의 인식 체계를 그대로 반영하고 있으며, 세계에 대한 풍부한 모티프들과 풍요로운 시적 상상력으로 서양의 문학가 및 미술가, 사상가들에게 많은 영감을 주었다.

오비디우스는 《로마의 축제일들》과 《변신 이야기》를 쓰던 중인 서기 8년, 갑작스럽게 아우구스투스 황제 앞에 끌려가 즉결 재판을 받고 로마 제국의 변방인 토미스(현재의 루마니아 콘스탄티아)로 추방당했다. 그가 재판에 회부된 이유는 밝혀져 있지 않으며, 그 스스로는 자신의 시와 과오 때문에 유배되었으며, 자세한 내용은 밝히지 않는 것이 바람직하다고 말했다. 통설에 따르면, 그의 유배는 아우구스투스 황제의 손녀 율리아와 관계가 있다고 한다. 아우구스투스는 로마 귀족의 사치와 방종을 금했는데, 특히 여인들의 불륜과 검투장 출입 등 방종한 생활을 금지하고 50세 이하의 여성에게 결혼과 출산의 의무를 부여하는 등 엄격한 조치를 취했다. 그러나 그의 딸 율리아는 당대 가장 유명한 바람둥이 중 한 사람이었고, 아버지의 명을 어기고 방종한 생활을 하다 결국 섬으로 추방당한다. 딸 율리아와 동명인 손녀 율리아 역시 당시 로마의 대표적인 바람둥이 여인으로, 그녀의 수많은 애인 중 한 사람이 오비디우스였다고 한다. 그렇지 않아도 《사랑의 기술》 같은 방탕한 삶을 권장하는 책으로 눈엣가시였던 오비디우스였으니, 율리아와의 사건을 이유로 추방당했다는 것이다.

오비디우스는 유배지에서 《로마의 축제일들》과 《변신 이야기》를 완성했다. 그런 한편 로마에서 추방되어 잊혀 가는 자신의 처지를 한탄하는 〈슬

클로드 고테로, 〈피라모스와 티스베〉 《변신 이야기》에 나오는 바빌로니아의 설화로, 비극적인 사랑을 하는 남녀의 이야기이다. 이 이야기는 〈로미오와 줄리엣〉의 모티프가 되었다.

픔〉 연작시를 썼다. 그는 추방당한 것이 사형선고와 다름없다는 것을 잘 알고 있었기 때문에, 이 시들은 이전의 경쾌하고 발랄한 문체와 논조에서 벗어나 음울하며 자기성찰적인 방향으로 급격히 변화한다. 그는 자신의 예상대로 결국 로마로 돌아가지 못하고, 10여 년간 쓸쓸한 유배 생활을 하다가 서기 17년 숨을 거두었다.

오비디우스는 그가 살았던 당시는 물론, 고대와 중세 시대 유럽 시 문학에 많은 영향을 미쳤다. 그는 애가시의 시 형식(2행 연구와 6보격)을 완성했는데, 선배 시인 베르길리우스의 영향을 받은 시인들조차 형식에 있어서는 그의 영향을 크게 받았다. 중세에도 오비디우스의 영향력은 엄청났는데, 특히 12~13세기는 '오비디우스의 시대'라고 불릴 정도로 그의 영향력이 강렬했다. 오비디우스는 다른 그리스-로마 시대를 대표하는 작가들과 함께 지식의 원천으로 간주되었으며, 그의 시들은 풍부한 시적 상상력과 쾌활함, 생기발랄함으로 그 어느 고전 작품보다 문학가와 미술가 들에게 크게 사랑받았다. 14세기 무렵 유럽 각국에서 자국어로 글을 쓰기 시작하면서 라틴어 문학 전통의 영향력이 쇠퇴한 이후에도, 프랑스 궁정 문학, 셰익스피어, 밀턴, E. 스펜서 등을 거쳐 현대 유럽 문학에 많은 영향을 미쳤다.

004

민중의 고통을 위로한 시인

두보

杜甫(712~770)

| 중국
| 중국 최고의 시인으로, 장편 고체시를 확립했으며 그의 시는 '시로 쓴 역사'라는 의미의 '시사'라고 불린다.
| 〈춘망〉, 〈월야〉, 〈애왕손〉, 〈애강두〉, 〈병거행〉 등

두보는 당나라 시대의 시인으로, 이백과 함께 중국 최고의 시인으로 꼽힌다. 당시唐詩는 이후 시가 주축이 되어 이루어지는 중국 문학 전체에 막대한 영향을 미치는데, 그 중심에 두보가 있다. 미국의 문학 비평가 스티븐 오웬이 두보에 대해 '정체성을 규정하기 어려운 시인'이라고 평할 정도로, 두보는 한시의 내용과 형식 양쪽에서 다양한 시도를 했다. 고체시, 근체시 등 모든 시 형식

두보

을 실험했으며, 이를 토대로 다채로운 형식과 내용을 지닌 율시라는 형식을 창안하고 완성시켰다. 특히 인간의 심리와 자연 만물의 새로운 면을 포착하는 데 탁월했으며, 그런 한편 당대의 사회 모순과 백성들의 고초를 사실적으로 표현해 냈다. 7세기 궁중 모임에서 사교술이나 유희의 수단으로 사용되었던 시가 당나라 때 의식 있는 예술 형태로 변모한 것은 두보의 이런 현실 참여적인 태도에서 비롯되었다고 해도 과언이 아니다. 이런 두보의 시와 정신은 중국 시의 전통으로 자리 잡았으며, 두보는 민중의 시인으로 오늘날까지도 중국인에게 널리 사랑받고 있다.

두보는 712년 중국 하남의 공현에서 태어났다. 자는 자미子美이다. 진晉나라 시대의 장군이자 학자인 두예를 13대 선조로 두고 있으며, 측천무후 시대 명망 높은 시인이자 학자였던 두심언의 손자이기도 하다. 두보는 자신의 집안이 명문이라는 점을 매우 자랑스러워했으며, 어린 시절부터 조정에 출사해 집안의 명망을 높이겠다는 공명심功名心이 남달랐다고 한다.

3세가 되기 전에 어머니를 여의고, 아버지가 새어머니를 맞이하면서 낙양에 사는 고모가 그를 길렀다. 어린 시절 그는 허약한 체질로 잔병 치레를 많이 해서 집 안에서 주로 생활하면서 고전을 공부하고 시문을 연습하며 성장했다. 7세 때 시를 짓기 시작했으며, 9세 때 서예를 했고, 15세 무렵에는 낙양의 선비들과 어울려 시를 짓고 교유할 정도로 학문과 시에 자질이 뛰어났다. 이 때문인지 젊은 시절부터 술을 좋아하고 풍류를 즐기는 성격이었다고 한다.

두보는 20세 무렵부터 약 4년간 오월 지방으로 유람을 떠나 명승고적을 둘러보며 시를 짓고 이름을 날렸다. 당시 중국에서는 각지를 돌아다니면서 문학 수업을 하고, 시를 지어 곳곳의 명망 높은 선비들에게 인정을 받아 그들의 추천으로 관직에 나갈 수 있었다. 때문에 선비들은 청년이 되면 명승

유람을 다니곤 했다.

24세 때 낙양으로 돌아와 과거를 치렀으나 낙방했는데, 경쟁률이 수백 대 일에 달했기 때문에 그다지 실망하지는 않았다고 한다. 이듬해 다시 그는 황허 하류의 제조 지역으로 유람을 떠났다.

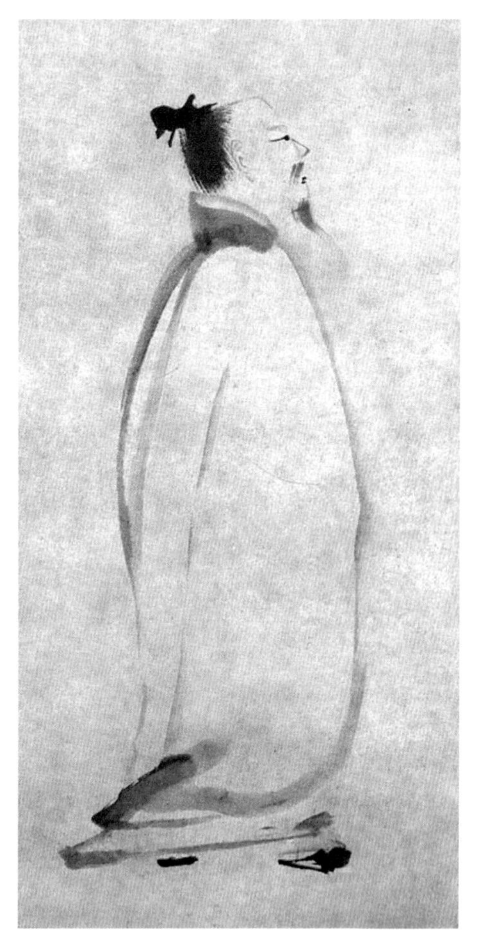
두보와 함께 중국 최고의 시인으로 꼽히는 이백

두보는 4년 후에 돌아와 선산이 있는 낙양 외곽의 수양산 기슭에 토굴집을 짓고 살았다. 이곳에서 사농소경이라는 관직에 있던 양이楊怡의 딸 양씨를 아내로 맞아들였다. 두보는 열 살 정도 어렸던 아내 양씨를 지극히 사랑했는데, 당시 선비들이 흔히 첩을 두던 풍속과 달리 첩도 두지 않고, 떠돌이 생활을 할 때도 아내를 늘 데리고 다녔다. 잠시라도 떨어져 있으면 아내에 대한 그리움과 염려가 담긴 시를 짓곤 했다.

수양산 기슭에서 살면서 그는 낙양으로 와서 관리가 되기 위한 연줄을 찾아다니고, 선비들과 교제하면서 지냈다. 이 시기에 그는 "낙양에 나온 지 2년, 가는 곳마다 계략과 조작뿐이구나."라고 한탄했다. 과거시험을 통해 관리가 되는 것은 하늘의 별 따기였으며, 그마저도 기회가 많지 않아 친척이나 고관들의 줄을 이용해 벼슬자리를 얻으려고 했던 듯한데, 그런 자신의 처지와 당대 현실에 대한 한탄인 것이었다. 이 시기에 양귀비의 미움을 사 조정에서 쫓겨 온 이백을 만나 교유하고, 이백을 따라 약 1년간 유람길에 올랐다.

35세 때 청운의 꿈을 안고 수도 장안으로 갔으나, 생활은 낙양에서와 마찬가지였다. 게다가 보통 선비들이 고향 집에 아내를 두고 홀로 장안에 올라오는 것과 달리 두보는 아내와 아이들을 데리고 왔기 때문에 고생이 훨씬 더했다. '아침에는 부잣집 문을 두드리고, 저녁에는 공자들의 말에 묻은 먼지를 털며, 남은 술과 식은 고기를 먹는' 생활을 한 지 10년 만인 751년, 두보는 드디어 관직에 나서게 되었다. 당 현종에게 〈삼대례부三大禮賦〉를 바쳐 칭찬을 받고 집현원대제集賢院待制로 출사하게 된 것이다. 그러나 몇 년간 자신에게 보직이 돌아오기만을 기다리다가 755년에야 지방 말단 관리인 병조참군에 임명되었다. 관직에 오르기 전까지 곤궁에 시달리며 천거해 달라고 읍소하고, 편지를 쓰는 등 고생이 많았는데, 관직 생활마저 순탄치 않았다. 관직에 제수되자마자 안녹산의 난이 일어난 것이다. 지난해 극심한 기근으로 가족들을 봉선의 친척 집에 맡겨 둔 두보는 관직을 받았다는 소식을 알리러 가다가 그 소식을 듣고 홀로 장안으로 향했다. 그러나 장안이 곧 반란군에 함락되었고, 사태를 수습하고자 현종이 양위하여 황태자 숙종이 즉위했다. 두보는 숙종이 있는 닝샤 성으로 가다가 반란군에게 포로로 잡혀 장안에서 억류 생활을 하게 되었다. 이 시기에 가족과 나라를 걱정하는 안타까운 마음, 망국에 대한 설움과 황실에 대한 충정을 표현한 시를 많이 지었다. 그중 〈춘망春望〉, 〈월야月夜〉, 〈애왕손哀王孫〉, 〈애강두哀江頭〉 등이 널리 알려져 있다.

그런 한편 장안에서 10년간 살면서, 또 안녹산의 난을 거치면서 두보는

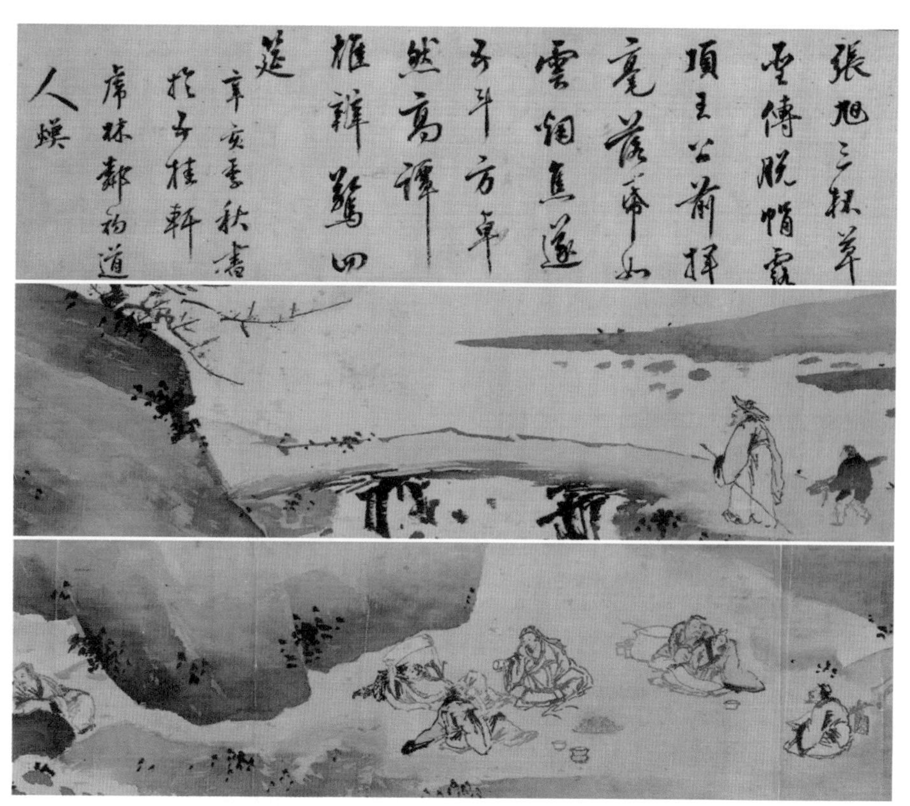

음중팔선도 두보의 〈음중팔선가〉를 옮긴 그림. 여덟 신선이 술을 마시며 세속의 일을 한탄하며 시를 짓는 모습이 묘사되어 있다.

현종과 귀족들이 호의호식하고 지내는 동안 백성은 전쟁과 기근에 시달리는 모습을 보게 된다. 두보가 남긴 시는 약 1,500수에 이르는데, 34세 이전에 쓴 시 중 약 20여 수가 남아 있고, 나머지는 모두 그 이후에 쓴 것들이다. 이 작품 중 많은 수가 그가 겪어야 했던 역사적 질곡과 민초들의 고통스러운 삶을 사회 비판적인 시선으로 그린 것들이다. 대표적인 작품인 〈병거행兵車行〉은 751년 남조, 대식, 거란과의 전쟁으로 농민들이 전쟁터로 끌려가고 무거운 조세에 시달리는 고통을 묘사한 시이다. 〈자경부봉선현영회오

백자自京赴奉先縣詠懷五百字〉는 754년에 일어난 대기근으로 백성은 굶어죽는데, 현종은 양귀비와 고관들을 데리고 온천 등지를 유람하는 것에 탄식하며 쓴 시이다. '부잣집에서는 술과 고기냄새가 진동하는데, 길에는 얼어 죽은 해골이 뒹굴고 있다'라는 구절로 유명하다.

이렇듯 사회 비판적인 시와 황실에 대한 충정을 바친 시를 동시에 썼다는 점은 얼핏 보아도 꽤 모순이 있어 보인다. 그러나 두보가 선비의 집안에서 태어나 관리가 되기를 소망하며 살았던 당시의 일반적인 사대부였음을 생각하면, 딱히 위선적인 태도를 지녔다고 하기는 어렵다. 위로는 황실에 충성하고, 아래로는 제도적 불합리함으로 고통받는 민중들을 제도 개혁을 통해 구제해야겠다는 관료적 입장을 취했던 것으로 해석할 수 있다. 때문에 그의 이런 사회 비판적인 시들이 후대에 관료의 귀감으로 여겨지면서 선비들의 시 전통으로 자리 잡았다는, 오늘날의 시각에서는 아이러니해 보일 수 있는 일이 일어난 것이다.

757년, 반란군에 내분이 일어나 안녹산이 살해되었고, 두보는 장안을 탈출해 숙종에게 갔다. 그 공으로 좌습유에 임명되어, 숙종이 장안을 탈환하고 복귀한 후 잠시 평탄한 관직 생활을 했다. 이 시기에 두보는 가족에 대한 애정과 그리움, 황실에 대한 충성을 그린 〈구성궁九成宮〉, 〈옥화궁玉華宮〉, 〈행차소릉行次昭陵〉, 〈강촌삼수江村三首〉, 〈북정北征〉 등을 남겼다. 그러나 이런 기쁨도 잠시, 그는 곧 조정에 자신의 의견이 개진되지 않고 중앙 관료 생활이 뜻하는 대로 되지 않아 회의를 느낀다. 그리고 1년도 지나지 않아 사공참군 직책을 받고 화주로 좌천되었다.

759년, 사사명이 이끄는 안녹산 반란군의 잔당이 일어나 다시 전란이 시작되었고, 두보는 관직을 버리고 전란을 피해 떠돌아다녔다. 그러면서 백성의 고난을 노래한 〈신안리新安吏〉, 〈동관리潼關吏〉, 〈석호리石壕吏〉, 〈신혼별新婚別〉, 〈수로별垂老別〉, 〈무가별無家別〉 등을, 쓰촨성 피난길을 그린 기행시들과 동곡에서의 피난 생활을 그린 〈건원중우거동곡현작가칠수乾元中遇居同谷縣作歌七首〉 등을 지었다. 잠시 쓰촨 지방에서 초당을 마련하고 평화로운 생활을 할 때는 자연 생활을 노래한 시를 남겼다.

763년에 난이 완전히 진압되고, 764년 두보는 엄무의 후원으로 절도참모節度參謀 겸 검교공부원외랑檢校工部員外郞에 임명되었다. 그러나 주변 관료들과 잘 맞지 않았고, 이전부터 앓고 있던 폐병이 악화되어 이듬해 사퇴했다. 몇 달 후 엄무가 사망하자 그 덕분에 기반을 잡았던 쓰촨에서의 생활이 어려워졌다. 그리하여 두보는 다시 떠돌이 생활을 해야 했다. 그러나 폐병에 중풍까지 들어 한곳에서 몇 달씩 요양을 하다가 떠돌아다니기를 반복했다. 이 시기에 지은 시들에는 공명에 대한 결기로 비장한 어조가 엿보이던 이전의 작품과는 달리, 늙고 병들어 우수에 젖어 있으며, 인간과 자연에 대한 애정이 절절히 담겨 있다. 평생 가난에 시달렸으며, 세상에 뜻을 펼치지 못하고 시로써 마음을 달래던 두보. 두보는 770년 겨울 탄저우에서 웨양으로 향하던 길에 쓸쓸히 사망했다. 시신은 웨양 지방에 묻혔으나 43년이 지나 손자 두사업에 의해 할아버지 두심언의 묘 곁으로 이장되었다.

최치원

우리나라에 한자가 전래된 이래로 한문 문학, 특히 한시漢詩는 7세기경 지배층에 의해 귀족 문화로 자리 잡은 후 조선 시대에 이르기까지 우리나라 상류층 문학의 주요 형태였다. 삼국 시대 대표적인 문장가는 통일 신라 시대 말기의 귀족이자 학자인 최치원이다.

최치원은 857년 경주 사량부에서 태어났다. 학자를 많이 배출한 집안이었으나, 골품제에서는 귀족으로서 낮은 계층인 6두품이었다. 10세 때 사서삼경을 익혀 신동으로 이름을 날렸으나 신분의 한계로 말미암아 12세 때 당나라로 유학을 떠났다. 유학한 지 7년 만에 당나라의 과거시험인 빈공과에 합격하고 벼슬 생활을 했으며, 황소의 난이 일어났을 때 토벌 총사령관인 고변의 종사관으로 일했다. 이때 황소를 치기 위해 지은 〈토황소격문〉은 황소가 이를 보고 자기도 모르게 침상에서 내려앉았다는 일화가 있을 만큼 뛰어난 문장으로 알려져 있다. 최치원은 당나라에서 벼슬살이를 하면서 세운 공으로 비은어대, 자금어대 등을 하사받았으며, 명문장가로 이름을 날리면서 고운, 나은 등 당나라 문인들과 교류했다.

그러나 최치원은 결국 외국인으로서 신분의 한계를 느끼고, 28세 때인 885년 귀국했다. 17년간 당나라에서 지은 글은 시와 격문 등을 모두 합해 약 1만여 편에 이르며, 이 중 정선된 작품들은 귀국 후 펴낸 《계원필경》에 실려 있다. 《계원필경》은 현전하는 개인 문집 중 가장 오래된 것으로, 우리나라 한문학의 시조로 일컬어진다.

신라로 돌아온 이후 최치원은 헌강왕 치세에서 시독 겸 한림학사 수병부시랑 지서서감사에 임명되었으나 역시 신분의 한계 때문에 태인, 함양, 서산 등의 태수를 지내는 등 외직을 전전했다. 894년, 진성여왕에게 정치 개혁안인 〈시무 10조〉를 올려 6두품이 도달할 수 있는 최고의 관등인 아찬에 올랐으나 그의 개혁안은 실행되지 않았다. 신라 왕실에 대한 실망과 벼슬 생활에 좌절을 느낀 최치원은 40세 때 관직을 내놓고 유랑길에 올랐으며, 이후 행적은 전하지 않는다. 가야산 해인사에서 말년을 보내고 사망했다고도 하며, 신선이 되었다는 이야기도 전한다.

1020년에 고려 현종에 의해 내사령에 추증되었으며, 이듬해 문창후로 추시되어 유교의 성인을 모시는 문묘에 배향되었다. 《계원필경》 20권, 《금체시》, 《오언칠언금체시》, 《잡시부》, 《중산복궤집》, 《사륙집》, 기타 문집 30권을 비롯해 역사서 《제왕연대력》, 불교서적 《부석존자전》, 《법장화상전》, 《석이정전》, 《석순응전》 등을 썼다. 그러나 오늘날 남아 있는 것은 《계원필경》, 《법장화상전》, 《사산비명》뿐이다. 그 밖에 통일 신라 시대 학자 김부식이 쓴 《삼국사기》, 조선 성종 때 편찬된 우리나라 역대 시문집인 《동문선》 등에 최치원에 관한 기록과 시문 일부가 전한다.

005

일본 문학에 막대한 영향을 끼친 여류 시인

무라사키 시키부

紫式部(973?~1016?)

| 일본

| 헤이안 시대의 여류 시인으로, 궁중 생활에서 얻은 모티프를 토대로 일본 문학사 최고(最古)의 고전으로 평가받는 《겐지 이야기》를 집필했다.

| 《겐지 이야기》, 《무라사키 시키부 일기》 등

무라사키 시키부는 일본 헤이안 시대의 여류 시인으로, 일본이 자랑하는 세계 최고最古의 장편소설 《겐지 이야기》의 작가이다. 11세기에 지어진 이 소설은 다양한 인물들의 성격을 사실적으로 묘사하고 정치적 암투까지 담은 작품으로, 세계 최초로 완결된 형식을 갖춘 사실적인 산문 로맨스이다. 이는 서양의 소설 형식보다 8세기나 앞선 것이다. 기존의 매우 단순한 수준의 성격 묘사와 단조로운 이야기 형식에 그치지 않고, 그보다 한 차원 높은 상상력으로 현대적인 소설의 형식을 갖추었다는 점에서 일본뿐만 아니라 오늘날 서구 문학계에서도 가장 영향력 있는 문학 작품 중 하나로 꼽힌다.

무라사키 시키부는 973년경 교토에서 태어났다고 하는데, 생애에 대해서

무라사키 시키부

는 거의 알려진 바가 없다. 하급 귀족 후지와라 다메토키의 1남 2녀 중 둘째 딸로, 이름은 후지와라 다카코라고 알려져 있으나 이것도 확실하지는 않다. 무라사키 시키부紫式部라는 이름에서 '무라사키'는 어린 시절의 이름이거나 《겐지 이야기》의 여주인공 중 한 사람인 무라사키노우에紫の上의 이름에서 유래한 것으로 추정되며, '시키부'는 당시 학문을 가르치던 궁중 여관女房을 지칭하는 말이다. 즉 무라사키 시키부는 '무라사키라는 이름으로 불린 여관'이라는 의미가 된다.

무라사키의 집안은 대대로 유명한 학자 집안으로, 아버지 후지와라 다메토키는 명망 높은 한학자였다. 무라사키는 이런 집안 환경 때문인지 일찍부터 한학에 뛰어난 자질을 드러냈다. 당시 한학을 비롯한 학문은 남자들만 배울 수 있었고, 상류 계층의 여자만이 가나(일본 문자) 정도를 간신히 익힐 기회를 가졌다고 한다. 무라사키는 어린 시절 남동생 노부노리가 《사기》를 배울 때 옆에서 귀동냥을 했는데, 항상 남동생보다 먼저 그 뜻을 해독했다고 한다. 아버지는 그녀가 사내아이로 태어나지 못한 것을 크게 안타까워하면서 그 재능을 아깝게 여겨 한학 공부를 시켰다고 한다.

그러나 이런 높은 학문 수준은 여자로서의 일생에 걸림돌로 작용했다. 무라사키는 998년 중급 귀족이던 후지와라 노부타카와 결혼했는데, 이때 그녀의 나이는 당시로서는 매우 늦은 26세였다. 더구나 남편은 45세에 이미 처도 있었다. 이런 남자와 결혼한 것은 그녀의 학식에 대한 소문 때문에 남성들이 청혼을 꺼렸기 때문이라고 한다(이때의 결혼이 무라사키에게도 재혼이라고 주장하는 학자들이 있으나 확인된 바는 없다). 무라사키는 후지와라 노부타카와의 사이에서 딸 하나를 낳았으나, 결혼 생활은 원만하지 않았다. 학자적이고 자존심이 높은 무라사키에게 남편 노부타카가 거리감을 느꼈기 때문이다.

1001년, 결혼한 지 3년 만에 노부타카가 갑작스럽게 세상을 떠났다. 이때 세간에서 '옛날에는 여자들이 경을 읽는 것조차 금했는데, 여자의 몸으로 한학서들을 읽으니 복이 없지'라고 수군거렸다고 무라사키는 일기에 적고 있다. 여성 교육을 환영하지 않았던 당시 그녀의 높은 지적 수준은 사람들과의 교유에도 장애로 작용했던 것이다. 남편과의 사별, 세상 사람들의 곱지 않은 시선에 그녀는 집 안에 틀어박혀 홀로 일기를 쓰고 한학서들을 읽으며 고독하게 지냈다.

그러던 중 1005년 12월 당시 정권을 쥐고 있던 대귀족 후지와라 미치나가가 그녀의 학식에 대한 소문을 듣고, 여관으로서 궁에 들어와 자신의 딸이자 이치조 천황의 중궁(中宮, 황후와 동격인 천황의 부인)인 쇼시의 문학 선생이 되어 줄 것을 청했다. 무라사키는 궁에 들어간 이듬해 7월 무렵부터《무라사키 시키부 일기》를 쓰며 궁중 생활을 기록했다.《겐지 이야기》는 후대

《겐지 이야기》 제5첩 〈와카무라사키〉의 한 장면

작가가 창작한 것이라는 설부터 복수의 작가가 집필한 것이라는 설 등이 제기되고 있는데, 무라사키 시키부를 저자로 인정하는 것은 이 일기의 내용에 따른 것이다.

중궁 쇼시는 그녀의 문학적 재능을 아껴 주었지만, 정치적이고 화려한 궁정 생활은 무라사키에게 잘 맞지 않았다. 그녀는 궁중 사람들을 "남을 비난하고 자기만 잘났다고 떠드는 사람들 앞에서 나중에 시끄러울 것을 생각해 입을 열기도 심란하다."라고 표현할 정도로 적응하지 못했다. 또한 그녀뿐만이 아니라 궁중 사람들 역시 고고한 태도와 높은 자존심을 지닌 무라사키를 꺼렸다. 특히 황후의 여관으로, 후일 그녀와 나란히 헤이안 시대의 문학가로 꼽히게 될 세이 쇼나곤과 사이가 나빴다. 드러내 놓고 서로를 비난할 정도여서, 무라사키는 전형적인 궁중 여관이었던 세이 쇼나곤에 대해 '거만한 얼굴로 잘난 척하는 여성', '혼자 똑똑한 척 한자를 써대지만 자세히 생각하면 아무것도 모르는 사람'이라고 비판하기도 했다. 결국 얼마 지나지 않아 무라사키는 친정으로 돌아가 버렸다.

그러나 이런 궁중 생활은《겐지 이야기》에 많은 모티프를 제공했다. 친정으로 돌아가고 얼마 지나지 않아 중궁 쇼시의 부름으로 다시 궁에 들어간 무라사키는 순탄치 않은 궁중에서의 생활을 《겐지 이야기》를 쓰는 데 몰두하면서 이겨 냈다. 이 작품은 무라사키가 궁에 들어오기 전부터 썼다고도 하는데, 이 작품의 초안을 본 후지와라 미치나가가 그녀의 학문 수준을 높이 사 궁중 여관으로 들어가게 되었다는 이야기도 있다.

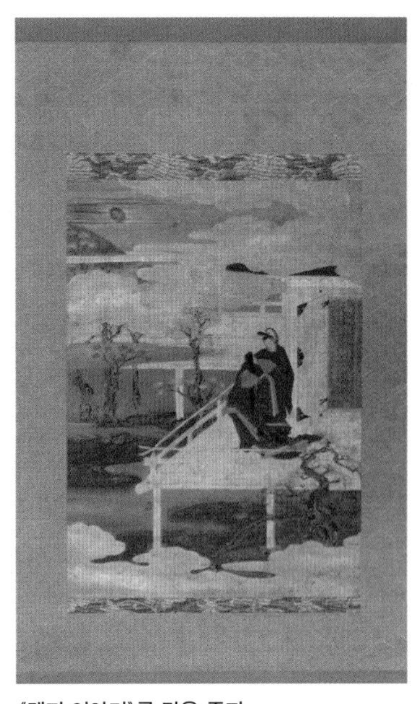

《겐지 이야기》를 담은 족자

한편으로는 새로운 소설을 지으라는 쇼시의 명으로 이야기를 구상했다는 설도 존재한다. 이 설에 따르면 그녀는 명을 받고 이야기를 구상하기 위해 이시야마데라石山寺라는 절에 7일 동안 머물렀다고 한다. 새로운 발상이 떠오르지 않아 고심하던 무라사키는 달 밝은 밤 호수의 수면에 떠 있는 달빛을 무심히 바라보다 빛과 같은 존재인 히카루라는 귀공자의 이야기를 구상해 냈다. 이 설화를 토대로 이시야마데라에는 그녀가 《겐지 이야기》를 집필했다고 전하는 방도 보존되어 있다.

《겐지 이야기》는 기리쓰보 천황의 둘째 황자인 히카루 겐지의 연애담과 궁중 생활, 겐지 사후 자손들의 이야기를 담은 후일담으로 이루어져 있다. 4대 천황, 70여 년간에 걸쳐 일어나는 일로, 일대기적 모노가타리들과 795수의 와카(和歌, 일본의 정형시)로 구성된, 200자 원고지 4천 매가 넘는 세계 최고最古, 최장最長의 작품이다. 인물들이 지닌 욕망과 그들의 세밀한 심리 묘사, 궁정 사회에서 벌어지는 일상적인 암투와 사건들이 현대소설

《겐지 이야기》 에마키 에마키는 서사를 그림과 글로 표현한 두루마리를 지칭하는데, 이는 후대 일본화의 양식에 큰 영향을 끼쳤다.

만큼이나 짜임새 있고 현실감 넘치게 그려져 있으며, 작품 전반에 인간의 운명과 인간성에 대한 통찰력이 빛난다. 기존의 단순한 설화식 이야기 구조에서 탈피해 견고한 구성을 갖추고 다양한 인간 유형을 그린 최초의 소설 작품으로, 이런 소설적 표현 방식은 후대의 역사소설에 영향을 끼쳤다. 또한 미려하고 한시적인 문장들 역시 일본의 서정시인 와카와 렌카(連歌, 와카를 토대로 발전한 시 형식으로 여러 사람이 공동으로 창작한다)에 영향을 미치는 등 일본 문학 전반에 막대한 영향을 미쳤다. 무라사키 시키부가 《겐지 이야기》를 통해 이룩한 성과는 서양에서는 8세기나 지난 후에야 가능했다.

그녀는 1013년까지 궁중 생활을 계속한 것으로 추정되며, 그 이후의 행적은 불분명하다.

이규보

한문학은 고려 때 과거 제도가 실시되면서 문인 관료층에 의해 융성했다. 문인 개인의 문집 편찬도 활발했는데, 이 문집들에는 한시는 물론, 수필, 문예 비평, 고대와 당대의 설화, 설화를 윤색한 패관 문학 등 다양한 양식의 풍부한 작품들이 수록되어 있다. 이 작품들은 당대 가전 문학과 인물전傳을 비롯해 조선 시대 소설의 모태가 되었다. 고려 시대 대표적인 개인 문집은 이규보의 《동국이상국집》으로, 13세기부터 조선 시대에 이르기까지 문학 양식에 많은 영향을 미쳤다.

이규보는 고려 말기 최씨 무신정권에 충성했다는 이유로 극단적인 평가를 받고 있지만, 천재적인 문인으로 문학사에 하나의 지평을 연 인물임을 부정하기는 어렵다. 1168년(의종 22년)에 태어났으며, 9세 때 중국 고전들을 두루 읽고 시를 지었으며, 14세 때 성명재誠明齋의 하과夏課에서 시를 지어 기재奇才라고 불렸다. 16세 때부터 당대 명문장가인 이인로, 임춘, 황보항, 조통 등이 속한 시회에 드나들 만큼 초기부터 문文에 대한 재능을 인정받았다. 20세까지 세 번 연속 과거에 떨어졌다가 23세에 치른 네 번째 과거에서 수석으로 급제했다. 그러나 바로 직책을 받지 못해 지방을 유랑하다 수도로 돌아와 곤궁한 생활을 하면서 쓴 장편서사시가 《동명왕편》이다. 고구려 동명왕 설화를 토대로 쓴 최초의 영웅서사시이자 기사체記事體 문학의 선구로 꼽힌다. 32세 때, 최충헌이 주최한 시회에서 최충헌에 대한 찬시를 지은 뒤 사록 겸 장서기 직책을 받아 진주목에 부임했다. 그러나 관료 생활에 잘 맞지 않아 몇 차례 임용과 탄핵을 받아 면직, 좌천을 거듭하다가 1230년 위도에 유배되기까지 한다. 8개월 만에 풀려난 후 산관에 임명되어 최씨 정권의 정당성을 입증하는 수단인 국서國書 작성을 전담했다. 이규보는 풍부한 학식과 뛰어난 문장력을 타고난 전형적인 예술가로, 관료나 정치가로서의 기질은 거의 없는 인물이었다. 명문장가로 명성을 쌓고 고급 관료가 되어 가문을 일으켜야 한다는 당시 정서에서 그가 할 수 있던 일은 최씨 정권과의 밀착뿐이었을 것이다.

이규보는 오랜 관직 생활을 하면서 많은 작품을 썼는데, 그중에는 민족적 기개를 고취시키는 《동명왕편》, 《개원천보영사시》 등을 비롯해 몽골의 침입으로 인해 고통받는 농민들의 삶에 주목하는 작품들도 다수 있다. 그의 문집인 《동국이상국집》은 53권 13책으로 이루어진 작품으로, 그의 사후 아들이 편찬하고 조선 시대에도 여러 차례 간행되었다. 개인적인 편지, 관원으로서 나라에 바친 글들, 임금을 대신해 작성한 글, 제의문, 시, 수필, 시론, 술을 의인화한 〈국선생전〉 등의 가전체 소설, 삼국 시대와 고려 시대의 역사적 사실 등 그가 평생에 걸쳐 쓴 작품들이 한데 담겨 있어 후대의 문학에 많은 영향을 미쳤다. 특히 시 문학에 있어 당시의 형식주의에서 탈피하고 자유분방한 형식과 기풍으로 당대 사회상과 민족정신, 애국정신을 노래했다는 점에서 높은 평가를 받고 있다.

006

중세의 암흑을 깬 영혼의 시인

단테 알리기에리

Dante Alighieri(1265?~1321. 9. 14)

Ⅰ 이탈리아

Ⅰ 13세기 철학자이자 시인으로 중세의 문학, 철학, 신학, 수사학 등을 종합한 걸작 《신곡》을 통해 르네상스 문학의 지평을 열었다.

Ⅰ 《신생》, 《신곡》 등

단테 알리기에리

서양의 고전 문학이라고 하면 가장 먼저 떠오르는 작품은 아마도 호메로스의 《일리아스》나 《오디세이아》일 것이다. 그다음으로 떠올릴 만한 작품이라면 아마 단테의 《신곡》이 아닐까 싶다. 단테는 이탈리아의 가장 위대한 시인이자 철학자로, 《신곡》은 중세 유럽의 문학, 철학, 신학, 수사학의 전통을 종합하고 르네상스 문학의 지평을 연 불멸의 걸작으로 일컬어진다.

단테 알리기에리는 1265년경 이탈리아 피렌체에서 태어났다. 그리 신분이 높지 않은 귀족 출신으로, 그가 태어날 무렵에는 이미 가세가 기울어 할아버지와 아버지가 피렌체에서 대부업을 해서 먹고사는 상황이었다. 7세 때 어머니가 세상을 떠나고, 15세 때 아버지마저 여의면서 집안의 가장 노릇을 했다. 피렌체의 유명한 석학 브루네토 라티니에게 수사학과 고전 문법, 그리스-로마 시대의 고전 등을 배웠으며, 20세 때부터 볼로냐 대학에서 이를 심화시키는 한편, 철학, 의학, 신학 등을 배웠다.

피렌체에 있는 단테 생가

그의 일생에 가장 큰 영향을 미치는 사건은 9세 때 일어났다. 당시 그는 아버지를 따라 피렌체의 명문가인 폴코 포르티나리의 집을 방문했는데, 이때 자신보다 한 살 어린 폴코의 딸 베아트리체를 만나 사랑에 빠진 것이다. 그러나 단테는 12세 때 마네토 도나티의 딸 젬마 도나티와 약혼하고, 21세 때 그녀와 결혼했다. 베아트리체 역시 단테가 결혼한 이듬해 은행가인 시모네 드 바르디와 결혼했다. 단테가 18세 때 두 사람은 길에서 우연히 다시 만났고, 이때 단테는 그녀를 마음속 깊이 간직하고 그녀를 향한 사랑의 시들을 쓰기 시작했다. 그리고 베아트리체가 24세의 젊은 나이에 갑작스럽게

헨리 홀리데이, 〈베아트리체를 만난 단테〉

세상을 떠나자 단테는 그녀를 평생의 연인으로 기리게 된다. 상심에 빠진 단테는 베아트리체를 추억하며, 첫 만남부터 죽음에 이르기까지 그녀에 대한 자신의 사랑을 글로 썼는데, 이 작품을 엮어 발표한 것이 첫 작품《신생》이다. 단테는 이 작품이 베아트리체를 기념하고자 쓴 것이라고 분명히 밝혔는데, 훗날 불멸의 걸작이 될《신곡》은 이 작품부터 시작되었다.《신생》에서 단테는 '신이 허락하신다면, 지금까지 어떠한 여인을 위해서도 쓰이지 않은 작품을 베아트리체를 위해 쓰고 싶다'라고 썼기 때문이다.

단테가 살던 14세기 피렌체는 끊임없이 정쟁이 이어지던 시기였다. 단테는 시인의 영혼을 타고났으나 자신을 둘러싼 사회 현실에도 무심하지 않았으며, 행동가적인 기질도 지니고 있었다. 당시 피렌체에서는 교황을 지지하는 구엘피와 신성로마제국 황제를 지지하는 기벨리니가 대립하고 있었다. 1289년 6월 11일, 구엘피와 기벨리니가 캄팔디노 평야에서 격돌했는데, 단테는 이때 구엘피의 기병장교로 참전했다. 1295년에는 귀족의 공직 생활을 금지하는 '정의의 정령政令'이 완화되자마자 시의원에 출마할 자격을 얻고자 약제사 조합에 가입했고, 시의회 특별위원에 선출되었다. 1300년에는 피렌체의 최고위직인 시 행정위원 6인 중 한 사람으로 선출되는 등 순조로운 공직 생활을 해 나갔다.

단테가 사랑한 베아트리체

그러나 구엘피는 다시 백당과 흑당으로 분열하여 치열한 반목을 거듭했고, 이 상황에 휘말린 단테는 피렌체에서 추방당하는 신세가 된다. 당시 백당은 교황의 속박에서 벗어난 피렌체의 자치를 지지했고, 흑당은 교황 보니파키우스 8세의 정책을 지지하고 있었다. 이에 1301년 10월, 단테를 비롯해 두 명의 사절이 피렌체 시의회 대표로 교황에게 파견되었는데, 이때 교황은 사절들을 붙들어 놓고 프랑스의 샤를 백작으로 하여금 군대를 이끌고 피렌체로 진격하게 한다. 그리하여 이 위세를 등에 업고 교황파인 흑당이 피렌체의 정권을 탈취한다. 1302년 1월, 단테는 뇌물 수수 및 횡령 등 갖가지 죄목을 뒤집어쓰고 피렌체에서 영구 추방 선고를 받았다. 로마에서 피렌체로 돌아오던 중에 이 소식을 접한 단테는 어떤 항변도 하지 못했고, 추방자 신세가 되어 떠돌아다니게 된다. 망명 생활 초기에 단테는 다른 정치적 동지들과 함께 몇 차례 재기를 도모했으나 실패했고, 후일 죄에 대한 벌금을 물고 피렌체로 복귀해도 좋다는 사면령이 떨어졌으나 이에 불응하면서 결국 1321년 죽을 때까지 고향 땅을 밟지 못했다.

피렌체에서 추방된 단테는 여러 후원자에게 의존하면서 이탈리아 각지를 떠돌아다니며 《향연》, 《속어론》, 《제왕론》, 《신곡》 등을 집필했다. 그리고 1317년경에야 라벤나 영주 구이도 노벨로 다 폴렌타 공의 후원으로 라벤나에 정착할 수 있었다.

단테의 작품들은 그의 정치적 상황과 고전에 대한 연구를 토대로 이루어졌다고 볼 수 있다. 때문에 그가 처했던 당시의 시대적 배경과 그리스-로마 시대의 고전, 중세 신학적 이해가 바탕이 되지 않고는 이해하기가 어려워, 오늘날의 독자들이 쉽게 받아들이기 어려운 부분이 있다. 그러나 중세 최고의 시인으로 일컬어지는 단테의 작품이 뿜어내는 장엄하고 웅장한 아름다움, 눈앞에 그림을 그리듯 펼쳐지는 생생한 묘사, 곳곳에서 튀어나오는 유머 감각 등은 오늘날에도 단테의 작품을 즐겁게 읽을 수 있는 기회를 제공한다.

단테를 중세의 가장 위대한 시인이자 불멸의 시인의 자리에 올려놓은 《신곡》은 서양 문학의 시금석이자, 언어로 쓰인 가장 훌륭한 작품이라는 평을 받으며, 서구 문학가들의 경외를 받는 작품이다. T. S. 엘리엇은 '언어의 완벽함'을 보여 준 작품이라고 말하며, 이런 시인은 셰익스피어와 단테뿐으로, 그다음은 없다고 단언하기까지 했다.

《신곡》의 원제는 'La Comedia(희극)'이다. 아리스토텔레스는 슬픔에서 시작하여 행복한 결말로 끝나는 것이 희극이라고 했는데, 단테는 이 작품이 절망에서 시작되어 희망으로 끝나기 때문에 이런 제목을 붙였다고 한다. 우리나라에서 익숙한 제목인 '신곡神曲'은 일본 소설가 모리 오가이가 일본에 번역 소개할 때 사용했던 제목을 그대로 따온 것이다. 이 번역어는 조반니 보카치오가 이 작품을 '신적인divina' 작품이라고 극찬하면서 'La Divina Comedia'로 부른 데서 연유한 듯하다.

1971년 독일에서 발행된 단테 서거 650주년 기념 우표

《신곡》은 〈지옥〉, 〈연옥〉, 〈천국〉의 3부로 구성되며, 각부는 33개의 곡曲으로 이루어져 있고, 여기에 서시 1편을 더해 총 100편으로 이루어진 서사시이다. 단테가 1300년 4월 7일 부활절 직전의 성聖 목요일부터 일주일 동안 로마 시대의 시인 베르길리우스의 안내로 지옥과 연옥, 천국을 순례하는 내용이다.

> 인생 항로의 중반기에서 올바른 길을 벗어난 나는 어느 컴컴한 숲 속에 있었다.

《신곡》은 이 구절로 시작된다. 이 작품에서 단테는 35세인데, 이는 성경에서 사람의 수명을 70세로 본 데서 비롯된 인생의 중반기임을 뜻하는 동시에 사람이 태어나서 본래의 자리로 되돌아가는 전환점을 의미한 것이라

COMINCIA LA COMEDIA DI

1472년 이탈리아에서 발행된 《신곡》 속표지

볼 수 있다. 이런 단테 앞에 어두운 숲이 펼쳐져 있으며, 그 앞에는 표범, 사자, 암늑대 등 음란, 오만, 탐욕을 상징하는 동물들이 나타난다. 인생의 어둠 속에서 단테를 천국, 즉 희망으로 인도해 주는 이들은 그가 가장 존경하는 시인 베르길리우스(베르길리우스는 또한 기독교의 전령이기도 하다)와 일생의 연인 베아트리체이다. 기독교적 관점에 따라 대죄를 지은 인간들이 영겁의 벌을 받는 지옥, 지옥의 죄인들보다 다소 작은 죄를 지은 죄인들이 천국에 오르고자 죄를 씻는 연옥을 지나 단테는 마지막으로 천국에서 베아트리체를 만나고 지고천에 도달한다.

《신곡》은 단테가 1307년경 구상을 완성하고 집필하기 시작해, 그가 죽은 해인 1321년에 완성되었다고 한다. 단테는 《신곡》 〈천국〉 편에서 피렌체 시민이 자신을 계관시인으로 받아들여 주길 희망했으나, 1321년 라벤나 영주 구이도 노벨로 다 폴렌타 공의 사절로 베네치아에 다녀오던 길에 병으로 사망하면서 영영 피렌체로 돌아오지 못했다. 묘소는 라벤나에 위치한 성 프란체스코 성당에 쓰였다.

단테가 세운 가장 큰 업적은 오늘날의 이탈리어를 확립하고, 이탈리아어 문학의 가능성을 제시했다는 점이다. 당시 지식인 및 문학의 언어는 라틴어였으며, 이탈리아는 각 도시국가별로 저마다의 방언을 사용하고 있었다. 단테는 라틴어로 저술했으나 《속어론》에서 라틴어만이 유일한 문학어가 아니라며 유럽 각 지역 방언의 중요성을 역설하고, 이를 연구하여 문학어로서 이탈리아어의 가능성을 제시했다. 그는 이런 견지에서 《향연》과 《신곡》을 자신의 고향 언어인 토스카나 방언으로 썼으며, 이후 토스카나 방언이 이탈리아 지식인 사이에서 공용어처럼 사용됨으로써 오늘날 이탈리아어의 모체가 되었다.

007

르네상스 시대 가장 위대한 인문주의자

프란체스코 페트라르카

Francesco Petrarca(1304. 7. 20~1374. 7. 19)

❙ 이탈리아
❙ 14세기 철학가이자 시인으로 고대의 고전을 재발굴하여 르네상스 인문주의의 초석을 닦았다.
❙ 〈아프리카〉, 《나의 비밀》, 《칸초니에레》 등

페트라르카는 이탈리아의 학자이자 시인으로, 이탈리아어 시 형식과 유럽 인문주의 확립에 중대한 역할을 한 인물이다. 그는 고대의 고전을 재발굴하여 르네상스 인문주의의 초석을 닦았으며, 그의 사후 수백 년간 유럽 시문학의 전범이 되는 소네트 형식을 완성했다. 무엇보다 단테가 중세 기독교 신학의 토대 위에 있었다면, 페트라르카는 인간의 가능성을 찬미하고 종교적 차원에서 개인의 성취를 옹호하면서 기독교적 중세의 붕괴를 예견했다. 그는 신이 인간에게 지성을 부여한 것은 인간 조건을 개선하고 개인의 성취를 도모하는 데 쓰게 하기 위함이라고 여겼다. 페트라르카의 이런 태도는 르네상스 개화의 초석이 되었으며, 그는 가장 위대한 인문주의자,

최초의 현대인이라고 불린다.

프란체스코 페트라르카

프란체스코 페트라르카는 1304년 7월 20일 이탈리아 토스카나 주 아레초에서 태어났다. 아버지 페트라코로는 피렌체 정부에서 서기로 일했는데, 1302년 피렌체 정부가 백당과 흑당으로 분열하면서 치열한 반목을 거듭하던 끝에 흑당이 정권을 잡으면서 추방되었다. 때문에 페트라르카는 망명지에서 태어났다. 법률가였던 아버지가 일자리를 구하고자 도시를 떠돌아다니자 그는 인치자, 피사, 아비뇽 등에서 유년 시절을 보냈다. 14세 때 어머니를 잃었으며, 아버지의 뜻에 따라 12세 때 프로방스 몽펠리에 대학에, 16세 때 동생 게라르도와 함께 이탈리아 볼로냐 대학에 들어가 법학을 공부했다. 볼로냐 대학 시절 자코모 콜론나와 교유하였고, 이후 평생 우정을 나눈다.

또한 페트라르카는 학창 시절부터 시를 쓰고 고전 공부를 즐겼다. 당시 막 움트기 시작한 이탈리아어로 쓰인 시도 이 시기에 접한 것으로 여겨진다.

22세 되던 해 아버지가 세상을 떠나자 페트라르카는 가족이 살고 있던 아비뇽으로 돌아왔고, 이를 계기로 법학 공부를 그만두고 염원하던 문학의 길을 걷고자 한다. 그는 후원자들의 도움을 받아 고전 연구와 시 창작에 몰두했으나, 26세 무렵 경제적 이유로 하급 성직을 받고 추기경 조반니 콜론나를 섬기게 된다. 그는 약 17년간 콜론나의 아래에서 외교 사절 임무를 수행하며 이탈리아 전역을 비롯해 프랑스, 플랑드르, 브라반트, 라인란트 등지를 여행했다. 그러면서 교황청과 각지의 왕실에 보관된 방대한 장서를 탐독하고 분실된 고전 필사본들을 찾아냈다. 그중에는 로마 시대의 대정치가이자 웅변가인 키케로의 연설문 원전과 서간문집《아티쿠스에게 보내는 편지》, 아우구스티누스의《고백록》필사본도 있었다. 또한 리비우스의 작품을 편집하면서 최초로 고전 작가에 대한 학술 서적을 펴냈으며, 로마 시대 고전에 토대를 두고 쓴 서간문집《친숙한 것들에 대한 편지》,《구시대에게 보내는 편지》,《후대인들에게 보내는 편지》와 페트라르카 자신과 아우구스티누스의 대화 형식으로 이루어진 철학서《나의 비밀》등을 통해 라틴어 문학 형식과 활용, 고전 시대의 정신을 복원했다. 로마 역사에 등장하는 영웅들의 전기, 제2차 포에니 전쟁을 주제로 한 서사시〈아프리카〉등을 쓰기도 한다. 이렇게 라틴어로 쓰인 일련의 연구와 저작, 고전을 발견한 것은 유럽에서 고전 학문이 복원되는 데 크게 기여했으며, 르네상스 태동에 막대한 영향을 미쳤다.

페트라르카는 고대 학문 전통을 부활시켰을 뿐만 아니라, 라틴어로 쓰이던 시 전통에서 탈피해 이탈리아어로 된 시가 발전하는 데 큰 영향을 미쳤으며, 중세 연애시의 형태인 소네트 형식을 만들어 내면서 이후 유럽 시 문학의 방향을 결정지었다. 오늘날까지 최고의 서양 고전 중 하나로 꼽히는 시집《칸초니에레》는 근세 서사시의 전통을 쌓았으며, 페트라르카에게 불멸의 시인으로서의 명성을 가져다주었다. 이 시집은 라우라라는 여인에 대한 애정과 찬사를 노래하는 사랑의 시들과 몇 편의 정치시로 이루어져 있다. 23세 때 그는 아비뇽의 생 클레르 성당에서 라우라를 보고 사랑에 빠졌는데, 그녀의 신원은 페트라르카의 함구로 밝혀지지 않았으나 유부녀였다고 전한다. 페트라르카는 그녀와 거의 접촉도 없었다고 하지만, 그녀에 대한 플라토닉한 사랑을 토대로 이탈리아어로 된 연애시들을 썼다. 시인의 독백 형식으로 된 이 작품들에 대해 페트라르카 본인은 속어로 썼다며 멸시조로 이야기하곤 했으나, 죽을 때까지 수차례 반복해 고쳐 쓸 만큼 애정을 가지고 있었다.

페트라르카가 사랑한 여인 라우라

33세 때에 아비뇽의 보클뤼즈 지역에 한적하고 조용한 집을 마련한 뒤부터 이곳에서 저작 활동을 했으며, 이름이 알려지지 않은 여인과의 사이에서 아들 조반니를 낳았다. 그녀와의 사이에서는 7년 후 딸 프란체스카도 탄생한다.

36세 때는 로마 원로원으로부터 계관시인으로 추대되어 로마에서 지내다가 3년 후인 1343년에 아비뇽으로 돌아왔다. 이 시기에 그는 학자로서 고전 시대의 정신과 성직자로서 기독교적 정신이 상충되면서 사상적 위기를 겪었으며, 그로써 《나의 비밀》이 탄생했다고 한다. 신에게 이르는 길과 학문 사이에서 갈등하는 그의 고뇌가 담겨 있는 이 저작물은 중세 기독교 사회에서 르네상스 시대로 넘어가는 과도기적 상황에서 인문주의자의 종교적, 도덕적 시각을 표현한 대표적인 저작으로 꼽힌다.

로마에서 지내는 동안 페트라르카는 귀족 정치를 타도하고 로마 공화국을 부흥시키려는 콜라 디 리엔초를 지지하면서 아비뇽 교황청과 멀어졌다. 그러나 1347년 리엔초의 개혁이 실패로 돌아갔고, 페트라르카는 그동안 후

파도바의 연구실에서 집필하고 있는 페트라르카

원해 주던 콜론나 추기경과 관계가 완전히 단절되었다. 이후 그는 순례 및 학문 연구를 하고자 로마, 베로나, 페르마, 파도바 등지를 여행했으며, 교황청과의 관계를 회복하기 위해 노력했다. 또한 이 시기에 시인 보카치오를 만나 평생의 우정을 나누게 된다.

1353년경에는 밀라노 비스콘티 가문의 후원을 받게 되었으며, 이곳에서 그동안의 저술들을 정리, 퇴고했다. 1361년 초, 흑사병을 피해 파도바로 갔으나 이듬해 그곳까지 흑사병이 퍼져 다시 베네치아로 갔다. 베네치아 공화국은 위대한 시인을 환영하고 거처를 마련해 주었으며, 페트라르카는 그곳에서 딸 프란체스카의 가족들과 평온한 생활을 보냈다.

1370년, 페트라르카는 교황청과 관계를 회복하고 우르바노 5세에게 발탁되어 로마로 갔다. 이때 페라라 지역에서 뇌졸중을 일으켰는데, 그럼에도 이후 많은 저술들을 썼다. 1374년 7월 19일, 그는 파도바 근교의 아르쿠

아르쿠아에 있는 페트라르카 무덤

아 산장에서 지내던 중 뇌졸중으로 사망했다. 베르길리우스의 원고 더미에 머리를 묻고 죽어 있는 그를 함께 살던 딸 프란체스카가 다음 날 아침이 되어서야 발견했다고 한다.

008

이탈리아 르네상스 문학의 대표자

조반니 보카치오

Giovanni Boccaccio(1313?~1375. 12. 21)

| 이탈리아

| 단테, 페트라르카와 함께 이탈리아 문학의 3대 거장으로 꼽힌다. 중세의 신적이고 이상주의적인 문학 양식에서 벗어나 현실 세계에 근거한 인간의 희노애락을 다뤘다.

| 《데카메론》, 《일 필로스트라토》, 《일 필로콜로》, 《테세이다》 등

보카치오는 단테, 페트라르카와 함께 이탈리아 문학의 3대 거장으로 꼽히는 인물로, 이탈리아 르네상스 문학을 대표한다. 이들 세 사람은 중세와 근대 사이를 잇는 시점, 즉 르네상스 시대로 전환되던 시기에 활동하면서 르네상스 인문주의의 토대를 마련했다고 평가된다. 페트라르카가 이탈리아어 서정시집《칸초니에레》로 불멸의 시인이 되었다면, 보카치오는 설화 문학의 대가로 라틴어 방언과 이탈리아어를 구사한 작품을 남기면서 유럽 근대 문학의 발현을 이끌었다. 그가 쓴《데카메론》은 오랫동안 산문의 본보기로 일컬어졌으며, 이 작품의 사실주의는 형식과 내용 측면에서 문학을 새로이 정의하게 만들면서 근대소설의 선구로 칭해진다.

조반니 보카치오는 1313년경 상인이자 은행가인 보카치노 디 켈리노의 사생아로 태어났다. 태어난 곳에 대해서는 아버지 켈리노의 당시 행적에 따라 피렌체, 혹은 집안의 영지였던 피렌체 근교 체르탈도, 프랑스 파리 등 다양한 설이 있다. 어머니는 알려져 있지 않은데, 아버지가 파리에 있을 때 만난 한 지방 영주의 딸이라는 이야기도 있다. 서자였음에도 부유한 아버지의 보살핌 아래 자랐으며, 그가 7세 때 계모로 들어온 마르게리타 데 마르돌리에게도 사랑받고 컸다. 그는 마르게리타를 일컬어 자신의 삶에서 '믿을 만한 존재'였다고 말하기도 했다.

어린 시절 가정교사로부터 고전을 배웠으며, 14세 때부터 아버지의 일을 물려받고자 아버지의 기반 중 하나였던 나폴리의 바르디 가(13, 14세기 피렌체의 대표적인 금융 가문) 은행에서 금융과 교역 일을 배웠다. 그러나 어린 시절 단테에 심취해 있던 가정교사의 영향으로 그는 단테 같은 위대한 문인이 되고자 했으며, 평생토록 단테의 영향 아래 글을 썼다. 그는 만년에 단테의 전기를 집필하기도 하고, 피렌체의 교회에서 《신곡》을 강의하기도 할 정도였다.

조반니 보카치오

때문에 보카치오는 금융이나 회계에는 전혀 관심이 없었고, 나폴리에서 조토, 마르티니 등 화가와 작가, 학자들과 어울리며 사교 생활에만 몰두했다. 후일 보카치오는 이 시기에 금융 일을 배운 데 대해 "그 6년은 아무짝에도 쓸모없었다."라고 말할 정도였는데,

아버지 역시 그런 아들에게 실망하여 "저놈은 일은커녕 책만 사들인다."라고 불평했다고 한다.

아들이 상업에 소질이 없다는 것을 깨달은 아버지는 이번에는 법률을 공부시키고자 나폴리 대학에 보냈다. 이곳에서도 그는 법률 공부만 제외하고 다른 모든 일에 열중했는데, 특히 라틴어 고전과 프로방스 문학 연구에 심취했다. 또한 나폴리 왕 로베르토의 왕궁에 드나들면서 14세기 이탈리아 궁정 문화 및 궁정 문학 양식을 습득했다. 이때 페트라르카의 시를 접하고 이후 일생 그를 자신의 문학적 스승으로 삼는다.

20세 무렵 그는 로베르토 왕의 서녀였던 유부녀 마리아를 만났다. '피암메타(Fiammetta, 작은 불꽃)'라는 별칭으로 알려진 그녀는 이후 보카치오의 일생과 작품에 막대한 영향을 미친다(단테에게 베아트리체가 그랬던 것처럼 말이다). 보카치오는 결혼을 하지 않았으나, 몇 차례의 연애를 통해 다섯 자녀를 얻었고, 이들을 모두 자신이 거둬들여 길렀다.

1340년, 바르디 은행이 파산하면서 보카치오는 피렌체로 돌아왔다. 나폴리 시절부터 시와 산문을 집필했던 보카치오는 아버지의 사업이 어려워진 뒤에야 아버지의 후원 없이 궁정 생활을 누리고 문인으로서의 경력을 쌓기 어렵다는 것을 깨달았다. 이에 그는 여러 후원자를 찾아다니며 몇몇 가문에서 일하면서 글을 쓰고 사교 생활을 했다. 초기에는《디아나의 사냥》, 《일 필로스트라토》,《일 필로콜로》,《테세이다》,《피암메타 부인의 비가悲歌》등 그리스 신화의 모티프를 바탕으로 하여 기사도나 연애를 다룬 서사시와 (단편소설이라 불릴 만한) 산문 작품을 주로 썼다. 하지만 보카치오는 고전학자로서는 뛰어났으나 언어를 아름답게 사용한다는 측면에서는 그리 뛰어나다고 할 수 없었다. 이때의 작품들은 그저 그런 통속연애 작품에 불과했다. 그럼에도 그의 소설 양식은 대중에게 신선하게 받아들여지면서 큰

니콜라 푸생, 〈페스트〉

인기를 끌었다. 또한 다소 투박하고 어설퍼도 이때 이미 현대적인 사실주의 기법을 구사하기도 했다. 예컨대 그의 작품 속 여성들은 14세기 이탈리아 여성의 실물 모습 그대로였다(이런 부분을 인정하면서 후대의 많은 문학사가들은 이에 대해 '사실주의적 불협화음'이라고 칭했다).

이 시기는 피렌체 역사상 가장 질곡이 많은 시기였다. 1346년에는 대기근, 1348년에는 페스트가 창궐한 것이다. 10만이었던 피렌체 인구가 절반으로 줄어들었다고 할 만큼 페스트는 중세 유럽에서 악명 높은 질병이었고, 모든 사람들이 자신이 죽을 것이라고 생각했다고 한다. 보카치오 역시 아버지와 어머니를 비롯해 수많은 친구들을 잃었으며, 그 자신도 죽음과

존 윌리엄 워터하우스, 〈데카메론 이야기〉 《데카메론》은 페스트가 창궐한 피렌체를 배경으로, 이를 피해 모인 사람들이 이야기하는 형식을 취한다.

데카메론
'데카메론decameron'이라는 단어에는 그리스어로 10이라는 뜻이 담겨 있다.

무관하지 않다고 여겼을 것이다. 그러면서 그는 기사와 숙녀의 연애담이 아닌 인간에 대한 이야기를 창작하는 방향으로 선회하기 시작한다.

단테의 《신곡神曲》에 비견되며 '인곡人曲'으로도 일컬어지는 《데카메론》은 페스트 창궐 이듬해부터 집필을 시작해 1353년에 완성했다. 《데카메론》은 '사람이라면 누구나 비탄에 빠진 사람들을 동정할 줄 알아야 한다'라며 페스트가 퍼진 피렌체 풍경을 묘사하면서 시작한다. 이 작품은 1348년 피렌체에 페스트가 만연하자 이를 피하고자 피에솔레 언덕으로 피난 간 사람 10명이 열흘간 매일 돌아가며 다양한 이야기를 들려주는 형식을 취하고 있다. 총 100편의 이야기가 담겨 있는데, 이야기 대부분이 보카치오의 순수 창작이 아니라 마치 《아라비안 나이트》처럼 많은 나라에서 떠돌던 이야기들을 수집하여 보카치오식으로 재탄생시킨 것이다. 사랑과 욕망, 행복, 운명과 같은 인간의 삶을 일상적인 풍경으로 풀어낸 이 작품은 매우 세속적이면서 조잡하고 음탕하리만큼 솔직하다. 문체 역시 이에 맞추어 격조 높은 산문체가 아니라 사실적이고 평범한 문체를 사용하고 있다.

19세기 이탈리아 문예 평론가 프란체스코 데 상크티스는 《데카메론》을 일컬어 '문학적 대이변'이라고 일컬었다. 복잡한 운문 형식으로 신의 거대한 세계를 쌓아올린 단테와 달리, 보카치오는 사실적 언어로 현실 세계에 근거한 인간의 희노애락을 다루며 중세의 신적이고 이상주의적인 문학 양식에서 벗어났기 때문이다. 《데카메론》은 문학의 주제를 인간과 사회로 전환시킨 일대 전환점이었으며, 이에 맞추어 일상 언어로 현실 세계의 모습을 사실적으로 묘사하면서 산문소설의 형식까지 바꾸었다. 즉 근대소설이 탄생될 장을 마련한 것이다. 또한 많은 문학 작품들이 라틴어로 쓰이고 이탈리아어는 속어로 폄하되던 시기에, 그는 이 작품을 이탈리아어로 쓰면서 이탈리아 문학의 지평을 열었다.

《데카메론》은 인문주의의 이상이 만연하던 당시에 저속성으로 말미암아 냉담한 평가를 받았지만, 일반 서민에게는 큰 인기를 끌었다. 인쇄술이 등장하기 전, 종이도 귀했던 시대에 거리의 사람들이 둘 이상만 모여도 이 이야기를 했다고 하니 그 인기가 어땠을지 짐작하기 어렵지 않다.

그러나 보카치오는 《데카메론》 이후 소설이나 시는 거의 쓰지 않고 학술적 연구 저작들을 쓰는 데 몰두했다. 여기에는 라틴 고전 문학에 정통한 학자이자 시인이었던 페트라르카와의 만남이 큰 영향을 미쳤다. 《단테의 생애》, 《이교 신들의 계보》, 《유명인들의 운명에 관하며》, 《산, 숲, 새, 호수,

강, 늪, 습지, 바다의 이름에 대하여》 등 그가 남긴 연구 저작들 역시 이탈리아 인문주의에서 대단히 중요한 위치를 차지한다.

1920년 영국에서 발행된 《데카메론》 속표지

그런 한편 1350년경부터 피렌체 혁명이 일어날 때까지 약 10년간 피렌체의 외교 사절로서 로마를 비롯한 유럽 각국의 제후들을 방문했으며, 피렌체 시의원으로 일하고, 롬바르디아 대사로 파견되기도 했다. 1360년 피렌체 혁명이 일어나면서 정국이 혼란스러워지고 친구들이 처형되자 보카치오는 체르탈도, 라벤나 등으로 몸을 피했다. 그리고 1363년에야 체르탈도로 돌아와 다시 피렌체 외교 대사로 활동했다. 1370년부터는 건강이 악화되어 정치 생활 및 사교 생활을 그만두고, 체르탈도에서 은거하다가 1375년 12월 21일 숨을 거두었다.

009

해학적 필치로 일상을 그린 영문학의 아버지

제프리 초서

Geoffrey Chaucer(1343?~1400. 10. 25)

| 영국
| 프랑스 시의 작시법을 영어에 적용한 최초의 작가로 영문학의 아버지로 일컬어진다. 인간에 대한 깊은 통찰과 해학적인 필치가 특징이다.
| 〈공작부인의 책〉, 《영예의 궁전》, 《새들의 의회》, 《트로일루스와 크리세이드》, 《캔터베리 이야기》 등

초서는 영국의 시인으로, 근대 영시의 창시자이자 영문학의 아버지로 일컬어진다. 런던 지방 방언으로 문학 작품을 쓰기 시작한 최초의 작가로, 앵글로 색슨의 문화적 바탕 위에 유럽의 문학 양식을 접목시켜 영시의 기초를 닦았다. 그는 프랑스 시의 작시법을 영어에 적용함으로써 영어를 보다 세련된 문학어로 만들고, 각지의 방언이 난립하던 중세 후기에 문학적 표준이 되는 영어의 기초를

제프리 초서

세우면서 영문학의 초석을 놓았다. 이후 영문학은 유럽 문학과 밀접한 관계를 가지고 움직이기 시작한다.

제프리 초서는 1340년대 초 영국 런던에서 대대로 포도주 도매업을 하는 부유한 집안에서 태어났다. 일찍부터 라틴어와 프랑스어, 자연과학, 고전 등 고급 교육을 받으며 자랐으며, 17세 무렵에는 에드워드 3세의 차남 라이오넬의 아내인 얼스터 백작부인의 수행원으로 일했다. 당시 상인이나 지식인 계층에서는 자녀들을 귀족 가문에 수행원으로 들여보내 왕실의 고급 교육을 받게 하고 후일의 사회적 성공을 위한 인맥을 맺게 하는 일이 많았다. 초서는 백작부인의 수행원으로 활동하며 영향력 있는 귀족들과 친분을 쌓았다. 그리고 귀족들의 사교 모임에서 시를 짓고 고전을 낭독하면서 문학의 세계에 발을 들여놓았다.

초서는 궁중에서 유행하던 프랑스 시 〈장미 이야기〉를 영역하기도 하고, 기사도와 궁정 연애를 주제로 한 〈공작부인의 책〉이라는 시를 쓰기도 했다. 〈공작부인의 책〉은 1369년 후원자였던 랭커스터 공작부인 블랑슈의 죽음을 애도하고자 쓴 장시이다. 프랑스 문학 양식이 엿보이고 묘사 방식이 인습적이지만, 초서 작품의 특징이라 할 만한 해학적이고도 자연스러운 필치, 인물의 개성 어린 묘사 등이 드러나기 시작한 작품이다. 그는 이 무렵 이미 프랑스 시의 형식을 영어에 접목하는 방법을 고민하고 있던 것으로 보인다.

1359년, 당시는 백년전쟁(프랑스와 영국 간에 벌어진 왕위 쟁탈 전쟁)의 초기로, 에드워드 3세가 프랑스를 침공하고자 영국 해협을 건넜다. 초서는 랭스 공방전에 참전했다가 프랑스군에 포로로 사로잡혀 몸값을 주고 풀려났다. 그리고 얼마 후 프랑스와 영국의 평화협정 사절로 파견되었다. 이 시기부터 초서는 고위 공직 생활을 영위한다. 어린 시절부터 궁중 생활을 해서 궁정 문화에 정통한 데다 뛰어난 지력과 활동력을 갖추고 있었으며, 왕비의 수행원이었던 아내가 왕실의 신임을 받은 덕분이기도 했다.

초서는 1360년대 중반 에스파냐, 플랑드르, 프랑스 등지에 외교 사절로 파견되었으며, 1374년에는 런던 항구의 세관 담당자로 임명되었다. 그를 신임했던 에드워드 3세가 죽고 리처드 2세가 왕위를 이은 다음에도 웨스트민스터, 런던 탑 등 국가적 공사 책임자로 임명되었으며, 치안판사직도 역임했다. 리처드 2세를 퇴위시키고 왕위에 오른 헨리 4세 시절에도 직위와 연금을 보장받았으며, 죽은 뒤에는 웨스트민스터 사원에 묻혔다. 평민으로서 웨스트민스터에 묻힌 인물은 초서가 최초였다.

서더크 대성당 스테인드글라스에 있는 초서의 초상

초서는 공직 생활을 하면서도 많은 작품을 쓰고, 유럽의 고전 및 문학 작품들을 영어로 번역했다. 대표적으로 《영예의 궁전》, 《새들의 의회》, 《트로일루스와 크리세이드》 등의 시집이 있으며, 고대 로마의 철학자 보이티우스의 《철학의 위안》 등을 번역했다. 작품 생활 초기에는 당시 영국 궁중에서 유행하던 프랑스 문학의 영향을 많이 받았으나 후일 이탈리아에 외교 사절로 갔다가 보카치오와 단테의 작품을 접하면서 이탈리아 문학에서 큰 영향을 받았다. 특히 보카치오의 《데카메론》은 초서의 대표작으로 꼽히는 《캔터베리 이야기》의 서사 방식과 구조에 많은 영향을 미쳤다. 초서는 보

1475년 영국에서 발행된 《캔터베리 이야기》 속표지

카치오의 《테세이드》를 요약하여 중세의 로맨스로 재탄생시키기도 했는데, 이 작품은 후일 《캔터베리 이야기》 속에 '기사 이야기'로 삽입되기도 한다. 또한 보카치오의 《일 필로스트라토》를 번안하여 중세 로맨스로 재탄생시켰는데, 이 작품이 《트로일루스와 크리세이드》이다. 이들 작품에서도 초서 특유의 인간미와 유머 감각, 해학적인 필치가 생생하게 살아 있고, 등장인물들의 개성이 강렬하고 입체적이어서 원작과는 그 모습이 완전히 다르다. 때문에 단순한 모방을 뛰어넘은 역작으로 평가된다.

초서의 대표작이자 영문학의 고전인 《캔터베리 이야기》는 1387년부터 집필을 시작했다. 당초 120편으로 구상했으나 초서의 죽음으로 총 24편만이 쓰여 미완성으로 남았지만, 이 작품은 후일 중세 유럽 문학의 기념비적인 걸작으로 꼽힌다.

어느 해 봄, 순교자 토마스 베케트의 묘소가 있는 캔터베리 대성당으로 참배하러 떠난 사람들이 런던 남부 서더크에 있는 한 여관에 묵게 된다. 여관 주인을 포함해 총 31명의 순례자들이 한 명씩 이야기를 들려주는 형식으로, 중세 사회의 최상위 계층인 기사부터 수녀원장, 수도사, 상인, 대학생, 변호사, 의사, 농부, 방앗간 주인, 면죄부 판매인, 최하층인 거지에 이르

《캔터베리 이야기》의 배경이 된 캔터베리 대성당

기까지 다양한 계층의 사람들이 각자의 성격과 삶의 방식에 따라 교훈적인 이야기부터 음담패설까지 다채로운 이야기를 쏟아낸다. 각 이야기들은 일견 두서없어 보이지만, 작품 전체적으로는 유기적으로 연결되어 있다. 무엇보다 인물 하나하나는 외모, 성격, 말투에 이르기까지 모두 제각기 다른 방식으로 생생하게 묘사되어 있다. 영국의 신비주의 화가이자 시인인 윌리엄 블레이크는 "초서의 인물들은 수세대에 걸쳐 살아 있다. 우리는 모두 캔터베리로의 순례자들이다. 우리는 모두 《캔터베리 이야기》 속 등장인물 가운데 하나의 모습을 하고 있다."라고 말하기까지 했다.

《캔터베리 이야기》는 중세 설화 문학의 모든 장르가 집약된 작품으로,

윌리엄 블레이크, 〈캔터베리 순례자들〉

종교, 가치관, 풍속, 사회제도, 문화 등 당대 영국의 사회상을 통찰력 있게 조망하여 '중세의 파노라마'라고도 불린다. 또한 초서는 무엇보다 해학적인 필치로 인간과 인생에 내포된 희비극과 인간의 심리를 묘사하는 데 탁월했는데, 《캔터베리 이야기》를 계기로 문학은 그때까지 일상생활에서 동떨어진 지식인의 언어로 쓰이던 데서 탈피해 일상 언어로 일상생활을 묘사하는 방향으로 나아가게 된다. 초서는 이 작품을 통해 모국어인 영어의 문학적 표현력을 확장시켰으며, 문학의 표현 방식, 즉 문학의 기준을 재규정했다. 때문에 이 작품은 중세와 르네상스 문학의 교량이자 현대 서사시의 초석으로 평가받는다.

김시습

우리나라 최초의 소설은 조선 시대 문인 김시습의《금오신화》이다. 고려 시대 설화와 패관 문학, 가전체 문학이 토대가 되어 조선 전기 서사 문학이 꽃피었고, 최초의 한문소설인《금오신화》가 탄생하면서 우리나라 소설의 역사가 시작되었다.

김시습은 1434년(세종 16) 한양 성균관 근처에서 태어났다. 한국 역사에서 대표적인 천재로 꼽히는 그는 태어난 지 8개월 만에 글을 깨쳐, 집안 어른이《논어》의 '배우고 때때로 익히면 즐겁지 아니한가學而時習之 不亦悅乎'라는 글귀를 따서 '시습時習'이라는 이름을 지어 주었다고 한다. 3세 때 시를 지었고, 5세 때《중용》,《대학》을 익혔다. 이 소문을 들은 세종의 부름에, 왕의 앞에서 즉흥적으로 시를 척척 지어 '학문이 성취되기를 기다려 훗날 크게 쓰겠다'라는 칭찬과 비단 30필을 하사받을 만큼 신동으로 이름을 날렸다. 그러나 가난한 집안에서 태어나 어려운 형편에서 자란데다 단종 폐위라는 시대의 질곡을 거치며, 방랑과 은둔으로 파란만장한 생을 지냈다.

15세 때 어머니를 여의면서 외가에 보내졌으나 3년 만에 길러 주던 외숙모가 죽자 한양 집으로 돌아왔는데, 당시 아버지까지 중병을 앓고 있었다. 18세 때 남효례의 딸과 혼인했으며, 21세 때 수양대군이 조카 단종의 왕위를 찬탈하는 계유정난이 일어나자 사흘간 통곡한 끝에 보던 책을 모두 불사르고 승려가 되어 10년간 전국을 방랑했다. 사육신이 처형되자 이들의 시신을 그러모아 노량진 가에 임시로 묻어 준 사람이 김시습이라고 전한다.

31세 때에는 경주의 금오산에 집을 짓고 은둔했으며, 이때부터 매월당梅月堂이라는 호를 썼다. 이곳에서 쓴 대표적인 작품이《금오신화》이다. 독립된 단편들로 이루어진 이 책의 내용 중 현재 전하는 것은 〈만복사저포기〉, 〈이생규장전〉, 〈취유부벽정기〉, 〈용궁부연록〉, 〈남염부주지〉 등 5편뿐이다. 이 이야기들은 전기소설傳記小說의 형식을 띠고 있으며, 현실 세계의 제도와 인습, 전쟁, 인간의 운명 등에 대항하는 의지적 인간을 그리고 있다. 여기에는 역사적 격변기를 살아간 김시습의 체험이 반영되어 있다고 여겨진다. 사건 구조가 단순하고 문학적인 형상화가 빈약한 가전체 소설보다 발전된 구조와 문학적 형상화로 최초의 소설로 꼽힌다.

일평생 방랑과 은거를 거듭하면서 학문을 연구하고 글을 썼으며, 때로는 후학을 양성했다. 마지막 거처인 충청도 홍산 무량사에서 59세의 나이로 병사했다. 남긴 작품집으로는 유람기《탕유관서록》,《탕유관동록》,《탕유호남록》과 기행 시집《매월당시사유록》, 소설집《금오신화》, 율곡 이이가 그의 작품들을 한데 묶어 발간한《매월당집》이 있다. 유불도에도 정통했던 김시습은《십현담요해》,《묘법연화경별찬》 같은 불교 저술도 남겼다.

010

프랑스 르네상스 문학의 대표 작가

프랑수아 라블레

François Rabelais(1483?~1553. 4. 9)

- 프랑스
- 풍자소설 《가르강튀아와 팡타그뤼엘》을 통해 16세기 중반 유럽의 제반 문제 및 사상을 다루었다.
- 《가르강튀아와 팡타그뤼엘》 등

프랑수아 라블레

라블레는 몽테뉴와 더불어 16세기 프랑스 르네상스 문학의 대표 작가이자 대표적 지식인이다. 소설 문학의 아버지로 꼽히며, 프랑스 문학은 그의 등장 전후로 구별된다고 할 정도로 프랑스 문학에 가장 큰 영향을 미친 작가이다. 《가르강튀아와 팡타그뤼엘》로 통칭되는 라블레의 작품은, 그리스-로마의 고전에 능통한 인문주의자답게 철학적 사변과 지적 탐구, 해학과 풍자가 절묘하게 혼합되어 있으며, 프랑스 르네상스의 정신과 태도를 담고 있다고 평가된다. 빅토르 위고는 라블레를 '인간 정신의 심연'이라고 일컬었으며, 발자크는 '피타고라스, 히포크라테스, 단테를 요약한 인류의 위대한 정신적 스승'으로 추앙했다.

프랑수아 라블레의 생애에 대해서는 정확하게 알려진 바가 거의 없다. 15세기 말 프랑스의 투렌 주 쉬농 인근의 라 드비니에르에서 태어났다고 한다. 파리 생 폴 공동묘지의 묘지석에는 1553년 4월 9일 70세를 일기로 떠났다고 기록되어 있어, 이를 근거로 1483년에 태어났다고 추정하지만, 이 역시 논란의 여지가 많다. 집안은 대대로 부농 집안이었으며, 아버지 앙투안 라블레는 변호사였다.

성장 과정에 대해서도 알려진 것이 거의 없다. 다만 프란체스코회와 베네딕토회에서 약 15년간 수도사 생활을 하면서 그리스어와 그리스 시대의 고전을 연구했다고 알려져 있다. 프란체스코회를 나와 베네딕토회로 옮겨간 데는 제약 없이 깊이 있고 폭넓은 연구를 하기 위해서였다고 한다. 독일에서 시작된 루터의 종교개혁은 점차 전 유럽으로 확산되었는데, 소르본 대학 신학부는 성서의 자의적인 해석을 막는다는 명분으로 수도원에서의 그리스어를 비롯한 고대 이교의 사상과 문헌 연구를 금지했다. 엄격한 풍조로 유명했던 프란체스코회는 모든 그리스어 문서들을 압수할 만큼 강압적이었기 때문에 보다 자유로운 베네딕토회로 옮겼다는 것이다. 베네딕토회 수사 시절 라블레는 당대 가장 학식 높기로 명망 높았던 대수도원장 조프로아 데스티삭 아래에서 연구했으며, 그의 수행비서로 이탈리아 전역을 여행하기도 한다.

라블레는 수사 시절에도 시인과 법률가들이 주로 모이는 문예 살롱에 드나들면서 로마 시대의 고전과 철학, 고대 문화, 법률을 익혔을 만큼 학문에

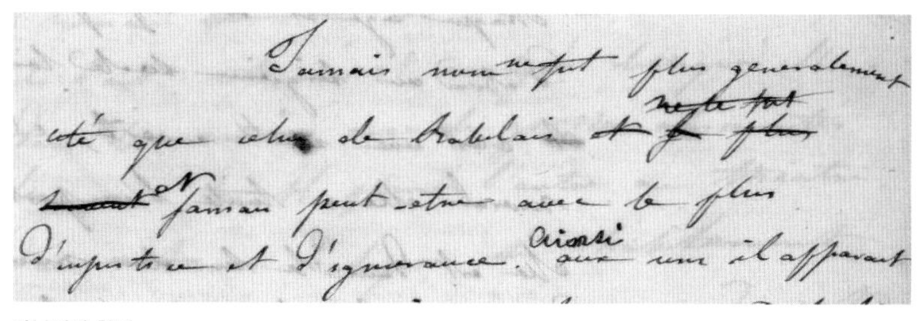
Jamais nom ne fut plus generalement
cité que celui de Rabelais et plus
Jamais peut-être avec le plus
d'impertinence et d'ignorance. Ainsi aux uns il apparait

라블레의 친필

대한 열정이 대단했다. 결국 그는 학문을 닦고자(혹은 쾌활하고 자유로운 성정이었던 그가 수도원의 생활을 답답해했기 때문이라고도 한다) 수사 생활을 그만두고 대학 도시를 돌아다니며 다양한 학문을 쌓았다. 푸아티에에서 법학, 파리 대학에서 기계학을 공부했으며, 특히 몽펠리에 대학에서는 의학을 공부했는데, 보통 2년이 걸리는 의과 과정을 두 달 만에 마치고 의사 자격시험을 통과했다고 한다. 이후 리옹 시립병원에서 의사로 근무하면서 리옹 대학에서 공개 해부, 공개 의학 강의 등을 하며 의학자로서 활발하게 활동했다. 또한 추기경 뒤 벨레의 주치의로 일하면서 몇 차례 로마를 오가기도 했다.

지적 욕망이 남달랐던 라블레는 당대 유럽 전역에서 이름을 떨치고 있던 인문학자 에라스뮈스를 존경했으며, 종교 개혁에도 지지를 보냈다. 따라서 그는 라틴어와 그리스어로 된 많은 서적들을 편집해 출간했다. 1532년에는 히포크라테스 및 갈레노스 문집에 주석을 달아 편찬하고, 이탈리아의 의학자 조반니 마나르디의 의학 서한이나 히포크라테스의 《격언집》과 같은 고대 고전들을 번역하여 간행하기도 했다.

세계 문학사상 가장 난해하면서도, 전통적인 문학 장르로 규정할 수 없을 만큼 독창적인 작품으로 평가받는 통칭 《가르강튀아와 팡타그뤼엘》 연작 5편도 이 시기부터 편찬하기 시작했다. 이 작품은 프랑스 민간 설화 중 하나인 거인 가르강튀아와 그의 아들 팡타그뤼엘의 기이한 일화들을 모아 놓은 풍자소설로, 라블레는 당시 민중에게 인기를 끌던 《가르강튀아 대연대기》를 자기식으로 이리저리 고쳐 쓰기 시작하면서 이 작품을 착상했다고 말했다. 이 작품은 상상과 현실을 오가며, 비논리적이고 과장된 일화들이 비연속적, 비논리적으로 뒤죽박죽 얽혀 있어 전통적 의미의 소설이라고 하기는 어렵다. 하지만 각 일화들이 삽화적으로 뒤섞여 있지만, 기본적으로 주인공의 출생과 성장, 사회에서 위업을 닦아 나가는 과정을 묘사하는 기사도소설의 얼개 속에서 이야기가 전개됨으로써 소설이라는 새로운 장르의 주춧돌을 놓았다고 평가받는다.

《가르강튀아와 팡타그뤼엘》은 하나같이 방종하고 요란하게 인생의 즐거움에 탐닉하는 인물들의 황당무계할 만큼 기이한 사건들의 모음이라 할 만하다. 일견 중세의 조잡한 판타지 소설 같지만, 라블레는 수도사이자 학자로서 자신의 모든 지식과 사변을 쓸어 담아 넣어 당대의 도덕적, 신학적, 철학적 갈등 등에 대한 문제를 제기한다. 즉 군국주의, 천박한 물질주의, 가톨릭 교단의 부패 등을 해학을 통해 비판하고 있는 것이다. 때문에 이 작품은 철학적인 지혜와 무의미한 논쟁, 터무니없을 만큼 기이한 이야기와 시적인 장엄함, 경건함과 불경스러움, 외설과 아름다움이 한데 뒤섞여 그로테스크한 에너지를 뿜어내면서, 라블레를 서양 문학사상 최고의 독창적인 풍자문학가로 자리매김하게 했다. 그는 후일 서양 풍자의 거장들, 즉 세르반테스, 조너선 스위프트, 제임스 조이스, 토머스 핀천 등에게 막대한 영향을 미쳤는데, 러시아의 인문학자 미하엘 바흐친은 이런 영향력을 언급하면서 "라블레는 프랑스 문학과 문학적 언어의 운명, 세계 문학의 운명에도 영향을 미쳤다."라고 평가했다.

이 책은 단순히 일세를 풍미한 하나의 풍자소설로 취급되지 않는다. 프랑스 르네상스기의 한 시대, 즉 30여 년간 당대 유럽의 여러 문제 및 사상을 다루고 있는 저작 모음으로, 인본주의에 입각해 중세 신학 제도를 비판하고, 인간성과 학문의 진보를 믿고 그 이상을 설파한 저작으로 여겨지면서 그 가치를 인정받고 있다.

Pantagruel.

Les horribles et espouēta=
bles faictz & prouesses du tresrenōme
Pantagruel Roy des Dipsodes/
filz du grand geāt Gargan=
tua Cōposez nouuelle=
ment par maistre
Alcofrybas
Nasier.

¶ On les vend a Lyon en la maison
de Claude nourry/dict le Prince
pres nostre dame de Confort.

1532년 프랑스에서 발행된 《팡타그뤼엘》 속표지

《가르강튀아와 팡타그뤼엘》은 총 5편의 연작으로, 1532년 첫 권 《제2서 팡타그뤼엘》이 출간된 후 1552년까지 순차적으로 《제1서 가르강튀아》, 《제3서 팡타그뤼엘》, 《제4서 팡타그뤼엘》이 출간되었다. 이 책들은 나오자마자 민중에게 엄청난 인기를 끌었으나, 외설적이고 이단적인 내용으로 교회의 금서 목록에 올라 얼마 후 판매금지 처분을 받았으며, 라블레는 이단 혐의로 몇 차례 교회 재판에 회부되었다. 하지만 존경받는 학자이자 수단 좋고 입심 좋았던 라블레는 무수한 공격들을 막아 내고 재판정에서 스스로를 변호하면서 위기를 모면했고, 그때그때 영리하게 왕족, 귀족, 추기경들의 비호를 받으면서 이 책들을 세상에 내놓았다. 무엇보다 그의 큰 비호자는 뒤 벨레 추기경이었다. 라블레는 수도원에서 환속한 죄를 교황으로부터 사면받고 생크리스토프 뒤 장베와 뫼동의 주임사제직에 임명되기까지 한다.

그러나 1545년 프랑수아 1세가 화형재판소를 설치하면서 신교에 대한 종교 탄압이 격화되자, 라블레는 결국 이듬해 무렵 신성로마제국의 영토였던 메츠로 피신해 신교도 제후들의 보호를 받기에 이른다. 1552년《팡타그뤼엘 제4권》이 출간되었을 때 소르본 대학 신학부의 고발로 투옥당했다는 소문이 퍼지기도 했으나 진위는 확인되지 않았다. 다만 이듬해 1월에 두 곳의 주임사제직에서 물러나기는 했다. 그리고《팡타그뤼엘 제5권》은 그가 죽은 지 9년 만인 1562년에야 출간될 수 있었다.

만년의 라블레는 뒤 벨레 추기경의 별장에서 전원생활을 즐기다가 1553년 4월 파리에 돌아와 사망했다고 한다.

011

날카로운 비판 정신의 모럴리스트

미셸 드 몽테뉴

Michel Eyquem de Montaigne
(1533. 2. 28~1592. 9. 13)

Ⅰ 프랑스
Ⅰ '나는 무엇을 아는가'라는 명제 아래 날카롭고 철저한 자기 비판적인 수필을 남기며 모럴리스트 문학의 토대를 쌓았다.
Ⅰ 《수상록》, 《여행기》 등

미셸 드 몽테뉴

몽테뉴는 16세기 프랑스 문학을 대표하는 문학가이자 사상가, 교육학자이다. 16세기 후반 종교개혁으로 광신적인 종교 투쟁의 와중에서 신교도와 구교도 간의 대립을 조정했으며, 급변하는 과학 발달로 말미암아 그때까지의 상식이 붕괴되자 인간 이성의 한계를 주장했다. 그러나 이는 회의주의적 관점에서가 아니라 이를 바탕으로 독단을 피하고 '나는 무엇을 아는가Que Sais-je?'라는 태도로 모든 대상에 대해 비판적 사고를 지녀야 한다는 사고방식이다. 몽테뉴는 이런 사고를 기반으로 인생에 대한 고찰을 추상화한《수상록》을 남기면서 문학사에 '에세(수필)'라는 형식을 창안했다. 이 작품은 프랑스에 모럴리스트 전통을 구축했으며, 17세기 이래 프랑스 문학, 유럽 각국의 문학에 큰 영향을 끼쳤다.

미셸 드 몽테뉴는 1533년 2월 28일 프랑스 남부 페리고르 지방의 몽테뉴 성에서 태어났다. 그의 집안은 보르도에서 살아 온 부유한 상인 가문으로, 증조부 때 남작령에 해당하는 몽테뉴 성과 영지를 사들이면서 귀족이 되었다. 군인이었던 아버지 피에르 에캠은 프랑수아 1세의 이탈리아 원정에 종군하기도 했으며, 보르도 시장을 역임했다. 또한 문학과 예술, 철학을 사랑하여 아들이 말을 배우기 시작하자마자 당시 지식인들에게 필수적이었던 라틴어를 가르치고, 6세 때 라틴어로 유창하게 대화할 수 있는 수준이 되자 그제야 프랑스어를 가르쳤다고 한다. 어머니는 스페인계 유대인으로, 몽테뉴는 이들 사이에서 태어난 8남매 중 맏이이다.

몽테뉴는 보르도의 기옌 중등학교를 거쳐 툴루즈 대학에서 법률을 공부하고 21세 때 페리괴의 조세재판소에서 판사로 일했다. 아버지 피에르가 보르도 시장이 되면서 자신의 법원 판사직을 내놓고 아들에게 자리를 물려준 것이었다. 얼마 후 조세재판소가 보르도 고등법원에 합병되면서 자리를 옮겨 1570년까지 일했다. 아버지의 후원으로 약 15년간 법관 생활을 했으나 몽테뉴는 법관이라는 직업에 잘 맞지 않았다. 법률 자체와 그 운용에 있어서 수많은 모순점이 있음을 깨달았으나 자신이 그것을 개혁하기 어렵다는 것을 알았기 때문이다. 이 시기 그에게 영향을 준 것은 오직 문필가이자 언어학자였던 판사 라 보에티와의 우정이었다. 자신의 길을 찾지 못하고 방황하던 몽테뉴는 가톨릭 금욕주의자였던 라 보에티에게 많은 영향을 받

몽테뉴가 바스티유 감옥에서 수감 생활을 했을 당시 쓴 일기

았는데, 라 보에티가 젊은 나이에 이질로 요절하면서 큰 상처를 받았다.

1565년, 보르도 고등법원 판사의 딸인 프랑수아즈 드 라 사세뉴와 결혼했고, 그녀와의 사이에서 6명의 딸이 태어났으나 한 아이를 제외하고 모두 어려서 죽었다. 몽테뉴는 친구 라 보에티가 죽은 후 방황을 거듭하면서 숱한 연애를 했는데, 중매로 결혼한 라 사세뉴에게는 별다른 애정을 갖지 않았다.

1568년, 아버지가 세상을 떠나자 작위를 잇고 몽테뉴 영주가 되었으며, 이듬해 생전 아버지가 요청했던 에스파냐의 신학자 레몽 드 세봉의 라틴어 학술서《자연신학》을 번역해 펴냈다. 그리고 이듬해에는 저술에 집중하고자 법원을 그만두고 몽테뉴 성의 탑에 틀어박혀 만 권의 책에 파묻혔다고 한다. 그 탑에는 다음과 같은 라틴어 글귀가 새겨져 있다.

> 예수 기원 1571년, 38세의 나이에, 오래전부터 법원과 공직의 예속 생활에 지친 미셸 드 몽테뉴가 박식한 처녀들(뮤즈)의 품 안에 쉬노라.

몽테뉴의 대표적 저술이자 그를 문학사에 길이 남게 한 수필집《수상록 Essais》은 이곳에서 탄생했다. 원제 '에세'는 당시의 시험, 시도, 경험 등을 의미한다. 이 작품집은 짧고 형식에 얽매이지 않는 개인적인 소논문으로 이루어져 있는데, 이후 이 형식으로 '에세이'라는 장르가 탄생했다.

《수상록》은 총 3권으로 1, 2권은 1580년에 출간되었다. 9년 동안 몽테뉴가 천착한 문제들, 예컨대 은둔 생활과 궁정 생활을 번갈아 하면서 느끼는 야심과 모순적인 마음, 친구 라 보에티의 죽음으로 촉발된 죽음과 고통의 문제, 기독교적 금욕주의를 중심으로 한 모든 독단적 사고에 대한 비판이다. 그는 그리스의 철학자 엘리스의 피론의 회의론을 토대로 인간의 정신이 대상을 인식하는 방식에 있어 오류를 범하기 쉬움을 인정하고, '나는 무엇을 아는가'라는 명제 아래 날카로운 비판 정신을 지니도록 촉구한다. 그런 한편 '우리가 우리 자신을 알 수 없다면 무엇을 알 수 있겠는가?'라면서 자아에 대한 인식을 인정하고, 이런 자아 인식이 지혜로운 정신의 출발점이라고 말한다. 교육에 있어서도, 이런 인식을 바탕으로 주입식 교육이 아닌 판단력을 키우고 도덕적으로 독립적인 인격을 형성할 수 있어야 한다는 논지를 폈다. 이는 몽테뉴가 어린 시절 교육받았던 방식, 즉 아버지 피에르 에캠의 교육 방식이기도 하다.

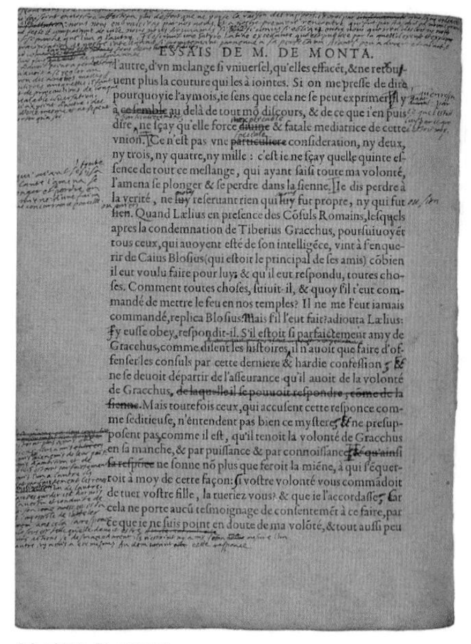

ESSAIS DE M. DE MONTA.

l'autre, d'vn melange ſi vniuerſel, qu'elles effacẽt, & ne retrouuent plus la couture qui les à iointes. Si on me preſſe de dire pourquoy ie l'aymois, ie ſens que cela ne ſe peut exprimer. Il y à ce ſemble au delà de tout mõ diſcours, & de ce que i'en puis dire, ne ſçay qu'elle force diuine & fatale mediatrice de cette vnion. Ce n'eſt pas vne particuliere conſideration, ny deux, ny trois, ny quatre, ny mille : c'eſt ie ne ſçay quelle quinte eſſence de tout ce meſlange, qui ayant ſaiſi toute ma volonté, l'amena ſe plonger & ſe perdre dans la ſienne. Ie dis perdre à la verité, ne luy reſeruant rien qui luy fut propre, ny qui fut ſien. Quand Lælius en preſence des Cõſuls Romains, leſquels apres la condemnation de Tiberius Gracchus, pourſuiuoyẽt tous ceux, qui auoyent eſté de ſon intelligẽce, vint à s'enquerir de Caius Bloſius (qui eſtoit le principal de ſes amis) cõbien il eut voulu faire pour luy: & qu'il eut reſpondu, toutes choſes. Comment toutes choſes, ſuiuit-il, & quoy s'il t'eut commandé de mettre le feu en nos temples? Il ne me l'eut iamais commandé, replica Bloſius. Mais s'il l'eut fait? adiouta Lælius: I'y euſſe obey, reſpondit-il. S'il eſtoit ſi parfaictement amy de Gracchus, comme diſent les hiſtoires, il n'auoit que faire d'offenſer les conſuls par cette derniere & hardie confeſſion, & ne ſe deuoit départir de l'aſſeurance qu'il auoit de la volonté de Gracchus, de laquelle il ſe pouuoit reſpondre, cõme de la ſienne. Mais toutefois ceux, qui accuſent cette reſponce comme ſeditieuſe, n'entendent pas bien ce myſtere, & ne preſuppoſent pas, comme il eſt, qu'il tenoit la volonté de Gracchus en ſa manche, & par puiſſance & par connoiſſance. & qu'ainſi ſa reſpõce ne ſonne nõ plus que feroit la miẽne, à qui s'enquerroit à moy de cette façon: ſi voſtre volonté vous commãdoit de tuer voſtre fille, la tueriez vous? & que ie l'accordaſſe, car cela ne porte aucũ teſmoignage de conſentemẽt à ce faire, par ce que ie ne ſuis point en doute de ma volõté, & tout auſſi peu

《수상록》 한 페이지

《수상록》은 고금의 수많은 고전과 사상을 인용하면서 몽테뉴의 윤리적, 철학적 견지를 발전시켜 나간 작품집으로, 인간성을 연구하는 문학 전통의 선구적 작품이자 합리적 사고 및 근대적 자아, 비판 정신을 옹호한 근대 사상사의 초석을 닦은 작품으로 여겨진다.

또한 프랑스 내부에서 신구 종교 갈등이 격렬하게 빚어지던 역사상 가장 혹독한 시기에 쓰인 글들로, 단순히 은둔 생활에서 나온 여가 선용적 글이 아닌 치열한 시대를 살아가던 사상가의 자기 수련 방식이었다. 몽테뉴는 성에 틀어박혀 은둔만 한 것이 아니라 이따금 파리에 올라와 궁정 생활을 했으며, 프랑수아 1세와 샤를 9세, 앙리 3세의 신임을 받았다. 1571년 성 미셸 훈위를 받았고, 1577년에는 신교도 지도자인 앙리 드 나바르(후일의 프랑스 국왕 앙리 4세)의 시종이 되면서 신구파의 종교 전쟁 한가운데에 서게 된다.

1580년, 몽테뉴는 《수상록》을 펴내고 얼마 지나지 않아 신장결석이 생겨 요양차 스위스, 이탈리아 여행길에 올랐다. 이 여행에서 《여행기》를 집필했는데, 사후인 1774년 간행되었다. 여행 중에 그는 보르도 시장으로 선출되어 1년 반 만에 귀국했으며, 이후 가톨릭 동맹과 신교도 동맹 사이의 종교 내란, 페스트 창궐 등 힘든 시기를 헤쳐 나가야만 했다. 1586년에 몽테뉴는 시장의 임무를 마치고 보르도 시를 떠나 고향으로 돌아왔으나 1년 후 다시 종교 내란이 일어나면서 중재에 나섰고, 실패하자 앙리 드 나바르의 밀서를 가지고 앙리 3세를 만났다. 몽테뉴는 신교 측 수장인 앙리 드 나바르가 후일 왕위를 계승하게 되리라고 예상했기 때문에 앙리 드 나바르와 앙리 3세를 연합시키고자 했던 것이다.

1588년, 앙리 3세가 구교 동맹의 앙리 드 기즈의 반란으로 파리에서 쫓겨나자 몽테뉴는 국왕을 따라 루앙으로 갔다. 앙리 3세는 블루아에서 삼부 회의를 개최하고 앙리 드 기즈를 암살했다. 그해 말 몽테뉴는 자신의 성으로 돌아왔다. 이듬해 앙리 3세가 구교 동맹의 손에 암살된 후 앙리 드 나바르가 즉위하자 그에게 충성하고, 보르도 지역이 앙리 4세를 지지하도록 이끌었다. 말년에는 자신의 성에서 《수상록》 증보판 및 3권을 펴내고, 계속해서 고쳐 쓰다가 1592년 9월 13일에 59세의 나이로 숨을 거두었다.

정철

조선 시가 문학의 대표적 형식은 시조와 가사이다. 가사는 시가 문학에서 서사 문학으로 넘어가는 과도기적 문학 형식으로, 운문 형식에 산문적인 내용을 담고 있다. 즉 짧고 단편적인 심상을 노래하는 시조보다 길고 풍부한 주제를 다루고자 탄생한 형식이라 할 수 있다. 조선 시대 대표적인 가사 문학의 대가는 송강 정철이다.

정철은 1536년(중종 31) 서울 장의동에서 돈녕부판관 정유침과 죽산 안씨의 4남 2녀 중 막내아들로 태어났다. 큰누이가 인종의 후궁이며, 막냇누이가 계림군 유의 부인으로, 왕실 인척으로서 어린 시절 경원대군(후일의 명종)과 친하게 지냈다고 한다. 10세 때 을사사화로 매형 계림군이 역모로 처형당하고, 아버지가 유배길에 오르면서 고된 유년 시절을 보냈으며, 16세가 되어서야 겨우 학문을 배울 수 있었다. 26세 때 진사시 급제, 27세 때 문과 별과 장원을 하고 성균관 전적 겸 지제교로 출사하였다. 이후 이조정랑, 홍문관 전한, 예조참판, 대사헌을 거쳐 우의정, 좌의정까지 역임하고, 서인의 영수로 명종 시대부터 선조 시대까지 붕당 정치의 한가운데 있었다. 수차례의 사화와 임진왜란 등을 거치면서 여러 번 파직과 유배를 거듭한 끝에 만년에는 남인의 모함으로 벼슬을 그만두고 강화도 송정촌에서 칩거하다 선조 26년인 1593년 58세의 나이로 세상을 떠났다.

정철은 당쟁의 소용돌이 속에서 질곡 많은 인생사를 겪으며 수많은 시조와 가사를 남겼다. 〈성산별곡〉, 〈관동별곡〉, 〈사미인곡〉, 〈속미인곡〉 등 4편의 가사와 107수의 시조를 남겼는데, 사후 편찬된《송강가사》,《송강별집추록유사》,《송강집》등에 실려 있다.

정철은 탁월한 비유법과 우리말 어법 파괴와 같은 파격적인 언어 구사, 우리말의 묘미를 잘 살린 작품들로 우리나라 시조와 가사 문학에 많은 영향을 미쳤다. 특히 4편의 가사는 우리나라 가사 문학의 최고봉으로 꼽힌다. 김만중은 〈관동별곡〉, 〈사미인곡〉, 〈속미인곡〉을 두고 "우리나라의 참된 글은 이 세 편뿐이다."라고 극찬하기까지 했다.

〈성산별곡〉은 그가 25세 때 처가 당숙인 김성원이 장인 임억령을 위해 지은 서하당의 절기별 아름다움과 풍류를 노래한 작품으로, 조선 시대 사대부의 자연관과 풍류를 엿볼 수 있다. 〈관동별곡〉은 강원도 관찰사로 부임한 뒤 내금강, 외금강과 관동 팔경을 유람하고 지은 것으로, 절경을 보고 풍류를 즐기는 한편, 관찰자로서의 자신과 풍류객으로서의 자신 사이에서 갈등하는 모습을 담고 있다. 〈사미인곡〉은 정철이 50세 때 조정에서 물러나 불우하게 지낼 때 선조에 대한 연군의 정을 남편을 잃은 여인의 마음에 빗대 노래한 것이며, 속편 〈속미인곡〉과 함께 우리말의 묘미를 잘 살린 한국 문학 최고 걸작 중 하나로 꼽힌다.

012

기존의 양식을 거부한 유쾌한 낙천주의자

미겔 데 세르반테스

Miguel de Cervantes Saavedra
(1547. 9. 29~1616. 4. 23)

| 에스파냐
| 최초의 근대소설인 《돈 키호테》의 저자로 기존의 서사적이고 희극적인 작법 방식에서 탈피하여 독특하고 파격적인 서술 방식을 창안했다.
| 《돈 키호테》, 《모범소설집》 등

미겔 데 세르반테스

에스파냐 문학의 유일한 걸작품. 이 작품은 다른 모든 작품들을 조악한 것으로 보이게 만든다.

프랑스 사상가 샤를 몽테스키외가 《돈 키호테》를 두고 한 말이다. 아마 세르반테스의 작품을 한 번도 읽지 않았거나, 혹은 세르반테스라는 이름을 처음 들어 본 사람이라도 '풍차를 향해 돌진하는' 돈 키호테와 그의 조수 산초 판사는 알고 있을 것이다.

세계 문학사에서 가장 독창적이고 유쾌한 인물 돈 키호테. 돈 키호테를 만든 에스파냐 소설가 세르반테스의 인생은 그의 작품《돈 키호테》만큼이나 흥미진진하고 모험으로 가득하다. 또한《돈 키호테》역시 높은 이상, 불가능한 꿈에 저돌적으로 돌진하는 주인공이 등장하는 단순한 모험담이 아니라, 프랑스의 문학사가 생트 뵈브의 말처럼 '인간의 본성에 대한 성서'라고 불릴 만큼 인간의 본성과 인간 세상에 대한 다중적이고도 보편적인 진리를 담고 있는 위대한 걸작으로 꼽힌다.

미겔 데 세르반테스 사베드라는 1547년 9월 29일 에스파냐의 마드리드 인근 알칼라 데 에나레스에서 태어났다. 아버지는 귀족 출신으로 의사였으나 경제적으로 무능했기 때문에 가족들은 채권자들의 눈을 피해 늘 이사를 다녀야 했다. 이런 이유로 세르반테스는 정규교육도 제대로 받지 못했지만, 닥치는 대로 책을 읽고 배우는 것을 좋아해서 스스로 공부했다고 한다. 소년 시절 그는 길을 걷다가도 글이 쓰인 종잇조각을 밟기라도 하면 즉시 주워 읽을 정도로 활자 중독이었다고 한다.

가난하고 힘든 어린 시절을 보냈지만 세르반테스는 그의 작품이 보여 주는 것처럼 매우 낙천적인 인물이었다. 가난했던 시절에 대해 "세상에서 가장 좋은 양념은 굶주림이다. 가난한 사람들은 늘 굶주려 있기 때문에 늘 모든 음식을 맛있게 먹을 수 있다."라고 농담을 할 정도였다.

1569년, 세르반테스는 군대에 들어가 에스파냐의 베네치아 주둔군에서 복무했다. 그해 펠리페 2세의 왕비 이사벨을 추모하는 작품집에 소네트 몇 편을 쓰기도 했는데, 이것이 지금까지 알려진 그의 공식적인 첫 작품들이다.

1571년, 지중해의 패권을 두고 신성동맹(오스만 제국의 팽창을 저지하기 위한 가톨릭 국가들의 해상 동맹)과 튀르크군 사이에 레판토 해전이 벌어지자 참전해 활약했다. 이때 가슴과 왼손에 화승총을 맞는 부상을 입고, 그 후유증으로 왼손을 영영 쓰지 못하게 되었다. 그럼에도 이후 5년이나 더 군인으로 복무하며 수많은 전투에 참전했다. 또한 전투에서 입은 부상과 흉터에 대해 큰 자긍심을 가졌는데, 특유의 긍정적인 성격으로 '오른손의 명예를 드높이기 위해' 왼팔을 쓰지 못하게 되었다고 농담할 정도였다.

1575년, 세르반테스는 군대에서 퇴역해 고향 에스파냐로 가는 귀환길에 올랐다. 그러나 귀국 도중 해적선의 습격을 받고 해적의 포로가 되어 알제리로 끌려갔다. 몸값을 지불하지 못한 그는 결국 5년간 노예 생활을 했는데, 그동안 네 번이나 탈출을 시도했으나 모두 실패했다. 1580년에야 가족과 성삼위일체 수도회 수사들의 노력으로 몸값을 지불하고 가까스로 고향으로 돌아올 수 있었다. 그는 후일 이때의 경험을 작품에서 묘사하기도 한다.

퇴역 직후에 세르반테스는 전쟁에서의 공로를 인정받고 훈장까지 받은 전쟁 영웅이었다. 그러나 에스파냐로 돌아오기까지 너무 오랜 시간이 걸린 탓인지 전쟁의 공훈을 인정해 주는 이도, 일자리를 주는 이도 없었다. 게다가 가난했던 집안은 그의 몸값을 마련하느라 더 빈곤한 처지에 놓여 있었다. 생계가 막막해진 그는 자신의 괜찮은 글솜씨를 발휘하여 고난을 헤쳐 나가기로 결심한다. 그는 짧은 기간 동안 30여 편의 희곡 작업을 했으나(현재 남아 있는 작품은 〈라 누만시아〉와 〈알제리의 생활〉 2편뿐이다) 대단한 성과를 거두지는 못했고, 근근이 생활을 꾸려 나갈 수준의 돈을 벌었을 뿐이었다. 1585년에는 목가적인 로맨스 소설 《라 갈라테아》를 발표했는데, 이 작품은 대중적으로 제법 큰 인기를 끌었고, 외국에까지 번역 소개될 정도였다. 하지만 그가 원하던 부와 명성은 안겨 주지 못했다.

그해 아버지가 세상을 떠나면서 가장이 된 세르반테스는 펜을 버리고 보다 안정적인 수입이 보장된 직업을 찾아 나섰다. 그리하여 말단 관리직을 얻어 에스파냐 무적함대의 군수품 징발관, 세금 징수관 등으로 일했다. 10여 년간 관리 생활을 하면서 세르반테스는 회계 장부상 세입금을 맞추지 못하고, 공금을 사기당하는 등의 혐의로 몇 차례 감옥에 갔는데, 그중 세비야에서 투옥 생활을 할 때 《돈 키호테》를 구상했다고 한다.

1605년 에스파냐에서 발행된 《돈 키호테》 1부 표지

《라만차의 현명한 향사鄕士 돈 키호테》(이하 《돈 키호테》) 1부는 그의 나이 58세 때인 1605년에 발표되었다. 관리 생활을 하는 동안 계속하여 분쟁에 휘말리던 세르반테스는 그사이에도 희곡 몇 편을 써서 그 돈으로 위기를 타개해 보려는 시도를 했다. 그의 순탄치 못한 관료 생활은 44세 무렵 끝이 났는데, 《돈 키호테》가 발표되기까지 그가 무엇을 했는지에 대한 기록은 정확하게 남아 있지 않다. 《돈 키호테》는 출판되자마자 엄청난 인기를 끌었으나 세르반테스는 당장의 생계를 위해 판권을 출판업자에게 싸게 팔아 버린 바람에 여전히 가난한 생활을 했다.

《돈 키호테》는 17세기경 에스파냐 라만차에 사는 한 향사가 당시 유행하던 기사 이야기에 지나치게 사로잡힌 나머지 스스로를 '돈 키호테'라고 칭하고, 한 마을에 사는 약삭빠른 합리주의자 산초 판사를 시종으로 데리고 기사 순례를 떠나며 겪는 기행에 관한 대서사이다. 그는 환상과 현실을 혼동하고, 포복절도할 만한 각종 기상천외한 행동을 일삼는다.

당시 유행하던 기사도 소설에 내포된 환상을 경멸하던 세르반테스는 기사도 소설에 담긴 허황된 이상을 풍자하고자 이 글을 썼다고 밝혔다. 처음

장 제라르가 그린 《돈 키호테》 삽화

발표되었을 때 이 작품은 돈 키호테의 기행들을 더할 나위 없이 우스꽝스럽게, 해학적으로 묘사하고 있다는 점에서 희극소설로 간주되었다. 하지만 시간이 지남에 따라 인물의 원형 제시, 개인과 사회와의 투쟁 속에서 인간 정체성의 문제, 이성과 환상의 대립, 중세에서 근대로의 이행기에 나타나는 가치관의 혼란, 해학 속에 숨겨진 비애감, 심지어 16세기 무적함대의 괴멸 이후 서서히 몰락하던 에스파냐의 지위를 표현했다는 등 다양한 방식으로 해석되면서 걸작 반열에 들어선다. 또한 저자가 중간에 개입하여 해설하는 등 독특하고 파격적인 서술 방식도 주목받았다. 세르반테스는 이 작품을 통해 그동안 서사적이면서 희곡적인 작법에서 탈피해 현대소설의 양식을 발현시켰으며, 우리의 관심을 세계에서 개인의 내면으로 전환시키고, 개인의 다양성에 주목하게 했다. 이에 따라 이 작품은 서구의 소설 양식을 창안하고, 소설이 인간의 모든 경험과 내면에 대해 쓸 수 있도록 가능성을 제시했다는 점에서 최초의 근대소설로 지칭된다.

《돈 키호테》는 당대부터 오늘날에 이르기까지 수많은 예술가들에게 영감을 주었다. 헨리 필딩은 《조지프 앤드루스》가 세르반테스풍으로 쓴 것이라며 공공연하게 밝혔고, 도스토옙스키는 산초 판사의 캐릭터에 기인하여 《백치》의 미쉬킨 왕자를 만들어 냈다. 뿐만 아니라 미술계에서는 오노레 도미에, 구스타브 도레, 살바도르 달리, 피카소 등이, 음악계에서는 멘델스존, 라벨, 슈트라우스 등이 《돈 키호테》를 소재로 한 작품을 남겼다. 현대에 들어서는 수많은 영화 및 뮤지컬로 재탄생되기도 했다.

메타픽션(meta-fiction) 기존의 소설에서 보이던 플롯 전개와 시점, 서술 방식 등의 형식과 기법을 거부하면서 현실이 가지는 확정성을 붕괴시키고자 시도되는 최근 소설의 한 경향.

이후 세르반테스는 그동안 쓴 12개의 소설들을 묶은 《모범소설집》, 동시대 시인들을 평가한 시 《파르나소스 산으로의 여행》, 《희곡 8편과 소극 8편》 등을 발표하면서 작가로서의 입지를 다졌으며, 죽기 얼마 전에는 《돈 키호테》 2부를 출간했다. 《돈 키호테》 2부는 산초 판사를 중심으로 이루어지는데, 1부에서의 독특하고 파격적인 서술 방식은 더 발전해 등장인물들이 《돈 키호테》 작품 자체를 논하는 등 현대의 메타픽션적인 방식이 등장하기에 이른다.

1616년 4월 23일, 세르반테스는 말년에 앓고 있던 수종증이 악화되어 69세의 나이로 숨을 거두었다. 그의 유해는 마드리드의 삼부 수도회에 묻혔으며, 이듬해 죽기 직전 완성한 《페르실레스와 시히스문다의 사역》이 출간되었다. 이 작품의 서문에는 온갖 풍상 속에서도 낙천주의와 유쾌함을 잃지 않았던 거장 세르반테스의 면모가 잘 드러난다.

안녕, 아름다움이여. 안녕, 재미있는 글들이여. 안녕, 즐거운 친구들이여, 곧 다른 세상에서 그대들을 만나길 바라며 나는 죽어 가고 있어.

013

영국이 낳은 세계적인 극작가

윌리엄 셰익스피어

William Shakespeare(1564. 4. 26~1616. 4. 23)

- 영국
- 영국이 낳은 세계적인 극작가로, 희비극, 시극 등 37편의 희곡과 소네트집들을 남겼다.
- 〈로미오와 줄리엣〉, 〈햄릿〉, 〈리어 왕〉, 〈오셀로〉 등

영국이 낳은 세계적인 극작가 셰익스피어. 영국의 역사가 토머스 칼라일은 그를 영국의 식민지였던 인도와도 바꾸지 않겠다고 했고, 동시대의 극작가 벤 존슨은 셰익스피어 사후 이런 헌시까지 바쳤다.

장하도다 나의 영국이여, 그대 영국이 탄생시킨 인물이도다
그에게 유럽의 모든 땅이 경의를 표한다
그는 특정 시대가 아니라 모든 세대에 속하게 되리니

셰익스피어는 세계 역사상 가장 유명한 작가이자, 가장 유명한 인물들을

탄생시킨 작가이다. 햄릿, 로미오와 줄리엣, 맥베스, 리어 왕, 클레오파트라, 로잘린드, 이아고, 샤일록 등 그가 창조한 인물들은 주연과 조연을 가리지 않고 대부분이 인간의 성격을 표현하는 하나의 아이콘으로 자리매김했고, 그의 작품은 모두 당대부터 오늘날까지 엄청난 사랑을 받고 있다.

윌리엄 셰익스피어

그러나 세계 예술사에 떨친 위상과 달리 셰익스피어에 대해서는 알려진 바가 많지 않다. 심지어는 한 사람이 아니라는 설, 셰익스피어로 알려진 인물이 실제 셰익스피어가 아니라 배후의 다른 인물이라는 설도 있다. 또한 셰익스피어의 작품으로 알려진 것 중 몇몇 작품은 셰익스피어가 진짜 썼는지조차 논쟁에 휘말려 있기도 하다.

영문학사에서 그 어떤 준비 기간도 없이 갑자기 등장하여 이후 연극과 문학 작품의 흐름을 뒤바꾼 작가는 셰익스피어가 유일하다. 그럼에도 그에 대해 알려진 것이 작품 외에 없다는 점은, 아마 그의 교육 수준이 높지 않다는 데 기인할 것이다. 그 이전에 등장한 작가들은 대체로 높은 수준의 교육을 받은 인물이었는데, 그의 실존에 대한 부정적인 견해들은 여기에 연유하기도 한다.

알려진 사실을 토대로 셰익스피어의 생애에 대해 정리해 보자면, 윌리엄 셰익스피어는 1564년 영국 중부의 시골 마을인 스트랫퍼드 어폰 에이번에서 태어났다. 정확한 출생일은 알려져 있지 않지만, 4월 26일에 세례를 받은 기록이 남아 있다. 아버지는 상인이자 토지 관리인으로, 셰익스피어는 중산 계급의 비교적 안락한 가정에서 태어나 자랐다. 고향에서 초등, 중등

스트랫퍼드 어폰 에이번에 있는 셰익스피어 생가

교육을 받았으며, 문법과 라틴어, 기본 고전 교육을 받았다. 18세 때 이웃 마을의 앤 해서웨이와 결혼했으며, 그녀와의 사이에서 세 자녀를 두었다. 런던으로 올라와서 극단 일을 시작한 것은 대략 1580년대 후반으로 추정되며, 1590년대 초반에는 배우 겸 극작가로 제법 이름이 알려진 상태였다. 1594년에는 런던에서 가장 유명한 극단인 체임벌린 경 극단의 주주 중 한 사람이었다는 기록이 있다.

연극은 셰익스피어의 유년 시절에 런던에서 발흥해 얼마 지나지 않아 귀족과 서민 가릴 것 없이 대중적으로 큰 인기를 끄는 오락으로 자리매김했다. 셰익스피어가 12세였던 1576년, 제임스 버비지가 런던에 최초로 극장을 설립했고, 1590년대 전후 엘리자베스 1세 치하에서 문화 예술이 발달하면서 발전을 거듭했다. 셰익스피어가 런던에 올라온 때는 바로 이런 시기였다.

셰익스피어는 1590년대 초반 〈헨리 6세〉, 〈리처드 3세〉, 〈리처드 2세〉, 〈베로나의 두 신사〉, 〈한여름 밤의 꿈〉, 〈말괄량이 길들이기〉, 〈로미오와 줄리엣〉 등 사극, 희극, 비극을 막론하고 다양한 작품을 썼고, 이 작품들은 엄청난 인기를 끌었다. 이런 성공을 바탕으로 그는 신사 계급의 지위를 얻고 가문의 문장紋章을 공인받았으며, 1597년경에는 스트랫퍼드에서 손꼽히던 대저택 뉴플레이스의 그레이트 하우스를 사들였다.

1599년에는 템스 강 남쪽에 글로브 극장을 지었으며, 이 극장에서 〈십이

존 길버트, 〈셰익스피어의 연극〉

야夜〉, 〈헨리 4세〉, 〈줄리어스 시저〉, 〈안토니와 클레오파트라〉를 비롯해 셰익스피어의 4대 비극으로 꼽히는 〈햄릿〉, 〈오셀로〉, 〈리어 왕〉, 〈맥베스〉 등을 공연했다.

이 시기에 그는 소네트도 활발히 집필했다. 이 작품들은 1609년 《소네트 선집》으로 출간되면서 영시 최고의 작품집으로 꼽힌다. 또한 셰익스피어는 1594년 설립된 궁내성 극단의 주요 책임자 중 한 사람이었으며, 궁내성 극단은 1603년 제임스 1세의 후원을 받으면서 '왕립 극단'으로 임명된다.

1613년 6월 19일, 〈헨리 8세〉를 공연하던 도중 글로브 극장에 큰 화재가

났다. 극장은 한 시간 만에 완전히 잿더미가 되었으며, 이듬해 봄 극단 관계자들이 기금을 모아 극장을 재건축했으나 셰익스피어는 여기에 참여하지 않고 고향으로 내려갔다. 일설에 따르면 창작력이 쇠퇴하여 괴로워하던 중이었다고 한다. 이후 고향에서 평화로운 여생을 보내다가 1616년 4월 23일 52세의 나이로 사망했다.

셰익스피어는 25년 정도 활동하면서 약 37편의 작품을 발표했다. 초기에는 영국 역사를 중심으로 한 사극과 낭만성이 강한 희극을 많이 썼으며, 후반부로 갈수록 대표작으로 불리는 비극을 썼다. 만년에는 다시 낭만적인 희극으로 회귀하기도 했다. 또한 소네트에서도 괄목할 만한 경지를 이루었는데, 소네트집만으로도 형식과 내용에서 모두 영어권 최고의 작가라 할 만하다고 평가된다.

초기 셰익스피어에게 대중적으로 인기를 얻게 해 준 작품들은 대개 낭만적인 로맨스 희극들이었다. 〈말괄량이 길들이기〉, 〈베로나의 두 신사〉, 〈사랑의 헛수고〉, 〈한여름 밤의 꿈〉, 〈베니스의 상인〉, 〈헛소동〉, 〈뜻대로 하세요〉, 〈십이야〉 등은 사랑과 결혼을 소재로 한 익살과 해학이 넘치는 작품으로, 로맨스 희극의 정석을 보여 준다. 내용과 구성 등에 있어서 중세부터 르네상스 시대를 거쳐 발전한 이탈리아 희극의 전통을 계승하고 있는데, 셰익스피어는 여기에서 더 나아가 인간에 대한 애정 어린 시선에서 연유한 재담과 풍자, 인간성에 대한 깊은 이해를 토대로 보다 보편적인 이야기와 인물을 그려 냈다.

사극에 있어서는, 초기에는 주로 백년전쟁과 장미전쟁을 모티프로 한 작품들을 썼다. 주제 및 시기에 따라 〈리처드 2세〉, 〈헨리 4세〉 1, 2 및 〈헨리 5세〉까지를 4부작으로, 〈헨리 6세〉 1, 2, 3부와 〈리처드 3세〉를 4부작으로 묶기도 한다. 작가로서의 완숙기에 넘어선 이후에는 로마 사극도 집필했다. 그중 〈줄리우스 시저〉는 등장인물의 구도 및 작품 전체의 분위기에 있어 〈햄릿〉에 비견되기도 한다.

그의 대표작이자 세계 문학의 금자탑으로 여겨지는 작품들은 뭐니 뭐니 해도 '셰익스피어의 4대 비극'이라고 불리는 작품들이다. 북유럽 민화를 당시 유행하던 복수 비극으로 재탄생시킨 〈햄릿〉, 사랑과 질투, 인간 내면의 나약함을 묘사한 〈오셀로〉, 스코틀랜드 역사극에서 모티프를 따와 공포와 절망, 인간의 내적 갈등과 고독, 죄의식을 섬세하게 묘사한 〈맥베스〉, 영국의 전설적인 국왕 리어와 세 딸을 둘러싸고 펼쳐지는 배은과 인간의 어리석음으로 인한 비극을 보여 주는 〈리어 왕〉이 그것이다. 인간에 대한 깊은 이해와 통찰, 극작가로서의 숙련된 필치가 더해진 시점, 즉 작가로서의 완숙기에 그는 이 작품들을 비롯해 많은 비극들을 썼다.

1623년 영국에서 발행된 셰익스피어 희곡집

셰익스피어가 사후 수백 년이 지나도록 연극, 문학 작품, 여타의 예술 장르에 끼친 영향은 막대하다. 괴테는 위대한 희곡은 장르를 넘어선다면서, 셰익스피어의 작품은 극으로 보기보다는 글로 읽음으로써 더 많은 것을 배울 수 있다고 말하기도 했다.

셰익스피어가 다른 작가들과 구별되고 오늘날까지 사랑받은 데는 수많은 이유가 있지만, 무엇보다 그가 창조해 낸 인물들의 생명력에 가장 큰 이유가 있다고 할 수 있다. 우선 그는 한 작품에 적게는 10명에서 많게는 수십 명의 인물들을 등장시키는데, 각각의 인물들은 (제아무리 단역일지라도) 누구 하나 다른 인물들과 그 특성이 겹치지 않는다. 또한 그들은 실제 인간인 듯 각자의 방식대로 보고, 느끼고, 사랑하고, 질투하고, 행동하는데, 유형적이거나 단순하고 평면적으로 해석할 수 있는 인물은 거의 없다고 해도 좋을 정도이다. 그만큼 셰익스피어는 인간 그 자체를 창조하는 데 뛰어난 재능이 있었다. 영국의 한 비평가는 이런 연유로 "나이가 들기 전까지는 아무도 셰익스피어의 작품을 이해할 수 없다."라고 말하기도 했다.

또한 셰익스피어는 같은 유형의 성격을 두 번 사용하지 않은 것으로도 높은 평가를 받았다. 피상적으로 볼 때는 유사한 유형의 인물이라고 여겨져도 면면을 살펴보면 행위의 동기나 내면 등에 있어서 완전히 다른 인물을 그려 냈다. 즉 사랑에 빠진 인간, 질투하는 인간 등 유형화될 수 있는 인물에게도 각각의 성격과 성장 환경, 현재의 상황에 따라 근본적인 성격 요인을 모두 다르게 만들어 냈다. 그러면서도 인생과 인간의 내면에 자리한 보편적인 특질을 창조함으로써 셰익스피어는 시대를 초월하여 오늘날까지 널리 공감대를 형성하는 불후의 작가가 되었다.

허균

우리나라에서는 김시습의《금오신화》를 시작으로 17세기 초 허균의《홍길동전》이 등장하면서 본격적인 국문소설 문학의 시대가 열렸다.《홍길동전》은 공식적으로 우리나라 최초의 한글소설로 꼽히지만, 그전 시대에 이미 국문소설이 등장했다고 보는 견해도 있다.

허균은 1569년(선조 2) 영의정을 지낸 허엽과 강릉 김씨의 3남 3녀 중 막내아들로, 강원도 강릉에서 태어나 한양에서 자랐다. 1594년 문과에 급제하여 검열, 세자시강원 설서, 황해도 도서, 형조 정랑 등을 두루 지냈다. 당대 명문장가로 이름을 날렸으며, 시와 비평에도 뛰어나 시 선집《국조시산》, 비평집《성수시화》등을 남겼다.

허균은 주자학의 허구성을 비판하고 민중을 위한 실용적 학문의 필요성을 느낀 조선 중기 대표적인 진보 지식인 중 한 사람이다. 그는 특정 사상이나 유파에 휩쓸리지 않고 두루 공부하여 유교, 불교, 천주교, 민속 종교 등 다양한 사상과 학문을 받아들였다. 허균은 한국 최초의 천주교 신도이기도 한데, 1610년에는 명나라에서 천주교 12단端을 얻어 오기도 했다.

허균은 선조 시기 대북파의 한 사람으로 광해군 즉위 후 조정의 주요 집권 세력을 형성했다. 그러나 1617년 광해군의 계모인 인목대비의 폐위를 주장한 폐모론을 적극적으로 지지하면서, 폐모론에 반대하던 영의정 기자헌을 비롯해 그때까지의 정치적 동지들과 사이가 벌어졌다. 이 일로 기자헌이 길주로 유배당하자 아들 기준격이 아버지를 구하고자 허균을 역모 혐의로 고발했다. 허균은 이에 반박하는 상소를 올렸으나 1618년 남대문에 붙은 격문을 허균의 심복 현응민이 붙였다는 것이 드러나면서 역모죄로 몰려 능지처참당했다.

허균을 떠올리면 대개 '홍길동'을 함께 떠올린다. 서출로 태어나 왕조 사회에 반기를 든 홍길동의 이미지를 허균 자신의 이미지로 떠올리는 사람들도 있는데, 허균은 명망 높은 집안의 적자로 태어나 역모죄로 참형되기 전까지 높은 관직을 역임하고 당대 제일의 문장가로 이름을 날린 전도유망한 인물이었다. 그런 그가 사회 제도, 특히 계급 제도의 모순을 고발하는 작품을 쓸 수 있었던 것은 그가 자유분방한 성격으로 유불도를 가리지 않고 다종다양한 학문을 접하고, 서자나 한미한 집안 출신이 주를 이루었던 실학파 학자들과 주로 어울렸기 때문일 것이다.《홍길동전》은 서얼 출신으로 차별받던 스승 손곡 이달 등의 모습에서 영감을 받은 것이라고 한다.

그 밖에도 허균은 이달에 관한 한문 전기소설인 〈손곡산인전〉을 비롯해 귀신을 부리는 방술을 지닌 장산인의 생애를 그린 〈장산인전〉, 비렁뱅이 행세를 하며 기생집을 들락거리며 재주를 보이는 장생의 일화를 다룬 〈장생전〉, 〈남궁선생전〉, 〈엄처사전〉 등 5편의 한문소설을 남겼으며, 이 작품 모두《홍길동전》에서와 같이 당대 사회 모순을 파헤치고 있다. 이 작품들은 그의 문집《성소부부고》에 실려 있다.

생 년

1608
존 밀턴

1621
장 드 라 퐁텐

1622
몰리에르

1639
장 라신

1694
볼테르

1740
마르키 드 사드

1749
요한 볼프강 폰 괴테

1759
프리드리히 실러

1628
영국 권리청원 제출

1649
영국 청교도 혁명

1658
몰리에르,
〈사랑에 빠진 의사〉 초연

1667
라신, 〈앙드로마크〉 발표
밀턴, 《실낙원》 출간

1682
코메디 프랑세즈 극단 창립

1689
영국 권리장전 채택

사 건

17세기~18세기

1770
프리드리히 횔덜린
윌리엄 워즈워스

1774
괴테,
《젊은 베르테르의 슬픔》 발표

1775
제인 오스틴

1783
스탕달

1788
조지 고든 바이런

1789
프랑스 대혁명

1797
하인리히 하이네

1797
횔덜린,
《히페리온》 1부 출간

1798
워즈워스,
콜리지, 《서정 시집》 발표

1799
오노레 드 발자크
알렉산드르 푸시킨

1813
오스틴,
《오만과 편견》 출간

1827
하이네,
《노래의 책》 출간

1830
스탕달,
《적과 흑》 출간

1833
발자크,
《외제니 그랑데》 발표

1837
푸시킨,
단테스와 결투

014

르네상스 정신과 기독교 사상의 융합

존 밀턴

John Milton(1608. 12. 9~1674. 11. 8)

Ⅰ 영국
Ⅰ 섬세한 표현과 압도적인 상상력을 토대로 한 《실낙원》으로 르네상스 정신과 기독교 사상을 완벽하게 융합시켰다.
Ⅰ 《실낙원》, 《복낙원》 등

밀턴은 셰익스피어 다음으로 영국 문학사에서 영향력 있는 작가로, 시인이자 사상가, 혁명가이다. 영국 시민혁명과 왕정복고를 거치는 격동의 세월을 살면서 정치와 언론, 종교적 자유에 관한 논설들을 집필하여 유럽 전역에서 논객으로 명망이 높았으며, 말년에는 《실낙원》, 《복낙원》 등의 대서사시로 영국 최고의 시인으로 추앙받았다. 특히 《실낙원》은 르네상스 정신과 기독교 사상을 완벽하게 융합시켰다는 평을 받으며 단테의 《신곡》과 더불어 최고의 종교 서사시로 꼽힌다.

존 밀턴은 1608년 12월 9일 영국 런던의 브래드 가에서 태어났다. 아버지는 부유한 공증인이었으며, 집안은 금융업을 하던 신흥 중산 계급이었다.

할아버지는 로마 가톨릭교도였으나 아버지가 신교로 개종해 밀턴은 청교도적인 분위기 속에서 자라났다. 또한 음악과 문학에 조예가 깊고 교육열이 높았던 아버지 덕분에 음악, 문학, 어학 등 많은 고급 교육을 받았다. 밀턴은 청교도 신학자였던 토머스 영 등의 개인교사들에게 배우고 세인트 바울 학교 등에서 수학하면서 히브리어, 라틴어, 그리스어, 신학, 르네상스 시대 문학과 인문 교육을 받았는데, 특히 어학과 라틴어 시에 뛰어난 자질을 보였다.

존 밀턴

17세 때 밀턴은 성직자가 되고자 케임브리지 대학 크라이스트 칼리지에 들어갔으나 얼마 지나지 않아 성직자가 되는 것보다 시로써 신의 영광을 드높이겠다고 결심했다. 대학 시절 〈그리스도 탄생의 아침에〉를 발표하면서부터 본격적으로 시를 짓기 시작했으며, 졸업 후에는 성직자의 길을 완전히 포기하고 시골 별장에 내려가 독서와 집필, 여행 등을 하면서 은둔했다. 이 시기 〈쾌활한 사람〉, 〈침사의 사람〉, 〈리시다스〉 가면극 〈코머스〉 등을 발표했다.

이런 은둔 생활은 약 7년째인 1639년에 끝이 났다. 1638년, 밀턴은 파리를 거쳐 이탈리아를 여행하던 중에 영국에서 내전이 일어났다는 소식을 듣고 귀국하여 정치에 투신한다.

당시 영국에서는 찰스 1세를 중심으로 한 왕당파와 절대주의 및 영국 국교회에 반대하는 의회파가 격렬하게 대립하고 있었다. 영국에서는 이미 E.

코크에 의해 '법이 왕권에 앞선다'라는 주장이 대두될 만큼 시민 의식이 성숙해 가고 있었다. 그러나 찰스 1세는 전제 왕권을 강화하고 파탄 난 국고를 채우기 위해 헌금과 공채公債를 강제로 징발하고, 일반 시민에게까지 군법을 적용하는 등 횡포를 부렸다. 이에 1628년에 코크 등이 인민의 권리를 천명한 〈권리청원〉을 의회에 제출했는데, 찰스 1세는 마지못해 이를 재가했으나 이듬해 의회를 해산시키고 이후 10여 년간 의회 없이 측근 정치를 폈다. 1640년, 스코틀랜드 정벌을 위해 정식으로 세금 징수에 대한 승인을 받아야 될 지경에 이르자 찰스 1세는 다시 의회를 소집했다. 그동안 분노와 불만에 쌓인 의회는 왕당파와 극렬하게 대립하였고, 결국 1642년에 내란이 일어났다. 올리버 크롬웰이 주도하는 의회파의 승리로 내란은 끝났으며, 1649년 찰스 1세가 처형당하고 공화제가 수립되었다. 이 영국의 시민혁명은 흔히 '청교도 혁명'이라고도 불린다.

밀턴이 귀국했을 때는 한창 왕당파와 의회파가 격렬하게 대립하던 시점으로, 이는 곧 구교(국교회)와 신교(청교도)의 대립이라고도 할 수 있었다. 밀턴은 국가와 교회가 일치되어 청교도를 탄압하는 데 반대하고 올리버 크롬웰을 지지하면서 종교, 언론, 정치 문제에 관한 많은 논설 및 논문을 썼다. 특히 그는 서양 역사상 최초로 언론 및 출판의 자유를 주장하기도 했는데, 〈아레오파기티카〉라는 소논문을 통해 '국가에 대해 시민이 자유롭게 의견을 개진할 수 있는 것, 그것이 진정한 자유다'라고 밝혔다. 또한 찰스 1세의 처형에 관한 정당성을 제시하고 반反군주제를 주장한 〈국왕과 관료들의 재직 조건〉 등으로 유럽 전역에 걸쳐 키케로에 비견될 정치적 논객, 지식인으로 이름을 날리게 되었다. 이를 계기로 그는 크롬웰 정권의 대변인으로 여겨졌다.

한편 비록 성직자의 길을 포기했다고 해도 밀턴은 열정적인 청교도였으며, 타협할 줄 모르는 성격, 때로 여성혐오증으로까지 오인될 만큼 엄격한 도덕주의자였다. 이에 더해 단정하고 수려한 외모 때문에 '숙녀'라는 별명으로 불렸다고 한다. 그런 그가 영국 사회에 파문을 던진 일이 있었는데, 바로 〈이혼론〉, 〈테트라코던〉, 〈콜라스테리온〉 등의 논설을 통해 이혼을 옹호한 것이었다. 그는 배우자의 부적절한 관계는 물론이고, 성격 차이로 인한 이혼을 허용해야 한다고 주장했다. 이는 당시로서는 원한다면 언제든 이혼할 수 있다는 식의 무분별한 태도로 여겨질 만큼 진보적인 주장이었다. 이는 그의 불행한 결혼 생활과도 연관이 있다. 밀턴은 33세 때 왕당파 귀족 리처드 파월의 딸인 메리 파월과 격정적인 연애 끝에 결혼했으나, 쾌활하고 자유주의자였던 메리와 그는 기질적으로 맞지 않았다. 여기에 양 가문의 정치적 갈등이 더해져 메리는 결혼한 지 몇 달 만에 친정으로 돌아갔고, 두 사람은 사실상 별거 상태가 되었다(그럼에도 두 사람 사이에서는 네 명의 자녀가 태어났다). 〈이혼론〉 등에 관한 논설들은 이 시기에 쓰인 것이었다.

1648년, 밀턴은 왼쪽 눈의 시력을 잃었으며 4년 후에는 완전히 실명했다. 이는 지나친 독서와 집필 때문으로, 그는 12세 이후부터는 공부를 하느라 자정 전에 잠자리에 든 적이 없다고 한다. 정치에 투신한 이후 실명할 때까지 밀턴은 약 20여 년간 정치 논객으로 활약하며 〈우상 타파론〉, 〈영국민을 위한 변호〉, 〈자유공화국 수립을 위한 길〉 등 공화정과 시민혁명을 옹호하는 글을 발표했다.

그러나 1658년 올리버 크롬웰이 말라리아로 사망하고 나서 정국이 혼란스러워지자 1660년 프랑스에 망명해 있던 찰스 1세의 아들 찰스 2세가 복귀하면서 왕정이 복고되었다. 대대적인 숙청 작업이 이어졌으며, 외국어 장관으로 있던 밀턴 역시 처형의 위협에 직면했다. 밀턴은 유력자들의 비호로 가까스로 목숨을 건지고 가산을 몰수당한 뒤 한동안 감옥 생활을 하고 낙향했다. 이 시기에 그는 세 번째 부인 엘리자베스 민셸에게 정신적 위안을 얻으며 다시 시를 쓰기 시작했다. 눈이 멀었기 때문에 자신의 구상을 아내와 딸들에게 구술하여 받아 적게 하는 방식으로 집필했으며, 그 결과 《실낙원》, 《복낙원》, 《투사 삼손》 등의 걸작들이 탄생했다. 그래서 일부 영문학자들은 밀턴이 정치적 저술들을 쓰느라 무려 20년간이나 재능을 낭비했다고 말하기도 한다.

《실낙원》은 인간의 원죄와 그로 인한 낙원에서의 추방을 다룬 작품으로, 총 12권으로 이루어져 있다. 신에게 반역하여 지옥으로 쫓겨난 사탄이 뱀으로 변하여 낙원에 사는 아담과 이브를 유혹한다. 두 사람은 천사 라파엘에게 천지창조의 전말과 사탄의 반역에 대한 이야기를 듣고도 결국 죄를 범한다. 죄를 지은 후에 일어나는 재앙과 화, 인류의 역사와 구원에 관련한 예언이 이어지며, 두 사람이 신의 섭리를 믿으며 낙원을 떠나는 것이 주 내용이다. 기독교적 소재에 신화적 요소를 가미하고, 이를 고전 서사시의 틀에 짜 넣은 작품으로, 서사시의 구조를 가장 완벽하게 따르면서도 기독교 및 르네상스 시대 인문주의를 완벽히 융합시킨 작품으로 평가된다. 또한 사탄과 지옥에 관한 묘사는 윌리엄 블레이크를 비롯한 후대의 수많은 문인들에게 큰 영감을 주었다. 이 부분에서 밀턴은 특히 엄청난 상상력을 발휘했는데, 이전까지 괴기스러운 방식으로 묘사되던 사탄은 초인이자 욕망과 에너지의 상징으로 새롭게 묘사된다. 표현이 섬세하면서도 전편을 통해 장중함과 힘이 느껴지며, 압도적인 상상력으로 강렬한 인상을 심어 주는 이 작품으로 밀턴은 영문학사에서 셰익스피어에 버금가는 위대한 시인으로 등극했다. 한 편의 종교 서사시라고도 할 수 있으나, 이를 넘어선 (칸트의 말에 따르면) '숭고한 미'로 영국을 비롯해 유럽 각지의 독자들을 사로잡았다.

《복낙원》은 《실낙원》의 속편 격으로, 총 4권으로 구성된다. 전편에서 약속된 신의 섭리, 잃었던 낙원의 회복 등을 다루며, 예수 그리스도가 사탄의 유혹을 이겨내고 결국 사탄을 추락시키는 이야기이다. 이 두 편의 작품에서 밀턴은 이브와 아담, 예수와 사탄 간의 논쟁을 통해 인간과 신의 관계, 인간의 욕망과 낙원의 진정한 의미 등에 관해 근본적으로 생각하게 한다.

윌리엄 블레이크, 〈대천사 라파엘과 아담과 이브〉

이 외에도 은거 후에 미완성으로 남은 《영국사》, 《라틴어 문법》, 《논리학》 등의 작품을 집필하면서 여생을 보냈으며, 1674년 11월 8일 런던의 자택에서 사망했다.

015

우화로 당대 프랑스 사회를 풍자하다

장 드 라 퐁텐

Jean de La Fontaine(1621. 7. 8~1695. 4. 13)

| 프랑스
| 17세기 프랑스의 대표적인 우화 작가로 동물을 의인화하는 형식을 통해 프랑스 사회를 풍자했다.
| 《우화 시집》, 《콩트와 노벨》 등

장 드 라 퐁텐

라 퐁텐은 프랑스 고전주의 시대의 대표적 시인으로, 도덕적 우화 장르를 개척한 인물이다. 그의 우화는 오늘날까지 프랑스어를 사용하고 자란 사람이라면 누구나 한 번씩 듣고 자라는 이야기들이다.

동물을 의인화하여 인간 희극을 부각시키는 우화는 라 퐁텐이 만들어 낸 장르는 아니다. 우리에게 우화로 매우 잘 알려져 있는 고대 그리스의 이솝이 대표적인 우화 작가이며, 그

밖에도 작자를 알 수 없는 많은 동서양의 민간 동화들이 우화의 형태를 띠고 있다. 그러나 라 퐁텐 이전의 우화들이 교훈을 주려는 목적에서 이야기의 줄거리를 형식적으로 차용하는 데 반해, 라 퐁텐의 우화는 그가 고안한 단막 희극이라고 할 수 있다. 라 퐁텐은 고대 그리스의 이솝 이야기, 동양의 우화 등에서 차용한 동물과 고대 영웅 이야기를 기반으로, 서정시, 풍자시, 대화, 콩트 등 다양한 형식으로 이야기를 만들면서, 독창적인 사회 비판 우화, 인간 희극을 만들어 냈다.

장 드 라 퐁텐은 1621년 7월 8일 프랑스 샹파뉴 지방의 샤토 티에리에서 태어났다. 아버지가 그 지역에 있는 왕실 산림의 감독관이어서, 라 퐁텐은 어린 시절 산림에서 뛰놀고 사냥을 했으며, 아늑한 시골 마을에서 한가롭게 몽상하고 독서를 하며 자랐다. 20세 때 오라토리오회 신학교에 들어가 졸업한 뒤 성직자가 되었으나 곧 그만두었다. 후에 다시 법학을 배워 고등법원 변호사가 되었으나 별다른 야망도 없고, 쾌락주의자였던 탓에 얼마 일하지 못하고 그만두었다. 이후 그는 아버지의 뜻에 따라 아버지의 자리를 물려받고 같은 계층의 여성과 결혼하여 평범한 삶을 살기로 한다. 이에 26세 때 마리 에리카르와 결혼하고, 31세 때 아버지의 지위를 물려받았는데, 성격상 이마저도 부담스러웠는지 가정을 제대로 돌보지 않았으며, 35세 때 글을 쓰기 시작하면서는 산림 감독관 일도 생계를 위해 자리를 유지하는 수준으로만 했다. 글을 쓰면서 그는 자주 파리에 가서 문인들과 교류했으며, 퓌르티에르, 샤플랭 등의 문인들과 '원탁 기사회'를 만들어 활동하기도 했다.

37세 때 재무장관 푸케에게 장시 〈아도니스〉를 헌정하면서 그의 후원을 받기 시작했다. 라 퐁텐의 쾌활하고 다소 안이한 성격이 푸케의 성격과 잘 맞았던지, 라 퐁텐은 푸케가 실각하는 1661년까지 그의 측근에서 왕실 어용 시인으로 활동했다. 푸케가 루이 14세를 화나게 하면서 실각 위기에 처했을 때 라 퐁텐은 왕에게 아량을 베풀어 용서해 달라는 〈보 성의 님프들의 비가〉를 써서 올리기도 했는데, 이 일로 루이 14세의 미움을 받아 아카데미 프랑세즈 입회를 1년간 금지당하였다.

이런 사건들을 겪으면서 라 퐁텐은 다소 실의에 빠졌으나 곧 새로운 후원자와 친구들이 생겼다. 이후로는 오를레앙 대공비, 드 라 사블리에르 부인, 뒤 델바르 부인 등의 후원을 받고 그들의 집에서 기거하였다. 오를레앙 대공비의 후원을 받으면서는 몰리에르, 라신 등 당대 인기 작가들과 교류했으며, 드 라 사블리에르 부인의 후원을 받을 때는 파리에서 가장 유명한 살롱 중 하나인 그녀의 살롱에서 많은 학자와 철학자, 작가들과 교류했다.

특히 드 라 사블리에르 부인의 집에서는 20년이나 기숙했는데, 이 부인은 개와 고양이 그리고 라 퐁텐과 함께가 아니면 여행하지 않았을 정도로 그를 총애했다. 그럼에도 그는 드 라 사블리에르 부인이 죽은 뒤 델바르 부인이 자신을 후원하겠다는 전언을 보내자 시종에게 "기다리고 있었소. 지금 댁으로 가려던 참이오."라고 말했다고 한다. 이런 후원자들의 호의 덕분에 라 퐁텐은 한평생을 안온하고 근심 없이, 경쾌하고 방탕한 사교계 생활을 했다.

이런 성격과 생활 방식 때문인지, 라 퐁텐이 프랑스 문학계에서 중요한 자리를 차지하는 건, 1살 연하인 몰리에르, 18세 연하인 라신이 이미 명망을 떨친 지 한참 후였다. 44세 때부터 3년에 걸쳐 운문 이야기집인《콩트와 노벨》을 펴내면서 주목받는 작가가 되었으며, 오늘날 '라 퐁텐 우화'로 널리 알려진 우화시들은 47세 때나 되어서야 발표되기 시작했다.《콩트와 노벨》은 이탈리아 문학, 특히 보카치오의 문학에서 각 이야기들의 재료와 형식을 빌려 온 것으로, 색을 밝히는 성직자들, 음탕한 여자들 등 당대 프랑스의 상스럽고 음탕한 이야기들을 관능적이고도 해학적인 필치로 그린 작

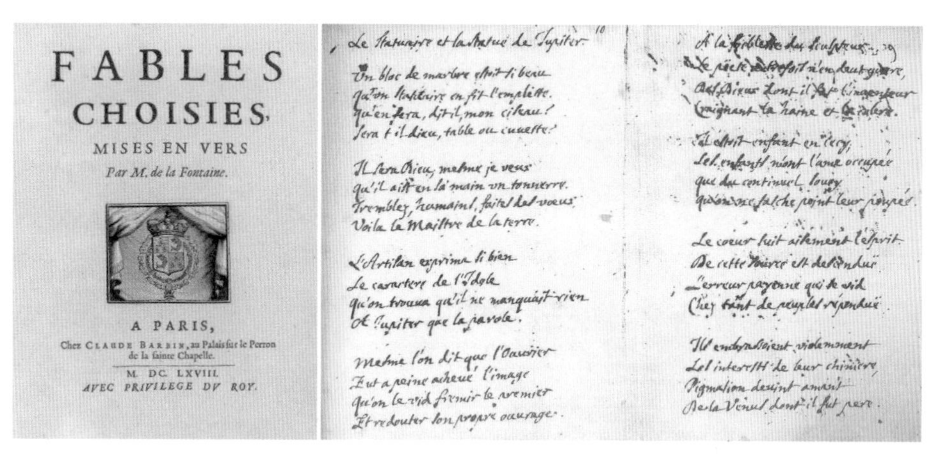
FABLES
CHOISIES,
MISES EN VERS
Par M. de la Fontaine.

A PARIS,
Chez CLAUDE BARBIN, au Palais sur le Perron
de la sainte Chapelle.
M. DC. LXVIII.
AVEC PRIVILEGE DV ROY.

1692년 프랑스에서 발행된 《우화 시집》 속표지, 라 퐁텐이 자필로 쓴 《우화 시집》 한 페이지

품이다(라 퐁텐은 만년에 종교에 귀의한 뒤 이 작품의 음란함을 인정하고 후회했다고 한다). 《우화 시집》은 총 12권으로 세 차례에 걸쳐 출간되었는데, 라 퐁텐은 이 작품집에서 동서양의 다양한 우화 형식에 자신만의 실험을 더해 당대 프랑스 사회를 해학과 기지, 풍부한 표현력으로 교묘하고 날카롭게 풍자하고 있다.

첫 번째 《우화 시집》 6권을 펴내고 난 이듬해에는 경쾌하고 재기 발랄한 이야기집인 《프시케와 큐피드의 사랑》을 펴냈다. 그 밖에도 성인전聖人傳의 이야기들을 변용한 《성聖 말크의 수인囚人의 시》, 테렌티우스를 번안한 《환관》, 시정 사건을 소재로 한 소극笑劇 《보리샤르의 익살꾼》, 《다프네》의 오페라 대본을 비롯해 수많은 작품들을 썼다.

라 퐁텐은 천진난만할 정도로 안이하고 태평무사한 성격으로 자유분방하게 한평생을 살았다. 작품 역시 자신이 관심을 가지고 있던 모든 소재, 모든 분야에 대해 세간의 평판을 신경 쓰지 않고 쓰고 싶은 것을 썼다. 그렇다고 해서 게으르거나 방종한 이기주의자는 아니었으며, 상당한 학식과 약삭

니콜라 랑크레, 〈벌 받는 가스콩〉 《우화 시집》의 한 장면을 묘사한 그림

빠름, 재간꾼으로 위장한 음모가적 기질을 가진 인물이었다고 한다. 어쨌든 귀족들을 비롯해 철학자, 문인, 학자 등 주변 많은 인물들을 자기편으로 끌어들이는 매력이 있는 인물이었음은 틀림없다.

그의 작품들은 번뜩이는 통찰력이나 작가적 고민의 흔적, 고전에 대한 깊이 있는 해석 등을 토대로 했다고는 보이지 않으나, 동서양을 막론하고 고대부터 당대에 이르기까지 수많은 고전, 특히 베르길리우스, 호라티우스, 오비디우스부터 단테, 보카치오 등에 대한 정통한 이해를 기반으로 쓰인 것이다(라 퐁텐은 후일 《위에게 주는 서간집》에서 고전에 대한 존중을 역설하기도 한다). 또한 라 퐁텐의 작품들은 매우 사실적이며, 해학 뒤에 날카로운 비판이 서려 있다. 이는 그가 겉모습처럼 낭만주의자, 낙천주의자만은 아니었음을 시사한다. 그러나 라 퐁텐은 성격상 문제인지 열정적인 개혁가도 되지 못했다.

라 퐁텐은 자신이 잘 알고 있는 문학적 유산들을 기반으로 당대 프랑스 사회를 풍자하고 겉으로 드러나지 않는 방식으로 자신의 도덕률을 전파하는 데 뛰어난 재능을 보였다. 때문에 《우화 시집》은 각 편이 형식적으로 불완전하고 가벼운 소극으로 보이지만, 그 뒤에는 당대 프랑스인에게 필요한 보편적인 도덕률과 인생관이 깔려 있다. 이런 인생의 진실에 대한 라 퐁텐의 통찰은 오늘날까지도 유효하여 많은 사랑을 받고 있다. 또한 내용적 측면만이 아니라 구어체의 사용, 풍부한 언어 표현력, 일정한 형식에 얽매이지 않은 변화무쌍한 자유시 형식으로 이후의 프랑스 문학에 많은 영향을 미쳤다.

016

현대적 의미의 희극을 완성하다

몰리에르

Moliére(1622. 1. 15~1673. 2. 17)

❙ 프랑스

❙ 17세기 프랑스의 대표적인 극작가로 당시 오락거리에 지나지 않았던 풍자 희극을 인간의 보편적인 삶과 사회를 다루는 함축성 있는 희극으로 격상시켰다.

❙ 〈타르튀프〉, 〈동 쥐앙〉, 〈인간 혐오자〉 등

몰리에르

몰리에르는 17세기 프랑스의 극작가로, 아리스토파네스와 더불어 희극의 개척자로 일컬어진다.

몰리에르의 본명은 장 바티스트 포클랭이며, 1622년 1월 15일 프랑스 파리에서 태어났다. 왕실 가구 납품업자인 부유한 상인의 아들로 태어나 당대 상류층 자제들이 다니던 클레르몽 중등학교(후일의 루이 르 그랑 중등학교)에 들어가서 공부했다. 이 시기에 에피쿠로스 철학에 동조하는 피에르 가상디(프랑스 물리학자이자 철학자)와 교류하며 사상적으로 영향을 받았다. 그러나 이런 환경에서 자랐음에도, 몰리에르는 어린 시절부터 귀족들을 조롱하고 풍자하길 좋아했다고 한다. 또한 파리 곳곳을 누비고 다니며 당시 서민들이 즐겨 보던 코미디 공연, 즉 소극 공연들을 보았는데, 이는 연극을 좋아하던 외조부 루이 크레세의 영향이 컸다.

15세 때 아버지의 가업을 이어받기로 하고 18세 때 오를레앙 대학에 들어갔다. 이곳에서 법학을 공부하고 변호사 자격을 취득해 잠시 변호사 일을 했다고 하나 이와 관련해서 남아 있는 자료는 거의 없다.

21세 때 몰리에르는 연극인을 많이 배출한 베자르 가 사람들과 친밀하게 지내다가 급기야 마들렌 베자르가 운영하는 극단에 들어가 배우 활동을 했다. 그의 결정은 집안사람들을 경악하게 했다. 이에 그는 당시 하층계급이던 배우를 하는 것이 집안에 누가 될까 봐 '몰리에르'라는 예명을 사용해 활동했다. 하지만 안타깝게도 몰리에르는 연극에 대한 열정에 비해 배우로서의 자질은 대단치 않았던 것으로 보인다. 당대의 한 평론가는 '조물주는 몰리에르에게 지적인 재능을 주었지만, 무대에서 필요한 재능은 주지 않았다. 거친 억양, 기어들어 가는 목소리, 급한 말투……'라고 평가하기도 했다.

2년 만에 베자르 극단이 파산하고, 극단의 공동 운영자였던 몰리에르는 그 부채를 갚지 못해 감옥에 수감되었다. 아버지가 보석금을 치러 주어 며칠 만에 간신히 풀려났지만, 몰리에르는 아버지의 재산에 대한 상속권을 포기하고 어머니가 남겨 준 유산으로 극단 사람들을 재규합해 지방 순회공연길에 올랐다.

몰리에르는 12년간의 지난한 고생 끝에 파리로 입성했고, 1658년 루이

14세 앞에서 〈사랑에 빠진 의사〉를 공연했다. 이 작품이 대성공을 거두어 몰리에르는 왕으로부터 오텔 드 프티 부르봉 극장을 사용할 수 있는 권한을 얻었으며, 그해 말 소극 〈우스꽝스러운 프레시외즈들〉로 대중적으로 큰 성공을 거두었다. 그러나 곧 귀족들에게 궁정을 풍자한 것이라는 비난을 받고 상연 중지 처분을 받았는데, 루이 14세는 이때 진노하기는커녕 몰리에르에게 팔레 루아얄 극장에서 평생 공연할 수 있는 권한을 주었다. 이후 몰리에르의 극단은 '왕립 극단'으로 불렸고, 팔레 루아얄에서 〈사랑에 빠진 의사〉, 〈나바르의 동 가르시〉, 〈남편들의 학교〉, 〈귀찮은 사람들〉 등 많은 작품을 성공리에 공연했다.

1662년, 몰리에르는 스무 살 연하의 여배우 아르망드 베자르와 결혼했다. 두 사람의 결혼에 대해서는 수많은 악성 루머가 나돌았는데, 이 때문인지 결혼 생활은 평탄치 않았다. 그해 몰리에르는 〈아내들의 학교〉를 공연했는데, 이 작품은 그 자신의 결혼 생활에 대한 풍자로 여겨지기도 한다.

〈아내들의 학교〉는 위대한 '희극'의 시작이라 불리는 작품이다. 이 작품은 '위대한 연극'인 '비극' 형식을 토대로 지배 이데올로기와 지배층에 희생되는 개인이라는 주제를 표현한 사회 풍자극이다. 그때까지 프랑스에서 희극은 우스꽝스럽고 비현실적인 상황이나 재치 있는 말솜씨로 관객들을 웃기는 오락거리에 지나지 않았다. 희극이라 불리지도 못하고 '소극笑劇, farce'이라고 불렸으며, 비극만큼 진지하게 받아들여지는 극 장르가 아니었다. 그러나 몰리에르는 우스꽝스러운 몸짓이나 말투를 보여 주는 소극에서 한 걸음 나아가 비극, 목가극 등의 요소들을 더해 새로운 형태의 희극을 만들었다. 그는 당대 인물과 사회를 무대 위에서 재현하여 인간의 보편적 성질과 현실 사회를 진실성 있게 제시하고 풍자했는데, 이 모든 것은 실제 생활과 경험으로부터 차용되었다. 이때 탐욕, 허풍, 소심 등 인간의 특정한 성격을 중심으로 현실과 인간을 표현했는데, 이로써 '성격희극'이 탄생했다.

특히 몰리에르는 표면적인 행위와 성격을 표현하는 데 그치지 않고 인물들의 내면 심리까지 깊이 파고들면서 단순한 풍속극이 아닌 인간의 보편적인 본질을 그린 극을 만들었다. 또한 몰리에르의 희극들에서 배우들이 쓴 가면은 그 보편성으로 말미암아 관객이 스스로를 비춰 볼 수 있는 거울의 역할을 했다. 이 때문에 시대와 사회가 변한 오늘날까지 몰리에르의 연극들이 생명력을 가지고 있는 것이다.

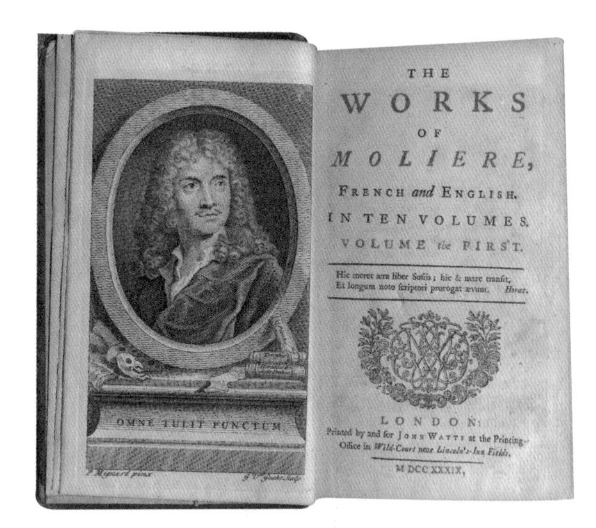

1739년 영국에서 발행된 몰리에르 희극집

이렇듯 몰리에르는 연극에서 인간과 삶의 진실을 그려 낼 수 있다는 것, 즉 진지하고 사회적인 주제를 다룰 수 있다는 것을 처음으로 보여 준 사람으로, 현대적 의미의 연극은 그의 손에서 완성되었다고 평해진다. 몰리에르 탄생 300주년 기념식에서 프랑스 연극 연출가 자크 코포는 "몰리에르로부터 연극 예술의 의미, 성격, 범위가 달라졌다. 연극은 삶의 원칙을 재발견하며, 그럼으로써 진정한 예술이 되었다."라고 말했다.

〈아내들의 학교〉가 지닌 파격성은 상연 직후부터 기존 극단과 연극인들에게 논쟁을 불러일으켰다. 몰리에르는 많은 논란에도 입을 다물고 있다가, 이듬해 〈아내들의 학교 비판〉, 〈베르사유 즉흥극〉 등을 통해 비난하는 이들에게 답변을 대신했다.

피에르 브리사르가 그린 〈타르튀프〉 삽화

이후로도 몰리에르는 귀족, 의사, 성직자 등 지배 계급을 비꼬는 희극을 계속 썼으며, 이로써 평생 논란에 시달렸지만 이를 그만두지 않았다. 1664년 몰리에르는 베르사유 궁에서 열린 '열락의 섬 축제'에서 〈타르튀프〉를 공연했다. 반종교개혁의 선봉에 있던 성체회를 풍자한 이 작품은 가톨릭교도들의 노여움을 샀고, 파리의 대주교는 이 작품을 보거나 희곡을 읽는 사람들까지 교회에서 제명하겠다고 선언했다. 루이 14세도 이 논란에서 몰리에르를 비호해 주지 못했고, 상연은 중지되었다. 몰리에르는 이 작품의 상연 금지 조치에 대해 반발하면서 여러 차례 탄원서를 제출했고, 5년 후에야 공연 허가를 얻어 낼 수 있었다.

이듬해에는 〈동 쥐앙〉을 상연했으나 이마저도 교회의 반발 때문에 15회 만에 공연을 중단해야 했다. 루이 14세는 이런 상황을 보상해 주고자 몰리에르의 극단을 '국왕 전속 극단'으로 임명하고, 연금을 내리는 등 '공식적인 후원자'가 되어 주었다.

그 이듬해에 몰리에르는 그의 최고 걸작이라 불리는 〈인간 혐오자〉를 썼는데, 이 작품은 그다지 인기를 끌지 못했다. 그러나 오늘날에는 〈타르튀프〉, 〈동 쥐앙〉과 함께 3대 성격비극으로 꼽히는 걸작으로 평가된다. 이후에도 몰리에르는 〈수전노〉, 〈부르주아 귀족〉, 〈스카팽의 간계〉, 〈학식을 뽐내는 여인들〉 등 희극사를 바꾸는 작품들을 많이 썼다.

1673년 2월 17일, 몰리에르는 〈상상으로 앓는 남자〉를 공연하던 중 쓰러져 집에 돌아왔고, 그날 밤 숨을 거두고 말았다. 무대에 오르기 전 건강 상태가 좋지 않은 그에게 동료들이 공연 취소를 권유하자 몰리에르는 이렇게 말하며 무대에 올랐다고 한다.

코메디 프랑세즈

"하루 벌어 하루 먹고 사는 50명의 가난한 노동자들이 있는데, 공연을 중단하면 그 사람들은 오늘 어떻게 하는가?"

몰리에르는 임종의 자리에서 사제를 불렀으나 입회를 거절당했고, 국왕의 명령으로 사제 두 사람이 간신히 입회하여 장례식이 치러졌다. 〈타르튀프〉로 인한 교회의 반감이 작용한 결과였다.

몰리에르 사후 그의 극단은 마레 극단과 합병되어 게네고 극단으로 바뀌었는데, 1680년 게네고 극단과 경쟁자였던 오텔 드 부르고뉴 극단이 합병되면서 '코메디 프랑세즈'가 창립되었다. 코메디 프랑세즈는 오늘날 국립극장으로 발전했으며, 몰리에르의 희곡들은 이곳의 주요 고전 레퍼토리로 지금까지 상연되고 있다. 때문에 코메디 프랑세즈는 '몰리에르의 집'이라는 별칭으로 불린다.

김만중

17세기 초 허균의《홍길동전》이 등장하면서 국문소설이 시작된 이후 17세기 말에 이르르면 소설이 급격하게 발전한다. 이 시기 대표적인 소설 작품이 김만중의《구운몽》과《사씨남정기》이다.

김만중은 1637년(인조 15), 병자호란 때 피난을 가던 배 안에서 태어났다고 한다. 예학의 대가 김장생의 증손으로, 어머니는 해남부원군 윤두수의 4대손인 명망 높은 가문 출신이었다. 전란 중에 아버지 없이 유복자로 태어나 궁핍함 속에서 어렵게 자랐으나 어머니 윤씨는 '한국판 맹모삼천지교'라고 불릴 만큼 궁색한 살림 속에서도 내색 않고 만기와 만중 두 형제의 교육에 힘을 기울였다. 또한《소학》,《사략》,《당률》 등을 직접 가르치기도 했다.

김만중은 14세 때 진사 초시, 16세 때 진사시를 거쳐 28세 때 정시 문과에 급제해 벼슬길에 나아가 정언, 지평, 경서교정관 교리 등을 거쳐 암행어사로 경기 및 삼남 지방을 암행했다. 이후 예조참판, 대사헌, 도승지, 판의금부사에 오르는 등 출세 가도를 달렸다. 그러나 서인이었던 그는 숙종 시대에 예송 논쟁으로 수차례 관직을 박탈당했다가 다시 관직에 올랐다. 1687년에는 장희빈 일가를 둘러싼 언사言事 사건에 연루되어 선천으로 유배되었으며, 1년 후 풀려났으나 다시 3개월 만에 남해로 유배 갔다가 1692년 그곳에서 사망했다.

《구운몽》은 선천에서 유배 생활을 할 때 상심하신 어머님을 위로하고자 지었다고 하며, 한문과 한글 두 가지로 쓰였다(한편으로는 유배를 떠나기 전날 밤 하루 만에 써서 어머니에게 전했다고도 한다). 육관대사의 제자 성진이 용왕에게 심부름을 갔다가 형산 선녀 위 부인이 보낸 8선녀를 만나면서 불교 수행에 회의를 느끼고 속세의 부귀와 공명을 바라다가 8선녀와 함께 지옥으로 추방된다. 성진은 양 처사의 아들 양소유로 환생하여 8선녀를 만나고 부귀공명을 누리지만 이 모든 것은 꿈이었고, 이에 찾아온 8선녀와 함께 죄를 뉘우치고 열반의 경지를 얻어 극락세계로 간다는 내용이다. 영웅의 일생을 그리는 한편, 현실과 꿈을 오가는 복잡한 구성, 개성 있는 다양한 등장인물과 심리 묘사 등 소설적으로 완성된 구성에 더해 유불도의 사상적 깊이를 지녀 허황되고 속된 문학으로 치부되던 소설을 사대부가 향유할 수 있는 고급 문화로 끌어올렸다는 평가를 받는다. 이렇듯 소설사에 획기적인 전환점을 이룬 작품으로, 고소설의 전범으로 여겨지면서 당대를 비롯해 조선 후기까지 수많은 아류작을 생산하기에 이른다.

《사씨남정기》는 김만중이 계비 인현왕후를 폐위시키고 희빈 장씨를 왕비로 맞아들이려는 숙종에게 반대하며 장씨 일가의 죄상을 고한 죄로 유배당했을 때 쓴 것으로, 유배지에서까지 임금을 걱정하며 잘못을 깨달으라는 마음으로 썼다고 한다. 명나라 시대 관리인 유연수가 사씨와 혼인한 뒤 9년이 지나도록 아이가 없자 교씨를 후실로 맞아들이는데, 교씨가 간계로 사씨를 모함해 내쫓고 정실의 자리를 차지한다. 교씨는 이후 유연수를 모함해 유배가게 한 후 간통하던 남자와 재산을 가지고 도망치다가 도둑을 만나 재산을 모두 잃는다. 유연수는 유배지에서 풀려나 사씨를 다시 맞아들이고 교씨와 남자를 처형한다는 내용이다. 유연수는 숙종, 사씨는 인현왕후, 교씨는 장희빈에 빗댄 인물로, 사회 풍자소설이라 할 수 있다. 구성이 간략하고 읽기 쉬운 것이 특징으로 서민층에서 큰 인기를 끌었다.

이 작품 역시 한글로 쓰였는데, 김만중은 문집《서포만필》에서 밝혔듯이 한문 시조보다 우리말 노래가 더 진실성을 지닌다고 여기며 국문학과 한글의 가치를 최초로 설파한 사대부였다. 또한 보다 복잡해진 구성과 사상적 깊이, 교화적 내용을 두루 갖추면서 소설의 문학성을 높였으며, 조선 후기 한글소설 및 사회 참여 문학이 발전하는 데 크게 기여했다.

017

프랑스 고전 비극의 정점을 찍다

장 라신

Jean Baptiste Racine(1639. 12. 22～1699. 4. 21)

| 프랑스
| 역사상 인물을 주인공으로 한 비극을 주로 발표했으며, 나약한 인간성에 주목한 작품이 특징이다.
| 〈테바이드〉, 〈알렉산더 대왕〉, 〈앙드로마크〉 등

장 라신

프랑스 희곡의 역사는 17세기에 활동한 세 사람의 극작가로부터 시작된다. 코르네유, 몰리에르 그리고 장 라신이다. 몰리에르가 풍속 희극을 창시했고, 코르네유가 프랑스 고전 비극의 창시자로 일컬어진다면, 라신은 고전 비극을 정점에 올려놓은 인물로, 인간의 깊은 감정과 심리를 정제되고 아름다운 언어, 시정詩情, 하모니, 완벽한 극적 형식 속에 녹여 냈다고 평가받는다. 심리적 통찰과 시적 형식, 양측에서 고전주의의 정수를 이루었다고 일컬어지며, '프랑스 고전주의의 어머니'라고도 불린다.

장 바티스트 라신은 1639년 12월 22일 프랑스 샹파뉴 지방 라 페르테-밀롱에서 태어났다. 아버지는 소금 관리국의 창고 관리인으로, 가난하지만 신앙심이 깊었다. 3세 때 어머니를 여의고, 5세 때 아버지를 여의면서 조부모의 손에서 컸는데, 10세 때 할아버지마저 세상을 떠나자 할머니와 함께 고모가 수녀 생활을 하고 있는 포르 루아얄 데 샹 수도원으로 들어갔다. 포르 루아얄은 장세니즘의 본거지로, 이곳에서 앙투안 아르노, 피에르 니콜, 르 메트르, 클로드 랑슬로 등 당대 유명 학자들에게서 고급 교육을 받을 수 있었다. 라신은 라틴어와 그리스어, 고대 그리스-로마 시대의 고전을 배웠으며, 장세니스트들의 엄격주의, 도덕주의, 금욕과 은둔 생활에 많은 영향을 받았다.

장세니즘(Jensénism)
엄격한 도덕주의, 교회 조직 개혁 등을 주장한 종교운동으로, 루이 13세와 14세 시대에 박해를 받았다. 17, 18세기 초 프랑스의 종교, 정치, 사회에 많은 영향을 미쳤다.

1656년, 장세니즘에 대한 박해로 수도원이 해산되자 수도사와 학자 몇 사람, 갈 곳 없는 고아였던 라신만이 수도원에 남았다. 학자들은 감수성이 예민하고 문학에 뛰어난 자질을 보이던 라신을 거둬 정성스럽게 키웠으며, 라신은 3년간 또래 하나 없이 학자들에게 둘러싸여 고독하고 호젓한 산속 수도원에서 성장했다. 이 무렵 헬레니즘 시대 문학에 경도되었으며, 시를 쓰기 시작했다. 또한 수도원이 해산되면서 수도원 바깥에 세속적 삶이 있음을 알게 된 뒤 파리로 가고 싶다는 열망을 품었다고 한다.

결국 라신은 19세 때 공부를 한다는 핑계를 대고 파리로 갔다. 그는 파리에서 스승들이 반대했던 일들을 모조리 하고 다녔다. 특히 장 드 라 퐁텐, 부알로 등 시인, 극작가, 배우 들과 어울리며, 비극을 써서 자신의 작품을 상연해 줄 곳을 찾아다니기도 했다. 20세 무렵에는 루이 14세에게 그의 결혼을 축하하는 〈센 강의 님프〉를 헌정하여, 그 공으로 상금 100루이와 연

신구 논쟁
프랑스에서 17세기 말부터 18세기 초에 고대 문학과 근대 문학의 우열을 둘러싸고 벌어진 논쟁.

금 600리브르를 받게 되었다. 스승과 친인척들은 그런 라신을 우려했고, 그를 사제로 만들려고 남프랑스 지방으로 보냈다. 위제스의 부주교였던 숙부가 그를 사제로 키우고자 노력하는 동안, 라신은 시를 쓰고, 파리의 친구들과 서신을 교환하며 2년을 허송세월했다.

그 후 파리로 돌아온 라신은 다시 라 퐁텐을 비롯한 작가들과 어울려 지내면서 극작에 몰두했다. 당대 명성 높던 극작가였던 몰리에르와도 친분을 쌓았다. 1664년, 몰리에르는 라신의 〈테바이드〉를 연출했고, 이듬해에는 〈알렉산더 대왕〉을 무대에 올렸다. 두 작품으로 라신은 제법 인기를 끄는 작가가 되었다.

그러나 몰리에르의 호의에도, 라신은 희극으로 평판을 얻고 있던 몰리에르의 극단보다 비극으로 명성 높았던 경쟁자 오텔 드 부르고뉴 극단과 접촉했다. 그는 〈알렉산더 대왕〉이 3회 공연된 후 이 작품을 부르고뉴 극단으로 빼돌렸고, 그것도 모자라 몰리에르 극단의 주연급 여배우이자 애인이었던 테레즈 뒤 파르크까지 빼돌렸다. 그러면서 몰리에르와 절교했고, 이후 두 사람은 크고 작은 분쟁을 계속하게 된다.

또한 두 작품으로 인해 라신은 포르 루아얄의 스승들과도 완전히 사이가 틀어졌다. 여기에는 라신의 예민한 성격과 자격지심이 한몫했다. 라신의 스승 피에르 니콜은 소설가 장 데스마레의 신구 논쟁 및 문학 작품에서 기독교 소재를 다루는 문제에 대해 익명으로 〈가공의 이단에 대한 편지〉를 발표했는데, 그 내용 중 '신자들의 영혼에 공공연히 해독을 끼치는 자'라는 문구가 문제가 되었다. 라신은 이를 극작가가 된 자신에 대한 스승의 비난으로 여기고, 스승에게 공격적인 편지를 보내면서 의절을 선언했다.

라신은 당대인들의 표현에 따르면 여자같이 까다롭고 변덕스러우며, 예민하고, 비열한 음모도 마다하지 않고, 자신에게 이익이 되지 않는 사람을 단칼에 떼어 내는 성격으로 당대부터 오늘날까지 호감을 받지 못했다.

라신은 1667년 최초의 걸작 〈앙드로마크〉를 발표한 이후 10여 년간 〈브리타니쿠스〉, 〈베레니스〉, 〈바자제〉, 〈미트리다트〉 같은 고전에 기초한 걸작 비극 작품들을 발표했다. 선배 코르네유가 자유의지를 지니고 딜레마를 극복하는 영웅적 인간을 그려 보였던 것과 달리, 라신은 열정에 휘둘리는 나약한 인간을 묘사했다. 라신은 의지에 반하는 행동을 하게 하는 내적 열정을 주로 '정념'으로 설정한 연애극을 썼는데, 이는 궁정 귀족이나 종교계를 자극하지 않는다는 점에서 상류층의 호의를 얻는 방편이기도 했다.

그러나 그의 작품 속에서 정념은 단순한 애정 문제에 그치지 않고, 인물들을 사로잡아 고뇌하게 하는 데서 더 나아가 자기 파괴 혹은 주변 세계까지 파괴하는 지극히 격렬한 열망이다. 고대 그리스 비극에서 거역할 수 없는 운명에 처한 인간을 보여 줌으로써 비애미를 창출하던 방식이 라신의 극에서 인간의 불가항력적인 내적 감정으로 대체된 것이라고 할 수 있다. 이렇듯 라신은 고전 비극의 성격을 유지하는 동시에 극적인 효과를 드높이기 위해 다양한 변용을 가했다. 줄거리를 단순화하고, 현세와 동떨어진 환상이나 역사적 일화 및 (코르네유의) 영웅주의 같은 비현실적인 요소를 배제하고 극히 사실적으로 인물과 사건을 묘사했다. 또한 인간의 감정이 외부의 사건에 의해서가 아니라 자신의 내적 흐름에 따라 자연스럽게 변화하고 표출되게끔 했다. 정념을 주로 다룬 것도 그것이 가장 보편적이고 현실적이며, 사람들이 관심을 가지고 있는 감정이라고 생각했기 때문이기도 하다. 고전 비극에서 소재를 빌렸으면서도 이를 현대적인 방식으로 변용하여 완성시킨 것이다. 또한 프랑스어가 지닌 운율적 특징을 최대한 살려 마치 시어와도 같은 언어로 극의 아름다움과 품격을 높였다. 때문에 대중은 그

줄리 플리포, 〈루이 14세와 맹트농 부인 앞에서 〈아탈리〉를 읽는 라신〉

의 작품에 열광할 수밖에 없었다. 그러나 라신은 코르네유와 몰리에르 등 경쟁자들을 앞지르고자 쓴 수법과 상류층과의 타협으로 말미암아 그만큼 많은 적을 만들었고, 온갖 구설과 논란에 휩싸였다.

이 때문인지 1677년, 라신은 갑자기 '종교적 변화'를 체험했다면서 〈페드르〉를 집필하고, 이후로 희곡 작업을 중단했다. 지난날 자신의 성급한 태도를 깊이 반성한다면서, 포르 루아얄의 스승들과도 화해했다. 〈페드르〉는 바로 포르 루아얄과 화해할 목적으로 쓴 작품인데, 포르 루아얄의 스승들은 이 작품에 대해 '완전히 아름답고 기독교적인 영감에서 우러난' 작품이라고 말하면서 그를 용서했다. 이후 라신은 루이 14세의 사료 편찬관으로 일하면서 생의 마지막 22년을 보낸다. 또한 고해 신부의 권유로 빈한한 부르주아 계층의 여성과 결혼했다. 남편의 작품을 읽을 만한 재능조차 없는 여성이었다.

만년에는 사료 편찬관으로 일하면서 왕의 정부였던 맹트농 부인의 청을 받아들여 구약을 소재로 한 〈에스테르〉와 〈아탈리〉라는 비극을 집필하기도 했다. 1668년, 포르 루아얄과의 관계 때문에 왕의 총애를 잃고 쓸쓸하게 지내다가 1669년 4월 21일에 파리 자택에서 죽었다. 라신의 죽음과 함께 프랑스 고전 시대는 막을 내린다.

018

톨레랑스 정신의 상징적 인물

볼테르

Voltaire(1694. 11. 21~1778. 5. 30)

| 프랑스
| 사상가이자 계몽주의 작가로, 신랄한 지성과 비판 정신, 재기 넘치는 문체를 지닌 비판적 지식인이다.
| 《자디그》, 《캉디드 혹은 낙관주의》 등

볼테르

볼테르는 18세기 유럽 계몽주의를 대표하는 프랑스의 사상가이자 작가이다. 생전에는 17세기 고전주의를 계승했다는 평을 받으며 비극 작가로 크게 인정받았으나 오늘날에는 《자디그》, 《캉디드 혹은 낙관주의》 등의 철학 우의소설이나 《루이 14세》, 《풍속시론》 등 역사 저술, 《철학서간》, 《신앙자유론》, 《철학사전》 등의 철학 저술들이 높은 평가를 받는다. 루이 14세의 죽음부터 프랑스 대혁명 직전의 시기를 살면서 그가 보여 준 비판 정신, 재치, 풍자, 지식 등은 당대 프랑스의 발전과 프랑스 특유의 정서를 구현했다. 또한 디드로, 루소와 함께한 백과전서운동은 18세기 유럽 문명의 방향에 큰 영향을 끼쳤다.

볼테르의 본명은 프랑수아 마리 아루에로, 1694년 11월 21일 프랑스 파리에서 태어났다. 아버지 프랑수아 아루에는 공증인으로 부르주아 계층이며, 어머니 마리 마리그리트 도마르에 대해서는 알려진 바가 거의 없다. 7세 때 어머니를 여의었는데, 가부장적인 아버지에게 정을 붙이지 못하고 대부였던 샤토뇌프 신부와 친밀한 관계를 가졌다. 그를 따라 10대 시절 문학 살롱 탕플에 드나들면서 자유주의 사상과 문학을 접하였고, 사상적, 문학적으로 많은 영향을 받았다.

10세 때부터 7년간 예수회가 운영하는 루이 르 그랑 중등학교에서 공부했다. 그러나 신부들의 교육 방식과 충돌했으며, 후일에도 당시의 교육 방식이 잘못되었다고 말했다. 신부들은 '총명하지만 악동'이라고 그를 평가했다. 학창 시절부터 고전 문학과 연극에 깊은 관심을 보였으며, 졸업 후 작가가 되고자 했으나 법률가가 되기를 소망하는 아버지의 반대에 부딪혀 법과 대학에 등록했다. 그러나 문학가의 꿈을 버리지 못하고 계속 탕플에 드나들었으며, 이때부터 이미 재치 있는 입담과 글솜씨로 이름을 날렸다.

19세 때 아버지의 강압에 못 이겨 네덜란드 주재 프랑스 대사의 서기관으로 잠시 일했으나 연애 스캔들을 일으켜 그만두었다. 22세 때에는 루이 14세 사후 섭정을 맡았던 오를레앙 공의 추문을 풍자한 필화 사건으로 파리에서 추방되었는데, 이듬해 또다시 오를레앙 공을 비방하는 글을 썼다고 하여 바스티유 감옥에 투옥되었다. 무려 11개월 동안 감옥살이를 하면서 볼테르는 작가적 재능이 개화하기 시작했다. 24세 때 감옥에서 쓴 비극 〈오이디푸스〉를 '볼테르M. de Voltaire'라는 필명으로 발표하면서 프랑스 고전주의의 대가 라신의 후계자가 등장했다는 평을 받으며 화려하게 극작가로 데뷔했다. 볼테르라는 필명의 유래는 밝혀지지 않았으나 일설에 따르면 자신의 이름인 '아루에 2세Arouet le jeune'의 글자 순서를 바꾼 것이라고 한다. 27세 때에는 베르길리우스의 〈아이네이드〉를 모방하여 앙리 4세를 주인공으로 한 〈앙리아드〉를 발표하여 호평을 받았다. 문학적으로 성공을 거둔 볼테르는 살롱의 저명인사 중 한 사람이 되었다. 이 시기부터 이신론과 경험주의론, 종교적 관용을 공공연하게 표방하면서, 합리주의 사상과 과학 사상이 발전한 영국에 관심을 갖는다. 존 로크의 서적들을 읽으려고 영어를 배울 정도였다.

1726년, 볼테르는 명문 귀족 슈발리에 드 로앙과 말다툼을 벌였다가 그의 하인들에게 구타를 당했는데, 이에 분노해 결투를 신청했다가 귀족 모욕죄로 바스티유 감옥에 투옥되었다. 그는 15일간 투옥된 끝에 영국으로 망명한다는 조건으로 풀려났으며, 이후 불평등한 프랑스 사회에 회의를 느끼고 망명과 저항으로 이루어진 삶을 살게 되었다. 3년간 영국에서 지내면서 그는 알렉산더 포프, 조너선 스위프트와 같은 문인들이나 조지 버클리, 새뮤얼 클라크 등 사상가들과 교류했다. 프랑스보다 사상의 자유가 보장되고, 뉴턴, 존 로크 등에 의해 과학 사상이 발전하고 있던 영국에서 볼테르는 사상적으로 많은 발전을 이루었다.

또한 셰익스피어의 연극에 매료된 뒤 이에 비해 프랑스 연극은 무기력하고 냉랭하다고 표현하기도 했다. 볼테르는 셰익스피어의 영향을 받은 작품들을 쓰기 시작했는데, 그중 〈오셀로〉의 영향을 받은 〈자이르〉로 큰 성공을 거두었다. 1729년, 프랑스로 돌아온 그는 영국에서 쓴 〈브루투스〉, 〈카이사르의 죽음〉, 〈에리필〉 등을 무대에 올렸으나 반응은 미미했으며, 〈자이르〉만이 대중적인 인기를 누렸다. 재미있게도 볼테르에게 큰 명성을 안겨 준 이 작품들은 오늘날에는 거의 잊혔으며, 그가 재미 삼아 써서 익명으로 발표한《캉디드 혹은 낙관주의》,《자디그》 등의 콩트가 오늘날 문학사에서 위대한 한자리를 차지하고 있다. 프랑스의 문학사가 랑송은 볼테르의 희곡에 대해 '총명하나 창조적인 재능은 부족하다'라고 표현했다.

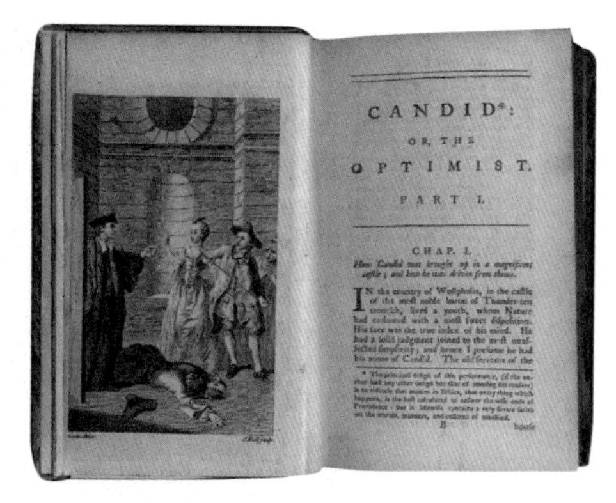
CANDID*:

OR, THE

OPTIMIST.

PART I.

CHAP. I.

《캉디드 혹은 낙관주의》 한 페이지

1733년부터 연인이 된 샤틀레 후작부인의 후원을 받기 시작했으며, 이듬해《철학서간》 필화 사건을 겪고 그녀의 영지로 피난해 약 10여 년간 저술과 연구 활동을 했다. 볼테르는《철학서간》에서 로크의 경험주의 철학, 뉴턴의 과학적 사고를 옹호하는 한편, 선험적 추론을 비판하고, 영국의 정치 제도와 문학 등을 소개하면서 교화가 중심인 종교를 비판하고 예술과 문학으로서 삶의 조건을 행복하게 해야 한다는 견해를 피력했다. 때문에 이 책은 프랑스 체제에 비판적인 성격을 띠고 있다는 이유로 금서 조치되었고 볼테르는 체포 영장을 받았다. 볼테르는 샤틀레 부인의 영지 시레로 몸을 피할 수밖에 없었다.

이후 영국 과학을 소개한《뉴턴 철학의 요소들》, 희곡 〈마호메트 혹은 광신〉, 〈메로프〉, 〈나바르의 공주〉, 철학시 〈인간론〉, 〈세속인〉 등을 발표했다. 그중 〈세속인〉이 사치와 쾌락주의를 설파했다는 이유로 다시 한 번 체포 위기에 처해 네덜란드로 잠시 몸을 피하기도 했으며, 〈마호메트 혹은 광신〉은 장세니스트들로부터 '불경할 뿐만 아니라 소요를 조장한다'라는 죄목으로 고발당해 공연이 중단되는 일도 겪었다. 1745년, 〈나바르의 공주〉의

프리드리히 2세의 초대를 받은 학자들과 함께(왼쪽에서 세 번째가 볼테르)

콩트(엽편소설)
인생의 한 단편을 예리하게 포착하여 풍자적이고 유머러스하게 그린다. 기상천외한 발상, 풍부한 재치와 기지, 도덕적 알레고리 등을 특징으로 한다.

성공으로 퐁파두르 부인의 후원을 받아 왕실의 사료 편찬관에 임명되었으나, 루이 15세를 비롯한 가톨릭 지지자들에게 적대 받았으며, 얼마 지나지 않아 다시 한 번 불경죄로 피신하기에 이른다.

지친 볼테르는 자신의 분노와 시련을 철학적 콩트들로 표현하기 시작했다. 〈미크로메가스〉, 〈바부크의 환상〉, 〈멤논〉, 《자디그》 등으로, 당대 프랑스 사회 모순과 철학 사조에 대한 비판을 담고 있다.

1749년, 샤틀레 부인이 아이를 낳다 죽자 볼테르는 이듬해 프리드리히 2세의 초청으로 베를린, 프로이센 등에 체류했다. 그러나 곧 프리드리히 2세의 노여움을 샀고, 루이 15세의 파리 귀환 금지 조치 때문에 갈 곳 없는 신세에 처하였다. 1년 동안 제네바에 머물렀으나 이곳에서도 지나친 종교 비판으로 적대자들에게 공격받았다.

1757년 11월, 디드로와 달랑베르의 책임편집 아래 루소, 볼테르 등 당대 프랑스 지성인 150여 명의 작업으로《백과전서》가 편찬되었다. 이때 달랑베르가 쓴 '제네바' 항목이 볼테르의 영향 아래 쓰였다는 것이 밝혀지면서 제네바인의 분노를 산 볼테르는 또다시 몸을 피해야만 했다. 그는 이듬해 프랑스와 스위스 국경 사이에 있는 투르네와 페르네에 영지를 구입해 정착하고, 이런 논쟁에 시달린 심경을 표현한 대표작《캉디드 혹은 낙관주의》를 썼다. 캉디드는 프랑스어로 '순진한'이라는 의미로, 주인공 청년 캉디드는 인간 사회의 불합리한 일들로 고난을 겪지만 염세주의나 회의주의에 빠지지 않고 인간 사회가 개선될 수 있다는 의욕을 잃지 않는다. 라이프니츠의 낙관적 세계관과 사회적 불합리를 볼테르 특유의 명쾌하고 신랄한 지성, 재기 넘치는 문체로 조소하고 비판한 작품이다.

페르네에 머물면서 그는 가톨릭교회의 불관용에 대해 지속적으로 반대하는 목소리를 냈고, 익명 혹은 가명으로 다양한 글을 발표했다. 1761년에는 신교도인 장 칼라스가 로마 가톨릭으로 개종하려는 아들을 죽였다는 죄로 억울하게 처형된 사건에 개입해 무죄 판결을 이끌어 냈다. 1764년에는 종교 행렬을 모욕하고 십자가를 훼손했다는 이유로 19세의 기사 라 바르가 처형되자 사건 재심을 요구하기도 했다. 이때 라 바르의 집에서 역시 금서였던 볼테르의《철학사전》이 발견되면서 다시 스위스로 피신해야만 했다.

볼테르는 권위를 의심하고 합리적인 경멸을 권유하면서 자신이 살던 시대의 전통적 가치들, 특히 기독교의 종교적 불관용을 저지했다. 그러면서 프랑스 관용(톨레랑스) 정신의 상징적 인물이 되었다. 광신을 부정하고 자유를 옹호한 그의 명성은 말년에 이르러 전 유럽에 미쳤다.

볼테르는 1778년 2월, 희곡 〈이렌〉의 상연 리허설에 참관하고자 파리로 돌아왔다가 5월 30일에 요독증으로 사망했다. 시신은 셀리에르 수도원에 안장되었다가 프랑스 혁명 시기인 1791년 7월 팡테옹으로 이장되었다.

019

사디즘의 어원

마르키 드 사드

Marquis de Sade(1740. 6. 2~1814. 12. 2)

- 프랑스
- 성 본능에 대한 날카로운 관찰과 시선으로 '사디즘(sadism)'의 유래가 된 작가이다.
- 《소돔의 120일》, 《쥐스틴 또는 미덕의 불운》, 《쥘리에트》 등

마르키 드 사드

사드 후작은 사디즘의 어원이 된 인물로, 변태적 성욕과 동의어로 취급받는 인물이다. 그는 성애와 철학 관련 저작들을 통해 인간 본성의 어두운 면과 도덕성의 근원을 탐구한 문학가이기도 한데, 그의 작품은 그가 살았던 시대부터 약 200여 년간 금기시되다가 20세기에 들어서면서 재평가되어 문학의 한자리를 당당히 차지하게 되었다. 오늘날에는 유럽 지역을 중심으로 많은 위대한 문인, 철학자, 학자들이 그를

인간 본성의 탐구자로, 자유주의적 사상가로 평가한다.

마르키 드 사드의 본명은 도나시앵 알퐁스 프랑수아 드 사드이며, 1740년 6월 2일 프랑스 파리에서 태어났다. 사드 가문은 콩데 왕가의 친척이 되는 전통 있는 귀족 집안으로, 아비뇽 동부 뤼베롱 산의 라코스트 성을 비롯해 여러 장원을 영지로 가지고 있었다. 군인이자 외교관이었던 아버지 사드 백작 역시 유명한 난봉꾼으로, 아들 사드의 난봉, 엽색 기질은 아버지 쪽으로부터 물려받은 것이라고 한다. 어머니 카르망은 부르봉 왕조의 친척으로 콩데 왕비의 총애를 받는 측근이었는데, 아들 사드가 20세가 될 무렵 파리에 있는 카르멜회 수도원에 들어갔다.

사드의 영지였던 라코스트 성

사드는 5세 때부터 10세 때까지 주교 대리이자 대수도원장이던 삼촌에게 교육받았다. 이 삼촌은 볼테르의 친구로 페트라르카의 전기를 쓴 학자인 한편, 난봉꾼으로도 유명했다. 10세 때 파리의 루이 르 그랑 중등학교에 들어가 교육받았으며, 이곳에서 고전을 배우고 연극에 애정을 갖게 된다. 14세 때는 국왕 경기병연대 부속 기병대 예비학교에 입학했으며, 7년 전쟁 시기에는 네덜란드에서 복무하다가 전쟁이 끝나자 군대를 떠났다.

사드는 20대 초반부터 방탕한 생활을 하며 수많은 염문을 뿌리고 다녔으며, 막대한 빚을 짊어지고 있었다. 이를 염려한 아버지는 아들이 퇴역하자마자 파리 고등법원 총재인 부유한 부르주아 몽트뢰유의 딸 르네 펠라지 드 몽트뢰유와 결혼시켰고, 둘 사이에서는 아들 둘과 딸 하나가 태어났다.

기욤 아폴리네르가 편집한 사드 작품집에 수록된 초상화

그러나 사드는 결혼 직후부터 여배우 라 보부아쟁과 염문을 뿌렸으며, 아르쾨유에 있는 작은 별장에 매춘부들을 끌어들이고 가학적인 성행위를 하는 등 난잡한 소문으로 이름을 떨쳤다. 이 때문에 그는 한 매춘부에게 고발당해 왕명으로 벵센 감옥에 몇 주일간 투옥되기도 했으나 버릇을 고치지는 못했다.

1767년, 아버지가 사망한 후에는 그의 고삐를 죄거나 추문을 덮어 줄 사람마저 없어졌다. 이듬해 로즈 켈러라는 매춘부가 그를 고문과 가학적 성행위로 고발하면서 사드는 대대적으로 공개적인 추문에 휩싸였다. 사드는 재판 없이 리옹 근교 피에르앙시즈 요새에 투옥되었는데, 이곳은 주로 가문의 명예를 훼손시킬 것이라 여겨지는 귀족들을 잠시 가두어 두는 곳이었다. 얼마 후 석방된 사드는 영지인 라코스트 성에 틀어박혀 있다가 1772년에 다시 남색, 고문 등의 혐의로 기소되었다. 사드는 하인과 함께 도망쳤지만 곧 체포되었고, 사형 판결을 받았다. 그러나 감옥에서 탈출해 당시 애인이었던 처제 로네 수녀와 이탈리아로 도망쳤다. 이에 장모와 아내가 추적에 나섰고, 사드는 산간 지역의 미올랑 요새에 감금되고, 처제는 라코스트 성으로 보내졌다. 사드는 몇 달 후 아내 르네의 도움으로 라코스트 성으로 돌아왔고, 이곳에서도 엽색 행위로 몇 번 기소를 당했으나 그때마다 아내의 도움으로 곤경에서 빠져나왔다. 한편 기소 중에 토리노, 피렌체, 나폴리 등 이탈리아 곳곳을 여행하고《이탈리아 기행》을 쓰기도 한다. 이때의 경험은 후일 장편소설《쥘리에트》에 영감을 주었다.

1778년, 사드는 그동안 당한 여러 번의 기소와 1772년의 사건으로 재판에 회부되었다. 이때는 도망치지 못하고 체포당해 '과도한 성적 방종'이라는 죄목으로 벵센 지하감옥에 투옥됐고, 이곳과 바스티유 감옥에서 약 10년간 수감 생활을 했다.

감옥에서 사드는 지루함과 분노를 극복하고자 당시 발현되던 계몽주의 학문 저작들을 읽고 연구하고, 소설과 희곡들을 쓰기 시작했다(아내 르네는 남편의 옥중 생활을 편하게 해 주려고 물심양면으로 노력했다. 호화 요리와 비품들을 넣어 준 것은 물론, 성적으로 만족을 줄 수 있는 특수한 기구들을 주문 제작해서 넣어 주기까지 했다고 한다). 그는《백과전서》를 전부 읽었다고 하는데, 미신과 종교적 권위에 반대하고 자연과 이성, 인간성에 기초한 합리주의적 관점에 깊이 공감했다. 다만 인간의 본성을 선한 것으로 보는 디드로와 루소의 낙천적인 시선에 동의하지 않았을 뿐이다. 사드의 유물론적 무신론은 1782년에 쓴 희곡 〈한 성직자와 죽어 가는 남자의 대화〉에서 뚜렷이 드러난다. 그는 무신론자로 공격받게 될 것을 우려했던 디드로나 루소 등과 달리 공격적으로 기독교적 사상 체계를 논박했으며, 인간이 자의로 규정한 미덕과 악덕이라는 것에 이의를 제기하는 등 충격적일 정도로 진보적인 논설을 폈다.

사드가 감옥에서 쓴 가장 유명한 작품은 장편소설《소돔의 120일》이다. 바스티유 감옥에서 쪽지에 쓴 글을 이어 붙여 보관한 작품으로, 그 길이가 무려 12미터에 달한다. 사디즘의 종착역이라 할 수 있는 이 작품은 4명의 권력자가 수십 명의 젊은 남녀와 함께 120일 동안 벌이는 광란의 성도착 기록으로, 지배자와 피지배자, 부자와 빈자, 남자와 여자, 어른과 아이, 신과 인간 등 모든 관계 속에서 일어나는 이상 행동들을 자세히 묘사하고 있다.

이 작품은 세상에서 가장 추악한 외설이라는 평가부터 인간이라는 존재가 어디까지 타락하고 부패하며 위선적일 수 있는지 밑바닥까지 보여 주고 있다는 점에서 인간의 어두운 심연을 밝힌 저작물로 봐야 한다는 주장까지, 집필된 지 200년이 지나도록 엇갈린 평가를 받고 있다. 프랑스 혁명 당시 초고가 유실되었다가 20세기 초에 발견되었다. 이후 여러 번 세간에 등장했다가 사라졌으며, 2014년에 프랑스 정부가 한 수집가에게 700유로(약 100억 6천만 원)를 지불하고 반환받았다.

1787년에는 장편소설《미덕의 불운》을 썼으며, 이듬해에는 후일 본명으로 출간하는 소설집《사랑의 범죄》에 수록될 몇 편의 단편소설을 썼다. 이 단편소설들은 그의 다른 작품들과 마찬가지로 악덕, 무신론, 범죄적 성행위에 대해 다루고 있지만, 결말은 도덕주의적이며, 사드의 작품 중 높은 평가를 받는 드문 작품들이기도 하다.

사드는 감옥 생활을 하면서 귀족 계급의 관습을 버리고 작가라는 직업을 영위하기로 결심했는데, 석방 후에는 그동안 썼던 희곡 몇 편을 몇 곳의 극단에 보냈으며, 자신의 작품을 출판할 사람을 찾아다녔다. 1790년 사드는 아내에게 이혼당하고 여배우 마리 콩스탕스와 살면서 집필 작업을 계속했고, 콩스탕스와는 죽을 때까지 관계를 유지했다. 이듬해에 장편소설《쥐스틴 또는 미덕의 불운》과《쥘리에트》를 익명으로 출간했으며, 몰리에르 극장에서 〈옥스티에른 백작 혹은 난봉질의 결과〉를 상연했다. 한편으로 파리에서 피크당의 혁명 분과 일원으로 애국적인 연설문을 쓰는 등 혁명가로 활동했고, 공포 정치 시대에는 자신을 여러 번 감옥에 보냈다가 풀어 준 장인과 장모의 목숨을 구명해 주기도 한다.

1793년, 사드는 장편소설《알린과 발쿠르》의 출간 직전 출판업자가 체포되면서 구금되었고, 이듬해 사형을 언도받았다. 그러나 사형 직전 로베스

피에르가 실각하면서 간신히 목숨을 건졌다. 그는 석방 후 익명으로《알린과 발쿠르》,《밀실의 철학》,《새로운 쥐스틴 또는 미덕의 불운》과 속편《쥘리에트 이야기 또는 악덕의 번영》을 출간했다.

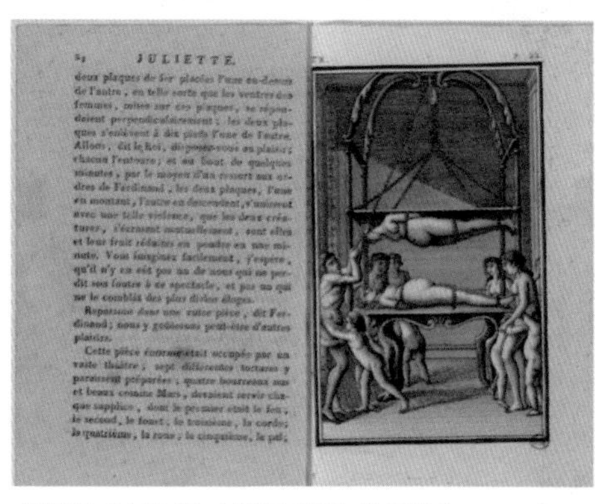
JULIETTE.

《새로운 쥐스틴 또는 미덕의 불운》 한 페이지

1801년, 이 책들을 출판한 출판업자가 체포되면서 함께 체포되어 생트 라지 감옥에 구금되었다가 샤랑통 정신병원으로 옮겨졌다. 사드는 자신의 감금에 대해 부당함을 피력했지만 받아들여지지 않았다. 그러나 정신병원 생활은 비교적 자유로웠던 듯하다. 사드는 그곳에서 마리 콩스탕스를 딸로 행세시키며 함께 살았고, 1805년에는 그의 주도 아래 연극을 치료 프로그램에 활용하게 되면서 병원 내에 극장까지 지어졌다. 사드는 이 극장에서 자신의 희곡들을 상연했으며, 이곳을 파리 지식인들과의 교류 장소로도 활용했다. 또한 정신병원에서 장편소설《플로르벨의 나날 또는 베일을 벗은 자연》을 쓰기 시작했는데, 미완성으로 남은 이 작품은 경찰에 압수되었다가 사드 사후 '자신의 흔적을 아무것도 남기지 마라'라는 유언에 따라 아들의 손에 불태워졌다. 1814년 12월 2일, 정신병원에서 사망했다.

020

독일 문학 최고의 문호

요한 볼프강 폰 괴테

Johann Wolfgang von Goethe(1749. 8. 28~1832. 3. 22)

- 독일
- 독일 문학의 거장으로 유럽 전역에 낭만주의 물결을 확산시킨 대표적인 지식인이다.
- 《젊은 베르테르의 슬픔》, 《파우스트》 등

질풍노도 운동
(sturm und drang)
계몽주의의 합리성과 이성적 태도에 반발하여 감정을 솔직하고 대담하게 표현하는 사조.

독일 문학 최고의 작가로 일컬어지는 괴테는 그 위상에 도전할 자가 아무도 없는, 이름 자체가 독일 문학을 상징하는 인물이다. 관념론적 철학의 나라인 독일에서는 문학 역시 철학적 사유와 깊이로 특징지어지곤 한다. 시, 철학, 문학, 연극, 회화, 정치 등 다방면에 학식이 깊었던 괴테는 다양한 작품들로 독일에서의 질풍노도 운동, 바이마르 고전주의 운동을 이끌면서 전 유럽에 낭만주의의 물결을 확산시킨 대표적인 지식인이자 문인이다.

요한 볼프강 폰 괴테는 1749년 8월 28일 독일의 마인 강변에 위치한 프랑크푸르트 암 마인에서 태어났다. 그의 집안은 귀족 가문은 아니었으나 유복한 중산층이었고, 아버지 요한 카스파르 폰 괴테는 법학을 공부하고 황실 고문관을 지냈으며, 어머니는 시장의 딸이었다. 괴테는 어린 시절부터 신동으로 이름이 높았으며 문학에 재능이 있었다. 8세 때 신년시를 써서 조부모에게 보낼 정도였다.

요한 볼프강 폰 괴테

괴테는 청년 시절까지 가정교사에게 공부를 배우다가 16세 때 아버지의 뜻에 따라 라이프치히 대학에 진학해 법률을 공부했다. 그러나 괴테의 관심은 오직 문학에 있었으므로, 법학 공부는 뒤로 하고 시학 강의를 즐겨 듣고 예술가들과 사귀는 데 몰두했다. 이 시기에는 대가들의 작품을 모방하면서 습작을 했는데, 폐결핵에 걸려 학업을 중단하고 고향으로 돌아온 후에도 습작을 계속했다. 고향으로 돌아온 이듬해인 20세 때는 희곡 〈공범자들〉을 완성했다.

21세 때 건강을 회복하고 다시 슈트라스부르크 대학에 들어가 법률을 공부했으며, 이듬해 학위를 받고 고향으로 돌아와 변호사 개업을 했다. 그러나 문학에 대한 열정은 놓지 않았다. 괴테는 슈트라스부르크 시절 철학가 요한 고트프리트 헤르더와 교류하면서 문학과 언어의 관계, 언어와 개념의 관계, 국가 정체성 및 민족성 등에 대해 숙고하였다. 그 영향으로 이 시기에 괴테는 자신의 대표적인 작품들을 구상했는데, 희곡 〈괴츠 폰 베를리힝겐〉, 《파우스트》 등이 그것이다.

괴테를 독일 문학계의 슈퍼스타로 만들어 준 작품은 《젊은 베르테르의

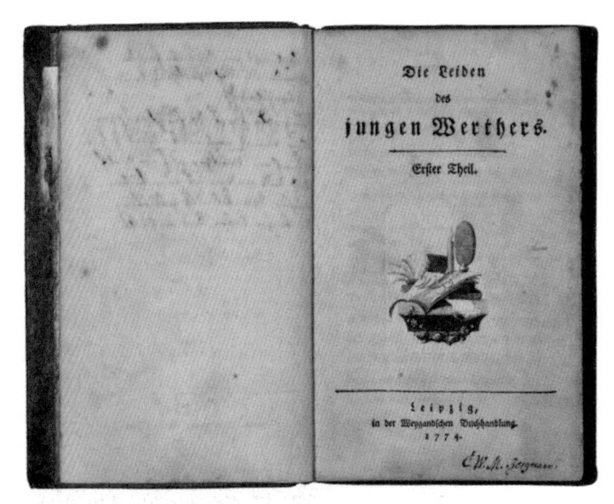

1774년 독일에서 발행된 《젊은 베르테르의 슬픔》 속표지

슬픔》이다. 고향에서 변호사 일을 하던 괴테는 1773년 아버지의 권유로 베츨라의 고등법원에서 견습 생활을 하게 되었다. 이때 그는 요한 케스트너라는 친구를 만났고, 그의 약혼녀인 샤를로테 부프에게 첫눈에 반한다. 괴테는 샤를로테에게 구애했으나 그녀에게 거절당하고, 요한과 아버지까지 그 사실을 알게 되자 집으로 도망친다.

《젊은 베르테르의 슬픔》은 이 경험과 친구 예루살렘의 자살 사건 등을 토대로 집필한 것으로, 1774년에 발표되었다. 감수성이 풍부한 베르테르라는 청년이 약혼자가 있는 로테라는 여인을 사랑하게 되면서 겪는 심리적 갈등을 서간체 형식으로 쓴 작품이다. 이 작품은 전 유럽을 휩쓸었으며, 유럽의 많은 젊은이들이 베르테르의 옷차림을 흉내 내고, 여성들은 애인에게 로테와 같은 사랑을 받고 싶어 했다고 한다. 심지어 극중 베르테르가 권총 자살로 생을 마감하는 것을 따라 모방 자살을 감행한 사람이 유럽 전역에서 2천여 명에 달하는 것으로 추정될 정도로 이상 현상까지 일으켰다(1974년 미국의 사회학자 데이비드 필립스는 유명인의 자살을 따라하는 자살이 확산되는 현상을 '베르테르 효과'라고 명명했다). 이 작품으로 괴테는 '베르테르의 시인'으로 추앙받으며, 당시 질풍노도 운동의 대표자로 불리게 되었다.

괴테는 평생 사랑으로 괴로워했다고 할 수 있는데, 샤를로테 부프를 만나기 전까지도 여러 번 애정 문제에 실패했으며, 유명 작가가 된 이후에도 마찬가지였다. 1775년, 괴테는 파혼당하고 카를 아우구스트 대공의 초청으로 바이마르로 갔다. 이듬해 바이마르 궁의 추밀원 고문관으로 임명되어 일하던 중, 궁정 여관인 7세 연상의 샤로테 폰 슈타인 부인과 사랑에 빠진다. 그녀와의 관계는 이후 10여 년간 지속되었고, 이때의 경험은 이후 궁중 시인 타소의 사랑과 고뇌를 그린 희곡 〈타소〉를 쓰게 했다.

궁정 일을 하면서도 그는 집필을 계속하여 희곡 〈에그몬트〉, 산문 〈이피게니에〉 등을 완성했고, 《파우스트》의 초고도 집필했다. 이 시기에는 식물학과 광물학도 연구했다. 괴테의 명성은 점차 높아졌고, 1782년에는 요제프 2세로부터 귀족 작위를 받기에 이른다. 외견상으로는 성공 가도를 달리고 있었으나 괴테는 슈타인 부인과의 연애로 인한 괴로움과 문학에 대한 열망으로 내적 갈등이 최고조에 달해 있었다.

1786년, 결국 괴테는 도망치듯 혼자 여행을 떠났다. 3년간 이탈리아 각지를 여행하면서 1천여 점에 달하는 스케치를 했으며, 희곡 〈타우리스 섬의 이피게니에〉 등을 썼다. 무엇보다 이 시기는 괴테의 예술 세계에 있어 하나의 전환점이 되었다. 이탈리아의 고전 예술에 경도되어 고전주의적 예술관을 확립하게 된 것이다. 때문에 여행에서 돌아온 후 그는 기존에 교류하던 예술가 친구들과 불화를 겪으며 관계가 단절되었다.

1788년 여름, 바이마르로 돌아온 괴테는 꽃 가게 딸 크리스티아네 불피우스와 동거를 시작했다. 이듬해에는 크리스티아네와의 사이에서 아들이 태어났으며, 그녀와는 1806년에야 정식으로 결혼식을 올린다. 괴테는 궁정극장 감독 등으로 일하면서 자신의 희곡들을 무대에 올렸고, 이 시기에 프리드리히 실러, 빌헬름 폰 훔볼트 등과 교류하며 예술적 견해와 사상을 논했다.

괴테와 친구들 왼쪽부터 괴테, 실러, 알렉산더 폰 훔볼트, 빌헬름 폰 훔볼트

1789년, 프랑스 혁명의 여파가 전 유럽에 미쳤다. 이 혁명의 불길이 자국에 미칠 것을 염려한 유럽 각국은 프랑스 혁명군에 대항하고자 연합군을 조직하기에 이른다. 1792년에 괴테는 프로이센이 연합국에 가담함에 따라 카를 아우구스트 대공의 군대에 종군하여 마인츠 포위전에 참전했다. 그는 전쟁 경험을 토대로 희곡 〈흥분된 사람들〉을 비롯해 프랑스 혁명이 평범한

독일인들에게 미친 영향을 그린 서사시 〈헤르만과 도로테아〉를 집필했다.

렘브란트가 서재에 있는 파우스트를 묘사한 삽화

괴테는 종군 후 작품 활동에 힘을 기울이면서 많은 작품들을 발표했는데, 특히 오랫동안 중단했던 《빌헬름 마이스터의 수업 시대》와 《파우스트》를 다시 집필하기 시작했다. 여기에는 실러와의 교류가 큰 영향을 미쳤다. 두 작품은 모두 괴테가 20대 시절 구상한 것으로, 무려 20년이 넘어서 본격적으로 착수한 것이다. 특히 《파우스트》는 1790년 미완성 상태로 〈파우스트 단편〉이라는 작품으로 발표된 바 있는데, 실러가 이를 읽고 그에게 《파우스트》 전체의 완성을 촉구했다고 한다. 그러나 《파우스트》 1부는 실러가 죽은 이후인 1808년에 간행되었고, 2부는 그로부터 또다시 한참이 지난 후인 1831년, 괴테의 사망 직전에야 집필이 끝났다.

《파우스트》는 괴테의 최대 걸작이자 독일 문학의 기둥이 되는 작품으로 일컬어진다. 이 작품은 16세기 독일의 파우스트 전설을 토대로 한 비극 서사시다. 세상의 모든 지식을 알고 있지만 그로 인해 학문의 한계에 회의를 느끼고 절망에 빠진 파우스트 박사가, 행복을 조건으로 악마 메피스토펠레스에게 영혼을 넘겨 주는 계약을 체결한 후 세상 속을 부유하는 이야기이다. 신과 악마, 인간의 삶과 욕망, 도덕, 휴머니즘, 구원의 문제 등이 복잡하고 난해하게 상징화된 작품으로, 다양한 관점에서 수많은 해석들이 존재한다. 특히 주인공 파우스트 박사는 인식과 행위의 불일치에 대해 고뇌하는 근대적 지식인의 전형으로, 햄릿이나 돈 키호테처럼 하나의 유형으로 자리 잡았다.

또 다른 만년의 걸작으로는《빌헬름 마이스터의 수업 시대》의 속편 격인《빌헬름 마이스터의 편력 시대》이다. 이 두 작품은 빌헬름이라는 수공업자가 도제 시절을 거쳐 거장으로 거듭나는 과정을 단속적으로 묘사한 것으로, 대표적인 교양소설이자 사회소설이다. 괴테의 인생관과 사회관, 교육관이 드러나 있다.

또한 괴테는 만년에 이르러서도 여인에 대한 열정을 불태웠는데, 1809년에는 18세의 소녀 미나 헤르츨리프를 사랑하여 그녀에게 소네트를 지어 바치고, 그녀를 모델로 하여 소설《친화력》을 집필했다. 또 다른 여성으로는 울리케 폰 레베초프가 있다. 1821년에 만난 17세의 소녀 울리케에게 빠진 괴테는 자신의 나이도 잊고 바이마르 공을 통해 그녀가 19세가 되던 해 청혼을 할 정도였다. 울리케에게 거절당하고 괴테는 실연의 아픔과 체념이 담긴 연애시집《마리엔바트의 비가》를 쓰기도 한다. 그 밖에 만년의 작품으로는《이탈리아 기행》,《시와 진실》등이 있다.

81세 때 괴테는 폐결핵으로 각혈을 시작했고, 83세 때인 1832년 3월 22일에 사망했다. 유해는 바이마르 공작가의 묘지에 그를 아꼈던 카를 아우구스트 대공 및 친구 실러와 나란히 안치되었다.

021

고전주의 운동을 부흥시키다

프리드리히 실러

Johann Christoph Friedrich von Schiller
(1759. 11. 10~1805. 5. 9)

I 독일
I 괴테와 함께 독일을 대표하는 고전주의 작가로, 작품마다 새로운 수법과 내면적 자유의 테마를 추구했다.
I 〈군도〉, 〈돈 카를로스〉, 〈빌헬름 텔〉 등

실러는 괴테와 함께 독일 고전주의 문학의 대표적 작가이자 사상가, 역사가이다. 〈군도〉, 〈돈 카를로스〉, 〈빌헬름 텔〉과 같은 희곡 작품들은 오늘날까지도 독일 연극의 기본 레퍼토리 중 하나이며, 그의 미학 이론은 당대 독일 내외에서 고전주의 운동을 부흥시켰다.

프리드리히 실러

요한 크리스토프 프리드리히 폰 실러는 1759년 11월 10일 독일 뷔르템베르크 마르바흐에서 태어났다. 아버지 요한 카스파르 실러는 군인이자 외과의사였는데, 아들 실러의 이름에 있는 귀족의 호칭 '폰'은 후일 국민 시인으로서 공로를 인정받아 귀족 칭호를 받으면서 붙은 것이다.

실러는 군인이었던 부친의 근무지 변경에 따라 어린 시절 이사를 많이 다녔는데, 슈바벤의 슈베비슈 그뮌트에서 초등학교를 다녔으며, 루트비히스부르크에서 라틴어 학교를 다녔다. 신학을 공부하고 싶었으나 14세 때 고향 뷔르템베르크 공국의 제후인 카를 오이겐 공작의 명령으로 그가 창설한 카를 사관학교에 들어가 법학을 공부하다가 의학으로 전공을 바꾸었다. 엄격한 기숙사 생활에서 답답함을 느낀 그는 셰익스피어, 호메로스, 괴테 등의 작품을 읽으면서 시와 희곡을 습작하기 시작했다.

19세 때 사관학교를 졸업하고 슈투트가르트 연대에서 군의관으로 복무했으며, 이듬해 사관학교 시절 습작했던 희곡 〈군도〉를 완성하고 익명으로 자비 출판했다. 〈군도〉는 지방 영주 모어 백작의 장남 카를이 친동생 프란츠의 모략으로 집에서 쫓겨난 후 도적단의 두목이 되어 기존의 사회 질서에 도전하는 내용이다. 카를의 자유주의적 이상은 곧 부하들에 의해 훼손되고, 그는 기존 질서가 아무리 부패했다 하더라도 폭력과 무법은 해결 방안이 되지 못함을 깨닫고 법의 처벌을 받기로 한다. 결말만 보면 기존 사회 질서를 옹호하는 듯 보이지만, 여기에서 카를이 순교자적으로 그려짐으로써 개인의 자유와 사상을 억압하는 부패한 사회 질서를 더욱 효과적으로 비판한다.

당시는 유럽 대륙에 자유주의의 물결이 일어나면서 절대 왕정에서 시민사회로 이행하던 시기로, 문학은 이런 자유주의의 선봉에서 당시 지식인 및 시민 계급의 변화하는 정서를 표현하고 촉구하는 수단 중 하나였다. 질풍노도 운동 역시 기존 절대 왕정 체제와 계몽주의 사상의 억압 아래 자유롭게 개인의 사상과 감정을 발산하려는 정서가 표출되면서 일어난 것이다. 자유주의적 사상을 담은 〈군도〉는 출간 이듬해 만하임 극장에서 초연되었을 때 그 파격성과 급진성으로 폭발적인 화제를 불러일으켰다. 특히 젊은 계층의 열렬한 지지를 받았는데, 몇몇 청년들은 이 작품을 따라서 직접 도적단을 결성할 정도였다고 한다.

〈환희의 송가〉
베토벤이 〈교향곡 제9번 '합창'〉에 이 시를 가사로 붙이면서 세계적으로 유명해졌다.

실러는 이 작품으로 일약 천재 작가로 이름을 날리게 되었지만, 작품에 내포된 혁명 정신 때문에 오이겐 공작의 노여움을 샀다. 그는 공연 첫날 공작의 허가 없이 국경을 넘어 만하임 극장에 갔는데, 이것이 빌미가 되어 2주간의 구류와 저술 금지령을 받았다. 실러는 이에 반항하여 만하임으로 도망치면서 방랑길에 올라 곤궁하고 파란 많은 삶을 살게 된다. 〈군도〉는 이런 억압 속에서도 독일 각지에서 상연되었고, 1792년에는 파리에서 상연되는 등 큰 성공을 거두었으며, 프랑스 정부는 실러를 프랑스 명예시민으로 위촉했다.

실러는 연이어 〈피에스코의 모반〉, 〈간계와 사랑〉을 완성하고, 만하임 극장과 1년간 전속 계약을 맺었다. '한 공화주의자의 비극'이라는 부제가 붙은 〈피에스코의 모반〉은 16세기 제노바를 배경으로 독재자가 되려는 야심을 품은 인간의 몰락을 그린 작품이고, 〈간계와 사랑〉은 귀족 청년과 하류 계층 소녀의 사랑 이야기이다. 두 작품 모두 당시 사회와 인습을 비판하고 있으며, 1784년 만하임 극장에서 상연되었다. 〈간계와 사랑〉이 큰 성공을 거두었지만, 실러는 전속 계약을 갱신하지 못하고 경제적으로 어려움에 처했다. 실러는 친구 쾨르너의 도움으로 라이프치히로 이사했고, 그곳에서 2년여 동안 쾨르너의 경제적 지원을 받으며 시 〈환희의 송가〉, 소설 《범죄자》, 희곡 〈돈 카를로스〉 등을 집필했으며, 역사 연구를 시작했다.

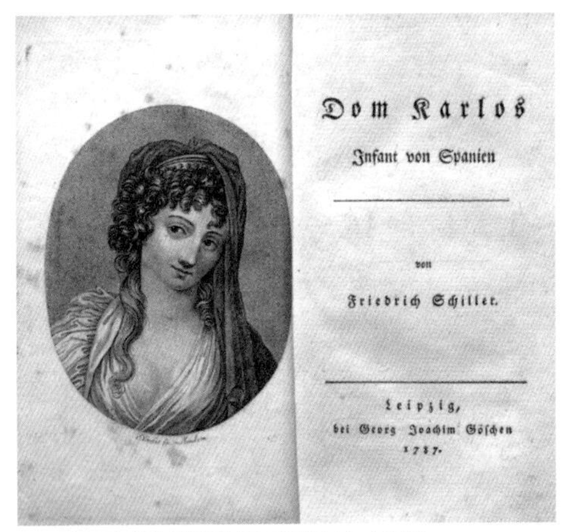
Dom Karlos
Infant von Spanien

von
Friedrich Schiller.

Leipzig,
bei Georg Joachim Göschen
1787.

1787년 독일에서 발행된 〈돈 카를로스〉 속표지

희곡 〈돈 카를로스〉는 16세기 스페인 왕궁을 배경으로 한 정치적 드라마이다. 펠리페 2세와 그의 아들 돈 카를로스, 돈 카를로스의 애정을 받았지만 결국 펠리페 2세의 세 번째 부인이 되는 엘리자베트, 자유주의자이자 이상주의자인 포사와의 관계를 중심으로, 절대 왕정 체제, 네덜란드의 독립운동과 같은 정치적 문제를 그렸다. 실러는 기존의 자유주의적 정치관을 더욱 세련된 방식으로 보여 주며, 인물들을 보다 복잡하고 철학적으로 그려 내면서 작가로서의 전환점을 맞이한다. 특히 무운시 형식으로 쓰인 이 작품은 괴테의 〈타우리스섬의 이피게니에〉와 함께 이후 독일 연극을 주도하는 시극의 효시가 된다.

1787년에는 독일 문학의 중심지였던 바이마르 지역으로 갔으며, 헤르더, 빌란트, 괴테 등과 교류했다. 그해에 〈스페인 통치에 따른 네덜란드 제국의 몰락의 역사〉 등을 발표하는데, 이듬해 이 작업을 토대로 괴테의 추천을 받아 예나 대학 역사학 교수가 되었다. 이곳에서 세계사 연구의 목적, 비극 이론에 대한 강의들을 했고, 《30년 전쟁의 역사》를 집필하면서 역사학자로서도 이름을 떨치게 되었다.

1790년, 실러는 샤를로테 폰 렝게펠트와 결혼했고, 두 사람 사이에서는 두 아들과 두 딸이 태어났다. 결혼한 지 얼마 지나지 않아 실러는 과로로 각혈을 시작했으며, 남은 인생을 폐결핵에 시달리면서 연구와 집필 작업을 해 나갔다. 병중에 실러는 칸트의 저술을 읽고 칸트 철학을 연구하기 시작했고,

1793년부터 〈우미優美와 존엄〉, 〈인간의 미적 교육에 관한 서한〉, 〈소박한 문학과 감상적인 문학에 대하여〉, 〈숭고에 관하여〉 등의 미학 논문을 집필했다. 그는 심미적 행위와 윤리적 경험과의 연관 관계를 밝히려는 시도를 했으며, 이 논문들은 후일 현대 철학과 문예 비평, 미학 이론에 큰 영향을 미쳤다.

바이마르 국립극장에 있는 괴테와 실러의 동상

1795년부터 3년간 실러는 〈호렌〉 지를 발간하고 미학 사상과 사상시들을 발표했다. 괴테 역시 이 잡지에 시들을 발표했다. 두 사람은 경쟁적으로 담시(譚詩, balladen)를 쓰고, 공동으로 단시短詩 〈크세니엔〉 414편을 지었으며, 문예와 인생에 대한 생각을 나누는 등 실러가 죽을 때까지 우정을 유지하며 문학적, 사상적으로 교류했다. 두 사람이 주고받은 서한을 묶은 《괴테-실러 왕복 서한》은 독일 고전주의 문학을 이끈 두 거장의 사상을 엿볼 수 있는 기록이기도 하다.

또한 실러는 괴테와의 교우를 계기로 희곡 작업을 재개했다. 30년 전쟁 중 신성로마 제국 군대의 장군 알브레히트 폰 발렌슈타인을 그린 〈발렌슈타인〉 3부작, 스코틀랜드 여왕 메리를 다룬 심리극 〈마리아 슈투아르트〉, 잔 다르크를 다룬 낭만주의적 비극 〈오를레앙의 처녀〉, 폭압적인 정권에서 무법과 폭력이 정당화될 수 있는가라는 이념을 담은 민족극 〈빌헬름 텔〉을 썼다. 후기의 작품들 역시 정치적 주제를 다루고 있지만 초기 작품들보다는 정치성이 약하며, 예술, 철학, 역사에서 인간 내면의 자유에 대한 이상을 그리는 데 더욱 중점을 두었다. 이 시기에는 자유주의적 이상에 관한 성찰이 담긴 철학적 서시라 할 수 있는 〈이상과 삶〉, 〈산책〉, 〈노래의 힘〉, 〈종鐘의 노래〉 등의 시들도 썼다.

1802년에 신성로마 제국으로부터 귀족 작위를 받은 실러는 희곡 〈데메트리우스〉를 미완으로 남긴 채 1805년 5월 9일 결핵으로 인한 급성 폐렴으로 사망했다.

022

고대 그리스의 형식을 독일로 이식시킨 천재

프리드리히 횔덜린

Johann Christian Friedrich Hölderlin
(1770. 3. 20~1843. 6. 7)

- 독일
- 고대 그리스의 미와 정신을 전범으로 하여 고대 그리스의 운문 형식을 독일어에 이식시켰다.
- 《히페리온》, 〈엠페도클레스의 죽음〉 등

횔덜린은 가장 위대한 독일 시인 중 한 사람으로, 독일 철학자 마르틴 하이데거는 그를 '가장 독일적인 시인', '시인 중의 시인'이라고 했다. 신과 인간이 조화롭게 상생하던 고대 그리스의 미와 정신을 전범으로 삼아 시를 쓴 대표적인 고전주의자로, 단순히 그리스 고전을 차용한 것이 아니라 고대 그리스 운문 형식을 독일어에 이식시켰다고 평가받고 있다. 반평생을 정신질환자로 보낸 불우하고

프리드리히 횔덜린

광기에 찬 천재로도 유명하다.

요한 크리스티안 프리드리히 횔덜린은 1770년 3월 20일 독일 슈바벤 지방 네카 강변에 있는 라우펜 암 네카에서 태어났다. 아버지 하인리히 프리드리히 횔덜린은 수도원 관리인으로, 그가 2세 때 돌연사했다. 4세 때 어머니가 라우펜의 서기인 요한 크리스토프 고크와 재혼했고, 고크는 그로부터 2년 후 뉘르팅겐의 시장이 되었다. 그러나 고크마저도 3년 후 피로와 폐렴으로 사망했다. 횔덜린의 형제로는 친여동생 하인리케와 이복동생 카를 크리스토프 고크가 있었다.

횔덜린은 6세 때 뉘르팅겐의 라틴어 학교에서 교양과 피아노를 배웠으며, 14세 때 덴켄도르프 수도원 학교에 들어갔다. 목사의 딸이었던 어머니가 아들이 신앙인이 되기를 바랐기 때문이었다. 16세 때에는 마울브론 수도원에 들어갔는데, 이 학교는 헤르만 헤세가 14세 때 입학하여 7개월 만에 자퇴한 곳으로도, 헤세의 자전적 경험이 녹아 있는 《수레바퀴 아래서》에 등장하는 수도원 학교로도 유명하다.

18세 때 튀빙겐 대학 신학부에 들어가 철학과 신학을 공부했으며, 훗날 19세기를 대표하는 철학자가 되는 헤겔, 셸링 등과 교유했다. 또한 시인 동맹에 들어가 본격적으로 시를 쓰기 시작했으며, 그의 대표작으로 꼽히는 소설《히페리온》을 구상했다.

1789년, 프랑스에서 혁명이 일어났다. 횔덜린은 혁명이 부르짖는 공화주의적 이상에 심취하였다. 여기에는 '경건한 자코뱅당원'으로 불리던 헤겔의 영향도 있었다. 두 사람은 프랑스 혁명에 대한 사건을 논평하는 정치 클럽에 가입하여 활동하기도 하지만, 횔덜린은 프랑스 혁명 이후 유혈 공포정치가 이루어지면서 혁명에 회의를 느꼈다. 또한 이 시기 루소, 칸트, 스피노자 등의 사상을 접하면서 점차 목사가 되겠다는 생각을 버렸다. 이 때문에

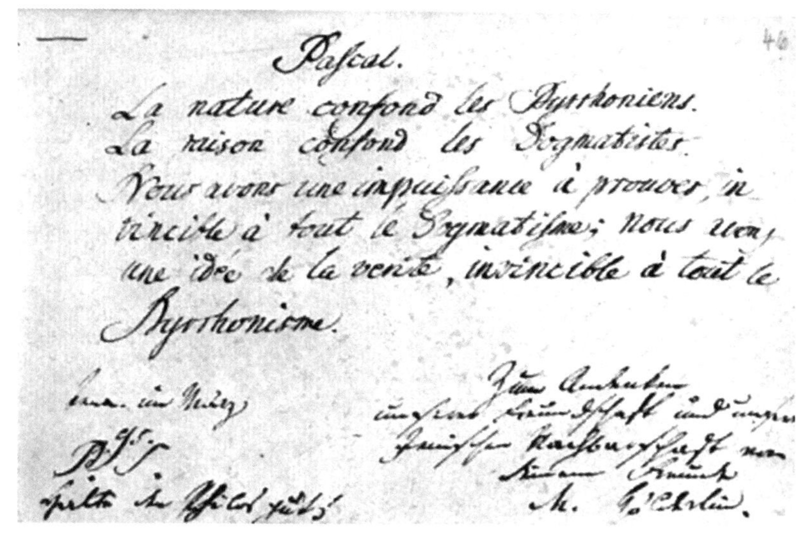
Pascal.
La nature confond les Pyrrhoniens.
La raison confond les Dogmatistes.
Nous avons une impuissance à prouver, in-
vincible à tout le Dogmatisme; nous avons
une idée de la verité, invincible à tout le
Pyrrhonisme.

휠덜린 자필 방명록

그는 대학 졸업시험을 보고 나서 약 10년간 가정교사를 전전하며 불안정한 생활을 했다.

1794년 6월, 대학 졸업시험을 치른 뒤 휠덜린은 12월부터 1년간 발터스하우젠의 샤를로테 폰 칼프의 집에서 가정교사로 일했다. 그 후 고향으로 돌아와 1796년 프랑크푸르트의 부유한 은행가 J. F. 곤타르트의 집에 가정교사로 들어갔는데, 이곳에서 곤타르트의 아내인 주제테를 운명적으로 사랑하게 된다. 주제테는 이후 《히페리온》을 비롯해 휠덜린의 많은 작품에 '디오티마'라는 인물로 등장하는데, 디오티마는 인간과 자연의 조화를 상징하는 인물로 그려진다.

1794년에 휠덜린은 실러에게 〈히페리온 단편〉이라는 단편소설을 보낸 적이 있는데, 주제테를 만난 뒤 그는 이 작품을 장편소설로 발전시켰다. 그리하여 1797년 《히페리온》 1부가 출간되었다. '그리스의 은둔자'라는 부제가 붙은《히페리온》은 고대 그리스 신화와 역사, 철학, 정신을 비롯해 국가와 투쟁 문제, 사랑, 선善, 미美, 민중, 신神적인 것에 대한 전 방위적인 통찰이 담긴 작품으로, 그리스적인 형식미와 독일적인 사상이 융화되어 있다고 평가받는다. 서정적이고 아름다운 문체와 풍부한 리듬감, 운율법으로 소설의 형식미를 뛰어넘은, 장편소설의 관례를 따르지 않은 작품이다. 그리스 독립전쟁 전야에 히페리온이 독일에 있는 친구 벨라르민에게 보낸 서간체 형식의 글로, 자아와 세계 속에서 여러 모순을 경험하고 신적인 것과의 일체감 속에서 구원을 찾아가는 청년의 내면적 발전이 주요 제제이다. 이 작품에서 디오티마는 히페리온에게서 시인과 예언자로서의 사명을 발견하고, 그의 내적 여정을 이끄는 주요 모티프로 등장한다.

1799년에는〈엠페도클레스의 죽음〉와《히페리온》2부를 발표했다.〈엠페도클레스의 죽음〉는 5세기 그리스의 자연철학자로 에트나 산의 화구에 투신자살한 엠페도클레스의 이야기와 시인이 세계에서 경험한 신적인 어떤 것을 반영하여 쓴 단편비극이다.

휠덜린은 자신의 시대를 궁핍한 시대로 보았다. 이는 군주제 아래에서 지배층과 피지배층이 분리되고, 민중은 지배층에 대한 예속과 그로부터의 탄압을 당연하게 받아들이는 시대를 말한다. 이에 신성神聖보다 권력을, 정신보다는 물질을 추구하는 시대가 되면서, 인간은 자연과 신으로부터 멀어지게 된다. 따라서 그는 시인이란 인간의 영혼 깊은 곳에 잠들어 있는 고귀한 신성을 일깨우는 자라고 여겼으며, 인간, 자연, 신이 조화를 이루었던 고대 그리스의 세계를 이상으로 삼았다. 이런 사고에 의해 쓰인 대표적인 작품이《히페리온》과〈엠페도클레스의 죽음〉이다.

휠덜린은 32세 때인 1802년경부터 정신착란 증세를 보이기 시작했으며, 죽을 때까지 정신병으로 불우한 생을 보냈다. 여기에는 그해 6월 주제테가

횔덜린이 세상을 떠날 때까지 머물렀던 횔덜린 탑

사망한 것과 연관이 있다고 보는 설도 있다. 그러나 1806년 튀빙겐의 아우텐리트 정신병원에 강제로 입원당할 때까지는 작품 활동을 하고, 친구 이자크 폰 싱클레어의 주선으로 헤센-홈부르크의 영주 프리드리히 5세의 사서로 일하기도 했다. 그는 1806년 정신병원에 수용된 이후 완전히 폐인이 되었다.

1807년 《히페리온》에 크게 감명을 받은 목수 에른스트 짐머가 횔덜린을 네카 강변에 있는 자신의 집으로 데려갔고, 횔덜린은 이후 죽을 때까지 그의 집에 칩거하며 정신병자로 남은 생을 보냈다. 이 집은 후일 '횔덜린 탑'이라고 불린다.

생전에 횔덜린은 시집을 단 한 권도 내지 못했지만, 정신착란에 빠지기

전 〈그리스〉, 〈운명〉, 〈디오티마〉, 〈에테르에게〉 등 70여 편의 시와 〈시적 정신의 수행 방법에 관하여〉, 〈엠페도클레스에 대한 이유〉 등의 문학론들을 여러 잡지에 발표했다. 또한 정신병이 발발한 초기에는 소포클레스의 비극을 비롯해 그리스 시인 핀다로스의 작품들을 번역하기도 했다. 짐머의 집에 칩거해서도 계속해서 시를 썼는데, 이 작품들에는 본명 대신 '스카르다넬리'라는 이름으로 서명했다. 정신병이 발발한 이후의 작품들은 '정신병자의 시'로 여겨지며 무시되었으나, 오늘날에는 횔덜린의 가장 매혹적이고 신비로운 작품들로 평가받고 있다.

1843년 6월 7일에 73세의 나이로 사망했고, 튀빙겐 묘지에 안장되었다. 반세기가 지난 후 릴케, 첼란 등에 의해 재발견되어 선구적인 시인으로 여겨지면서 독일의 위대한 현대 시인으로 자리매김했다.

023

평범한 일상에서 아름다움을 발견한 은둔자

윌리엄 워즈워스

William Wordsworth(1770. 4. 7~1850. 4. 23)

| 영국
| 영국을 대표하는 낭만주의 작가로 자연과 일상에 대한 감수성을 일깨웠다.
| 《서정 시집》, 〈서곡〉 등

윌리엄 워즈워스

워즈워스는 영국 낭만주의 운동을 이끈 시인으로, 영국의 낭만주의는 1798년 그가 새뮤얼 콜리지와 함께 펴낸 《서정 시집Lyrical Ballads》에서 시작되었다고 여겨진다. 1802년판 《서정 시집》 〈서문〉 중 '시란 강력한 감정이 자발적으로 넘쳐흐르는 것이다'라는 문장은 영국 시 문학에 있어 낭만주의를 대변하는 말이기도 하다. 소박하고 꾸밈없는 언어로 지위가 낮고 학대받는 자들을 다루며, 평범한 삶과 일상이 갖는 놀라운 면모를 일깨우는 그의 시들은 시 문학의 새로운 시대를 열었다. 19세기 초 영국의 비평가 윌리엄 해즐릿은 이를 '프랑스 혁명'에 비견할 만한 문학적 혁명으로 일컫기도 했다.

윌리엄 워즈워스는 1770년 4월 7일 영국 북부 호수 지역인 컴벌랜드 코커머스에서 변호사 존 워즈워스와 포목상 딸 앤 사이에서 4남매 중 둘째로 태어났다. 아버지는 지역 지주인 론즈데일 백작 제임스 로더의 사업 대리인이었다. 워즈워스는 어린 시절 고향의 아름다운 자연 속에서 사랑하는 누이동생 도로시를 비롯해 형제들과 함께 자랐다. 이런 유년기의 경험은 후일 그의 시 문학에 지배적인 영향을 미친다. 또한 아버지로부터 밀턴, 셰익스피어, 스펜서 등 대작가들의 작품을 접하고, 아버지의 서재에서 많은 문학 작품을 읽었다.

8세 때 어머니가 세상을 떠나자 워즈워스는 랭커셔의 호그스헤드 문법학교에 보내졌고, 가장 친밀하게 지내던 누이동생 도로시는 요크셔 지역의 친척 집에 보내졌다. 두 사람은 9년이 지나서야 다시 만나게 된다. 호그스헤드 시절에는 교장 윌리엄 테일러를 통해 많은 명시들을 접하고, 아름다운 초원 지대에서 자연에 대한 사랑을 키우며 보냈다. 그는 후일 이 시기를 '멋진 파종기'라고 일컬었다.

13세 때 아버지까지 여의면서 워즈워스는 무뚝뚝한 두 외숙부들 아래에서 고독한 시절을 보냈다. 그러나 외숙부들은 그와 형제들이 대학 교육까지 마칠 수 있게 해 주었다. 워즈워스는 케임브리지 대학의 연구원으로 있던 외삼촌 윌리엄 쿡슨의 힘으로 17세 때 케임브리지 대학 세인트 존스 칼리지에 들어갔다. 숙부는 그가 공부를 마친 뒤 목사가 되고, 대학의 명예교원이 되기를 바랐으나, 경직되고 정형화된 학교생활을 답답해하던 워즈워스는 성적이 썩 좋지 않아 그 기대를 충족시킬 수 없었다. 또한 떠들썩하고 경박한 친구들과 어울리는 것도 꺼려해 대부분의 시간을 학교 주변 숲 지대를 산책하면서 지냈다고 한다.

졸업하기 한 해 전 워즈워스는 한 친구와 함께 프랑스와 이탈리아, 스위스, 독일 등지를 도보로 여행했는데, 이때 프랑스에 매료되어 이듬해 1월에 졸업을 하고 다시 프랑스를 찾았다. 1년간 프랑스에 머물면서 워즈워스는 프랑스 혁명을 직접 겪었고, 당대 많은 유럽 청년들처럼 혁명을 열렬히 지지했다. 그는 후일 '내 마음의 성장'이라고 일컫는 자전적인 서사시 〈서곡〉에서 '그 새벽 살아 있다는 것은 기쁨이었고, 젊다는 것은 천국 그 자체였다'라고 쓸 만큼 프랑스 혁명에 크게 감화받았다. 하지만 얼마 지나지 않아 혁명이 폭력적으로 발전하면서 실망하고 회의론에 빠지게 된다.

또한 프랑스에서 워즈워스는 프랑스 여인 아네트 발롱과 사랑에 빠져 딸 캐롤라인까지 두었으나, 영국이 프랑스에 선전포고를 하자 결혼하지 못하고 홀로 영국으로 돌아왔다. 두 사람은 10년간 만나지 못했고, 결혼도 하지 못했다. 워즈워스의 자전적인 글들에는 아네트 발롱과의 관계가 빠져 있는데, 두 사람의 관계는 그가 죽은 이후로도 오랫동안 공개되지 않았다.

영국으로 돌아온 후 3년 정도는 워즈워스에게 있어 최악의 시기였다. 별다른 직업도 없었고, 숙부들의 기대를 저버리고 케임브리지에 남지 않은 데다, 아네트와의 관계까지 겹쳐 숙부들로부터의 지원이 끊겨 가난에 시달렸다. 시인으로서 살겠다는 생각 역시 이 시기에는 아직 하지 않았던 것으로 보인다. 아네트와 딸을 두고 거의 강제적으로 영국으로 돌아온 좌절감에 더해 회의론에까지 시달렸고, 기댈 만한 지인이나 친지도 없었다.

그러던 중 1795년에 한 친구로부터 뜻밖의 유산을 받으면서, 그는 호수 지역인 그래스미어에 작은 집을 마련하고 누이 도로시를 데리고 와 함께 지내게 되었다. 이곳에서 그는 자연을 벗하며 명상을 하고 시를 쓰기 시작

워즈워스와 정신적 유대관계를 이루었던 새뮤얼 테일러 콜리지

했다. 워즈워스는 시작詩作 초기부터 자연이 지닌 아름다움을 시의 주요 소재로 삼았다. 예컨대 1793년에 쓴 〈저녁 산책〉은 호그스헤드 학교 시절 마을의 무도회에 다녀오는 길에 본 한여름 새벽의 인상적인 모습을 기록한 것이다. 그해에는 《풍경 소묘》를 통해 친구와 유럽 대륙을 도보로 여행했던 체험을 담기도 한다.

1797년, 워즈워스는 시인 새뮤얼 테일러 콜리지를 만나 교유하였고, 두 사람의 만남은 문학사에서 가장 생산적인 관계 중 하나로 발전한다. 워즈워스는 스스로를 '은둔자'라고 여기고 매일의 자연과 평범한 일상에서 미덕을 발견하는 시를 썼으며, 콜리지는 낭만적이고 초자연적, 초현실적인 시를 썼다. 시적 경향이 완전히 달랐던 것이다. 여기에다 두 사람은 시란 자기 자신의 고유한 목소리가 되어야 한다고 생각하는 개인주의자이기까지 했다. 그럼에도 둘은 시인으로서 서로에 대한 존경심 덕분이었는지(한편으로는 본인 스스로도 문학적 자질이 뛰어났지만 두 사람을 뒷바라지했던 도로시가 균형을 잡아 주었던 덕분이라고도 한다) 곧 의기투합했다. 두 사람은 함께 시를 써 나가고 서로의 시구를 다듬어 주었다. 심지어 콜리지는 워즈워스가 미완성으로 놓아둔 시를 마무리하기까지 한다. 두 사람은 함께 시구를 만들어 내는 자신들의 행동을 빗대 '(시구 제작) 회사'라고 농담 삼아 칭하기도 했다.

이듬해 두 사람은 영국 낭만주의 운동의 시발점이라고 평가되고 영미 시 역사에 한 획을 긋게 될《서정 시집》을 발표했다. 워즈워스가 홀로 쓴 〈서문〉에서 18세기의 인위적이고 진부한 시 작법에 대해 도전하겠다고 선포하며, 산문의 언어와 시의 언어는 구별이 없으며, 농민이나 천민도 시로 쓰여야 한다고 말한다. 그는 시인이란 평범한 삶, 평범한 대상에 대해 일상 언어로 많은 사람들에게 이야기할 줄 알아야 하며, 겉치레와 공허한 웅장함에서 벗어나 자연의 영속성과 아름다움, 인간 경험의 본질적인 특성에 관심을 두어야 한다고 주장했다.

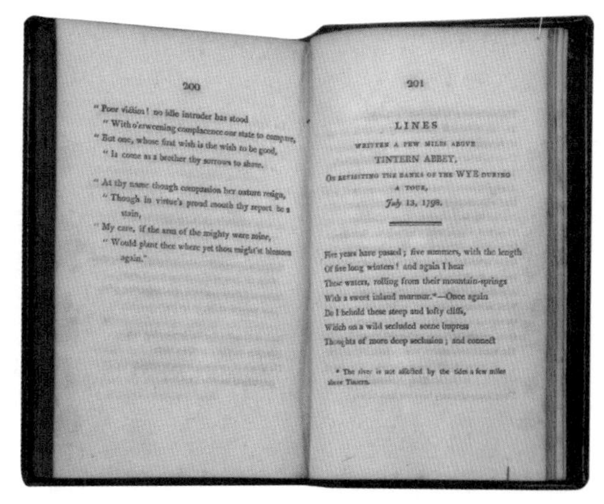

200

"Poor victim! no idle intruder has stood
"With o'erweening complacence our state to compare,
"But one, whose first wish is the wish to be good,
"Is come as a brother thy sorrows to share.

"At thy name though compassion her nature resign,
"Though in virtue's proud mouth thy report be a stain,
"My care, if the arm of the mighty were mine,
"Would plant thee where yet thou might'st blossom again."

201

LINES

WRITTEN A FEW MILES ABOVE

TINTERN ABBEY,

ON REVISITING THE BANKS OF THE WYE DURING A TOUR,

July 13, 1798.

Five years have passed; five summers, with the length
Of five long winters! and again I hear
These waters, rolling from their mountain-springs
With a sweet inland murmur.*—Once again
Do I behold these steep and lofty cliffs,
Which on a wild secluded scene impress
Thoughts of more deep seclusion; and connect

* The river is not affected by the tides a few miles above Tintern.

《서정 시집》 한 페이지

공저이기는 하지만, 이 작품집에 실린 대부분의 시들은 워즈워스의 작품이다. 콜리지는 한 늙은 수부가 이야기하는 초자연적인 로맨스인 〈늙은 수부의 노래〉를 비롯해 짧은 시 세 편만을 실었다. 워즈워스의 대표적인 작품은 성장 과정부터 프랑스 대혁명 시기까지의 자전적 경험을 담은 〈서곡〉과 분별없던 젊은 시절을 보내고 이제는 자연 속에 신성神性을 볼 수 있게 되었다며 기쁨을 노래한 〈틴턴 수도원을 거슬러 가는 곳에서 지은 시〉이다. 이 시집에 실린 시들을 통해 워즈워스의 자연관과 인생관을 이해할 수 있다.

워즈워스의 일생이나 시인으로서의 성취, 콜리지와의 관계는 이 작품 이후로 이렇다 할 특징이 없다. 워즈워스는 이 작품을 발표한 지 1년 후 어린

워즈워스가 말년을 지낸 라이달 마운트

시절 친구인 메리 허친슨과 결혼해 다섯 자녀를 두었다. 시는 계속 썼지만 그의 시적 재능은 계속 둔화되었고, 급진적인 성향도 보수적으로 바뀌어 젊은 시절 자신이 비난했던 기성 체제를 옹호하고, 도덕적이고 교훈적인 시를 썼다. 1810년대에는 지방 우표 배급 일을 하면서 이따금 시를 썼는데, 1814년 〈소요〉를 비롯해 많은 시를 썼으나 초기와 같은 빛나는 시를 쓰지는 못했다. 1843년에 친구인 로버트 사우디의 뒤를 이어 계관시인에 선정되었으며, 7년 후인 1850년 4월 23일 고향에서 임종을 맞았다. 시신은 그래

스미어의 성 오스왈드 교회에 묻혔다. 사후 아내 메리가 그의 유작 〈은둔자〉를 펴냈다.

말년의 워즈워스는 《서정 시집》을 능가하는 작품을 쓰지 못했고, 인간, 자연, 사회에 관한 생각을 종합한 방대한 규모의 철학시 〈은둔자〉를 기획했으나 완성하기에는 역부족이었다. 워즈워스는 자신에게 진정한 철학시를 쓸 재능이 있다고 알아봐 준 콜리지에게 감사한 마음을 담아 이 시를 '콜리지에게 바치는 시'라고 불렀지만, 콜리지의 기대에 부응하지는 못했다. 그럼에도 워즈워스에 이르러 자연과 평범한 일상에 대한 감수성이 깨어나고, 유럽 내에서 범신론적 자연관이 등장하기 시작했다는 점에서, 그가 유럽 문학에 미친 영향은 매우 크다.

024

연애소설의 전형을 만든 소설가

제인 오스틴

Jane Austen(1775. 12. 16~1817. 7. 18)

- 영국
- 세밀한 관찰력으로 영국 중류층의 일상생활을 흥미롭게 풀어냈다.
- 《오만과 편견》, 《사랑과 우정》, 《레이디 수전》, 《이성과 감성》 등

제인 오스틴은 '제인주의자들', '오스틴 컬트'라는 용어를 낳으며 오늘날까지 폭넓은 사랑을 받고 있는 18세기 영국의 여류 소설가이다. 그녀의 소설들은 가난하지만 명민하고 생기발랄한 여주인공들이 고난을 겪은 끝에 행복한 결혼을 하는 내용으로, 연애소설의 전형을 만들었다. 전혀 심오하지 않다, 예술적인 창의력이 부족하다 등의 비판을 받는 한편, 섬세한 관찰력과 묘사력으로 평범하고 단조로운 영국 중류층의 일상을 아름답고 흥미진진하게 만들어 내 '산문체의 셰익스피어'라는 찬사를 받기도 한다.

제인 오스틴은 그의 작품들이 오늘날까지 영화나 연극 등으로 수없이 재생산되었을 뿐만 아니라, 영화 〈비커밍 제인〉, 소설 《제인 오스틴 왕실 법

정에 서다》와 같은 그녀의 일생과 작품을 미묘하게 교차시킨 헌정작, 소설《오만과 편견 그리고 좀비》, 영화 〈제인 오스틴 북클럽〉 등과 같은 패러디물, 창작물에 이르기까지 다양한 방식으로 폭넓게 변용되면서 현대의 문화 아이콘 중 하나가 되었다.

제인 오스틴

제인 오스틴은 1775년 12월 16일 영국 햄프셔 주의 시골 마을 스티븐턴에서 태어났다. 아버지 조지 오스틴은 스티븐턴의 교구 목사로, 제인은 8남매 중 일곱째였다. 8세 때 언니 카산드라와 함께 옥스퍼드의 콜리 부인의 기숙학교에 들어갔으나, 얼마 지나지 않아 장티푸스에 걸려 집으로 돌아왔다. 2년 후 다시 카산드라와 함께 레딩의 예비 기숙학교에 들어가 이듬해 공부를 마치고 집으로 돌아왔다. 제인이 받은 제도권 교육은 이것이 전부이다. 제인은 어린 시절부터 가족들과 함께 가족 연극을 공연하고, 시, 소산문, 희곡 등 틈틈이 자신의 작품을 습작하여 가족이나 친지들에게 낭독하는 걸 좋아했다고 한다. 이후 집에서 지내면서《사랑과 우정》,《레슬리 캐슬》,《이블린》,《레이디 수전》 등을 비롯해《이성과 감성》의 초고인《엘리너와 마리앤》 등 꾸준히 소설을 썼다.

제인 오스틴은 독신으로 일생 대부분을 햄프셔 지역에서 지내면서 가족, 친지, 몇몇 지인들과만 교류하며 보냈다. 그녀의 작품들은 이런 자신의 일상 경험을 기반으로 하여 가정과 작은 사교계 내에서의 인간관계, 가부장제 시대 여성들의 결혼과 생활을 그린 것들이다. 그녀 스스로 소설의 소재로는 '시골에 있는 세 가족 혹은 네 가족의 이야기가 이상적'이라고 했으니, 자신의 말에 충실했던 셈이다.

시대의 풍랑과 동떨어진 채 영국 중류층 계급 남녀의 연애와 결혼을 그린 제인 오스틴의 작품들은 연애소설의 공식을 충실히 따르며 일견 도덕과 예의범절을 이야기하는 듯 보이지만, 그 이면으로는 당대 여성의 지위와 관련된 영국 사회의 모순점들을 날카롭게 비평하고 풍자하고 있다. 그녀는 자신의 작품에 대해 '2인치짜리 상아에 가는 붓으로 섬세하게 그려 놓은 그림'이라고 표현하면서, "그 그림 속에 얼마나 많은 작업이 숨겨져 있는지 볼 수 없다."라고 말했다. 때문에 사람들은 그녀의 작품에 담긴 재치와 풍자를 알아보지 못하고 가볍고, 시대에 뒤떨어졌으며, 깊이가 없다는 등의 비판을 하기도 했다. D. H. 로렌스는 오스틴이 영국 사회의 속물성을 풍자했음을 읽어 내고도 지나치게 현실적인 결혼과 생활의 조건을 묘사한 탓에 '속물스럽고 저열하기 그지없다'라고 평하기도 했다. 또한 한 비평가는 '어두컴컴한 복도나 은밀한 방도 없고, 긴 회랑을 지나는 바람 소리도 없으며…… 귀부인의 하녀들이나 감상적인 세탁부들이나 간직할' 법한 소설이라고 신랄하게 비판했다.

1795년, 20세가 된 제인은 이웃의 친척으로 잠시 스티븐턴을 방문한 톰 르프로이를 만나게 된다. 아일랜드 청년 르프로이는 당시 법대를 졸업한 직후였고, 얼마 지나지 않아 법정 변호사로서 경력을 쌓기 위해 런던으로 떠났다. 이후 두 사람은 편지를 통해 마음을 주고받았다. 제인은 그에 대해 '신사답고 잘 생겼으며 유쾌하다'라고 표현하며, 언니 카산드라에게 보내는 편지에서 그에게 사랑을 느끼고 두려워하는 마음을 토로하기도 했다. 그러나 르프로이 집안의 반대로 두 사람은 헤어졌고, 얼마 후 그는 재력 있는 집안의 여성과 결혼한다. 이 일화는 영화 〈비커밍 제인〉의 주요 모티프로 다루어지는데, 이 영화에서는 첫사랑의 실패 때문에 제인이 평생 독신으로 살았다는 견해를 살며시 드러낸다.

1797년, 제인은 장편소설 《첫인상》을 완성하여 아버지의 권유로 런던의 한 출판사에 보냈으나 거절당했다. 그해 그녀는 《엘리너와 마리앤》을 《이성과 감성》으로 개작하고, 이듬해에는 《노생거 사원》의 초고인 《수전》을 집필하기 시작했다. 《수전》은 크로스비 출판사와 판권 계약까지 이르렀으나 출간되지는 못했다.

《이성과 감성》의 주인공 엘리너와 마리앤 스케치

1801년, 아버지가 은퇴하고 목사 자리를 큰오빠 제임스에게 위임하면서 서머싯 주의 바스로 이사했다. 이듬해 그녀는 언니와 함께 옛 친구인 알레사 비그와 캐서린 비그를 만나러 베이싱스토크로 갔다. 이때 막 옥스퍼드 대학을 졸업하고 집에 들른 그녀들의 동생 해리스 비그-위더와 알게 되었고, 그에게 청혼을 받았으나 어쩐 일인지 제인은 청혼을 수락한 지 하루 만에 마음을 바꿨다. 6세나 연하였고, 그녀가 묘사했듯 어리고 부유한 젊은이답게 '서투른' 성격 탓이었을 수도 있다.

한편 당시 영국 여성들은 미혼인 경우 아버지나 형제들에게 의존해 생활할 수밖에 없었는데, 제인 역시 그런 상황은 마찬가지였다. 그녀는 아버지가 죽기 전까지는 아버지와, 이후에는 어머니와 언니들과 살다 1809년경부터는 셋째 오빠인 에드워드와 함께 생활했다.

1805년, 아버지가 세상을 떠나면서 잠시 집필 작업을 중단했으나 제인은 계속해서 《수전》의 출간을 독촉하고, 《이성과 감성》 출간 계약을 성사시키는 등 어려움 속에서도 글을 계속 써 나갔다.

1811년, 오랜 습작 기간 끝에 드디어 《이성과 감성》이 출간되었다. 이 작품은 그녀의 이름으로 발표되지 못하고 '한 여인A lady'라는 이름으로 출간되

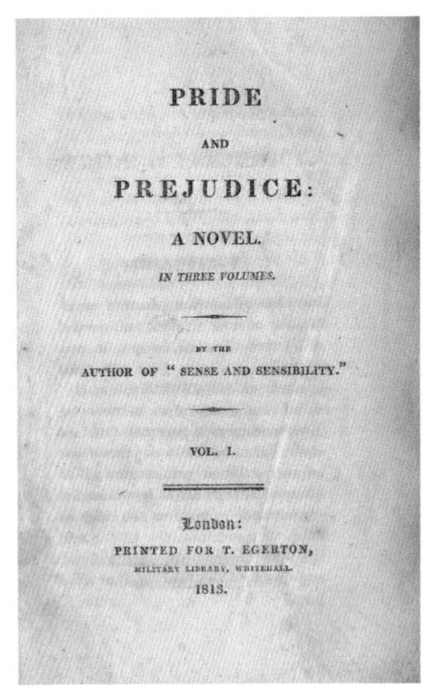

1813년 영국에서 발행된 《오만과 편견》 속표지

었다. 그러나 1813년에 《첫인상》을 개작한 《오만과 편견》을 출간한 뒤 발행된 《이성과 감성》 2판에는 '《오만과 편견》의 작가'라는 이름이 사용되었다. 제인의 작품들이 대부분 당대 영국 시골 마을을 배경으로 중류 계층 남녀의 사랑과 결혼을 담고 있는 것처럼, 《이성과 감성》 역시 엘리너와 마리앤 두 자매가 아버지 사후 시골 마을로 옮겨 가면서 만난 남성들과의 연애와 결혼을 그리고 있다. 이 작품은 발표 당시에 많은 인기를 끌었고 《오만과 편견》을 출간하는 데 밑거름이 되었으나, 비평가들로부터는 좋은 평을 받지 못했다.

《오만과 편견》 역시 가명으로 출판되었으며, 초판이 1,500부 가량 판매되고 재판에 들어가면서 대중적인 성공을 거두었다. 이 작품은 1797년 완성한 《첫인상》을 개고한 것으로, 무려 17년이나 걸려 출간된 것이다.

이후 작가로서의 인생은 순탄했다. 작품을 집필하는 대로 속속 출간할 여건이 마련된 것이다. 1814년에는 《맨스필드 파크》, 1815년에는 《엠마》가 연이어 출간되었다. 제인의 작가로서의 명성 대부분은 이 작품들과 1817년에 출간된 《설득》에 기인한 것이다. 그럼에도 이 작품들은 본명으로는 발표되지 않았고, 단지 이전 소설을 지칭하면서 'XX'의 작가라고만 표기되었다. 또한 대중적으로 많은 사랑을 받았음에도 그녀는 많은 수익을 벌어들이지 못했다. 《오만과 편견》은 110파운드에 계약했으며, 《맨스필드 파크》는 초판이 모두 매진되었음에도 약 350파운드, 《엠마》는 섭정이었던 황태자 조지 4세에게 헌정될 만큼 인기를 끌었음에도 약 200파운드 정도의 수익밖에는 안겨 주지 못했다.

1816년경부터 제인은 건강이 좋지 않아 자주 병상에 누웠다. 이듬해 5월에 요양을 위해 윈체스터로 옮겼지만, 2개월 후인 7월 18일 42세의 나이로 사망했다. 현재는 에디슨병에 감염되었다고 추측되나 정확한 병명은 밝혀진 바가 없다. 시신은 윈체스터 대성당에 안장되었으며, 그해 12월《노생거 사원》과《설득》이 합본 출간되었다. 이 책에서 오빠 헨리가 그간 작품들의 저자가 동생 '제인 오스틴'임을 밝히면서 그녀의 모습이 세간에 알려졌다. 제인 오스틴은 약 6편의 장편소설로 사후 200여 년간 흔들림 없이 굳건하게 대중적인 인기를 끌었으며, 19세기 이후 조지 헨리 루이스, 헨리 제임스 등에 의해 재발견되면서 영국 소설의 '위대한 전통'을 창시했다는 평가를 받게 되었다. 1999년, 영국 BBC 방송국은 지난 천 년간 가장 위대한 작가에 셰익스피어 다음으로 그녀의 이름을 올리기도 했다.

제인 오스틴이 안장된 윈체스터 대성당

025

프랑스 사실주의 문학의 포문을 열다

스탕달

Stendhal(1783. 1. 23~1842. 3. 23)

| 프랑스
| 19세기 소설가로 근대 심리소설의 효시이며 프랑스 사실주의 문학의 선구자이다.
| 《적과 흑》, 《파르마의 수도원》 등

스탕달은 발자크, 플로베르, 에밀 졸라와 함께 19세기 대표적인 프랑스의 대문호이다. 사실주의 문학의 선구자 중 한 사람이자, 근대 심리소설이 그로부터 시작했다고 일컬어진다. 에밀 졸라는 스탕달을 일컬어 18세기 소설과 현대소설을 잇는 가교라고 평가했다.

스탕달의 본명은 마리 앙리 베일로, 1783년 1월 23일 프랑스 동남부 지방 그르노블에서 태어났다. 아버지 셰뤼뱅 베일은 변호사였으며, 어머니 앙리에트 가뇽은 의사 앙리 가뇽의 딸로, 집안은 부유한 중산층이었다. 8세 때 어머니가 출산을 하다 숨을 거두었는데, 스탕달은 이때 '내 모든 행복이 끝났다'라고 표현할 만큼 큰 상처를 받았다. 아버지는 이모인 세라피를 불러 집안 살림을 맡겼는데, 스탕달은 둘 사이를 의심하고 어머니를 잃은 데 대한 원망을 모두 아버지에 쏟아부었다. 감수성이 풍부했던 스탕달은 냉철한 변호사인 아버지, 까다롭고 독선적인 이모 세라피와 성격도 잘 맞지 않아 고립되고 우울한 어린 시절을 보내며 문학으로 도피했다. 그의 유일한 안식처는 자애로운 외할아버지뿐이었고, 할아버지에게 문학과 철학, 자연과학, 천문학 등 많은 것을 배웠다.

스탕달

어린 시절에는 가정교사에게 교육받았고, 13세 때 그르노블 중등학교가 개교하자 그곳에서 공부했다. 학창 시절에 성적이 우수했으며, 16세 때 집에서 나오고자 에콜 폴리테크닉(공과대학) 시험을 본다는 핑계로 파리로 올라왔다. 아버지는 아들을 떠나보내며 눈물을 흘렸다고 하는데, 스탕달은 이에 대해 아무런 감정도 느끼지 못했다고 한다.

스탕달은 파리가 마음에 들지 않았으며, 생활에 목적조차 없었다. 그런데다 병까지 앓고 대학 입학자격고사를 포기하는 등 1년간 방황의 나날을 보냈다. 그러다가 국방성 고위 관리였던 친척 피에르 다뤼의 주선으로 국방성에서 일하게 되었고, 얼마 후 기병대에 들어가 제6용기병 연대 소위로 임관했다. 나폴레옹이 생 베르나르 산맥을 넘어 이탈리아 롬바르디아와 피에몬테 지방을 침공한 지 5개월 뒤였다. 이듬해 스탕달은 클로드 미쇼 장군의 부관으로 롬바르디아 지역에서 복무했으나, 군대 생활이 잘 맞지 않아 우울증에 시달렸다. 그러던 중 말라리아에 걸리자 고향 그르노블로 내려가

딜레탕트(dilettante)
전문가적인 의식이 없고 단지 애호가의 입장에서 예술 제작을 하는 사람.

사직서를 냈다. 이때부터 스탕달은 파리와 그르노블을 오가면서 문학 습작을 시작했다. 그러나 스탕달이 습작 생활을 마감하고 작가가 되기까지는 오랜 시간이 필요했다.

그는 희극 작품, 스페인 왕위 계승 전쟁사나 이탈리아 회화사 등과 같은 책들을 집필하려고 여러 번 시도하다 중단했으며, 그사이에 상점 점원, 육군성 복귀, 행정관 등으로 생계를 꾸렸다. 1814년에 나폴레옹이 실각하자 밀라노로 가서 약 7년간 딜레탕트 생활을 했다. 그리고 1821년, 오스트리아 왕정복고에 대항하는 젊은 지식인들에게 가담하는 바람에 이탈리아 정부로부터 정치적 불온분자로 낙인찍혀 밀라노를 떠나야 했다. 밀라노에 머물던 시기에 그는 《로마, 나폴리, 피렌체》라는 기행문, 《하이든, 모차르트, 메타스타시오의 생애》, 《이탈리아 회화사》 같은 예술 관련 저술, 《나폴레옹의 생애》 등의 역서 저술을 쓰고 파리에서 출간했다. 스탕달이라는 필명은 1817년 《로마, 나폴리, 피렌체》를 출간할 때 처음 사용했는데, 독일의 미술사가 빙켈만이 태어난 슈텐달 지역의 이름에서 따온 것이다.

파리로 돌아온 이후의 상황은 좋지 않았다. 아버지가 1819년 6월 사망하면서 그에게 많은 빚을 남겨 생계를 걱정해야 하는 처지가 되었던 것이다. 그는 파리에서 이따금 다양한 잡지의 문예란에 칼럼을 기고하고, 살롱에 드나들면서 사교 활동을 했다. 첫 소설 《아르망스》는 1827년에 출간되었는데, 비평가도, 대중도 전혀 알아주지 않았다. 근대 심리소설의 창시자답게 스탕달은 이 작품에서 등장인물의 비극을 만들어 내는 근원을 인물의 심리에서 찾고 이를 대담하게 묘사했으나, 아직 소설에서 이를 효과적으로 표현해 내는 수법을 가지고 있지 못했기 때문이다. 이때 군인연금도 끊기고 잡지에 정기적으로 기고하던 칼럼 일마저 떨어지면서 재정적으로 극심한 궁핍에 처한다.

1830년, 《적과 흑》이 출간되었다. 이 작품은 낭만적인 산문 비극을 쓰겠다는 그의 포부를 실현한 작품이자, '1830년의 연대기'라는 부제처럼 당시 프랑스 사회와 시대에 대해 그가 생각하고 있던 바를 옮긴 작품이다. 스탕달은 프랑스 대혁명과 나폴레옹 시대라는 위대한 프랑스의 시대가 지난 후에야 어른이 된 자신을 '시대를 잘못 택한 르네상스인'으로 여기면서, 숭고함과 열정, 위대함이 사라진 시대에 태어난 자신의 처지를 안타까워했다. 그가 바라본 프랑스 사회는 속물적이고 위선에 가득 차 있었다. 따라서 그는 지난 시대의 낭만성과 위대함을 소설 속에서 어느 정도 복원함으로써 그런 결핍을 메우고자 시도했다. 《적과 흑》은 목수의 아들 쥘리앵 소렐이 잘생긴 얼굴과 속물들에 대한 경멸, 야심만만함을 무기로 상류 사회에 진입하여 승승장구하다 결국 가정교사로 일하던 집의 안주인과 사랑에 빠져 몰락하는 이야기이다. 연애소설의 얼개를 가지고 있지만 하층 계급의 남자가 상류 사회 및 구체제 귀족들을 농락하는 사회소설이자 프랑스 왕정복고 시대의 정치적 연대기를 그린 정치소설이라 할 수 있다.

1830년 7월, 부르주아 혁명이 일어나 7월 왕정이 성립되었다. 작가로서 대단한 인정은 받지 못했으나 사교계의 저명인사 중 한 사람으로 활동하던 스탕달은 트리에스테 주재 영사 자리를 얻어 임지인 이탈리아로 떠났다. 이후 치비타베키아 주재 영사가 되어 이탈리아의 여러 도시를 다니며 일했고, 그 기간에 《뤼시앵 뢰뱅》, 자전적 에세이 《앙리 브륄라르의 삶》, 《에고티즘의 회상》, 《한 여행자의 회상록》 등을 집필했다.

1838년, 스탕달은 〈르뷔 데 뒤 몽드〉 지에 이탈리아 고문서를 토대로 쓴 〈카스트로의 수녀원장〉을 발표했다. 이 작품을 늘려 쓴 것이 《파르마의 수도원》으로, 밀라노의 대귀족 델 돈고의 차남 파브리스가 겪은 성직에서의 성공과 사랑 및 이탈리아의 정치적 음모를 중심으로 한 개인의 야망을 심리적으로 묘사했다. 앙드레 지드는 이 작품을 '프랑스 문학의 최고봉'으로 꼽았으며, 오노레 드 발자크는 '현대판《군주론》'이라 일컬으며 '글의 행마다 숭고함이 폭발한다'라고 평했다. 사회 고발과 인간의 심리적 통찰, 16세기적 낭만과 열정을 지닌 주인공 파브리스와 19세기의 단조롭고 무미건조한 사회상이 조화롭게 얽혀 감동과 에너지를 느끼게 하는 작품이다.

《파르마의 수도원》을 집필하면서 다시 치비타베키아에서 영사로서의 의무에 충실하던 스탕달은 1841년 3월 뇌졸중 증세를 보여 11월에 요양 휴가를 얻어 파리로 돌아왔다. 파리에서 집필 작업을 하던 스탕달은 1842년 3월 22일 거리에서 뇌졸중 발작을 일으켜 쓰러졌고, 의식을 회복하지 못한 채 이튿날 사망했다. 유해는 몽마르트르 묘지에 안장되었다.

스탕달의 대표작은 앞서 소개한《적과 흑》과《파르마의 수도원》, 두 작품이다. 스탕달은 당대에는 전혀 인정받지 못했으나, 후대에 들어 사실주의적 사회소설, 내밀한 심리 묘사 및 역사 발전 단계(혹은 사회 환경)와 인물 심리 간의 상관관계를 그려 낸 근대적 심리소설의 선구자로 평가받으며 열광적인 지지자들을 얻었다. 프랑스의 문학사가 랑송은《적과 흑》을 '역사적 심리와 역사 철학에 관한 깊은 연구'라고 칭하면서 "대혁명이 형성해 놓은 프랑스 사회에서 행위의 은밀한 동기와 영혼의 내면적 성질에 대해 우리에게 가르쳐 준다."라고 극찬했다. 이 작품이 당대에 인정받지 못했던 것은, 작가 본인의 낭만주의적 성향으로 곳곳에서 낭만주의의 흔적이 엿보이기는 하지만, 그 시대를 사실적이고도 직접적으로 그려 낸 사실주의적 수법, 법전같이 명료하고 단조로운 문체가 현실 도피 성향 및 낭만주의가 팽배하던 시대에 거북하게 여겨졌기 때문으로 보인다.

스탕달은 그 자신의 예언대로 사후 50여 년이 지나서야 제대로 평가를 받게 되었다. 1800년대 후반 폴 부르제 등의 심리학자들은 스탕달 개인 및 그의 인생, 작품 속 등장인물들을 중심으로 심리학 연구를 진행하기 시작했으며, 에밀 졸라와 자연주의자들은 스탕달을 자신들의 선구자로 여겼다. 초현실주의자나 실존주의자 역시 스탕달을 추앙했는데, 이들은 스탕달의 작품이 '역사적, 사회적, 정치적, 심리학적 진리는 없다'라는 명제를 그리고 있으며 사실주의적 측면은 지니고 있지 않다고 여겼다. 스탕달이 남긴 심리학적 성찰, 개인의 심리를 사회와 연관 지어 생각하는 인식은 20세기 소설의 주요 테마가 된다.

장 앙투안 발랑탱 풀키에가 그린 《적과 흑》 삽화

026

낭만주의의 대표 시인

조지 고든 바이런

George Gordon Byron(1788. 1. 22~1824. 4. 19)

- 영국
- 날카로운 통찰과 비판 의식, 자유분방하고 유려한 문체로 낭만주의 문학을 이끈 선구자이다.
- 《차일드 해럴드의 편력》, 《돈 주앙》, 〈카인〉

바이런은 영국 낭만주의의 대표적인 시인으로, 감정적 무절제와 반항기, 날카로운 풍자와 비판 의식, 근대 지식인의 내적 고뇌를 보여 주는 문장들로 19세기 초 유럽 대륙을 풍미했다. 그의 강렬한 개성과 생애는 작품과 결부되어 당대를 대표하는 하나의 문학적 현상으로 일컬어졌는데, 바이런이 죽었을 때 유럽 대륙의 많은 작가와 지식인들이 창작상의 공백을 경험했다고 할 정도였다.

조지 고든 바이런은 1788년 1월 22일 영국 런던에서 태어났다. 아버지 존 바이런은 프랑스 군사학교를 졸업하고 미국에서 군대 생활을 했는데, 런던 사교계에서 '미치광이 존'이라고 불릴 만큼 방탕한 인물로 유명했다. 존 바이런은 돈 많은 유부녀 아멜리아 후작 부인을 꾀어 이혼시키고 결혼한 뒤 그 재산으로 사치스런 생활을 했으며, 그녀가 사망하자 이듬해 스코틀랜드 부호 가문의 상속자였던 캐서린 고든과 결혼한다. 그녀가 조지 고든 바이런의 어머니이다. 그러나 존 바이런은 그 재산마저 모두 탕진하고 빚쟁이들을 피해 다니다가 1791년 프랑스로 건너가 자살한다.

조지 고든 바이런

조지 고든은 어머니 슬하에서 스코틀랜드 북동부의 항구도시 애버딘에서 자랐다. 그러다가 10세 때 5대 바이런 경이었던 큰아버지가 사망하면서 작위와 영국 노팅엄셔 주에 있는 뉴스테드 애비의 영지를 물려받아 어머니와 함께 뉴스테드 성에서 지냈다. 그는 태어날 때부터 다리가 휘어 있었는데, 어머니는 다리를 저는 아들을 탐탁지 않아 했으며, 변덕스러운 성격으로 아들을 거의 내버려두다시피 했다. 어머니의 변호사였던 존 한슨이 그런 그를 가엾게 여겨 런던으로 데려가 제대로 된 의사에게 치료를 받고, 학교를 다니게 해 주었다.

13세 때 사립 기숙학교인 해로 스쿨에 들어갔으며, 이곳에서 동년배 소년들과 함께 지내며 동성애적 감정을 처음 느꼈다고 한다. 15세 때에는 먼 친척인 메리 초워스에게 청혼했으나 거절당하고 이룰 수 없는 사랑에 대한 첫 시를 썼다.

17세 때 케임브리지 대학 트리니티 칼리지에 들어갔는데, 아버지처럼 사치스럽고 방탕한 생활을 하는 바람에 한 학기 만에 엄청난 빚을 졌다.

1825년 영국에서 발행된 《차일드 해럴드의 편력》 표지

대학에 다니는 동안 그는 3권의 시집을 펴냈다. 1806년 《덧없는 시편들》을 자비 출판하고, 이듬해에 《게으른 나날》을 정식으로 출판했다. 이 작품이 비평가들에게 크게 혹평을 받자 비평가들을 풍자하는 시 《잉글랜드의 시인들과 스코틀랜드의 평론가들》을 익명으로 출판한다.

1808년에는 상원에 들어갔으며, 그해 친구 존 캠 호브하우스와 하인들을 데리고 함께 지중해 지역을 일주하는 그랜드 투어에 올랐다. 포르투갈, 스페인, 알바니아, 그리스, 콘스탄티노플 등지를 여행한 경험은 《차일드 해럴드의 편력》의 토대가 되었다. 1812년 《차일드 해럴드의 편력》 1, 2권이 출간되었다. 젊은 귀족의 삶에 대한 환멸과 권태, 그러면서도 보이는 생에 대한 정열, 이국의 시적인 풍취는 대중을 사로잡았고, 바이런은 일약 문명을 떨치게 되었다. 대중은 《차일드 해럴드의 편력》에 등장하는 해럴드를 바이런과 동일시했으며, 연이어 발표한 《이단자》, 《아바이도스의 신부》, 《해적》 등의 설화시에 등장하는 주인공들 역시 바이런의 모습이 투영된 것

그랜드 투어
17세기 중반부터 19세기 초반까지 유럽, 특히 영국 상류층 자제 사이에서 유행한 유럽 여행.

으로 여겼다. 이 작품들을 모두 대중적으로 큰 성공을 거두었으며, 특히 《해적》의 경우 출간 첫날 1만 부가 팔리는 경이로운 사건을 일으켰다. 바이런은 작가로서의 성공과 함께 반항적인 천재 시인, 젊은 미남 귀족으로 런던 사교계의 총아가 되었다. 심지어 그의 옷차림과 머리 모양, 다리를 저는 걸음걸이까지 사교계의 유행이 될 정도였다.

알바니아 민속 의상 차림의 바이런

바이런은 거칠고 다소 폭력적이었던 어머니 대신 이복누이 오거스타 멜 부인에게 친밀감을 느끼고 특별한 관계가 되었다. 또한 그 외에도 캐롤라인 램 남작부인, 옥스퍼드 백작부인 등 많은 여인들과 염문을 뿌렸다. 그중에는 램 남작(캐롤라인 램의 남편)의 사촌동생 앤 이사벨라 밀뱅크도 있었다. 바이런은 1815년 1월 2일에 앤 밀뱅크와 결혼했다. 그는 지인인 토머스 무어에게 쓴 편지에서 앤과의 결혼에 대해 '결혼이란 미래에 있을 모든 일 중 가장 행복한 일'이라고 말하기까지 했다. 하지만 오거스타 부인과의 관계를 끊지 않았고, 런던 드루어리 레인 극장에 드나들며 배우들과 함께 지내고 집에 들어오지 않는 등 불안정한 생활을 계속했다. 방탕한 생활로 빚을 지면서 생활은 곤궁해졌고, 이 때문인지 언

바이런의 절친한 친구였던 퍼시 셸리

행에서도 변덕이 심하고 거칠어졌다가 괜찮아지는 일을 반복했다. 아내 앤은 그가 정신이상이 아닌지 의심하여 그의 행동을 모두 기록해 의사에게 보이기까지 한다. 결국 앤은 이듬해 1월 15일 태어난 지 한 달밖에 안 된 딸 오거스타 아다를 데리고 친정으로 가 영원히 바이런을 만나지 않았다. 그리고 간통 및 정신이상, 이복누이 오거스타와의 근친상간 등을 이유로 그에게 이혼 서류를 보냈다. 이 사실은 곧 사교계에 널리 퍼졌으며, 바이런은 스캔들을 피해 런던을 떠나 다시는 돌아가지 않았다.

그러나 바이런은 뉘우친 것이 아니었다. 그는 제네바에 도착하자마자 영국의 낭만파 시인 퍼시 셸리, 그와 사랑의 도피 중이던 메리 고드윈(셸리와 고드윈은 몇 달 뒤 결혼하며, 메리는 이후 《프랑켄슈타인》을 집필한다), 메리의 이복여동생 클레어, 《수도승》의 저자 그레고리 루이스, 친구 호브하우스 등 친구들과 함께 외유 생활을 즐겼다. 클레어는 바이런의 아이를 임신했지만 바이런에게는 여전히 여자와 자식에 대한 책임감이 없었다.

많은 스캔들의 중심에 있으면서도 그는 《헤브라이 영창》, 《파리지나》, 《코린트의 포위》 등의 작품을 잇달아 펴냈고, 제네바에 머물면서는 《차일드 해럴드의 편력》 3권, 《실롱의 죄수》 등을 썼다.

셸리 부부와 클레어는 돈이 떨어지자 어쩔 수 없이 제네바를 떠나 영국으로 돌아갔고, 이후 바이런은 친구들과 이탈리아를 여행했다. 로마의 유적지를 답사하면서 《차일드 해럴드의 편력》 4권의 소재를 기록하고, 이탈리아의 풍습을 풍자한 《베포》, 시극 〈맨프레드〉, 자신의 여성 편력을 풍자한 시 〈돈 주앙〉을 썼다. 그사이에 클레어는 딸 알레그라를 낳고 양육비를 청구했고, 바이런은 베네치아에서 있을 당시 머물던 저택에서 집주인의 아내 마리안나, 가정부 마르가리타 등과 불륜 관계를 맺었다.

이런 바이런의 인생은 1819년 4월 테레사 구이치올리 백작부인을 만나면서 전환점을 맞게 된다. 그는 19세인 테레사에게 한눈에 사랑에 빠져 그녀가 가는 곳마다 쫓아다녔고, 그녀의 시종 행세를 하며 그녀 남편의 눈을 속였다. 그러면서 테레사의 아버지와 오빠와 친해져 이들의 주선으로 이탈리아 독립운동 비밀결사인 카르보나리당에 들어가 혁명에 동참했다.

1821년 1월 1일, 이탈리아를 지배하고 있던 오스트리아 정부에 대항해 나폴리에서 혁명이 일어났다. 혁명은 곧 진압되었고, 테레사의 아버지와 오빠는 나폴리에서 추방되었다. 테레사가 남편과 헤어져 아버지를 따라 피렌체로 떠나자 바이런은 홀로 피사로 와서 시극 〈카인〉을 쓰기 시작했다. 1821년에는 〈단테의 예언〉을 비롯해 시극 〈마리노 팔리에로〉, 〈사르다나팔로스 왕〉, 〈포스카리〉 등을 썼다. 또한 시인 로버트 사우디를 풍자한 〈심판의 계시〉를 그해 시인 리 헌트가 런던에서 창간한 〈리버럴〉 지에 게재했다. 리 헌트와의 친분으로 그는 〈리버럴〉 지에 계속 원고를 주었는데, 《돈 주앙》의 뒷부분과 〈청동시대〉, 〈섬〉 등의 작품이 이 지면을 통해 발표되었다.

1823년, 바이런은 제노바로 옮겨 테레사 가족의 망명 생활을 도왔으며, 테레사와 결혼할 준비를 했다. 또한 터키의 지배하에 있던 그리스의 독립운동을 지원하는 런던 주재 그리스 독립운동 결사를 지원했다. 1823년 7월 6일, 바이런은 결사단과 함께 그리스로 떠났고, 오스만 튀르크가 장악하고 있는 레판토 요새 공격 작전에 참여했다. 그는 단순히 군비 지원만 한 것이 아니라 직접 군사를 이끌었고, 외교 문제에도 개입했다.

1824년 2월 15일, 바이런은 병영에서 갑자기 발작을 일으켜 쓰러졌다. 말라리아에 걸린 것이었는데, 의사가 사혈요법을 고집하는 바람에 탈진하고 병이 악화되어 두 달 만인 4월 19일에 사망했다. 서른여섯 살이었다. 죽음과 함께 그는 그리스 혁명군의 상징으로서 국가적 영웅으로 추앙받게 되었다. 메솔롱기온 사람들의 요구에 따라 그의 심장은 산 스피리디오네 교회에 안치되었고, 시신은 영국으로 이송되어 그의 영지 뉴스테드에 있는 후크넬 코르칸드 교회 가족 납골당에 안장되었다. 145년 후인 1969년 바이런의 기념비만 웨스트민스터 대사원에 세워졌다.

027

19세기 문예 정신을 대표하는 독일 시인

하인리히 하이네

Heinrich Heine(1797. 12. 13~1856. 2. 17)

- 독일
- 19세기 문예 정신을 대표하는 인물로, 통렬한 비판의식과 서정성을 모두 갖춘 작가이다.
- 《노래의 책》, 《로만체로》 등

하이네는 독일의 대표적인 낭만주의 시인이자 정치 저널리스트로, 통렬한 기지와 비할 데 없는 서정성을 갖춘 시인, 독일어를 가장 아름답게 표현한 시인으로 여겨진다. 독일의 사상가 마르크스와 엥겔스, 대표적인 민족주의 정치가 비스마르크는 하이네를 괴테 이후 최고의 독일 시인으로 추앙하기를 주저하지 않았다. 19세기 문예 정신을 대표하는 인물로 꼽

하인리히 하이네

히며, 19세기 문학, 특히 시와 산문, 문예운동에 강력한 영향을 끼쳤다.

하인리히 하이네는 1797년 12월 13일 독일 라인 강변의 뒤셀도르프에서 포목점을 하는 유대인 상인 잠존 하이네의 장남으로 태어났다. 이름은 크리스티안 요한 하인리히 하이네이고, 어린 시절 유대식으로 하리 하이네라고 불렸다. 유대계 사립학교를 거쳐 뒤셀도르프 인문계 고등학교인 뤼체움에 다녔으며, 아버지의 뒤를 잇고자 17세 때 프랑크푸르트로 가서 장사 일을 배웠다. 19세 때는 함부르크로 가서 숙부가 운영하는 헤크셔 은행에서 일을 배웠다. 21세 때 숙부가 직물 도매상을 차려 주었는데, 6개월 만에 파산해 문을 닫고 뒤셀도르프로 돌아갔다. 이곳에서 본 대학에 들어가 2학기를 지낸 후 괴팅겐 대학으로 옮겼으나 결투 사건을 일으켜 다시 베를린 대학으로 갔다. 베를린에서는 법학을 전공했지만, 철학과 문학 강의만 듣고 시를 썼다. 그가 시를 쓰게 된 것은 두 번의 실연 때문이었다. 숙부 댁에 기거하던 시절 하이네는 사촌 여동생 아말리에를 사랑하게 되는데, 아말리에로부터 경멸만 받고 도망치다시피 집으로 돌아간 경험이 있었다. 하이네는 이때 실연의 고통을 시로 쓰기 시작했고, 대학에 들어간 이후 본격적으로 습작을 시작한 것이다.

1820년, 첫 평론《낭만주의》를 발표했으며, 1821년 낭만적인 색채가 강한 첫 시집《시집》을 펴냈다. 1823년에는 비극〈라트크리프〉,〈알만조르〉와 시집《서정삽곡》을, 1824년에는《서른세 편의 시》를 펴내면서 활발하게 작품 활동을 했다.

그러나 하이네는 당초 시인이 아니라 변호사가 되려고 했다. 1825년 법학박사 학위를 받기 전 그는 기독교로 개종하고 세례를 받았다. 당시 독일에서는 유대인이 변호사 자격을 얻으려면 루터교로 개종해야 했기 때문이었다. 이 일을 두고 그는 '유럽에의 입장권'이라고 냉소적으로 비꼬았다. 이

Buch der Lieder

von

H. Heine.

Hamburg
bei Hoffmann und Campe.
1827.

1827년 독일에서 출간된 《노래의 책》 속표지와 삽화

후부터 어린 시절의 이름인 '하리' 대신 '하인리히'를 사용했다.

대학을 졸업한 후 하이네는 하르츠 지방을 여행하면서 쓴 〈하르츠 기행〉을 〈반려Der Gesellchafter〉 지에 게재했다. 이 시기에 그는 아말리에의 여동생 테레제를 사랑하게 되었지만, 이번에도 실연의 아픔만 겪었다. 이듬해에는 《여행 화첩》을 출간했는데, 자연에 대한 감정 이입, 몽상적이고 환상적인 이미지 표현, 순수하고 주관적인 감정 표현, 날카롭지만 위트 있는 조소 등 새로운 형식의 기행 문학이라는 평을 받으며 대중적으로 큰 인기를 끌고 작가로의 길을 걷게 된다.

1827년, 하이네는 시집 《노래의 책》을 출판했다. 〈로렐라이〉, 〈벨자차르〉, 〈케블라르의 순례〉 같은 작품들이 담겨 있는데, 두 번의 실패한 사랑에 대한 경험을 비롯해 하르츠 여행 경험 등이 서정적이고 동화적인 필치로 그려져 있다. 이 작품집에 실린 아름다운 연애 시들은 시인으로서 하이네를 유명하게 만들어 주었다. 특히 〈로렐라이〉는 오늘날까지 발표된 독

일어 작품 중 독일어를 가장 아름답게 표현한 시로도 꼽힌다.

1830년, 파리에서 7월 혁명이 발발하자 하이네는 프랑스의 혁명 이념에 공감하고 독일의 봉건적인 현실에 절망했다. 그리고 언론법에 의한 언론 탄압이 심해짐에 따라 이듬해 파리로 떠나 1856년 숨을 거둘 때까지 파리에서 살았다.

파리에서 하이네는 저널리스트로 활동했다. 그는 〈아우크스부르거 알게마이네 자이퉁〉 지의 파리 정치 특파원으로 활동하는 한편, 프랑스에서 《독일 근대 문학의 역사에 대하여》(후일 《낭만파》로 개칭하여 출간), 《독일의 종교와 철학의 역사》 등을 집필했다. 그는 혁명, 민주주의, 통일 유럽에 대한 포부를 설파하며 독일 청년 지식인들에게 사상적으로 많은 영향을 미쳤다. 이에 따라 독일 당국은 1835년 하이네의 모든 저술을 금지시킨다. 또한 독일 내에서 언론법이 강화되어 하인리히 라우베, 카를 구츠코프, 테오도어 문트, 루돌프 빈바르크 등 청년독일파 작가에게까지 검열이 확대되면서 하이네의 저작들은 프로이센과 오스트리아에서 전면 출간 금지 조치를 받았다. 이때부터 하이네의 파리 생활은 정치적 망명의 형태가 되었다.

독일 당국과의 관계는 험악했으나 문학가로서도, 개인적으로서도 파리 생활은 하이네에게 행복했다. 하이네는 문학 살롱을 드나들면서 빅토르 위고, 조르주 상드, 발자크, 뮈세 등과 친분을 나누면서 영향을 주고받았다. 그는 파리의 화려한 사교계 생활과 방종하고 자유로운 도시의 분위기, 여인들에 취했다. 이런 생활은 파리와 파리 여인에 대한 경쾌한 시로 탄생했다. 때때로 하이네는 독일의 현실에 대한 실망과 향수에 시달리며 그것을 시로 쓰기도 했다. 1841년에는 상점 여점원 크레센스 유제니 미라와 수년간의 연애 끝에 결혼했다.

1840년, 하이네는 급진적 자유주의 사상가이자 청년독일파의 대표적 평론가였던 고故 루트비히 뵈르네에 대한 짧은 책을 썼다. 파리에서 지내면서 하이네는 대도시가 내포하고 있는 많은 문제들을 목격했으며, 혁명 이후 혁명 정신이 어떻게 변질되어 가는지에 대해 점차 회의하게 되었다. 《루트비히 뵈르네-회고록》이라는 책에서 하이네는 이런 문제의식을 바탕으로 뵈르네가 찬양한 파리의 현실은 뵈르네의 머릿속에서 이상화된 부분이 없지 않다고 하면서 급진적 혁명, 자유주의에 대한 지나친 이상화를 경계했다. 이로써 그는 수많은 지지자들을 잃었으며, 많은 비난에 직면했다.

1842년에는 마르크스와 자주 교류하면서 《독일-프랑스 연감》을 펴냈으며, 시집 《아타 트롤》을 펴냈다. 《아타 트롤》의 부제는 '낭만파 최후의 자유로운 삼림의 노래'인데, 동화적 마술성, 서정성과 낭만성, 환상성이 극대화되어 표현되어 있다. 문학이 정치적 도구로 전락되어 가는, 즉 당대의 경향 문학, 당파 문학에 대한 현실을 애통해하며 그 경향에 반기를 든 작품이다.

그해 극작가 프리드리히 헵벨의 권유로 하이네는 아내와 함께 함부르크의 출판업자를 찾아가면서 파리로 간 뒤 처음으로 독일을 여행했다. 1844년에는 두 번째이자 마지막으로 독일을 방문했는데, 숙부 잘로몬이 죽으면서 그를 유산 상속에서 제외시키자 가족들과 함께 유산 투쟁을 하게 되었기 때문이다. 하이네는 결국 숙부의 가족들에게 자신의 작품을 검열할 수 있는 권리를 주고 약간의 유산을 받았다. 이로 말미암아 이후 하이네의 작품 중 많은 수가 유실되었으며, 《회고록》의 많은 부분도 사라졌다.

1844년경부터 시각 장애가 나타나기 시작했으며, 이듬해 한쪽 눈을 실명했다. 성병으로 인한 신경계 손상이라는 설도 있다. 그사이 그가 작품을 발표하던 혁명적 성향의 잡지 〈전진〉이 발행 금지 처분을 받았고, 마르크스가 추방당했다. 하이네는 병이 악화되자 유언장을 작성하고, 《회고록》 집필을 시작했다. 1847년에는 파리에서 증권 위기가 일어나 재산 대부분을 잃었고, 이듬해에는 척추 경련으로 사지가 마비되면서 침대에서 일어나지 못하게 되었다. 가난 속에서 병마와 싸우면서 하이네는 다시 시를 쓰기 시작했다. 병증과 사지를 쓰지 못하는 고통, 죽음에 대한 공포, 가난 등으로 괴로워하면서 그는 인간 조건에 대한 회의와 비탄감에 시달렸다. 그리하여 최후의 걸작《로만체로》가 탄생했다.

'로만체'란 기사의 영웅담과 로맨스에 대해 쓴 민요조의 설화시를 일컫는 말이다.《로만체로》는 인류 역사와 종교사에 대한 고찰, 탐미주의자이자 혁명가였던 시인이 꿈꾸었던 미래에 대해 쓴 다양한 시들을 로만체풍으로 쓴 작품이다. 여기에서 하이네는 삶의 기쁨 및 쾌락과 관련된 유희적인 시각을 버리고 인간의 가능성에 대한 낙관적 입장을 유보한다. 인생과 인간, 선, 신앙에 대한 회의와 동경이라는 양가적인 감정이 혼재된 심정을 드러낸 한편, 인격신의 존재를 인정하고, 신으로의 회귀에 대한 견해를 표명하고 있기도 하다. 마지막 시집《1853년과 1854년의 시》에도 유사한 시각이 드러난다. 또한 〈비미니〉, 〈사바트 공주〉와 같은 한층 더 몽상적이고 환상적인 우화들도 썼다. 1852년에는 파리에서 하이네 전집이 출간되었다.

1856년 2월 17일, 하이네는 병마와 싸우며 침상 생활을 한 지 8년 만에 숨을 거두었다. 유해는 유언에 따라 몽마르트르 묘지에 안장되었다.

028

프랑스 사실주의 문학의 아버지

오노레 드 발자크

Honoré de Balzac(1799. 5. 20~1850. 8. 18)

- 프랑스
- 사실주의 문학의 대표자로 프랑스 사회사를 사실적으로 깊이 있게 다루었다.
- 《인간 희극》, 《외제니 그랑데》, 《고리오 영감》 등

오노레 드 발자크

발자크는 프랑스 사실주의 문학의 아버지라고 불리는 인물이다. 그는 나폴레옹 시대를 거쳐 왕정복고, 7월 혁명 등 19세기 격동의 시대를 살면서 현대 도시 사회와 중산층의 모습을 사실적이고 깊이 있게 다루었으며, 낭만주의와 이상주의에 빠지지 않고 인간성을 본연 그대로 관찰하고 묘사함으로써 낭만주의와 사실주의를 분리했다고 평가받는다. 독일 경제학자이자 사회주의 철학가 프

리드리히 엥겔스는 "전문 역사가, 경제학자, 통계학자에게서 배운 것보다 발자크의 소설에서 배운 게 더 많다."라고 공언했으며, 플로베르는 '자신이 살던 시대를 철저히 이해한 인간'이라고 평했다. 또한 서머싯 몸은 발자크를 일컬어 '천재라고 주저 없이 부르고 싶은 몇 안 되는 소설가'라고 말했다. 발자크는 생계를 위해 약 20여 년 동안 100여 편의 장편소설과 단편집을 출판할 정도로 왕성한 창작력을 자랑했다. 그는 일반인들이 예술가에 대해 흔히 생각하는 모습, 즉 갑작스럽게 낭만적인 영감을 받아 일필휘지로 글을 쓰는 천재 작가의 모습에 부합하는 인물이었다. 하지만 아이러니하게도 그가 영감에 도취되어 일필휘지로 쓴 작품들은 낭만주의의 결함 중 하나인 감정 과잉과 과장성으로 오늘날에는 그다지 높게 평가받지 못하고 있다.

오노레 드 발자크는 1799년 5월 20일 프랑스 루아르 계곡 지방의 투르에서 태어났다. 아버지 베르나르 프랑수아는 원래 소작농이었으나 나폴레옹 시대에 투르 주둔군에 복무하면서 관리로 신분이 상승해, 가문의 이름 앞에 귀족 출신을 나타내는 '드'라는 칭호를 사용하게 되었다. 2남 2녀 중 첫째로 여동생 로르와 로랑스, 남동생 앙리가 있었는데, 앙리는 어머니의 혼외자식이었다. 오노레는 어린 시절 어머니가 그를 냉대하고 앙리를 편애하여 마음에 상처를 입었다고 하는데, 후일 앙리의 생부인 사셰 성주 장 드 마르곤의 성에 머물면서 작품 집필에 몰두하는 등 도움을 받기도 한다.

방돔 기숙학교를 거쳐 투르 중등학교에 잠시 다니다가 아버지가 파리로 발령받으면서 파리에서 중등교육을 마쳤다. 이후 아버지의 뜻에 따라 공증인이 되고자 변호사 사무실에서 잠시 일하다 소르본 법과대학에 입학했다. 학교를 졸업하고 난 후 작가가 되고 싶었던 발자크는 아버지에게 2년의 유예 기간을 얻고 바스티유 광장 근처에 다락방을 얻어 집필에 몰두했다. 첫 작품인 〈크롬웰〉은 엄청난 혹평을 들었는데, 심지어 문학만 아니라면 어디

발자크가 다녔던 방돔 기숙학교

서든 성공할 것이라는 소리까지 들을 정도였다. 아버지가 준 유예 기간도 끝나 재정적 지원도 끊겼으나 그는 굽히지 않았다. 생활비를 벌기 위해 필명으로 통속소설이나 공포소설을 쓰거나 자서전 대필, 에세이, 기사문 등 다양한 분야의 글을 쓰고, 인쇄업, 출판업 등의 사업까지 했다. 하지만 사업이 실패하면서 막대한 빚을 지자 다시 글로 경제적 곤란을 해결하게 되었다. 그는 다양한 역사물을 기획하여 출간하거나 각종 시사 논평문 등 돈이 되는 글을 쉬지 않고 썼는데, 그러면서도 자신의 소설을 꾸준히 발표했다. 하루 14시간씩 집필 작업을 했으며, 죽을 때까지 매년 한두 편의 장편소설과 십수 편의 중단편소설을 써냈고, 희곡도 여러 편 썼다. 본격적으로 소설가로 데뷔한 이후에도 계속해서 신문이나 잡지에 글을 기고했다.

이런 역경 속에서 그를 격려해 준 사람은 이웃에 살던 로르 드 베르니 부인이었다. 그녀는 발자크보다 22세 연상으로, 발자크에게 연인이자 어머니의 역할을 하면서 자신이 죽을 때까지 약 15년간 발자크를 후원했다.

1829년, 발자크는 최초의 본격적인 소설을 자신의 이름으로 발표했다. 이 작품이 《올빼미 당원》으로, 그는 이때부터 문학적 성과를 인정받기 시작했다. 또한 1831년에 발표한 철학소설 《나귀 가죽》을 통해 작가로서의 명성을 얻었다. 이 작품들을 포함해 90여 편의 소설들을 포괄하여 후일 《인간 희극》이 탄생한다.

《인간 희극》은 발자크가 19세기 프랑스 사회사를 묘사한다는 야심을 가지고 관련한 소설 작품들을 체계적으로 집대성한 총서이다. 프랑스 전국을 배경으로 약 2천여 명의 인물이 등장하는데, 발자크는 '유년기, 사춘기, 노년기, 정치, 사법, 전쟁 어느 한 상황도 누락하지 않고' 귀족, 벼락출세가, 자본가, 소매상, 장인, 기술자, 범죄자, 화류계에 걸쳐 다양한 인간 군상들을 그렸다. 발자크 자신의 말에 따르면 이를 통해 "인간 마음의 모든 가닥과 사회의 모든 요인을 검토했다."라고 한다. 여기에 더해 작중 인물들은 시간적, 공간적으로 서로 연관되어 하나의 세계를 형성하는데, 각 소설이 한 시대를 나타낼 하나의 완전한 역사라는 평을 받는다. 《인간 희극》은 1829년부터 쓰인 작품들로, 1942년에 '인간 희극'이라는 제목이 붙었다. 1846년까지 총 16권이 출간되었으며, 1848년에 한 권이 더 추가되었고, 그가 죽은 후인 1855년에 한 권이 더 발간되었다. 그러나 이는 발자크의 본래 구상에서 3분의 2도 채 실현되지 못했다고 하니 그 구상이 얼마나 방대했을지 짐작하기도 어렵다.

1897년 프랑스에서 발행된 《고리오 영감》 표지 이미지

1833년에 발표한 《외제니 그랑데》로 발자크는 베스트셀러 작가가 되었다. 왕정복고 시대를 배경으로 인색한 벼락부자 그랑데 영감과 그의 딸인 순수한 시골 처녀 외제니를 중심으로, 신흥 부르주아 남성들이 사회적 성공을 획득하는 방식과 여기에서 소외된 여성의 세계를 그린 작품이다. 신흥 부르주아 계급의 탄생 과정에 대한 실증적 기록이라는 평을 받으며, 발자크를 명실공히 사실주의 작가의 반열에 올려놓았다. 이해에는 《시골의사》, 《명사 고디사르》 등도 발표한다.

1835년에는 발자크의 세계를 가장 잘 보여 준다는 평을 받는 《고리오 영감》을 발표했다. 보케르 부인이 운영하는 하숙집에 살고 있는 일곱 사람을 중심으로, 근대화, 자본주의, 대도시, 속물성 등을 보여 주며, 황금만능주의와 상류 계급의 퇴폐를 고발하는 작품이다. 아무것도 미화하지 않고 당대 사회상과 당대 인물들을 있는 그대로 그려 냄으로써 사회소설의 전범이 되었다.

소설가로서 계속 성공을 거두었고, 한시도 쉬지 않고 글을 썼음에도 발자크는 계속 빚을 지며 쪼들리는 생활을 했다. 금전 감각이 없이 마구 써 댔고, 문예지나 신문사를 인수 혹은 창간하여 운영하다가 파산하곤 했기 때문이다. 또한 여성 편력도 화려해서, 애인 베르니 부인의 후원을 받으면서도 '취향도 없다'라는 말을 들을 만큼 수많은 여성들과 교제했다. 마리 뒤 프레네라는 여성과의 사이에서 딸을, 비스콘티 백작부인과의 사이에서 아들을 보기도 한다.

1836년, 발자크가 '어머니이자 여자친구였고 가족이었으며 남자친구였고 조언자'라고 표현한 베르니 부인이 사망했다. 이후 그는 전부터 편지를 주고받던 한스카 부인의 후원과 격려 속에 계속 집필 작업을 해 나갔는데, 한스카 부인과 주고받은 편지만 해도 수천 통에 이른다. 발자크는 1841년 한스카 백작이 죽자 한스카 부인과 결혼하고자 애를 썼는데, 죽기 다섯 달 전인 1850년 3월에야 그녀와 결혼할 수 있었다. 그것도 한스카 부인이 러시아 차르에게 막대한 상속 재산을 포기하는 조건으로 결혼을 청원하여 얻어낸 결과였다. 그렇게 바라던 일이 이루어졌지만 발자크는 이 시기에 과로로 인한 만성피로에 시달렸으며, 폐렴과 심장병을 앓고 있었다. 그리하여 다섯 달 뒤인 8월 중순 뇌일혈로 의식불명에 빠져 8월 18일에 숨을 거두었다. 한스카 부인은 그가 죽은 후 홀로 여생을 보내다가 1882년경 사망했다.

발자크는 1845년에 레종 도뇌르 훈장을 받았으며, 유해는 페르 라세즈에 안장되었다. 당대 사회상을 날 것 그대로 그려낸 사실주의적 수법은 귀스타브 플로베르, 마르셀 프루스트, 에밀 졸라, 찰스 디킨스 등의 작가들에게 영향을 미치며 문학사 전반에 그 영향력을 발휘했다.

029

러시아의 국민 작가

알렉산드르 푸시킨

Aleksandr Sergeevich Pushkin
(1799. 6. 6~1837. 2. 10)

- 러시아
- 시, 소설, 희곡 등 모든 방면에서 러시아의 민족 문화를 꽃 피웠다.
- 《예프게니 오네긴》, 《대위의 딸》 등

삶이 그대를 속일지라도 슬퍼하거나 노여워하지 말라
슬픔의 날을 참고 견디면 기쁨의 날이 오리니.

푸시킨은 시를 잘 모르는 사람들이라도 한 번쯤은 들어 봤을 법한 이 유명한 시구를 쓴 시인이다. 우리나라에서 가장 인기 있는 시인 중 한 사람인 푸시킨은 흔히 시인으로 잘 알려져 있지만, 시뿐만 아니라 소설, 희곡 등 모든 장르에서 근대 러시아 사실주의 문학의 기초를 닦은 인물이다. 그는 유럽 문화가 러시아를 지배하던 시기, 러시아의 옛 전설과 가요 등을 토대로 단순하고 평이한 구어체로 작품을 쓰면서 러시아의 민족문화가 확립되는

알렉산드르 푸시킨

데 기여했다. 오늘날에도 비평가부터 대중에 이르기까지 폭넓은 사랑을 받으며 러시아의 국민 작가로 추앙받는다.

알렉산드르 세르게예비치 푸시킨은 1799년 6월 6일(러시아 구력 5월 26일) 모스크바에 태어났다. 푸시킨 가는 모스크바의 전통 있는 명문 귀족 집안이었다. 그러나 푸시킨은 천재 시인이라는 칭송을 받는 한편, 흑인 노예 출신인 외가 쪽 혈통으로 인해 귀족 사회에서 이따금 멸시를 받았다. 외증조부 아브라함 한니발은 에티오피아의 흑인 노예 출신으로, 표트르 대제의 총애를 받고 장군 지위에 올라 귀족 작위를 받은 인물이다. 푸시킨은 외가로부터 흑인의 외모, 즉 가무잡잡한 피부, 두터운 입술과 곱슬머리를 물려받았고, 혈통 때문에 멸시를 받았음에도 그것을 입증하는 외모를 자랑스러워했다고 한다.

아버지 세르게이 푸시킨은 귀족 인텔리의 전형이었으며, 어머니 역시 전형적인 사교계 부인이었다. 부모 두 사람이 활발하게 사교계 활동을 하는 동안, 알렉산드르는 할머니와 유모의 손에서 자랐다. 누나 올가, 남동생 레프와 함께 아버지가 집에서 주최하는 문학 살롱을 접하며 자랐고, 가정교사들로부터 당시 러시아 상류 귀족이 사용하던 프랑스어와 프랑스 문화를 교육받았다.

12세 때에는 귀족 자제들이 다니던 차르스코예셀로의 귀족학교 리체이에 입학했다. 이곳에서부터 푸시킨은 시를 쓰기 시작했고, 프랑스어로 된 작품들을 개작하면서 습작을 했다. 15세 때 모스크바에서 출판되던 〈유럽

일리야 레핀, 〈차르스코예셀로 시절의 알렉산드르 푸시킨〉

통보〉 지에 〈시인인 벗에게〉를 최초로 발표했으며, 16세 때 상급반 시험장에서 〈차르스코예셀로의 회상〉이라는 자작시를 낭송하는 등 시인의 자질을 드러냈다.

18세 때부터 페테르부르크에서 외무성 서기로 일하기 시작했으며, 사교계 활동도 활발히 했다. 얼마 지나지 않아 푸시킨은 속물적이고 허영에 가득 찬, 쾌락에 탐닉하면서도 겉으로는 젠체하는 사교계 인물들에게 환멸을 느꼈다. 그럼에도 쾌락적인 삶을 좇던 청년 푸시킨은 상류 사회의 환락에서 쉽사리 빠져나오지 못했다. 그는 방탕한 생활을 하는 한편, 이따금 문학에 몰두했다.

이 시기에 푸시킨은 진보적 문학 모임 '알자마스'에 가입해 활동했는데,

이 모임에서 푸시킨은 문학 작품은 문어체가 아닌 구어체로 쉽게 써야 한다고 주장했으며, 리체이 시절 했던 생각들, 즉 외래의 문화에 의지하기보다는 러시아의 민족 문화를 꽃피워야 한다는 생각들을 점점 확고히 해 나갔다. 또한 이 모임을 통해 혁명 사상을 지닌 진보주의자들과 접촉하면서 러시아의 제정을 비판하고 구습(농노제)을 타파해야 한다는 견해를 굳혔다.

20세의 푸시킨은 이런 사상들을 시로 표현하기 시작하면서 천재 시인으로서 첫 발을 떼었으며, 평생 논란의 중심에 섰던 시인다운 행보도 시작했다. 이때 두 작품을 발표했는데, 먼저 옛날이야기를 개작한 익살스러운 서사시 〈루슬란과 류드밀라〉는 문제가 되지 않았다. 이 작품은 서사시 골격에 희극적 요소를 섞어 쓰고 민중에게 친숙한 동화를 수용한 작품으로, 민족 문화에 대한 관심이 표현된 초기 작품이기도 하다. 푸시킨은 이 작품을 그저 '재미있는 것'이라고 일컬었는데, 이것으로 대중에게 크게 인기를 끌고 이름을 날리게 되었다. 이 시를 발표하고 얼마 후 푸시킨은 〈자유의 찬가〉를 발표했다. 이로 말미암아 그는 알렉산드르 1세의 노여움을 사 시베리아로 유배를 가게 된다. 알렉산드르 1세는 아버지 파벨 1세의 죽음과 관련된 의혹을 받고 있었는데, 파벨 1세의 죽음에 대해 직접적으로 언급한 데다 스스로의 손으로 압제를 청산하고 자유를 쟁취해야 한다는 시구가 문제가 되었던 것이다.

그러나 시베리아 유형은 유배라기보다는 좌천으로, 푸시킨은 약 6년간 유배 같지 않은 유배 생활을 했다. 그는 첫 번째 유형지인 예카체리노슬라프에 도착하자마자 학질에 걸려서 요양 판정을 받고 넉 달간 여행을 다니다 돌아왔다. 이곳에서 3년여의 유배 생활을 하는 동안 푸시킨은 인조프 장군의 서기로 일하면서 평온한 시간을 보냈으며, 이후 옮겨 간 오데사에서는 화려한 사교계 생활을 하며 수많은 염문을 뿌렸다. 유부녀와의 염문으로 푸시킨은 결국 관직에서 쫓겨나 부모의 영지인 미하일로프스코예로 보내져 2년여 동안 영지에 박혀 가족과 함께 지냈다.

미하일로프스코예에서 푸시킨은 실연의 아픔을 달래고자 두문불출하며 고독하게 지냈다. 이때 바이런에 심취했으며, 서사시 〈캅카스의 포로〉, 〈바흐치사라이의 샘〉, 〈집시의 무리〉 등을 썼다. 그러면서 점차 젊은 혁명가적 열정은 가라앉고 자신과 주변 세계에 대해 심도 깊은 성찰을 하였다. 그 결과 〈시베리아에 바치는 노래〉, 〈눌린 백작〉, 운문소설 〈보리스 고두노프〉 등 러시아 역사와 민족에 관한 시를 비롯해 서정시 〈삶이 그대를 속일지라도〉와 같은 작품이 탄생했다.

1825년 12월 1일(러시아 구력 11월 19일)에 알렉산드르 1세가 죽자 니콜라이 1세가 왕위에 오르게 되었다. 니콜라이 1세의 즉위식 날이던 12월 14일, 데카브리스트를 중심으로 한 자유주의자 청년 장교들이 농노제 폐지와 입헌군주제를 주창하며 거사를 일으켰다. 이 혁명은 곧 진압되었으며, 니콜라이 1세는 반대파 숙청 및 자유주의 운동 탄압을 골자로 하는 보수주의 정책을 강화했다. 그런 한편 문학을 정권의 도구로 이용하고자 푸시킨을 사면했다. 푸시킨은 자유주의 사상 및 혁명 사상에는 동조했으나 폭력과 무법적인 수단으로 혁명을 쟁취하는 데는 반대하는 입장이었다. 그는 모스크바로 가서 사교계 생활과 작품 활동을 하며 소설 《표트르 대제의 흑인》과 표트르 대제에 대한 서사시 〈폴타바〉를 완성했다. 그러나 곧 황제의 검열하에 시를 쓰는 자신의 모습에 낙담하게 된다. 그럼에도 1828년 〈가브릴리아다〉가 신성모독으로 논란에 오르자 황제의 비호 아래 위기를 모면하면서 황제와의 관계를 끊을 수가 없게 되었다.

1830년 봄, 푸시킨은 사교계의 꽃이던 16세의 나탈리야 곤차로바에게 청혼한다. 그리고 혼인 비용으로 영지인 볼지노의 땅을 팔기 위해 잠시 그곳

푸시킨의 아내 나탈리야 곤차로바

에 갔다가 콜레라에 걸려 석 달간 머물게 된다. 이때 그의 창작력이 절정에 달하여 소설 《고 이반 페트로비치 벨킨 이야기》, 《예프게니 오네긴》을 비롯해 서사시 〈콜롬나의 작은 집〉, 운문극 〈모차르트와 살리에리〉, 〈페스트 속의 향연〉 등 수많은 작품들을 집필했다.

이듬해 2월 푸시킨은 모스크바에서 나탈리야와 결혼했으며, 두 사람 사이에서는 4명의 자녀가 태어났다. 그는 니콜라이 1세에게 연금을 받으며 시를 썼고, 그 돈으로 어린 아내의 사교계 활동을 후원했으나 곧 아내의 사치로 경제적 궁핍에 시달린다. 푸시킨은 가정에서도 마음의 안정을 얻지 못하고, 러시아의 현실과 황제에게 매인 자신의 처지, 시인으로서의 자긍심 사이에서 갈등했다. 가난 역시 긍지 높은 귀족이었던 그의 자존심에 많은 상처를 입혔다. 이런 상황에서 푸시킨은 〈로슬라볼레프〉, 〈두브로프스키〉, 〈푸가초프 반란사〉, 〈안젤로〉, 〈청동기사〉 등 러시아의 역사와 현실 인식에 대한 작품들을 썼다. 예술가, 러시아인으로서의 정체성 문제를 다룬 우화시 〈황금수탉 이야기〉와 소설 《이집트의 밤》, 《대위의 딸》 등도 이 시기에 쓰였다. 특히 《대위의 딸》은 러시아 사실주의 문학을 창시한 작품으로 평가받는다.

푸시킨의 죽음은 급작스러웠다. 푸시킨은 청년 시절 사교계에서 수많은 유부녀들과 염문을 뿌린 것으로 유명했는데, 아내 나탈리야 역시 그 못지않았다. 이런 아내를 못마땅하게 생각하고 있던 때에 프랑스 장교 조르주 단테스가 푸시킨의 아내인 줄 알면서도 나탈리야에게 적극적으로 구애하는 사건이 일어났다. 푸시킨과 단테스는 2년여간 분쟁을 벌였고, 결국 두 사람은 1837년 2월 7일(러시아 구력 1월 26일) 법으로 금지되어 있던 결투를 벌였다. 사흘 후, 푸시킨은 결투에서 입은 상처가 악화되어 사망했다.

푸시킨과 단테스가 결투를 벌인 곳으로, 지금은 오벨리스크가 서 있다.

생 년

1802 빅토르 위고, 알렉상드르 뒤마

1804 너대니얼 호손

1805 한스 크리스티안 안데르센

1809 에드거 앨런 포, 니콜라이 고골

1812 찰스 디킨스

1818 이반 투르게네프

1819 월트 휘트먼, 허먼 멜빌, 조지 엘리엇

1821 샤를 보들레르, 표도르 도스토옙스키, 귀스타브 플로베르

1828 헨리크 입센, 레프 톨스토이

1832 루이스 캐럴

1835 마크 트웨인

1840 에밀 졸라, 토머스 하디, 브론테 자매

사 건

1830 7월 혁명 발발

1831 위고, 《파리의 노트르담》 출간

1840 안데르센, 《그림 없는 그림책》 출간

1841 포, 최초의 추리소설 〈모르그 가의 살인〉 발표

생 년

1871 마르셀 프루스트

1874 로버트 프로스트

1875 토마스 만, 라이너 마리아 릴케

1877 헤르만 헤세

1879 E. M. 포스터

1880 기욤 아폴리네르

1881 루쉰

1882 버지니아 울프, 제임스 조이스

1883 프란츠 카프카

1885 D. H. 로렌스, 에즈라 파운드

1888 T. S. 엘리엇, 유진 오닐

1890 애거서 크리스티

1892 펄 벅

1894 올더스 헉슬리

1896 스콧 피츠제럴드

1897 윌리엄 포크너

1898 베르톨트 브레히트

1899 가와바타 야스나리, 어니스트 헤밍웨이, 호르헤 루이스 보르헤스

1900 앙투안 드 생텍쥐페리

사 건

1876 트웨인, 《허클베리 핀의 모험》 출간

1880 도스토옙스키, 《카라마조프 가의 형제들》 발표

1887 도일, 홈스 시리즈 연재 시작

1888 체호프, 푸시킨 문학상 수상

1899 톨스토이, 《부활》 출간

1914 제1차 세계대전 발발

1915 카프카, 〈변신〉 발표

19세기

1843
헨리 제임스

1850
기 드 모파상

1854
오스카 와일드
아르튀르 랭보

1856
조지 버나드 쇼

1857
조지프 콘래드

1859
아서 코난 도일
크누트 함순

1860
안톤 체호프

1861
라빈드라나트 타고르

1865
윌리엄 버틀러 예이츠
조지프 러디어드 키플링

1868
H. G. 웰스
막심 고리키

1869
앙드레 지드

1843
디킨스,
《크리스마스 캐럴》
출간 5일 만에 매진

1847
샬럿 브론테, 《제인에어》 출간
에밀리 브론테, 《폭풍의 언덕》 출간

1848
2월 혁명 발발

1854
호손,
《주홍글씨》 출간

1856
플로베르,
《보바리 부인》 출간

1857
조지 엘리엇 데뷔
보들레르, 《악의 꽃》 출간

1861
남북전쟁 발발

1862
위고,
《레 미제라블》 발표

1865
캐럴,
《이상한 나라의 앨리스》 출간

1916
조이스, 《젊은 예술가의 초상》 출간

1918
아폴리네르, 시 형식의 혁신 시도
루쉰, 〈광인일기〉 발표

1919
헤세,
《데미안》 발표

1924
프루스트,
《뉴햄프셔》로
퓰리처상 수상

1925
울프, 《댈러웨이 부인》
피츠제럴드,
《위대한 개츠비》 출간

1928
로렌스,
《채털리 부인의 연인》
출간 금지 처분

1930
크리스티,
추리소설 총서 간행 시작

1931
만주사변 발발
펄 벅, 《대지》 출간

1939
제2차 세계대전 발발

1943
생텍쥐페리, 《어린 왕자》 출간

1947
지드,
《좁은 문》으로
노벨 문학상 수상

1954
헤밍웨이,
《노인과 바다》로
노벨 문학상 수상

1968
야스나리,
《설국》으로
노벨 문학상 수상

030

프랑스의 위대한 문호

빅토르 위고

Victor-Marie Hugo(1802. 2. 26~1885. 5. 22)

- 프랑스
- 다양한 인간 군상과 생생하고 사실적인 묘사를 토대로 방대한 문학 작품을 남겼다.
- 〈크롬웰〉, 《파리의 노트르담》, 《레 미제라블》 등

프랑스의 가장 위대하고 대중적인 작가 빅토르 위고. 그는 19세기 프랑스 낭만주의의 지도자이자 프랑스 혁명과 공화주의의 지도자 중 한 사람이다. 프랑스 제3공화국은 그를 국부로 기렸으며, 1885년 83세를 일기로 사망하자 국장이 치러지고 개선문에 빈소가 세워졌다. 빅토르 위고는 19세기 프랑스의 국가 정신과 시대 정신을 구체화하면서 국가와 문학, 시대를 지배한 인물이다.

빅토르 위고는 1802년 2월 26일 프랑스 브장송에서 태어났다. 나폴레옹 군의 장군이던 아버지 레오폴 위고를 따라 어린 시절 마르세유, 엘바 섬, 코르시카 섬, 나폴리 등지를 옮겨 다니며 자랐다. 어린 시절은 불행했다. 부모

는 각각 애인이 있었으며, 불화가 끊이지 않았고, 빅토르가 9세 되던 해 별거에 들어가 어머니 소피 트레부셰는 아이들을 데리고 파리에 정착했다. 이에 아버지 레오폴은 아들들을 소피로부터 떼어 내고자 장남 외젠과 빅토르를 코르디에 기숙학교에 보냈다.

빅토르 위고

학창 시절 빅토르는 시와 문학에 관심이 많았으나 수학과 과학 등에도 우수했다. 아버지는 그를 파리 에콜 폴리테크닉에 보내려고 했지만, 어린 시절부터 작가가 되고 싶었던 빅토르는 꾸준히 습작을 했다. 아카데미 프랑세즈가 주최한 시 창작 대회에서 입상하기도 한다. 그러나 일단은 아버지의 뜻에 따라 형과 함께 파리 법과대학에 들어갔다.

1821년 6월, 어머니 소피가 사망했다. 아버지는 몇 주 후 애인이었던 카트린 토마와 재혼했으며, 형 외젠과 함께 빅토르는 고모 집에서 더부살이를 하는 처지가 되었다. 이듬해 10월 12일 빅토르는 어린 시절부터 좋아했던 아델 푸셰와 결혼했다. 아버지는 집안이 빈한하다는 이유로 반대했던 아델과 끝내 결혼한 빅토르를 못마땅하게 여기고 결혼식에 참석조차 하지 않았다. 결혼 초기 아무것도 없던 빅토르는 처갓집에 얹혀살면서 작품을 집필했다. 둘 사이에서는 4남매가 태어났지만, 세 아이는 일찍 죽고 살아남은 한 아이는 정신병을 앓는 등 불행을 겪었다.

1822년, 위고는 시집 《오드와 그 밖의 시들》을 펴냈으며, 이듬해 소설 《아이슬란드의 한》을 발표하면서 젊은 작가들의 주목을 받았다. 1824년에는 왕정복고를 노래하는 시를 지어 샤를 10세로부터 연금을 하사받고, 이듬해에 레종 도뇌르 훈장을 받았다. 젊은 시절 위고는 보수주의적 성향을 띠었는데, 이는 어머니가 공포정치를 겪으면서 자유주의자에 대한 공포를 지니고 왕당파를 지지했던 영향이 컸다. 그러나 정치 상황이 변화하고 나폴레옹파였던 아버지의 영향을 받으면서 점점 정치적으로 방향을 전환하게 된다.

1827년, 위고는 희곡 〈크롬웰〉을 발표했다. 이 작품은 고전주의 연극의 법칙을 깨트리면서 프랑스 문단에 낭만주의 바람을 불러일으켰다. 고전주의 연극의 법칙이란 소위 '삼일치의 법칙'이라 불리는 것으로, 하나의 장소에서 하루 동안 하나의 플롯으로 진행되어야 한다는 원칙을 말한다. 〈크롬웰〉의 서문은 낭만주의 작품에 대한 선언문으로 일컬어지기도 한다.

고전주의와 낭만주의의 대립은 위고가 1830년 희곡 〈에르나니〉를 발표하면서 본격적으로 수면 위로 떠올랐다. 〈에르나니〉가 초연되던 극장에서 두 파는 대놓고 서로에게 야유를 퍼붓고 물건을 집어던졌으며, 이로써 결투가 벌어져 죽는 사람까지 나왔다고 한다. 이후 위고는 낭만주의의 기수로 여겨졌고, 문학에 있어 표현의 자유와 감정 및 영감의 자유로운 표출을 부르짖었다. 그리고 이런 생각은 위고가 왕당파에서 등을 돌리는 계기가 되었다. 또한 이런 변모로 왕당파 및 문인들로부터 변절자, 기회주의자라는 비난을 받기도 했다.

1830년, 7월 혁명이 일어났다. 위고는 시민들의 가두시위에 적극적으로 참여했으며, 샤를 10세가 쫓겨나자 〈젊은 프랑스에 바치는 시〉를 써서 이 일을 기렸다. 그러나 이후 루이 필리프가 왕위에 오르자 다소 회의를 느꼈으며, 새 왕정을 지지하지 않았다. 결국 1832년 희곡 〈왕은 즐긴다〉를 발표하고 상연 금지 조치를 당했으며, 이에 대해 언론 검열에 관한 논고를 발표했다.

위고의 대표작 중 하나로, 그를 민중 작가의 반열에 올려놓은 《파리의 노트르담》은 1831년에 출간되었다. 노트르담 대성당의 종지기 콰지모도와 아름다운 집시처녀 에스메랄다, 그녀에 대한 뒤틀린 연정에 사로잡힌 노트르담의 부주교 프롤로의 이야기를 중심으로, 복잡한 구성, 살아 숨 쉬는 듯한 인물 묘사, 격정적인 문장, 미와 추의 강렬한 대립 등 낭만주의 소설의 대표작으로 꼽히는 작품이다. 이 작품은 '15세기 파리에 관한 우리의 고정관념은 모두 이 작품에 근거한다'라는 평을 들을 만큼 파리의 뒷골목 정경까지 세밀하게 묘사된 대표적인 역사소설이다. 위고는 이 작품을 통해 마녀재판, 공개 처형 등 당대 사법 및 형벌 제도를 통렬히 비판했다. 이 작품은 발표 즉시 엄청난 성공을 거두었고, 이로써 위고는 완전히 급진적인 자유주의자로 변모하면서 민중의 추앙을 받게 되었다. 그리고 사후에까지 프랑스에서 가장 영향력 있는 작가가 되었다.

1833년경, 위고는 자신이 집필한 희곡 〈뤼크레스 보르지아〉의 연극 연습에 들렀다가 여배우 쥘리에트 드루에와 사랑에 빠졌다. 두 사람의 관계는 1883년 쥘리에트가 사망할 때까지 지속된다. 당시 위고의 아내 아델은 바쁜 남편에게 지쳐 집에 드나들던 위고의 친구이자 비평가인 생트 뵈브와 불륜 관계에 빠져 있었다.

위고는 1830년대 희곡 〈마리 튀도르〉, 〈앙젤로〉, 〈루이 블라스〉, 시집 《황혼의 노래》, 《내면의 목소리》, 《빛과 그림자》 등을 집필하며 활발하게 활동했으며, 1841년 아카데미 프랑세즈의 회원으로 선출되었다.

1843년, 위고는 희곡 〈성주들〉이 실패하고, 딸 레오폴딘이 익사하면서 우울증에 빠져 잠시 작품 활동을 중단했다. 대신 정치로 관심을 돌리고 루이 필리프와 가깝게 지내면서 1845년에 귀족원 의원에 선출되었다. 그해 다시 펜을 잡고 소설《레 미제르》 집필을 시작했는데, 이것이 후일의《레 미제라블》이다.

1848년에 2월 혁명이 일어나 루이 필리프가 왕위에서 물러났다. 위고는 새로 수립된 입헌의회에서 의원으로 당선되었으며, 대통령 선거에서 루이 나폴레옹 보나파르트를 지지했다. 그러나 루이 나폴레옹은 언론 탄압 및 집회의 자유를 금지하는 조치 등을 시행하고 사치스러운 생활을 일삼는 등 전제 군주적인 행보를 이어 갔으며, 마침내 1851년 12월 2일 밤 국회를 해산한다. 그날 위고는 "한 사람이 막 의회를 무너뜨렸다. 스스로 국민에게 한 서약을 깨뜨리고, 법을 없애고, 권리를 억압하고, 공화국을 배반했다."라는 요지의 연설을 통해 루이 나폴레옹의 행보를 격렬하게 비판했다. 결국 위고는 반정부 인사로 낙인 찍혀 망명길에 올랐다. 그는 벨기에, 영국의 저지 섬 등으로 옮겨 다니면서《꼬마 나폴레옹》, 시집《징벌》 등을 발표하고 루이 나폴레옹 제정에 대한 반대운동을 계속했다.

1859년, 루이 나폴레옹은 위고에게 사면령을 내렸으나 위고는 이를 거부하고, 중단했던《레 미제라블》 집필에 착수했다. 또한 망명 생활을 하면서《정관 시집》,《세기의 전설》,《바다의 노동자》,《웃는 남자》 등을 집필했다.

1862년에 발표한《레 미제라블》은 굶주림 때문에 빵 한 조각을 훔쳐 전과자가 되었다가 속죄와 자기희생을 통해 성인으로 거듭나는 장 발장의 일생을 그리고 있다. 위고는 '한 저주받은 비천한 인간이 어떻게 성인이 되고, 예수가 되고, 하느님이 되는지'를 그려 내려 했다고 말했다. 장 발장의 일생은 워털루 전쟁, 왕정복고, 폭동 등 19세기 프랑스의 역사적 격변을 배경으로 이루어지는데, 이 속에서 19세기 프랑스 민중의 삶이 생생하고도 사실적으로 묘사되어 있으며, 이 작품 속에 등장하는 인간 군상들은 인간의 갖가지 전형을 이룬다. 이 작품은 유례없는 대중적 성공을 거두었으며, 위고는 프랑스 민주주의의 선봉자로, 프랑스의 국가 정신과 예술의 살아 있는 화신으로 여겨지게 되었다.

《레 미제라블》의 고아 소녀 코제트

1870년, 프랑스는 프로이센과의 전쟁에서 패배하고, 루이 나폴레옹의 제2제정이 무너졌다. 위고는 파리로 돌아왔으며, 기차역에서 민중의 대대적인 환영을 받았다고 한다. 위고는 공화정부에서 다시 국회의원이 되었으나, 프로이센과의 모욕적인 평화협정을 반대하고 새로운 정부에도 실망한 나머지 의원직을 사퇴했다. 1871년 3월, 파리에서는 민중과 노동자들에 의해 코뮌 정부가 수립되었으나 채 석 달도 되지 않아 무너졌다. 코뮌 당시 실패를 예감하고 벨기에로 떠났던 위고는 코뮌 해체 후 망명자들을 돕다 이를 탐탁지 않게 여긴 벨기에 정부에 의해 추방당했다.

위고는 다시 파리로 돌아왔으나 파리에서의 생활에 실망하고 저지 섬으로 떠났으며, 그곳에서 말년의 대표작인 《93년》을 집필한다. 1876년에는 다시 국회의원에 당선되었으나 건강이 악화되었고, 1878년에 뇌출혈로 정

200만 명이 운집한 빅토르 위고의 장례식

계에서 은퇴했다. 이후 1885년 5월 22일 폐렴으로 사망했다. 그의 장례는 국장으로 치러졌으며, 장례식이 열리던 6월 1일 그의 영구 행렬이 팡테옹으로 향하는 거리에 들어서자 200만 명이 넘는 시민들이 운집하여 마지막 길을 배웅했다고 한다.

031

사실과 허구를 넘나든 역사소설가

알렉상드르 뒤마

Alexandre Dumas Père(1802. 7. 24~1870. 12. 5)

- 프랑스
- 역사적 사실과 허구를 흥미롭게 엮어 내며 천부적인 이야기꾼으로서의 재능을 펼쳤다.
- 《삼총사》, 《몬테크리스토 백작》, 《철가면》 등

알렉상드르 뒤마는 《삼총사》, 《몬테크리스토 백작》, 《철가면》 등으로 유명한 19세기의 대중소설가이다. 역사적 사실과 허구를 절묘하게 결합시켜 홀로 프랑스 역사소설의 부흥기를 이끌었다고 해도 과언이 아니다. 그는 오늘날의 영화를 보는 듯한 장면 전환 기법, 오락소설에 어울리는 정형화되었으나 힘차고 밀도 있는 등장인물의 성격 묘사에서는 따를 이가 거의 없다고 여겨질 만큼 천부적인 이야기꾼이었다. 집필력 역시 왕성해서

알렉상드르 뒤마

무려 300편이 넘는 소설과 90여 편의 희곡을 썼다.

알렉상드르 뒤마는 1802년 7월 24일 프랑스 북부의 작은 마을인 엔 빌레르코트레에서 태어났다. 아버지는 라 페예트리라는 시골 귀족과 흑인 노예 사이에서 태어난 혼혈로, 어머니의 성을 따라 뒤마라고 했으며, 나폴레옹 군대에 일반 병사로 들어가 장군의 위치에까지 오른 인물이다. 뒤마가 4세 때 아버지가 죽고, 상인 집안 출신이었던 어머니는 어려운 환경 속에서 뒤마를 공부시켜 성공시키려 했다. 그러나 뒤마는 공부에는 전혀 흥미가 없었으며, 읽고 쓰기만을 간신히 했고, 집 근처의 숲을 뛰어다니면서 전쟁 놀이와 탐험 놀이를 하는 것을 좋아했다. 그 때문인지 어린 시절에《로빈슨 크루소》같은 이야기를 매우 좋아했다고 한다.

14세 때 뒤마는 파리에서 한 변호사 사무소에 사환으로 들어가 일을 배웠다. 그리고 얼마 지나지 않아 아버지의 옛 친구들인 귀족들과 친분을 쌓았으며, 귀족들의 문학 살롱을 드나들면서 낭만주의 문학의 세계에 눈을 떴다. 20세 무렵에는 이런 귀족들과의 연줄을 바탕으로 루이 필리프의 서기로 일했으며, 생활이 안정되면서 본격적으로 극 집필에 몰두하기 시작했다. 화려한 여성 편력도 막을 올렸다. 그는 훤칠한 키에 이목구비가 뚜렷한 미남자로, 에너지가 넘쳐 늘 주위에 사람들이 들끓었는데, 신분고하를 가리지 않고 여성들을 매일 갈아치웠다. 그의 매력은 당대 지식인들도 사로잡았는지 라마르틴, 빅토르 위고, 들라크루아 등과도 일생 좋은 관계를 유지했다.

22세 때 뒤마는 한 여성 재단사와의 사이에서 후일 〈춘희〉를 써서 유명해질 사생아를 낳았다. 그와 이름이 같았던 아들은 소小뒤마, 그는 대大뒤마로 불린다. 뒤마는 이 아들을 공식적으로 인정하지 않았으며, 사생아로 자라난 아들은 희곡 〈사생아〉 및 〈방탕한 아버지〉 등을 통해 자신과 아버지의 처지를 극화하기도 한다.

27세 되던 해, 뒤마는 희곡 〈앙리 3세와 그의 궁정〉으로 화려하고 성공적으로 작가 데뷔를 했다. 전형적인 낭만주의 작품인 〈앙리 3세와 그의 궁정〉은 화려한 문체와 정열적인 인물들, 로맨틱한 설정, 자유분방한 상상력으로 단번에 관객들을 열광시켰고, 뒤마는 이후 20여 년간 당대 가장 인기 있는 극작가로 활동했다. 30세 때 쓴 〈넬르의 탑〉은 3년 연속 무대에 오를 정도로 큰 인기를 끌었다. 뒤마가 희곡 작가로 활동하면서 쓴 희곡은 무려 90여 편에 달하는데, 그는 기존의 희곡 작법에 관한 규칙들을 그대로 따르기보다는 관객들의 반응을 살펴보고 그것을 바로 작품에 반영했다. 그는 이때의 극작법을 후일 소설에도 활용해 대중소설가로 큰 성공을 거둔다.

한편 1830년, 7월 혁명이 일어나자 뒤마는 적극적으로 가담했다. 그는 일생 공화주의자였으며, 직접 총을 들고 선두에 설 정도로 혁명에 열정을 불태웠다. 그러나 혁명을 통해 문학과 연극계 전반을 일신하려던 포부가 좌절되고, 그 과정에서 빅토르 위고 등과 함께 배척당하면서 정치에 환멸을 느낀다. 그해에는 연극배우와 동거를 하면서 딸 한 명을 낳기도 한다.

1834년부터 뒤마는 프랑스 남부를 시작으로 유럽 전역을 여행하면서 여행기를 쓰는 한편, 극작도 계속했다. 또한 정기간행물의 연재소설에 흥미를 느끼고, 자신이 쓴 희곡들을 개작하여 연재소설 시장에 뛰어들었다. 1830년대 프랑스에서는 출판 검열이 해제되면서 많은 신문과 잡지가 창간되었는데, 그에 따라 연재소설 수요가 급격히 늘어나면서 뒤마는 점차 소설로 자리를 옮겨 갔다.

1838년, 뒤마는 자신의 희곡을 개작한 소설 《폴 대위》를 발표하여 소설에서도 성공을 거두었다. 또 그해에 작가 오귀스트 마케를 알게 되는데, 두 사람은 1840년대에 함께 '소설 공장'을 차려 엄청난 수의 연재소설들을 쏟

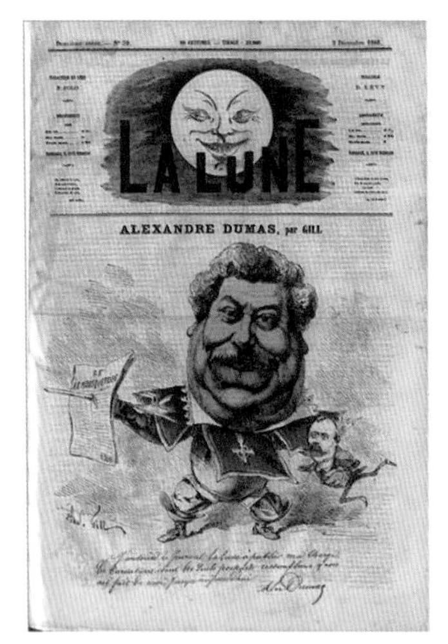

앙드레 질이 그린 뒤마 풍자화

아 냈다. 뒤마가 줄거리와 인물의 성격을 스케치하면, 다른 작가들이 플롯을 일부 보충하거나 세부 묘사를 담당하는 식으로 빠르게 소설들을 찍어 낸 것이다. 뒤마가 만들어 낸 것은 오락소설이었고, 여기에는 지적인 깊이나 섬세하고 정선된 문체, 철학적 숙고 등이 요구되지 않았다. 뒤마의 소설 공장에는 많을 때는 70여 명의 작가들이 함께 작업했으며, 1년에 20~30편의 소설들을 발표했다고 한다.

뒤마의 유명한 소설인《삼총사》와《몬테크리스토 백작》,《철가면》역시 이런 방식으로 쓰였다. 그는 작품이 큰 성공을 거두면 곧바로 후속작 집필에 착수했는데,《삼총사》의 후속작인《20년 후》역시 엄청난 인기를 끌었다. 그가 쓴 역사소설들은 사실과 허구를 절묘하게 넘나들며, 극적인 설정들과 모험소설적인 전개로 역사소설의 유행을 이끌었다. 당대를 비롯해 오늘날 프랑스 국민들은 프랑스 역사를 역사서보다 뒤마의 소설로 배웠다고 할 만큼, 그는 오늘날에도 인기 있는 역사소설가로 군림하고 있다.

뒤마의 가장 큰 장점은 간결하고 군더더기 없는 문체로 속도감 있는 서술을 하여 사건 전개 속도가 빠르다는 것이다. 심리 묘사나 수사학적인 표현 등은 거의 찾아볼 수 없는데, 이는 그가 자신이 쓰는 소설이 무엇인지 잘 알고 있었던 때문이기도 하지만, 엄청난 속필 실력 덕이기도 했다. 덕분에 그는 대중적으로 가장 성공한 소설가가 될 수 있었다.

그는 오늘날까지 살아남은 거의 유일한 대중소설가지만, 당대 평단의 평가는 그에게 싸늘하기 그지없다. 그는 소설 공장, 문학을 산업으로 만들었

뒤마의 낭비벽을 보여 주는 몬테크리스토 성

다 등의 혹평과 함께 가난한 작가들의 재능을 착취한다는 비난에 시달렸다. 그러나 공동 작업 관행은 19세기에 유행하던 방식이었다. 그리고 다른 공동 작업가들이 작품을 나누어 쓴 데 비해 뒤마는 아이디어 스케치나 조연 스케치 정도에만 공동 작가들의 도움을 받았고, 마케와는 플롯에 대한 의견을 나누는 수준이었다. 작품 집필은 뒤마가 직접 했다.

희곡 작가 시절부터 소설가로의 변신에 이르기까지 연이은 성공으로 뒤마는 엄청난 돈을 벌었으나, 방탕한 생활과 심한 낭비벽으로 파산 지경에 이르렀다. 미식, 여성 편력, 여행, 오페라 등 일생 자극적인 생활에 탐닉하며 보낸 것도 문제였지만, 특히 센 강변이 보이는 곳에 몬테크리스토 성을 짓고, 자신의 작품을 올릴 극장을 만드는 데 큰돈을 쓴 것이 요인이었다. 그런 와중에 1848년 혁명으로 연극과 연재소설 수요가 줄어들고, 몇 차례 의원 선거에서 고배를 마시면서 빚이 점점 불어났다. 결국 그는 몬테크리스토 성과 극장을 처분했지만, 1851년 파산 선고를 받고 빚쟁이들을 피해 브뤼셀로 도망 다니는 신세가 되었다. 그런 와중에도 또 한 사람의 사생아를 낳고, 《회고록》 집필에 매달렸다.

1853년, 뒤마는 파리로 돌아왔다. 다시 재기하고자 가스파르 드 셰르빌이라는 작가와 공동 작업 형식을 꾸리고 다양한 형식의 소설들을 발표했으나 큰 인기를 끌지는 못했다. 가스파르의 역량이 오귀스트 마케에 미치지 못한 탓도 있겠지만, 시대가 낭만주의 문학에서 사실주의 문학으로 이행하고 있었다는 것에서도 이유를 찾을 수 있다. 예전만큼 대중소설이 인기를 끌지 못하게 된 것이다.

뒤마는 1860년 이탈리아로 가서 부르봉 왕가로부터 벗어나려는 이탈리아의 독립운동에 잠시 투신했으며, 독일, 오스트리아, 스페인 등지를 떠돌아다니다 1869년 프랑스로 돌아왔다. 이듬해 12월 5일 디에프 근교의 집에서 가난 속에 숨을 거두었다.

032

청교도적인 주제로 인간과 사회를 탐구하다

너대니얼 호손

Nathaniel Hawthorne(1804. 7. 4~1864. 5. 19)

- 미국
- 청교도적 모티프를 통해 인간 내면의 어두움과 죄악의 문제를 섬세하게 그려 냈다.
- 《주홍글씨》, 《대리석 목신상》 등

너대니얼 호손은 미국 소설을 창시한 주역으로 꼽히는 소설가 중 한 사람으로, 19세기 미국의 초상을 생생하게 그려 내면서 '위대한 미국 소설'을 썼다고 평가받는 인물이다. 청교주의에 기반한 미국 사회와 그 삶을 배경으로 하여 인간 내면의 어두움과 죄악의 문제를 풀어낸 호손의 작품들은 기괴하면서도 초자연적인 환상성과 섬세하고 복잡한 심리 묘사를 특징으로 한다. 미국의 시인이자 평론가인 제임

너대니얼 호손

스 러셀 로웰은 이렇게 말했다.

"만약 호손에게 시적 상상력이 없었다면 그는 죄의 기원에 관한 논문을 썼을 것이다."

너대니얼 호손은 1804년 7월 4일 매사추세츠 주 세일럼에서 태어났다. 세일럼은 동인도와의 무역을 전문으로 하는 부유한 항구도시로, 마녀재판으로 유명한 곳이다. 실제로 호손의 선조 중 한 사람은 마녀재판의 판사로 일했다고도 한다. 또한 그의 집안은 영국 식민지 개척단의 일원으로 대대로 교육 수준이 높고 신실한 청교도 집안이었다. 아버지 너대니얼 호손은 선장이었는데, 그가 4세 때 수리남에서 황열병으로 사망했다. 이후 어머니 엘리자베스 메닝 호손은 너대니얼과 두 딸을 데리고 외가가 있는 메인으로 이주했다.

호손은 천성이 예민한 데다 10세 무렵 알 수 없는 질병에 걸려 다리를 절게 되는 바람에 집 안에서만 자랐다. 어머니 역시 청교도로, 과부가 된 뒤 거의 집에만 칩거했으며, 병적일 정도로 예민했다고 한다. 어머니와 아들은 낮에는 실내에서만 지내다 해가 지고 나면 잠깐 산책을 하는 정도로 외부와 접촉했으며, 성장 과정에서 겪은 이런 폐쇄성과 음울함, 청교도적인 경건한 생활방식은 호손의 내면과 작품에 많은 영향을 끼쳤다.

17세 때 메인 주의 보도인 대학에 들어갔으며, 이곳에서 헨리 워즈워스 롱펠로와 후일 미국 14대 대통령이 되는 프랭클린 피어스와 절친하게 지냈다. 어린 시절 방에 틀어박혀 책만 보았던 호손은 이때 작가가 되기로 결심했다고 하는데, 그 때문인지 성적은 그리 좋지 않았다. 그는 대학 시절 내내 그리스 고전을 탐독하며 보냈다. 대학에 간 이유에 대해서는 '인생을 살아가는 데 필요한 기반을 만들기 위해서가 아니라 인생을 꿈꾸기 위해서'라고 말하기도 했다.

21세 때 대학을 졸업하고 호손은 세일럼으로 돌아와 은둔 생활을 했다. 낮에는 글을 쓰거나 책을 읽고, 밤이 되면 잠시 마을을 산책했다. 생활 범주는 매사추세츠를 거의 벗어나지 않았다. 그는 글을 썼다 마음에 들지 않으면 원고를 불태웠고, 마음에 드는 작품은 여러 잡지에 기고했다. 이 기간 동안 장편소설 《팬쇼》를 익명으로 자비 출판하기도 했다. 그가 작가로서 주목받기 시작한 것은 은둔 생활이 무려 12년이나 지속된 후인 1837년이었다. 이해에 펴낸 단편집 《다시 듣는 이야기들Twice-told tales》에 대해 롱펠로와 에드거 앨런 포가 서평을 쓰면서부터이다.

그해 호손은 소피아 피바디라는 여성과 알게 되었고, 2년 후 그녀와 약혼했다. 1840년에는 보스턴 세관에서 검사관으로 일하기 시작했으나 얼마 후 정권이 바뀌면서 해고되었다. 그는 이후 약간의 저축을 가지고 매사추세츠주에서 공산주의적 실험 농장인 브룩팜 공동체에 들어갔으나, 농부로서의 삶이 전혀 맞지 않아 1년 만에 세일럼으로 돌아왔다. 그는 이때의 경험을 토대로 1852년, 사회주의적 이상주의를 추구하는 한편으로 자기중심적이고 권력 지향적으로 살아가는 개혁가들을 비난한 《블라이스데일 로맨스》를 집필했다.

1842년, 호손은 약혼자 소피아와 결혼했다. 호손이 오랜 은둔 생활을 한데다 세관원으로 일하면서 모은 돈까지 모두 잃은 상태여서 두 사람의 생활은 곤궁했다. 그러나 아내 소피아는 착하고 헌신적인 여인으로, 원고나 책상을 정리해 주고, 그에게 글을 쓸 시간을 마련해 주는 등 늘 남편을 지지했다. 호손은 아내가 저축한 약간의 돈을 가지고 이후 단편소설들을 꾸준히 발표했고, 1846년 두 번째 단편집 《구목사관의 이끼》를 출간했다. 그러나 그때까지는 작품과 관련된 수입이 거의 없었고, 딸과 아들까지 태어나자 호손은 다시 일자리를 구해야 했다. 세일럼의 세관 검사관 자리였는데,

《주홍글씨》의 여주인공 헤스터 프린이 마녀재판을 받는 모습

이번에도 1년 만에 공화당으로 정권이 넘어가면서 민주당원이었던 그는 해고되었다. 그러나 이때도 소피아는 "당신이 글쓰기에만 몰두할 수 있게 되어 좋다."라고 말하면서 격려했다고 한다. 또한 롱펠로를 비롯한 친구들은 호손에게 "자네의 재능을 흠모하며 (중략) 자네가 미국 문학에 기여하기를 바란다."라며 재정적인 보탬을 주기도 한다. 이에 힘입어 호손은 집필을 계속했고, 1850년 대표작《주홍글씨》가 출간되었다.

《주홍글씨》는 공전의 히트를 기록하면서 호손을 일약 당대 미국에서 가장 중요한 작가의 한 사람으로 자리매김하게 했다. 오늘날의 독자들도 호손이라고 하면 보통 떠올리는 대표작인《주홍글씨》는 미국의 청교도 사회를 배경으로 사회적 압제와 심리적 억압, 인간 내면의 불안과 어둠을 탐구한 소설이다. 마녀재판이 횡행하던 17세기 미국 보스턴의 한 마을에서 이름 모를 남자와 간음한 죄로 '간통adultery'을 의미하는 A자를 가슴에 달고 살게 된 여인 헤스터 프린을 중심으로, 간통 상대인 존경받는 딤즈데일 목사와 전남편 칠링워스 등 등장인물들의 욕망과 갈등, 보복이 뒤엉켜 있다. 풍부한 상징들을 내포하고 있는 이 작품은 미국 소설에서 전례를 찾아보기 힘들 정도의 상징적 드라마로 평가된다.

《주홍글씨》가 갑작스레 베스트셀러가 되었다고 해서 호손의 작품 색이 변한 것은 아니었다. 이 작품 이전에 쓰인 〈유순한 아이〉, 〈젊은 향사 브라운〉, 〈목사의 검은 베일〉 등의 단편소설도 《주홍글씨》의 청교도적 주제와 색채를 견지하고 있다는 점에서 유사하다. 초기의 작품들을 물론, 그의 작품 대부분이 청교도 시대, 변화하는 사회상, 민간 설화들을 암시적으로 한데 아우르면서 죄와 악의 본성을 탐구하고 있다. 이는 영국 이주민, 즉 개척자들이 지닌 당대의 딜레마를 표현했다고 할 수 있다. 미국 정착과 독립혁명을 거치면서 개척자들은 분리감을 느끼고 새로운 정체성을 찾아야 하는 상황에 봉착했는데, 그러면서 청교도의 기본 생활 원칙에 더욱 매달리게 되었다. 그런 한편 개인주의가 대두되면서 가문과 소 지역에 기반을 둔 울타리와 금기들이 다소 약화되었고, 지역 사회 내에서 이런 현상은 마찰과 갈등을 일으켰다. 호손은 뉴잉글랜드 이주민인 청교도 집안에서 태어나 자라면서 전통과 시대 변화를 몸소 겪었으며, 이런 상황을 누구보다 잘 체화하고 있던 인물이었다.

《주홍글씨》가 출간된 이후 호손은 매사추세츠 주 레녹스로 이사했는데, 얼마 후 《백경》의 작가 허먼 멜빌이 근처로 이사 오면서 두 사람은 친분을 쌓게 된다. 멜빌은 호손의 집을 자주 드나들며 이야기를 나누었고, 두 사람은 수많은 서간을 주고받았다(그러나 현재 전하는 것은 멜빌의 서간뿐이다). 멜빌은 호손을 무척이나 존경했으며, 이후 출간된 《백경》을 그에게 헌정하기까지 한다.

《주홍글씨》를 출간한 이듬해 호손은 성격이 매우 다른 《일곱 박공의 집》을 비롯해 《눈 인형 및 또 다른 다시 듣는 이야기들》, 어린이용 고전 신화집인 《놀라운 책》을 펴냈다. 또한 1852년에는 독특하게도 친구 프랭클린 피어스의 대통령 선거 유세 때 그의 전기를 쓰기도 했다. 그해 11월 피어스는 미국의 14대 대통령으로 당선되었다.

이듬해 호손은 영국 리버풀의 미국 영사로 임명되어 가족과 함께 영국으로 건너갔다. 이후 호손은 피어스가 대통령에서 물러날 때까지 영사직을 수행했으며, 사직 후에는 프랑스와 이탈리아 등지에서 잠시 살았다. 그 후 1860년 로마를 배경으로 한 마지막 소설《대리석 목신상》을 출판하고 귀국해 매사추세츠 콩코드의 자택으로 돌아왔다.《대리석 목신상》 역시 로마를 배경으로 하지만, 죄와 고립, 속죄, 구원 등 청교도적인 주제를 다루고 있다.

1863년에는 영국 영사 시절의 수상록인《우리 옛집》을 출판하고, 피어스에게 헌정했다. 이듬해 피어스와 함께 뉴잉글랜드로 여행을 갔다가 여행 도중에 뉴햄프셔 주 플리머스에서 사망했다. 5월 19일에 사망한 그의 유해는 23일 콩코드로 돌아와 안장되었다.

033

아동 문학의 아버지

한스 크리스티안 안데르센

Hans Christian Andersen(1805. 4. 2～1875. 8. 4)

| 덴마크
| 낭만적이고 환상적인 이야기로 아동 문학의 최고로 꼽히는 수많은 동화를 남겼다.
| 〈미운 오리 새끼〉, 〈성냥팔이 소녀〉, 《즉흥시인》 등

한스 크리스티안 안데르센

〈미운 오리 새끼〉, 〈성냥팔이 소녀〉, 〈백설공주〉, 〈눈의 여왕〉, 〈벌거숭이 임금님〉, 〈인어공주〉. 이 동화들은 '아동 문학의 아버지'라 불리며 오늘날까지도 세계적으로 노소를 불문하고 사랑받고 있는 안데르센의 작품들이다. 안데르센은 기존의 민화적, 교훈적 요소가 강했던 동화 창작 방식에서 벗어나 불행하고 소외된 계층을 휴머니즘적인 시각에서 다루고, 단순한 이야기 구조에서 탈피해 일상적인 구어와 관용구를 과감히 도입하는 등 동화 창작 분야에 있어 혁신을 일으킨 작가이다. 동화 작가로 널리 알려져 있지만, 소설가이자 시인이기도 하다.

한스 크리스티안 안데르센은 1805년 4월 2일 덴마크 오덴세에서 태어났다. 아버지는 역시 한스라는 이름을 지닌 가난한 구두 수선공이었고, 아버지보다 열 살이 많던 어머니는 빨래나 허드렛일을 했다. 아버지는 초등교육만 간신히 마쳤고, 어머니는 거의 문맹이었다. 그러나 문학과 연극을 좋아했던 아버지는 어린 아들에게 《아라비안 나이트》나 루드비그 홀베르그의 희극 등을 읽어 주었다고 한다. 안데르센은 마을의 빈민층 아이들이 다니던 초등학교에 다녔으나, 11세 때 아버지를 여의고 어머니가 재혼하면서 초등학교도 마치지 못하고 공장에 들어가 일을 해야만 했다.

안데르센은 어린 시절의 외로움을 문학과 연극에 몰두하면서 극복했다고 한다. 14세 때 그는 연극배우가 되고 싶다는 열망을 품고 혈혈단신으로 수도 코펜하겐으로 갔다. 높은 소프라노 미성을 지니고 있던 덕분에 덴마크 왕립극장에 들어갈 수 있었지만, 곧 변성기가 찾아왔다. 그래서 그는 연극 대본을 썼으나 초등교육을 제대로 받지 못한 탓인지 맞춤법이 엉망이어서 극단 관계자들이 제대로 읽어 주지도 않았다고 한다. 그러던 중 극단 동료 한 사람이 시를 쓰는 게 어떻겠냐고 권유했고, 안데르센은 이 무렵부터 시를 쓰기 시작했다. 이에 왕립극장 감독이던 요나스 콜린이 그를 슬라겔세 문법학교에 보내 주었고, 안데르센은 이후 헬싱괴르 문법학교를 거쳐 코펜하겐 대학까지 진학할 수 있었다. 이 시기에 그는 몇 편의 시를 발표했으나 역시 맞춤법, 철자법 등 문법상의 오류가 많아 비평가들로부터 혹평을 듣곤 했다.

1829년, 안데르센은 〈홀름 운하에서 아마크 동쪽 끝까지 도보 여행기〉라는 짤막한 여행기를 발표하면서 작가로서 어느 정도 이름을 알리게 되었다. 1833년에는 국왕의 후원금을 받아 독일과 프랑스, 이탈리아, 스위스 등지를 여행하는 기회를 가졌다. 이때 그는 이탈리아에서 강렬한 인상을 받고 첫 소설 《즉흥시인》을 쓰기 시작한다. 이탈리아의 아름다운 풍광과 소박한 서민들의 일상생활, 예술적 풍취를 토대로 젊은 시인의 사랑과 모험을 묘사한 작품이었다. 이 소설은 출간 직후 큰 호평을 받으면서 그를 인기 작가의 반열에 올려놓았다.

THE
IMPROVISATORE:
OR,
LIFE IN ITALY.
From the Danish
OF
HANS CHRISTIAN ANDERSEN.
BY MARY HOWITT.
LONDON:
RICHARD BENTLEY, NEW BURLINGTON STREET;
AND BELL & BRADFUTE, EDINBURGH.
1847.

1847년 영국에서 발행된 《즉흥시인》 속표지

《즉흥시인》을 출간하고 얼마 지나지 않아 안데르센은 첫 번째 동화집 《어린이들에게 들려주는 이야기들》을 펴냈다. 그러나 창조적이지 않으며 허황된 이야기, 《즉흥시인》 같은 작품을 쓸 줄 아는 작가가 왜 이런 책을 펴냈는지 모르겠다, 더 이상 이런 이야기는 쓰지 않는 게 좋겠다 등 비평가들의 혹평을 받았다. 이에 안데르센은 동화 쓰는 일을 그만둘까도 생각했지만, 보통 사람들이 자신의 동화집을 즐겨 읽는다는 사실을 알게 되면서 이후로는 거의 해마다 크리스마스 무렵에 동화집을 발표했다. 〈엄지공주〉, 〈인어공주〉, 〈성냥팔이 소녀〉, 〈장난감 병정〉, 〈벌거벗은 임금님〉, 〈눈의 여왕〉, 〈나이팅게일〉 등 160여 편의 동화들은 그렇게 탄생할 수 있었다.

낭만적이고 휴머니즘적인 안데르센의 동화들은 발표 초기에는 그리 호

1972년 독일에서 발행된 〈눈의 여왕〉 기념 우표

평을 받지 못했다. 그때까지 동화라는 것은 민담이나 설화의 얼개를 통해 교훈을 전달하는 이야기였다. 안데르센 역시 초기에는 민담에서 소재를 가져오기도 했지만, 그의 작품 대부분은 순수 창작 이야기였다. 그러면서 그는 기존 동화의 문법과 달리 교훈적인 내용이나 이야기 전달보다는 낭만적이고 환상적인 이야기를 만들어 내는 데 몰두했다. 때문에 발표 당시만 해도 허황된 이야기라는 혹평을 들어야만 했다.

그러다 1840년에 발표한 《그림 없는 그림책》과 1843년 〈미운 오리 새끼〉가 수록된 동화집이 대대적인 성공을 거두면서 안데르센은 동화작가로도 큰 명성을 누리게 된다. 그의 작품들은 초기에는 고국 덴마크에서 그리 큰 반향을 일으키지 못했고, 비평가들로부터는 혹평을 받기 일쑤였다. 그리하여 독일이나 이탈리아, 영국 등지에서 먼저 유명세를 얻은 뒤 덴마크에 그 인기가 다시 전해지는 과정을 거쳤다. 당대 최고의 인기를 누리던 영국 소설가 찰스 디킨스가 그의 작품을 매우 좋아하여 안데르센과 여러 번 만난 것은 유명한 일화 중 하나이다. 그러다가 1846년에 이르러 덴마크 국왕이 선사하는 단네브로 훈장을 받는 등 자국에서도 높은 명성을 누리게 되었다.

안데르센은 일생 독신으로 지냈고 유럽 각지를 떠돌아다니면서 살았다. 중년 이후부터는 동화작가로 높은 명성을 누리면서, 당대의 지식인, 작가,

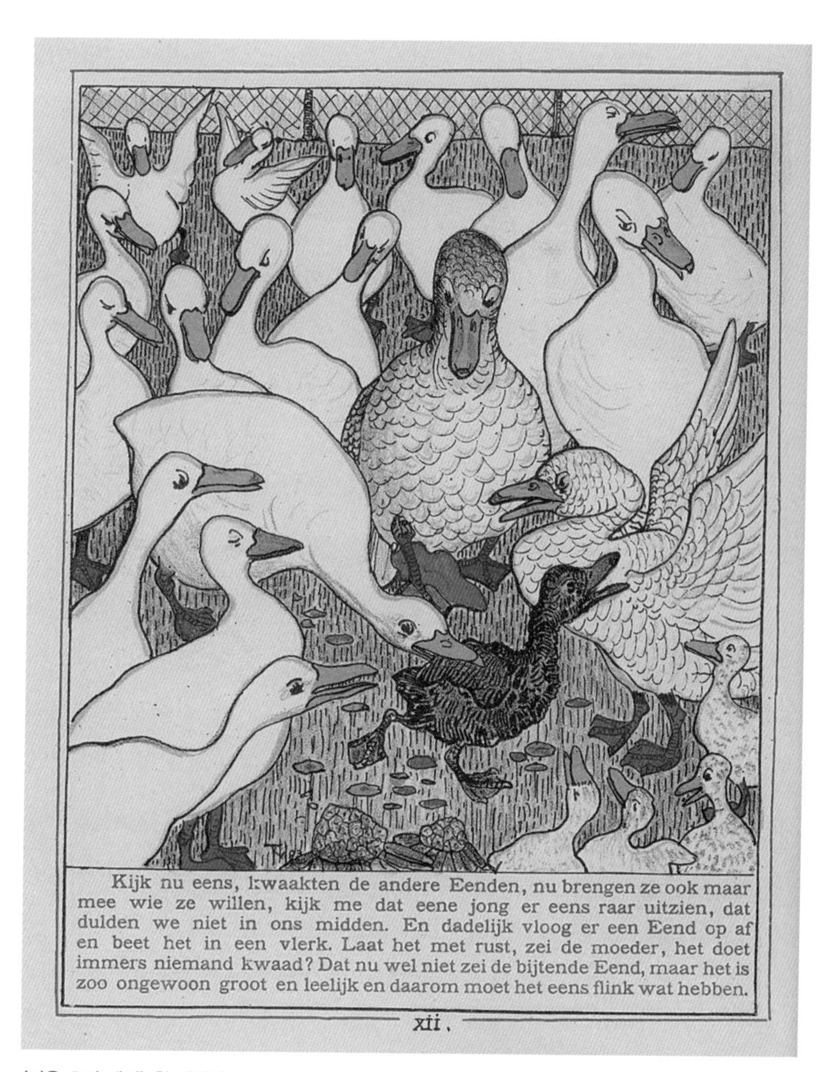
Kijk nu eens, kwaakten de andere Eenden, nu brengen ze ook maar mee wie ze willen, kijk me dat eene jong er eens raar uitzien, dat dulden we niet in ons midden. En dadelijk vloog er een Eend op af en beet het in een vlerk. Laat het met rust, zei de moeder, het doet immers niemand kwaad? Dat nu wel niet zei de bijtende Eend, maar het is zoo ongewoon groot en leelijk en daarom moet het eens flink wat hebben.

xii.

〈미운 오리 새끼〉 한 페이지

예술가, 귀족 들과 교유하며 풍족한 삶을 살기도 했다. 가난한 구두 수선공의 아들로 태어나 철자법도 모르던 소년은 장례식에 국왕과 왕비가 참석했을 정도로 생전에 큰 성공을 누린 몇 안 되는 예술가가 되었다.

안데르센의 이런 명성은 동화작가로서 얻은 것이었다. 그러나 정작 안데르센은 자신이 얻은 명성 자체에는 자부심을 가지고 있었으나 그것이 동화작가에서 기인했다는 것을 탐탁지 않아 했다고 한다. 그는 시와 소설, 기행문, 희곡 등 다양한 글을 썼으며, 극작가로 성공하기를 원했다. 또한 자신의 작품을 제대로 알려면 자신의 인생을 알아야 한다고 말할 정도로, 자신의 동화에 불우했던 어린 시절이 반영되어 있음을 감추지 않았다. 이런 이유에서인지 그는 27세부터 자서전을 쓰기 시작하여 세 차례에 걸쳐 새로 썼으며, 수많은 일기와 편지를 남겼다.

또한 안데르센은 자신의 동화에 대해 "어린아이들을 위한 이야기가 아니라 어른들을 위한 작품이다."라고 말하기도 했다. 안데르센의 작품에서 주인공들은 대개 소외된 사람들로, 이들이 고난을 딛고 나아가는 과정이 서정적, 애상적으로 그려진다. 그리고 교훈적인 일반 동화들에서처럼 늘 행복한 결말을 맺지도 않는다. 여기에는 안데르센이 인생을 바라보는 관점이 반영되어 있으며, 그의 말처럼 동화라기보다는 낭만주의적 환상 문학에 가깝다고 할 수도 있다. 그럼에도 안데르센이 아동 문학의 아버지임을 부정할 수는 없을 듯하다. 오늘날까지 동화의 대명사로 일컬어지는 두 인물은 그림 형제와 안데르센이라 할 수 있는데, 한 세기 전 그림 형제가 민담과 설화를 연구하면서 이를 채록하여 동화로 탄생시켰던 것과 달리 안데르센은 순수 창작물로서 동화라는 분야를 정착시키고, 그 분야에서 엄청난 문학적 성취를 이룸으로써 이후 아동 문학가들의 전범이 되었기 때문이다.

안데르센은 1870년에 들어 건강이 나빠져 코펜하겐에 있는 집에서 주로 지내다가 1875년 8월 4일 코펜하겐에서 사망했다. 그의 장례는 덴마크 국장으로 치러졌다.

034

광기에 찬 비운의 작가

에드거 앨런 포

Edgar Allan Poe(1809. 1. 19~1849. 10. 7)

I 미국

I 괴이하고 음산한 분위기와 어우러지는 인간 심리 묘사가 특징이며 환상 문학, 단편소설, 추리소설의 창시자이다.

I 〈어셔 가의 몰락〉, 〈검은 고양이〉, 〈갈가마귀〉 등

검은 재해災害의 벌판에 떨어진 조용한 운석

에드거 앨런 포

프랑스의 상징주의 시인 말라르메가 에드거 앨런 포 사후 그에게 바친 소네트이다. 19세기 미국 낭만주의 문학을 대표하는 포는 소설가, 시인, 비평가로, 근대 환상 문학의 창시자, 단편소설의 창시자, 추리소설의 창시자로 불린다. 〈검은 고양이〉, 〈어셔 가의 몰락〉 등 낭만적이고도 음산한 분위기

속에 죽음과 공포, 괴기가 인간의 심리 묘사와 한데 어우러진 작품들을 많이 발표했으며, 프랑스 상징주의 시인들에게 많은 영향을 미쳤다.

에드거 앨런 포는 1809년 1월 19일 미국 보스턴에서 태어났다. 아버지 데이비드 포는 순회극단 배우로, 아들이 태어난 지 18개월 만에 집을 나갔다. 그때까지 포는 여기저기 떠돌아다니는 부모를 따라 순회극단의 분장실 커튼 뒤에서 자라났다. 그가 3세 때 어머니 엘리자베스가 사망했고, 이후 리치먼드에 사는 숙부 존 앨런에게 입양되어 '에드거 앨런 포'라는 이름을 받았다. 담배 사업을 크게 벌이던 숙부는 매우 부유했고, 에드거는 남부럽지 않게 자라났다. 6세 때 사업 관계로 런던으로 이주하는 숙부를 따라가 이듬해부터 약 5년간 런던의 기숙학교를 다녔다. 이 시기부터 틈틈이 시와 단편소설을 습작했다.

11세 때 다시 미국으로 돌아왔으며, 17세 때 버지니아 대학에 입학했다. 이 시기에 그는 사라 엘미라 로이스터라는 여인과 사랑에 빠졌는데, 그녀가 부모의 반대에 부딪혀 결국 다른 남성과 결혼하자 크게 상심했다. 포는 명석한 우등생이었으나 그런 한편 생각이 많고 감수성이 풍부하며 다소 심약했다. 때문인지 평생에 걸쳐 어려운 일에 부딪칠 때마다 술과 도박으로 도피했으며, 우울증과 불안 장애에 시달리기도 했다. 이 연애 때문에 상심했는지 그는 대학에 입학한 지 1년이 지나지 않아 도박과 술에 빠져 엄청난 도박 빚을 지게 되었다. 이에 격노한 숙부는 그를 자퇴시키고 자신의 상점에서 일하게 했다. 그러나 포는 이 상황을 받아들이지 못했고, 숙부와 심각한 언쟁을 벌인 끝에 집을 나와 보스턴 항구로 향했다. 직업을 구하려 했지만 실패하자 포는 한 달여 만에 군에 자원입대했다.

그해 여름 포는《태멀레인과 그 밖의 시들》이라는 시집을 익명으로 출간했다. 엘미라 로이스터와의 파경 이후 절망적인 심정으로 쓴 시들이었다.

이 시집은 아무 주목도 받지 못했으나 포는 꾸준히 글을 써서 《알 아라프, 태멀레인 그리고 다른 시들》, 《에드거 A. 포 시집》을 펴냈으나 역시 주목받지 못했다. 그는 시를 단념하고 소설에 매진하기로 한다. 숙부 존 앨런의 재정적 지원이 완전히 끊긴 데다 적성에 맞지 않는다는 이유로 군대에서도 제대하여 글로 생업을 유지해야 하는 처지에 놓였기 때문이었다. 그는 잠시 웨스트포인트 사관학교에 들어가기도 했으나 곧 그 결정을 후회했다. 그리고 다시 술과 도박에 빠졌고, 이로써 새로운 연인 메리 스타리와도 파국을 맞이했다. 숙부 역시 크게 실망하여 그를 상속권자에서 완전히 제외시켰다.

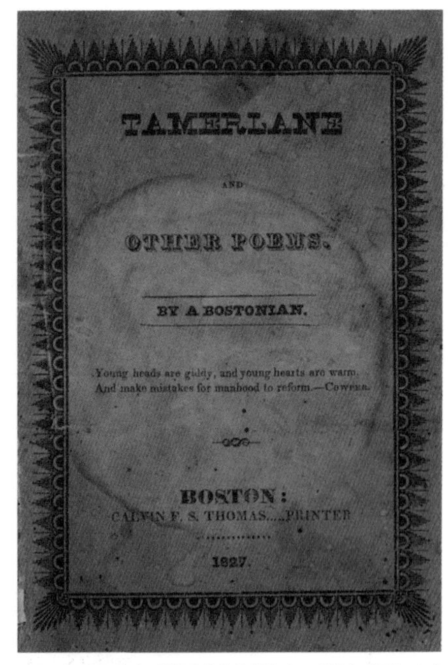
TAMERLANE

AND

OTHER POEMS.

BY A BOSTONIAN.

Young heads are giddy, and young hearts are warm,
And make mistakes for manhood to reform.—Cowper.

BOSTON:
CALVIN F. S. THOMAS.....PRINTER

1827.

1827년 미국에서 발행된 《태멀레인과 그 밖의 시들》 표지

포는 볼티모어로 가서 미망인이었던 숙모 마리 클렘의 집에 살면서 각종 잡지와 신문에 단편소설들을 응모했다. 그리고 24세 때 〈볼티모어 위클리〉 지에 〈병 속에 담긴 원고MS. Found in a Bottle〉가 당선되면서 서서히 빛을 보기 시작했다. 그리고 〈서던 리터러리 메신저〉 지에 〈베레니스〉, 〈그림자〉 등 단편소설 몇 작품을 발표했다. 그 인연으로 1835년부터 약 3년간 편집자로 일하면서 많은 문학 비평들을 남겼다.

1836년, 28세의 포는 숙모 마리 클렘의 딸인 사촌 버지니아 클렘과 결혼했는데, 당시 그녀의 나이는 14세였다. 행복한 신혼 생활과 편집자로서의

에두아르 마네가 그린 〈갈가마귀〉 삽화

안정적인 생활이 보장되어 있었음에도 그는 음주벽에서 벗어나지 못했다. 결국 결혼 이듬해 〈서던 리터러리 메신저〉의 발행인과 불화를 일으켜 일을 그만두게 되었다. 여기에는 또 다른 여인과의 추문 사건도 있었다. 이 때문에 포는 추문을 피하고자 장모와 아내를 데리고 뉴욕으로 떠난다. 그러나 뉴욕에서도 일자리를 찾지 못해 결국 장모가 가계를 꾸려나가며 궁핍한 생활을 하게 되었다.

이듬해 포는 장편소설 《아서 고든 핌의 이야기》를 발표하고 닥치는 대로 소설을 쓰는 한편, 직장을 구하러 다녔다. 그러나 당시는 금융대공황 시기라 쉽게 일자리를 구할 수 없었고, 소설을 쓰는 일은 생계에 큰 도움이 되지도 않았다. 여기에다 사랑하는 아내 버지니아의 건강도 악화되기 시작했다.

1840년대부터 포의 작가로서의 전성기가 시작되었지만, 그는 여전히 가난했다. 1841년에는 그동안 쓴 공포소설들을 모아 《그로테스크하고 아라베스크한 이야기》라는 단편집을 출간했고, 최초의 탐정이 등장하고 논리적인 추리를 플롯에 활용한 최초의 추리소설 〈모르그 가의 살인〉을 발표했다. 버지니아가 죽은 1847년까지 포는 왕성하게 창작열을 발휘하여 단편소설 〈함정과 추〉, 〈황금충〉, 〈도둑맞은 편지〉, 〈적사병의 가면〉, 〈검은 고양이〉 등을 발표했다. 또한 그의 명성을 일거에 드높인 걸작 시 〈갈가마귀〉도 이때 썼다.

〈검은 고양이〉를 발표하고 얼마 지나지 않아 시인 보들레르가 프랑스의 주간지 〈파리 마치〉에 번역된 그 작품을 보고 큰 인상을 받고, 직접 다시 번역해 소개하면서 포는 프랑스에서 크게 명성을 떨치게 되었다. 보들레르는 '여기에 내가 쓰고 싶었던 모든 것들이 있다'라고 극찬하면서 이후 포의 작품 대부분을 프랑스에 번역하여 소개했다. 그의 작품에 쓰인 상징성과 독특한 감성 그리고 주도면밀하게 계산된 시어와 플롯, 단어 선정은 말라르메를 비롯해 발레리 등 프랑스 상징파 시인들의 추앙을 받았다. 그러나 포는 지나치게 미학적인 부분과 감성 표현에 치중하여 실용주의를 견지하는 미국에서는 이단자로 취급받았고, 영국에서는 비속하다는 지적을 받는 등 무시당하기도 했다. 사후에도 이런 평판은 꽤 오래 지속되었다.

작가로서의 성공에도 포의 삶은 안정을 찾지 못했다. 버지니아의 건강이 점점 악화되었고, 포의 음주벽도 날이 갈수록 더해 갔다. 1847년 1월 30일, 버지니아가 25세의 나이에 결핵으로 숨을 거두자 포는 완전히 절망에 빠졌다. 포는 그녀가 죽은 후에도 몇 주 동안 무덤가를 배회하며 울부짖었다. 우울증과 음주벽이 심화되었으며, 아편을 하고, 자살을 기도하기도 했다. 버지니아에 대한 사랑과 슬픔은 그녀를 그리며 쓴 시 〈애너벨 리〉에도 잘 드러나 있다.

포는 결국 그녀가 죽은 지 2년 만에 알코올 중독으로 사망하기에 이른다. 1849년 10월경, 포는 볼티모어의 한 주점에서 과음으로 쓰러져 지나가던 행인에 의해 병원으로 후송되었다. 그는 정신착란과 흥분상태를 오가다 결국 혼수상태에 빠져 10월 7일 홀로 쓸쓸히 숨을 거두었다. 마지막으로 "신이시여, 내 불쌍한 영혼을 구하소서."라는 말을 남겼다고 한다.

도벽과 음주벽으로 대학에서 쫓겨나고 끝내 양아버지에게 의절당했으며, 평생 알코올 중독에서 벗어나지 못했고, 수차례 여인들과의 추문 사건을 일으켰으며, 사랑하는 아내의 죽음으로 결국 몰락을 맞이했다는 일화들은 사후 부풀려지고 윤색되어 포에 대한 일종의 전설을 이루었다. 포는 '미국 문단의 사악한 천재', '저주받은 악의 시인'으로 불리면서 예민하고 음울한 감수성, 공포와 광기에 찬 비운의 작가로 이미지화되었으나, 오늘날에 이르러서는 그에 대한 재평가가 이루어지면서 19세기의 가장 독창적인 작가로 여겨지고 있다.

035

러시아 중단편소설의 시대를 열다

니콜라이 고골

Nikolai Vasilevich Gogol(1809. 3. 31~1852. 3. 4)

- 러시아
- 러시아 사실주의 문학의 창시자로 당시 사회상을 사실이고 비판적으로 그려 냈다.
- 〈외투〉, 《아라베스키》, 《죽은 혼》

고골은 19세기 서구 근대 문명이 유입되면서 많은 혼돈을 겪고 있던 제정 러시아 시대의 사회상을 사실적, 비판적으로 그려 낸 소설가이자 극작가로, 러시아 사실주의 문학, 러시아 단편소설의 창시자라 불린다. 이전까지 러시아 문학은 주콥스키, 푸시킨 등이 주도하는 시 문학 중심이었으나 고골의 등장 이후 산문 문학, 특히 중단편소설의 시대가 열렸다. 고골의 작품들은 그 이후의 러시아 단편소설에 막대한

니콜라이 고골

영향을 미쳤는데, 도스토옙스키는 고골의 단편소설 〈외투〉를 가리켜 "러시아 문학은 〈외투〉에서 나왔다."라고 말하기도 했다.

니콜라이 바실리예비치 고골은 1809년 3월 31일(러시아 구력 3월 19일)에 소러시아(오늘날의 우크라이나) 폴타바 현 미르고로드 군의 소로친치 마을에서 태어났다. 고골 집안은 대대로 소러시아 지주 가문이었다. 아버지 바실리 아파나시예비치 고골 야놉스키는 지주인 한편, 몽상가적 기질을 지닌 아마추어 시인이자 극작가이기도 했다. 어머니 마리야 이바노브나 코샤로프스카야는 독실한 그리스도교도에다 다소 허영심이 강한 인물로, 일부 연구자들에 따르면 정신적으로 다소 불안정했다고도 한다.

고골은 폴타바 현 초등학교를 거쳐 네진의 김나지움에서 공부했다. 학창시절 성적은 중간 정도였는데, 김나지움 시절부터 역사적 서사시나 비극, 풍자 희극 등을 쓰며 습작했고, 학교 연극반에서 안무를 만들고 직접 배우로 활동하기도 했다. 바이올린과 회화 역시 이 시기에 배웠다. 어린 시절 러시아 민속과 전설에 통달했던 할아버지와 아마추어 극작가였던 아버지의 영향으로 고골 역시 예술에 많은 관심을 가지고 자랐던 것으로 보인다.

김나지움 시절 고골은 문학 습작에 몰두했으나 미래가 불확실한 작가로 성공하기보다는 정부 관리가 되고자 했다. 따라서 19세 때 김나지움을 졸업한 뒤 고향 친구 다닐렙스키와 함께 수도 상트페테르부르크로 상경했다. 그러나 수도에서 인맥이나 재산이 대단치 않은 시골 풋내기였던 자신의 모습을 깨닫고 곧바로 진로를 수정했다. 배우, 극작가 등 자신이 잘할 수 있는 것을 하려고 시도하면서 고골은 이듬해 'V. 알로프V. Alov'라는 필명으로 《한스 큐헬가르텐》이라는 장편서사시집을 자비 출판했다. 그는 이 작품에 스스로 대단히 만족했으나 비평가들로부터 조소 어린 반응을 얻자 책을 모두 회수해 불태우고, 시를 쓰지 않기로 결심했다.

좌절한 고골은 미국으로 떠나고자 일단 독일로 건너갔는데, 독일에서 몇 달간 하릴없이 지내다가 돈이 떨어져 다시 상트페테르부크르로 돌아왔다. 그리고 내무부 하급 관리로 들어갔다. 그러나 이마저도 이상과 현실의 괴리에서 갈등하다 석 달 만에 그만두었다. 짧은 공직 생활이었으나 이때 겪은 경험은 후일 〈외투〉 등 작품들의 소재가 되었다.

고골은 다시 문학 창작에 매진했으며, 어린 시절 들은 우크라이나 민담과 전설을 소재로 한 단편소설들을 문예지 〈북방의 꽃〉 등에 게재하였다. 이를 계기로 고골은 주콥스키, 델비크, 푸시킨 등과 교유할 수 있게 되었는데, 특히 푸시킨은 고골이 작가 생활을 하는 데 많은 도움을 주었을 뿐만 아니라 작가 인생에도 가장 큰 영향을 미쳤다. 또한 이 작품들은 1831년 단편집 《디칸카 근처 마을의 야화》로 출간되면서 대중적으로도 큰 성공을 거두었다. 고골은 이를 계기로 초기 문학적 좌절을 극복하고, 소설 분야에서 자신의 재능을 찾았으며, 작가로서의 발판을 다지게 되었다.

이후 고골은 잠시 여학교에서 역사를 가르치다가, 1834년 상트페테르부르크 대학교에서 중세사를 가르치기도 했다. 대학교육을 받은 적이 없고, 역사학을 제대로 공부하지도 않은 그가 상트페테르부르크 대학 역사학과 강사로 임명된 데는 많은 의문이 존재한다. 그의 수강생 중에는 청년 시절의 투르게네프도 있었는데, 투르게네프는 그에 대해 '형편없는 교수'라고 말하기도 했다.

이듬해 고골은 교수를 그만두고 창작에 매진해 중단편집 《미르고로드》와 《아라베스키》를 펴내고, 희곡 〈검찰관〉과 〈결혼〉을 썼다.

《미르고로드》는 우크라이나의 생활상과 민담 등을 소재로 한 단편집으로 《디칸카 근처 마을의 야화》의 후속편 격이라 할 수 있다. 여기에는 〈옛 기질의 지주〉, 〈이반 이바노비치와 이반 니키포로비치의 싸움 이야기〉, 〈타라스 불바〉, 〈비이〉 등이 실려 있는데, 대부분 일상생활에 도사린 범속성과 부조리함을 사실적이고도 낭만적 필치로 그려 내고 있다. 단 〈타라스 불바〉만은 17세기 우크라이나를 배경으로 한 낭만적 영웅서사이다. 러시아 지역의 전통적인 반半자치 조직 카자크 중 하나의 지휘관인 타라스 불바를 중심으로, 몰락하는 카자크 세계의 모습을 그리는 한편, 카자크 영웅들의 기개를 칭송한 작품이다. 러시아의 문학 평론가 벨린스키는 이 작품을 일컬어 '호메로스적 서사시의 최고 모범'이라고 극찬했다.

이 작품까지 고골의 작품들은 낭만주의적 경향이 강했으나 《아라베스키》부터는 사실주의적 수법으로 작풍이 변화한다. 《아라베스키》에는 상트페테르부르크를 배경으로 도시 생활과 도시민들의 고뇌를 사실적으로 그린 〈광인일기〉, 〈초상화〉, 〈넵스키 대로〉 등이 수록되어 있다. 앞의 두 작품을 '우크라이나 이야기'라고 부르는 것과 대비하여 이 작품은 '페테르부르크 이야기'라고 칭해지기도 한다.

희극 〈검찰관〉은 니콜라이 1세 치하에서 부패한 관료 사회의 모습을 그린 풍자 희극으로, 1836년 초연되어 크게 호평을 받았다. 그러나 보수적인 언론과 관리들의 비난을 받은 그는 이를 피하고자 유럽으로 떠났다(단순한 외국 여행이라고 보는 견해도 있다). 그는 친구 다닐렙스키와 함께 독일, 스위스, 프랑스, 오스트리아, 체코, 이탈리아 등지를 다녔고, 1842년에야 러시아로 돌아왔다.

한편 고골은 1837년에 잠시 로마에 정착했는데, 이곳에서 러시아의 망명 귀족 및 예술가들과 교유하면서 《죽은 혼(죽은 농노)》을 썼다. 그의 유일한 장편소설이자, 오늘날 고골을 러시아의 대문호로 자리매김시킨 작품이다. 고골 스스로 '서사시'라고 일컬은 이 작품은 단테의 《신곡》을 모티프로 하여 〈지옥〉, 〈연옥〉, 〈천국〉 편으로 구성되어 있다. 치치코프라는 사기꾼이

마르크 샤갈이 그린 《죽은 혼》 삽화

사망 등록되지 않은 죽은 농노의 호적을 사들여 은행에서 대출을 받아 토지를 사려다가 탄로 나는 내용을 중심으로, 러시아 농노제와 관료제의 부패상을 그리고 있다. 〈지옥〉 편에 해당하는 1부는 1837년에 발표되어 큰 성공을 거두었다. 고골은 《신곡》과 같이 메시아적, 교화적 작품을 쓰겠다는 당초의 구상대로 치치코프의 영혼을 구원하는 방향으로 2부의 집필을 계속했으나 결국 좌절하여 신경쇠약과 무기력증에 빠지고 만다. 10년이 넘는 시간 동안 그는 2부와 3부를 쓰고자 노력했으나 실패했다. 이 작품을 쓰면서 종교와 윤리 문제에 집착하게 된 고골은 작품 집필이 좌절되자 친구들과 편지를 주고받으며 자신의 종교관을 정립하는 데 몰두했다. 특히 말년에 광신적 신비주의 성향을 띠게 된 톨스토이에게 엄청난 영향을 받았고,

신비주의 및 그동안 비판해 왔던 러시아 정교에 심취하게 되었다. 1848년에는 예루살렘 순례를 떠나기도 할 정도였다.

고골의 펜 끝에서 신랄한 비판 의식은 사라졌고, 고골의 지지자였던 벨린스키 같은 인물들이 고골에게서 등을 돌렸다. 고골은 심신 양면으로 쇠약해졌고, 극심한 우울증을 앓다가 다시 신앙의 힘으로 극복하기를 반복했다. 말년에 이르러 고골은 다시 신심으로 재무장하고 1845년에 쓰다가 소각해 버린《죽은 혼》2부를 죽기 직전인 1852년 1월에 탈고했다. 탈고 직후 고골은 다시 깊은 우울증에 빠졌고, 2월 7일에는 자신의 죽음을 예감하고 고해성사를 하고 영성체를 받았다. 그리고 자신의 작품이 신성모독적이라는 신부의 말에 따라《죽은 혼》2부의 원고를 불태우고, 악마와의 싸움을 위해 단식투쟁을 시작했다가 극심한 신경성 발작으로 3월 4일(러시아 구력 2월 21일) 사망했다.

036

영국의 위대한 유산

찰스 디킨스

Charles John Huffam Dickens
(1812. 2. 7~1870. 6. 9)

- 영국
- 독특한 해학과 다채로운 인물 설정으로 당대 영국의 사회상을 충실히 그려 냈다.
- 《데이비드 코퍼필드》, 《크리스마스 캐럴》 등

찰스 디킨스

찰스 디킨스는 19세기 영국의 소설가로, 그의 작품은 성서와 셰익스피어의 작품 다음으로 세계적으로 널리 읽히며, '가장 크고 다양한 세계를 창조한, 셰익스피어 다음으로 가장 위대한 영국 작가'라는 평을 받는 인물이다. 19세기 영국은 곧 찰스 디킨스라는 이름으로 표현될 정도로 당대 영국 사회상을 충실히 그려 내는 한편, 아동학대, 빈곤, 가정폭력, 노동 및 교육 현실 등 당시 가장 중요한 사회 문제들을 다룸으로써 사회에 직접적인 영향을 미쳤다.

찰스 디킨스는 1812년 2월 7일 영국 포츠머스에서 태어났다. 아버지 존 디킨스는 해군 경리부 하급 관리로 상냥하고 낙천적인 기질의 사람이었는데, 《데이비드 코퍼필드》의 구두쇠 윌킨스 미카버의 모델이라고 한다. 2세 때 아버지의 전근으로 런던으로 옮겨 살았으며, 어린 시절 몸이 약하고 심약한 성격으로 대부분의 시간을 독서를 하거나 셰익스피어 연극을 보러 다니며 지냈다. 그리고 유모가 들려주는 이야기와 독서를 바탕으로 연극적 상황을 만들어 내며 공상하기를 즐겼다고 한다.

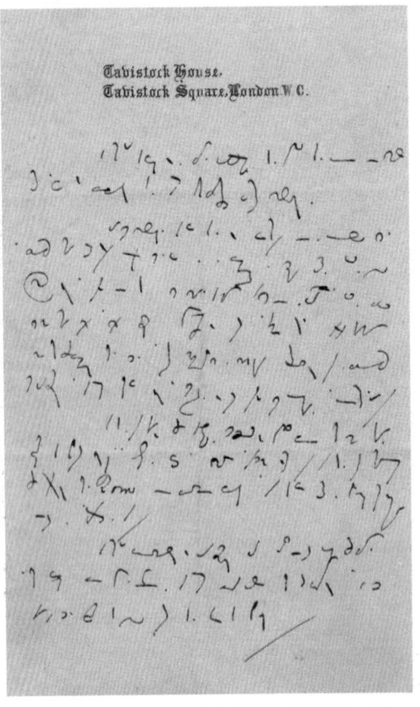
Tavistock House,
Tavistock Square, London W.C.

디킨스가 민법박사회관에서 일했을 당시 쓴 속기

12세 생일 바로 다음 날, 아버지가 빚으로 체포되면서부터 디킨스의 인생에 그늘이 드리우기 시작했다. 도료 공장에 보내져 견습공 생활을 하게 된 것이다. 4개월 후 아버지가 유산을 상속받으면서 빚을 청산하고 공장에서 그를 데리고 나왔으나, 이때 겪은 최하층 소년 노동자로서의 경험은 그에게 많은 충격을 주었고, 후일 작품에서 빈곤 계층의 현실과 사회 문제를 다루는 데 많은 영향을 미쳤다. 디킨스는 이때의 일에 대해 '지독한 멸시를 받고 (앞날에 대한) 희망이 없는' 삶이라고 표현했다.

공장에서 나온 뒤 웰링턴 하우스 아카데미에서 공부했으며, 15세 때 졸업한 뒤 변호사 사무실에 사환으로 취직했다. 그러나 일이 잘 맞지 않아 방황하면서 연극을 보러 다니다가 결국 이듬해 사무소를 그만두었다. 이후 속기술을 배워 민법박사회관에서 서기로 일하다가 20세 때 의회 신문인 〈미러 오브 팔러먼트〉의 기자가 되었다. 이 무렵 배우가 되려고 각종 연극 오디션에 응모하기도 했다고 한다. 신문기자를 하는 틈틈이 습작을 하던 디킨스는 〈트루 선〉 지의 통신원 생활을 하면서 각종 풍속을 산문으로 써서 다양한 잡지에 투고, 발표했다. 이때 '보스'라는 필명을 사용했는데, 1836년 이 풍속 스케치들을 한 권으로 묶어 《보스의 스케치집》으로 출판하면서 작가로서 출발하게 되었다. 이 작품집이 호평을 받자 채프먼 앤드 홀 출판사의 의뢰로 《보스의 스케치집》의 확대판이라 할 만한 《픽윅 페이퍼스》를 매월 분책 형식으로 출간하게 되었다. 이 작품은 베스트셀러가 되어 디킨스에게 작가로서의 명성을 안겨 주었다.

찰스 디킨스와 그의 두 딸

1836년에는 캐서린 호가스와 결혼했다. 그녀와의 사이에서 10여 명의 아이를 낳았으나 결혼 생활은 그리 행복하지 않았다.

디킨스는 1838년 《올리버 트위스트》, 1839년 《니콜라스 니클비》, 1840년 《골동품 상점》, 1841년 《바나비 러지》 등 연달아 장편소설을 발표하면서 베스트셀러 작가로서의 입지를 굳혔다. 그는 일련의 작품들에 자신이 직접 체험한 밑바닥 사회의 현실과 노동자들의 애환을 생생히 담고, 영국 사회 제도의 모순과 어두움을 다소 기괴하리만큼의 희극적인 인물과 풍자를 통해 비판했다. 런던 뒷골목을 배경으로 강제 노역을 하는 고아 올리버 트위스트의 일대기를 그린《올리버 트위스트》는 당시 영국 노동자의 비참한 삶과, 특히 1834년 시행된 신빈민구제법을 고발하고 있다. 또한 니콜라스 니클비라는 청년이 학생들을 학대하는 기숙학교에 대항하는 등의 일화를 그린《니콜라스 니클비》는 요크셔 주의 한 기숙학교에서 학생 학대 사건이 일어났다는 이야기를 듣고 이를 고발하고자 집필했다고 한다.《니콜라스 니클비》가 발표된 직후 기자들이 요크셔의 학교들을 경쟁적으로 취재했고, 실상이 확인되어 학교들이 폐쇄되는 결과를 낳기도 했다.

이 초기 작품들은 대부분 분책 형식으로 연재되듯이 발표되었는데, 이 때문인지 후기 디킨스의 작품에서 보이는 탄탄한 플롯 구조와 복잡한 짜임새는 찾아볼 수 없고, 분절적이고 다소 즉흥적이다. 그러나 저널리스트로서의 냉정하고 관찰적인 자세로 당대 영국 사회상을 거대한 초상화처럼 보여 주며, 사실적인 인물들을 통해 그 어떤 드라마보다 더 극적인 이야기를 전달하고 있다.

1842년 디킨스는 약 반 년간 아내와 미국 여행을 하고 돌아와《미국 기행》을 발표했다. 그는 영국 최초의 유명 인사 작가라 할 만한데, 영국 내에서는 노동자 계급부터 여왕에 이르기까지 폭넓은 독자들이 있었고, 미국인들에게도 크게 인기를 누렸다고 한다(때문에《미국 기행》이 발표되었을 때 미국인 독자들은 그 안에 담긴 미국에 대한 비판적인 묘사를 보고 분개하기도 했다고 한다). 1843년에 출간된《크리스마스 캐럴》은 출판 5일 만에 초판 6천 부가 모두 매진될 정도였다.

디킨스가 '마음 깊은 곳에서 아끼는 아이'인《데이비드 코퍼필드》는 1849년부터 발표되기 시작했는데, 이 무렵부터 그의 작풍에 두드러진 변화가 나타나기 시작한다. 이 작품은 가장 자전적인 성격이 강한 작품으로, 유복자로 태어난 주인공이 어머니의 재혼 이후 고난을 겪다 소설가로 성장하는 일대기를 그린 것이다. 그는 주인공 고아 소년의 이름을 지을 때 자신의 머리글자를 따서 지었으며, 쓰는 도중에 많이 울었다고 한다. 기존 작품들이 한 인물의 일대기를 중심으로 사회 문제를 짚어 나간 전기소설의 형식을 띤다면, 이 작품부터 다양한 개성을 지닌 많은 인물들이 등장하면서 플롯 구조가 다층적으로 이루어지는 파노라마적 사회소설로 이행하기 시작한다. 이런 방식은 1853년에 발표한 다음 작품《황량한 집》에서 두드러지게 나타난다. 1854년에는 영국 서북부의 공업 도시 프레스턴에서 노동자들의 파업이 일어나자 이를 주제로 하여《어려운 시대》를 썼다.

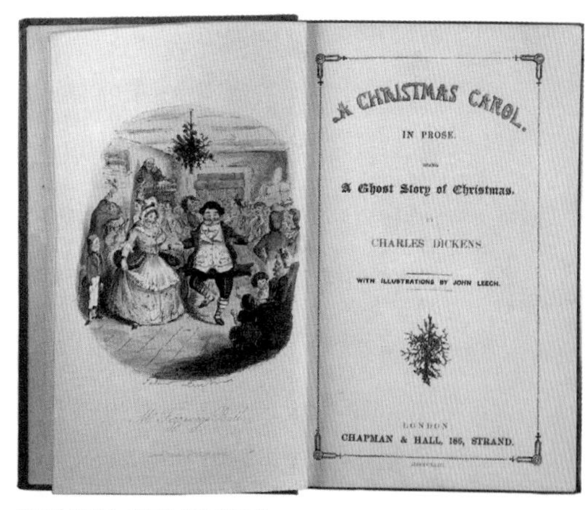

《크리스마스 캐럴》 한 페이지

디킨스는 살아 있는 동안 자신의 명성과 그로써 창출된 부를 충분히 누렸다. 이는 대중의 취향에 영합한다는 비판을 들을 정도로 이를 잘 알고 글쓰기에 활용하기도 했지만, 사업적 수완 역시 뛰어난 덕분이었다. 그는 매달 분책 형식, 즉 시리즈로 책을 내고 독자들의 반응을 살펴 다음 회에 반영했으며, 이런 노력으로 수십만 부라는 경이적인 판매 부수를 기록했다. 그의 초기작들은 가정생활의 미덕을 칭송하며, 권선징악의 교훈 및 해피엔드의 결말을 취하는데, 이 역시 대중들이 요구하던 바였다. 19세기 중엽부터 산업화의 폐해는 사회 전반 및 여러 계층에서 등장했으며, 경제적인 갈등과 범죄가 치솟았다. 그런 상황에서 디킨스의 소설이 그려 내는 빅토리아 시대의 윤리성이 대중들의 마음을 위로했던 것이다.

그러나 디킨스 역시 이런 목가적인 자신의 작품에 회의를 느꼈다. 그리고 1858년 아내와 별거하고 가정생활이 파탄 난 이후에는 거대한 사회 구조 속에서 어찌할 수 없는 개인의 좌절과 사회의 어두움을 스스럼없이 표현하기 시작했다. 아내와의 불화는 아마추어 연극에서 만난 여배우 엘렌 터난과 불륜 관계를 맺었기 때문인데, 별거 후 엘렌 터난과 죽을 때까지 관계를 유지했다.

작가로서의 자괴감에 시달리고 가정생활도 끝이 났지만, 그는 정력적으로 글을 쓰고, 공개 낭독회를 열고, 사회사업을 하고, 주간지를 창간하고, 여행을 다녔다. 프랑스 혁명을 무대로 한《두 도시 이야기》,《위대한 유산》,《우리들의 친구》,《막다른 골목에서》 등이 이 시기에 발표되었다. 1865년 겨울에는 프랑스로 요양을 갈 만큼 건강이 악화되었으나 이듬해 미국으로 가서 공개 낭독회를 열 정도로 그는 바쁘게 살았다. 의사로부터 활동 중지를 권유받았으나 죽던 해까지 추리소설풍의《에드윈 드루드의 비밀》을 집필했다. 1870년 6월 9일에 뇌졸중으로 쓰러져 죽음을 맞이했고, 이 작품은 미완성으로 남았다. 디킨스의 시신은 웨스트민스터 교회 내 '시인의 구역'에 안장되었다.

037

문학사를 빛낸 세 자매

브론테 자매

Brontë Family(1840~1850년대 활동)

| 영국
| 문학가 집안에서 태어나 세 자매 모두 출중한 문학적 재능을 마음껏 뽐내며 불멸의 사랑 이야기를 남겼다.
| 《제인 에어》, 《폭풍의 언덕》, 《아그네스 그레이》 등

브론테 자매(왼쪽부터 샬럿, 에밀리, 앤)

문학사에 형제가 모두 한 자리를 차지하고 있는 예가 얼마나 될까. 아마 브론테 자매뿐이 아닐까 싶다. 샬럿, 에밀리, 앤 브론테 세 자매는 각각《제인 에어》,《폭풍의 언덕》,《아그네스 그레이》 등으로 대표되는 영국의 시인이자 소설가이다.

샬럿 브론테는 1816년 4월 21일에 태어났다. 6남매 중 셋째로, 위로 마리아와 엘리자베스가 있었다. 1818년 7월 30일에는 에밀리,

1820년 1월 17일에는 앤이 태어났다. 영국 요크셔의 손튼 출신으로, 아버지 패트릭 브론테는 아일랜드 출신의 성공회 목사였다. 앤이 태어나던 해 가족은 아버지의 교구가 호어스로 바뀌어 그곳으로 이주했다.

샬럿이 5세가 되던 해 어머니가 죽자 아버지는 평생 독신으로 살면서 자녀들을 엄격하게 훈육했으며, 이모 엘리자베스 브란웰이 자매들을 돌봐주었다. 유년기를 보낸 이후 1824년, 샬럿과 에밀리는 랭커셔 지방 코완 브리지에 있는 클러지 여자 기숙학교에 들어갔다. 이미 언니인 마리아와 엘리자베스가 그곳에 있었고, 네 자매는 함께 생활했다. 사립 기숙학교였지만 시설은 열악하기 그지없었고, 모두 그때의 기억을 극히 싫어했다. 특히 엄격한 교육 방침과 열악한 기숙사 환경을 끔찍이 싫어했던 샬럿은 이곳을 후에 《제인 에어》의 주인공 제인이 자란 로우드 기숙학교의 모델로 삼았다.

한편 이곳에서의 생활 때문에 자매는 평생 앓게 될 폐질환을 얻었다고도 한다. 실제로 1825년 5월에 큰언니 마리아가 11세의 나이로 폐병과 영양실조로 목숨을 잃었고, 남겨진 세 자매는 집으로 돌아왔으나 6월에 둘째인 엘리자베스까지 사망한다. 그러나 폐질환은 가족 병력인 듯도 하다. 어머니 역시 폐결핵으로 일찍 죽었으며, 마리아와 엘리자베스는 열 살이 되기 전에, 남동생도 서른 살의 젊은 나이에 폐결핵으로 사망했다. 샬럿, 에밀리, 앤 세 자매 역시 모두 폐질환으로 요절했다.

집으로 돌아온 이후 자매들은 다양한 분야의 책을 읽으면서 독학으로 문학 수업을 하고 틈틈이 글을 써서 잡지에 기고했다. 자매들은 소녀 시절부터 공상을 즐겼고 상상력이 풍부했으며, 작가로 성공하겠다는 야심을 품었다. 세 자매들은 함께 작가의 꿈을 나누면서 글을 쓰고 서로에게 비평을 해주면서 즐거워했다고 한다.

1831년, 샬럿은 로헤드 사립학교에 입학하면서 가족을 떠난다. 이듬해

학교를 졸업하고 집으로 돌아왔다가 1835년에는 교사로서 로헤드로 떠났다. 이때 에밀리가 언니를 따라가서 로헤드에 입학했으나 3개월 만에 향수병에 걸려 집으로 돌아왔다. 그리고 그해 말 앤이 로헤드 학교에 입학한다. 샬럿은 교사 생활 틈틈이 시를 썼으며, 시인 로버트 사우디 등에게 자신의 시를 보내기도 했으나 괜찮은 반응을 얻지는 못했다. 그리고 1840년부터는 에밀리와 호어스에 머물면서 소설을 쓰기 시작했다.

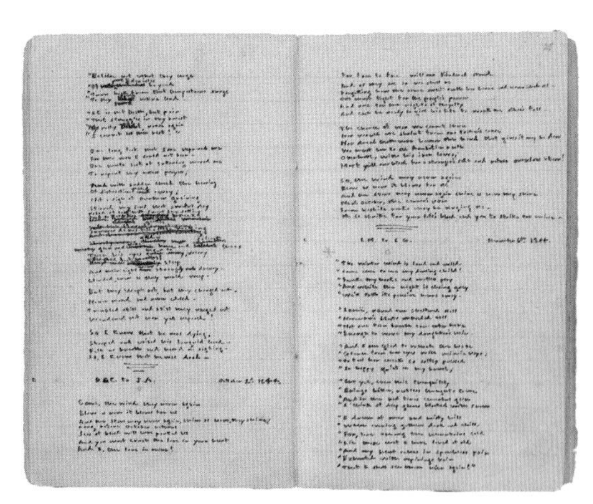

《커러, 앨리스, 액튼 벨 시집》에서 에밀리가 쓴 시

1842년, 샬럿은 에밀리과 함께 사립학교를 열 계획을 세우고, 그에 따라 필요한 학력 자격을 갖추고자 브뤼셀의 에제 사립학교에 들어갔다. 에밀리는 이 시기에 계속해서 시를 쓰고 있었는데, 샬럿은 동생의 시를 본 후 그 재능을 직감하고 본격적으로 자신들의 시를 출판할 계획을 세웠다.

샬럿은 빅토리아 시대에 성차별을 받지 않고 공정한 평가를 받으려면 남성 작가로서 글을 발표해야 한다고 생각했다(이는 샬럿만의 생각이 아니었다. 당시 많은 여성 작가들이 작품을 출간하고 좋은 비평을 얻기 위해 남성적인 필명을 사용하여 작품을 발표하기도 했다). 때문에 자매는 샬럿의 주장에 따라 초기에는 남성의 이름을 필명으로 사용해 작품을 발표했는데, 각각 커러 벨, 앨리스 벨, 액튼 벨이라는 이름을 사용했다. 1846년 샬럿은 두 동생과 공동으로 시집 《커러, 앨리스, 액튼 벨 시집》을 출간했는데, 대부분은 에밀리가 쓴 시들이었다. 그러나 이 시집은 비평가들의 반응을 얻지 못했으며, 단 2부밖에 팔

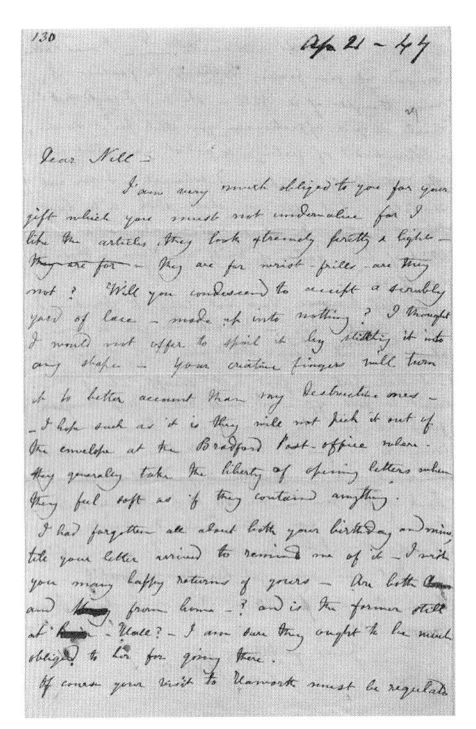

130

Ap 21 – 47

Dear Nell –

I am very much obliged to you for your gift which you must not undervalue for I like the articles, they look extremely pretty & light – they are for wrist-frills – are they not? Will you condescend to accept a scrubby yard of lace – made up into nothing? I thought I would not offer to spoil it by stitching it into any shape – your creative fingers will turn it to better account than my destructive ones – I hope such as it is they will not pick it out of the envelope at the Bradford Post-office where they generally take the liberty of opening letters when they feel soft as if they contained anything.

I had forgotten all about both your birthday and mine, till your letter arrived to remind me of it – I wish you many happy returns of yours – Are both [illegible] and [illegible] from home –? and is the former still at [illegible]-Hall? – I am sure they ought to be much obliged to him for going there.

Of course your visit to Haworth must be regulated

샬럿 브론테가 독자에게 보낸 편지

리지 않았다고 한다.

샬럿의 소설 《제인 에어》는 그해 집필을 시작해 이듬해 10월에 출간되었는데, 역시 커러 벨이라는 필명을 썼다. 이때 한 비평가는 '이 소설에는 남성적 박력이 넘친다'라고 극찬했는데, 이 작품이 크게 인기를 끌면서 작가가 여성인 샬럿임이 밝혀지자 후일 익명으로 '형편없는 작품'이라는 서평을 발표했다고 한다. 당시 여성 작가의 입지를 잘 알려주는 일화이다.

《제인 에어》는 태어난 지 얼마 지나지 않아 어머니를 잃고, 냉혹한 숙모 아래서 그리고 로우드 기숙학교에서 힘들게 자란 제인 에어가 스스로의 삶과 사랑을 쟁취해 나가는 과정을 담은 작품이다. "여성도 남성과 똑같은 감정이 있으며, 남성과 마찬가지로 자신의 재능을 살릴 수 있다. 또한 종래의 기준과 달리 새로운 일에 도전하는 여성을 비난하는 일은 경솔하기 짝이 없는 일이다."라는 제인 에어의 말은, 빅토리아 시대 사회 분위기와 인습을 극복하고 스스로 삶을 일궈 나가는 여성의 모습을 대표한다. 이 작품은 새로운 여성상을 창출한 한편, 최초로 '정열'을 다룬 소설로 평가받았다. 출간 당시에도 대중적으로 엄청난 인기를 끌었으며, 오늘날에도 영국 로맨스 소설 및 사회소설의 고전으로 자리매김하고 있다.

《제인 에어》가 발표되고 두 달 후 에밀리가 앨리스 벨이라는 필명으로 《폭풍의 언덕》을 발표했다. 에밀리는 서른의 나이에 요절하여 장편소설로는 이 한 작품만을 남겼다. 그러나 이 작품이 영문학 3대 비극, 세계 10대 소설의 반열에 오르면서 그녀의 이름은 영국 문학사에 길이 새겨지게 되었다. 이 작품은 요크셔 지방의 고립된 황야에 자리한 농장 워더링 하이츠를 배경으로 인간의 애증을 낭만적이면서도 격렬하게 표현한 작품이다. 워더링 하이츠는 마치 세 자매가 어린 시절 자랐던 곳을 연상케 하는데, 에밀리 역시 황량한 요크셔 농가에서 자매들과만 교류하고 상상으로 이야기를 지어 내며 고립된 생활을 했다고 한다. 《폭풍의 언덕》은 발표 당시 거칠고 야만적이며 보기 힘들다는 이유로 외면받았으나, 오늘날에는 작품 전반에 흐르는 거칠고 극적인 감정들과 강렬함으로 사실주의와 낭만주의가 완벽하게 융합된 작품으로 평가받고 있다. 《폭풍의 언덕》을 제외하고 에밀리가 남긴 글은 《커러, 앨리스, 액튼 벨 시집》에 실린 것이 전부인데, 이 작품들에는 신비주의적 성향과 자연에 대한 강렬한 묘사와 애정, 상징성이 풍부하다. 때문에 에밀리는 영국의 대표적인 초현실주의 시인이자 화가인 윌리엄 블레이크에 비견되기도 한다.

《폭풍의 언덕》이 발표된 달에 막냇동생 앤은 액튼 벨이라는 필명으로 《아그네스 그레이》를 발표했으며, 이듬해 《와이드펠 홀의 소작인》을 펴냈다. 《아그네스 그레이》는 19세기 빅토리아 시대 여성 가정교사를 주인공으로 하여 중류층 여성의 삶을 직선적이고 솔직하게 표현했다는 평을 받는다. 오늘날에는 언니들의 작품에 비해 문학적으로 대단한 평가를 받지는 못하고 있으나, 당시 사회상을 충실히 반영하고 독립적인 여성상을 그리고 있어 당대 여성 독자들의 많은 공감과 지지를 얻었다.

작가로서 명성을 얻은 샬럿은 소설을 계속 쓰면서 독자들과 편지를 주고

영국 호어스에 있는 브론테 목사관 박물관

받으며 활발히 활동했다. 반면 에밀리는 《폭풍의 언덕》의 실패로 평소 우울하고 은둔적인 성격이 더욱 심해졌고, 하던 공부를 중단하고 고향집으로 돌아와 칩거했다. 이후 에밀리는 건강이 급속도로 악화되어 1848년 12월 19일 30세의 나이에 폐결핵으로 사망했다. 동생인 앤 역시 폐결핵으로 이듬해인 1849년 5월 28일 29세의 나이로 사망했다. 언니인 샬럿이 가장 오래 살았으나 그녀 역시 마흔은 넘기지 못했다. 1854년 호어스에서 샬럿은 아버지 아래에서 목사보로 복무하던 아서 벨 니콜스와 결혼하여 그곳에 정착했으나 첫 아이를 임신한 상태에서 앓고 있던 폐질환 등이 악화되어 1855년 3월 31일 생을 마감했다. 《제인 에어》 이후에도 샬럿은 몇몇 작품을 썼으나 대표작인 《셜리》를 비롯해 사후에 출간된 《교수》 등도 《제인 에어》에 비견할 만한 명성은 얻지 못했다.

브론테 세 자매의 극적인 삶은 수많은 전기와 영화의 소재가 되었으며, 자매들의 작품 역시 수차례 영화, 연극 등으로 재탄생되었다. 자매들이 살던 호어스의 목사관은 1968년 브론테 박물관으로 개관했다.

038

러시아 사회 모순을 파헤친 사실주의 작가

이반 투르게네프

Ivan Sergeyevich Turgenev(1818. 11. 9~1883. 9. 3)

- 러시아
- 러시아의 사회 모순을 적나라하게 파헤친 사실주의 작가로 러시아 문학의 황금기를 이끌었다.
- 《사냥꾼의 수기》, 《아버지와 아들》

이반 투르게네프

투르게네프는 도스토옙스키, 톨스토이와 함께 러시아의 3대 소설가로 꼽힌다. 푸시킨과 고골로부터 시작된 러시아 문학의 황금기는 이들의 시대에 이르러 절정에 달했다. 제정 러시아 말기, 농노 제도와 전제 군주 체제가 위협받고 러시아 사회의 모순이 한데 드러나고 변화가 시작된 시점에서, 당대 러시아의 사회 모순을 파헤친 대표적인 사실주의 작가가 투르게네프이다. 지주 귀족 출신이었으나 농노들의 비참한 생활을 목도하고 이들 계층의 일상과 어려운 생활을 사실적으로 묘사했으며, 민중성과 사실주의의 토대 위에 아름답고 상큼한 자연 묘사 기법, 러시아어의 풍부한 활용을 통해 러시아 문학 발달에 크게 기여했다.

이반 세르게예비치 투르게네프는 1818년 11월 9일(러시아 구력 10월 28일) 러시아 중부 지방 오룔에서 태어났다. 어머니 바르바라 페트로브나 루토비노브나는 스파스코예의 유서 깊은 귀족 가문 루토비노프 가 출신이며, 아버지 세르게이 니콜라예비치 투르게네프는 영락한 귀족 가문 출신이었다. 잘생긴 기병 장교였던 세르게이는 방탕한 생활과 도박으로 빚을 많이 지자 돈 문제를 해결하려고 돈 많은 여지주였던 여섯 살 연상의 바르바라와 결혼했다. 이 때문에 부부 사이는 원만치 않았으며, 여기에는 바르바라의 못생긴 외모, 기가 세고 전제 군주적인 성격도 한몫했던 것으로 보인다. 투르게네프는 어린 시절 어머니의 영지인 스파스코예에서 자라면서, 전형적인 러시아식 대지주였던 어머니가 농노들을 학대하는 모습을 보고 깊은 상처를 받았다고 한다. 그가 어린 시절 느낀 부부 사이, 부모의 이미지는 후일 〈첫사랑〉, 〈무무〉 등의 작품에 묘사되어 있다.

당시 보통 귀족 아이들처럼 투르게네프 역시 유년기에 외국인 가정교사에게서 영어, 프랑스어, 독일어, 라틴어 교육을 받고 15세 때 모스크바 대학교 문학부에 들어갔다. 이듬해 상트페테르부르크 대학 철학부 어문학과로 옮겼고, 대학을 졸업한 뒤에는 베를린 대학으로 가서 철학, 고대어, 역사를 배웠다. 어린 시절 농노제의 부정적인 면을 보고 당시 농노제 폐지에 찬동하던 투르게네프는, 베를린에 있던 러시아의 진보적 지식인들과 교류하면서 근대화된 서유럽 제도와 철학 사상에 깊이 빠져들었다. 당시 베를린은 자유주의적인 사상을 지닌 러시아 청년들이 러시아 사회의 모순을 견디지 못하고 떠나던 도피처 같은 곳이었다.

투르게네프가 사랑한 프랑스 여가수 폴리나 비아르도

23세 때 러시아로 귀국한 후 투르게네프는 진보적인 청년 단체 '서구파'와 교류하는 한편, 어머니의 강압으로 내무부에 들어가 관료 생활을 시작했다. 관료로 일하면서 그는 틈틈이 희곡이나 중편소설을 썼고, 이 무렵 만난 프랑스 여가수 폴리나 비아르도와 일생일대의 사랑에 빠졌다. 그녀는 유부녀였으나 그녀의 남편 루이 비아르도가 문학 애호가였고 사냥 취미가 같아 투르게네프는 부부와 평생 친분을 나누었고, 세 사람의 관계는 호사가들의 입에 오르내렸다. 투르게네프는 이후 생애 대부분을 독일과 프랑스 등지에서 지냈으며 러시아에는 집필과 자료 조사를 위해 이따금 들렀을 뿐이다. 또한 결혼하지 않고 폴리나 주위를 계속 맴돌았다. 이에 대해 그는 농노제라는 적과 효과적으로 싸우기 위해 서유럽으로 도피했다고 말했지만, 폴리나 부부와 함께 지내기 위해서였다는 설이 유력하다. 평생 폴리나만 바라보고 산 투르게네프는 그녀의 고향인 프랑스 부기발 지역에서 그녀가 지켜보는 가운데 죽음을 맞이한다.

25세 때인 1843년, 투르게네프는 시 형식의 소설 〈파라샤〉를 발표하면서 벨린스키의 극찬을 받았다. 이후 그는 벨린스키와 교유하면서 당대 러시아 사회 문제에 대해 보다 깊고 체계적으로 성찰하게 된다. 또한 벨린스키를 통해 게르첸, 곤차로프, 그리고로비치 등을 비롯해 비판적 사실주의를 견지하는 자연파 작가들과 교유했고, 그러면서 낭만적인 작풍에서 벗어나 서서히 사실주의 작가로 변모하였다.

그는 얼마 지나지 않아 내무성을 그만두고 작품 활동에 전념했으며, 1847년 러시아 농노제의 비참한 현실을 다룬 연작 소설《사냥꾼의 수기》1부를 발표하면서 작가로서의 명성을 떨치게 된다. 이 작품은 어린 시절 목격했던 농노들의 학대를 다룬 작품으로, 농노 제도의 모순 및 부도덕성을 대중에게 일깨웠다. 일설에 따르면 알렉산드르 2세는 이 책을 보고 농노 해방을 결심했다고도 한다. 이 무렵 어머니와의 불화가 극에 달했다.

1847년부터 1850년까지 독일과 프랑스 등지를 떠돌고 문학 살롱에 드나들면서 러시아와 서유럽 문화의 가교 역할을 했으며, 1851년 어머니가 죽자 러시아로 돌아와 물려받은 영지의 농노를 해방했다. 어린 시절 맹세한 것을 현실로 이룬 것이다(그로부터 10년 후 러시아에서 농노 해방이 이루어진다). 평소 자유주의 사상 때문에 당국으로부터 요주의 인물로 주목받고 있던 투르게네프는 이 일로 당국의 감시를 받게 되었다. 그리고 이듬해 고골이 죽자 그의 죽음에 대한 애도의 글을 썼다는 이유로 체포되어 한동안 자택에서 구금 생활을 했다. 그해《사냥꾼의 수기》단편집이 출판되었는데, 이 책의 출판을 허가한 검열관 리보노프는 면직당하기까지 했다고 한다. 그럼에도 투르게네프는 계속해서 〈루딘〉, 〈귀족의 보금자리〉, 〈전야〉 등의 작품들을 통해 치열한 문제의식 아래 당대 러시아의 역사적 변동과 변화의 시대를 맞은 러시아 지식인 및 청년들의 고뇌를 다루었다. 그는 청년 지식인들의 역사적 사명을 촉구시키는 것이 작가로서 자신의 할 일이라고 여겼다.

1862년, 그의 대표작으로 오늘날까지 널리 읽히는《아버지와 아들》을 발표했다. 구세대의 인습과 모든 가치를 부정하는 급진적인 청년 지식인 바자로프를 중심으로, 귀족주의자와 자유주의자, 즉 신구 세대의 대립을 다룬 작품이다. 작품 속 인물 간의 대립과 갈등, 논쟁은 1860년대 러시아의 사상적 척도라고 할 만하다. 그러나 이 작품은 신구 양 세대로부터 비난을 받았다.

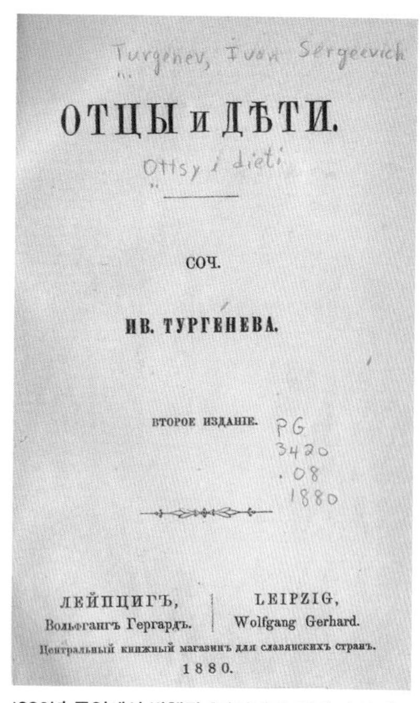
Turgenev, Ivan Sergeevich

ОТЦЫ И ДѢТИ.

Ottsy i dieti

СОЧ.

ИВ. ТУРГЕНЕВА.

ВТОРОЕ ИЗДАНІЕ.

ЛЕЙПЦИГЪ, Вольфгангъ Гергардъ. | LEIPZIG, Wolfgang Gerhard.

Центральный книжный магазинъ для славянскихъ странъ.

1880.

1880년 독일에서 발행된 《아버지와 아들》 속표지

투르게네프는 이후 독일과 런던을 거쳐 파리에 정착해 작품 활동을 계속했다. 파리에서 투르게네프는 문학 살롱을 드나들며 공쿠르 형제, 에밀 졸라, 빅토르 위고, 헨리 제임스 등과 교류하고, 푸시킨 등의 작품을 소개하면서 서유럽과 러시아 문학을 잇는 역할을 했다.

투르게네프의 작품들은 사회 문제를 다루고 있는 한편, 러시아 문학사상 가장 아름다운 문장들로도 유명하다. 그는 사실주의 위에 섬세한 문체, 시적인 언어, 서정성을 겸비한 작가로 명망이 높았는데, 서유럽에서 지식인 독자층을 확보한 최초의 러시아 작가였다.

외국 생활을 하면서 투르게네프는 러시아에서 벌어지는 사상적 갈등을 씁쓸한 시선으로 바라보고 그 변화를 작품으로 그려 냈다. 농노 해방 후 혁신파와 중도파의 무의미한 대립을 다룬 《연기》, 나로드니키 운동의 실패와 비극성을 그린 〈처녀지〉가 대표적이다. 그러나 이 작품들도 혁명가에 대해 부정적(유약한 회의주의자, 니힐리스트)으로 그렸다 하여 많은 비난을 받았다.

나로드니키 운동

1870년대 대학생들과 지식인들을 중심으로 일어난 농민 계몽 운동. '브 나로드(V Narod, 농민 속으로)'라는 슬로건을 앞세워 브 나로드 운동이라고도 불린다.

또한 투르게네프는 이 시기에 사회, 정치적 문제에서 벗어나 인간의 내면

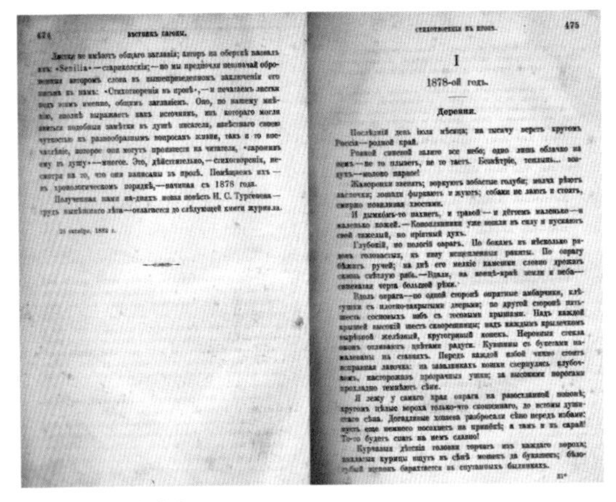

475

I

1878-ой годъ.

Деревня.

《산문시》 한 페이지

문제를 그린 〈여단장〉, 〈불행한 여인〉, 〈초원의 리어왕〉 등 중단편소설들도 발표했다. 말년에는 오랜 외국 생활에서 오는 영혼의 위기와 향수를 담은 시집 《산문시》를 발표했다.

1882년, 척추암 선고를 받고 이듬해 9월 3일(러시아 구력 8월 22일) 프랑스 부기발에 있는 폴리나의 별장에서 임종을 맞았다. 그의 주검은 유언에 따라 상트페테르부르크 볼코프 공동묘지의 벨린스키 옆에 안장되었다.

039

초월주의에서 사실주의로의 전환

월트 휘트먼

Walt Whitman(1819. 5. 31~1892. 3. 26)

- 미국
- 초월주의에서 사실주의로의 과도기를 대표하는 작가로 낙관적 인간관과 생명력을 다루었다.
- 《풀잎》, 《북소리》 등

월트 휘트먼은 미국의 정신을 대변하는 미국이 낳은 가장 위대한 시인으로 꼽히며, 초월주의에서 사실주의로 이행하는 시기의 대표적 작가이다. 민주주의를 미국의 중심 원리로 꼽고, 낙관적 인간관 및 모든 생명의 존재와 그 안에 내재된 생명력을 찬미했다. 또한 민주주의에 대한 신념을 토로한 논문 〈민주주의의 전망〉은 미국 민주주의의 3대 논문으로 꼽힌다.

월트 휘트먼

월트 휘트먼은 1819년 5월 31일 미국 롱아일랜드 헌팅턴타운 근교 웨스트힐스에서 태어났다. 아버지 월터 휘트먼은 농부이자 목수로, 토마스 페인의 인권 사상에 심취한 혁명적 사고방식이 투철한 인물이었다. 월트는 9남매 중 둘째였는데, 아버지는 다른 형제들의 이름을 앤드루 잭슨, 조지 워싱턴, 토머스 제퍼슨 등으로 지을 정도였다. 어머니 루이자 판 펠서 휘트먼은 영적인 삶을 중시하는 신실한 퀘이커 교도였다.

4세 때 아버지가 사업 투자에 실패하여 가족이 브루클린으로 이사했고, 6세 때 브루클린의 공립학교에 들어갔으나 가정 형편이 어려워 11세 때 학교를 그만두었다. 이후 변호사 사무실 사환, 인쇄소 견습공, 인쇄 조판사 등으로 일했다. 연극과 문학을 좋아해 독학했으며, 특히 영국 낭만주의 소설과 시, 성경에 심취했다. 16세 때 조판사로 일하면서 주간지 〈뉴욕 미러〉에 익명으로 시를 투고하기 시작했으며, 17세 때는 고향 롱아일랜드로 돌아와 마을 학교에서 잠시 아이들을 가르쳤다.

19세 때 주간지 〈롱 아일랜더〉를 창간하고 편집부터 신문 배달에 이르기까지 모든 일을 도맡아 했고(10개월 만에 팔았다), 다시 인쇄 식자공, 교사 등을 전전하면서 시와 소설을 써 나가는 한편, 이를 신문에 투고했다. 21세 때는 마틴 밴 뷰런의 대통령 선거운동에 참가했으며, 이듬해 시티홀 파크에서 열린 민주당 집회에서 연설하는 등 일찍부터 민주당 지지자로 활동했다. 23세 때부터 6년여간 뉴욕과 브루클린 등지에서 일간지 〈뉴욕 오로라〉, 〈이브닝 태틀러〉, 〈데모크라트〉, 〈미러〉, 〈브루클린 이브닝 스타〉, 〈브루클린 데일리 이글〉 등에서 편집자로 일하면서 시와 소설을 꾸준히 발표했다. 29세 때 민주당 지지 활동 때문에 보수 신문 〈브루클린 데일리 이글〉을 그만두게 되자 〈브루클린 위클리 프리먼〉을 창간하고 이 신문이 팔리기 전까지 1년여간 노예제에 대한 반대 목소리를 냈다.

휘트먼이 일했던 〈브루클린 데일리 이글〉 본사

이후로도 인쇄소 직원, 목수, 건설 노동자 등의 일을 전전하다가 36세 때인 1855년, 12편의 시와 서문이 담긴 시집 《풀잎》을 자비 출판했다. 형식적인 측면에서는 전통적인 영시의 형식과 운율에서 과감하게 탈피하여 산문 문장을 열거해 놓은 듯한 자유시의 형식을 선구적으로 보여 주었으며, 내용 면에서는 남성, 여성, 백인, 흑인, 정치가, 노동자 그리고 풀잎에 이르기까지 우주에 존재하는 모든 생명의 존재와 그에 내재된 생명력을 찬미하며, 미국 주류 사회의 통념과 믿음에서 벗어난 새로운 관점을 제시한 작품으로 평가받는다. 정규교육을 받지 못하고, 노동자로 온갖 직업을 전전했으며, 퀘이커 교도의 신실함과 민주주의적, 혁명적 성향을 지닌 부모 아래

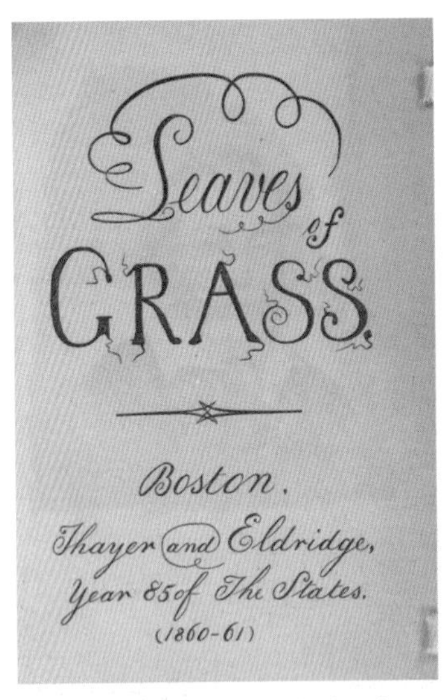

1860년 미국에서 발행된 《풀잎》 속표지

서 자라면서 깨우친 인간과 삶에 대한 이해가 오롯이 담겨 있다고 할 수 있다. 또한 인간 육체의 아름다움과 성욕을 강하게 표현한 〈나는 몸의 흥분을 노래하네〉 같은 작품들은 당시 외설적이라는 비난을 받기도 했는데, 오늘날에도 매우 파격적이라 하지 않을 수 없다.

당대 명망 높은 시인이자 사상가인 랄프 왈도 에머슨은 《풀잎》에 대해 '재치와 지혜가 있는, 미국이 배출한 가장 놀라운 작품'이라고 평하며 주변 지인들에게 추천 편지를 보냈으며, 휘트먼을 가리켜 '새로운 인간'이 탄생했다고 말했다. 휘트먼은 작품의 형식과 내용이 모두 영시의 전통을 깨뜨렸다는 점에서 좋지 않은 평을 받았고, 일부 시가 외설스럽다, 저속하다 등의 말을 듣자 다소 침체되어 있었으나 에머슨의 편지들로 용기를 되찾았다. 이듬해 에머슨의 편지들과 자신의 작품에 대한 평을 추가하고 초판의 시 중 일부를 수정해 《풀잎》 2판을 냈으며, 죽을 때까지 수정, 증보를 거듭해 9판을 내놓는다. 2판에서 그는 자신을 '미국 최후의 음유시인', '자연 그대로의 인간'이라고 칭하며, 자신의 시는 육체와 성, 삶의 아름다움을 노래하고 미래를 지향하고 있다고 밝혔다.

《풀잎》을 발간했으나 전업 시인으로서 생계를 꾸려 나가기는 어려워 휘트먼은 브루클린의 〈데일리 타임스〉에서 약 3년간 편집 일을 하면서 시를 썼다. 이런 생활을 하면서 휘트먼은 시적 영감이 고갈되자 스스로 '난폭하고 세속적이고 관능적이며 먹고 마시고 여자들과 놀아난다'라고 하는, 자유분방한 생활을 했다. 그러나 이런 생활을 오히려 감정적 소모를 불러일으켜 시인의 힘을 고갈시켰다고도 썼다. 이 시기 그가 느꼈던 감정들은 〈아담의 아이들〉, 〈창포〉 등에 내재되어 있다.

1861년, 남북전쟁이 일어나자 휘트먼은 북부를 지지하며 애국심을 고취하는 시 〈울려라 북소리!〉를 발표했다. 또한 북군으로 참전한 동생 조지가 프레더릭스버그에서 부상을 당하자 동생을 만나러 버지니아군 야영소에 갔다가 부상병들을 보고 간호병으로 자원했다. 이듬해 워싱턴으로 가서 군인병원에서 간호사로 일하는 한편, 육군 회계관 사무국에서 일하게 되었다. 이때의 경험을 토대로 휘트먼은 〈병자들의 위대한 군대〉 등 남북전쟁에 대한 시들을 쓴다.

1864년은 휘트먼 개인에게 큰 시련의 시기였다. 동생 조지가 남부군에게 포로로 잡혔고, 동생 앤드루 잭슨이 결핵과 알코올 중독으로 죽었으며, 형제시가 정신이상으로 킹스 카운티 정신병원에 입원하는 비극이 연달아 이어졌다.

1865년, 휘트먼은 에머슨의 지인을 통해 내무부에 자리를 얻었으나 얼마 지나지 않아 (외설적이고 도덕성에 문제가 있는 시집) 《풀잎》의 저자라는 사실을 알게 된 내무장관 제임스 할란에 의해 해고되었다. 그러나 〈새터데이 이브닝 포스트〉의 편집자이자 시인인 윌리엄 오코너가 부당 해고를 항의하는 등 여러모로 노력하여 휘트먼은 법무부에 자리를 얻어 군인들을 인터뷰하는 일을 맡게 되었다. 그리고 남북전쟁에 관한 시들과 그해 4월에 암살된 링컨을 추모하는 시 〈오 선장님! 나의 선장님!〉을 수록한 시집 《북소리》를 발표했다. 〈오 선장님! 나의 선장님!〉과 함께 오코너가 쓴 휘트먼에 대한 전기 글 《선량한 회색 시인》으로 휘트먼은 '애국자 시인'으로 대중적인 인기를 얻게 된다. 이듬해에는 수필집 《민주주의의 전망》의 토대가 되는 산문들을 발표하면서 전쟁에 대한 견해, 미국의 민주주의를 일으키고 국민의 사기를 드높일 방안에 대한 자신의 생각을 표명하기 시작했다. 그는 청년들이 정치에 적극적으로 참여해야 하며, 문학과 예술로 민주적인 사회를 이룩할 수 있다고 믿었다.

1860년대 후반부터 휘트먼은 영국, 프랑스 등지에서 먼저 크게 인정을 받으면서 미국 비평가에게도 좋은 평가를 받기 시작했다. 그런 한편 이 시기부터 우울증이 시작되었으며, 1873년에는 뇌졸중 발작을 일으켜 마비 증세를 겪었다. 그해 어머니가 돌아가시고 난 후 동생과 함께 지내면서 요양 생활을 시작했다. 그런 와중에도 글을 계속 써 나가 1876년에는 《풀잎》 증보판과 시집 《두 시냇물》, 산문집 《남북전쟁에 대한 기록》을 펴냈다. 또한 미국 내외의 정치 문제에 대한 발언과 강연도 계속했으며, 죽을 때까지 《풀잎》의 부도덕성 문제에 대한 논란에 시달렸다.

1890년, 71세의 휘트먼은 이미 두 차례의 뇌졸중 발작을 겪으며 거동이 불편했으며, 자신의 죽음을 예견하고 미리 유언장을 작성해 둔 상태였다. 휘트먼은 정식으로 결혼한 적이 없는데, 그해에 자신이 일평생 여섯 명의 사생아를 낳았다고 주장하는 한편, 자신이 살고 있던 캠던 시의 할리 묘원에 4천 달러 상당의 묘소를 구입하고 직접 디자인했다. 이후 1892년 3월 26일 73세를 일기로 생을 마칠 때까지 《휘트먼 시 전집》의 출간을 준비하고, 시집 《환상이여 안녕》, 《풀잎》의 최종판을 출간하는 등 말년에도 시인으로서 끊임없이 작업을 계속했다.

040

미국 상징주의 문학을 대표하는 작가

허먼 멜빌

Herman Melville(1819. 8. 1~1891. 9. 28)

Ⅰ 미국

Ⅰ 19세기 미국 문학의 대표적인 작가로 상징주의 문학에 큰 업적을 남기며 많은 작가들에게 영감을 주었다.

Ⅰ 《백경》, 《타이피》 등

허먼 멜빌은 에드거 앨런 포, 너대니얼 호손과 더불어 19세기 미국 문학의 대표적인 작가이다. 멜빌은 소위 '작가들의 작가'로 불리는데, 미국 상징주의 문학의 최고봉으로 꼽히는 대표작 《백경》은 인간, 특히 예술가들의 염원과 열망이 응집된 작품으로 동서양을 막론하고 후대의 작가들에게 깊은 감명을 주었다. 그러나 생전에는 너대니얼 호손 외에 아무도 인정해 주지 않는 작가였으며, 만년에는 거의 잊힌 상태

허먼 멜빌

로 가난에 시달렸다. 그의 작품이 지닌 상징성 및 철학적, 형이상학적 사유들은 사후 30여 년이 지나서야 제대로 된 평가를 받기 시작했다.

허먼 멜빌은 1819년 8월 1일 뉴욕에서 태어났다. 집안은 네덜란드 및 영국의 식민지 개척자들의 후손으로, 미국 내에서 성공한 무역상 가문이었다. 조부 토머스 멜빌은 미국 남북전쟁에 참전했던 보스턴 티파티의 일원으로, 정재계에 상당한 영향력을 가지고 있었다. 아버지 앨런 멜빌은 프랑스 사치품을 수입하는 수입상 일을 했다. 하지만 아버지 앨런은 사업적으로도 수완이 대단한 인물은 아니었던 듯한데, 여기에는 당시 미국에 몰아닥친 경제 위기도 한몫을 했다. 앨런은 허먼이 13세 때 정신착란을 앓다 죽었는데, 이때는 사업이 파산 상태였으며, 엄청난 빚까지 지고 있었다. 그가 죽은 후 허먼 가족은 외삼촌인 갠즈보트에게 얹혀살게 되었다.

때문에 허먼 멜빌은 15세 때 학업을 중단하고 이후 상점 점원, 은행 사무원, 농장 일꾼, 교사 등 온갖 직업을 전전했다. 직업학교에서 기술을 배워 건설공이 되고자 했으나 경제 위기의 여파로 제대로 된 일자리를 얻지 못했고, 그러던 중 20세 때 상선에 올라 영국 리버풀을 다녀오게 되었다. 바다를 처음 접한 멜빌은 원래 방랑벽이 있는 데다 바다에 대한 동경으로 부풀었다. 그래서 리버풀을 다녀온 후 잠시 교사 일을 했지만, 22세 때 다시 포경선에 탄다. 그리하여 4년간 남태평양의 여러 섬에 발을 디뎠는데, 그 과정에서 마르키즈 제도의 한 섬에서 식인종인 타이피족에게 사로잡혀 1개월 만에 호주 포경선에 의해 구출되는 일을 겪기도 한다. 이때의 경험은 그의 작품에 많은 영향을 미친다. 멜빌은 대표작 《백경》의 화자인 이슈마엘의 입을 빌어 "포경선은 나에게 있어 예일 대학이자 하버드 대학이었다."라고 말하기도 한다.

멜빌이 타이피족에게 사로잡힌 것은 선상 생활이 너무 고달픈 나머지 잠시 탈출했다가 겪은 일이었다. 방랑벽이 있었으나 독재나 부정행위에 대한 거부 반응이 있던 터라 경직된 선원 사회가 그에게 정신적으로 잘 맞지 않았던 것이다. 이런 상황에서 극한의 경험까지 하자 그는 포경선 선원 생활을 접고 해군에 들어가고, 상점 점원으로 일하기도 하는 등 이런저런 일을 하다 미국으로 돌아왔다.

그러다가 자신이 겪은 체험을 살려 소설을 쓰기 시작했고, 1846년 타이피족과 함께 보낸 시절을 바탕으로 쓴 첫 소설《타이피》를 출간했다. 하지만 미국 내에서 원고를 출판할 출판사를 찾지 못해 런던에 머물던 형의 도움으로 초기 작품들은 미국이 아닌 영국에서 먼저 출간되었다.《타이피》는 이국적인 정서로 대중에게 환영받으며 베스트셀러가 되었고, 그는 남태평양에서의 방랑 생활을 엮은《오무》, 상선을 타고 리버풀을 오갔던 경험을 살린《레드번》, 타이피족에서 탈출한 후 잠시 미 해군에 입대한 경험을 토대로 한《하얀 재킷》 등의 소설들을 출간하면서 큰 사랑을 받았다.

1847년에는 매사추세츠 주 대법관의 딸인 엘리자베스 쇼와 결혼했으며, 1850년에는 잠시 영국에 다녀온 후 매사추세츠 주 피츠필드의 농장을 사서 정착했다. 이곳에서 그는 인근에 살던 너대니얼 호손과 교류하게 된다. 당시 46세였던 호손은《주홍글씨》로 이미 미국 문단에서 인정받는 작가였다. 멜빌은 호손의 단편들을 읽고 크게 공감하여 1850년 〈문학세계〉 지에 호손의 단편 〈한 오래된 목사관에서 온 모세〉에 관한 평을 실었다. 이 글에서 멜빌은 '수백만 명이 읽어야 할 작품', '존경이라는 것을 할 줄 아는 모든 이에게 존경받아야 할 작가'라고 호손을 극찬했다. 그러나 무엇보다 멜빌의 마음을 사로잡은 것은 호손의 내면에 자리 잡고 있는 어둠이었다. 멜빌은 호손에 대해 이렇게 썼다.

에버렛 헨리가 그린 《백경》 주요 장면

> 이쪽 편은 봄날같이 화창하지만, 저쪽 편은 지구의 어두운 절반처럼 어둠으로 덮여 있다. 그것도 열 배나 더.

멜빌은 자주 호손의 집을 드나들었으며, 자신이 구상하고 있는 작품에 대해 이야기했다. 그리고 《백경》을 썼을 때 이 작품을 호손에게 헌정하기까지 한다. 이 작품은 당시 3천 부밖에 팔리지 않았으며 비평가들로부터도 거의 주목받지 못했지만, 단 한 사람 호손에게만은 인정받았다.

《백경》은 1851년에 출간되었다. 포경선 피쿼드 호의 선장 에이하브는 '백경(모비딕)'이라는 머리가 흰 거대한 고래에게 한쪽 다리를 잃고, 그 복수를 하려는 일념 하나로 백경을 찾아 전 바다를 떠돌아다닌다. 어느 날 돌연 백경이 그의 앞에 나타나고 사흘간의 사투 끝에 에이하브는 백경에게 작살을 꽂지만, 백경에게 끌려 바닷속으로 빠지고, 피쿼드 호 역시 침몰한다. 피쿼드 호의 선원이었던 이슈마엘이 살아남아 이 이야기를 전하는 형식의 소설이다. 이 작품을 전반적으로 지배하는 것은 에이하브의 악마적인 일념과 집착으로, 백경은 에이하브를 비롯해 피쿼드 호 선원들이 지닌 (무의식적인) 내면의 악마성을 비춰 주는 거울로 작용하는 한편, 인간이 싸워 나가는 숙명, 한 인간의 마음을 사로잡고 있는 열정적 대상, 혹은 유일신, 악마, 불가해한 우주 등 다양한 상징을 내포하고 있다. 특히 작은 배로 거대한 백경과 사투를 벌이는 장면은 사실적이면서도 웅장하기 그지없으며, 이 작품을 비극적인 하나의 대서사시로 승화시켰다. 이런 서사시적 구조에 더해 극사실적인 세부 묘사로 이루어진 극적 다큐멘터리이기도 하다. 그러면서도 철학적, 형이상학적 사유들이 한데 섞여 거대한 하나의 세계를 이룬다. 당시 한 평론가는 이런 면모를 가리켜 '사실, 허구, 철학이 혼합된' 작품이라고 평하기도 했다.

하지만 당대 독자들은 이 작품의 진가를 전혀 알아차리지 못했다. 심지어 앞부분에서 고래잡이 묘사를 지나치게 사실적으로 한 나머지 도서관 서가에 소설 칸이 아닌 고래잡이 칸에 꽂혀 있었다는 일화까지 있을 지경이었다. 20세기에 들어서야《백경》은 사냥꾼 신화, 통과 의례에 대한 주제, 기술 시대 이전 원시 사회에 대한 긍정적 회귀, 부활 등을 내포한 작품으로, 원시 자연을 배경으로 인간 정신을 극화시킨 자연서사시로 재평가되기 시작했다. 그러면서 이 작품의 상징주의적, 형이상학적 면모 역시 주목을 받게 되었고, 이후 미국 상징주의 문학 최고의 걸작, 미국 문학사상 가장 철학적인 소설 등으로 꼽히게 되었다.

일각에서는 단순한 해양 모험담, 즉 흥밋거리 이상이 되지 않는 이전의 작품들과 비교해 풍부한 상징성을 갖춘 철학적 소설인《백경》이 등장할 수 있었던 데는 호손의 영향이 있었으리라는 견해를 드러내기도 한다. 호손과의 교류가 멜빌에게 어느 정도 영향을 주었음은 분명하지만, 멜빌은 이전부터《백경》과 같은 소설을 쓰고 싶었던 듯하다. 멜빌은《타이피》를 출간한 이듬해 남태평양을 배경으로 벌어지는 모험담인《마디mardi》를 출간한 적이 있다. 이 작품은 공상으로 가득한 모험담이기는 하지만, 개인의 내면에 몰두하고, 철학적, 형이상학적 논의들로 가득 찬 작품으로, 후일《백경》에서 보이는 멜빌의 특징이 최초로 개화하기 시작한 작품이라 할 수 있다. 하지만 이 작품이 평도, 인기도 썩 좋지 않자 멜빌은 다시 체험담을 기초로 한 해양 모험담으로 돌아갔던 것이다.

이 10년간이 작가로서 멜빌의 인생에서 가장 좋았던 시기였다. 1852년에는 인물들의 심리를 심도 있게 묘사한 비극적 연애 소설《피에르》를 썼으나 비유와 상징성이 강해 독자들에게 거의 이해받지 못했으며, 1855년에 펴낸《이즈라엘 포터》는 완전히 실패했다. 그는《사기꾼》,《필경사 버틀비》,《베니토 세레노 선장》 등의 소설을 꾸준히 펴냈으나 모두 완전히 외면당했고, 이런 상황 속에서 비이성적 행동을 일삼는 등 정신착란으로 의심받을 행동을 한다.

결국 멜빌은 소설 집필을 접고 1866년부터 20년간 뉴욕 세관의 검사관으로 일했다. 그러면서 방향을 전환하여 미국 시민전쟁에 관해 쓴 시집《전쟁의 여러 면모》, 지중해와 팔레스타인을 여행하고 쓴 시집《클라렐》 등을 출간했다.

만년에는 모든 집착에서 벗어난 심경으로 중편〈빌리 버드〉를 썼으며, 작가로서 완전히 잊힌 채 1891년 9월 28일 뉴욕에서 세상을 떠났다.

041

여류 소설가의 위상을 바꾸다

조지 엘리엇

George Eliot(1819. 11. 22~1880. 12. 22)

- 영국
- 근대소설의 특징인 심리분석 기법을 발전시켰으며, 영국의 사실주의 문학을 완성했다.
- 《목사 생활의 정경》, 《애덤 비드》, 〈사일러스 마너〉 등

조지 엘리엇은 빅토리아 시대를 대표하는 영국의 소설가로, 근대소설의 특징인 심리분석 기법을 발전시켰으며, 영국의 사실주의 문학을 완성한 작가 중 한 사람이다. 영미 문학사에서 소설이 단순한 재미를 위한 도구에서 벗어나 중요한 예술 형식으로서 자리 잡게 된 것은 그녀의 공으로 평가된다. 그녀는 소설을 지적인 창작물, 삶에 대한 비평이자 사회적, 심리적 탐색 수단으로 승화시켰으며, 또한 여성

조지 엘리엇

이기 때문에 가능한 섬세한 예술적, 지적 통찰력을 보여 줌으로써, 그때까지 여류 소설가들에 대해 '쓸데없고 형편없는 이야깃거리'나 쓴다는 세간의 인식을 변화시켰다.

조지 엘리엇은 1819년 11월 22일 영국 워릭셔에서 태어났다. 본명은 메리 앤 에반스로, '조지 엘리엣'이라는 남자 이름을 필명으로 쓴 것은 당대 사회 분위기에서 여성이라는 이유로 폄하받길 원치 않았던 데다가, 스캔들로 얼룩진 자신의 사생활이 작품에 앞서 논쟁거리가 되지 않길 원했기 때문이었다. 그녀에 의해 여류 소설가들의 위상이 바뀐 빅토리아 시대 후기에 이르러 여류 소설가들은 더 이상 제대로 평가받고자 남성의 이름을 필명으로 사용하지 않아도 되었다.

아버지 로버트 에반스는 토지 관리인으로, 엘리엇은 농장이 딸린 대저택의 관리인 숙사에서 태어났다. 어린 시절부터 진지한 성격에 학구적이었으며, 6세 때 언니 크리스티나와 함께 아틀버러의 래텀 기숙학교에 들어갔다. 이곳을 운영하던 복음주의 목사 존 에드먼드 존슨의 영향을 받아 신앙과 종교적 자기희생을 통해 개인적 구원에 이른다는 사상에 깊이 감화되었다고 한다. 13세 때는 침례교 계열의 기숙학교인 코번트리의 프랭클린 학교에 들어갔다. 이 무렵 이미 신앙심이 깊고 종교적 열정이 가득해서 수수한 복장을 하고 자선 사업에 크게 열의를 보이는 등 엄격한 생활 태도를 지니고 있었다. 16세 때 어머니가 세상을 떠나자 집으로 돌아와 가사를 책임져야 했는데, 딸의 강한 학구열에 아버지가 집으로 가정교사를 불러 이탈리어와 독일어를 배우게 해 주었다. 또한 문법학교에 다니면서 그리스어 고전 및 라틴어 고전 수업을 들으면서 학문을 계속해 나갔다.

22세 때 오빠 아이작이 결혼하면서 집을 물려받게 되자 엘리엇은 아버지와 함께 코번트리로 이사했다. 이때 지나치게 종교적이던 딸을 염려한 아버지는 엘리엇을 진보적 자유주의 사상가였던 찰스 브레이 부부와 교류하게 했다. 그러나 이번에는 지나치게 합리주의, 자유주의 사상의 영향을 받아 아예 종교적 신앙심마저 잃게 되었다. 교회에 나가는 것조차 거부해 아버지가 수개월간 설득한 끝에 간신히 예배에만 참석할 정도였다. 그녀는 30세 때 아버지를 여의기 전까지 코번트리의 집에 살면서 가사를 돌보고, 찰스 브레이 부부, 브레이의 처남으로 《그리스도교 기원에 대한 연구》를 쓴 찰스 헨넬의 영향 아래에서 당대의 합리주의 사상을 공부해 나갔다. 스피노자의 작품을 비롯해 데이비드 슈트라우스의 《예수 생애의 비판적 연구》를 번역하여 펴내기도 했다.

30세에 아버지가 죽은 뒤 그녀는 브레이 가족과 함께 유럽 여행길에 올랐다가, 제네바에서 한동안 홀로 지냈다. 이듬해 코번트리 집으로 돌아왔으나 얼마 지나지 않아 《예수 생애의 비판적 연구》의 발행자 존 채프먼의 주선으로 런던에 갔다. 그녀는 채프먼의 도움으로 〈웨스트민스터 리뷰〉에 서평을 기고하다가, 그가 〈웨스트민스터 리뷰〉를 사들이자 부편집장으로 일하게 된다. 채프먼의 집에서 열리는 저녁 모임을 통해 그녀는 자유주의 사상을 지닌 젊은 문인들을 많이 만났는데, 그중에는 저널리스트 조지 헨리 루이스도 있었다. 그는 유부남이었고, 아내와의 사이에서 이미 4명의 자녀가 있었으나 아내가 친구와 바람을 피운 끝에 아이까지 낳자 완전히 결별한 상태였다. 그러나 당시의 이혼 금지법 때문에 이혼하지 못하고 별거한 상태였는데, 이때 엘리엇을 만난 것이었다. 엘리엇과 루이스는 많은 부분에서 사고방식이 비슷했고 곧 사랑에 빠졌다. 루이스가 사실상 전 부인과의 관계가 끝난 상태였기 때문에 엘리엇은 자신이 두 번째 아내라고 생각하고 떳떳하게 두 사람의 관계를 드러냈다. 그리고 1854년 포이어바흐의 《그리스도교의 본질》을 번역하고 펴낸 뒤 루이스와 함께 독일로 떠났다.

사실상의 결혼이었다. 두 사람은 1878년 루이스가 죽을 때까지 행복한 결혼 생활을 영위한다.

이듬해 두 사람은 영국으로 돌아와 리치몬드에 정착했다. 엘리엇은 추문투성이인 런던에서 떠나 평온한 생활을 누리면서 저술 활동과 번역 작업 등 자신의 일을 계속했다. 그해 《괴테의 생애》를 출간했으며, 정기적으로 〈웨스트민스터 리뷰〉와 루이스가 편집장으로 있던 〈리더〉에 글을 기고했다.

결혼 생활 초기 엘리엇은 '다른 사람의 남편을 데리고 달아난 여자'로 많은 추문에 휘말렸는데, 이로 인해 가족과 친지들까지 그녀에게서 등을 돌렸다. 오빠 아이작과는 의절했으며, 그녀가 죽기 얼마 전에야 관계를 회복하게 된다. 이런 상황에 고통스러워하던 그녀는 남편 루이스의 격려 속에 어린 시절의 추억을 되새기며 소설을 쓰기 시작했다. 1857년 조지 엘리엇이라는 필명으로 첫 단편소설 〈아모스 바턴 목사의 비운〉을 〈블랙우즈 매거진〉에 발표했으며, 즉시 호평을 받으면서 성공리에 작가로 데뷔했다. 이 작품을 비롯해 〈길필 씨의 러브 스토리〉, 〈자넷의 회개〉 등을 발표했고, 이 작품들은 이듬해 《목사 생활의 정경》으로 묶여 출간되었다. 어린 시절을 보낸 워릭셔 시골 마을에서의 전원적이고 향토적인 생활을 바탕으로, 역사적, 사회적 변화 속에서 살아가는 인물들의 슬픔과 고통 등을 심리 관찰 기법으로 그린 작품들이다. 이 책으로 그녀는 이후 소설의 방향을 결정지었다.

1859년에는 첫 장편소설 《애덤 비드》를 발표했으며, 첫 해에 1만 6천 부가 팔릴 정도로 어마어마한 성공을 거두었다. 해이슬로프라는 가상의 전원 마을을 배경으로 신분 상승을 꿈꾸는 시골 처녀가 경박한 신사에게 유혹당했다가 버림받는다는 진부한 소재지만, 영국 중부 지방 평범한 노동자들의 삶과 사랑을 사실적으로 그려 낸 수작이다. 종교적 신앙에 의지하지 않고도 용서와 구원에 이를 수 있다는 엘리엇의 사상을 토대로 한 작품으로, 빅토리아 시대 사고방식의 변화를 그린 사회적 사실주의의 선구적 고전으로 꼽힌다. 이듬해에도 역시 가상의 영국 전원 마을을 배경으로, 한 여성의 유년과 정체성이 환경에 의해 어떻게 형성되어 가는지를 탐구한 《플로스 강변의 물방앗간》을 발표했다.

런던 하이게이트 묘지에 있는 조지 엘리엇 기념비

그해 엘리엇은 피렌체를 여행하고 사보나롤라의 생애를 바탕으로 한 역사소설 《로몰라》를 연재하기 시작했다. 이 작품을 위해 그녀는 이탈리아를 두 차례 방문하고 당시 피렌체의 역사, 배경, 의상, 회화 등을 면밀히 탐구했으나, 그녀답지 않은 스타일로 오랫동안 혹평을 받는다. 그러나 《로몰라》의 자료 조사를 하는 동안 집필한 중편 〈사일러스 마너〉는 간결하고 완벽한 형식으로 오늘날까지 그녀의 작품 중에서 가장 높은 평가를 받는다. 1865년에는 선거법 개정을 둘러싼 폭동과 논쟁을 소재로 《급진주의자 펠릭스 홀트》를, 1870년에는 자신이 자란 코번트리를 바탕으로 한 가상의 상업도시 미들마치를 배경으로 19세기 후반 영국 지방 도시에서 일어나는 문제들을 파노라마적으로 엮은 《미들마치》를 발표했다. 1874년에는 가난한 유대인 소녀와 돈 때문에 결혼한 상류층 여인을 대비하면서 당시 풍속을 적나라하게 드러낸 《다니엘 데론다》를 발표한다. 이런 일련의 작품들에서 그녀는 19세기 산업화되어 가는 영국과 농촌 생활을 대비하고, 역사적, 사회적 변화 속에서 인물들의 생활방식 및 종교적, 지적 갈등과 심리 변화 등을 긴밀하고 사실적으로 그려 냈다.

1878년, 정신적 지주이자 그녀의 모든 생활을 관리해 주던 남편 루이스가 세상을 떠났다. 엘리엇은 집에만 틀어박혀 아무도 만나지 않았고, 남편이 완성하지 못한 《생명과 정신의 문제》 편집을 시작했다. 그리고 케임브리지 대학교 생리학과에 조지 헨리 루이스 장학금을 창설했다. 이듬해 그녀는 자신의 수입을 관리해 주던 은행가 존 월터 크로스와 점차 가까워졌고, 1880년 5월에 그와 결혼식을 올렸다. 크로스는 그녀보다 21세 연하였다. 이때 의절했던 오빠 아이작이 결혼 축하 편지를 보내면서 가족과도 관계를 회복했다. 엘리엇은 크로스와 함께 첼시에 정착했는데, 결혼한 그해 12월 22일 앓고 있던 신장병으로 자택에서 사망했다.

042

퇴폐의 시인

샤를 보들레르

Charles-Pierre Baudelaire(1821. 4. 9~1867. 8. 31)

- 프랑스
- 프랑스 상징주의 문학의 선구자로 퇴폐적이고 우울한 정서와 날카로운 필치가 특징이다.
- 《악의 꽃》, 《파리의 우울》 등

보들레르는 프랑스 낭만주의와 상징주의의 시조로 일컬어지는 시인으로, 그로부터 프랑스 현대시가 시작되었다고 여겨진다. 악덕과 죄악감, 육체적 욕망을 외설적이면서도 서정적으로 묘사하고, 우울과 실존적 권태 등을 표현한 그는 당대 프랑스 문화계에 엄청난 스캔들을 일으켰으며, 오늘날까지도 '퇴폐의 시인'으로 불리지만, 한편으로 19세기 파리 및 모더니티의 상징으로 여겨지기도 한다.

샤를 보들레르

또한 낭만주의 미술과 현대성을 새롭게 정립한 미술 비평가이기도 하며, 당대 시와 소설 비평도 활발하게 전개하면서 문학의 현대성에 새로운 방향을 제시하기도 했다.

샤를 피에르 보들레르는 1821년 4월 9일 프랑스 파리에서 태어났다. 아버지 조제프 프랑수아 보들레르는 환속한 사제로, 그가 태어났을 때 62세의 고령이었다. 어머니 카롤린느 뒤파이스는 조제프의 두 번째 부인으로 당시 28세였다.

아버지 조제프 프랑스는 신부 출신이었음에도 자유주의적 기질을 지니고 있었고, 아마추어 화가로 활동할 정도로 미술에 조예가 깊었다. 조제프는 보들레르가 6세 때 죽었으나 그의 이런 기질과 취향은 아들에게 많은 영향을 미쳤다. 보들레르는 후일 몇몇 작품을 통해 어린 시절 할아버지처럼 온화했던 아버지에 대한 애정과 사제이자 미술 애호가였던 아버지에 대한 존경심을 표현하기도 한다. 또한 자신이 미술 평론을 하게 된 것 역시 아버지의 영향이라고 밝힌 바 있다.

아버지의 이른 죽음은 다른 방향에서 보들레르의 성격에도 지배적인 영향을 미친다. 1828년에 어머니는 직업군인인 오픽 소령과 재혼하는데, 그는 엄격하고 권위적인 인물로 반항기 많고 예민했던 사춘기의 보들레르와는 잘 맞지 않았다. 보들레르는 '자신에게 고통 없이 떠올릴 수 없는 지독한 중학 시절'을 보내게 했다고 표현하면서 의붓아버지를 증오했으며, 패배감과 상실, 우울함에 젖어 자라났다.

1832년에는 오픽이 리옹으로 부임함에 따라 가족이 모두 이주했다. 보들레르는 리옹 왕립 중등학교에서 공부한 뒤 파리로 올라가 루이 르 그랑 중등학교에 진학했으나 18세 때 품행 문제로 퇴학당했다.

중등학교 시절부터 보들레르는 시인이 되고자 마음먹고 계속 시를 썼다.

그럼에도 성적은 좋았지만, 우등생은 아니었다. 예민하고 신경질적인 성격의 보들레르는 규율에 복종하기를 싫어하는 반항심 많은 학생이던 것이다. 퇴학당한 해 8월, 보들레르는 대학 입학자격고사에 합격했으며, 의붓아버지 오픽의 의견에 따라 파리 법과대학에 들어갔다. 그러나 학교는 거의 다니지 않고 문학가들과 어울리면서 방탕한 생활을 했다. 매춘부에게 다니면서 성병에 걸리고, 빚까지 지게 된다. 결국 이복형 알퐁스가 이 사실을 알게 되었고, 가족들은 그를 파리의 퇴폐적인 생활에서 떨어뜨려 놓고자 인도행 배에 태워 여행을 보냈다. 그는 모리스 섬을 거쳐 레위니옹 섬에 몇 달간 머무르면서 이국적 정취를 느끼고 시를 지으면서 보냈으나 나머지 여정을 거부하고 7개월 만에 파리로 돌아왔다.

보들레르가 사랑한 잔느 뒤발

1842년, 21세가 된 보들레르는 성년에 이르자마자 후견인인 의붓아버지가 관리하던 친아버지의 유산을 모두 돌려받았다. 그는 다시 방탕한 생활을 하면서 2년도 지나지 않아 유산의 약 절반을 써 버렸는데, 결국 놀란 가족들이 금치산 선고를 신청하여 이후부터 법정 후견인의 관리 아래 매월 돈을 타 쓰게 되었다. 이 경험은 그에게 큰 굴욕감과 패배감을 안겨 주었다. 또한 매달 받는 돈을 항상 며칠 만에 다 써 버리고 돈 문제로 후견인과 실랑이를 벌이면서, 가족, 특히 의붓아버지 오픽에 대한 원망이 더욱 깊어졌다. 1846년에는 자신의 재산 전부를 애인인 잔느 뒤발에게 물려준다는 유언을 남기고 자살 소동을 벌였고, 1848년 2월 혁명 당시에는 소총을 손에 들고 "오픽 장군을 총살하러 가자!"라고 외치며 돌아다니기까지 했다고 한다.

1845년, 보들레르는 친하게 지내던 문인들의 격려 속에 미술 비평을 시작했다. 스스로 살아갈 수 있음을 가족들에게 보여 주고, 곤궁함에서 벗어나기 위한 시도였던 듯하다. 그해 미술전에 출품된 작품들에 대한 비평을 실은《1845년 미전평》을 발표하면서 문단에 발을 들여놓았으며, 이듬해《1846년 미전평》에서 낭만주의, 색채 등에 대한 그만의 시학과 미론을 형성해 나가기 시작했다.

또한 문학 비평과 영어 소설을 프랑스어로 옮기는 작업도 했다. 무기력과 권태를 다룬 중편소설 〈라 팡파를로〉를 발표하기도 했는데, 이 작품은 그의 유일한 소설이다. 한편 사람의 감각을 고양시키는 방편을 여럿 연구했는데, 그러면서 술에 빠져들고 마리화나를 접하기도 했던 듯하다. 후일 신경흥분제로서의 포도주와 마리화나의 효능에 대한 논문을 쓰기도 한다.

1847년, 보들레르는 미국 소설가 에드거 앨런 포의 작품을 접한다. 그는 〈검은 고양이〉를 읽고 "내가 쓰고 싶었던 모든 것이 여기에 있다."라고 말하고, 포를 '자신에게 생각하는 법을 가르쳐 준 사람'이라 칭할 정도로 완전히 매료되었다. 보들레르는 이듬해부터 약 13년간에 걸쳐 포의 단편 대부분을 번역하여 프랑스에 소개한다. 미국에서 다소 낮은 평가를 받던 포는 보들레르의 번역과 비평으로 프랑스에서 높게 평가되었고, 이후 낭만주의 및 상징주의 문학의 선구자로 일컬어진다.

1857년, 근대시의 최고 걸작으로 꼽히게 될 문제작《악의 꽃》을 출간했다. 이 책은 보들레르가 남긴 유일한 시집으로, 그는 이 시집으로 후일 현대시의 시조로 불리게 된다. 여기에 수록된 작품들은 1851년경부터 다양한 제명으로 몇 편씩 발표했던 것으로, 대부분 그 무렵에 쓴 것이다. 서시 〈독자〉 및 〈우울과 이상〉, 〈악의 꽃〉, 〈반항〉, 〈술〉, 〈죽음〉의 5부 100여 편으로 이루어진 이 시집은 19세기 현대 도시화된 파리의 우울, 인간 소외, 권태와 환멸, 혼란 등을 분열적인 시각으로 그려 내고 있다. 보들레르는 그 어떤 유파에도 소속되지 않았으며, 당대 유행하던 낭만주의의 지나친 감상성과 무절제, 비이성적인 측면을 비판하는 한편, 미美를 극도로 찬양했다. 그의 시들은 낭만주의의 정신을 담고 있는 동시에 그가 비판했던 낭만주의의 결함을 뛰어넘으면서, 상징주의와 초현실주의로 가는 길을 만들었다고 평가된다. 독일의 문예학자 후고 프리드리히는 "'현대'라는 말은 보들레르 이후의 시대를 지칭한다."라고 표현했으며, 프랑스의 대문호 빅토르 위고는 "보들레르는 '새로운 전율'을 만들어 냈다."라고 극찬했다.

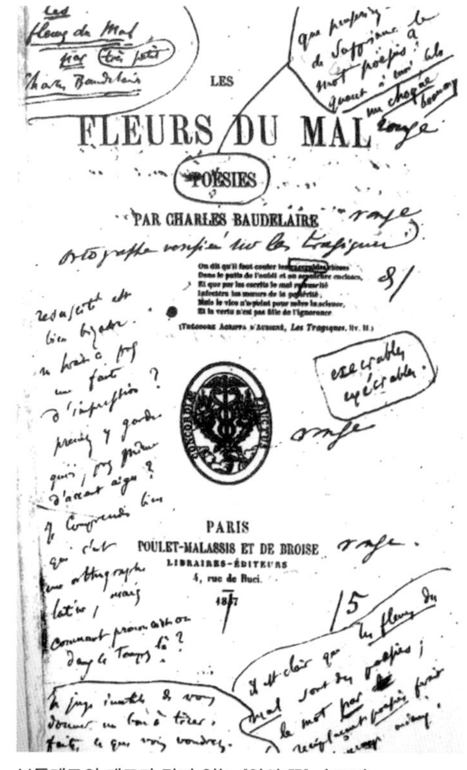
LES
FLEURS DU MAL
POÉSIES
PAR CHARLES BAUDELAIRE
PARIS
POULET-MALASSIS ET DE BROISE
LIBRAIRES-ÉDITEURS
4, rue de Buci.
1857

보들레르의 메모가 담겨 있는 《악의 꽃》 속표지

그러나 몇몇 문학가의 극찬을 받았음에도 그는 당대인 대부분에게 외설적인 필화 사건을 일으킨 시인 정도로 여겨졌다. 《악의 꽃》은 출간 즉시 풍기문란하고 비도덕적이라며 비난받았고, 결국 보들레르는 경범재판소에 기소되어 벌금형 및 6편의 시를 삭제 출간하라는 판결을 받는다. 그러나 1861년에 32편의 신작 시를 증보하여 《악의 꽃》 재판을 간행하고, 1866년에는 삭제된 6편을 비롯해 새로운 시들을 추가한 재판을 간행했다.

보들레르는 이런 사건들을 겪으면서 정신적으로 위축되고 파리 생활에 환멸을 느꼈으며, 경제적 궁핍과 매독 재발로 고통을 겪었다. 1864년, 그는 파리를 떠나 벨기에로 갔는데, 그곳에서도 원하던 문학적 명성을 얻지 못해 괴로워하고 아편에 빠져들었다. 벨기에로 간 지 2년 만에 건강이 악화되었고, 생 루 성당에 갔다가 뇌연화증으로 쓰러졌다. 이후 읽지도 말하지도 못하는 채로 파리의 요양원에서 지내다 이듬해인 1867년 8월 31일 사망했다.

보들레르의 또 다른 대표 시집《파리의 우울》은 보들레르가 여러 잡지에 발표한 산문시를 사후에 묶어 출간한 것이다. 작가 본인이 일관된 구성에 맞추어 고르고 재구성한 시집이 아닌 탓에 각 시들은 독립적이다. 보들레르는 자신이 발표한 산문시를 '리듬과 각운이 없어도 충분히 음악적이며, 서정적인 영혼의 움직임, 물결치는 상념, 의식의 경련이 유연하면서도 거칠게 표현된 시적 산문'이라고 표현했는데, 이런 그의 생각은 후일 베를렌, 말라르메 등의 상징주의 시인들에게 큰 영향을 미쳤으며, 사후에 그 문학적 가치가 재평가되었다.

043

인간의 심리에 천착한 사실주의자

표도르 도스토옙스키

Fyodor Mikhailovich Dostoevskii
(1821. 11. 11～1881. 2. 9)

❙ 러시아
❙ 19세기 러시아 사실주의 문학을 대표하는 작가로 인간 내면의 심리에 주목하며 현대소설에 큰 영향을 끼쳤다.
❙ 《악령》, 《카라마조프 가의 형제들》 등

도스토옙스키를 낳았다는 것만으로도 러시아 민족의 존재는 정당화될 수 있다.

표도르 도스토옙스키

러시아의 존경받는 사상가 니콜라이 베르자예프는 이렇게 말했다. 또한 니체는 도스토옙스키를 일컬어 자신에게 무언가를 가르쳐 준 '단 한 사람의 심리학자'라고 칭했으며, 헨리 밀러는 "사실상 신을 창조했다."라고 말했다. 톨스토이와 함께 러시아 문학을 대표하는 19세기의 소설가 도스토옙스키는 청년 시절부터 '인간이라는 비밀'을 해명하는 것을 자신의 문학적 과제라고 표명하면서 인간 내면의 심리를 천착함으로써 현대소설의 새로운 가능성을 열었다. 그의 작품 세계는 비단 문학이나 예술뿐만이 아닌 사상가와 정신분석학자, 과학자들에게까지 영향을 미치며 20세기 사상과 문화에 큰 영향을 미쳤다.

표도르 미하일로비치 도스토옙스키는 1821년 11월 11일(러시아 구력 10월 30일) 모스크바에서 태어났다. 아버지 미하일 안드레예비치 도스토옙스키는 귀족 가문의 자손이었으나 빈민 구제 병원에서 의사로 일했고, 엄격하고 가부장적이며 종교적인 인물이었다.

16세 때 어머니가 세상을 떠난 뒤 표도르는 형 미하일과 함께 아버지의 뜻에 따라 상트페테르부르크로 가서 육군 공병학교에 지원했다. 그러나 형 미하일은 신체검사에서 탈락하여 표도르 혼자서만 기숙학교 생활을 하게 되었다. 아버지 미하일은 그 후 의사를 그만두고 딸들과 함께 영지인 다로보예 마을로 내려가 살다가 표도르가 18세 때 농노들에게 살해당했다. 표도르는 19세 때 하사관으로 임명되었지만, 공병학교 시절부터 군 생활과 잘 맞지 않아 당구를 치러 다니고 발레 공연을 보러 가곤 했으며, 빅토르 위고, 라신, 괴테 등의 책을 읽으며 보냈다. 습작도 틈틈이 해서 당시 미완성 희곡 〈메리 스튜어트〉와 〈보리스 고두노프〉를 썼다고 하나 현재 전하지는 않는다. 또한 이 시기에 이미 아버지의 영지에서 나오는 돈과 배당금으로 수입이 충분했음에도 무절제한 생활로 빚을 많이 지고 있었다. 그는 평생 낭비벽으로 고생했지만 이런 습관에서 벗어나려고 노력하지 않았다.

21세 때 공병학교를 졸업하고 이듬해부터 공병국 제도실에서 근무했는데, 이때 돈에 쪼들려 발자크의 《외제니 그랑데》를 번역하기도 한다. 이듬해에는 재정 상태가 악화된 나머지 토지와 농노에 대한 유산 상속권을 일

시금을 받고 팔아 버렸다. 그해 도스토옙스키는 소설가가 되기로 하고 제대하여 《가난한 사람들》 집필을 시작했다. 원제인 '**Бедные люди**'은 '가난한', '가엾은', '불행한'이라는 복합적인 의미를 내포한 단어이며, 도시 뒷골목에 사는 사람들의 사회적 비극과 내면적 갈등을 다룬 작품이다. 도스토옙스키는 이 작품을 완성하고 친구에게 보여 주었는데, 그 친구를 통해 시인이자 비평가였던 니콜라이 네크라소프가 보게 되었고, 네크라소프는 밤새 원고를 읽고 감동하여 새벽녘에 도스토옙스키의 집으로 왔다고 한다. 이후 네크라소프가 당대 유망한 사상가였던 벨린스키에게 이 작품을 보여 주었고, 도스토옙스키는 '새로운 고골'이 등장했다는 찬사를 받으며 화려하게 문학계에 등장했다. 그리고 곧바로 몇 건의 계약을 맺고 《분신》, 《여주인》, 《아홉 통의 편지로 된 소설》 등을 잇달아 집필한다.

도스토옙스키는 《가난한 사람들》에서 빈곤층과 관련한 사회적 불평등 및 제반 문제들을 보여 주기보다는 가난이 인간에게 미치는 영향, 즉 환경적 요건으로 인한 인간의 심리를 그려 내는 데 중점을 두었다. 그는 평생 다양한 극적 상황을 중심으로 인간의 내면에서 무슨 일이 벌어지는지 탐구했으며, 스스로를 '보다 높은 차원에서 사실주의자'라고 일컬었다. 즉 그에게 있어 사실주의는 외부 환경에 대한 객관적 묘사가 아니라 인물의 내면을 '사실적'으로 탐구하고 묘사하는 것이었다.

1848년, 도스토옙스키는 미하일 페트라솁스키의 집에서 사회주의자 F. M. 푸리에의 강연을 듣고 흥미를 느낀다. 이후 페트라솁스키의 집에서 정기적으로 열리는 문학 모임에 참석했는데, 이 때문에 1849년 4월 23일 체포되었다. 그는 총살형을 선고받고 사형장까지 끌려갔으나 형 집행 직전에 황제의 특별사면으로 감형되어 시베리아로 유형을 떠났다. 그는 4년간 시베리아 강제 노동수용소에서 쇠사슬에 묶인 채 강제 노역을 했고, 이후

상트페테르부르크에 있는 도스토옙스키의 연구실

4년간은 몽골 국경선 근처 시베리아 변경 초소에서 사병으로 복무했다.

1857년, 도스토옙스키는 시베리아 유형 중에 만난 마리아 이사예바와 결혼했다. 시베리아 유형을 온 정치범 남편을 따라온 그녀는 남편이 죽은 후 도스토옙스키와 다른 젊은 교사를 놓고 저울질하고 있었다. 도스토옙스키는 자신이 장교이며 소설가로서의 성공이 보장되어 있다는 점을 들어 결혼에 성공했으나 결혼 생활은 불행했다. 생활은 가난했고, 정치범인 그가 소설을 출간하려면 당국의 허가를 받아야 했으며, 여기에다 어렵게 결혼한 만큼 늘 아내에 대해 전전긍긍하고 의심했기 때문이었다.

1857년 12월, 도스토옙스키는 간질 증세로 복무가 어렵다는 진단을 받고, 1859년에 제대했다. 상트페테르부르크로 돌아와서 형 미하일과 함께 문예 잡지 〈시대〉를 창간하고, 편집자 모임을 결성하여 당대 지식인, 문학가 들과 교류했다. 그리고 〈시대〉 지에 시베리아 유형 생활을 바탕으로 한 《죽음의 집의 기록》, 상트페테르부르크 상류 사회의 이중적 삶과 하층민의 고통스런 삶을 그린 《학대받은 사람들》 등을 발표하면서 문단에 복귀했다.

1861년, 러시아에서는 농노 해방령이 시행되고, 이후 수년간 정치적 반동의 시대가 이어졌다. 도스토옙스키는 이런 일들과 관계없이 그해 6월 서

유럽 여행길에 올라 베를린, 드레스덴, 프랑크푸르트, 쾰른, 파리, 런던, 피렌체 등지를 여행했다. 그러나 여행에서 아무 감흥을 느끼지 못한 그는 피렌체에서 우피치 미술관도 들르지 않고 숙소에 틀어박혀 빅토르 위고의 《레 미제라블》을 읽었다고 한다. 여행에서 돌아오자 아내는 지병인 결핵이 악화되어 죽음이 멀지 않은 상태였다. 그럼에도 그는 폴리나 수슬로바라는 20세의 작가 지망생과 사랑에 빠졌다. 그러고는 당국으로부터 〈시대〉 지의 발행 금지 처분을 받자 이와 간질병 요양을 빌미로 다시 유럽 여행길에 올랐다. 수슬로바와의 연애 역시 그녀가 바람을 피우면서 파탄 났고, 여행길에 도박 빚까지 졌다.

그는 돈을 융통하려고 《지하생활자의 수기》, 《노름꾼》, 《죄와 벌》 등을 집필했다. 여행에서 돌아온 지 6개월 후 아내가 죽었으며, 그로부터 한 달 후 사랑하고 의지했던 형 미하일까지 사망했다. 형과 함께 재창간했던 〈세기(에포하)〉 지도 완전히 실패하여 폐간했고, 노름으로 거액의 빚을 지는 등 생활은 악화일로를 걸었다. 결국 도스토옙스키는 출판업자 스첼롭스키에게 3천 루블을 받고 모든 작품의 저작권을 팔았다.

1867년, 《노름꾼》을 정서해 준 속기사 안나 그레고리예브나와 재혼했으나, 빚쟁이들의 시달림을 피해 해외로 도피해야만 했다. 그 와중에도 도스토옙스키는 도박과 사치에서 벗어나지 못해 또 빚을 졌고, 허영심과 오만한 기질 역시 수그러들지 않았다. 제네바에서 아이가 태어나자 생활비 때문에 선인세를 받고 《백치》, 《악령》 등을 집필했다. 그는 《악령》 2회 분량을 연재했을 때 원고를 받지 못할 것을 우려한 출판업자의 도움으로 마침내 1871년 5년 만에 상트페테르부르크로 돌아올 수 있었다.

《악령》은 성공을 거두었고, 그는 새로 창간된 〈시민〉 지의 편집 일을 맡으면서 다소 안정된 생활을 누릴 수 있게 되었다. 무엇보다 헌신적이었던

도스토옙스키의 메모가 담겨 있는 《악령》의 한 페이지, 그의 아내 안나

아내 안나 덕이기도 했다. 안나는 《악령》부터 남편의 작품을 직접 출간하고, 그로 인한 수입을 관리했다. 이 때문에 도스토옙스키는 별다른 풍파를 겪지 않고 작품 활동을 할 수 있었다. 여러 편의 에세이를 모은 《작가 일기》를 발표하면서부터는 대중적으로 큰 인기를 끌어 인생의 멘토 역할을 하는 작가로서의 지위를 누리기도 했다. 그리고 1880년, 작가 생활의 집대성이라 할 만한 작품 《카라마조프 가의 형제들》을 발표하면서 그는 당대 가장 위대한 작가로 일컬어졌다.

도스토옙스키는 이듬해 1월 말부터 몇 차례 각혈을 하다 2월 9일(러시아 구력 1월 28일) 갑작스레 숨을 거두었다. 시신은 알렉산드르 넵스키 수도원 묘지에 안장되었는데, 장례식에는 '상트페테르부르크에서 유례없을 만큼 대중들의 슬픔이 두드러진 의식'이라고 할 정도로 많은 사람들이 애도 행렬을 이었다고 한다.

044

현대를 연 문체의 거장

귀스타브 플로베르

Gustave Flaubert(1821. 12. 12~1880. 5. 8)

- 프랑스
- 19세기 프랑스의 소설가로 세밀하고 치밀한 관찰과 묘사가 특징이며, 사실주의의 완성자라고 평가된다.
- 《보바리 부인》, 《감정 교육》, 《성 앙투안의 유혹》 등

보들레르가 《악의 꽃》으로 시에 있어 현대를 열었다면, 귀스타브 플로베르는 《보바리 부인》으로 소설에 있어 현대를 열었다. 사실주의의 완성자라고 평가되는 한편, 문학을 언어의 문제로 환원시킨 최초의 작가로서 누보 로망의 원류로 여겨진다. 또한 '문체의 거장'으로도 불리는데, 5, 6년에 한 작품 꼴로 작품을 발표한 것 역시 '가장 적절한 한 단어'를 찾고자 문체를 고치고 또 고쳤기 때문이다. 영국 소설

귀스타브 플로베르

가 줄리언 반즈는 《플로베르의 앵무새》에서 플로베르에 대해 이렇게 이야기한다.

최초의 현대소설가. 사실주의의 아버지. 낭만주의의 파괴자.

귀스타브 플로베르는 1821년 12월 12일 프랑스 루앙에서 태어났다. 아버지 아쉴 클레오파스 플로베르는 외과의사였으며, 집안은 대대로 의사를 한 부르주아 계층이었다. 2남 1녀 중 둘째로, 귀스타브가 태어났을 때 형 아쉴은 8세였다. 그가 4세 때 여동생 카롤린이 태어났는데, 카롤린과는 일평생 매우 친밀한 관계를 유지했다. 플로베르는 뛰어난 관찰력으로 사물의 모습을 냉정하고 사실적으로 묘사함으로써 사실주의 문학을 완성했다고 여겨지는데, 이런 과학적 성향은 외과의사였던 아버지와 집안 분위기 덕분인 듯하다. 그런 한편으로 감수성과 상상력이 풍부하고 예민한 성격으로 늘 내면의 고독에 시달렸다. 본인이 부르주아 출신이었음에도 안락한 생활과 부르주아 계층을 혐오한 것으로도 유명하다.

12세 때 루앙 왕립 중등학교에 들어갔으며, 20세 때 대학 입학자격고사에 합격하고 이듬해 파리 법과대학에 진학했다. 그러나 법률 공부에는 관심이 전혀 없었다. 학창 시절부터 본격적으로 글을 쓰기 시작했는데, 11세 때 첫 작품 〈코르네유 찬미〉를 쓴 이래로, 16세 때 몇 편의 콩트를 썼으며, 18세 때 《광인일기》라는 자전적 수기를 집필할 정도였다. 《광인일기》에는 그가 15세 때 만난 출판업자의 부인 엘리사 쉴레징제에 대한 연정이 일부 표현되어 있는데, 내성적인 성격의 그는 그녀에 대한 사랑을 마음속으로만 간직했으며, 간간히 그녀의 모습을 자신의 작품 속 여인들에게 투영했다. 파리의 도시적인 분위기 역시 그에게는 재미가 없어서, 법과대학 시절 그는 종종 숲이나 강 등이 보이는 곳으로 쏘다니거나 근교로 여행을 하곤 했다.

대학에 들어간 이후에도 플로베르는 글쓰기를 계속했다. 대학 입학 기념으로 떠난 코르시카 여행에서 그는 유부녀인 욀랄리 푸코와 하룻밤의 짜릿한 불륜을 경험하는데, 이 사건은 《11월》이라는 수기 형식의 글의 제재가 되었다. 2학년 무렵에는 첫 번째 《감정 교육》을 쓰기 시작했다.

플로베르가 본격적으로 문학에 전념할 수 있게 된 것은 1844년의 사건 때문이다. 당시 23세였던 그는 형 아쉴과 어머니의 사유지에 가던 중에 간질 발작을 일으켰다. 이때의 사건에 대해 그는 '거세게 타오르는 불길 속에서 내동댕이쳐지는 듯한 느낌'을 받고 돌연 쓰러졌다고 표현했다. 아버지의 병원으로 실려 갔으나 며칠 동안 간헐적으로 발작을 일으켰고, 결국 그는 대학을 중퇴하고 고향에서 요양을 하면서 문학에만 전념할 수 있게 되었다. 이 발작은 갑작스러운 것이 아니었던 듯하다. 플로베르는 어린 시절에 환청과 환영을 겪고 때때로 발작을 일으켰던 듯한데, 때문에 자주 요양 삼아 여행을 다닌 것으로 보인다. 이런 여행에는 의사가 동행하기도 했다. 청소년기부터 앓아온 정신병적 증상, 혹은 히스테리로 인해 염세주의적 성향과 우울증이 생겼으며, 병 때문에 정상적인 일에 종사할 수 없다고 여겨 문학에 투신하기로 했다고 보는 견해도 있다. 요양 기간에 그는 가족들과 함께 여행을 다녔고, 그런 한편 《감정 교육》(이 1고는 플로베르가 죽고 나서 무려 30년이나 지난 후에야 출판이 이루어졌다)을 완성했다.

1846년에 아버지가 세상을 떠나고, 그로부터 2, 3개월 뒤에 사랑하는 누이동생 카롤린이 딸 카롤린을 낳고 세상을 떠났다. 그는 모든 것을 버리기로 하고, 집안 영지가 있는 루앙 근교 센 강변의 크루아세 지역에 틀어박혔다. 그곳에서 어머니와 함께 조카 카롤린을 키우며 이따금 여행을 하거나

샤를 알베르 르부르, 〈루앙 옆, 크루아세 지방의 센 강가〉 플로베르가 어머니, 조카와 함께 살던 곳이다.

파리에 가서 공쿠르 형제, 조르주 상드, 테오필 고티에, 투르게네프 등 문인 친구들을 만나고 왔다. 또한 시인 루이즈 콜레와 10여 년간 만남과 결별을 반복하며 격정적인 연애를 이어 나갔다.

1849년, 플로베르는《성 앙투안의 유혹》을 완성했다. 19세기 사실주의 문학의 시작을 알린 작품으로 평가되는 이 희곡소설은, 수도승 앙투안이 수행을 하면서 무의식과의 분열을 겪고, 일곱 가지 원죄와 관련된 욕망의 환영을 경험하는 모습을 그리고 있다. 앙투안의 삶을 통해 플로베르는 19세기에 들어서 일어난 화두인 육체와 정신, 무의식과 의식, 종교와 과학 등의 대립 및 관계에 대한 방대한 지식을 검토하고 다각도로 조명한다.

또한 그해 플로베르는 친구 막심 뒤 캉과 함께 여행길에 올라 2년여간 이집트, 팔레스타인, 시리아, 베이루트, 예루살렘, 콘스탄티노플, 그리스, 이탈리아 등을 여행했다. 여행 도중 그는 장편소설《보바리 부인》의 착상을 시작하여 크루아세의 집으로 돌아와 집필을 시작했다. 그리하여 5년 만인 1856년《보바리 부인》을 완성하고, 〈르뷔 드 파리〉 지에 게재했다.

《보바리 부인》은 시골 의사 보바리의 부인이 된 농부의 딸 엠마가 결혼 생활에 권태를 느끼고, 자신이 품고 있던 이상적인 연애와 결혼에 대한 환상을 충족시키고자 다양한 남자들의 정부가 되는 과정을 그린다. 순진한 엠마는 결국 남자들에게 차례로 버림받고 급기야는 빚쟁이에게 시달린 나머지 음독자살을 택한다.

플로베르는 이 작품에서 감정적 묘사를 극도로 자제하고, 세밀하고 치밀한 관찰과 묘사를 통해 평범할 법한 인물에게 독특한 개성을 부여하고, 입체감 있게 재현해 냈다. 그러면서도 인물 하나하나가 가진 보편성을 놓치지 않으면서 각 개인이 특정 인물상의 전형典型을 획득하게끔 했다. 또한 한 시점에서는 전지적 작가 시점에서 벗어나, 한 시점에 한 공간만을 표현하는 제한된 시점을 사용하여 일어난 일을 (불친절하리만큼) 있는 그대로 전달했다. 그런 한편 인물의 내면을 탐색하는 수법을 사용함으로써 작품 전체를 입체적으로 구성하여 독자들에게 보다 생생하게 이야기를 전달했다. 이런 기법으로 플로베르는 소설에 있어 '현대'를 열었다는 평가를 받게 되었다. 에밀 졸라는 이 작품에 대해 '문학 전체에 있어 하나의 근본적인 변혁'이라고 일컬으며, "400쪽에 불과한 단 한 편의 소설 속에 발자크의 거대한 작품 속에 있는 근대소설 기법이 형상화되어 있다. 새로운 예술이 드디어 그 방법을 발견했다."라고 평했다.

그러나《보바리 부인》은 〈르뷔 드 파리〉의 편집장이자 친구인 뒤 캉이 노골적인 장면 일부를 삭제하고 실었음에도, 발표 직후 '도덕과 종교를 모욕'했다는 혐의로 작가와 편집자 등이 기소되면서 외설 논란에 휩싸였다.

루앙에 있는 플로베르 무덤

각고의 노력 끝에 플로베르는 무죄 판결을 얻어내고, 단행본으로《보바리 부인》을 출간했다. 스캔들로 인해 출간 전부터 화제가 되었던지라 소설은 큰 성공을 거두었고, 플로베르는 일약 유명세를 타게 되었다.

1863년에는 고대 카르타고를 배경으로 한 작품《살람보》를 발표했다. 로마와 카르타고 사이에 벌어진 1차 포에니 전쟁 이후 카르타고 측 용병들의 반란과 진압 과정을 그리고 있는데, 스러져 간 고대 문명에 대한 낭만적 색채가 짙은 작품이다. 하지만 플로베르답게 철저한 자료 조사와 현장 조사를 토대로 사실적이고 치밀한 문장이 돋보이는 사실주의 작품이다.

1869년에는 청년 시절 집필했던《감정 교육》을 개작하여 출간했으나 그리 좋은 평을 듣지는 못했다. 실망한 그는 그해 프랑스와 프로이센 간에 전쟁이 발발하자(보불 전쟁) 군대에 들어가 잠시 복무한다.

1876년, 애증의 연인이었던 루이즈 콜레가 사망했다. 두 사람은 오랜 세월 만남과 이별을 반복했으며, 심지어 루이즈가 플로베르를 공격하는《그 남자》를 발표하기까지 하는 등 파란만장한 연애를 이어 온 관계였다. 그리고 그해에는 친구인 조르주 상드도 사망했다. 게다가 사랑하는 조카딸의 파산을 막고자 재산을 처분하는 등 좋지 못한 일이 이어지자 플로베르는 우울증이 더 심화되었고, 건강도 점점 나빠졌다. 1877년, 플로베르는 잠시 중단했던《부바르와 페퀴셰》의 집필에 몰두했으나, 1880년 5월 8일 뇌일혈로 쓰러져 사망하면서 이 작품은 미완으로 남게 되었다.

045

현대극의 아버지

헨리크 입센

Henrik Johan Ibsen(1828. 3. 20~1906. 5. 23)

| 노르웨이

| 연극을 통한 시대의 감독관을 자처하며 현실 세계의 문제를 고민하고 이를 개혁하기 위해 노력했다.

| 〈브란트〉, 〈인형의 집〉, 〈페르 귄트〉 등

헨리크 입센은 노르웨이의 극작가로, 현대 사실주의 연극 혹은 시민 연극의 장을 열었으며, 현대극의 아버지라고 불린다. 현대극은 입센의 〈인형의 집〉이 발표된 1879년 12월 4일에 시작되었다고 말하기도 한다. 입센은 연극은 사회의 거울이자 시대의 감독관으로 기능해야 한다는 생각 아래 당대의 사회 문제를 드러내고 파헤쳤다. 그는 "인생은 마음속에 있는 환영이다."라고 말하면서, 늘 현실 세계의 문제를 고민하고 당대인이 가지고 있던 관념에 도전하고 개혁하기 위해 노력했다.

헨리크 요한 입센은 1828년 3월 20일 노르웨이의 남쪽 지역 텔레마르크주 시엔에서 태어났다. 아버지 크누트 입센은 대상인으로, 부유한 어린 시절을 보냈으나 성장기는 순탄치 않았다. 8세 때 아버지가 파산하면서 가족들이 뿔뿔이 흩어졌고, 15세 때 그림스타드 인근의 약제사 아래에 들어가 도제로 일하면서 학대와 멸시, 굶주림 속에서 힘든 나날을 보냈다고 한다. 그는 그런 상황 속에서 크리스티아니아(지금의 오슬로) 의과대학에 진학하고자 밤에는 혼자 공부를 하고, 신문에 풍자만화와 시를 기고하기도 했다. 그림과 글재주는 어머니 쪽의 재능을 물려받은 것이라고 한다. 또한 이 시기에 라틴어를 공부하면서 로마 시대 웅변가들의 연설을 읽고 감동하여, 로마 공화정 말기를 배경으로 혁명가가 주인공인 영웅적인 역사극 〈카틸리나〉를 써서 자비로 출판했다. 1848년에는 파리의 2월 혁명을 전해 듣고 감동받아 산문과 시를 썼고, 그중 한 편을 국왕에게 헌정하기도 했다.

헨리크 입센

21세 때 입센은 대학 입학시험 준비를 위해 크리스티아니아 지역으로 올라왔으나 이듬해 시험에서 낙방했다. 그해 9월에는 그림스타드 지방 부르주아의 생활을 풍자한 〈전사의 무덤〉을 크리스티아니아 극장에서 상연했는데, 대단한 반향을 일으키지는 못했다. 그러나 그는 이후 대학 진학을 포기하고 작가의 길에 들어서기로 결심한다. 한편 정치와 사회 문제에도 관심이 많았던 입센은 노동단체에 가입하고, 친구들과 사회주의 경향의 주간

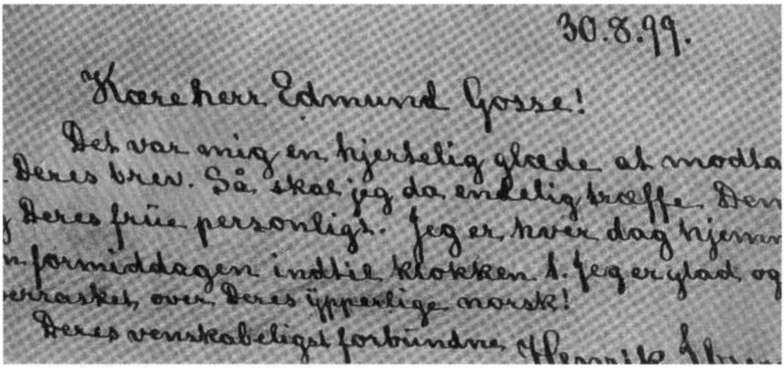

30.8.99.
Kære herr Edmund Gosse!
Det var mig en hjertelig glæde at modta
Deres brev. Så skal jeg da endelig træffe. Den
Deres frue personligt. Jeg er hver dag hjem
formiddagen indtil klokken 1. Jeg er glad og
overrasket over Deres ypperlige norsk!
Deres venskabeligst forbundne,

입센이 영국 문학비평가 에드먼드 고스에게 보낸 편지

지 〈사람〉을 발행하는 등 정치, 사회 개혁운동을 활발히 했다. 때문에 급진 세력으로 옥고를 치르기도 한다.

1851년, 입센은 베르겐에 있는 국민극장에서 극작가이자 무대감독으로 일하게 되었고, 〈에스트로트의 잉겔 부인〉, 〈솔하우그에서의 향연饗宴〉, 〈헤르게트란의 전사戰士〉 등을 집필했다. 1857년에는 크리스티아니아에 신설된 노르웨이 극장으로 자리를 옮겼으며, 5년 후 극장이 경영난으로 폐쇄될 때까지 이곳에서 극작가이자 무대감독으로 일한다.

그해에 입센은 소설가 막다린느 토레센의 양녀인 수산나 토레센과 결혼했는데, 여성 해방운동가들과 교류하던 그녀의 영향을 받아 여성 문제에 관심을 가지게 되었다고 한다. 결혼 후 입센은 최초의 현대극으로 꼽히는 〈사랑의 희극〉을 집필했다. 여기에서 그는 양성 평등 문제를 제기하고, 결혼은 사랑이 바탕이 된 자유연애에 기초해야 한다는 것을 강조했다. 그러나 이 작품을 제외하고, 입센은 아이슬란드 고대 및 중세의 역사, 설화 등을 바탕으로 한 작품이나 셰익스피어와 빅토르 위고, 홀베르그 등 과거 위대한 극작가들의 형식을 따른 작품을 썼을 뿐 독창적이라 할 만한 작품은 쓰지 못했다.

1864년부터 입센은 고국을 떠나 로마, 드레스덴, 스톡홀름 등 유럽 대륙을 여행하며 지냈다. 대극작가들의 형식을 답습할 뿐 자신만의 독창적인 방식을 찾지 못한 데 대한 우울함, 어느 정도 자리는 잡았으나 신진 작가들에게 밀리는 상황에 경제적인 어려움까지 겹쳐 괴로웠기 때문이다. 그러나 고국을 떠날 당시의 입센은 이 여행이 30여 년이나 계속되리라고는 짐작하지 못했다.

로마에 정착한 입센은 2년 후 극단적 이상주의자 브란트의 투쟁과 실패를 통해 노르웨이 사회의 위선을 고발하는 비극 〈브란트〉를 썼다. 이 작품은 노르웨이 문학의 대표적 작품으로 꼽힐 만큼 크게 성공했으며, 입센에게 명예와 경제적인 안정을 선사해 주었다. 다시 2년 후 입센은 부와 쾌락, 모험을 추구하는 인간의 방랑과 고난을 통해 부와 권력 같은 허상을 좇는 근대인의 황폐한 정신과 야망의 덧없음을 보여 준 〈페르 귄트〉를 발표했다. 발표 직후 이 작품은《파우스트》와 같은 거대한 스케일의 극시라는 찬사를 받는 동시에 극시의 형식을 따르지 못하고 있다는 비난, 무절제하고 나약하기 그지없는 주인공 페르 귄트의 성격에 대한 비난 등 많은 논란을 불러일으켰다. 1868년에 드레스덴으로 거처를 옮긴 입센은 산문극 〈청년 동맹〉, 로마 사극 〈황제와 갈릴리인〉을 완성했다.

이탈리아와 독일에 거주하는 동안 입센은 정치, 사회적 문제점을 해부하는 사회극으로 자신의 희곡 형식을 완성해 나갔다. 그리고 1877년 중산층 도덕의식의 허위성을 파헤친 최초의 사회극 〈사회의 기둥〉을 완성했다. 이 작품은 현대의 생활 모습을 통해 사회 문제를 보여 주는 최초의 사실주의 극으로, 이후 현대 연극의 형식과 소재를 규정지었다고 평가받고 있다. 이듬해 베를린의 극장들에서 이 작품이 공연되면서 입센은 독일 및 영국에서

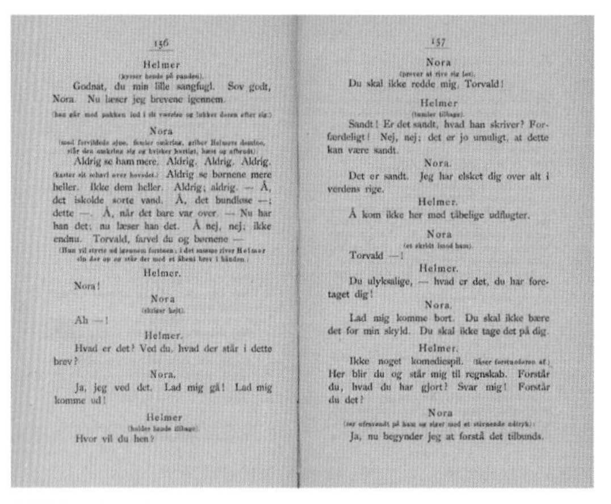

156

Helmer
(kysser hende på panden).
Godnat, du min lille sangfugl. Sov godt, Nora. Nu læser jeg brevene igennem.
(han går med pakken ind i sit værelse og lukker døren efter sig.)

Nora
(med forvildede øjne, famler omkring, griber Helmers domino, slår den omkring sig og hvisker hurtigt, hæst og afbrudt):
Aldrig se ham mere. Aldrig. Aldrig. Aldrig. (kaster sit schavl over hovedet.) Aldrig se bornene mere heller. Ikke dem heller. Aldrig; aldrig. — Å, det iskolde sorte vand. Å, det bundløse —; dette —. Å, når det bare var over. — Nu har han det; nu læser han det. Å nej, nej; ikke endnu. Torvald, farvel du og bornene —
(Hun vil styrte ud igennem forstuen; i det samme river Helmer sin dør op og står der med et åbent brev i hånden.)

Helmer.
Nora!

Nora
(skriger højt).
Ah —!

Helmer.
Hvad er det? Ved du, hvad der står i dette brev?

Nora.
Ja, jeg ved det. Lad mig gå! Lad mig komme ud!

Helmer
(holder hende tilbage).
Hvor vil du hen?

157

Nora
(prøver at rive sig løs).
Du skal ikke redde mig, Torvald!

Helmer
(tumler tilbage).
Sandt! Er det sandt, hvad han skriver? Forfærdeligt! Nej, nej; det er jo umuligt, at dette kan være sandt.

Nora.
Det er sandt. Jeg har elsket dig over alt i verdens rige.

Helmer.
Å kom ikke her med tåbelige udflugter.

Nora
(et skridt imod ham).
Torvald —!

Helmer.
Du ulyksalige, — hvad er det, du har foretaget dig!

Nora.
Lad mig komme bort. Du skal ikke bære det for min skyld. Du skal ikke tage det på dig.

Helmer.
Ikke noget komediespil. (låser forstuedøren af.) Her blir du og står mig til regnskab. Forstår du, hvad du har gjort? Svar mig! Forstår du det?

Nora
(ser ufravendt på ham og siger med et stivnende udtryk):
Ja, nu begynder jeg at forstå det tilbunds.

〈인형의 집〉 대본

유망한 극작가이자 연출가로 이름을 날리게 되었다.

1879년에는 '아내, 어머니이기 이전에 한 사람의 인간으로 살겠다'라는 여인 노라의 각성 과정을 그린 최초의 페미니즘 연극 〈인형의 집〉을 발표했다. 자아를 찾기 위해 가정과 자식을 버리고 집을 나간 주인공 노라의 행동은 당시로서는 센세이션하기 이를 데 없었고, 발표 직후부터 이 작품은 결혼과 가정의 성스러움을 파괴한다는 등의 거센 논란에 직면했다. 1881년에 발표한 〈유령〉은 〈인형의 집〉의 주요 논란에 대한 답으로, '노라가 사회의 인습에 타협하고 다시 집으로 돌아온다면'이라는 전제에서 출발한다. 이 작품은 전작보다 더 사회의 인습과 도덕관념에 도전한 문제작으로 평가받으며, 각지에서 상연 금지 조치를 받기도 했다. 〈유령〉 역시 비난에 휩싸이자 입센은 사회의 집단이기주의를 그려 낸 〈민중의 적〉이라는 다소 노골적인 작품을 발표하기도 했다. 〈인형의 집〉과 〈유령〉, 두 편은 이후 근대 사상과 여성 해방운동에 깊은 영향을 끼친다.

입센은 이 시기에 일련의 작품들을 통해 이전의 대작가들이 만들어 놓은 형식을 타파하고 새로운 형식을 창출해 냈다. 극적인 소재에서 현대인의 일상을 소재로, 이상주의적인 인물들은 평범한 개인들로, 인위적인 무대 형식 역시 평범한 현대의 일상을 묘사하는 방식으로 바뀌었다. 마찬가지로 이상주의적, 감상주의적 주제 역시 일상적인 관념의 당위성을 묻는 현실적인 것으로 옮아가게 했다. 또한 방백이나 독백처럼 직접적으로 자신의 심리를 드러내기보다는 장치나 의상, 성격, 상황 등을 통해 섬세하게 인물의 심리를 표현했다. 이런 사실주의적 수법은 관객들로 하여금 잘 만들어진 연극 한 편을 보고 있다기보다는 현실에서 일어나는 모든 사건을 실제로 눈앞에서 보고 있는 듯 느끼게 하고, 무대의 상황에 공감하고, 자신의 주변 세계를 성찰하게 만들었다.

1884년에 발표한 〈들오리〉는 이런 입센의 연극 요소가 완벽에 가까울 정도로 집약된 작품이라는 평가를 받고 있다. 또한 〈로즈메르솔름〉, 〈바다에서 온 부인〉, 〈헤다 가블레르〉 등을 통해 입센은 사회와 개인의 문제를 심도 있게 다루었다. 입센은 특히 가정에서 일어나는 비극 혹은 개인의 비극은 운명적인 것이 아니라 근본적으로 사회의 인습과 결부되어 있음을 보여 주었는데, 때문에 그의 작품들은 가정극이라고 불리기도 한다. 말년에는 〈대건축가 솔네즈〉, 〈우리들의 사자死者가 소생할 때〉와 같이 인간의 운명에 작용하는 인생의 신비한 힘들을 상징을 통해 표현하는 작품들을 쓰기도 했다.

1899년, 〈우리들의 사자가 소생할 때〉를 발표한 뒤 점차 건강이 쇠약해진 입센은 1905년 병세가 극도로 악화되었고, 이듬해 5월 23일에 동맥경화와 전신마비로 사망했다.

046

러시아 사실주의 문학의 정점
레프 톨스토이

Lev Nikolayevich Tolstoy(1828. 9. 9~1910. 11. 20)

| 러시아
| 러시아 문학을 대표하는 대문호로 역사와 개인 삶의 모순을 분석하며 러시아 문학과 정치에 큰 영향을 끼쳤다.
| 《안나 카레니나》, 《전쟁과 평화》, 《부활》 등

러시아 문학을 대표하는 대문호 톨스토이는 도스토옙스키와 함께 19세기 러시아 사실주의 문학의 정점이자 혁명의 거울, 위대한 사상가로 여겨지는 인물이다. 안톤 체호프는 "톨스토이는 모든 이를 대변한다. 그의 작품은 사람들이 문학에 거는 기대와 희망을 모두 충족시켜 준다."라고 말했으며, 막심 고리키는 "한 세기에 걸쳐 체험한 것의 결과를 놀랄 만한 진실성과 힘과 아름다움으로 표현했다."라고 말하며 톨스토이를 '세계 전체'라고 일컬었다.

레프 니콜라예비치 톨스토이는 1828년 9월 9일(러시아 구력 8월 28일) 러시아 남부 야스나야 폴랴나에서 태어났다. 아버지는 니콜라이 톨스토이 백작, 어머니는 볼콘스키 공작가의 상속녀인 마리야 니콜라예브나이다. 출생

지인 야스나야 폴랴나는 어머니가 지참금으로 가져온 영지였다.

레프 톨스토이

그가 3세 때 어머니가 여동생을 낳다 산욕열로 죽었고, 9세 때 아버지까지 길거리에서 급사하자 그는 후견인인 고모 집에서 자랐다. 가정교사에게 교육을 받았으며, 16세 때 카잔 대학교 동양어대학 아랍-터키어과에 입학했지만 공부에는 그다지 흥미가 없어 학위를 받지 못하고 중퇴했다. 러시아의 정통 귀족답게 사교계를 들락거리며 방탕하게 생활하고, 형과 함께 모스크바와 상트페테르부르크를 자주 여행했다.

1849년, 상트페테르부르크 대학교 법학사 자격검정시험을 보았으나 중도 포기하고, 고향으로 돌아와 난잡하게 지낸 지난 3년을 반성하며 일기를 쓰기 시작했다. 이듬해에는 형 니콜라이의 뒤를 따라 캅카스로 가서 군에 자원입대했으며, 이 시기를 전후로 본격적으로 습작을 했다. 그리하여 이듬해 네크라소프의 추천을 받아 〈동시대인〉에 〈소년 시절〉, 〈청춘 시절〉로 이어지는 3부작 첫 편인 〈유년 시절〉 연재를 시작하면서 작가로서 첫 발을 내디뎠다.

1853년에는 체첸 토벌에 참전했으며, 1854년에는 크림 전쟁 중 세바스토폴 공방전에 참전했고, 1856년 퇴역했다. 군인 생활을 하면서도 고위 계급 군인 청년들이 그랬듯이 술, 여자, 도박 등 방탕한 생활을 했다고 한다. 그러나 이 시기에도 군 생활의 경험을 바탕으로 한 단편들을 꾸준히 발표했다.

퇴역 후 고향으로 돌아온 톨스토이는 당시 러시아를 휩쓴 자유주의 물결에 동참해 영지의 농노들을 해방시켜 주려고 시도했으나, 농민들이 그를 믿지 못하고 거절하여 실패로 돌아갔다. 대신 그는 농민 계몽운동을 위해 학교를 열었다. 톨스토이는 농민들에게 애정을 가지고 그들을 계몽하고 권익을 향상시켜 주고자 꾸준히 노력했는데, 그럼에도 정통 귀족 출신이라는 사고방식의 한계에서 벗어나지는 못했다. 그 역시 당대 귀족들이 가지고 있던 도덕적 불감증에서 무관할 수 없었는데, 자기 영지 농노의 아내와 관계를 가져 사생아를 낳고, 그 아이를 후일 정식 부인과의 사이에서 낳은 아들의 마부로 부리기도 했다. 사생아를 낳았을 때는 그 여인과 진지한 사랑의 결실이라고 일기에 쓰기도 했다.

톨스토이는 농노 아이들을 위한 학교를 열었을 뿐만 아니라 아동 교육에 관한 논문을 집필하기도 하고, 유럽 여러 나라의 교육 시설을 시찰했으며, 〈야스나야 폴랴나〉라는 교육 잡지를 집필하는 등 열정을 다했지만, 눈에 띄는 성과가 없자 2년 만에 학교 문을 닫고 잡지 역시 폐간했다.

1862년, 톨스토이는 러시아 상류 사회에서 이름난 외과의사 베르나 박사의 둘째 딸 소피야 안드레예브나 이슬레네프와 결혼했다. 그녀는 당시 18세였고, 무절제하고 금전 감각에 둔했던 톨스토이와 정반대로 현실 감각이 뛰어나 영지와 재산을 빈틈없이 관리했다. 두 사람은 반세기 가까이 결혼생활을 하면서 13명의 아이들을 낳았다. 또한 소피야는 남편을 위해 원고를 필사해 주는 수고를 아끼지 않았는데, 《전쟁과 평화》는 7번이나 필사해 주었다고 한다. 그러나 소피야는 당시 자유주의 사상을 지닌 귀족 남성들이 가진 복합적인 모순을 톨스토이에게서 발견하고 혐오했으며, 이상주의자였던 톨스토이 역시 현실주의자인 아내를 불편하게 여겼다.

톨스토이는 소설가로 널리 알려져 있지만, 장편소설은 《전쟁과 평화》,

《안나 카레니나》와 만년에 완성한 《부활》 등 세 편에 불과하다. 《전쟁과 평화》와 《안나 카레니나》는 40대에 발표하여 그에게 많은 문학적 명성을 안겨 주었으나, 이후 그는 아동 교육, 신학과 성서 연구 등에 몰두했다. 만년의 톨스토이는 철학가, 사상가로 더 유명했으며, 다양한 정치적 저술로 많은 사람들이 그를 지지했다.

《전쟁과 평화》는 1812년 일어난 나폴레옹 전쟁을 중심으로 러시아 사회의 모습을 보여 주는 대작으로, 보르콘스키 가, 로스토프 가, 쿠라긴 가의 인물들과 피에르 베주호프 백작 등을 중심으로 전쟁 속에서 인간의 운명을 그려 낸 작품이다. 톨스토이는 당초 1825년 청년 귀족 장교들이 니콜라이 1세에 대항해 벌인 데카브리스트 반란에 대해 쓰려고 했지만, 스펙트럼을 넓혀 1805년 러시아의 황금시대부터 나폴레옹 전쟁, 1825년 12월 혁명운동까지 다루었다. 등장인물만 해도 599명에 달하는 방대한 이 소설에서 톨스토이는 역사와 개인의 삶을 유기적, 총체적으로 통합하면서, 19세기 러시아 귀족 가문의 삶을 생생하고 역동적으로 그려 냈다. 여기에 더해 수많은 인물들의 내면 심리를 독자적으로 묘사하여 인물의 백과사전이라 불릴 만한 전범을 창출해 냈다.

톨스토이는 1869년 《전쟁과 평화》를 완성하고, 1873년부터 《안나 카레니나》의 집필에 착수했다. 이로부터 5년 후 출간된 《안나 카레니나》는 농노제 붕괴에서 혁명에 이르는 러시아의 역사 변동을 배경으로, 귀족 부인 안나 카레니나와 젊은 장교 브론스키 백작과의 불륜을 통해 사랑과 결혼, 가족 문제를 다루고 있다. 이 두 작품으로 톨스토이는 '러시아의 호메로스'로 불리는 등 국가적인 대문호의 위치에 올랐으며, 두 작품은 오늘날까지도 세계 문학 비평가들의 무조건적인 애정과 찬사를 받고 있다.

톨스토이는 두 소설을 집필하면서 신학과 인간 구원이라는 문제에 빠져

1978년 러시아에서 발행된 톨스토이 탄생 150주년 기념 우표

들었고, 동시에 청빈하고 단순한 삶을 추구하면서도 귀족적 안락을 떨치지 못하는 자신을 혐오하게 되었다. 그는 다양한 우화와 중단편, 논문 등을 통해 일명 '기독교적 아나키즘'이라 불리는 자비, 금욕, 청빈, 비폭력을 강조하는 기독교적 생활, 즉 톨스토이주의를 표현했다. 〈사람은 무엇으로 사는가〉, 〈두 노인〉, 〈기도〉 등과 같은 민화를 쓰고, 《요약 복음서》를 집필하기도 했다. 그러면서 현실주의자인 아내와의 사이는 더욱 벌어졌다. 한편 톨스토이를 성인으로 추대하는 추종자들이 야스나야 폴랴나로 모여들었는데, 그중 블라디미르 체르트코프라는 인물은 톨스토이의 사상을 지지하며 그와 아내의 사이를 벌리는 데 일조하기도 했다.

1891년, 톨스토이는 자신의 사상을 실천하고자 작품 저작권을 포기하기로 했다가 가족들과 크게 대립했고, 새로운 신앙을 주창하면서 당국의 검열을 받게 되었다. 〈나의 신앙은 무엇에 있는가〉는 당국에 압수당했으며, 〈그러면 우리는 무엇을 할 것인가〉는 판매 금지 처분을 받았다. 이런 충돌이 지속된 끝에 그는 종교 문제로 1901년 러시아 정교회에서 파문을 당한다. 그러나 그동안 명망 높은 사상가로 존경받던 톨스토이에 대한 이런 조치는 대중의 공분을 샀다. 그런 한편 1899년에는 《부활》을 발표하면서 말년에 이르러서도 필력을 과시했다. 《부활》은 문학적 완성도 측면에 있어서는 앞의 두 작품에 미치지 못했으나 대중적으로 엄청난 인기를 끌었다.

파문 후에도 그는 계속해서 글을 통해 종교적 견해를 피력하고, 노동자 계몽에 힘썼다. 그의 명성은 국내외적으로 절정에 달했으며, 1908년 80세 생일에는 전 세계에서 명사들의 축하 편지가 날아왔다.

톨스토이와 그의 딸 알렉산드라

그러나 그의 개인적인 생활은 편치 않았다. 그는 1910년 체르트코프의 조언에 따라 유일하게 자신의 편을 들어주던 딸 알렉산드라에게 모든 저작권을 넘기겠다는 유언장을 작성했고, 이후 아내와의 갈등이 극으로 치달았다. 그리하여 1910년 10월 29일 밤 아내와 크게 싸운 톨스토이는 아내에게 이별 편지를 남기고 가출을 감행했다. 잠시 샤모르지노의 여동생 집에서 머물다 기차를 타고 나선 그는 폐렴에 걸려 11월 20일(러시아 구력 11월 7일) 새벽 아스타포보 역에서 사망했다. 시신은 야스나야 폴랴나로 운구되어 영지의 숲에 안장되었다.

047

유머러스하고 환상적인 동화의 세계

루이스 캐럴

Lewis Carroll(1832. 1. 27~1898. 1. 14)

| 영국

| 시공간을 초월한 세계 속에 뛰어난 상상력과 유머, 환상이 가득한 작품들을 집필하여 근대 아동 문학을 확립했다.

| 《이상한 나라의 앨리스》, 《거울 나라의 앨리스》 등

루이스 캐럴은 영국의 수학자이자 동화작가로 근대 아동 문학을 확립한 작가 중 한 사람이다.

루이스 캐럴의 본명은 찰스 루트위지 도지슨이며, 1832년 1월 27일 영국의 체셔 데어스베리에서 태어났다. 아버지 찰스 도지슨은 성공회 사제였다. 11남매 중 셋째로, 외딴 시골 마을에서 많은 형제들과 함께 자랐다. 외부와 차단된 생활을 하며 도지슨 형제들은 말장난과 체스를 하거나 새로운 놀이들을 고안하며 놀았다고 한다. 캐럴은 7세 때 기독교 문학의 고전으로 꼽히는 우의소설 《천로역정》을 읽을 만큼 총명하고 감수성이 풍부한 소년이었으며, 형제들과 하는 놀이, 체스, 사진과 논리학을 특히 좋아하고 관심

있어 했다. 이런 관심과 기독교적 성장 배경은 후일《이상한 나라의 앨리스》 등에 고스란히 반영된다. 12세 때 캐럴은 가족이 쓴 원고를 모아 〈렉토리 매거진〉을 만들었으며, 여기에 실린 시와 산문, 단편소설들은 대부분 캐럴의 작품이었다.

루이스 캐럴

11세 때 요크셔 지방의 리치먼드 문법학교에 들어갔으며, 럭비 학교를 거쳐 19세 때 옥스퍼드 크라이스트 처치 칼리지에 들어가 수학을 공부했다. 내성적인 성격에다 어린 시절 잦은 병치레로 한쪽 귀가 멀었던 캐럴은 공립학교 시절을 끔찍해했다. 옥스퍼드 수학과를 수석으로 졸업하고 같은 해 문학사 학위를 받았으며, 졸업 후부터 약 26년간 수학과 특별연구원으로 재직하면서 학생들을 가르쳤다. 그러나 말을 더듬어서 학생들에게 그리 인기 있는 교수는 아니었다고 한다.

1861년, 캐럴은 영국국교회 집사로 임명되었다. 크라이스트 처치 칼리지의 특별연구원 자리와 연금은 독신을 전제로 한 것인데, 후일 사제가 되면 결혼하고 연구원 자리도 유지할 수 있었다. 원한다면 성직자가 되고 결혼하여 가정을 꾸릴 수 있었지만, 캐럴은 자신의 내성적인 성격과 말더듬 때문에 설교단에 서는 것이 부적합하다고 생각했다. 또한 괴팍할 정도로 꼼꼼하고 규칙적인 성격인 데다 사람들과 교류가 어려운 자신과 결혼 생활은 잘 맞지 않다고 여겨 평생 독신으로 살았다.

대신 캐럴은 11남매 속에서 자랐기 때문인지 어린아이들과는 친밀한 관계를 유지했다. 그는 칼리지 재학 시절 학장이었던 헨리 리델의 집에 드나들면서 그의 세 딸 로리나, 앨리스, 이디스와 친밀하게 지냈는데, 특히 둘째

리델 가의 세 자매 이디스, 로리나, 앨리스(왼쪽부터 차례로)

딸인 앨리스를 귀여워했다. 그는 아이들에게 옛날이야기를 변형하거나 자신이 만든 이야기들을 들려주곤 했는데, 그때마다 연필이나 잉크로 삽화까지 그려가면서 아이들에게 보여 주었다고 한다.

1862년, 캐럴은 세 자매와 친구 로빈슨 덕워스와 함께 템스 강에서 뱃놀이를 했고, 그때 앨리스를 주인공으로 한 이야기를 즉석에서 지어 들려주었다고 한다. 앨리스는 그날 헤어지기 전에 앨리스의 이야기를 써서 선물해 달라고 졸랐고, 집으로 돌아온 그는 이 이야기를 발전시켰다. 여기에 앨리스의 사진과 직접 그린 앨리스의 스케치를 넣어 소장용 책 한 권으로 만들어 선물했다. 이것이 《땅속 나라의 앨리스》이다. 이 책은 회중시계를 꺼내 보는 토끼 신사를 따라 땅속 나라로 들어가게 된 앨리스가 몸이 커졌다 작아졌다 하고, 담배 피우는 애벌레, 체셔 고양이, 가발 쓴 두꺼비 등 신기한 동물들과 만나며, 트럼프 나라의 여왕과 함께 크로케 경기를 하는 등 신기하고 환상적인 모험을 겪는 이야기다. 다양한 일들이 뒤죽박죽 얽힌 유머러스하고 환상적인 캐럴의 동화 속 세상은 어린이의 내면에 존재하는 무한한 상상이 가능한 세상이다. 어린이를 어른에게 부속된 존재가 아니라 하나의 독립적인 인격체로 대우하고, 그들의 가능성에 기대를 걸었던 캐럴의 사고방식과 어린 시절 형제들과 하고 놀았던 놀이와 상상, 그의 관심사가 모인 것이었다. 빅

88

"The Queen of Hearts she made some tarts
All on a summer day:
The Knave of Hearts he stole those tarts,
And took them quite away!"

"Now for the evidence," said the King, "and then the sentence."

"No!" said the Queen, "first the sentence, and then the evidence!"

"Nonsense!" cried Alice, so loudly that everybody jumped, "the idea of having the sentence first!"

"Hold your tongue!" said the Queen.

"I won't!" said Alice, "you're nothing but a pack of cards! Who cares for you?"

At this the whole pack rose up into the air, and came flying down upon her: she gave a little scream of fright, and tried to beat them off, and found herself lying on the bank, with her head in the lap of her sister, who was gently brushing away some leaves that had fluttered down from the trees on to her face.

루이스 캐럴이 자필로 쓴 《땅속 나라의 앨리스》 일부분, 《이상한 나라의 앨리스》에 등장하는 흰토끼 삽화

토리아 시대의 사회적, 문화적 배경들이 판타지 세계와 유머로 한데 어우러진 이 작품은 1865년《이상한 나라의 앨리스》로 출간되면서 전 세계 수많은 어린이와 성인 독자들을 사로잡았다. 그리고 아동 문학사의 기념비적인 작품이 되었다.

이 작품은 '루이스 캐럴'이라는 필명으로 발표되었는데, 이는 본명인 찰스 루트위지를 라틴어로 번역한 'Carolus Ludovicus'를 순서를 바꾸어 영어로 만든 이름이다. 괴팍할 정도로 꼼꼼하고 규칙적인 생활을 했던 캐럴은 청년 시절부터 매일의 일상을 세심하게 기록했는데, 이 일기에 루이스 캐럴이라는 이름을 이미 사용하고 있었다. 또한《이상한 나라의 앨리스》를 출간하기 전 익명이나 필명으로 몇몇 시와 산문을 발표했는데, 그중 몇 시

작품에도 루이스 캐럴이라는 필명을 썼다.

1872년, 캐럴은 역시 리델 자매들에게 들려준 이야기를 토대로《이상한 나라의 앨리스》의 속편 격인《거울 나라의 앨리스》를 발표했다. 그러나 이 작품은《이상한 나라의 앨리스》와 연관성이 없으며, 보다 체계적인 세계관 설정이 돋보이고 다양한 시공간이 사용되었다. 앨리스는 전작에 등장했던 고양이 다이나의 새끼와 놀다가 거울 뒤의 나라로 들어가 모험을 겪는데, 그 세계에서는 거울에 비춘 것처럼 모든 것이 역逆으로 뒤바뀌어 있다. 시간도 거꾸로 흐르고, 이동할 때도 원하는 곳과 반대로 이동하는 등 거울을 주제로 한 장면들이 체스 규칙을 중심으로 짜여 있다. 또한 캐럴이 만들어낸 다양한 신조어들을 비롯해 하얀 여왕, 트위들덤과 트위들디 등 개성 강한 캐릭터들로 가득 차 있어, 오늘날까지 다양한 해석이 이루어지고 있는 작품이다. 이 두 작품은 지금까지도 방대한 팬덤을 형성하고 있다.

그런데 이 작품의 해석은 물론, 작가인 루이스 캐럴 자신에 대해서도 수수께끼로 싸여 있다. 가장 대표적인 것은 캐럴이 아동성애자라는 소문인데, 이에 대해서는 밝혀진 바가 없다. 캐럴은 앨리스가 12세 때 리델 가의 자매들과 인연을 끊었는데, 이에 대해 앨리스에게 지나치게 집착하자 리델이 만남을 금지시켰다는 설부터 12세 이상이 되어 아동기에서 벗어난 앨리스에게 캐럴이 더 이상 호감을 가지지 않았다는 설까지 다양하다. 한 가지 분명한 것은 리델 학장이 시도했던 크라이스트 처치 개혁을 캐럴이 반대하면서 그를 풍자한 글을 썼고, 이로 인해 사이가 벌어졌다는 것이다. 이런 대학 개혁 문제와 관련된 글들은 1874년《한 옥스퍼드 교수의 추억담》으로 출간되었으며, 오늘날까지 대학 개혁 문제에 있어 참고가 되는 주요 저작 중 하나이다.

또한 캐럴은 빅토리아 시대를 대표하는 사진가이기도 한데, 그가 찍은 인물 사진들은 오늘날까지 많은 사진가들에게 영감을 주고 있을 정도이다. 그는 영화배우 앨런 테리, 시인 앨프레드 테니슨과 크리스티나 로제티 등 당대 명사들을 비롯해 어린아이의 사진을 특히 많이 찍었다. 그중에는 누드 사진도 많은데, 이는 모두 보호자의 감독 아래 찍었으며 사진 역시 보호자들에게 넘겨져 오늘날까지 남아 있는 것은 많지 않다. 캐럴이 가장 좋아했던 피사체는 알렉산드라 키친이라는 여자아이로, 키친이 4세 때부터 그가 사진을 그만둔 1880년, 그녀가 16세 때까지 지속적으로 찍었다. 1880년 캐럴은 사진 작업이 자신의 시간과 건강을 많이 빼앗아 간다고 여기고 사진 찍기를 그만두었는데, 여기에 대해서도 아동 누드 사진 때문에 다양한 구설에 휘말렸기 때문이라는 설도 있다.

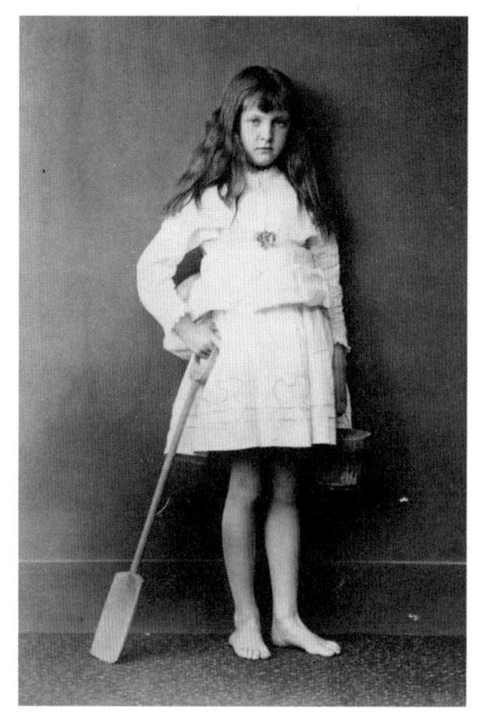
캐럴이 피사체로 가장 좋아한 소녀 알렉산드라 키친

1881년, 캐럴은 대학에서 나와 사제가 되었다. 그러나 내성적인 성격 탓에 설교단에는 서지 않았다. 말년에는 이야기체의 난센스 시 〈스나크 사냥〉과 동화《실비와 브루노》및《실비와 브루노 완결편》을 썼다. 그의 작품들은 초현실주의 문학과 부조리 문학의 선구로 여겨지며, 특히 〈스나크 사냥〉은 난센스 문학의 전형을 보여 준다는 평을 받고 있다. 다만 두 편의《실비와 브루노》는 영국 문학사상 최고의 실패작이라는 오명을 가지고 있기도 하다.

캐럴은 수학자, 기호학자로서도 꽤 많은 책을 썼다. 《유클리드와 현대의 경쟁자들》 등의 저술들은 본명으로 발표했으며, 1898년 1월 14일 죽기 전까지 《기호 논리학》을 집필했다. 기관지염이 악화되어 생을 마감했는데, 가족만이 참석한 채 조촐한 장례를 치렀다. 그리고 길퍼드의 마운트 공동묘지에 안장되었다.

048

미국 문학의 전통을 창조하다

마크 트웨인

Mark Twain(1835. 11. 30~1910. 4. 21)

| 미국
| 현실적이고 냉소적인 시선으로 미국 사회의 부조리를 생생하게 묘사하며 미국 문학사에 큰 획을 그었다.
| 《톰 소여의 모험》, 《미시시피 강의 생활》, 《허클베리 핀의 모험》

마크 트웨인은 미국 문학의 전통을 창조한 작가, 심리적, 문화적, 영적 측면에서 미국 역사에 가장 큰 영향을 미친 작가로 일컬어진다. 윌리엄 포크너는 그를 '미국 문학의 아버지'로 칭했으며, 어니스트 헤밍웨이는 "미국의 모든 현대 문학은《허클베리 핀의 모험》에서 시작되었다."라고 말했다. 소위 미시시피 3부작으로 일컬어지는《톰 소여의 모험》,《미시시피 강의 생활》,《허클베리 핀의 모험》은 가장 미국적인 서

마크 트웨인

사시로 불리며, 19세기 미국 문학의 장을 열었다고 평가받고 있다.

마크 트웨인의 본명은 사무엘 랭혼 클레멘스이다. '마크 트웨인Mark Twain'은 뱃사람들의 용어로 '두 길(한 길은 6피트)'이라는 의미로, 깊이가 두 길이라 가까스로 항해할 수 있는 강을 뜻한다고 한다. 1835년 11월 30일에 미주리 주 플로리다의 가난한 개척자 집안에서 태어나 흑인 노예 학대나 백인 개척민들의 거친 언동을 보고 자랐다. 생활은 가난하기 그지없었으며, 아버지 존 마셜 클레멘스는 가족에의 애정도, 삶에 대한 의욕도 그저 그런 낙오자였다. 그런 환경에서 12세 때 아버지가 사망하자 학교를 중퇴하고 인쇄소에 견습공으로 들어갔다. 그는 어린 나이였지만 이미 인생의 고뇌에 시달리던 나태하고 신경질적인 남자아이였는데, 마을의 비슷한 청년들과 어울리며 갖은 탈선행위를 하고 다녔다고 한다.

견습공 생활을 할 당시 마크 트웨인은 지방 신문사에서 인쇄 식자공으로 일했는데, 틈틈이 신문기자 일을 배우고 유머 콩트를 써서 신문에 게재하곤 했다. 정식 인쇄공이 된 후에는 뉴욕, 필라델피아, 세인트루이스, 키오쿡 등 각지를 전전하며 살다가 22세 때부터 미시시피 강의 수로 안내인으로 일했다. 어린 시절 미시시피 강 유역에서 뛰놀았고, 수로 안내인을 하면서 쌓은 경험은 후일 그의 작품 세계에 큰 영향을 미친다.

1861년, 남북전쟁이 터져 수로 안내인 일을 하지 못하게 되자, 그는 잠시 남부군에 들어갔다가 형을 따라 네바다 주로 가서 채굴장에서 광부로 일하고, 버지니아 주로 가서 지방지의 의회 취재 기자로도 일했다. 이 무렵 마크 트웨인이라는 필명으로 기사를 작성했으며, 광산 지역 노동자들의 입담과 거친 삶을 관찰하여 만담을 쓰고, 만담 강연을 시작했다. 또 얼마 지나지 않아 그는 금광을 찾아 샌프란시스코로 갔다가 허탕을 치고, 캘리포니아 지역으로 가서 여행 기자로 일했다.

작가로서 최초의 명성을 얻은 것은 1867년 첫 단편집 《캘러베러스 군의 명물, 뛰어오르는 개구리》인데, 이 책은 만담 강연가로 활발히 활동했던 시기에 출간된 것이다. 대담하고 유머러스한 이야기들이 담긴 이 작품집으로 마크 트웨인은 유머 작가로서 명성을 얻었다.

1870년에는 동부의 석탄 부상의 딸 올리비아 랭던과 결혼했다. 결혼 후 장인에게 버펄로 지역 신문인 〈익스프레스〉 지를 선물로 받아 한동안 운영하다가 팔고, 하트퍼드에 대저택을 지어 이주했다. 이 무렵부터 강연과 집필 활동에 매진했다. 이때 펴낸 《서부 유랑기》나 《지중해 유람기》 등은 식자층들에게는 멸시당했지만, 대중적으로 많은 인기를 끌었다.

그가 작가로서 본격적으로 인정받기 시작한 것은 1871년 광부로 일했을 때의 경험을 살려 쓴 《불편한 생활》, 1873년 황금만능주의로 치닫던 미국의 사회 풍조를 풍자한 《도금시대》부터이다. 특히 미국의 1860~1890년대 금광 러시 및 황금만능주의가 팽배했던 시기를 '도금시대'라고 일컬은 것은 이 작품 《도금시대》에서 유래한 것일 정도로 사회적으로 큰 영향을 미쳤다.

이후 미시시피 3부작이라고 불리는 작품들이 탄생한다. 1874년, 〈애틀랜틱 먼슬리〉에 도선사 생활을 추억하며 쓴 〈미시시피 강의 옛 시절〉을 연재하기 시작했는데, 유머 작가에서 점차 미국의 정신을 대표하는, 사실주의 작가로 거듭나는 첫 걸음이었다. 1876년에는 《톰 소여의 모험》이, 1883년에는 〈애틀랜틱 먼슬리〉에 연재했던 작품을 보완 증보한 《미시시피 강의 생활》이 출간되었다. 1884년에는 《허클베리 핀의 모험》이 영국에서 출간되었고, 미국에서는 1885년 출간되었다.

이 작품들은 단순히 미국 백인 소년들의 모험담이 아니라 남북전쟁 직전의 미국 사회, 특히 남부 지역의 도덕과 관습을 밀도 있게 조망하고 있다. 고상한 척하는 어른들의 사회, 문명사회의 허식과 위선에 반기를 들고, 노

《톰 소여의 모험》 삽화

예 제도, 흑백 인종 문제, 미국의 지나친 산업화와 정치적 타락 등 사회 현실을 비판적으로 다루고 있기도 하다. 그러나 이런 문제, 특히 인종 문제에 있어서는 기존의 온정주의나 휴머니즘적 시각이 아닌 현실적이고 냉소적인 시선에서 당대 현실을 생생하게 묘사하고 있다. 이 작품들은 영국 문학의 전통에서 독립하지 못했던 미국 문단에서, 미주리 주의 사투리나 하층민들이 쓰는 비속어 등 미국인들이 사용하는 구어체를 사용해 미국적인 소재와 주제, 미국민의 생활을 사실적으로 그려 냄으로써 미국 문학의 전통을 확립했다고 평가받는다.

그러나 《허클베리 핀의 모험》의 경우 출간 직후 금서로 지정되기도 했다. 흑백 문제 및 노예 문제를 정면으로 다루면서, 흑인들을 모욕하던 백인의 비속어를 그대로 사용했다는 이유였다. 더욱이 문법적으로 올바르지 않다며 일부 주의 학교나 도서관에서 학생들에게 금서로 지정하기도 했다. 그럼에도 이 작품들로 마크 트웨인의 작가로서의 명성은 최고조에 달한다.

《허클베리 핀의 모험》에서는 특히 흑백 인종 문제와 노예 문제를 정면으로 다루고 있는데, 마크 트웨인은 이 작품이 출간된 직후 인권 운동에 투신하였다. 여기에는 뉴올리언스 출신으로 남부 지역에서의 흑인 인권을 다루었던 조지 워싱턴 케이블의 영향도 있었다. 그는 인종 편견 때문에 신분이 뒤바뀌는 이야기를 중심으로 새로운 과학 기술을 비판하는 《백치 윌슨의 비극》(1894)을 쓰기도 한다.

1880년대에는 이 작품들뿐만 아니라《왕자와 거지》를 비롯해 독일, 이탈리아, 스위스 등지를 다녀와서《유럽 방랑기》, SF 소설의 효시로 평가되는《아서 왕 궁전의 코네티컷 양키》 등에 이르기까지 많은 작품을 썼다.

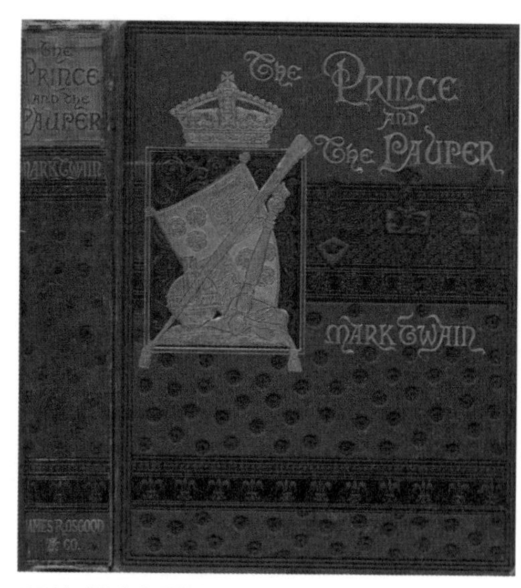

1881년 미국에서 발행된《왕자와 거지》 초판 표지

그런 한편 마크 트웨인은 1881년 J. W. 페이지 자동 식자기 개발에 투자하는 등 사업에도 손을 댔다. 그러나 얼마 후 라이노타이프 식자기가 등장하면서 그가 개발하던 자동 식자기는 밀려나게 된다. 결국 사업은 실패했고, 마크 트웨인은 1894년에 파산하고 말았다. 이후 빚을 갚고자 강연과 집필 활동에 더욱 몰두해 소설《백치 윌슨의 비극》,《잔 다르크》,《해들리버그를 타락시킨 사람》을 비롯해 세계일주 강연 여행기인《적도를 따라》, 인간과 사회, 기독교에 대한 비판서《인간이란 무엇인가》 등을 집필했다. 마크 트웨인은 작품 활동과 강연 수입, 친구인 스탠더드 오일 회장 헨리 H. 로저스의 도움으로 파산 상태를 점차 극복해 나갔다.

1890년대 마크 트웨인은 인권 운동과 반제국주의 운동에 몰두했다. 미국이 필리핀을 식민지화한 것, 필리핀에서 있었던 미 군사 작전 등을 비판하고, 벨기에령 콩고의 인권 유린 사태에 대해 투쟁했다. 영국과 벨기에 등 유럽 국가들의 제국주의 정책에도 강한 비판의 목소리를 냈다. 또한 반전反轉

우화인《전쟁을 위한 기도》도 썼는데, 이 작품은 게재하기로 했던 잡지 〈하퍼스 바자〉와의 계약 문제로 사후인 1923년에야 출간되었다. 여성 권리 신장과 노동 운동, 노예제도 철폐 운동에도 힘을 보탰다.

마크 트웨인은《도금시대》에서 이렇게 쓴 바 있다.

> 어떤 사람은 계급을 숭배하고, 어떤 사람은 영웅을, 어떤 사람은 권력을, 어떤 사람은 하나님을 숭배한다. 그러나 모두는 (공통적으로) 돈을 숭배한다.

마크 트웨인 역시 물질적, 사회적 욕구가 큰 사람이었으며, 결혼으로써 얻은 경제력과 후일 스스로 만든 명성을 부유한 생활을 누리는 데 활용했다. 그러나 원하던 사회적, 경제적 성공은 손에 넣었지만 개인적 삶은 평탄하지 않았다. 10대 초반부터 20대 초반에 이르는 기간 동안 형과 누이들을 잃었고, 장남 랭든은 생후 18개월 만에 디프테리아로 죽었다. 말년에는 무리한 사업 시도로 파산했으며(그럼에도 파산에서 회복되자 다시 사업을 구상했다), 평생의 지지자였던 부인 올리비아를 잃고, 사랑하던 딸 수지와 진도 먼저 떠나보냈다.

불행한 말년이었지만 죽는 날까지 그의 명성과 인기는 미국을 넘어 유럽에까지 미쳤고, 예일 대학, 옥스퍼드 대학 등에서 그토록 원하던 명예 문학박사 학위를 받았다. 1909년에 딸 진이 세상을 떠난 뒤 편집증과 우울증에 시달리다가 1910년 4월 21일 코네티컷 주 레딩의 저택에서 눈을 감았다.

049

프랑스 자연주의 문학의 대표

에밀 졸라

Émile François Zola(1840. 4. 2~1902. 9. 29)

❙ 프랑스
❙ 자연주의 소설의 창시자로 사회적으로 민감한 문제와 논쟁을 적나라하게 묘사한 작가이다.
❙ 《테레즈 라캥》, 〈루공 마카르 총서〉, 《실험소설》 등

에밀 졸라

에밀 졸라는 프랑스 자연주의 문학의 대표적인 작가로, 기록적인 문체와 논란을 불러일으키는 주제를 소설에 도입함으로써 현대소설에 기폭제 역할을 한 인물이다. 프랑스 소설에 황금시대인 19세기를 화려하게 수놓은 작가 중 한 사람으로, 19세기 최초의 베스트셀러 작가, 프랑스에서 가장 많이 읽히는 작가로 꼽힌다. 또한 당대 프랑스의 대표적인 저널리스트이자 지식인이기도 하

다. 유대인 장교 드레퓌스가 간첩 누명을 썼을 때 그의 무죄를 주장하며 대통령에게 보내는 공개 서한 형식의 〈나는 고발한다!〉라는 논설을 발표하면서 이 사건에 뛰어든 일도 유명하다.

에밀 에두아르 샤를 앙투안 졸라는 1840년 4월 2일 파리 생조제프 가에서 태어났다. 아버지 프랑수아 졸라는 베네치아 출신 이탈리아인으로 토목 기사였다. 3세 때 아버지가 일 때문에 가족들을 데리고 엑상프로방스로 이주하여 그곳에서 어린 시절을 보냈다. 7세 때 아버지가 갑작스럽게 죽고 아버지가 주도하던 운하 공사가 중단되면서 엄청난 채무를 지게 되자 어머니가 시 당국과 소송을 벌이는 것을 보고 자랐다고 한다. 부르봉 중등학교를 거쳐 파리의 생 루이 중등학교를 다녔는데, 부르봉 학교 시절에는 장차 위대한 화가가 되는 폴 세잔을 만나 우정을 나누었고, 시와 희곡을 습작하며 보냈다.

졸라는 에콜 드 폴리테크니크 시험에 두 번이나 낙방하고, 22세 때 아셰트 서점에 취직했다. 그곳에서 3년간 일하면서 습작을 계속했는데, 이때 과학적, 실증주의적 사상을 기반으로 한 사실주의 문학에 눈을 떠 시와 희곡을 그만두고 단편소설이나 비평을 쓰기 시작했다. 서점에 취직한 이듬해 낭만주의적 성향이 짙은 단편집 《니농에게 주는 이야기》를 펴냈으며, 이어서 자전적 성향이 짙은 첫 소설 《클로드의 고백》을 펴냈다. 소설을 쓰는 동시에 〈르 프티 주르날〉, 〈르 피가로〉 등 주요 신문에 서평과 예술 비평을 기고하면서 저널리스트로도 활동했다. 비평가로서 나름의 입지가 굳어지자 그는 26세 때 서점을 그만두고 본격적인 전업 작가의 길을 모색한다. 특히 이 시기에 그는 폴 세잔, 마네, 피사로, 모네 등 이후 인상파라고 불리게 될 화가들을 옹호하고, 보수적인 아카데미에 반발하는 비평을 싣기도 했다.

졸라는 공쿠르 형제와 플로베르의 작품을 높이 평가했는데, 27세 때 이들의 영향을 받은 자연주의적 작품《테레즈 라캥》을 발표했다. 이 작품은 졸라의 초기 대표작으로, 당대 파리의 사회상 및 인간 심리를 사실주의적 수법으로 묘사하여 졸라에게 작가로서의 명성을 안겨 주었다. 그러나 불륜과 배우자 살해 등의 자극적인 소재 때문에 외설 논란에 시달렸다. 졸라는 '나에게 중요한 것은 사실 그대로를 묘사하는 것', '소설은 심리학적인 실험의 장'이라는 견지를 고수했는데, 이런 관점에서《테레즈 라캥》을 외설로 비판한 루이 윌바크와 논쟁을 벌이며 자신만의 자연주의 소설 이론을 확립해 나간다.

또한 이 과정에서 졸라는 하나의 시대와 사회에 대한 거대한 모자이크가 될 만한 소설 시리즈를 구상했는데, 이 구상은 〈루공 마카르 총서〉라는 이름으로 완성된다. 1871년부터 매년 1권 정도씩 집필하여 1893년에 전 20권으로 완성되었으며, 프랑스 제2제정 시대의 사회사를 일가족의 가족사를 통해 생생하게 보여 주는 기획물이다. 제1권《루공 가의 재산》에서 시작해 제20권《파스칼 박사》로 끝나는 이 총서에는《목로주점》,《나나》,《제르미날》,《대지》,《인간 짐승》등 졸라의 대표작들이 대부분 포함된다.

졸라의 작품들은 출간될 때마다 노골적 언어와 외설적 내용을 이유로 논란을 불러일으켰다. 대표적으로 여성 세탁부 제르베르의 비참한 삶을 통해 파리 하층민 노동자들의 삶을 적나라하게 묘사한《목로주점》, 파리 상류사회 고급 매춘부의 성공과 몰락을 다룬《나나》등은 출간 즉시 논란의 대상이 되었는데, 이런 스캔들은 오히려 졸라에게 작가로서의 유명세와 두둑한 인세를 안겨 주었다. 특히《목로주점》은 당시 문학적 금기와 같았던 민중, 특히 여성 노동자를 주제로 한 최초의 소설이자 베스트셀러였다. 이 작품은 졸라에게 '19세기 문학의 거장'이라는 칭호를 선사해 주었다.

졸라는 자신의 작품을 외설이라고 생각지 않았고, 이런 논란에 대해 사실을 있는 그대로 묘사하고 있을 뿐이라고 일축했다. 그는 〈루공 마카르 총서〉를 통해 하층 대중, 특히 개인보다는 집단을 묘사하면서 당대 사회 및 인간의 추악함과 비참함을 적나라하게 묘사했다. 또한 동일 인물을 여러 작품에서 여러 대에 걸쳐 다루는 방식으로, 인물들에게 미치는 유전적, 환경적 요인을 고집스럽게 추적했다. 개혁가적인 성향이 짙었던 졸라는 자신의 작업이 인간 생활의 개선과 진보를 이끄는 동력이 되길 바랐기 때문이다. 졸라의 주위에는 많은 문인들이 몰려들었고, 그는 플로베르, 모파상, 공쿠르 형제 등과 자주 어울렸다.

또한 졸라는 자신의 논지, 즉 자연주의적 소설관을 잡지에 꾸준히 발표했으며, 이런 소론들을 모아 《실험소설》을 출간하면서 자연주의 이론을 확립했다. 한편 《목로주점》, 《제르미날》 등의 작품은 연극으로 각색하여 상연하기도 하는데, 광산 노동자들의 삶을 다룬 연극 〈제르미날〉은 당국의 검열에 의해 상연이 금지되기도 했다.

졸라는 기본적으로 이상주의적 개혁가이자 사회주의자이기도 했다. 이런 성향이 가장 잘 드러난 사건은 만년에 벌어진 드레퓌스 사건이다. 1894년 10월 31일, 독일 스파이로 활동했다는 혐의로 프랑스의 포병대위 드레퓌스가 체포되었다. 군법회의 결과 드레퓌스는 군적 박탈과 종신 유배형을 선고받았는데, 드레퓌스는 시종 억울함을 호소했다. 더구나 이 사건의 진범이 에스테라지 소령으로 밝혀졌음에도 판결은 번복되지 않았다. 이는 드레퓌스가 유대인이었던 것과 무관하지 않다. 1870년 보불 전쟁 이후 프랑스 내에서 반독일 감정이 악화되어 있던 데다, 주로 대금업에 종사하면서 왕당파를 지지했던 유대인에 대한 프랑스인의 반유대주의 감정이 뿌리 깊었기 때문이다. 졸라는 이 사건을 접하고, 1898년 1월 13일 〈로로르〉 지에

Deuxième Année. — Numéro 87

Cinq Centimes

JEUDI 13 JANVIER 1898

Directeur
ERNEST VAUGHAN

L'AURORE

Littéraire, Artistique, Sociale

J'Accuse...!

LETTRE AU PRÉSIDENT DE LA RÉPUBLIQUE

Par ÉMILE ZOLA

LETTRE
A M. FÉLIX FAURE
Président de la République

Monsieur le Président,

1898년 1월 13일자 〈로로르〉 지 1면에 게재된 공개 선언문

〈공화국 대통령 펠릭스 포르 씨에게 보내는 편지(나는 고발한다!)〉를 통해 해당 사건에 대한 재심을 청원했다. 이에 프랑스의 지식인과 청년들이 재심

앙리 드 그루, 〈법정을 나오는 졸라〉

청원에 가담하면서 드레퓌스의 재심이 결정되었다.

그러나 반발도 만만치 않았다. 반유대주의 감정이 팽배했던 프랑스 사회에서 졸라 및 진보 지식인들의 태도는 유대인을 옹호하는 행위로 비쳤고, 보수주의자와 일반 시민의 비난이 쇄도했다. 이에 졸라는 국방부장관에 의해 명예훼손죄로 기소되어 징역 1년 벌금 3천 프랑을 선고받았으며, 레종도뇌르 훈장도 박탈당했다. 졸라는 선고일 저녁에 런던으로 망명을 떠났다가 1년 후 드레퓌스 사건 재심이 열리기 전 파리로 돌아왔다. 그러나 드레퓌스의 원심 판결은 번복되지 않았다. 1900년에는 드레퓌스 사건을 묻어버리고자 의회가 관련자들을 모두 대통령 특별사면으로 사면시키기까지

했다.

이 일에 대해 졸라는 항의의 의미로 침묵을 선택하고, 이듬해 드레퓌스 사건에 관한 기고 문집《멈추지 않는 진실》을 출간했다. 그리고 런던 망명 시절부터 이 사건을 모티프로 하여 집필하던 소설《진실》을 계속 써 나갔다. 드레퓌스 사건은 프랑스 사회의 전반적인 사고방식에 큰 영향을 주었고, 이후 프랑스 사회가 민주주의의 방향으로 나아가는 데 큰 획을 그었다.

졸라는 1902년 9월 29일 파리의 집에서 벽난로 가스 유출 사고로 목숨을 잃었다. 사인은 분명했지만, 일각에서는 반드레퓌스주의자들의 암살이라는 의심도 있었다. 그의 장례식에서는 아나톨 프랑스가 〈인류 양심의 한 획〉이라는 조문을 낭독하며 그를 기렸다. 1906년 드레퓌스는 무죄 판결을 받고 복권되었으며, 졸라의 묘가 팡테옹으로 이장되는 법안이 통과되었다. 이에 1908년 졸라의 유해가 팡테옹에 안치되었고, 수많은 시민들이 그 뒤를 따르며 애도했다.

050

제도와 인습에 반기를 들다

토머스 하디

Thomas Hardy(1840. 6. 2~1928. 1. 11)

I 영국

I 빅토리아 시대 영국 사회의 부당한 인습과 성적 관습에 이의를 제기한 작가로, 당대 보수주의자들에게 수많은 비판과 멸시를 받았다.

I 《더버빌 가의 테스》, 《이름 없는 주드》 등

토머스 하디

영국에서 소설은 18세기 소설 양식이 등장한 이래 19세기에 들어 주도적인 문학 장르로 자리를 잡았다. 토머스 하디는 제인 오스틴, 브론테 자매, 찰스 디킨스, 헨리 제임스 등의 대가들이 이룩한 19세기 영국 소설의 전통을 마무리하고 20세기로 넘어 가는 징검다리 역할을 한 작가이다. 또한 1천여 편의 시를 쓴 시인이기도 한데, 시인으로서는 생전에 그리 인정받지 못하다가 최근 들어 재평가받고 있다.

도체스터 주에 있는 하디 생가

토머스 하디는 1840년 6월 2일 영국 남서부 도싯 주 도체스터의 작은 시골 마을에서 태어났다. 당시는 철도의 시대가 본격적으로 시작된 산업 발전기였지만, 그가 태어난 마을은 당시 영국에서 가장 낙후된 지역 중 한 곳이었다. 아버지는 석공이었으며, 어머니는 하녀로 일했다. 하지만 책을 좋아하는 어머니와 뛰어난 바이올린 연주자였던 아버지 덕분에 문학적, 예술적 환경에서 자라났다. 무엇보다 아버지는 하디에게 공부나 성공을 강요하지 않고 황야를 쏘다니면서 자연스럽게 성장할 수 있는 환경을 조성해 주었다. 어린 시절 시골 마을의 자연 환경을 몸소 느끼며 자란 경험은 하디의 작품에 많은 영향을 미친다. 그의 작품들은 대부분 영국 남부 웨섹스 지역의 가공의 작은 마을이 배경인데, 이곳들은 그의 고향 도체스터를 모델로 하고 있다.

하디는 도체스터에 있는 마을 학교에서 공부했다. 조용하고 학구적인 성격에 문학을 좋아하던 하디는 성적이 매우 뛰어났으며, 졸업 무렵에는 라틴 문학, 프랑스 문학, 영문학을 완전히 섭렵하고 있었다고 한다. 그러나 현실적으로 대학 진학이 무리였던 환경 탓에 16세에 졸업한 후 바로 도체스터 지역의 한 건축기사의 도제로 들어갔다. 6년 후에는 런던의 건축사무소에 들어가 보조 건축사로 일했다. 그러나 그는 시인이 되고 싶다는 꿈을 품고, 퇴근 후에 라틴어와 프랑스어, 그리스어를 독학하고, 영문학 고전들을 탐독하며 문학 수업을 했다. "내 마음의 명령에 따라 나는 시를 써야만 한다."라고 말할 정도로 시에 대한 열망이 강했던 그는 꾸준히 시를 써서 다수의 잡지에 투고했으나 모두 거절당했다.

30세인 1870년, 그는 여가 시간에 틈틈이 쓴 소설《가난한 남자와 숙녀》를 출판사에 보냈고, 소설가이자 시인이던 조지 메러디스가 이 작품을 보게 된다. 메러디스는 이 작품을 혹평했으나 하디의 재능을 알아보고 그에게 좀 더 나은 소설을 쓸 수 있는 방향을 제시해 주었다. 이듬해 메러디스의 충고에 따라 새로 쓴 소설《최후의 수단》이 출간되자, 하디는 건축사무소를 그만두고 전업 작가의 길을 걷기로 결심했다. 이후《녹음 아래에서》,《푸른 눈동자》,《광란의 무리를 떠나서》 등으로 호평을 받으면서 작가로서 입지를 굳힌다.

30세는 여러모로 하디 인생의 전환점이었다. 그해에 그는 집안의 반대로 이종사촌 여동생인 트리피나와 헤어졌는데, 얼마 지나지 않아 콘월의 성 줄리오 교회를 수리하러 방문했다가 그곳에서 에마 기퍼드를 만났다. 문학소녀였던 에마는 하디와 마음이 잘 통했고, 하디가 소설을 쓰는 데 좋은 조언자 역할을 했다. 변호사 집안의 딸이었던 에마는 집안의 반대를 무릅쓰고 4년 후 하디와 결혼한다.

그녀는 하디가 전업 작가로서 어려운 결단을 내릴 때 독려해 주었고, 초기 작품 생활을 하는 데 훌륭한 내조자 역할을 했다. 그러나 계층 차이 때문에 서로는 물론, 상대의 가족을 이해하지 못하는 부분이 점차 늘어나면서 두 사람은 사이가 틀어졌고, 나중에는 명목상의 부부로 살았다. 특히 하디가 트리피나와의 못다 이룬 사랑을 애석해하고 그녀를 기리며 쓴《이름 없는 주드》를 출간하자 두 사람의 관계는 완전히 어긋났다. 에마는 이런 결혼 생활 때문인지 만년에 정신착란 증세를 보이기도 했다고 한다.

한편 결혼한 이듬해에는《에셀버타에게 청혼하기》를 출간했다. 그해 하디는 유럽 여행을 다녀왔고, 스터민스터 뉴튼에 집을 마련했다. 하디의 명성은 서서히 높아졌고, 1885년에는 도체스터 외곽에 자신이 직접 설계하고 이름 붙인 '막스 게이트'를 짓고 정착했다. 이 시기에 하디는 집과 런던을 오가며 활동했다.

하디의 명성을 드높여 준 작품은《더버빌 가의 테스》(이하《테스》)와《이름 없는 주드》이다.《테스》는 가난한 농부의 딸 테스가 도덕적 편견, 사회적 인습 속에서 몰락해 가는 이야기이다. 테스는 하녀로 일하던 중 주인집 아들 알렉에게 겁탈당해 미혼모가 되었으나, 목사의 아들 에인절과 다시 신분을 초월한 사랑을 이룬다. 그러나 남편 에인절에게 과거를 고백하여 버림받고, 여러 고난을 겪다 자기 앞에 다시 나타난 알렉을 우발적으로 죽이고 사형당한다. 일견 통속적인 연애소설로 보이지만, 등장인물의 다면적인 성격 및 인간의 내면 심리에 관한 통찰력 있는 묘사가 빛나는 작품이다. 또한 19세기 말 영국 사회의 인습과 편협한 종교인들의 태도를 공격하고, (당시 관점에서) 남녀 간의 관계를 성적인 측면에서 대담하게 폭로한 당대의 문제작이었다. 《테스》는 하디가 49세 때인 1889년에 집필하기 시작했는데, 미혼모 문제, 치정살인 등 소재가 불건전하다고 하여 출간을 거부당하다가 1891년에야 출간할 수 있었다. 이 소설은 소재만으로도 논란거리가 될 만했는데, 하디가 부제를 '순결한 여인'으로 붙이면서 보수주의자들의 어마어마한 공격을 받았다. 타락한 여주인공을 그린 것도 모자라서 그녀를 순결한 여인이라고 칭한 데 대해 부도덕하다고 비난한 것이다. 그러나 몇몇 사람들은 이 작품이 '사회의 위선을 거부하는 탄원서'임을 서서히 깨달았고, 하디의 명성은 더더욱 커졌다.

1895년에 《이름 없는 주드》(이하 《주드》)를 발표하면서 하디는 또다시 보수주의자들의 비판의 표적이 되었다. 이 작품은 가난한 시골 청년 주드가 인습과 제도에 저항하다 비극적 종말을 맞는 이야기이다. 주드는 야망을 이루고자 도시로 올라왔으나 계급적 한계에 직면해 허위의식과 위선으로 가득 찬 세계에서 배척당하고 절망에 빠진다. 여기에 불행한 결혼 생활을 뒤로하고 사촌 수와 관습을 뛰어넘은 사랑을 이루지만, 결국 이 관계마저 파국을 맞고 쓸쓸하게 죽는다. 하디는 《테스》에서 시작된 사회비판적 목소리를 《주드》를 통해 전력을 다해 쏟아 냈다고 하며, 이 작품을 통해 교육, 결혼, 종교, 계층 의식 등 모든 불합리한 사회 제도를 통렬하게 비판했다. 하디의 용감한 문제 제기는 《테스》 때보다 더 많은 비판을 낳았다. 한 영국 잡지는 (찰스 다윈이 진화론을 주장했을 때 원숭이를 조상으로 두었다는 풍자화의 대상이 된 것처럼) 저속하고 뚱뚱한 거인이 진흙구덩이에 장미를 짓밟으면서 방관자들에게 오물을 끼얹는 모습의 풍자 삽화를 그렸으며, 웨이크필드 교구의 주교는 공적인 장소에서 책을 분서하기까지 한다. 이에 하디는 충격을 받고 다시는 소설을 쓰지 않기로 한다.

하지만 비난에 비례하여 작가로서의 명성도 드높아졌다. 《주드》는 빅토리아 시대의 인습을 지적하고 20세기적 사고방식으로 옮겨 가는 당시의 지적, 사상적 움직임을 반영하고 있다. 동시에 다면적인 등장인물, 인물의 내밀한 심리 탐구 등 새로운 감각과 기법을 도입하고 있기도 하다. 그런 의미에서 이 작품은 영국 소설에 있어 19세기에서 20세기로 넘어가는 가교 역할을 한다고 평가받으며, 하디를 위대한 영국 소설가 중 한 사람의 반열에 올려놓았다.

하디의 두 번째 부인 플로렌스 더그데일

하디는 이후 시를 쓰는 데 몰두했으며, 1898년 첫 시집《웨섹스 시편》을 출간했다. 이후 꾸준히 시를 쓰고, 나폴레옹의 생애를 그린 극시《패왕들》과 같은 야심 찬 위업에도 도전했다. 1912년, 아내 에마가 죽자 하디는 불행했던 결혼 생활이었음에도 그녀와의 추억이 어린 장소를 다니면서 그녀를 기리는 수많은 시를 쓰기도 한다.

말년에 이르러 하디의 작가로서의 명성은 절정에 달했다. 1909년에는 작가협회 회장이 되었고, 1910년에는 영국 왕실로부터 메리트 훈장을 받았으며, 1912년에는 문학 왕실협회로부터 메달을 받았다. 1914년에는 비서이자 시인이었던 35세의 플로렌스 더그데일과 재혼하여 고요하고 명예로운 말년을 보냈다. 그의 집은 문학도들의 순례지가 되었으며, 1928년 1월 11일 사망하여 웨스트민스터 사원 시인의 구역에 묻혔다.

작가로서 하디의 일생은 비교적 순탄한 편이었다. 그는 초기부터 서서히 명성을 얻었으며,《테스》와《주드》로 많은 논란에 휩싸였으나 그만큼 큰 명성을 얻었다. 그리고 살아생전 작가로서의 명성을 누리면서 왕성한 창작 욕구를 수월하게 풀어 낼 수 있었다. 15편의 장편소설과 40편의 단편소설을 집필했으며, 1898년 소설을 그만둔 후에는 총 12권의 시집, 1천여 편의 시를 썼다.

051

미국적 가치를 그린 심리소설가

헨리 제임스

Henry James(1843. 4. 15~1916. 2. 28)

I 미국에서 태어나 영국에서 활동
I 유럽 전통에 대비되는 미국적 가치를 그렸으며, 인간의 의식을 탐구한 소설과 비평으로 현대소설 비평에 큰 영향을 끼쳤다.
I 《대사들》, 《데이지 밀러》, 《여인의 초상》 등

헨리 제임스는 미국과 영국 두 나라의 문학을 대표하는 소설가로, 인간 의식을 철저히 탐구하면서 심리소설, 현대소설의 기틀을 확립했다. 미국에서 태어났으나 생애 대부분을 유럽에서 보냈으며, 33세 무렵부터 영국을 정주지로 택하고 말년에는 영국으로 귀화했다. 유럽 전통과 대비되는 미국적 가치를 그려 마크 트웨인과 함께 19세기 후반 미국을 대표하는 양대 작가로 꼽히는 등 미

헨리 제임스

헨리 제임스 부자

국 문단에서도 중요한 위치를 차지하고 있다.

헨리 제임스는 1843년 4월 15일 뉴욕에서 태어났다. 아버지 헨리 제임스(아들과 동명이다)는 종교 철학자였으며, 장남인 형은 철학자 윌리엄 제임스이다. 아일랜드와 스코틀랜드 이주민 집안으로, 할아버지 윌리엄 제임스(장

손자와 동명이다)는 미국 최초의 백만장자이다. 헨리 제임스는 유복한 가정에서 태어나, 태어나자마자 6개월간 파리와 런던 등지를 여행한 것을 시작으로 유년 시절의 대부분을 가족과 함께 제네바, 런던, 파리 등 유럽 대륙에서 보냈다. 때문에 유럽 각국 문화에 친숙했으며, 청년 시절에도 주로 유럽에서 생활한 탓에 미국인이었으나 미국에서 보낸 시간은 극히 적었다.

또한 아버지 헨리 제임스 1세는 너대니얼 호손, 랠프 월도 에머슨, 토머스 칼라일 등 당대 미국의 주요 철학자, 작가들과 절친한 친구 사이였는데, 이런 환경은 그와 형에게 사상적으로 많은 영향을 미쳤다. 어렸을 때는 가정교사에게 교육을 받다가 16세 때 제네바에서 과학학교를 다녔고, 본에서 독일어를 공부하기도 했다. 17세 때에는 뉴포트에서 지내면서 소방수로 자원해 활동하던 중 척추 부상을 입었는데, 이 부상으로 남북전쟁 때 입영을 면제받았다. 19세 때 하버드 법과대학에 진학했으나 대학 생활은 뒤로 하고 발자크, 호손 등의 작품만 읽으며 보내다 10개월 만에 중퇴했다.

21세 때 가족과 함께 보스턴 케임브리지에 거주하면서 소설을 쓰기 시작했는데, 〈콘티넨털 먼슬리〉 지에 첫 단편소설 〈실수의 비극〉을 비롯해 몇 편의 평론을 익명으로 발표했다. 그러던 중 〈애틀랜틱 먼슬리〉 지의 편집자였던 윌리엄 딘 하웰스와 교분을 맺으면서 이 잡지에 본명으로 단편소설 〈어느 해의 이야기〉를 발표하는 등 소설과 평론을 꾸준히 발표하기 시작했다. 그는 20대 중반의 나이에 몇 편의 단편으로 주목받는 작가가 되었으며, 이 시기에 이미 줄거리보다는 등장인물의 정신 활동에 초점을 맞춘 심리소설을 쓰기 시작했다. 때문에 일부 비평가들로부터는 좋은 평을 받지는 못했다.

그런 한편 영국, 프랑스, 스위스, 이탈리아, 러시아 등지를 여행하면서 이따금 미국에 들르는 생활이 시작되었다. 이 시기에 영국에서 조지 엘리엇

1886년 프랑스에서 발행된 《데이지 밀러》 표지

을 만났으며, 그녀의 작품 몇 편에 대한 평론을 〈애틀랜틱 먼슬리〉에 게재하기도 한다. 그는 엘리엇과 호손을 전범으로 삼아 꾸준히 습작을 한 끝에 28세 때 첫 장편소설 《파수꾼》을 펴낸다. 그리고 오랜 여행 경험을 토대로 여행기를 발표하기 시작했는데, 이런 일련의 여행기와 평론들에서 그는 미국인과 유럽 인의 시각 차이, 미국인으로서 미국 바깥 외국 문명과 접촉하면서 받은 내적 충돌을 보여 주었다. 소설 《로더릭 허드슨》, 기행문 《대서양 횡단 스케치》, 《열정적 순례자》 들은 이런 기반에서 탄생했다.

32세 무렵 그는 파리에 살면서 〈뉴욕 트리뷴〉의 파리 특파원 생활을 하는 한편, 투르게네프, 플로베르, 에밀 졸라, 공쿠르 그리고 소설가로 데뷔하기 전의 모파상과 교류했다. 특히 그는 투르게네프에게 크게 감화를 받았는데, 소설가는 '줄거리'를 염려하지 않아도 되며, 작중 인물에 초점을 맞춤으로써 주인공의 인생 경험에 도달할 수 있다는 그의 논지에 크게 공감했다. 그러면서 장편소설 《미국인》을 쓰기 시작했다. 이 작품은 소설적으로 높은 평가를 받고 있지는 않으나, 이후 《유럽인》, 《데이지 밀러》, 《여인의 초상》 등으로 이어지는, 신세계와 구세계의 문화와 가치관의 충돌, 유럽과 미국 가치관의 차이를 대조하고, 유럽인과 미국인의 전형을 창조한 작품들의 시발점이라는 데 의의가 있다.

《데이지 밀러》는 미국 상류층 청년 윈터본이 유럽 여행 도중 만난 자유분방한 미국인 여성 데이지 밀러와의 일화를 그린 것으로, 등장인물의 성격과 미묘한 심리 변화, 그녀를 만남으로써 벌어진 유럽과 미국, 즉 구세계와 신세계의 문화 충돌을 이야기한다. 이 작품으로 제임스는 현대 문학계의 거장으로 군림하게 되었으나 미국에서는 자국 여성을 모독하는 작품이라면서 큰 비난이 일기도 했다.

《여인의 초상》은 미국 여성 이사벨 아처가 자유와 독립적인 생활을 꿈꾸며 영국으로 건너갔다가 좌절을 겪으면서 성숙해 가는 과정을 그린 작품이다. 플로베르 등의 사회적 사실주의 문학으로부터 한걸음 더 나아가 '심리적 사실주의' 분야를 개척한 작품으로, 인간 행위를 내면적인 동기에 의해 세밀하게 분석하기 시작한 것이다. 인간의 복잡한 심리 구조와 의식의 흐름을 집중적으로 조명한 이 작품은 20세기 현대소설이 나아갈 방향을 제시한 전범으로 여겨지며, '영어로 쓰인 가장 위대한 작품'으로 평가된다.

이후 헨리 제임스는 한동안 사회소설에 손을 대 사회개혁가와 혁명가를 다룬《보스턴 사람들》,《캐서마시마 공작부인》 등을 발표했다.《보스턴 사람들》은《데이지 밀러》에 등장하는 두 사람의 유럽인을 엄격하고 보수적인 보스턴 사람으로 대치시켜 개작한 작품인데, 이 작품이 실패하면서 그는 우울증을 겪는다. 이후 6여 년간 극작에 손을 댔으나 희곡에는 재능이 없었던지 제작자들은 물론, 관객들에게도 외면받아 극작을 포기하고 다시 소설로 회귀했다. 그러나 극작을 통해 그는 묘사 방식, 극적 장면 교체, 제한된 시간 안에서 긴밀하게 이루어지는 사건 진행 방식, 등장인물들은 모른 채 관객들만 아는 정보 전달 기법 등을 습득했다. 그리하여 탄생한 것이 후기의 대표작들인《에스펀 문서》,《나사의 회전》,《비둘기의 날개》,《대사들》,《황금의 잔》 등이다.

전기의 대표작이《여인의 초상》이라면, 후기의 대표작은《나사의 회전》

케임브리지에 있는 헨리 제임스 무덤

이다. 이 작품은 한적한 영국 시골 저택에서 한 가정교사가 체험한 유령 이야기인데, 가정교사의 시선에서 다른 인물들의 심리를 그려 나가면서 모호한 암시와 복선들을 통해 독자의 심리마저 조종하는 작품이다. 이 작품부터 심리 묘사와 암시가 더욱 정교하고 치밀해지며, 제임스는 지속적으로 관심을 둔 '인식perception'의 문제를 본격적으로 다룬다. 이에 따라 외부 사건들 사이의 연관 관계는 더욱 줄어든다. 《비둘기의 날개》, 《대사들》, 《황금의 잔》은 제임스 스스로가 꼽은 최고의 작품이다.

한편 말년에는 20년 만에 미국을 여행하고 《미국 정경》을 비롯해 《영국 기행》, 《이탈리아 기행》 등의 기행문과 자서전 《아들과 아우의 노트》, 자기 소설에 대한 해설을 모은 《소설의 기교》, 《작가론》과 같은 비평서도 썼다. 《소설의 기교》는 이후 영미권에서 소설 이론의 명저로 자리 잡는다. 그러나 《상아탑》, 《과거에 대한 의식》 등의 실험소설들은 완성하지 못한 채 남겨졌다.

1910년경부터 신경 쇠약을 앓기 시작했으며, 1914년 제1차 세계대전이 발발하자 큰 충격을 받았다. 그러나 미국이 참전에 소극적인 태도를 보이자 실망하여 이듬해 영국으로 귀화했다. 헨리 제임스의 작품들은 《데이지 밀러》와 《나사의 회전》을 제외하고 대중적으로 인기를 끌지 못했으며, 난해하기만 하다, 실생활과 괴리가 크다 등의 비난을 받았다. 그러나 작품 활동 초기부터 외국인들이 가지고 있던 미국에 대한 신화적 통념, 유럽에서 살고 있는 미국인으로서 유럽인과 미국인의 전형을 구체화한 공으로, 생전에도 위대한 문학가이자 유럽과 미국 사이 대서양 횡단 문화의 대표적인 인물로 꼽혔다.

영국으로 귀화한 이듬해인 1916년에는 조지 5세로부터 명예 훈장을 받았다. 그해 2월 28일, 런던 첼시의 저택에서 뇌출혈로 사망했으며, 유해는 매사추세츠 주 케임브리지의 가족묘에 안장되었다. 사후에는 의식의 흐름 운동의 선구자로서, 소설의 위대한 개혁가로 추앙받았으며, 그의 소설 비평에서 현대의 소설 비평 이론의 기본적인 용어들이 도출되었다. 1976년 웨스트민스터 사원 시인의 구역에 기념비가 걸렸다.

052

인간의 위선을 간결하게 묘사한 작가

기 드 모파상

Henri-Rene-Albert-Guy de Maupassant
(1850. 8. 5~1893. 7. 6)

- 프랑스
- 인간의 추악한 내상을 사실적이고 객관적인 언어로 표현한 대표적인 사실주의 작가이다.
- 〈비곗덩어리〉, 《여자의 일생》 등

모파상은 에드거 앨런 포, 안톤 체호프와 더불어 세계 3대 단편소설 작가로 꼽히는 인물이다. 프랑스 근대 자연주의의 대표적인 작가 중 한 사람으로, 인간의 위선과 인생의 야수성 등을 정확하고 세밀한 관찰력, 간결한 문체로 담담하게 표현했다. 그의 단편소설들은 일상적인 평범한 사건을 통해 인간의 심리 변화와 갈등을 그리고, 당대 프랑스 사회의 세태를 풍자하고 있다. 특히 대담한 압축과 외부적인 묘사를 통해 내면의 미묘한 심리 변화를 표현하는 기법을 사용해 단편소설의 모범으로 꼽힌다. 또한 장편《여자의 일생》은 귀스타브 플로베르의《보바리 부인》과 함께 프랑스 사실주의 문학의 걸작으로 평가된다.

앙리 르네 알베르 기 드 모파상은 1850년 8월 5일 프랑스 노르망디 지방 투르빌쉬라르크에서 태어났다. 아버지 귀스타브 드 모파상은 몰락한 귀족 가문 출신이고, 어머니 로르 르 푸아트뱅은 평민이었다. 8세 때 부모가 별거하면서 동생 에르베와 함께 어머니를 따라가 에트르타의 별장에서 자랐다. 13세 때 이브토의 신학교에 들어갔는데, 신경쇠약 증세로 3년을 채 못 다니고 중퇴하고(퇴학당했다는 설도 있다) 루앙의 중등학교에 다녔다.

기 드 모파상

루앙 중등학교 시절 외삼촌의 절친한 친구였던 귀스타브 플로베르에게 문학 수업을 받았으며, 1869년 대학 입학자격고사를 통과하고 파리 법과대학에 입학했다. 1870년 보불 전쟁이 일어나자 8월에 징집되어 군에 들어갔다. 루앙 시 경리국에서 서기로 복무하던 그는 4개월 만인 그해 12월 6일 프로이센군이 루앙을 침공하자 퇴각하는 경험을 한다. 쇼펜하우어에 심취되어 있던 청년 모파상은 패전과 후퇴의 기억 때문에 전쟁에 대한 회의를 품게 되었고, 이때 느낀 것들은 이후 작품들에 많은 영향을 미친다.

1871년, 프로이센과 프랑스 간에 휴전 조약이 체결되자 제대하여 에트르타로 돌아왔다. 그 후 집안 형편을 생각하여 취직을 결심하고 파리로 갔다. 아버지의 도움으로 해군성 서기관으로 취직했으나 수입도 적고 일도 지루하여 그는 밤마다 거리를 거닐면서 방황했다. 그러다 문학의 길을 걷기로 결심하고 플로베르에게 습작 지도를 받는 등 본격적으로 문학 수업을 받았다. 플로베르의 소개로 알퐁스 도데, 에밀 졸라, 에드몽 드 공쿠르, 투르게네프 등과도 교류했다.

1875년, 모파상은 조제프 프뤼니에라는 가명으로 단편소설 〈살갗이 벗겨진 손〉을 〈퐁 타 무송〉 연감에 발표했다. 1876년에는 기 드 발몽이라는 가명으로 〈레퓌블리크 데 레트르〉 지에 시 〈물가에서〉와 〈귀스타브 플로베르 연구〉를 발표했다. 이 무렵 심장 발작을 일으키고, 신경질환 증세를 보이기 시작했으며, 매독에 걸려 한동안 스위스로 요양을 가기도 했다. 모파상은 우울증과 여성 편력, 방랑벽 등으로 생애 대부분을 고통스러워했는데, 이는 부모 쪽 기질이 유전된 것으로도 보인다. 어린 시절 부모의 결별은 아버지 귀스타브의 여성 편력과 신경증적 증세 때문이었으며, 어머니 역시 신경질환을 앓았다. 모파상은 이런 기질에 더해 전쟁에서의 패배, 무의미한 관료 생활 등으로 점차 염세주의적이고 관찰자적 성향을 짙게 띠게 되었다. 모파상은 냉혹한 시선, 무감동한 문체로 비참하고 절망적인 인생과 인간의 모습을 때로는 냉소적인 해학으로, 때로는 외설적으로 그려 냈는데, 그의 작품들은 신경쇠약과 고독에 시달리며 인생의 허무와 싸우던 모파상의 불안정한 정신을 반영하고 있다고 할 수 있다.

1878년에 해군성을 그만두고, 플로베르의 소개로 공교육부에 취직했으나 여전히 직장 생활에 마음을 붙이지 못했다. 모파상은 신경질환으로 요양소에 입원한 어머니와 많은 시간을 보내는 한편, 꾸준히 작품을 썼다. 〈근대 자연주의 평론〉 지에 1879년 시 〈물가에서〉, 1880년 단편 〈벽〉을 발표했는데, 두 작품 모두 외설 혐의로 검찰에 기소되었다. 이 혐의들은 플로베르가 백방으로 힘을 써 결국 기각 처분을 받았다. 플로베르는 모파상의 든든한 후원자였으며, 모파상을 '사랑하는 나의 아들'이라고 칭할 만큼 그의 문학적 재능을 아꼈다.

1907년 파리에서 발행된 〈비곗덩어리〉 속표지

1880년, 모파상은 에밀 졸라가 주도하던 메당 그룹의 동인지 〈메당의 저녁〉에 중편소설 〈비곗덩어리〉를 발표했다. 이 작품은 프랑스 루앙이 프로이센군에게 점령된 후 루앙에서 디에프로 가는 역마차 안에서 비곗덩어리라고 불리는 매춘부를 두고 벌어지는 일로, 그녀에 대한 부르주아 계층의 태도를 통해 인간의 위선과 비열함을 파헤친 것이었다. 스승 플로베르는 이 작품에서 이기적인 인물들의 모습과 표정을 보고 '후세에 남을 걸작'이라고 극찬했으며, 모파상은 이 작품으로 일약 문단의 총아로 떠올랐다.

그러나 기쁨도 잠시 그해 5월 플로베르가 급성 뇌출혈로 사망하자 모파상은 큰 충격에 빠진다. 다음 달 그는 신경증과 신경질환을 이유로 직장에 장기 요양 휴가를 신청했다가 다시는 복귀하지 않고 이듬해 사직했다.

이후 모파상은 북아프리카, 브르타뉴, 이탈리아, 영국 등지를 여행하면서 작품 활동에 매진해 10여 년이라는 짧은 기간에 놀라운 창작력을 발휘했다. 무려 단편소설 300여 편과 《여자의 일생》, 《벨아미》, 《몽토리올》, 《피에르와 장》, 《죽음처럼 강하다》, 《우리들의 마음》 등 6여 편의 장편소설, 3권의 기행문, 1권의 시집을 남긴 것이다.

모파상의 작품들은 대개 자신이 경험했던 일들, 즉 군대나 직장에서 겪은 인간 유형들을 그리고 있다. 크게 프랑스와 프로이센의 전쟁을 배경으로 한 사건들, 노르망디 농민들, 관료 사회, 계층 간의 감정 문제 등을 다루면서, 인생의 야수성, 인간의 위선과 어리석음, 욕망의 문제를 보여 준다. 모파상 작품의 특징은 정확한 관찰력과 간결하고 힘 있는 문체로, 일체의 주관을 배제하고 스스로가 환기시키고 싶은 대상에만 집중하여 대담하리만큼 단순하게 표현하는 것이다. 그럼으로써 현실 세계를 보다 생생하게, 말없는 멸시를 담아 전달한다. 이런 작품들을 한데 모아 보면 그가 살았던 당시 프랑스인의 생활상이 포괄적으로 드러난다.

후기에 들어서는 〈오를라〉 같은 환각과 환상성이 가미된 작품들을 다수 발표하기도 했다.

모파상은 1883년,《여자의 일생》을 발표하면서부터 부와 명성을 모두 얻었지만, 각종 질병과 신경질환을 앓아 이를 제대로 누리지 못했다. 1881년 경부터 이미 신경질환 증세로 약물을 남용하기 시작했으며, 매독으로 눈 질환이 점차 심해졌다. 1891년 무렵에는 앞을 보지 못할 정도로 고통받았고, 환영에 시달렸다. 결국 1892년에 니스로 휴양을 갔는데, 환각 증세가 심해져 고통스러워하던 끝에 자살을 기도한다. 머리에 총구를 갖다 댔으나 총알이 장전되어 있지 않자 면도칼로 자신의 목을 베었는데, 이때 하인이 뛰어 들어와 살아났다고 한다. 이후 파리 근교 파시의 정신병원에 강제 수용되었으며, 이곳에서 환각과 혼수상태에 시달리다 1893년 7월 6일 숨을 거두었다. 43세의 젊은 나이였다. 시신은 몽파르나스 묘지에 안장되었으며, 친구이자 문학적 동지였던 에밀 졸라가 조사를 낭독했다.

053

뛰어난 재기의 사교계 인사

오스카 와일드

Oscar Fingal O'Flahertie Wills Wilds
(1854. 10. 16~1900. 11. 30)

| 아일랜드
| 19세기 말 대표적인 유미주의자로 뛰어난 재기와 날카로운 재치, 자유분방한 생활로 세간의 주목을 받았다.
| 《도리언 그레이의 초상》, 〈살로메〉 등

오스카 와일드는 아일랜드 출신의 극작가이자 소설가, 시인으로, 19세기 말 대표적인 유미주의자이다. 뛰어난 재기才氣, 쾌락주의와 유미주의, 스캔들 등 주목받는 사교계 인사였으며, 때문에 작품보다 사생활이 더욱 유명한 인물이기도 하다.

오스카 와일드

오스카 핑걸 오플라허티 윌스 와일드는 1854년 10월 16일 아일랜드 더블린에서 태어났다. 아버지 윌리엄 와일드 경은 영국 최초의 안과병원을 설립한 의사이자 저명한 민속학자이며, 어머니 제인 프란체스카 엘지 와일드 역시 '스페란차(Speranza, 이탈리아어로 '희망'이라는 의미)'라는 필명으로 활동하던 저명한 시인이었다. 어머니는 오스카 와일드의 작품 세계에 많은 영향을 미친다.

오스카 와일드는 9세 때 북아일랜드의 포토라 왕립학교에 입학했는데, 공상을 좋아하고 책만 읽던 소년이라 선생들이 다루기 힘든 아이였다고 한다. 17세 때는 더블린 트리니티 대학에 들어가 고전문학을 전공했다. 이곳에서 교수였던 존 마하피의 영향으로 그리스 문학에 심취했으며, 최우등상인 버클리 골드 메달을 받고 졸업했다. 20세 때 옥스퍼드 대학교 맥덜런 칼리지에 진학했으며, 이곳 교수였던 존 러스킨과 월터 페이퍼의 영향으로 유미주의와 데카당스 운동에 빠졌다. 재학 중에 쓴 시 〈라벤나〉로 뉴디게이트상을 수상했고, 대학을 졸업한 후 런던으로 가서 본격적으로 작가 생활을 시작했다. 런던으로 향하면서 "나는 시인, 소설가, 극작가가 될 거다. 어떻게 해서든 유명해질 것이다. 만약 작가로 명성을 떨치지 못한다면 악명이라도 떨칠 것이다."라고 말했다고 한다.

예술가란 아름다운 것을 창조하는 사람이라고 여겼던 오스카 와일드는 런던에서도 유미주의 운동, 빅토리아 시대의 인습에 도전하는 젊은 예술가 그룹과 교류했다. 이들은 예술의 기준을 도덕이 아닌 '미'에 두었고, 예술을 위한 예술을 주장했다. 1881년에 첫 시집 《시편들》을 펴낸 이후로 희곡 〈베라 혹은 니힐리스트〉, 〈파두아 공작부인〉 등을 써서 무대에 올렸다. 그러나 이 작품들은 큰 반향은 일으키지 못했다. 오히려 《시편들》은 옥스퍼드 대학의 토론 학회인 옥스퍼드 유니언으로부터 표절 시비에 올랐다.

그런 한편 오스카 와일드는 작품보다는 긴 머리에 공작 깃털, 벨벳 바지 같은 괴상한 옷차림, 사회와 종교의 위선에 대한 재치 있는 독설들로 먼저 이름을 떨쳤다. 이는 그가 런던에 올 때 처음 선언한 대로 악명이었다.

1880년대에 유미주의는 런던 문단에서는 크게 유행했을지 몰라도 여타의 사람들에게는 조롱거리에 지나지 않았는데, 오스카 와일드는 유미주의의 대표적인 인물로 많은 풍자의 대상이 되었다. 그중에서도 특히 극작가 윌리엄 S. 길버트와 작곡가 아서 설리번의 오페라 〈인내〉에 등장하는 레지널드 번손이라는 인물이 와일드를 모델로 삼았다는 사실은 널리 알려져 있다. 이 인물은 어두운 벨벳 양복을 입고, 긴 곱슬머리를 하고, 한 손에 백합한 송이를 들고 다니며, 재치 있는 말투로 기존 질서를 대담하게 풍자한다. 재미있게도 〈인내〉의 성공으로 오스카 와일드의 이름은 미국에까지 알려졌다. 그는 1882년 유미주의에 대한 미국 순회 강연에 나섰고, 강연을 통해 거침없는 언변과 풍부한 교양을 드러냈다. 이 일로 오스카 와일드는 시대의 아이콘으로 떠올랐다.

1880년대 중반까지 그는 대중 잡지 〈숙녀의 세계〉 편집자로 일하면서 예술과 인생에 대한 에세이, 시, 희곡, 단편소설들을 근근이 발표했다. 그러다가 1888년 창작 동화집 《행복한 왕자와 그 밖의 이야기들》을 펴내면서 소설가로 대중적인 명성을 얻기 시작했다. 흔히 '어른들을 위한 동화'라고 일컬어지는 이 작품집에서 와일드는 영국 귀족 사회에 대한 모순과 예술에 대한 자신의 관점을 우아한 문체와 날카로운 위트로 써 내려갔다. 그런 한편 와일드는 1885년 더블린 왕실 변호사의 딸인 콘스탄스 로이드와 결혼해 두 아들을 두었는데, 아들들에게 동화를 들려주면서 동화를 구상했다고도 한다.

《행복한 왕자와 그 밖의 이야기들》로 명성을 얻은 와일드는 이듬해 〈숙녀의 세계〉를 그만두고, 작품 활동에 집중해 풍자적 에세이 〈펜, 연필 그리고 독〉, 유일한 장편소설 《도리언 그레이의 초상》을 발표했다. 《도리언 그

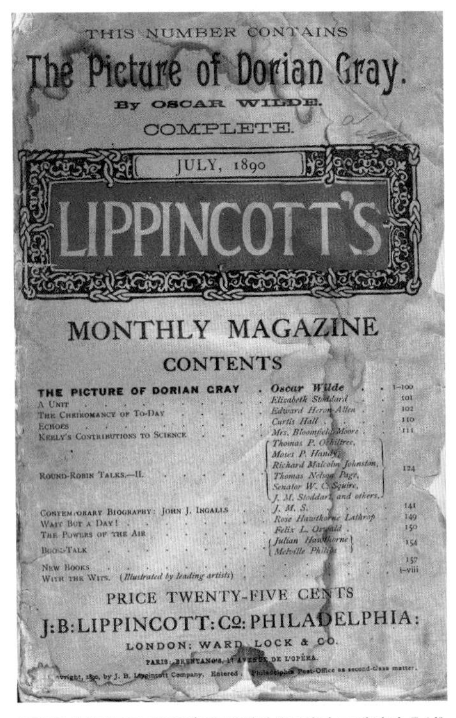

THIS NUMBER CONTAINS

The Picture of Dorian Gray.

By OSCAR WILDE.

COMPLETE.

JULY, 1890

LIPPINCOTT'S

MONTHLY MAGAZINE

CONTENTS

THE PICTURE OF DORIAN GRAY	Oscar Wilde	1–100
A UNIT	Elizabeth Stoddard	101
THE CHEIROMANCY OF TO-DAY	Edward Heron-Allen	102
ECHOES	Curtis Hall	110
KEELY'S CONTRIBUTIONS TO SCIENCE	Mrs. Bloomfield-Moore	111
ROUND-ROBIN TALKS.—II.	Thomas P. Ochiltree, Moses P. Handy, Richard Malcolm Johnston, Thomas Nelson Page, Senator W. C. Squire, J. M. Stoddart, and others.	124
CONTEMPORARY BIOGRAPHY: JOHN J. INGALLS	J. M. S.	141
WAIT BUT A DAY!	Rose Hawthorne Lathrop	149
THE POWERS OF THE AIR	Felix L. Oswald	150
BOOK-TALK	Julian Hawthorne, Melville Philips	154
NEW BOOKS		157
WITH THE WITS. (Illustrated by leading artists)		i–viii

PRICE TWENTY-FIVE CENTS

J:B:LIPPINCOTT:Co: PHILADELPHIA:

LONDON: WARD, LOCK & CO.

PARIS: BRENTANO'S, 17 AVENUE DE L'OPÉRA.

Copyright, 1890, by J. B. Lippincott Company. Entered at Philadelphia Post-Office as second-class matter.

1890년 〈리핀코트 매거진〉에 연재된 《도리언 그레이의 초상》

레이의 초상》은 자신의 외모를 영원히 간직하고 싶은 아름다운 청년 도리언 그레이의 이야기로, 악마와의 거래, 불가사의한 주술 등 낭만주의적 고딕 호러의 대표적인 작품이다. 주인공이 쾌락과 욕망에 허우적대다 살인까지 저지르는 등 〈리핀코트 매거진〉에 연재되던 초기부터 퇴폐적인 요소로 많은 논란을 불러일으켰으며, 단행본으로는 지나치게 퇴폐적이거나 동성애적 묘사가 있는 부분은 수정, 삭제되어 출간됐다.

1892년에는 빅토리아 시대 상류층의 결혼 생활을 풍자하는 희극 〈윈더미어 부인의 부채〉를 발표해 큰 성공을 거두었고, 계속해서 〈하찮은 여인〉, 〈이상적인 남편〉, 〈진지함의 중요성〉 등 상류층의 허례나 부정부패 등을 다룬 사회희극을 썼다. 프랑스어로 희곡 〈살로메〉를 쓰기도 했으나 성서의 인물을 극화한 작품을 무대에 올릴 수 없다는 이유로 런던에서 상연이 금지되었으며, 후일 작품집으로 출간되었다.

작가로서 전성기를 누리던 중인 1890년대 중반 와일드는 스캔들에 휩싸이면서 급격히 몰락했다. 그는 1891년 퀸즈베리 후작의 아들로 옥스퍼드 출신인 22세의 앨프레드 더글러스와 친분을 나누게 되었다. 앨프레드는 도리언 그레이가 현실 세계에 나타났다고 할 만큼 아름다운 남자였고, 와

오브리 비어즐리가 그린 〈살로메〉 삽화

일드는 이 청년에게 매료된 나머지 희곡을 써서 번 돈을 모두 청년의 사치스러운 생활에 쏟아부었다고 한다.

와일드의 연인 앨프레드 더글러스

결국 두 사람의 관계를 의심한 퀸즈베리 후작은 1895년 와일드의 문인 클럽을 방문하여 자신의 명함에 '남색가를 자처하는 와일드 씨에게'라고 적어 두고 나왔고, 이 문제는 공공연한 가십거리가 되었다. 와일드는 퀸즈베리 후작을 명예훼손으로 고소했으나, 조사 과정에서 와일드가 앨프레드에게 쓴 연애편지와 와일드가 관계를 맺었다고 추정되는 남성 매춘부들의 증언이 나오면서 동성애자 혐의를 받고 2년간 수감되었다.

와일드는 그해 11월에 파산했다. 아내는 두 아들을 데리고 그를 떠났고, 아들들은 '와일드'라는 성을 버렸으며, 이듬해에는 어머니가 세상을 떠나는 등 불운이 계속되었다. 레딩 교도소에서 중노동을 하며 힘들게 살아가는 동안 그는 앨프레드에게 꾸준히 편지를 보냈는데, 이 편지들은 후일 《옥중기》로 출간되었다. 한편 수감 생활을 하던 중 아내를 살해하고 처형된 기병대원 샤를 올리즈에 관한 이야기를 듣고, 출옥 후 이를 소재로 장시 〈레딩 감옥의 발라드〉를 썼다.

1897년에 출소한 와일드는 곧바로 영국을 떠나 프랑스로 갔다. 한동안 프랑스에서 지내던 그는 이탈리아 여행을 갔다가 나폴리에서 앨프레드와 재회했다. 그러나 앨프레드는 2년간의 수감 생활로 외모가 망가지고, 파산 후 돈 한 푼 없던 와일드에게 매력을 느끼지 못했고, 결국 두 사람은 헤어졌다. 다시 파리로 돌아온 그는 가난과 외로움 속에서 몇몇 지인들의 도움으로 근근이 연명하다가 1900년 11월 30일 파리의 한 초라한 호텔 방에서 뇌막염으로 세상을 떠났다.

054

인간을 속박하는 모든 것에 저항하다

아르튀르 랭보

Jean Nicolas Arthur Rimbaud
(1854. 10. 20~1891. 11. 10)

❙ 프랑스
❙ 프랑스 상징주의의 선구자로 해체와 파괴의 시 세계를 펼쳐 나가며 이후 초현실주의 및 현대시에 막대한 영향을 끼쳤다.
❙ 《지옥에서 보낸 한 철》, 《일루미나시옹》 등

아르튀르 랭보

랭보는 폴 베를렌, 말라르메와 함께 프랑스의 대표적인 상징주의 시인으로, 조숙한 천재 시인, 저항 시인의 대명사로 여겨진다. 사회제도, 관습, 종교, 의식 등 인간을 속박하는 모든 것에 저항하면서, 기존의 시 작법을 비롯해 통념을 뒤엎는 시들을 발표하여 근대 자유시의 창시자로 여겨지기도 한다.

프랑스 상징주의의 선구자이자 이후의 초현실주의 및 현대시에 랭보가 끼친 막대한 영향을 생각하면 의아하게도, 그가 시를 쓴 것은 4년이라는 극히 짧은 기간이다. 현재까지 남아 있는 그의 시들은 모두 15세 때의 습작부터 19세 때 절필하기까지의 것들이다. 랭보는 17세의 나이로 프랑스 시 문단에 등장하자마자 천재 시인으로 이름을 날렸으나 19세에 문학가로서의 생활을 그만두고 유럽 각지, 서아시아, 아프리카 등을 방랑하며 행상, 군인, 탐험 등 많은 일을 전전하다가 37세의 젊은 나이에 죽었다.

샤를빌-메지에르에 있는 랭보 생가

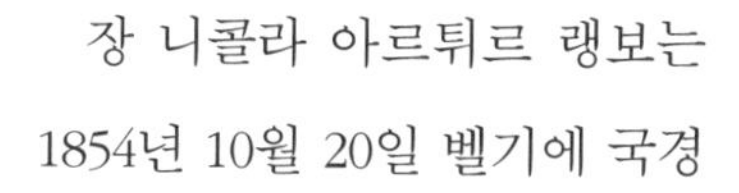

장 니콜라 아르튀르 랭보는 1854년 10월 20일 벨기에 국경 근처 프랑스 아르덴 주의 샤를빌(오늘날의 샤를빌-메지에르)에서 태어났다. 아버지 프레데릭 랭보는 보병 대위였으며, 어머니 비탈리 퀴프는 샤를빌 부농 집안의 딸이었다. 랭보는 이들 사이의 둘째 아들이다. 방랑가 기질이 있던 아버지 프레데릭은 결혼 생활 초기에도 연대를 따라 이동하면서 이따금 집에 들렀을 뿐으로, 애초에 결혼 생활 자체가 맞지 않은 사람이었다. 더구나 엄격한 성정에 독실한 가톨릭 신자였던 아내 비탈리와도 성격이 맞지 않아 불화를 겪었다. 랭보가 6세 때 결국 아버지가 집을 나가면서 아이들은 어머니 슬하에서 자랐다. 랭보 위로 형 장이 있고, 아래로는 잔느 로잘리와 마리 이자벨 두 여동생이 있었다.

아이들은 독재적인 어머니 아래에서 엄격한 가톨릭 교육과 가정교육을 받으며 자랐다. 랭보는 7세 때 샤를빌에 있는 로사 학교에 진학했으며, 12세 때 샤를빌의 중등학교에 입학해 중등교육을 받았다. 학창 시절 내내 성적이 우수한 모범생이었으며, 신앙심도 독실했다. 라틴어와 고전, 역사, 수사학 등에서 뛰어난 재능을 발휘해 많은 상을 받았고, 교장이 그에게 '수사학에 탁월한 학생'이라는 헌사를 쓴 책을 선물할 정도로 우수했다. 랭보는 어린 나이에도 라틴어 고전과 시에 큰 관심이 있었다. 다양한 방식으로 시 작법을 분석하고 라틴어 시 창작에 탁월한 재능을 보였는데, 그중에서도 특히 로마의 대시인 베르길리우스에게 심취해 베르길리우스의 시를 읽고 암송하는 것은 물론, 스스로 시의 작법과 주제를 분석하고, 원문과 프랑스어 번역본을 비교 분석하는 작업을 했다.

1870년, 랭보의 인생에 큰 영향을 끼친 일대 사건이 일어났다. 그해 수사학 반의 담임교사로 22세의 젊은 조르주 이장바르가 부임한 것이다. 젊고 열정적인 신출내기 선생은 어린 랭보의 시적 재능을 곧 깨달았다. 랭보는 그로부터 빅토르 위고, 테오도르 드 방빌, 장 자크 루소 등의 작품들을 접하고, 시를 쓰는 데 있어서도 많은 조언을 받았다. 그로부터 문학적, 사상적으로 새로운 세계에 눈을 뜨면서 랭보는 어머니와 신학교, 시골 생활이 자신에게 강요하는 것들에 반항심을 갖게 된다.

1870년 7월에 이장바르가 학교를 떠난 이후 랭보는 작은 낙원(고향 마을)에서 벗어나고 파리로 가서 시를 쓴다는 목적으로 1년여간 세 차례나 가출을 감행했다. 한 번은 기찻삯 부족으로 체포되어 경찰서에 수감되었는데, 이장바르의 도움으로 석방되어 두에에서 한 달여간 시를 쓰며 지내기도 했다. 또 한 번은 파리 코뮌에 동참하고자 파리로 갔으나 곧 코뮌군에 환멸을 느끼고 고향 마을로 돌아왔다.

1871년 5월, 랭보는 자신이 시 세계를 설명하는 편지를 두 통 보낸다. 소위 '견자(見者, voyant)의 편지'라고 일컬어지는 것으로, 랭보가 생각하는 시인상과 시인의 임무에 대해 밝힌 글이다. 한 통은 스승인 이장바르에게, 다른 한 통은 친구이자 시인인 폴 드메니에게 보낸 것이다. 랭보는 시인이란 견자가 되어야 한다고 생각했다. '견자란 진정한 현실, 세계의 본질을 꿰뚫어 보는 능력을 지닌 사람이며, 그러려면 개인의 인격을 형성하는 인습적 관념과 관계 있는 모든 제약에서 벗어나고, 시인 자신의 영혼을 제대로 인식해야 한다. 그러나 시인은 단지 자신의 영혼을 인식하는 것에 그치지 않고, 더 나아가 영원한 신의 목소리를 내는 도구로서의 예언자가 되어야 한다. 때문에 시인이란 모든 현상 및 대상을 눈에 보이는 것과 다르게 관찰할 수 있고, 그 너머에 숨겨진 다른 모습을 투시할 수 있어야 한다. 그리고 이를 위해서는 감각을 착란하고, 기괴한 영혼을 만드는 데까지 나아가야 한다'라는 내용이다. 랭보는 이를 실험하고자 모든 감각들과 현상들을 '파괴'하고 '해체'해 나가는데, 랭보 시학의 중심은 해체와 그로 인한 무질서이다.

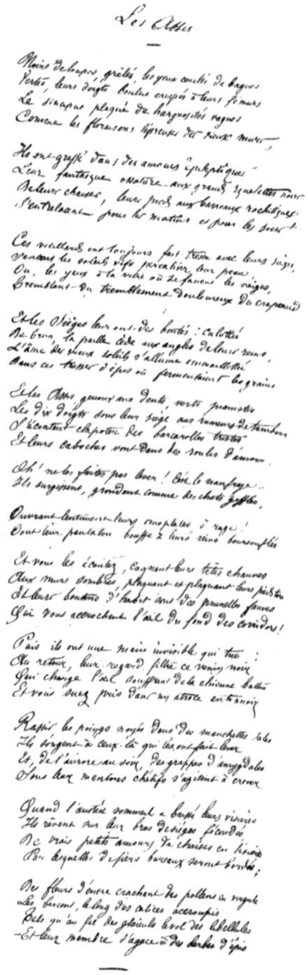

랭보가 베를렌에게 보낸 〈앉아 있는 사람들〉 육필 원고

17세의 랭보는 학업을 포기하고 자신만의 시 실험을 시작했고, 그해 여름 12음절 100행으로 된 장시 〈취한 배〉를 썼다. 그리고 그가 견자로 여긴 시인 중 한 사람인 폴 베를렌에게 시 〈앉아 있는 사람들〉, 〈강탈당한

팡탱 라투르, 〈테이블 모퉁이〉 왼쪽 제일 아래 베를렌과 랭보가 나란히 앉아 있다.

마음〉, 〈세관원들〉, 〈놀란 아이들〉 등을 보냈다. 이 시를 본 베를렌은 곧바로 '위대한 영혼이여, 우리는 당신을 원하고 있소'라는 편지를 보내며 랭보를 파리로 초청했다. 파리에서 랭보는 시인들에게 조숙한 천재로 추앙받으며 무질서하고 방탕한 생활에 빠져들었다.

한편 랭보와 베를렌은 뜻이 잘 맞는 동지, 시인으로서 존중하고 애정을 나누는 사이 이상의 관계로 발전했다. 베를렌은 아내와 랭보 사이에서 갈팡질팡했고, 랭보는 베를렌과 다툼이 있을 때마다 고향에 내려갔다가 베를렌의 애원에 다시 그의 곁으로 가 함께 지내기를 반복했다. 급기야 베를렌은 결혼한 지 얼마 지나지 않은 아내를 버리고 랭보와 함께 벨기에, 런던, 브뤼셀 등을 옮겨 다니며 동거했다. 그러나 약 2년여간 이어진 관계 속에서 두 사람은 악화된 경제 사정과 베를렌의 아내 문제 등으로 끊임없이 다투었다. 그리고 1873년 7월, 다툼 끝에 랭보가 떠나려 하자 술에 취한 베를렌이 랭보를 총으로 쏘면서 두 사람의 관계는 끝이 났다.

베를렌이 그린 랭보의 모습

어머니 곁으로 돌아온 랭보는 그때까지의 생활을 청산한 것이라 할 수 있는 산문시《지옥에서 보낸 한 철》을 썼다. 이후 문학에 대한 열의가 시들해졌고, 실질적으로 쓸모가 있는 직업을 구해야겠다는 생각을 하게 된다. 랭보는 평생 단 두 권의 시집을 출간했는데,《지옥에서 보낸 한 철》과《일루미나시옹》이다.《일루미나시옹》에 실린 시들 역시 대부분 이 시기에 쓰였다고 여겨지지만, 1872년경 베를렌과 함께 지낼 때 쓴 작품들이라는 설도 있다.

1875년경부터 랭보는 세계 각지를 떠돌아다녔다. 베를렌이 랭보를 일컬어 '바람 구두를 신은 사나이'라고 부른 것처럼, 정신적, 육체적으로 어디에도 구속받지 않고 떠돌아다니면서 시가 아닌 다른 방향으로 견자가 되고자 했다고 한다. 랭보는 커피회사 감독관, 무기 중개상, 용병, 탐험가, 채석장 막일꾼 등을 하며 네덜란드, 자바, 북유럽, 독일, 이탈리아, 키프로스 등을 떠돌아다녔다. 1880년경부터는 아프리카로 건너가 무기, 상아, 커피 매매를 하는 교역업을 시작했다. 그러나 1891년 2월, 오른쪽 무릎에 종양이 생겨 프랑스 마르세유로 돌아왔고, 그해 5월 말경에 오른쪽 다리를 절단했다. 그러나 병세가 악화되어 전신에 종양이 퍼졌고 11월 10일 사망했다.

055

펜 속에 날카로운 칼을 품다

조지 버나드 쇼

George Bernard Shaw(1856. 7. 26~1950. 11. 2)

- 아일랜드
- 유미주의를 거부하며 신랄한 비판과 풍자로 사회의식 개혁을 위한 집필 활동을 했다.
- 1925년 노벨 문학상 수상
- 〈인간과 초인〉, 〈므두셀라로 돌아가라〉, 〈성녀 조앤〉 등

조지 버나드 쇼는 아일랜드의 극작가이자 저널리스트로, 영국 연극에 사실주의를 도입하며 영국 근대극을 확립했다. 셰익스피어 이래 가장 위대한 영국의 극작가, 20세기 가장 영향력 있는 극작가로 꼽히며, 1925년 노벨 문학상을 수상했다.

쇼는 빅토리아 시대를 거쳐 제2차 세계대전 이후까지 70여 년간 작가로 활동하면서 당대를 가로지르는 도덕적, 철학적 문제들에 천착하여 보수적 가치관과 우상 파괴를 시도했고, 사회주의 단체 페이비언 협회를 설립하여 활동했다. '훌륭한 예술은 교훈적이어야 하며, 사회 진보에 기여해야 한다', '인생에 도움이 되지 않는 글은 단 한 줄도 쓸 수 없다'라고 생각하여 비

평이든 연극이든 사회 개혁, 의식 개혁을 목적으로 썼으며, 유미주의를 거부했다. 또한 신랄한 비판과 기지, 풍자로 유명한 작가답게 독설과 위트 있는 명언 제조기로도 유명했다. '우물쭈물하다 내 이럴 줄 알았지'라는 그의 묘비명은 오늘날 세계에서 가장 유명한 묘비명 중 하나이기도 하다.

조지 버나드 쇼

조지 버나드 쇼는 1856년 7월 26일 아일랜드 더블린에서 태어났다. 부모는 영국계 신교도 이주민 집안 출신으로 당시 아일랜드의 소수 지배층이었기 때문에 귀족 의식이 높은 인물들이었다. 아버지 조지 카 쇼는 공무원을 하다가 곡물 도매 사업에 뛰어들었으나 실패하였고, 체면을 위해 사업을 유지하면서 알코올 중독에 빠져들었다. 이런 아버지를 보고 자라면서 쇼는 어린 시절부터 허위의식과 사회 모순에 대해 냉소하게 되었다. 어머니 루신다 엘리자베스는 아버지와 달리 교양 있고 과단성 있는 여성이었다. 그녀는 쇼를 비롯한 세 아이들에게 문학과 음악, 미술 등을 가르쳤고, 이로써 쇼는 문학적 소양을 익힐 수 있었다. 루신다는 남편이 알코올 중독으로 폐인이 되자 체면을 생각하지 않고 가족들을 모두 데리고 자신의 성악 교수였던 조지 밴들리어 리의 집으로 들어갔으며, 얼마 후 성악가로서 성공하고자 아이들을 데리고 리와 함께 런던으로 이주했다. 쇼는 아일랜드에 남았다가 4년 후인 20세 때 작가가 되기로 결심하고 런던의 어머니 집으로 간다. 이런 어머니의 모습은 쇼에게 여성의 권리 평등에 관한 사상에 눈뜨게 했으며, 그의 작품 속에 시대의 한계 및 어머니로서의 본분에서 벗어난 진취적인 여성들로 표현된다.

쇼는 정규교육을 거의 받지 않았다. 성직자인 삼촌에게 라틴어와 고전 등을 배웠고, 더블린에서 몇 차례 교회에서 운영하는 학교를 다녔으나 곧 그만두었다. 후일 그는 "학교는 감옥이라는 것 외에 배운 게 없다."라고 말하기도 한다. 15세 때는 부동산 회사에서 서기로 일하면서 능력을 인정받았으나 문학과 미술에 관심이 많았던 그는 미술관, 연극, 오페라 등에 몰두했고, 작가가 되기로 결심하고 런던으로 갔다.

20대에 쇼는 어머니의 수입으로 생활하면서 《미성숙》, 《캐셜 바이런의 직업》 등 다섯 편의 소설을 집필했으나 런던의 모든 출판업자에게 거절당했다. 그는 미술, 음악 비평 기자로 일하는 한편, 마르크스의 《자본론》과 다윈의 《진화론》에 큰 영향을 받으며 사회주의 단체인 페이비언 협회의 창립에 가담하고, 사회주의 저널리스트로 활동했다. 특히 쇼는 활동 초기에 오페라 평론으로 명성을 얻었는데, 탁월한 식견에 더해 재치 있는 여담으로 독자들을 사로잡았다. 그러면서 프랭크 해리스의 〈새터데이 리뷰〉 지에서 연극 평론가로 일하면서 본격적으로 극작가의 길을 모색했다. 쇼는 1891년 노르웨이의 극작가 입센의 극에 관한 연구서인 《입센주의의 정수》를 펴낼 만큼 입센의 사실주의극에 큰 영향을 받았으며, 여기에 자신의 재치와 언변을 모두 동원해 빅토리아 시대의 허위의식과 사회 모순을 활력 있고 재기 넘치게 표현하기 시작했다.

36세 때인 1892년, 쇼가 대사를 쓰고 윌리엄 아처가 플롯을 꾸민 첫 번째 희곡 〈홀아비의 집〉이 상연되면서 쇼는 비평가들로부터 신예 극작가로서 인정받았다. 연이어 〈워렌 부인의 직업〉, 〈무기와 인간〉, 〈캔디다〉, 〈악마의 직업〉 등을 발표하며 극작가로 명성을 얻었다. 지주 계급의 노동자 착취 구조를 다룬 〈홀아비의 집〉, 여성 매춘부를 통해 여성을 차별하고 경제적 불평등 상태에 놓이게 하는 영국의 사회 구조를 고발한(이 때문에 1902년에야 상연이 허가되었다) 〈워렌 부인의 직업〉 등은 대부분 사회 고발 성격을 극명하게 띤다. 쇼는 1898년 《유쾌한 극과 유쾌하지 않은 극》이라는 저작을 통해 이런 극들을 일컬어 관객들로 하여금 직면하고 싶지 않은 사실을 직면하게 하기 때문에 '유쾌하지 않은 극'이라고 표현했다. 그런 한편 '유쾌한 극'이란 전통 희극 기법을 통해 도덕적 메시지를 전달하는 극을 말하는데, 발칸 반도를 배경으로 사랑과 전쟁, 영웅주의에 대한 낭만적 이상주의를 풍자한 〈무기와 인간〉, 가정희극으로 남편과 자신을 사랑하는 시인 사이에서 갈등하는 여인을 그린 〈캔디다〉 등이 이에 해당한다. 다소 신랄한 풍자극이지만 재미있고 유쾌한 희극 작품들이다.

20세기에 들어서부터 쇼는 '생의 힘'와 '초인'에 대한 개념을 극으로 형상화하기 시작했으며, 〈카이사르와 클레오파트라〉, 〈브래스바운드 대위의 개종〉, 〈인간과 초인〉, 〈의사의 딜레마〉, 〈바버라 소령〉, 〈피그말리온〉 등 대표작들을 줄줄이 발표하면서 국제적인 명성과 엄청난 성공을 얻었다. 1905년 상연된 〈인간과 초인〉은 그의 최고 걸작 중 하나로 꼽힌다. 니체의 초인 사상, 생명력을 추구하며 진화하는 인간이라는 자신의 사상을 바탕으로 하여 '생명의 힘'으로서 철학을 강조한 작품이다. 스페인의 전설적 바람둥이 돈 후안을 다룬 모차르트의 〈돈 조반니〉의 내용을 반대로 번안하여, 남성과 여성의 본분에 대한 고정관념을 타파하고 인생과 성에 대한 형이상학적, 철학적 질문들을 던진다. '영어로 쓰인 철학과 종교에 대한 가장 탐구적인 대화'라고 평가될 만큼 '사상'을 극 형태로 이루어 낸 것으로 쇼의

쇼가 말년에 집필했던 작업실

대표적인 '사상 희극'으로 일컬어진다.

제1차 세계대전 동안에는 격렬하게 반전론을 주장하면서 《전쟁에 관한 상식》 등을 펴냈고, 〈상심의 집〉을 통해 전쟁에 대해 책임을 가진 세대의 정신적 파탄, 그릇된 애국주의와 영웅주의를 폭로했다. 그런 한편 〈인간과 초인〉에서의 사상을 발전시킨 5편의 연작 희곡 〈므두셀라로 돌아가라〉,

잔 다르크를 모티프로 하여 교회와 법률이라는 힘 가운데서 파멸한 비극적 여주인공을 그린 〈성녀 조앤〉을 발표했다. 〈성녀 조앤〉으로 1925년 노벨 문학상을 수상하면서 쇼는 최고의 명성을 누리게 되었다.

이후로도 사상가이자 사회개혁가로서 많은 저작물을 펴내고 사회 활동을 하는 한편, 희곡 작업도 계속했다. 말년의 대표적인 작품으로는 《여성을 위한 사회주의와 자본주의 입문》, 《만인을 위한 정치 입문》 등의 사회적 저작들과 〈사과 수레〉, 〈너무나 진실해서 선할 수 없다〉, 〈백만장자 여성〉 등의 희곡이 있다. 쇼는 조너선 스위프트 이래 가장 신랄한 산문가이자 비평가로, 지나치게 직설적이고 논쟁적인 어투로 많은 비난을 받기도 했으나 20세기 영국에서 가장 영향력 있는 정치, 경제, 사회학적 사상 형성에 기여했다.

1898년에 결혼한 이래 금욕주의적 관계를 맺어 온 부인 샬럿 페인 타운센트가 1943년 사망하면서 큰 상실감을 겪었으며, 1950년 자택의 정원에서 가지치기를 하다 넘어져 11월 2일에 사망했다.

056

인간의 어두운 심연을 들여다보다

조지프 콘래드

Joseph Conrad(1857. 12. 3~1924. 8. 3)

- 폴란드 출신의 영국 소설가
- 헨리 제임스와 더불어 20세기 영국 소설을 개척한 소설가로, 문명과 야만, 인간성의 어둠을 파헤쳤다.
- 《올메이어의 어리석음》, 《암흑의 핵심》, 《로드 짐》, 《노스트로모》 등

조지프 콘래드는 헨리 제임스와 더불어 20세기 영국 소설을 개척한 소설가로, 문명과 야만, 인간성의 어둠을 파헤쳤다. 그는 세계대전 이후 19세기의 도덕적 확신이 무너지고 20세기의 실존적 절망이 유럽 대륙을 휩쓸던 분기점에 있었다.

조지프 콘래드의 본명은 요제프 테오도르 콘라드 날레스 코르제니옵스키이다. 그는 영국 문학을 대표하는 인물이지만 실제로는 1857년 12월 3일 당시 폴란드 영토였던 우크라이나 베르디쵸프 근처에서 태어났다. 아버지 아폴로 코르제니옵스키는 폴란드의 독립운동가이자 작가였다. 콘래드가 태어나던 당시 폴란드는 러시아, 프로이센, 오스트리아 3국이 분할 통치하

던 시기로, 혁명적 이상주의자였던 아버지 아폴로는 신흥 부자와 프롤레타리아 간의 갈등이나 물질적 탐욕에 비판적인 희극과 시를 주로 썼다. 콘래드가 4세 때 아버지 아폴로는 파리에서 저항운동을 하던 중 러시아 경찰에 체포되어 볼로그다로 유형을 가게 되었고, 조용하게 남편을 지지하던 어머니 에벨리나는 콘래드를 데리고 남편의 유형지로 따라갔다.

조지프 콘래드

그러나 춥고 험한 생활로 어머니 에벨리나는 앓고 있던 결핵이 악화되어 이듬해 세상을 떠난다. 아버지 아폴로 역시 결핵을 앓고 있던 터라 어린 아들을 제대로 키울 수가 없어 콘래드는 외삼촌 타데우스 보브로프스키에게 보내졌다. 얼마 후 아폴로가 병으로 유형지를 옮기자 부자는 함께 지낼 수 있게 되었고, 콘래드는 학교에 다녀온 뒤 병상의 아버지와 많은 시간을 보내며 교육을 받았다. 이때 아버지가 번역한 셰익스피어, 빅토르 위고, 하이네의 시 등 많은 문학 작품을 읽었는데, 그의 문학에 가장 많은 영향을 미친 것은 아버지의 사상과 작품이라 할 수 있다.

11세 때 아버지가 세상을 떠난 뒤 콘래드는 외삼촌 타데우스와 할머니의 보살핌을 받았고, 불규칙적으로 학교에 다녔다. 학교에는 관심이 없었지만 공부를 좋아해서 가정교사를 두고 그리스어, 라틴어, 프랑스어, 폴란드 문학, 수학, 역사, 지리 등을 광범위하게 공부하고, 독서도 많이 했다. 특히 그는 항해와 탐험을 선망했는데, 외숙부 집에서 살 때 본 오데사의 흑해에 큰 인상을 받았다.

1874년, 17세의 콘래드는 조국 폴란드가 독립할 가능성이 없다고 여기고, 절망적인 상황에서 벗어나기 위한 탈출구로 프랑스 남부의 항구도시 마르세유로 가서 상선 선원이 되었다. 당시 프랑스는 정치적 망명자들이 많이 모이던 곳이었다.

프랑스에서 4년여의 수습 선원 생활을 하는 동안 콘래드는 난파에 시달리고, 도박 빚을 지기도 했으며, 스페인 왕당파들의 무기 밀수선을 타기도 했다. 또 한 여인을 사이에 두고 미국인과 결투를 하고, 권총으로 자살을 시도하는 등 질풍노도의 청년기를 보냈다. 1878년에 미국 선박에 자리를 얻어 영국으로 간 콘래드는 당시 영어 단어 몇 개만 알고 있었을 뿐이었지만, 얼마 지나지 않아 영어를 습득하고 영국에서 이등 항해사와 일등 항해사 자격시험에 합격한다. 그리고 1886년 8월에 영국으로 귀화했으며, 그해 11월에 선장 자격시험에 합격했다. 여기에는 늘 경제적, 정신적 지지를 아끼지 않았던 외삼촌의 덕도 컸다.

선원 생활을 하면서 콘래드는 싱가포르, 말레이 반도, 방콕, 아프리카 등 많은 나라를 다니며 원주민과 선원의 생활을 생생하게 체험했다. 뿐만 아니라 열병, 난파, 사기 등 당시 상선에서 일어날 수 있는 대부분의 악재를 겪었고, 이 모든 체험을 작품의 소재로 삼았다. 콘래드 작품의 모티프나 등장인물의 모델은 유년기나 선원 생활의 체험에서 나온 자전적인 것이 대부분이다. 실제로 콘래드는 "모든 소설은 자전적인 요소를 가지고 있다. 작가란 작품 속에서 오직 자기 자신만을 표현할 수 있기 때문이다."라고 말한 바 있다. 다사다난 속에서 지친 콘래드는 권태를 느끼고 점차 유럽에서의 생활을 그리워하게 되었다.

1888년, 마침내 영국으로 돌아온 콘래드는 한동안 빈둥대다가 충동적으로 소설을 쓰기 시작했다. 첫 장편소설인 《올메이어의 어리석음》이다. 이 작품은 말레이 지방에서 만난 올메이어라는 사람을 모델로 했다고 한다. 원주민과 네덜란드인의 혼혈이었던 올메이어는 야심가였지만 어리석음 때문에 인생을 고난에 빠트린 인물로, 인간의 이상과 현실의 괴리를 보여준다. 그러나 이때 소설가로서의 길을 본격적으로 모색한 것은 아니었고, 그가 다시 항해에 나서면서 이 작품은 중단된다.

콘래드는 1889년 아프리카 콩고행 배를 타고 미얀마, 마타디, 킨샤사를 거쳐 콩고에 다녀왔는데, 이 여정에서 선원들의 폭동 등을 겪고, 말라리아와 류머티즘으로 건강을 해쳤다.

이후 콘래드는 건강을 회복하면서 호주와 캐나다 등지의 이민선 선장으로 일하다가 1894년 사랑하는 외삼촌이 세상을 떠나자 자신의 선원 생활을 지지해 준 외삼촌을 그리며 《올메이어의 어리석음》을 완성하는 데 몰두한다. 그는 작품을 완성해 영국의 피셔 언윈 출판사에 보냈고, 이 작품의 이국적인 분위기와 시적 리얼리즘은 언윈의 고문이었던 에드워드 가네트를 사로잡았다. 그는 이후 콘래드의 문학 인생에 큰 후원자이자 평생의 친구가 되었다.

1895년, 《올메이어의 어리석음》은 출간 즉시 비평가들의 찬사를 받으며 초판 2천 부가 모두 판매되었다. 이로써 다음 작품인 《섬의 추방자》를 쓰는 동시에 선장직을 구하러 다니던 콘래드는 집필에 전념할 수 있게 되었다. 1896년에는 언윈 출판사에서 알게 된 16세 연하의 타이피스트 제시 조지와 결혼했고, 그녀와의 사이에서 두 아들을 두었다.

결혼을 하고 첫 작품이 호평을 받으면서 작가로 전업하게 된 콘래드는 《암흑의 핵심》, 《나르시소스 호의 흑인》, 《로드 짐》, 《노스트로모》, 《밀정》, 《그림자 선》, 《황금화살》, 《구출》 등 수많은 소설을 연달아 펴냈다.

그의 작품들은 주로 그가 배에 탔던 경험을 살린 것으로, 해양 문학의 정수를 보여 준다. 그러나 그는 단순히 뱃사람의 경험을 풀어놓는 이야기꾼으로 머물기를 원하지 않았고, 그가 경탄을 보냈던 당대의 저명한 문학가들, 헨리 제임스나 H. G 웰스와 같은 대작가가 되길 바랐다. 콘래드의 바람처럼 그의 작품들은 오늘날 단순한 모험 이야기가 아니라 낯선 세계에서 역경과 시련을 거치며 겪는 인간의 심리와 공동체에 대한 상징적 탐구로 인정받으면서 그가 추앙했던 작가들보다 더 오랜 생명력을 지니고 오늘날까지 살아남았다.

볼로그다에 있는 조지프 콘래드 기념비

콘래드의 작품들은 독특한 정취와 대중적 호소력을 지니고 있음에도 초기에는 거의 팔리지 않았으며, 1913년에야 장편소설 《기회》가 대중적으로 성공하고, 앨프레드 히치콕이 《밀정》을 영화 〈사보타주〉로 만들면서 인기

작가의 반열에 들었다.

1899년 작품인 《암흑의 핵심》 역시 오늘날에는 문학적 상상력과 시적 영감, 제국주의 및 서구 문명에 대한 예리한 비판으로 콘래드의 대표작으로 꼽히지만, 처음 출간되었을 당시에는 크게 주목받지 못했다. 《암흑의 핵심》은 1979년 프랜시스 포드 코폴라에 의해 영화 〈지옥의 묵시록〉으로도 만들어졌다.

《암흑의 핵심》을 영화화한 〈지옥의 묵시록〉의 한 장면

작가 활동 초기에 콘래드는 조국 폴란드로부터 영국으로 귀화한 배신자라는 비난을 받았는데, 《기회》가 성공하면서 명망을 얻자 폴란드 언론도 앞다투어 그에게 찬사를 보냈고, 폴란드 출신 작가들이 그의 집으로 몰려들기 시작했다. 1917년에는 영국에서 콘래드의 전집이 출간되기 시작했으며, 1923년에는 미국에서도 큰 인기를 끌어 초청 강연으로 콘래드는 6주간 미국을 여행했다. 말년에는 류머티즘으로 고생하다가 1924년 8월 3일 심장마비로 영국 켄트 주 비숍스본의 자택에서 사망했다.

057

명탐정 셜록 홈스의 탄생

아서 코난 도일

Arthur Conan Doyle(1859. 5. 22~1930. 7. 7)

- 영국
- 탐정 셜록 홈스가 활약하는 소설을 발표하며 추리소설 발달에 기여했다.
- 《주홍색 연구》, 《네 사람의 서명》, 《바스커빌 가의 개》, 《잃어버린 세계》 등

세계 추리소설 역사상 가장 유명한 탐정은 아마 셜록 홈스일 것이다. 에드거 앨런 포가 최초의 탐정소설인 〈모르그 가의 살인〉을 쓴 이래로 채 200여 년도 되지 않는 시간 동안 추리소설 장르는 엄청나게 발달했다. 하지만 영국의 소설가 코난 도일이 창조한 셜록 홈스 시리즈만큼 오랫동안 폭넓게 사랑받은 추리소설은 드물다. 아이러니하게도 코난 도일은 추리소설이 아니라 진지한 문학가로 인정받고 싶어 했으며, 셜록 홈스의 인기를 부담스러워했다. 하지만 1887년 《주홍색 연구》에서 처음으로 등장한 이래 셜록 홈스는 130여 년이나 건재하게 살아남아 코난 도일의 이름을 문학사에 길이 남게 했다.

아서 이그나티우스 코난 도일은 1859년 5월 22일 스코틀랜드 에든버러에서 태어났다. 아버지 찰스 앨터먼터 도일은 잠시 공무원을 지내다가 퇴직하고 알코올 중독에 빠진 터라 유년 시절 어려운 환경에서 자라났다. 할아버지는 'H. B.'라는 예명으로 활동하던 인기 풍자만화가 존 도일이며, 숙부들 역시 〈펀치〉의 표지 디자이너이자 동화 그림 작가인 리처드 도일, 《영국 연대기》를 집필한 제임스 도일, 더블린 국립미술관 관장을 지낸 헨리 도일 등 문화계 전반에서 두각을 드러낸 인물들이었다.

아서 코난 도일

9세 때 랭커셔의 예수회 예비학교인 호더 학교를 거쳐 같은 재단인 스토니허스트 칼리지에서 공부했는데, 이 무렵부터 불가지론자였다고 한다. 17세 때 에든버러 의과대학에 들어갔으나, 의학 공부를 하는 동안에도 가족의 생활비와 아버지의 알코올 중독 치료비 때문에 포경선을 타거나 외과 의사 조수를 하는 등 여러 가지 일을 해야만 했다. 그러던 중 몇몇 편지를 대필하면서 글이 돈벌이 수단이 될 수 있다는 것을 깨닫고 단편소설을 쓰기 시작했다. 이 무렵 에드거 앨런 포, 에밀 가보리오, 브렛 하트 등의 작품을 좋아했고, 이 때문인지 초기 단편들에서는 이들의 영향을 엿볼 수 있다.

1879년, 〈체임버스 저널〉에 남아프리카를 배경으로 한 보물찾기 이야기인 〈사삿사 계곡의 수수께끼〉를 발표하면서 대학 재학 중에 수십 편의 단편을 썼는데, 큰 돈벌이가 되지 않아 졸업 후 개인병원을 열었다. 처음에는 금전적인 문제로 동창과 플리머스에서 동업을 했으나 얼마 지나지 않아 불화로 끝이 났고, 포츠머스 사우스씨에서 홀로 안과를 개원했다. 그는 환자를 돌보면서 틈틈이 소설을 썼고, 1884년 〈콘힐 매거진〉에 익명으로 투고한 〈J. 하바쿡 제퍼슨의 증언〉이 게재되기도 한다. 이듬해 병원 환자의 누나인 루이즈 호킨스와 연애결혼을 했다.

작품 활동을 계속했지만 작가로서 자리 잡지 못하던 도일은 1887년 셜록 홈스가 등장하는 첫 번째 소설《주홍색 연구》를 영국 잡지 〈비튼의 크리스마스 연감〉에 발표했다. 이 작품은 처음에는 그리 열광적인 반응을 이끌어 내지 못했다. 셜록 홈스 시리즈가 성공을 거둔 것은 두 번째 작품《네 사람의 서명》을 미국 잡지 〈리핀코트 매거진〉에 발표하면서부터였다. 그럼에도 그때까지는 작가 생활이 큰 돈벌이를 보장해 주지 못해서 도일은 안과 공부를 전문적으로 하고자 사우스씨의 병원을 폐업하고 빈으로 몇 달간 유학을 다녀온 뒤 1891년에 런던으로 이사해 안과를 다시 열었다.

그런데 그해 홈스 시리즈가 새로 창간된 〈스트랜드 매거진〉에 연재되면서 엄청난 인기를 끌었다. 여기에 연재된 단편들은 1892년《셜록 홈스의 모험》, 1894년《셜록 홈스의 회상》 등 단행본으로 출간되었다. 셜록 홈스 시리즈가 게재되는 달 〈스트랜드 매거진〉은 10만 부에 이르는 판매고를 올릴 정도로 인기가 높았다. 하지만 도일은 셜록 홈스, 즉 추리소설로 얻은 명성을 가볍게 치부했으며, 역사소설로 명성을 얻고 싶어 했다. 때문에 그는 새로운 소설을 쓰고자 홈스 시리즈를 접기로 하고, 1893년 〈스트랜드 매거진〉 12월호에 셜록 홈스가 숙적 모리어티 교수와의 격투 끝에 폭포로 떨어져 목숨을 잃는 〈마지막 사건〉을 게재한다. 이 단편은 《셜록 홈스의 회상》에 마지막 편으로 실렸으며, 이로써 도일은 확실히 홈스를 끝내고 싶었던 것으로 보인다. 이에 독자들은 홈스를 살려 내라고 협박 편지를 보내는 것도 모자라 런던 시내에서 조의를 표하는 검은 완장을 차고 다닐 정도로 거세게 항의했다. 〈마지막 사건〉이 실린 뒤 〈스트랜드 매거진〉은 2만 명의 정기구독자가 구독을 취소했다고 한다. 그러나 코난 도일은 꿈쩍도 하지 않았을 뿐더러, 자신이 홈스를 죽인 것은 당연한 일이라고까지 말했다고 한다.

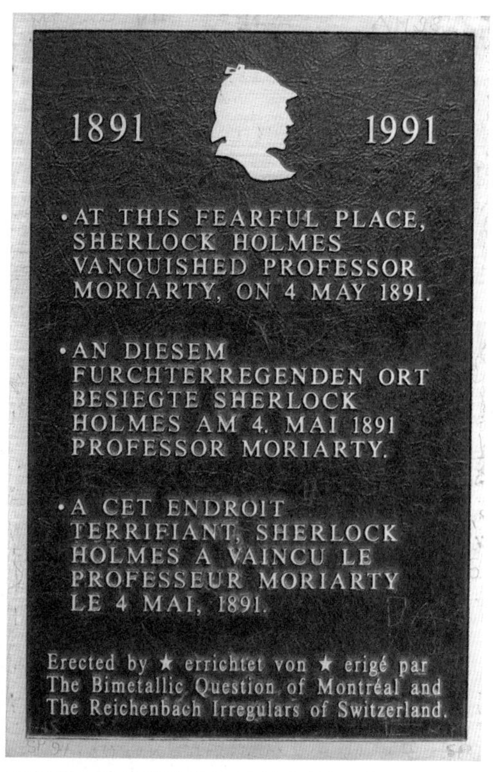

라이헨바흐 폭포 근처에 세워진 셜록 홈스의 묘비

1893년, 아내 루이즈가 결핵 진단을 받자 도일은 요양을 위해 아내와 함께 1895년 카이로에 간다. 그곳에서 그는 〈웨스트민스터 가제트〉 소속 종군기자로 일하면서 모험소설 《로드니 스톤》, 《엉클 버낵》 등을 썼다. 1899년에는 남아프리카에서 보어 전쟁이 일어나자 군의관으로 종군했으며, 이때 벌어진 영국의 포로 학대에 대해 세계적으로 비난 여론이 일자 《남아프리카 전쟁-원인과 집행》을 써서 영국군의 처우를 비호했다. 이로써 그는 1902년

아서 코난 도일 가족 두 번째 부인 진 래키와 자녀들

영국 정부로부터 기사 작위를 수여받았으며, 통일당 국회의원 후보로 출마하기까지 한다.

도일은 셜록 홈스를 탐탁지 않게 여겼지만, 돈벌이가 된다는 것은 확실히 알고 있었다. 때문에 보어 전쟁에서 돌아온 후 다시 셜록 홈스를 살리기로 하고, 1901년 〈스트랜드 매거진〉에 홈스가 등장하는 장편《바스커빌 가의 개》를 연재하기 시작했다. 홈스와 모리어티의 대결이 일어나기 전 홈스와 왓슨의 활약을 그린 작품으로, 홈스가 회상하는 형식을 띠고 있는 것으로 미루어 코난 도일이 이때까지만 해도 홈스 시리즈를 유지하려고 생각하지는 않았음을 알 수 있다. 하지만 홈스는 도일에게 엄청난 수입을 안겨 주었다. 이에 그는 1903년 단편 〈빈집의 모험〉에서 홈스가 〈마지막 사건〉에서 죽은 것이 아니라 모리어티 일당을 피해 몸을 숨기고 있었을 뿐이라는 설정을 만들어 냈다. 홈스는 이로써 완전히 부활했다. 도일은 계속 홈스 시리즈를 발표했고, 1905년 단편집《셜록 홈스의 귀환》, 1908년 단편집《홈스의 마지막 인사》, 1915년 장편소설《공포의 계곡》이 출간되었다. 셜록 홈스가 등장하는 마지막 작품은 1927년에 발표한 단편집《셜록 홈스의 사건집》이다.

1906년에 아내 루이즈가 결핵으로 사망하자 코난 도일은 이듬해 애인 진 래키와 재혼했는데, 그녀와는 카이로에 갔을 무렵 만나 애인 관계를 유지하던 사이였다.

홈스 시리즈를 연재하면서도 도일은 당시 제대로 된 소설로 인정받던 역사소설 분야에서 명성을 떨치고 싶다는 욕망을 계속 품고 있었다. 그는 1912년 남미를 배경으로 선사 시대 동물의 존재를 확인하기 위한 모험담《잃어버린 세계》를 발표했다. 도일은 이 작품에 등장하는 동물학자 챌린저 교수를 주인공으로 내세운《독 지대》,《안개의 땅》도 집필했으나, 홈스의 인기를 넘어설 수는 없었다.

1914년, 제1차 세계대전이 일어나자 코난 도일은 55세의 나이로 군대에 자원했다. 입대를 거절당하자 그는 민간인 자원 부대를 결성해 일반 병사로 종군했다.

1916년에는 6권짜리 역사서《프랑스와 플랑드르에서의 영국의 전투》를 집필하기 시작했으며, 1917년에는 심령술에 빠져들어《새로운 세계시》,《심령술사의 방황》과 같은 작품을 썼다. 이때 심령술 강의까지 해서 언론의 비웃음을 사기도 했다. 1920년에《프랑스와 플랑드르에서의 영국의 전투》를 완성했으나 그저 역사적 사실의 조합일 뿐 작품으로서의 가치는 대단치 않다는 혹평을 들었다. 1927년에는 SF소설인《마라코트 심해》를 발표하기도 했으며, 심령술에 대한 열정도 사그라지지 않아《피니어스가 말하다》 같은 심령술 책도 계속 썼다. 말년에 벌어진 심령술과 관련된 일련의 사건들이 코난 도일을 언론의 공개적인 조롱거리로 만들었음에도, 셜록 홈스의 위상은 여전했다.

1930년 7월 7일 코난 도일이 사망하자, 그를 추모하는 인파들이 그의 목소리(!)를 듣고자 로열 앨버트 홀에 운집해 영매를 통해 코난 도일의 메시지를 듣는 해프닝이 벌어졌을 정도였다. 이때 모인 사람들은 약 6천여 명에 달했다고 한다. 시신은 윈들셤의 로즈 가든에 묻혔다가 후일 햄프셔의 뉴 포레스트로 이장되었다.

058

북유럽 문학의 별

크누트 함순

Knut Hamsun(1859. 8. 4~1952. 2. 19)

- 노르웨이
- 탁월한 심리 묘사와 절제되고 우아한 문장이 특징이다.
- 1920년 노벨 문학상 수상
- 《굶주림》, 《대지의 축복》 등

크누트 함순

크누트 함순은 노르웨이의 소설가로, 절제되고 우아하며 시적인 문장으로 20세기 소설가들에게 가장 영향력 있는 문장가로 추앙받으며 '북유럽 문학의 별'로 불린 인물이다. 헤밍웨이는 "내 모든 글쓰기는 함순으로부터 배웠다."라고 말했고, 아이작 싱어는 '20세기 소설의 모든 유파는 함순에게서 유래'했다고 표현했다. 함순은 1920년 과도한 자연주의적 경향으로부터 소설을 구해 냈다는 평가를 받으며 노벨 문학상을 수상했는데, 토마스 만은 '노벨 문학상을 받을 만한 가장 자격 있는 작가'라고 칭하기도 했다. 93년의 생애를 살면서 약 70여 년간 지속적으로 작품 활동을 했으나, 말년에 이르러 나치에 협력함으로써 많은 비난을 받기도 했다.

크누스 함순의 본명은 크누트 페데르손으로, 1859년 8월 4일 노르웨이 구드브란스달의 롬에서 태어났다. 아버지 페더 페데르손은 재봉사였으나 크누트가 3세 때 노르웨이 북부 하마뢰이로 이주하여 농사를 짓고 살았다. 가정은 화목했으나 가난해서 7남매 모두를 먹여 살리기에 어려웠다. 이에 넷째였던 크누트는 9세 때부터 외삼촌 집에 맡겨졌다. 이곳에서 농사일을 도우면서 자연과 벗 삼아 시간을 보내며 자랐는데, 필명인 함순은 외삼촌의 농장 이름 함순드에서 따온 것이었다. 14세 때 고향으로 돌아와 구두 공장에 취직해 도제로 일했으며, 소설을 발표한 이후에도 생활이 곤궁해 도매상 점원, 밧줄 공장 도제, 경찰관, 초등학교 교사 등 다양한 직업을 전전했다.

17세 때 비에른스티에르네 비에른손의 영향을 받은 농민소설에서 영향을 받은 첫 소설 《수수께끼의 인물》을 자비 출간하면서 작가로서의 길을 모색하기 시작했다. 또한 그 영향으로 농촌으로 가서 초등학생들을 가르치기도 한다. 이듬해에는 《어떤 재회》, 《뵈르거》 등을 자비 출판했으나 그리 주목받지 못했다. 작가 생활을 계속하고 싶던 그는 코펜하겐의 출판인을 만나 중편소설 〈프리다〉의 원고를 보여 주었으나 거절당하고, 극도의 가난 속에서 굶어 죽을 상황에까지 이르렀다고 한다. 이때의 경험은 1890년 그의 최고 작품으로 평가받는 《굶주림》으로 이어진다.

그는 이후로 도로 건설 현장에서 인부로 일하고, 미국으로 가서 상점 점원, 농장 일꾼 등을 전전하다 노르웨이 출신의 작가 크리스토퍼 얀손을 만나 그의 비서로도 일했다. 그러면서도 문학에 대한 열망을 놓지 않고 계속 문학 수업을 해 나갔는데, 프랑스의 자연주의 작품들과 미국, 유럽 등지의 현대 문학 작품들을 닥치는 대로 읽었다. 미국에서 보낸 3년여간의 생활이 고생스러웠는지 함순은 1885년 각혈을 했고 시한부 선고를 받자 고향으로 돌아왔다. 그러나 어찌 된 일인지 귀국 후에 건강을 되찾아(그의 주장에 따르면 시베리아 횡단열차를 타고 오는 도중 계속해서 좋은 공기를 마셔 건강을 회복해야겠다고 생각하고 열차 밖으로 머리를 내밀고 큰 숨을 쉬었기 때문이라고 한다) 크리스티아니아에서 살면서 문학 강연을 하고, 마크 트웨인의 작품을 소개하는 글을 잡지에 기고하면서 근근이 생계를 이어 나갔다. 미국 문명을 비판하는 글로 잠시 주목을 받기도 했으나 그뿐이었다.

친구도, 후원자도, 돈도 없던 함순은 끔찍한 빈곤에 시달리다 8개월 만에 다시 미국으로 돌아갔다. 미국에서 전차 차장, 농장 일꾼 등을 전전하다 저널리스트 및 문학 강연가 등으로 활동했으나 결국 2년 만에 다시 고국으로 돌아왔다.

코펜하겐에 정착한 함순은 1888년 11월 소설 《굶주림》의 1장을 써서 〈신천지〉라는 잡지에 발표했다. 삭막한 도시에서 한 문학 청년이 가난과 굶주림에 시달리면서 오슬로의 거리를 방황하다 마침내 고국을 버리는 이야기로, 삭막한 도시 문명 속에서 방황하는 현대인의 심리를 묘사한 심리소설의 수작으로 꼽히는 작품이다. 의식의 흐름에 따라 심리를 묘사하는 기법, 줄거리와 등장인물의 변모를 묘사하는 대신 인물의 심리와 행위에 초점을 맞춘 사소설적인 제재, 단순하고도 강렬한 문체 등 종래 유럽 문학계를 지배하던 사실주의 소설과 대립점에 선 작품으로 20세기 소설의 새로운 장을 열었다고 평가된다. 함순은 이 작품 하나로 일약 노르웨이 전역을 비롯해 유럽 전역에 문명을 떨치게 된다. 독일에서 《굶주림》이 출간되었을 때 실린 앙드레 지드의 서문에는 이 작품의 성격이 잘 함축되어 있다.

이 이상야릇한 책을 한 장 한 장 넘기다 보면, 어느새 마음 가득히 피와 눈물이 솟구치는 걸 느끼게 될 것이다. 자신이 겪은 현실의 사실만으로 독자들을 압도한다.

그 후 소설 《새로운 대지》, 《목신牧神》, 《빅토리아》, 《가을의 별 아래》, 《최후의 기쁨》, 《심플리치시무스》, 희곡 〈부의 문 앞에서〉, 〈삶의 유희〉 등 많은 작품을 발표했다. 노르웨이 전역, 파리 등지를 떠돌아다니며 문학 강연도 했다. 초기에는 《굶주림》과 같이 방황하는 인간의 고독과 애환을 우아하고 시적인 문체로 표현했는데, 1910년대에 들어서는 과학과 기술 문명이 지배하는 근대 사회를 직접적으로 비판하는 소설을 쓰기도 했다. 1917년 홀로 황야를 개척하는 한 농부의 생활을 그린 《대지의 축복》을 발표했으며, 이 작품으로 1920년 노벨 문학상을 수상하면서 작가로서의 명성이 절정에 달했다.

《굶주림》 발표 이후 노벨 문학상을 수상하기까지의 30년이 작가로서도, 개인으로서도 그에게는 행복한 시간들이었다. 1898년에 베르크리요트 괴페르트라는 여성과 결혼하여 딸 빅토리아를 낳았으나 1906년에 이혼했으며, 3년 후 평생의 동반자가 되는 마리 안데르센과 재혼하여 두 딸과 두 아들을 두었다.

함순이 세계적인 비난을 받은 것은 제2차 세계대전에서 나치를 공공연하게 지지했기 때문이다. 그는 미국 생활을 통해 미국 문명과 미국식 민주주의 제도에 반감이 있었고, 노르웨이가 게르만 공동체의 일원으로서 지도적인 위치를 점하리라는 기대하에 제1차 세계대전 당시에도 독일을 지지한 바 있었다. 그는 1943년에는 히틀러를 '전 세계에 정의와 복음을 전파한 설교자'로 칭하고, 노벨 문학상 훈장을 괴벨스에게 헌정하기까지 한다. 세계

크누트 함순 가족 두 번째 부인 마리 안데르센과 자녀들

대전이 끝난 후 함순은 전범으로 지목되어 국가 반역죄를 선고받아 자택에 구금되었다. 그러다가 노령에 따른 정신적 혼란으로 인한 이적 행위로 판단되어 몇 달간 그림스타드 병원에 억류되었다가 정신 감정을 받고 풀려났다. 이후 함순은 《너무 큰 오솔길에서》를 발표하여 자신이 독일에 협력하게 된 이유와 과정에 대해 설명했다. 만년에는 뇌르홀름에서 칩거했다. 이후 건강 악화로 시력과 청력을 잃고 치매까지 앓다가 1952년 2월 19일 93세를 일기로 숨을 거두었다. 전범으로 지목받고 많은 비난을 받았음에도 그의 문학적 성취는 부정되지 않았고, 사후 20세기 노르웨이의 국보적인 작가로 추앙받았다.

059

현대 연극의 문을 열다

안톤 체호프

Anton Pavlovich Chekhov(1860. 1. 29~1904. 7. 15)

I 러시아
I 러시아 사실주의 문학의 대표적인 작가로, 모파상과 함께 단편소설의 형식을 확립한 소설가이자 현대 연극을 창시한 극작가 중 한사람이다.
I 〈갈매기〉, 〈세 자매〉, 〈개를 데리고 다니는 부인〉 등

체호프는 19세기 러시아의 소설가이자 극작가로, 프랑스의 소설가 모파상과 함께 단편소설의 형식을 확립한 소설가이자 현대 연극의 창시자 중 한 사람으로 꼽힌다. 소설 부문에서는 19세기 사실주의 소설의 흐름 속에서 장편소설의 하위 장르로 여겨지던 단편소설 부문을 문학의 주류로 자리 잡게 했으며, 희극 부문에서는 역사나 로맨스를 배제하고, 가정을 중심으로 한 일상에서 인간 심리에 초점을 맞추는 방식으로 유진 오닐, 테네시 윌리엄스 같은 20세기 극작가들에게 영향을 끼침으로써 현대 연극의 방향을 결정지었다. 그의 희곡들은 오늘날까지도 셰익스피어의 작품 다음으로 세계에서 가장 많이 상연되고 있을 만큼 널리 사랑받고 있다.

안톤 파블로비치 체호프는 1860년 1월 29일(러시아 구력 1월 17일)에 러시아 남부의 항구도시 타간로크에서 태어났다. 그가 태어난 시기는 제정 러시아에서 농노제가 철폐된 이후로, 할아버지는 농노 출신으로 돈을 모아 자유 시민이 된 사람이었다. 아버지 파벨 체호프는 작은 식료품점을 운영했는데, 가부장적이고 권위적이어서 그를 자주 때리고 꾸짖었다고 한다. 거기에다 광적인 신앙심의 소유자로 아이들을 억압적인 정교회 소속 학교에 보내 억지로 교회 성가대 활동을 시켰다. 이에 체호프는 후일 "내게 어린 시절은 없었다."라고 밝히기도 한다. 이런 아버지에게서 아이들을 감싸준 건 어머니 예브게니야였다.

안톤 체호프

체호프는 9세 때 타간로크 김나지움에 들어가 중등교육을 받았으며, 이 시기에 셰익스피어와 고골의 연극을 보면서 연극에 빠졌다. 나중에 그는 극장에서 보내는 시간이 가장 행복했다고 술회하기도 한다. 16세 때 아버지가 파산하면서 가족들은 모스크바로 이주했으나 그는 타간로크에 혼자 남아 가정교사 일을 하면서 학비를 충당하여 학교를 마쳤다. 그는 5남 2녀 중 3남이었으나 어려운 가정 형편에서 자라며 가족의 생계를 책임져야 한다고 생각해 의사가 되기로 결심했다. 19세 때 장학금을 받고 모스크바 의과대학에

안톤 체호프(왼쪽)와 형 니콜라이

진학했으며, 가족의 생활비를 벌기 위해 주간지나 신문에 콩트와 유머러스한 짧은 글, 단편, 만평 등을 기고하면서 본격적으로 글을 썼다.

24세 때 대학을 졸업하고 의사 자격증을 딴 후 치키노 지역에서 의사로 일하면서도 몇 년간 글쓰기로 생활비를 충당했다. 적은 원고료 때문에 그는 밤낮으로 글을 써 기고했는데, 1880년부터 7년간 쓴 작품이 무려 500여 편에 달할 정도였다. 이 시기에 쓴 글들은 대중의 취향, 잡지의 방향에 맞춘 글들로 대부분 일관된 작풍을 보이지 않으며, 그의 성격을 드러낸 것도 거의 없다. 다만 '안토샤 체혼테'라는 필명으로 쓴 몇 작품에서는 진지한 모색이 엿보이기도 한다.

여러 가지 필명으로 돈벌이를 위한 글쓰기를 하던 체호프가 문학을 진지하게 생각하기 시작한 것은 1886년 소설가 드미트리 그리고로비치의 눈에 뜨이면서부터다. 드미트리 그리고로비치는 상트페테르부르크의 유명한 신문에 실린 체호프의 〈사냥꾼〉을 읽고 난 뒤 그가 시시한 주간지나 일간지에 재능을 소진시키는 것을 안타깝게 여기고, 이에 대해 촉구하는 장문의 편지를 그에게 써 보냈다. 그리고 그를 유력 잡지 〈신시대〉의 발행인 수보린에게 소개한다. 그리고로비치의 독려로 문필가로서 자신의 소명을 깨닫게 된데다 수보린의 경제적 지원이 더해지면서 체호프는 본격적으로 문학의 길을 모색할 수 있게 되었다. 수보린은 경제적뿐만 아니라 정신적, 문학적 후원자로서 평생 체호프에게 많은 영향을 미쳤으며, 이 두 사람의 관계는 예술 후원에 있어 가장 바람직한 관계 중 하나로 꼽히기도 한다.

체호프는 1886년 최초로 '안톤 체호프'라는 본명으로 〈신시대〉에 단편소설 〈레퀴엠〉을 발표했으며, 연달아 〈아뉴타〉, 〈아카피야〉, 〈반카〉 등을 발표했다. 초기 단편들은 감상적인 주제의 소극笑劇이나 프랑스 소설의 아류 같은 작품들이 많은데, 1888년 중편소설 〈광야〉부터 이전의 유머러스한 소극, 사회 풍자적 분위기의 작품에서 벗어나 희극적인 외면 뒤에 인간과 인생의 비극성을 느끼게 하는, 인간과 삶의 본질에 대한 통찰이 담긴 작품들을 쓰기 시작했다.

여기에는 과거 수년간의 경험이 크게 자리했다. 체호프는 치키노 지역과 보스크레센스크(지금의 이스트라)에서 의사로 일하면서 농민들의 비참한 삶을 목도했으며, 친하게 지내던 귀족 가문의 바브키노 별장에서 여름휴가를 보내면서 러시아의 왜곡된 경제, 정치 구조에 대해 많은 생각을 했다. 또한 1884년 각혈을 시작하면서부터 그는 생이 언제까지일지 계속 생각하면서 주변 모습과 사람들에 대해 더욱 세심하고 깊은 관심을 두게 되었다고 한다.

1888년, 체호프는 단편집 《해 질 무렵》으로 푸시킨 문학상을 수상하면서 주목받는 젊은 작가로 부상했다. 또한 그해에는 스타니슬랍스키와 만나면서 연극계 인사들과 활발히 교류했으며, 희곡 작업에도 몰입했다. 그리하여 단막극 〈곰〉, 〈청혼〉이 탄생했다. 이 작품들은 무대에서 큰 성공을 거두었으며, 대문호 톨스토이로부터 찬사를 받았다. 이에 자신감을 얻은 체호프는 1887년 상연에 실패했던 희곡 〈이바노프〉를 전면 개작하기 시작하고, 아울러 〈숲의 정령〉을 집필하는 등 희곡 작업에 매진했다.

1890년, 체호프는 문학적으로 자신이 나아갈 방향을 고뇌하면서 이를 타

2010년 러시아에서 발행된 안톤 체호프 탄생 150주년 기념 우표

개하고자 사할린 유형지로 갔다. 주류 문단에서 인정을 받은 한편으로, 주제 의식 없이 일상적 삶의 문제만을 다룬다거나 뚜렷한 해결책이나 견해 없이 문제 상황만을 제시한다는 비난에 시달리던 때였다. 체호프는 '작가는 문제의 해결책을 제시하는 사람이 아니라 문제를 올바로 제기하는 사람'이라는 입장이었지만, 한편으로 젊은 그는 자신의 작풍에 대해 여러 가지 고민을 하고 있었기 때문이었다. 그는 육로로 마차를 타고 시베리아를 거쳐 사할린을 여행하고, 해로로 홍콩, 싱가포르, 스리랑카를 거쳐 약 10개월 만에 모스크바로 돌아왔다. 이 여행에서 그는 사할린 유형지의 생활을 면밀하게 관찰, 기록하고, 인간의 실존과 개성을 억압하는 사회악에 대해 진지하게 성찰했다. 그 결과 〈도적들〉, 〈사할린 섬〉, 〈6호실〉, 〈결투〉 등이 탄생한다.

1892년, 모스크바 근교의 멜리호보에 영지를 구입해 정착한 체호프는 그곳에서 농민들을 위한 무상 의료를 펼치는 한편, 지역 학교 설립을 주도하고 도서관을 확충하는 등 농민들의 교육 문제에 열성을 쏟았다. 또한 이 시기에 가장 활발하게 작품 활동을 했다. 〈문학 선생〉, 〈롯실드의 마이올린〉, 〈나의 삶〉, 〈농부들〉 등의 소설과 체호프 4대 희극 중 하나인 〈갈매기〉도 이때 탄생했다. 〈갈매기〉는 1898년 스타니슬랍스키의 연출로 모스크바 예술극장에서 상연되면서 큰 호평을 받았으며, 극작가로서 체호프의 명성을 높여 주었다. 또한 1901년 〈갈매기〉에 출연했던 여배우 올가 크니페르와 결혼하기도 한다.

1901년 러시아에서 발행된 〈세 자매〉 속표지

1898년, 지병인 결핵이 악화되어 휴양지인 얄타로 이주했고, 이곳에서 병고에 시달리면서 우울한 나날을 보냈다. 그러나 이 시기에도 창작열은 왕성하여 소설 〈개를 데리고 다니는 여인〉, 〈골짜기에서〉, 〈약혼녀〉, 희곡 〈바냐 아저씨〉, 〈세 자매〉, 〈벚꽃 동산〉 등을 집필했다. 1900년에는 러시아 학술원 명예회원으로 선출되었으며, 희곡 〈세 자매〉로 그리보예도프 상을 수상했다. 1904년 건강이 악화되어 아내 크니페르와 함께 독일의 바덴바일러로 떠났으나 그해 7월 15일(러시아 구력 6월 15일)에 그곳에서 사망했다. 그의 시신은 조국으로 돌아와 모스크바 노보제비치 수도원 묘지에 안치되었다.

060

인도의 시성

라빈드라나트 타고르

Rabindranath Tagore(1861. 5. 7~1941. 8. 7)

- 인도
- 인도의 문화와 문학, 정신을 세계에 알렸다.
- 1913년 노벨 문학상 수상
- 《기탄잘리》, 《들꽃》, 《마나시》 등

타고르는 인도의 시인이자 사상가로, 서정시집 《기탄잘리》로 1913년 아시아 최초로 노벨 문학상을 수상했다. 벵골어 문학을 발전시킨 한편, 인도의 문화와 문학, 정신을 세계에 알렸다. 그의 사후 인도는 인도와 방글라데시로 분리되었는데, 각국은 각각 타고르의 시를 애국가로 채택했다. 또한 타고르는 한국과도 인연이 깊은데, 그가 일본을 방문했을 때 〈동아일보〉의 요청으로 조선의 독립에 대한 염원을 담은 〈동방의 등불〉이라는 시를 지어 게재했으며, 최남선의 요청으로 〈패자의 노래〉를 짓기도 했다.

라빈드라나트 타고르는 1861년 5월 7일 인도 콜카타에서 태어났다. 어린 시절의 이름은 '라비(태양)'인데, 자라서 온 인류를 비추는 태양이 되라는 의미에서 지어졌다고 한다. 아버지 데벤드라나트 타고르는 인도의 근대 종교 개혁을 이끈 브라마 사마지의 지도자이자 인도 독립의 정신적 지주 중 한 사람으로, 벵골인에게 '마하리시(위대한 성자)'로 불리는 인물이다. 전통 있는 브라만 계층 집안에서 라빈드라나트는 14명의 아이 중 막내로 자랐다. 부유한 환경에서 인도의 고전, 사상, 종교, 천문학을 비롯해 토착어인 벵골어와 산스크리트어, 영어 등 많은 교육을 받을 수 있었다. 8세 때 처음으로 시를 쓰기 시작했으며, 가정교사에게 배우거나 귀족학교에서 공부하기도 했으나 격식과 규제를 싫어하여 늘 꾀병을 부리거나 수업 전에 도망쳐 산과 들에서 뛰놀았다고 한다. 때문에 대부분의 교육은 아버지에게 받았다. 특히 12세 때 아버지와 함께 인도 히말라야 여행을 다녀왔는데, 이때 인도의 역사, 위인, 천문학, 과학 등을 체험을 통해 배우고 고대 인도 시인들의 작품을 접한 경험은 후일 영감의 원천이 되었다. 또한 진보적인 아버지로부터 영국 및 유럽의 문학, 정서를 자연스럽게 터득하기도 한다.

라빈드라나트 타고르

16세 때 발표한 첫 시집 《들꽃》으로 타고르는 '벵골의 셸리'라는 별칭을 얻게 된다. 17세 때에는 형과 함께 영국으로 유학을 가서 유니버시티 칼리지 런던에서 법률을 공부했으며, 이 시기에 서구 낭만주의 문학에 많은 영향을 받았다. 하지만 역시 정규교육에 적응하지 못한 타고르는 1년이 조금 지나 학교를 중퇴하고 고향으로 돌아왔다.

벵골어로 쓴 그의 작품들
벵골어 문학인 타고르의 작품들을 인도의 대표적인 작품으로 볼 수 있느냐는 견해도 존재한다. 하지만 그가 세계사에 최초로 인도 문학을 알린 장본인이라는 데서 그가 인도 문학에서 차지하는 위치를 폄하할 수 없다.

샨티니케탄
평화의 거처. 그의 아버지가 1863년 벵골의 한적한 시골에 만든 은거처.

인도로 돌아온 후 타고르는 시와 희곡, 소설, 수필 등 다양한 분야의 습작을 하면서 작가로서 역량을 키워 나갔다. 1890년 시집 《마나시(마음의 화현化現)》로 주목받는 작가가 되었으며, 이후로도 서간집 《벵골의 섬광》, 희곡 〈우체국〉, 〈암실의 왕〉, 〈희생〉, 〈왕과 왕비〉 등을 발표하면서 작가로서 두각을 드러냈다.

타고르는 전통적인 산스크리트어 문학 규범에서 벗어나 일상적 구어를 사용했으며, 서구 문화의 전통 중 훌륭한 것들을 인도 문학에 접목시키고 조화를 이룰 수 있다고 생각했다. 또한 예이츠, 앙드레 지드를 비롯한 서양 문학 작품들을 번역하여 인도에 소개했다. 이로부터 인도 근대 문학이 태동하기 시작한다고 여겨진다.

하지만 타고르의 이런 시도는 인도가 아니라 영국에서 먼저 주목받기 시작했다. 그때까지 인도 지식인들은 고전적 산스크리트어 문학 작품을 선호했으며, 일반인들은 신디어나 힌디어로 된 글을 주로 읽었고, 벵골어는 지방 속어로 간주하여 경시했기 때문이다. 하지만 모순적이게도 벵골어로 쓴 그의 작품들은 유럽 문인들에게 인도의 전통 언어로 현상 세계의 모순과 혼돈, 인간의 내면을 통찰하고 있다며 각광받았다.

작가로서 활동하던 타고르는 1890년경부터 아버지에게 토지 관리를 위임받아 일했는데, 그러면서 벵골 농촌의 현실과 문화를 접하고 현실 문제에 눈뜨게 된다. 이에 따라 1901년에는 샨티니케탄에 학교를 세워 자연에서 이루어지는 전인 교육을 실시했는데, 이곳은 후일 국제적인 대학(비슈바바라티 대학)으로 성장한다. 또한 학교를 설립한 지 10년 뒤에는 학교 인근에 농업 공동체를 구성하여 농민의 정신적, 경제적 자립을 지향하는 농촌계몽운동을 시작했다. 초기 시들은 낭만주의의 영향을 받은 유미주의적 작품들이 많지만, 이런 과정을 통해 점점 현실적인 색채를 띠게 되었으며, 1912년에 출간된《한 다발의 이야기들》에는 농민들의 비참한 삶과 일상의 불행에 대한 이야기가 수록되어 있다.

1905년, 영국 식민정부가 벵골 분할령을 실시하자 이를 계기로 인도 내에서는 민족운동이 대두되었다. 타고르는 그 지도적 입장에 서기도 하는 등 인도 독립과 관련된 정치적 활동을 한다. 하지만 1915년에 간디가 귀국하여 스와라지(자치) 운동을 시작하면서 그에게 참여를 요청했을 때는 거절했다. 그는 독립을 중요한 가치로 여겼으나 유일한 가치로 생각하지는 않았으며, 또한 간디의 노선이 자칫 국수주의적인 것이 될 수 있을 뿐더러 군중 통제가 불가능해졌을 때 생길 폐해를 우려했다. 타고르는 간디를 '마하트마(위대한 영혼)'라고 불렀고 간디는 타고르를 '구르데브(위대한 스승)'라고 불렀으나, 민족주의자였던 간디와 범세계주의적 관점을 지닌 타고르는 사상적으로 차이가 있었다.

타고르는 정치적, 사회적 문제에 대해 큰 관심을 두었지만, 무엇보다 벵골의 전원과 갠지스 강을 사랑하는 시인으로서의 정체성을 더욱 강하게 지녔다. 그리하여 많은 사회 활동을 하는 동시에 집필도 활발하게 했는데, 문학의 중심 제재는 그가 사랑한 벵골의 자연이었다. 타고르는 이런 제재를 서정성과 낭만성, 신비주의적 정서로 승화시키는 데 특히 뛰어났다.《황금 조각배》,《경이》,《꿈》,《희생》 등의 시집이 대표적이다.

1900년대 초, 타고르는 아내와 두 아들, 아버지를 병으로 연이어 잃으면서 비탄에 빠졌다. 그는 이런 일을 겪으면서 점차 종교적으로 변모하여 많은 시를 썼는데, 이때의 시 대부분이《기탄잘리》에 수록되어 있다. '님에게 바치는 노래, 신에게 찬미 드리는 송가'라는 부제처럼, 이 작품집에 실린 157편의 시는 생과 사의 문제를 다루는 한편, 인간은 어디까지나 신과 불가

1940년 샨티니케탄에서 만난 타고르와 간디

분의 관계에 있다는 사상을 토대로 하고 있다. 타고르는 이 시집을 일부 영역해서 영국인 친구에게 건넸고, 이로써 영국 문인들이 이 시집을 접하게 되었다. 그중에는 시인 윌리엄 버틀러 예이츠도 있었다. 예이츠는 이 시집을 언제나 손에서 떼지 않고 가지고 다니면서 읽었으며, "내가 얼마나 감동하는지 누군가가 알아볼까 봐 두려워 가끔 원고를 가려두었다."라고 말할 정도로 크게 감동해 영역본 출간을 추진했다. 1912년에 런던에서 《기탄잘리》가 출간되면서 타고르는 인도의 대표 시인으로 꼽히게 되었으며, 이듬해 노벨 문학상을 수상하기에 이른다. 1915년에는 영국으로부터 기사 작위까지 받았는데, 1919년 독립을 주장하던 인도인 시위대 수백 명이 영국군의 총격에 희생된 암리차르 학살 사건이 터지자 이에 대한 저항의 표시로 기사 작위를 반납했다.

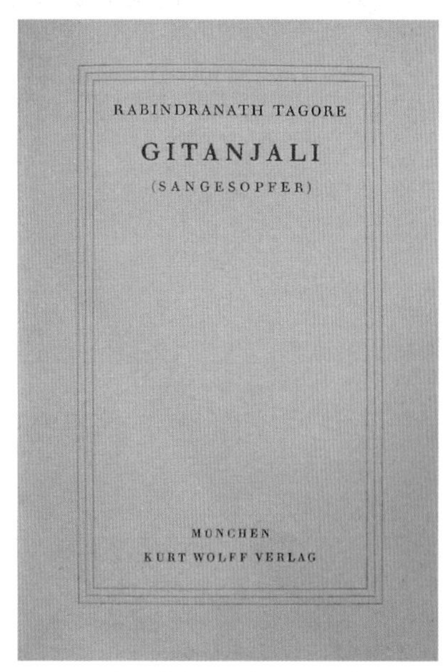

1921년 독일에서 발행된 《기탄잘리》 표지

노벨상을 받은 뒤 그는 미국, 일본, 프랑스, 싱가포르, 자카르타, 자바 등 세계 각국을 순방하며 제국주의의 위험성을 경고하고 인도 독립을 지지하는 활동을 하는 한편, 시인으로서 자신의 시와 인도 시 문학에 대한 강연 활동을 했다. 또한 샨티니케탄 운영에 힘을 기울이면서 시집 외에도 〈인간의 종교〉, 〈제국주의〉와 같은 평론 등을 펴냈다.

1941년 8월 7일 인도 콜카타에서 사망했으며, 사후 간디와 함께 국구國父로 일컬어지게 되었다.

061

아일랜드의 신비주의 시인

윌리엄 버틀러 예이츠

William Butler Yeats(1865. 6. 13~1939. 1. 28)

- 아일랜드
- 아일랜드의 민족의식과 주체성을 표현한 위대한 시인
- 1923년 노벨 문학상 수상
- 〈캐슬린 백작부인〉, 《켈트의 여명》, 《환상》 등

예이츠는 아일랜드의 시인이자 극작가로, 아일랜드의 신화와 전설을 부활시키면서 아일랜드의 민족의식과 주체성을 표현한 인물이다. 아일랜드 문예협회를 창립하여 문예 부흥운동을 일으켰으며, 아일랜드의 독립운동에 적극적으로 가담한 민족주의자로 후일 상원의원까지 지냈다. 아일랜드의 위대한 시인이자 19세기 영미 문학사에서 가장 위대한 시인 중 한 사람으로 꼽히며, 1923년 노벨 문학상을 수상했다.

윌리엄 버틀러 예이츠는 1865년 6월 13일 아일랜드 더블린 근교 바닷가 마을 샌디마운트에서 태어났다. 아버지 존 버틀러 예이츠는 변호사였으나 몽상가적 기질이 강한 인물로 결혼 후 얼마 지나지 않아 화가로 전향했으

며, 라파엘 전파의 일원이자 초상 화가로 유명세를 떨쳤다. 장남 윌리엄 버틀러 예이츠를 비롯해 5남매는 아버지의 예술가 기질을 물려받아 각기 화가나 문인으로 활동했다. 특히 동생 잭 버틀러 예이츠는 아일랜드인의 일상생활과 켈트 신화를 주제로 사실주의 기법 위에 환상성과 낭만성을 조화시킨 화풍으로 명성을 얻었으며, 아일랜드 민족주의 미술을 고취시키는 데 기여했다. 반면 실업가 집안 출신의 어머니는 합리적이고 말수가 적은 사람으로, 윌리엄 버틀러 예이츠에 따르면 '몽상가적 예술가 기질이 있는 아이들과 남편에게 적합한 어머니이자 부인'이었다. 경제 관념이 없던 아버지 때문에 가난하게 자라면서 런던, 더블린 등지로 잦은 이사를 다녔으며, 형제들은 어린 시절 대부분을 아일랜드 슬라이고의 외가에서 자랐다. 이곳에서 친척들로부터 아일랜드 민담과 귀신이나 요정 전설을 비롯해 선박 회사를 운영하던 외할아버지 윌리엄 폴렉스펜이 젊은 날 선원으로 일하면서 겪은 모험담을 즐겨 들었다. 야성적인 힘이 넘치고 격렬한 성정을 지닌 외할아버지는 허약하고 내성적인 소년 예이츠에게 많은 영향을 주었다. 그는 외할아버지에 대해 〈리어 왕〉을 읽을 때마다 떠올리게 된다고 말하면서, 자신의 작품 속 열정적인 인물은 모두 외할아버지의 이미지로부터 기인한 것이라고 밝히기도 했다. 또

윌리엄 버틀러 예이츠

한 아버지 쪽이 17세기 아일랜드로 이주한 영국계 신교도 집안이고 증조부와 조부가 신교도 목사였음에도, 그가 아일랜드적 정서를 지니고 자라 영국계 신교도들과 대척점에 선 것은 이런 유년 시절의 영향과 빅토리아 시대의 인습을 거부한 진보주의자였던 아버지의 영향이라고 할 수 있다.

예이츠는 10세 때 고돌핀 학교에 입학한 이후 자주 이사를 다니면서 에라스무스 스미스 고등학교, 메트로폴리탄 미술학교, 로열 하이버니언 미술학교 등 많은 학교에서 잠깐씩 수학했는데, 학교생활을 비롯해 공부에는 그다지 흥미가 없었다. 8세 때까지 글을 읽을 줄도 몰라 아버지가 그에게 글을 읽어 주며 가르쳤다고도 한다. 교육은 부족했으나 외가와 아일랜드의 하우스 지역에 거주하던 시절에 접한 수많은 민담들과 자연 풍광 그리고 수많은 독서가 작가 생활의 자양분이 되었다.

20세 때인 1885년 예이츠는 〈더블린 유니버시티 리뷰〉 지에 짧은 서정시 두 편을 발표했다. 이 시는 오늘날 일부만 전해진다. 그해 그는 연금술, 신비주의, 동양의 사교에 관심이 많은 조지 러셀, 모히니 차터지 등을 만나면서 신비주의에 빠져들었으며, 1887년에는 마술사 맥그레거 매더스와 신지학회 창립자 브라바스키 부인을 만나고 신지학회에 가입했다. 예이츠는 점차 경험주의와 합리주의, 기독교적 세계에서 벗어나 신비주의 속에서 자신의 정체성을 탐구하고, 사유하고 명상하기 시작했다.

1886년에는 첫 번째 극시 〈모사다〉를 출판했으며, 이듬해에 첫 번째 시집 《젊은 아일랜드의 시와 민요》, 그 이듬해에는 《아일랜드 농부의 민담과 요정 이야기》를 펴냈다. 예이츠는 아일랜드의 민담과 전설을 토대로 한 환상적이고 낭만적인 작품들을 선보이며 19세기 초반 문단의 흐름이었던 낭만적 서정성의 전통을 잇는 시인으로 서서히 자리 잡았다. 그즈음 오스카 와일드, 윌리엄 모리스, 조지 버나드 쇼 등의 문인들과 교류했다. 그런 한편 런던으로 이주한 뒤에도 이따금 슬라이고에 가서 외삼촌 조지 폴렉스펜과 함께 신비주의, 시적 상징에 대한 자신의 생각을 발전시켜 나갔으며, 이를 토대로 《어쉰의 방랑과 그 밖의 시편들》을 펴냈다.

1889년, 20대 중반의 예이츠는 아버지를 방문한 모드 곤이라는 여성에게 반해 첫눈에 사랑에 빠졌다. 아름답고 지적이며 아일랜드의 정치적 자유를 열정적으로 지지하는 그녀는 조국의 독립을 위한 활동 외에 연애나 결혼에는 관심이 없었다. 그녀로 인해 예이츠는 아일랜드 독립운동에 더욱 열정을 가지게 되었으며, 조국 아일랜드에 대한 애정과 보이지 않는 신비한 존재들에 대한 애정을 통합하고자 시도했다. 예이츠가 작품을 통해 다루는 열정이나 아름다움, 영원성, 사랑, 조국에 대한 애정 등 그의 시에 내포된 정서의 많은 부분은 모드 곤에 대한 애정과 관계가 깊다. 그녀는 예이츠에게 일생의 뮤즈였으며, 예이츠는 가정을 꾸린 뒤에도 그녀에 대한 마음을 평생 간직했다.

예이츠에게 일생의 뮤즈였던 모드 곤

1891년, 예이츠는 아일랜드 문예협회를 창립하고 문학과 예술, 아일랜드의 전통적인 민담이나 전설로 민족주의를 부흥시키고 조국에 대한 애정을 고취시키고자 했다. 에세이집 《켈트의 여명》은 이런 사고의 연장선상에서 쓰인 것으로, 과거에 묻힌 켈트족의 문화유산을 발굴하고, 그 정기를 문학을 통해 되살리겠다는 범켈트주의적 시도이기도 했다. 그해 모드 곤을 모델로 한 희곡 〈캐슬린 백작부인〉과 시집 《캐슬린 백작부인과 다양한 서정시》 그리고 《욕망의 섬》을 발표했다. 이듬해에도 역시 모드 곤에 대한 애정에 기반을 둔 시집 《갈대숲의 바람》을 펴냈는데, 그해 모드 곤은 혁명에 투신한 군인 존 맥브라이드와 갑자기 결혼한다.

1899년에는 후원자였던 이사벨라 오거스타 그레고리 부인의 후원으로 더블린에 아일랜드 문예극장을 설립하고, 아일랜드와 켈트 극을 발표했다. 미망인인 그레고리 부인은 아일랜드의 역사와 민속에 조예가 깊었고, 아일랜드 문예 부흥운동에도 앞장선 인물로, 예이츠를 비롯한 아일랜드 작가들을 후원하고 있었다. 이 문예극장에서 모드 곤을 주연으로 한 〈캐슬린 백작부인〉, 〈캐슬린 니 훌리한〉 등이 상연되었으며, 그 밖에도 많은 아일랜드와 켈트의 민속을 토대로 한 극들이 무대에 올려졌다. 또한 예이츠는 그레고리 부인의 저택인 쿨 장원에 머무르면서 많은 작품들을 썼는데, 시집 《바알러와 아이린》, 《일곱 숲 속에서》, 《그늘진 호수》, 《시와 산문 모음집》 등이 그것이다. 이 시기까지 예이츠의 시풍은 낭만적이고 신화적이었으나 1910년 이후부터 역사와 철학, 인간과 사회에 대한 철학적 경향이 담긴 사실주의적이며 남성적인 필치의 작품들이 탄생하기 시작한다. 이는 극장 경영과 연극인 양성 등 다양한 활동을 하고 부활절 봉기, 시민 전쟁 등을 겪으면서 현실에 눈을 떴기 때문으로 보인다. 그러면서도 죽을 때까지 심령론 연구와 신비주의 철학, 신플라톤 철학 등에 대한 관심도 지속했다.

1916년, 모드 곤의 남편 맥브라이드 소령이 부활절 봉기 때문에 처형당하자 이듬해 예이츠는 모드 곤에게 다시 구애했으나 거절당했다. 그러자 예이츠는 오래전부터 알고 지내던 27세 연하의 무녀巫女 조지 하이드 리와

슬라이고 드럼클리프 교회에 있는 예이츠 무덤

갑자기 결혼했다. 그의 나이 52세였으나, 두 사람 사이에서는 딸 앤과 아들 윌리엄이 태어났다. 안정적인 생활 속에서 시 작업도 활발해졌으며, 그의 대표적인 작품들은 이 시기에 탄생한다. 신비주의적 경향을 띤《온화하고 말없는 달의 여신에 대해》,《탑》,《나선층계》,《3월의 보름달로부터》 등의 시집과 자동기술법을 이용해 무아의 경지에서 기록한 산문집《환상》 등이 그것이다.

1922년, 아일랜드 자치국이 설립되고 독립정부가 세워지자 그는 상원의 원직을 권유받고 6년간 의원 활동을 했다. 이듬해에는 '고도의 예술적인 양식을 지닌 시를 통해 아일랜드라는 국가의 영혼을 표현했다'라는 평가를 받으며 노벨 문학상을 수상했다. 말년에도 꾸준히 시인, 극작가로 활동했으며, 부인과 함께 강연 활동도 활발하게 했다. 1935년에는 70회 생일을 기념하여 옥스퍼드 대학 출판부에서 그의 초기부터 1935년까지의 시와 친구들의 시를 한데 모은《옥스퍼드 현대시집》을 간행했다.

1939년 1월 28일, 프랑스 남부의 로크브륀 카프 마르탱에서 세상을 떠났다. 그해에 제2차 세계대전이 일어나 인근 로크브륀 성 판크라스 묘지에 묻혔다가 전쟁이 끝난 후인 1948년 슬라이고 드럼클리프 교회의 가족묘지에 이장되었다.

062

대영제국의 시대정신을 대표하는 작가

조지프 러디어드 키플링

Joseph Rudyard Kipling(1865. 12. 30~1936. 1. 18)

- 영국
- 19세기 말 대영제국주의를 옹호하는 저술을 했으나 감각을 환기시키는 풍성한 이야기들을 쓰며 작가로서의 참신성과 독창성을 인정받았다.
- 1907년 노벨 문학상 수상
- 《정글북》, 《킴》, 《꺼져 가는 빛》, 《병영의 노래》 등

키플링은 영국의 민족주의 소설가이자 시인으로, 19세기 말부터 세계대전 이전까지 영국 제국주의 전성기 시절의 시대정신을 대변하는 인물이다. 영국 제국주의와 식민 통치, 서구 열강에 의한 원주민의 문명화, 남성 우월주의 등을 옹호했으며, 1899년 2월 4일 〈런던 타임스〉에 발표한 〈백인의 의무〉에서는 서구 열강의 제국주의에 대한 정당성을 공개적으로 토로했다. 이로써 오늘날에는 비판의 대상이 되고 있기도 하다.

조지프 러디어드 키플링

키플링의 이모부 에드워드 번 존스

그러나 이런 비난에도 작가로서의 참신성과 독창성, 그의 인간과 삶에 대한 통찰력, 휴머니즘이 문학에 끼친 공로를 부정할 수 없다. 키플링은 시인으로서 비전형적이고 감각을 환기시키는 풍성한 어휘와 시적 상상력, 인간과 삶에 대한 통찰과 휴머니즘적인 시각을 바탕으로 그때까지 누구도 시도하지 않았던 산문적인 소재를 시로 옮기는 한편, 서민적인 생활을 시에 끌어들임으로써 영국 시의 새로운 지평을 열었다. 소설가로서는 참신한 아이디어와 기발한 착상, 치밀한 관찰력으로 독창적이면서도 사실적인 작품을 탄생시켰다. 《정글북》, 《킴》, 《왕이 되려던 사나이》 역시 제국주의적 관점에서 쓰였다는 비판을 받기도 하지만, 풍부한 상상력으로 오늘날까지 널리 사랑받고 있다. 1907년 노벨 문학상을 수상했다.

조지프 러디어드 키플링은 1865년 12월 30일 인도의 봄베이(지금의 뭄바이)에서 태어났다. 아버지 존 록우드 키플링은 봄베이의 지지보이 예술학교 건축 교수이자 화가로 봄베이 러호 미술관 관장을 지냈으며, 인도 전통 건축을 연구하고 이를 보존함과 동시에 영국 건축에 이식하려는 목적으로 인도로 간 인물이었다. 19세기 유명 화가 에드워드 번 존스가 이모부이며, 후일 55대, 57대, 59대 수상이 되는 스탠리 볼드윈은 사촌이다. 이런 인척 관계는 키플링에게 일생 사상적으로 많은 영향을 미친다.

키플링은 어린 시절 봄베이에서 성장하다가 6세 때 당시 영국 관료 자제 대부분이 그랬듯이 교육을 위해 영국으로 보내져 사우스에서 기숙학교 생활을 했다. 아시아적 문화 풍토에 영국 문화가 이식된 독특한 환경에서 자유롭고 풍부한 상상을 하며 자랐던 그는 영국의 정형화된 기숙학교 생활에 잘 적응하지 못했다. 영국 노스데본의 유나이티드 서비스 칼리지를 마치고 17세 때 인도로 돌아와 라호르의 영자 신문사인 〈군민軍民 가제트 파이오니아〉 지에서 저널리스트로 일했으며, 약 6년간 기자 생활을 하면서 시와 소설을 썼다. 키플링은 일생 시와 소설, 어린이를 위한 동화와 민요모음집을 주로 집필했는데, 특히 동화와 민요모음집에는 어린 시절 인도인 유모와 함께 보낸 체험이 담겨 있다. 《어린이들을 위한 소박한 이야기들》이나 《정글북》 등은 인도의 풍광과 동물들에 대한 사랑, 어린아이 시절 느낀 감성이 오롯이 녹아 있는 작품이다.

1886년에는 인도 서민 생활을 기반으로 하여 소박하고 쉬운 운율로 쓴 시집 《부문별 노래》를 발표했으며, 1888년 발표한 단편집 《고원에서 전해오는 소박한 이야기》가 키플링 열풍을 불러일으킬 정도로 많은 사랑을 받으면서 본격적으로 작가 생활을 시작했다. 1887년부터 1889년까지 《세 군인》, 《개츠비의 이야기》, 《히말라야 삼나무 아래서》, 《유령 릭샤》, 《위 윌리 윙키》 등의 단편집을 펴냈으며, 일본, 중국, 오스트레일리아, 아프리카, 미국 등지를 여행하고 1890년 영국으로 귀국했다.

런던에 돌아온 키플링은 그때까지의 경험을 토대로 인도와 인도의 야생을 제재로 한 많은 소설을 쓴다. 이런 독특한 제재 위에 당시 빅토리아 시대의 문예 사조와 동떨어진 채 홀로 습작하면서 자신의 체험을 직간접적으로 표현해 낸 방식은, 낭만주의나 사실주의 혹은 부상하고 있던 모더니즘 등 어느 사조에도 속하지 않는 독창적인 문학 세계를 형성하면서 키플링에게 젊은 나이에 작가로서 큰 명성을 얻게 했다.

영국으로 돌아온 키플링은 1890년 소설《꺼져 가는 빛》을 발표했다. 그는 이 시기에 이미 당대 최고의 산문작가라는 평을 듣고 있었다. 그리고 1892년 시집《병영의 노래》를 통해 시인으로서 엄청난 명성을 누리게 되었는데, 바이런 외에 이렇게 빨리 성공한 작가는 그때까지 없었다고 한다. 예술적 기교보다는 진솔하고 사실적인 태도로 담담하게 인도 군대 생활의 일상적인 풍경을 그려 대중과 깊이 공감한 한편, 민족주의 시인으로 기억된 것이 큰 이유였다. 이후로도 시집《7대양》,《퇴장》등을 통해 대영제국의 영광과 제국주의를 기리면서 키플링은 애국시인으로서 큰 인기를 끌게 된다.

1892년, 키플링은 미국의 출판업자 울콧 밸러스티어의 누이 캐롤라인과 결혼했다. 부부는 신혼여행으로 미국, 일본, 동남아, 인도 등지를 방문했고, 미국 버몬트 주에 정착하기로 한다. 그러나 미국 생활에 잘 적응하지 못해 얼마 후 영국으로 돌아왔다. 그는 미국 생활을 하는 동안 이웃과도 거의 교류하지 않고 많은 소설을 썼는데,《용감한 선장들》,《정글북》,《킴》이 그것이다.

《용감한 선장들》은 뉴펀들랜드의 어장에서 원양어업에 종사하는 선원들을 그린 작품이다. 키플링의 작품 대부분은 인도에서의 체험을 바탕으로 하는데, 그의 문학적 본령과 감수성이 자리하고 있는 곳이 인도여서인지《용감한 선장들》과 같이 인도에서 체험한 것이 아닌 다른 제재에서는 줄곧 실패를 겪었다. 가장 크게 성공한 대표작은 인도의 원시림을 배경으로 늑대 소년 모글리가 등장하는《정글북》이다. 이 작품은 첫 딸 조세핀이 태어난 뒤 딸이 하는 온갖 새롭고 신기한 행동을 통해 인간의 새로운 면모를 보게 되면서 썼다고 한다.《킴》은 파키스탄 북동부 라호르에서 거리의 부랑아인 영국계 고아 킴이 성장하는 과정을 다룬 작품이다.

키플링은 인도의 풍광과 동물, 아이들에 대한 애정을 가지고 있었지만, 한편으로 야만적이고 미개한 생활을 하는 원주민을 문명화시켜야 한다는 제국주의적 사고방식도 지니고 있었다. 때문에 인도나 동양을 배경으로 한 작품들에는 자연히 이런 사고방식이 담겼고, 이를 전달하고자 작위적이고 고루한 설정들을 집어넣는 바람에 소설적으로 큰 성취를 이루지는 못했다는 평가를 받기도 한다.

1894년 미국에서 발행된 《정글북》 초판본

영국으로 돌아온 이후 키플링은 제국주의자들과 어울리면서 자신의 문학적 자양분이자 애정을 보였던 인도인들에 대해 미개하고 나태하며 음험한 족속이라고 묘사할 정도로 사고방식이 급격히 변했다. 이로써 그는 당대 자유주의자들의 엄청난 비난을 받았다. 하지만 제1차 세계대전을 겪으면서 영국 내에서 민족주의가 가장 크게 일어났을 때 그의 작품들과 연설, 전쟁 관련 담화문 등은 한 시대의 목소리로 기려졌고, 그는 국민 시인으로서 존경받았다. 1899년부터는 기사 작위가 두 차례, 조지 5세의 메리트 훈장이 두 차례 수여되었으나 모두 거절했다.

1902년, 키플링은 서식스 주에 저택을 구입하여 정착하고 활발하게 작품활동을 했다. 1899년에 6세였던 딸 조세핀을 잃은 뒤 조세핀을 기리며 쓴 《아이들을 위한 이야기들》을 비롯해 《푸크 언덕의 요정》 등도 베스트셀러가 되었으며, 42세 때인 1907년 영미권 작가 중 최연소 노벨 문학상을 수상할 때까지 명성은 극에 달했다. 노벨 문학상을 수상한 이후에도《시 모음집》,《가족에게 보내는 편지》, 시집《만달레이》등 작품 활동을 활발하게 했으며, 제1차 세계대전 때 18세의 아들 존이 실종(사망 추정)된 후 비탄에 빠져 쓴 '그 이름 영원히 살아남으리'라는 문구는 영국의 전쟁기념일에 사용하는 문구가 되었다.

1936년 1월 18일, 영국 런던에서 사망했으며, 시신은 런던 웨스트민스터 사원 시인의 구역에 안치되었다.

063

공상과학소설의 창시자

H. G. 웰스

Herbert George Wells(1866. 9. 21~1946. 8. 13)

| 영국
| 공상과학 장르를 개척한 선구자이며, 오늘날까지 논의되는 다양한 과학, 사회 문제들을 깊이 있게 다뤘다.
| 《타임머신》, 《우주 전쟁》 등

H. G. 웰스는 현대 공상과학소설의 창시자로 불리는 영국의 소설가로, 《타임머신》, 《우주 전쟁》 등 100여 편의 과학소설을 발표하면서 SF라는 독자적인 영역을 개척했다. 그는 19세기 말에 최초로 타임머신, 시간 여행, 투명인간, 우주 전쟁, 화학 무기, 유전자 공학, 지구 온난화 등 SF의 기본 개념들을 만들어 냈다. 또한 대중을 위한 역사서 《세계 문화사 대계》, 대중 과학 저술 《생명의 과학》 등을 쓴 과학 및 역사, 정치 분야 저널리스트이자 문명 비평가이기도 하다.

허버트 조지 웰스는 1866년 9월 21일 영국 켄트 주 브롬리에서 태어났다. 아버지는 작은 상점을 운영했으며 어머니는 귀족집 하인 출신으로, 가

H. G. 웰스

난한 생활을 면치 못했다. 웰스는 그들 사이의 넷째 아이였다.

8세 때 토머스 몰리 상업학교에 들어갔는데, 13세 때 아버지가 다리를 다치면서 생계를 꾸려 나가기 어렵게 되자 학교를 그만두고 포목상에 사환으로 들어갔다. 그러나 제대로 일을 못한다는 이유로 얼마 후 쫓겨나 약국 사환을 거쳐 미드허스트 중등학교 직원으로 일하면서 고학했다. 이 시기에 그는 과학과 경제학 분야를 주로 공부했으며, 과학 교사 자격시험 준비를 했다. 그러던 중 17세 때 런던의 과학사범학교에 장학생으로 입학했다. 이 시기에 웰스는 문학에까지 관심을 넓혔으며, 사회주의자들과 교류하면서 정치 문제에도 깊은 관심을 갖게 된다. 1887년, 웰스는 물리학과 생물학 시험을 우수한 성적으로 통과했으나 지질학 시험에 낙제하는 바람에 장학생 자격을 잃고 학업을 그만두게 되었다. 학위를 받지 못하고 학교를 떠났지만, 이 시기의 배움과 관심은 후일 작품들의 근간이 된다.

학교를 나온 후 교사 자격증이 없던 터라 웰스는 여러 학교를 떠돌아다니면서 보수가 적은 임시직 교사를 전전하다가 22세 때 런던 대학에서 이학사 학위를 취득했다. 그 후 유니버시티 통신대학에서 생물학 교사로 일했으나 건강 문제로 3년 만에 그만두어야 했다(웰스는 20세 무렵 웨일스 지역 홀트 아카데미에서 근무했는데, 그때 교내 축구시합 중 다쳐 신장이 파열되고 폐출혈을 일으킨 일이 있었다. 이후 건강이 나빠져 그 무렵에는 제대로 일하기도 힘든 상태였다). 이미 학창 시절부터 〈사이언스 스쿨 저널〉 잡지를 만들어 과학 평론 및 과학 단편소설을 연재했으며, 몇몇 잡지에 과학 평론을 기고하기도 했던 웰스는 이때를 계기로 작가로서 전업할 방법을 모색한다. 또한 25세 때에는 사촌 누이 이사벨 메리 웰스와 결혼했다.

1893년, 첫 번째 저술《생물학 교본》을 출판했으며, 이후 신문사와 잡지사들로부터 지속적인 청탁을 받으며 순탄하게 작가 생활을 시작했다. 이 시기에 그는 아내인 이사벨과 점점 사이가 벌어졌으며, 제자인 에이미 캐서린 로빈스 제인과 연애 관계에 빠졌다. 웰스는 이듬해 이사벨과 별거하는 동안 제인과 사랑의 도피를 했으며, 1년 후에 이사벨과 이혼하고 제인과 결혼한다. 새로 가정을 꾸리면서 가장으로서의 책임감이 더욱 커진 그에게 작가로서의 성공은 절실해진다.

1895년에 발표한《타임머신》은 해박한 과학 지식, 새롭고 독창적인 소재, 해학적인 문체, 무엇보다 소설의 소재로 그때까지 시도되지 않았던 과학을 본격적으로 다루면서 웰스에게 작가로서 큰 명성을 안겨 주었다. 웰스는 시간 여행과 같은 공상과학 개념들을 단순한 몽상에서 해방시키고, 여기에 과학적 이론을 부여한 최초의 소설가였다. 때문에 현대 공상과학소설의 창시자로 불린다. 또한 그는 단순한 엔터테인먼트를 위해 과학 소재를 다룬 것이 아니라 이를 통해 문명 비판 및 사회 풍자를 시도한 작가였다. 그는 당시 유행하던 유토피아 소설들을 비롯해 진화론적 진보를 그리는 미래 예측 대신 퇴보된 미래, 미래에 대한 디스토피아적 사상을 작품에 담았다. 시간 여행, 차원 이동과 같은 공상과학 개념 외에도 80만 년 후 생명체가 사라지고 원시 종족 같은 퇴화된 수준의 생명체들이 살고 있는 미래, 디스토피아적 전망 등은 20세기 수많은 SF소설들의 원형이라 할 수 있다.

웰스는 연이어 《모로 박사의 섬》, 《투명인간》, 《우주 전쟁》, 《달나라 최초의 인간》 등을 쓰며 정력적으로 집필 활동을 계속했다. 이 작품들에는 현대 공상과학소설의 개념들을 소개되어 있을 뿐만 아니라 우생학, 과학윤리, 진화론, 종교 문제, 제국주의, 파시즘 대두 등 당시부터 오늘날까지 과학 및 사회 전반에 걸쳐 논의되고 있는 다양한 주제가 심도 깊게 다루어지고 있다. 소설 외에도 그는 과학 발달이 인간의 삶과 사고에 미치는 영향에 대한 예측, 자유주의와 민주주의 및 사회 제도에 대한 분석을 담은 다수의 산문과 논문들을 발표했다. 1900년대에 출간된 《기계와 과학 발달이 인간에게 미치는 영향》, 《위대한 국가》, 《전쟁을 없애기 위한 전쟁》 등이 대표적이다.

보르헤스는 웰스에 대해 "역사에 대한 논쟁, 과거에 대한 탐구, 미래 예측 등 모든 현실과 가공적 삶을 기록했다."라고 말한 바 있다. 웰스는 이런 다양한 탐구를 통해 파시즘이 대두되고 기술 발달과 산업화로 인해 인간성이 상실되던 시기에, 인류의 공존을 모색하고 범인류적 가치관과 변화하는 시대에 걸맞은 새로운 시각을 갖추어야 함을 호소했다. 또한 그가 제시한 탱크, 원자폭탄, 유전자 공학, 우주 여행, 파시즘 부상 등은 이후 현실화되기도 한다.

과학소설 작가로 큰 성공을 거두면서 1800년대 말 웰스는 요양 겸 집필에 전념하고자 켄트 주의 시골 마을에 세이드 하우스를 짓고 정착했다. 1900년대에는 미래 예측 및 과학 전문가로 인정받고 영국 과학연구소에 초빙받기도 했으며, 2000년대의 모습을 전망한 장편소설 《예상》으로 사회주의 진보단체 페이비언 협회의 초청을 받아 회원이 되어 활동했다. 그러나 페이비언 협회의 활동에 대해 노동자의 실제 가난과 굴욕에서 괴리된 지식

알빔 코레아가 그린 《우주 전쟁》 삽화

인들이 이론만 앞세운다는 생각에 과격한 행동을 일삼았고, 버나드 쇼, 베아트리스 웨브 등 협회 지도자 격 인사들과 잦은 충돌 끝에 5년여 만에 탈퇴했다.

제1차 세계대전 기간에 그는 세계의 운명과 제국주의에 대해 온 관심을 기울였으며, 국제연맹에 대한 믿음을 토대로 '단일 세계국가'를 구상했다. 이런 구상은《세계 문화사 대계》,《닥쳐올 세계》 등에서 나타난다. 세계대전 이후에는 동물학자인 아들 조지 P. 웰스, 올더스 헉슬리의 동생이자 생물학자인 줄리언 헉슬리와 함께《생명의 과학》 등을 집필하면서 세계적인 명사로 이름을 날렸다. 스위스에서 타고르를 만나 현대 문명의 방향에 대해 논하는 한편, 러시아를 방문해 레닌과 트로츠키 등을 만나고, 노동당에 입당해 하원의원에도 출마했다. 관련한 저술 활동도 활발히 하여《사회주의와 과학적 동기》,《노동당의 교육 이념》,《민주주의 이후》 같은 정치적 저술과 파시즘을 고찰하는《신성한 공포》, 사회제도 분석 및 미래 예측을 담은《새로운 세계 질서》,《인류의 노동과 부의 행복》과 같은 다양한 저술들을 내놓았다. 그사이에 다수의 소설도 발표했다.

또한 웰스는 제1차 세계대전 시기에 영국 정보부에서 전쟁 선전물을 집필하기도 하고, 국제연맹 창설 위원회 위원으로도 활동했다. 제2차 세계대전이 발발했을 때는 기술 발전과 사회 변화 예측에 대한 전문가로 윈스턴 처칠에게 등용되어 군 기술자들과 협력하여 무기를 개발했다. 생의 마지막 순간까지 인류 진보와 세계 정세에 관심을 쏟으며 저작 활동을 활발히 하던 웰스는 1946년 8월 13일 런던 리젠트 파크의 저택에서 사망했다.

064

사회주의 리얼리즘 문학의 창시자

막심 고리키

Aleksey Maxim Gorky(1868. 3. 28~1936. 6. 18)

| 러시아

| 러시아 사회의 모순과 부조리를 고발한 민족 문학가로 프롤레타리아 문학에 크게 공헌하였다.

| 〈밑바닥에서〉, 《어머니》 등

고리키는 러시아의 소설가이자 극작가로, 사회주의 리얼리즘 문학의 창시자이다. 19세기 러시아 문학과 20세기 소비에트 문학의 가교 역할을 했으며, 그의 작품《어머니》는 소비에트 문학의 기초가 되었고, 주인공 청년 바벨은 소비에트 문학 주인공의 원형으로 여겨진다.

막심 고리키

막심 고리키의 본명은 알렉세이 막시모비치 페시코프이다. 1868년 3월 28일(러시아 구력 3월 16일)에 러시아 볼가 강 연안 도시 니즈니 노브

인민주의자
인민주의는 1860~1890년에 제정 러시아에서 주창된 농본주의적 급진 사상으로, 브 나로드 운동의 사상적 기반이다. 제정 러시아 고유의 농촌 공동체 미르(mir)를 통하여 자본주의 단계를 거치지 않고, 사회주의적이고 평등한 민주 사회에 도달할 수 있다는 사상에 영향을 받았다.

고로드에서 태어났다. 아버지 막심 사바티예비치 페시코프는 가구를 만드는 목수였으며, 어머니 바르바라 바실리예브나 카시리나는 소시민(상인 계급 아래의 일반 시민 계급)이었다. 3세 때 아버지가 콜레라로 사망하자 어머니와 함께 외가에서 자랐으나 얼마 후 어머니가 재혼하여 모스크바로 떠나면서 외조부모의 손에서 자랐다. 염색공장을 하던 외할아버지는 엄격한 성정이었으나, 따뜻한 품성에 감수성이 풍부한 외할머니에게 사랑을 받으며 자랐다. 외할머니는 특히 러시아의 민간 설화들을 손자에게 많이 들려주었다고 한다. 또한 외할아버지에게 성경을 배웠다.

니브로고로드의 자유농민학교에서 초등교육을 받다가 10세 때 어머니가 죽고 외할아버지가 파산하면서 학교를 그만두었다. 이후 넝마주이, 구둣가게 사환, 성상화 제작 공장 노동자, 야간 경비원, 짐꾼 등 하층 노동자 생활을 하고, 방랑자들과 함께 떠돌아다니는 등 힘들게 성장했다. 12세 때 고리키는 여객선 식당에서 일하면서 퇴직한 사관 출신 요리사 스믈리에게 글을 배우고 문학과 학문을 접하면서 많은 독서를 했다. 후일의 회고에서 고리키는 스믈리를 자신의 첫 번째 스승이라고 칭했다.

16세 때 대학에서 공부하고자 카잔으로 갔으나 실패했다. 그는 이곳에서 부두 노동자를 거쳐 제빵공 등을 하며 힘겹게 살면서, 농촌 개혁을 통한 사회주의 혁명을 꿈꾸는 인민주의자 청년들을 만나 처음으로 러시아 혁명 사상을 접했다. 수년간 밑바닥 생활을 하던 끝에 19세에는 자살 기도를 했으나 실패했고, 이때 한쪽 폐가 상하는 바람에 평생 폐질환으로 고생하게 된다.

또한 이때 고리키는 빵 공장 파업, 농민 계몽운동 등의 활동에 참가했으나 이 두 시도가 모두 실패로 돌아가자 회의를 느꼈으며, 대부분 대학생이었던 인민주의자들의 지나친 이상주의와도 괴리를 느낀다. 21세 때 농촌 개혁운동이 실패하면서 경찰에 쫓겨 카잔을 떠났다.

카스피 해를 거쳐 그루지야(지금의 조지아)로 갔다가 고향까지 돌아간 고리키는 다시 2년간 다양한 노동 일을 전전하다가 볼가 강과 돈 강을 따라 러시아 전 국토를 도보로 여행했다. 제정 러시아의 현실, 즉 고통받는 민중의 모습을 직접 목격한 고리키는 이를 소설로 쓰기 시작했다. 24세 때인 1892년 첫 단편소설 〈마카르추드라〉를 티플라스 지역 신문인 〈캅카스〉 지에 발표하면서 작가로서 첫 발을 내디뎠다. 러시아 민간 전설을 토대로 하여 두 늙은 집시를 통해 자유에 대한 인간의 갈망을 묘사한 작품으로, 이때 '막심 고리키(Maksim Gor'kii, 가장 고통받는 사람)'라는 필명을 처음으로 사용했다. 이후 몇 편의 단편소설을 지속적으로 발표했으며, 1895년에 단편소설 〈첼카슈〉로 주목받기 시작했다. 도둑질을 하며 살지만 자유와 행복에 대한 의지를 지닌 강인한 인물 첼카슈와 평범한 농민으로 부족함 없이 살지만 정신은 나약하고 이익을 위해 굽실거리는 가브릴라의 대비를 통해 비천한 삶에서도 꺾이지 않는 인간의 자유의지, 고귀한 본성을 이야기하는 작품이다. 이렇듯 초기 작품들에서 고리키는 떠돌이나 범죄자 등 하층민의 삶을 묘사하면서 당대 러시아인의 고뇌를 그리고 인간의 자유의지를 낭만적으로 형상화했다. 또한 '이에구디일 흘라미다'라는 필명으로 재미있는 이야기나 실화, 칼럼 등을 중앙 일간지 〈러시아의 부〉 등에 기고하고, 신문 기자로도 일했다.

1896년에는 귀족 출신 예카테리나 파블로브나 볼지나와 결혼했으며, 이듬해 아들 막심이 태어났다.

1898년에는 그동안 쓴 소설과 이야기들을 모아 첫 소설집《설화 작품 및

1900년 얄타에서 체호프와 고리키(오른쪽)

단편집》 두 권을 출판했는데, 이 작품집은 무려 10만 부라는 경이적인 판매를 기록했다. 또한 유럽 전역에서 출간되면서 고리키는 하루아침에 큰 명성을 얻었다. 그런 한편 이해에는 마르크스주의자 아파나셰프 지하 혁명당 사건에 연루되어 체포당했는데, 여론의 반발로 곧 풀려났으나 이후 정부의 감시를 받게 된다.

이듬해에는 폐결핵이 악화되어 남부의 휴양 도시 얄타로 가서 요양을 했는데, 이때 체호프와 우정을 나누게 된다. 약 7개월간의 요양을 끝으로 수도 상트페테르부르크로 올라온 그는 이후 7년간 이곳에서 살면서 사회민주노농당을 지지하는 마르크스주의자로 활동했다. 화가 레핀, 문예 평론가 미하일롭스키, 작가 베레사예프 등 당대 지식인들과 교류했으나, 부랑자 출신으로 민중과 함께하는 고리키는 이들과 잘 융화되기 어려웠다. 한편 체호프의 소개로 톨스토이를 만났는데, 체호프, 톨스토이, 고리키 세 사람은 문학적 성향이 달랐지만 서로의 작업과 인격을 존중했으며, 오랫동안 문학적 동지로 서신을 주고받으며 우정을 나눈다.

1900년대 초반부터 고리키는 희곡과 중장편소설로 작업을 확장했다. 이 작품들은 초기 단편들보다 문학적으로 좋은 평을 받지는 못했지만, 자본주의와 러시아 혁명을 직접적으로 묘사하면서 고리키를 민중의 아들로 만들어 주었다.

특히 희곡 〈밑바닥에서〉와 장편소설 《어머니》는 러시아 문학사에 길이 남은 작품이다. 〈밑바닥에서〉는 허름한 여인숙을 배경으로 밑바닥 삶을 살아가는 인간 군상을 통해 제정 러시아 사회의 부정과 모순을 그리는 한편, 인간의 고귀한 의지와 존엄성, 인생의 의미를 그린 작품이다. 1904년 스타니슬랍스키 연출로 모스크바 예술극장에서 상연된 이래 지금까지 세계 연극계의 고정 상연 목록 중 하나로 자리 잡고 있다. 《어머니》는 1902년 소르모보 공장에서 있었던 표트르 자로모프 모자 체포 사건을 토대로, 평범한 노동자가 혁명가로 발전하는 모습을 통해 노동 계급의 성장을 그리는 한편, 주체적이고 독립적인 인간으로서 어머니의 모습을 형상화시켰다. 러시아 선진 노동자의 전형을 만들어 내면서 최초로 프롤레타리아 영웅상을 확립한 작품으로, 소비에트 문학, 프롤레타리아 문학의 전범이 되었다.

고리키는 줄곧 제정 러시아 사회의 모순과 부조리를 고발하고 민중 문학가로 활동하는 한편, 스스로 혁명의 전 과정에 뛰어들었던 인물이기도 하다. 1901년, 상트페테르부르크 카잔 성당 인근 광장에서 열린 시위에 참여한 고리키는 시위가 폭력적으로 진압되자 이후 문인 및 지식인들과 연계해 항의 서한을 발표했다. 이로써 혁명 활동 혐의로 체포되었으나, 고리키가 폐결핵에 걸렸다는 톨스토이의 탄원으로 가택 연금 조치를 받았다. 그해 발표한 산문시 〈바다제비의 노래〉와 〈매의 노래〉는 혁명의 노래로 오랫동안 불렸다. 또한 검열 제도 때문에 혁명적 성향의 작가들이 작품을 발표할 길이 막히자 고리키는 출판사 '즈나녜(지식)'를 설립해 작품 발표 통로를 마련했다. 러시아 혁명 기금을 모금하고자 미국, 유럽 등지를 순방했으며, 1905년에는 러시아 사회민주노동당대회에 참여하고, 피의 일요일 사건에 대한 항의 성명서를 작성하여 전제 정치에 맞서 싸울 것을 촉구하고 제정 러시아의 비인도적 행위를 전 유럽에 호소했다. 이에 반국가 혐의로 페트로파블롭스키 감옥에 투옥된다. 또한 러시아 사회민주노동당 전당대회에서 레닌을 만났는데, 두 사람은 때로 반목하고 사이가 벌어지기도 했으나 오랫동안 사상적 동맹 관계를 유지하며 우정을 나누었다.

1906년에 러시아를 떠나 7년간 망명했으며, 그가 주로 머물던 카프리 섬 자택은 러시아 혁명적 지식인들의 성지가 되었다. 1913년에 러시아로 돌아온 그는 제1차 세계대전이 일어나자 볼셰비키와 함께 러시아의 참전을 반대하는 한편, 독일의 만행을 규탄하는 성명서를 발표했다. 1917년 2월 혁명으로 러시아 전제 정권이 전복되자 혁명정부에서 예술특별위원회를 설립해 문화재와 예술인들을 보호, 후원했다. 그러나 그해 10월 러시아 사회주의 혁명을 통해 볼셰비키가 정권을 장악하자 폭력적이고 무의미한 혁명이라고 공개적으로 반대하고, 자신이 창간한 신문 〈노바야 지즌(신생활)〉을 통해 레닌의 독재를 비난했다. 또한 레닌 정부로부터 정치적 박해를 받고 체포된 예술가, 지식인들을 구명하고자 노력했으며, 출판사 설립, 잡지 창간 등을 통해 예술을 보호하고 혁명 정신을 지속적으로 전파하는 활동을 했다. 결국 1921년, 레닌의 강권으로 고리키는 러시아를 떠나 독일로 갔다. 그는 외국 생활을 하면서도 내전과 극심한 기근으로 고통받는 러시아의 현실을 알리고 도움을 청하는 강연을 계속하고 성명서를 발표했다. 그런 한

1931년 붉은 광장에서 만난 스탈린과 고리키(오른쪽)

편 자전적 3부작 〈유년 시대〉, 〈세상 속으로〉, 〈나의 대학들〉을 썼는데, 이 작품들은 고리키의 가장 위대한 걸작으로 꼽힌다.

1924년, 레닌이 사망한 후 스탈린 정권은 고리키에게 친화적 태도를 보였다. 그럼에도 그는 러시아로 돌아가지 않고 이탈리아, 독일 등지를 전전하며 살았다. 몇 차례 소련을 방문할 때마다 대대적인 환영을 받았으며, 외국 생활 중에도 지속적으로 소련 지식인들과 교유했다. 1933년에는 소련으로 귀국하여 사회주의 리얼리즘의 문학적 방법론을 확립했고, 이는 소련 작가들이 정치선전 작품을 쓰게 하는 밑바탕이 되었다.

1936년, 감기가 폐렴으로 번지면서 치료 도중 혼수상태에 빠져 6월 18일 갑작스럽게 사망했다. 이 죽음에 대해 고리키와 스탈린 사이의 갈등으로 인한 암살이라는 소문이 있었으나 밝혀진 바는 없다. 1938년에 일어난 스탈린 대숙청 당시 부하린 등이 고리키 암살 혐의로 기소되기도 했으나 진위 역시 밝혀지지 않았다.

065

투철한 실험 정신의 작가

앙드레 지드

André Gide(1869. 11. 22~1951. 2. 19)

- 프랑스
- 문학의 여러 가능성을 위해 다양한 실험을 시도한 작가로 20세기 프랑스 소설 및 현대소설의 발전에 지대한 공헌을 했다.
- 1947년 노벨 문학상 수상
- 《좁은 문》, 《전원교향악》, 《지상의 양식》, 《위폐범들》 등

앙드레 지드는 삶과 자아 정체성, 시대와 개인의 권리 등을 다양한 문학적 실험을 통해 탐구한 프랑스의 작가로, 20세기 프랑스 소설 및 현대소설에 많은 영향을 미쳤다. 또한 자신의 작품을 통해서뿐만 아니라 〈누벨 르뷔 프랑세즈〉 지를 창간해 많은 작가들을 발굴하면서 소설 문학 장르가 혁신되는 데 크게 기여했다. '진리에 대한 두려움 없는 사랑과 날카로운 심리적 통찰을 통해 인간의 문제와 조건을 포괄적, 예술적으로 제시했다'라는 평을 받으며 1947년 노벨 문학상을 수상했다.

앙드레 폴 기욤 지드는 1869년 11월 22일 프랑스 파리에서 태어났다. 아버지 폴 지드는 남프랑스 출신의 신교도로 파리 법과대학 교수였으며, 어

앙드레 지드

머니 쥘리에트 롱도는 북부 노르망디의 부르주아 가문 출신으로 가톨릭교도였다. 어머니의 고향 노르망디와 아버지의 고향 랑그도크 지방을 오가며 유년 시절을 보냈고, 10세 때 부르주아 계층의 개신교 아이들이 다니던 파리의 에콜 알자시엔에 들어갔다. 그러나 몸이 허약해 각종 병치레를 하여 학교에 잘 나가지 못하고 대개 개인교사와 공부했다. 11세 때 아버지가 사망한 후 어머니와 함께 숙부가 있는 남프랑스 몽펠리에 지역으로 이주했다. 이후 엄격한 어머니에게 훈육 받으며 본격적으로 종교교육을 받았고, 청교도적인 태도를 체화하게 되었다. 한편 그곳 공립학교에 다닐 때는 몸이 약하고 지능 발달이 늦어 동급생들의 괴롭힘을 받고 신경증 발작을 일으켰다. 이후 50세 무렵까지 주기적으로 신경증 발작으로 고통받는다.

13세 때 외사촌 누나 마들렌 롱도에게 반해 그녀와 주기적으로 편지를 주고받다가, 22세 때 청혼했는데, 이때는 거절당했다. 그해 그는 마들렌에 대한 육체적, 정신적 갈등으로 고뇌하는 자신의 내면을 그린《앙드레 발테르의 수기》를 익명으로 발표하는데, 이것이 공식적으로 발표된 지드의 최초 작품이다.

18세 때부터 소설가가 되는 데 흥미를 가졌으며, 19세 때 대학 입학자격고사를 간신히 통과하고 소르본 대학에 입학했다. 대학 생활보다 문학에 더욱 몰두했으며, 말라르메의 화요회(말라르메의 살롱에서 화요일마다 있던 예술가 모임)에 자주 드나들었다. 말라르메의 영향으로 상징주의적 발상이 엿보이는《나르시스론》을 쓰기도 한다. 또한 이 시기부터 폴 발레리, 프랑시스 잠과 평생의 우정을 나눈다.

지드의 인생에서 결정적인 전환점이 된 일은 1893년 친구인 화가 로랑생과 떠난 아프리카 여행이었다. 그는 마르세유, 튀니스, 수스, 비스크라, 몰타, 시라쿠사, 로마, 피렌체, 제네바 등지를 돌아다니면서 어머니로부터 구속받았던 내면의 자유를 되찾는 과정을 겪었다고 말했다. 지드는 1년여 후 오스카 와일드와 함께 다시 알제리를 여행했으며, 이때 자신의 동성애적 성향을 깨달았다.

1895년 5월에 어머니가 세상을 떠나고, 보름 후에 외사촌 누나 마들렌과 결혼했다. 그러나 두 사람은 플라토닉한 관계였는데, 지드에게 있어 그녀는 '성스러운 여인'이었고, 그 사랑은 '신비주의적 사랑'이었기 때문이다. 지드는 마들렌과 평생 육체관계를 맺지 않았다고 하며, 대신 사진 모델을 서주던 소년들이나 북아프리카 등지에서 만난 소년들과 육체관계를 나누었다. 청교도적인 교육을 받고 자란 소심한 청년과 아프리카 여행을 통해 변모한 쾌락주의자로서의 면모는 지드를 분열시켰으며, 지드는 이런 자신의 생활을 후일 동성애적 연구인《코리동》과 자서전《한 알의 밀이 죽지 않는다면》을 통해 고백한다.

아프리카 여행에서 돌아온 지드는 1895년《팔뤼드》, 1897년《지상의 양식》, 1902년《배덕자》, 1907년《돌아온 탕아》등 인간의 본능과 욕망, 쾌락을 옹호하는 도발적인 작품들을 잇달아 펴냈다. 인습, 특히 기독교적 윤리를 거부하는 지드의 작품들은 당대 보수적 인사들로부터 '청년들을 타락시킨다'라는 비난을 받았으며, 바티칸은 지드 사후 그의 전 작품을 금서로 지정했다. 그러나 지드가 무조건적인 방종을 옹호한 것은 아니다. 그는 독자들에게 "(자신의) 책을 내던지라."라고 말하며, "다른 사람에게서 당신의 진리를 찾지 마라. 당신 자신의 것을 찾으라."라고 말했다.

자신을 구속하던 것들에서 벗어나 삶이 베푸는 기쁨을 향유하면서 시작된 지드의 문학은 매번 변신을 거듭하며 삶의 여러 측면을 통찰해 나갔다. 1909년 《좁은 문》과 1919년 《전원교향악》은 엄격한 신앙, 종교적 계율이 지닌 위선과 그로 인해 발생하는 비극을 중심으로 내적 자아를 탐구해 나가는 작품이다. 정교한 심리 묘사와 아름다운 서정으로 오늘날까지도 지드의 대표작으로 꼽히며 독자들을 매혹시킨다.

지드가 이때까지 발표한 소설들은 대부분 중편 수준의 작품들로, 지드 스스로는 이 작품들을 소설이라 부르지 않고, '레시récit'라고 불렀다. 레시란 구두나 글로 된 단순한 서사를 의미하는데, 지드는 자신의 작품들이 소설적 구성이나 형식을 따르기보다는 자신의 내면을 탐구하는 도구로 쓰인 글이라고 여겼기 때문이다.

1914년, 지드는 그때까지보다 긴 이야기체 서사를 시도했는데, 프랑스 중세의 풍자익살극인 '소티sotie' 형식으로 풀어 낸 독특한 구조를 지닌다. 이 작품이 바로 《교황청의 지하실》이다. 프리메이슨 일당이 교황청의 지하실에 교황을 투옥하고 가짜 교황을 세웠다고 하며 사기 행각을 벌이는 지네 일당의 행위를 주축으로, 여기에 얽힌 인물들의 모습을 통해 종교적 윤리와 인간의 자유 사이의 대립을 보여 주며, 신의 존재와 인간 욕망의 본질, 진정한 도덕성에 대해 탐구한다. 서사 위주의 소설 형식이 아니라 인물 각자가 뚜렷한 역할을 가지고 주제를 부각시키는 데 중점을 두었다. 이 작품 속 동성애 장면 때문에 그는 오랜 친구였던 클로델과 절교했으며, 성직자들의 거센 비난에 직면했다.

지드의 동성애적 성향은 1916년 부인 마들렌에게 탄로 났고, 마들렌은

연인 마르크 알레그레(왼쪽)와 지드

어린 시절부터 지드가 보내 왔던 편지들을 모두 불태웠다. 지드는 2년 후 이 사실을 알고 '(자신의) 아이를 잃은 것처럼 괴로워'하며 그녀를 원망했고, 두 사람의 관계는 돌이킬 수 없을 만큼 악화된다.

《위폐범들》
국내에서는 정식 번역본이 나오기 전까지 《사전꾼들》이라는 제목으로 더 많이 알려졌다.

지드가 유일하게 스스로 '소설' 작품이라 칭한 것은 1926년에 출간된 《위폐범들》이다. 지드의 윤리관과 예술의 집대성이라 일컬어지는 이 장편소설은 모험과 도박만 아는 사생아 베르나르의 성장 과정을 중심으로, 가정, 결혼, 성, 종교, 예술 등의 문제를 모두 다루고 있다. 이 작품은 안티로망의 선구적인 작품으로 일컬어진다.

1930년대 지드는 종교에 반대하는 공산주의운동에 찬동하며 많은 사회 활동을 전개했다. 1933년에는 공산당 기관지 〈뤼마니테〉 지에 《교황청의 지하실》을 연재했으며, 1934년에는 앙드레 말로와 함께 독일 정부에 공산주의자들의 석방을 청원했다. 1936년에는 소련을 방문하고, 스페인 불개입 정책에 반대하는 공화주의 지식인 서명을 했다. 그러나 정치적 인간이 아니라는 이유로 프랑스 공산당 가입을 거절했으며, 소련 방문 후에는 《소련 기행》을 통해 사상의 자유가 억제된 소비에트의 실태를 비판하고, 참여문학에 회의를 느끼게 되었다.

1938년에 아내 마들렌이 죽은 후 그는 "존재의 이유를 잃었다."라고 할 만큼 큰 절망에 빠졌으며, 뒤이어 일어난 제2차 세계대전으로 우울과 절망에 빠진 나날을 보냈다. 독일이 프랑스를 점령한 후에는 튀니지로 가서 전쟁이 끝날 때까지 그곳에 머물렀다. 타고난 현실 감각으로 전쟁 후 혼란스러운 상황에서는 독재 정치로 나아갈 수밖에 없음을 깨달은 지드는 드 골이 정권을 장악하리라고 예상했기 때문이다. 때문에 이 시기의 행적에 대해 수많은 비난을 받게 된다. 그럼에도 독일, 미국, 프랑스 등에서 그는 가장 명망 높은 작가 중 하나였으며, 1947년 옥스퍼드 대학교 문학박사 학위를 받고, 노벨 문학상을 수상했다.

1951년 2월 19일 파리에서 폐결핵으로 사망했다.

066

현대소설의 창시자

마르셀 프루스트

Marcel Proust(1871. 7. 10～1922. 11. 18)

- 프랑스
- 인간 내면의 모습을 의식의 흐름에 기대 저술하였으며, 이 기법의 등장은 이후 세계 문학의 흐름을 바꿔 놓았다.
- 《잃어버린 시간을 찾아서》

마르셀 프루스트

마르셀 프루스트는 《잃어버린 시간을 찾아서》라는 작품으로 20세기 가장 영향력 있는 작가 중 한 사람이 되었다. 총 7편, 4천 쪽이 넘는 이 방대한 연작소설은 소설의 양식을 근본적으로 바꾸면서 세계 문학의 흐름까지 변화시켰으며, 프루스트에게 '현대소설의 창시자'라는 칭호를 안겨 주었다.

발랑틴 루이 조르주 외젠 마르셀 프루스트는 1871년 7월 10일 프랑스 파리의 오퇴유(오

15세의 프루스트

늘날 라 퐁텐 가)에서 태어났다. 아버지 아드리앵 프루스트는 저명한 내과 의사로, 콜레라 연구로 레종 도뇌르 훈장을 받은 인물이었고, 어머니 잔느 클레망스는 부유한 유대인 상인 집안 출신이었다.

프루스트는 예민하고 유약한 상류층 소설가의 이미지를 가지고 있다. 만년에도 검고 숱이 많은 머리, 크고 검은 눈동자와 가냘픈 몸매, 남성성과 여성성이 혼재된 모습, 병약한 모습으로 묘사된다. 이런 이미지처럼 프루스트는 전형적인 파리 상류 가정에서 태어나 젊은 시절에는 사교계의 총아로 지냈으며, 육체적 질병과 정신적인 혼란스러움을 지닌 인물이었다. 선천성 천식 때문에 어린 시절 대부분을 침대에서 보냈고, 천식 외에도 신경증적 증상과 소화 장애 등으로 성마르고 예민했다. 태양빛, 거리의 소음, 향수 냄새조차 참지 못할 정도여서 바깥출입도 거의 하지 않았을 정도라고 한다. 때문에 장남이었지만 가족들에게 큰 기대를 받지 못했고, 아버지의 뒤도 동생 리베르가 잇게 되었다. 하지만 어린 시절에는 헌신적인 어머니의 사랑을 독차지했으며, 성인이 되어서는 한가로이 살면서 작품 활동을 할 수 있었다.

유년 시절에 거의 누워만 지내면서 독서와 편지 쓰기로 대부분의 시간을 보내던 프루스트는 11세 때 파리 콩도르세 중등학교에 입학했다. 감수성이 풍부하고 지적 능력이 탁월했던 예민한 소년은 학우들과 잘 어울리지 못했고, 자신의 동성애적 성향까지 깨달으면서 힘겨운 10대를 보냈다. 17세 때는 문학적 재능을 가진 친구들과 함께 교내 잡지 〈르뷔 릴라〉를 창간하고, 사교계 생활을 시작하면서 문학 살롱에 드나들고 문학 습작을 했다. 이듬해 대학 입학자격고사를 통과했고, 군대에 자원해 약 1년간 오를레앙에서 군 복무를 했다.

제대 후 파리로 돌아온 그는 파리 대학에서 법학과 정치학을 공부했다. 군 복무 기간에도 휴가 때마다 파리에 와서 살롱을 드나들었고, 대학 시절에도 사교계 활동에 몰두해 작가, 화가, 음악가, 귀족들과 폭넓게 교류했다. 그런 한편으로 비평이나 단편소설을 꾸준히 발표했고, 법학사 시험과 문학사 시험에도 합격했다.

그럼에도 그의 아버지는 아들이 아마추어 작가나 예술 애호가, 즉 자신의 기준에서 한량이 될까 봐 걱정했다. 프루스트는 아버지의 성화에 못 이겨 대학 졸업 후 마자랭 도서관에 사서로 취직했다. 그러나 근무한 지 6개월 만에 신경쇠약을 이유로 1년짜리 휴가를 얻어 몇 차례 연장하던 끝에 그마저도 귀찮아지자 그만두었다.

1896년, 아나톨 프랑스의 서문과 마들렌 르메르의 삽화, 레이날도 앙의 악보를 곁들여 첫 단편집 《즐거움과 나날》을 자비 출판했지만, 잘 팔리지 않았고, 비평가들에게도 그리 큰 반응을 이끌어 내지 못했다. 이후 드문드문 예술 평론을 잡지에 발표하던 그는 영국의 예술 평론가 존 러스킨의 저작들을 읽고 심취하여 1900년부터 6년간 그의 작품들을 번역하는 데 몰두한다.

1903년에 아버지가 사망하면서 프루스트는 많은 유산을 물려받았다.

1905년에는 사랑하는 어머니까지 세상을 떠났는데, 프루스트는 어머니의 죽음 이후 인간의 유한성을 깨닫고 그때까지 미뤄 두었던 소설 쓰기에 대해 본격적으로 진지하게 생각하게 되었다고 한다. 부모님이 남겨 준 유산이 많아 경제적으로도 풍족해서 그때까지의 생활수준을 유지하면서 전업작가 생활을 하는 것 역시 불가능하지 않았다. 그러나 어머니의 죽음으로 인한 슬픔 때문인지 목숨이 위협받을 정도로 천식이 심해졌다. 결국 프루스트는 어머니가 죽은 지 석 달 만에 파리를 떠나 요양원에 입원했다.

1910년, 39세부터 프루스트는 집에 틀어박혀 소설 쓰기에 몰두했다. 그토록 좋아했던 사교계 생활을 포기했고, 몇몇 친한 친구 외에는 집에 들이지도 않았다. 소음과 냄새를 참기 힘들어 해 방의 벽에 코르크를 대고 지냈으며, 이따금 발레 공연이나 휴양을 떠나는 것 외에는 거의 집 밖으로 나오지 않았다. 그는 유년 시절의 기억, 사교계 생활과 인물들, 내면의 갈등, 사랑의 경험 등을 재구성하여 작품을 쓰기 시작했다.

총 7편의 연작소설 《잃어버린 시간을 찾아서》는 이렇게 시작되었다. 1912년 그는 제1편 《스완네 집 쪽으로》를 완성하고 여러 출판업자들에게 보냈으나 장황하고 무미건조하며, 지루하다는 등의 답을 받았다. 거기에다 이 작품은 한 권으로 완성된 것이 아니라, 총 7편 중 1편에 불과했다. 프루스트는 결국 출판업자를 찾지 못하고 1913년 11월 원고를 자비로 출판했다. 심지어 대문호 앙드레 지드조차 이 작품을 읽어 보고 출판을 거절했는데, 이후 이 일을 '자신의 생애에서 저지른 가장 큰 실수, 가장 큰 후회스러운 일 중 하나'로 꼽았다.

이 작품은 출판 직후에는 아무런 주목도 받지 않았으나 제2편 《꽃피는 아가씨들 그늘에》가 1919년 공쿠르상을 타면서부터 많은 주목을 받았다. 세계대전 동안에도 그는 계속 소설을 쓰고 완성된 소설의 퇴고를 반복하며 지냈다. 2편의 출판이 늦어진 것은 세계대전 때문에 1914년경부터 출판사들이 문을 닫았기 때문이었다. 이후부터는 지드의 배려로 작품이 계속 간행될 수 있었다. 제3편《게르망트 쪽》과 제4편《소돔과 고모라》는 그의 생전에 출간되었고, 제5편《갇힌 여인》, 제6편《사라진 알베르틴》, 제7편《되찾은 시간》은 그의 사후인 1927년까지 이어서 출간되었다.

17, 18세기 소설들이 사회의 거대한 흐름과 그 안에서 요동치는 인간의 운명 등을 그려 낸 데 반해, 프루스트는 오직 인간 내면의 모습, 그중에서도 인간의 '의식의 흐름' 그 자체에 집중했다. 때문에 일부 비평가들은 이 작품이 출간되었을 때 '소설이 아니라 그저 여러 단편적인 인상을 모아 놓은 글'이라고 평하기도 했다. 두서없는 문체, 감정의 흐름과 명상적인 분위기, 일관되지 않은 흐름, 그때그때 좇은 감각의 묘사 등 이 작품은 소설이라기보다 인간 정신의 탐구라고 부를 만하다. 때문에 이 작품은 질적, 양적 측면에서 독자들에게 가장 읽기 힘든 작품 중 하나로도 꼽힌다.

그러나 이 작품을 온전히 읽거나 이해하지 못한다 해도, 오늘날 우리들은 여기에서부터 시작된 발상, 즉 기억이 감각 경험, 오늘날 비자발적 기억이라 불리는 것에 의해 촉발된다는 사실을 이해하고 있다. 비자발적 기억이라는 관념은 이후 20세기 문학을 지배했을 뿐만 아니라 심리학에서도 중요한 개념으로 자리 잡았기 때문이다. 또한 이 작품이 두서없어 보이는 것은 시간과 공간의 장벽을 허물어뜨리고 있기 때문이다. 이런 요소들이 프루스트를 '현대소설의 창시자'라고 부르는 이유이다.

"이 작품 이후에 무엇을 더 쓸 수 있겠는가? 프루스트는 영원히 사라져 가는 것들을 구체적으로 형상화하는 데 성공했다."라는 버지니아 울프의 평은 이 작품이 지닌 가치를 대변하고 있다.

프루스트는 단편집《즐거움과 나날》, 장편소설《장 상퇴유》(1952년 출간),

페르 라셰즈 묘지에 있는 프루스트 무덤

논픽션《러스킨 읽기》,《생트 뵈브에 대한 반론》(1954년 출간) 등을 썼으나, 그의 작품은《잃어버린 시간을 찾아서》가 거의 유일하다고 여겨진다. 그전의 단편소설들과 장편소설 역시 이 작품을 위한 준비라고 여겨지기 때문이다.

프루스트는 《스완네 집 쪽으로》를 쓰기 시작한 이후부터는 계속 《잃어버린 시간을 찾아서》의 집필에만 몰두했다. 말년에는 관절염으로 목과 양손을 쓰지 못하게 될 지경이 되어 침대에 누워만 있다가 1922년 11월 18일에 파리 자택에서 사망했다. 죽기 직전 빈사 상태에서 원고를 가져오게 하여 고치고 숨을 거두었다고 한다.

067

자연 속의 삶을 노래한 시인

로버트 프로스트

Robert Lee Frost(1874. 3. 26~1963. 1. 29)

| 미국
| 전원 생활의 경험을 살려 단순한 문장에 자연의 아름다움과 소박한 삶을 담아냈다.
| 《뉴햄프셔》, 《서쪽으로 흐르는 강》, 《저 너머 산맥》, 《표지목》, 《개척지에서》 등

프로스트는 휘트먼과 함께 가장 미국적인 시인으로 일컬어지는 인물로, 일상적 언어와 리듬으로 한가하고 평범한 일상의 풍물을 담담하게 묘사해 누구나 즐길 수 있는 시를 썼다. 뉴햄프셔의 농장에서 오랫동안 살면서 아름다운 자연에서 삶의 의미를 찾았으며, 깊은 성찰을 통해 평범하고 단순한 문장과 일상적인 소재로 아름다운 시를 쓸 수 있음을 알려 주었다. 4차례에 걸쳐 퓰리처상을 받았고, 1961년 J. F. 케네디 대통령 취임식에 초청 시인으로 시를 낭송하면서 전 국민에게 시에 대한 관심을 환기시켰으며, 미국의 국민 시인으로 추앙받았다.

로버트 리 프로스트는 1874년 3월 26일 미국 캘리포니아 주 샌프란시스코에서 태어났다. 아버지 윌리엄 프레스콧 프로스트는 뉴잉글랜드 출신으로 하버드 대학을 졸업하고 남북전쟁 때 남군에 복무한 인물로, 남군의 로버트 E. 리 장군의 이름을 따서 아들의 이름을 지었다고 한다. 어머니 이사벨 무디 프로스트는 스코틀랜드 태생으로 교사였다. 프로스트는 샌프란시스코에서 유년 시절을 보냈다. 10세 때 음주와 도박에 빠졌던 아버지가 매사추세츠 주에서 폐결핵으로 객사했는데, 그는 아버지의 시신을 가져오고자 어머니와 함께 매사추세츠에 갔다가 돈이 떨어져 집으로 돌아오지 못하고 그곳에서 살게 되었다. 성실하고 강인한 의지를 지녔으며 독실한 개신교도였던 어머니는 교사로 일하면서 프로스트와 여동생을 키웠다. 프로스트에게 문학적으로나 인생에 있어 많은 영향을 끼친 사람은 어머니였다.

로버트 프로스트

프로스트는 어린 시절 독서나 학문에 별다른 관심이 없었고, 야구와 축구 등의 활동적인 일들을 좋아했다. 그러나 가정 형편이 어려웠음에도 아이들이 학업을 끝마칠 수 있게 노력한 어머니 덕분에 뉴햄프셔 세일럼 문법학교를 졸업했다. 프로스트는 로렌스의 고등학교에 진학하면서부터 학업에 진지하게 열중해서 우등으로 학교를 졸업하고 다트머스 대학에 들어갔다.

그러나 대학에 들어간 후에는 방황을 계속하다가 한 학기도 마치지 못하고 중퇴했고, 학교 교사, 방적공, 신문기자 등의 일을 전전했다. 21세 때에는 고등학교 졸업 당시 함께 졸업생 대표를 했던 엘리너 화이트와 결혼하고 어머니가 운영하는 작은 사립학교에서 아내와 함께 일을 맡아 보았다. 그런 한편 틈틈이 시를 써서 잡지에 투고했다.

23세 때 프로스트는 고등학교 교사가 되고자 하버드 대학에 들어가 라틴어와 그리스어를 공부했다. 그러나 결핵으로 의심되는 병을 얻은 데다 아내와 어머니마저 건강이 좋지 않아 2년 만에 공부를 그만두었다. 그는 건강을 회복하고자 아내와 아이들을 데리고 할아버지에게 받은 뉴햄프셔 지역의 농장에 정착하고 생활 습관을 바꾸었다. 그는 농사, 양계 등을 했으나 처음 해 보는 농부 생활은 쉽지 않았고, 결국 5년여 만에 지역 학교에서 아이들을 가르치는 일을 다시 시작했다. 농부로서의 자질은 없었지만 프로스트는 스스로를 농부로 소개하곤 했고, 특히 식물에 매우 열정적이었다. 아마 농사보다는 식물을 관찰하면서 숲에서 산책하기를 좋아했기 때문에 농사일에 실패한 것일 수도 있다. 그는 아이들을 데리고, 때로는 혼자서 산책 나가기를 즐겼고, 이웃 농장까지 걸어서 놀러다니곤 했다. 그리고 산책길에서 마주친 식물들과 풍경들을 꾸준히 시로 노래했다. 그의 걸작 시들은 대부분 이 시기에 쓰였으나, 당시에는 누구의 관심도 받지 못했다.

1912년, 프로스트는 농장을 팔고 가족과 함께 영국으로 이주했다. 런던 외곽의 시골집을 임대한 뒤 그곳에서 그동안 썼던 시들을 정리해 런던의 데이비드 너트 출판사에 보냈고, 이듬해 첫 시집 《소년의 의지》가 출간되었다. 이 시집이 호평을 받으면서 그다음 해에 두 번째 시집 《보스턴의 북쪽》을 출간할 수 있었다. 이 두 시집에는 대표작인 〈풀베기〉, 〈담장 고치기〉, 〈고용인의 죽음〉 등이 수록되어 있다.

이 시기에 프로스트는 에즈라 파운드를 알게 되었으며, 그를 통해 많은

샤프츠베리에 있는 프로스트의 집

작가, 지식인들과 교류하고, 예이츠의 집에서 열리는 모임에 참가했다. 이때 친분을 나누었던 시인 W. W. 깁슨과 L. 애버크롬비의 권유로 전원생활을 하며 시를 쓰고자 글로스터셔의 시골 마을로 이주했다. 그러나 제1차 세계대전이 발발하면서 미국으로 돌아왔는데, 이 무렵 영국에서의 호평을 토대로 미국에서도《소년의 의지》가 출간되어 시인으로서 제법 이름을 얻게 되었다.

미국에서는 먼저 뉴햄프셔 지역 프랭코니아에 작은 농장을 사서 농사를 짓다가 2년 후 앰허스트 대학 영문학 교수로 임용되면서 매사추세츠 주로 이주했다. 이후 프로스트는 죽을 때까지 대학에서 학생을 가르쳤으며, 미

버몬트 베닝턴에 있는 프로스트 무덤

시간 대학, 하버드 대학, 다트머스 대학, 앰허스트 대학 등에서 강의했다. 또한 농사일을 직접 하지는 못했으나 농장을 구입하고 시간이 날 때면 그곳에서 지냈다. 그의 시들은 스스로를 농부로 여기고 싶은 욕망과 농장에서 지낸 시간들에 기반을 둔 것이다.

1923년에는 《시선집》과 《뉴햄프셔》, 두 권의 시집을 출간했으며, 이듬해 《뉴햄프셔》로 퓰리처상을 수상했다. 1928년에는 《서쪽으로 흐르는 강》, 1930년에는 《시선집》을 출간하고, 이듬해 두 번째 퓰리처상을 받았다. 그는 4번이나 퓰리처상을 수상한 기록을 세웠는데, 1937년 《저 너머 산맥》으로 세 번째 퓰리처상을, 1942년 《표지목》으로 네 번째 퓰리처상을 수상한다. 이 외에도 신과 대결하는 인간의 고뇌를 그린 시극 《이성의 가면》, 현대를 배경으로 성서의 인물을 등장시킨 시극 《자비의 가면》을 펴내기도 했다.

1950년대에 프로스트는 미국의 국민 시인으로서의 위상을 점하였으며, 75세와 85세 생일에는 미 상원이 생일 축사를 보내기로 하는 결의안을 통과시키기도 한다. 말년에는 하버드 대학 명예 문학박사, 앰허스트 대학 문학박사, 다트머스 대학 법학박사, 영국 옥스퍼드 및 케임브리지 대학과 아일랜드 국립대학에서도 문학박사 학위를 수여받고 영국을 방문했다. 또한

1948년에는 T. S. 엘리엇, 헤밍웨이 등과 함께 1946년 전범으로 지목된 시인 에즈라 파운드의 구명운동에 나섰으며, 1961년 J. F. 케네디 대통령 취임식에서 〈아낌없는 선물〉을 낭송하는 등 강연과 외부 활동을 활발하게 했다.

1962년에 마지막 시집 《개척지에서》를 펴냈으며, 그해 케네디 대통령 문화 특사로 모스크바를 방문, 소련 수상 흐루시초프와 회담했다. 1963년에는 볼링겐 시학상을 받았다. 그해 1월 29일 폐색전증으로 사망했으며, 시신은 버몬트 베닝턴에 있는 가족 묘지에 안장되었다.

068

삶에 대한 철학적 통찰을 전개한 소설가

토마스 만

Thomas Mann(1875. 6. 6~1955. 8. 12)

| 독일

| 삶에 대한 단순한 묘사가 아닌 세계와 인생에 대한 철학적 통찰을 제시함으로써 독일 소설의 수준을 한층 승격시켰다는 평을 받는다.

| 1929년 노벨 문학상 수상

| 《부덴브로크 가의 사람들》, 《마의 산》 등

참정의원
뤼베크는 귀족 계층이 없는 자유 도시였으며, 참정의원은 시의 장관급 직책이다.

토마스 만은 독일의 소설 예술을 세계적 수준으로 높였다고 평가되는 20세기 독일의 대표적인 소설가이자 평론가이다. 흔히 독일 소설이라고 했을 때 떠올리는 인간과 생에 대한 철학적 통찰을 심도 깊게 전개한 작가로, 1929년 노벨 문학상을 받았다.

토마스 만은 1875년 6월 6일 독일 슐레스비히홀슈타인 주 뤼베크에서 태어났다. 이곳은 북부 독일의 한자동맹에 속하는 자유 도시였다. 아버지 요한 하인리히 만은 부유한 상인으로, 토마스 만이 태어나고 2년 후에는 뤼베크의 참정의원을 지냈으며, 자유 시민으로서 엄격하고 냉정한 도덕주의자였다. 어머니 율리아 다 실바 브룬스는 독일인과 포르투갈계 브라질 여인 사이에서 태어났으며, 낙천적이고 예술가적 기질이 뛰어난 인물이었다. 토마스 만은 이들 사이에서 태어난 3남 2녀 중 둘째 아들이며, 장남 하인리히 만 역시 독일을 대표하는 소설가 중 한 사람이다.

토마스 만

토마스는 아버지의 냉정함과 명석함, 자제력 있고 사교적인 기질과 어머니의 예술가적이고 낙천적인 기질을 물려받았다. 안락한 가정에서 풍족한 어린 시절을 보냈으며, 아버지의 상회를 운영할 훈련을 받기 위해 실업학교에 진학했다. 그러나 그는 북부 독일의 엄격하기 그지없는 학교 생활을 혐오했으며, 학창 시절 내내 시와 단편, 희곡을 쓰면서 지냈다.

1891년 16세가 되던 해, 아버지가 사망하고, 아버지가 운영하던 상회가 재정적 문제로 해산되면서 가세가 기울었다. 2년 후 가족들은 얼마 남지 않은 재산을 가지고 뮌헨으로 이주했다. 처음에는 학교를 마치고자 뤼베크에 남았던 토마스는 1년 후 학교를 중퇴하고 가족이 있는 뮌헨으로 갔다. 약 1년 정도 보험회사에서 일하다가 그만두고, 뮌헨 루드비히 막시밀리안 대학과 뮌헨 기술대학에서 청강을 하면서 습작을 계속했다. 이때 역사, 문학, 정치, 경제, 예술 과정들을 공부했으며, 쇼펜하우어, 바그너, 니체

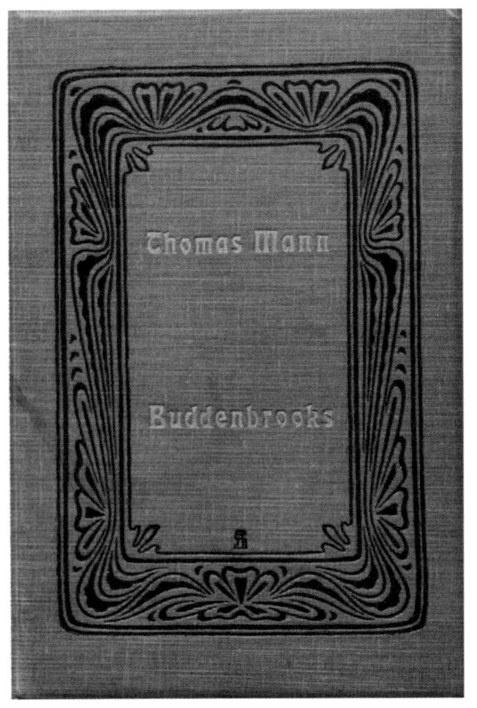

1901년 독일에서 발행된 《부덴브로크 가의 사람들》 초판 표지

에게 큰 영향을 받았다.

토마스 만이 최초로 발표한 작품은 1894년 〈게젤샤프트〉 지에 발표한 단편소설 〈전락〉으로, 한 청년과 후원자가 있는 여배우의 다소 진부한 사랑 이야기이다. 1896년 말 〈짐플리치시무스〉 지에 단편소설 〈행복에의 의지〉를 발표하면서 문단의 인정을 받았다. 또한 그해 형 하인리히의 권유로 그가 머물던 로마에 가서 약 1년간 독서와 단편소설 습작을 하면서 보냈다. 형과 함께 보내던 시기에 그는 장편 《부덴브로크 가의 사람들》을 쓰기 시작했고, 뮌헨으로 돌아올 때에는 상당한 양의 원고뭉치를 들고 돌아왔다고 한다.

뮌헨으로 돌아온 토마스는 〈난쟁이 프리데만 씨〉를 비롯한 몇몇 단편소설을 발표했으며, 이 작품들이 호평을 얻어 1901년 장편소설 《부덴브로크 가의 사람들》을 펴낼 수 있었다. '어느 가족의 몰락'이라는 부제가 붙어 있는 이 작품은, 고향 뤼베크를 배경으로 곡물상을 하는 부덴브로크 집안사람들의 4대에 걸친 성공과 몰락을 묘사한 소설이다. 작가의 자전적 체험을 바탕으로, 한 집안의 모습을 통해 당대와 사회를 총체적으로 형상화시킨 이 작품은 독일 시민 계급의 보편적인 고뇌와 삶의 모습을 담은, 유럽 시민 계급의 정신사로 일컬어진다. 또한 이 작품은 후일 만에게 노벨 문학상을 안겨 주기까지 한다. 그러나 토마스 만 자신은 이 작품 발표 후 숙부에게 '자신의 둥지를 더럽힌 슬픈 새'라는 등의 말을 들으며 뤼베크 시민 계층으로부터 질시와 비난을 받았다.

토마스 만의 부인 카타리나

1903년, 시민으로서의 삶과 예술가적 정신 사이에서 고뇌하는 토니오의 이야기를 담은 단편소설 〈토니오 크뢰거〉를, 이와 유사한 주제를 다룬 단편소설 〈트리스탄〉을 발표했다. 이 작품들 역시 시민 계층으로 태어나 예술에 경도된 '길을 잘못 든 시민'으로서 토마스 만의 고뇌를 표현한 자전적인 작품이라 할 수 있다.

1905년 2월, 뮌헨 대학 수학과 교수인 프링스하임의 딸 카타리나와 결혼했으며, 이 결혼으로 그는 그때까지의 보헤미안적 태도와 생활에서 벗어나 가정과 예술가적 생활의 양립을 꾀했다. 두 사람 사이에서는 3남 3녀가 태어났으며, 장남 클라우스 만 역시 작가가 되었고, 차남 고로는 역사가, 3남 미하엘은 비올리스트로 명성을 떨친다. 1909년 발표한《대공 전하》는 만의 행복한 결혼 생활이 투영되어 있다고 한다. 1912년, 부인 카타리나가 병에 걸려 스위스 다보스의 요양원에서 요양 생활을 하게 되자 그는 그곳에서 직접 부인을 간병했다. 이때 장편소설을 하나 쓰는데, 제1차 세계대전이 발발하자 집필을 중단하여 완성에 이르기까지 무려 12년이 걸린《마의 산》이다.

청년 시절에 토마스 만은 예술가였지 정치적 인물이 아니었다. 그러나 제1차 세계대전 전후로 정치적 저널리스트로 활동하면서, 서유럽식 민주주의에 반대하며 독일 문화를 옹호하는 〈프리드리히와 대동맹〉, 〈비정치적 인간의 성찰〉 등 보수적, 국수주의적인 논설을 발표했다. 또한 강경한 진보주의자였던 형 하인리히에 대해 '문명에 집착하는 작가Zivilisation Literat'라고 비난하기까지 했으며, 이로 인해 두 사람은 한때 사이가 틀어지기도 했다. 그러나 점차 자유주의자로 전향하면서 정치적 입장을 수정한다. 독일 제국이 붕괴하고 독일 공화국이 탄생하는 현실적 변화를 인지하면서 그는 독일 청년층에게 민주주의를 지지할 것을 호소하는 〈독일 공화국에 대하여〉라는 논설을 쓰고 각지로 강연 여행을 다녔으며, 형 하인리히와의 관계를 다시 회복했다. 이런 정치적 입장 변화와 과정은 그의 작품에도 반영되는데, 그 대표적인 작품이 1924년 출간된《마의 산》이다. 알프스 고산 지대의 호화 요양원 베르크호프에 머무는 인물들의 토론을 통해 부르주아 사회를 고찰하며, 제1차 세계대전에 대한 비판 의식과 인류애의 개념을 보여주는 작품이다. 이 작품은 유럽 지식인들의 열광을 받았으며, 유럽 전역에서 토마스 만은 '바이마르 공화국의 양심'으로 불리게 된다. 1929년《부덴브로크 가의 사람들》로 노벨 문학상을 수상했을 때 만은《마의 산》이 노벨상을 수상하는 이유로 더 적합하다고 이야기했다.

1930년대부터 만은 히틀러의 정책에 대해 공개적으로 반대했으며, 1933년 히틀러가 정권을 장악하자 미국과 유럽 등지로 강연 여행을 떠났다가 긴 망명길에 오르게 된다. 나치 정권의 포섭을 지속적으로 거부하던 만은 1936년 독일 시민권을 박탈당하고 독일 내 재산을 몰수당했다. 결국 만은 1938년 미국으로 이주했으며, 1944년 미국 시민권을 획득했다. 이런 핍박에도 1936년에는 〈척도와 가치〉 지를 발행하여 나치스 정권에 저항하는 언론 활동을 계속했으며, 1940년부터 종전 직전까지 BBC를 통해 반나치스 방송을 하고, 지속적으로 강연 활동을 했다.

이런 시기를 거치면서 만은 초기의 도덕적인 시민 사회의 일원으로서 예술가가 겪는 갈등과 극복 과정을 주제로 한 데서 탈피해, 점차 휴머니즘과 인간성 회복에 관한 주제로 옮겨 갔다. 1947년, 만은 괴테의 파우스트 이야기를 모티프로 하여 악마에게 영혼을 팔아넘기는 음악가의 이야기를 담은 《파우스트 박사》를 발표했다. 이 작품은 또한 나치주의로 인해 서서히 붕괴되는 독일에 대한 우화적 성격을 띠고 있다. 1951년에는 교황 그레고리우스 전설을 통해 은총(기적)을 주제로 인간성 회복을 담은 《선택받은 사람》을, 1954년에는 장편소설 《사기꾼 펠릭스 크룰의 고백》을 발표했다.

만은 종전이 된 후에도 미국에 머무르다가 공화당 상원의원 매카시를 중심으로 반공산주의 선풍이 몰아치자 1952년 가족과 함께 스위스 취리히로 이주했으며, 그곳에서 여생을 보내다 1955년 8월 12일 사망했다.

069

언어의 연금술사

라이너 마리아 릴케

Rainer Maria Rilke(1875. 12. 4～1926. 12. 29)

- 오스트리아에서 태어나 독일에서 활동
- 우울한 낭만주의와 모더니즘 중간에 위치한 시인으로 섬세한 감성과 세련된 표현으로 신비주의적 주제를 다루었다.
- 《말테의 수기》, 《두이노의 비가》 등

라이너 마리아 릴케

라이너 마리아 릴케는 오스트리아 출신의 실존주의 시인으로, 20세기 최고의 독일 시인 중 한 사람으로 꼽힌다. 섬세하고 세련된 시어와 감수성으로 언어의 거장, 시인 중의 시인으로 불린다. 근대 사회의 모순, 번뇌, 고독, 불안, 죽음, 사랑 등에 대해 깊이 있는 성찰을 토대로 명상적, 신비적 시를 많이 썼다. 또한 유일한 장편소설인 《말테의 수기》는 현대 모더니즘 소설의 시작을 알린 작품으로, 20세기 세계 문학사에 큰 영향을 미쳤다.

릴케의 부모 요제프와 피아

라이너 마리아 릴케는 1875년 12월 4일 오스트리아 제국령이던 체코 프라하에서 태어났다. 정식 세례명은 르네 카를 빌헬름 요한 요제프 마리아 릴케이다. 아버지 요제프 릴케는 군인 출신의 지방 철도 공무원이었고, 어머니 피아 엔츠-킨젤베르거는 오스트리아 참의회 의원을 지낸 아버지를 둔 프라하의 명망 높은 가문 출신이었다. 릴케가 태어나기 전해에 태어난 딸이 얼마 못 살고 죽자 피아는 릴케가 여자아이이길 바랐다. 때문에 릴케에게 여자아이의 옷을 입혀 키우다가 일곱 살 때에야 처음으로 남자아이의 옷을 입혔다고 한다. 그녀는 전형적인 귀족 부인으로 허영심이 강했고, 따라서 남편이 크게 성공하지 못하고, 생활이 부유하지도 않은데 불만족스러워했다. 또한 광신적일 정도의 가톨릭 신앙을 가지고 있었는데, 릴케가 예수 그리스도가 태어난 시간인 한밤중에 태어났다는 이유로 릴케를 '마리아의 아이'로 부를 정도였다. 9세 때 두 사람이 이혼하면서 릴케는 어머니의 손에서 자랐는데, 이런 어머니의 태도 때문에 고독하고도 힘든 유년 시절을 보냈다.

7세 때 프라하 가톨릭 재단의 피아리스트 수도회에서 운영하는 독일인 초등학교를 다녔으며, 11세 때 아버지의 뜻에 따라 장크트푈텐 육군유년학교에 들어갔다. 그러나 감수성이 예민했던 어린 소년에게 육군학교 생활은 끔찍하기 이를 데 없었다. 이때 느낀 불안감과 좌절, 고통은 이후 릴케의 작품 세계에 많은 영향을 미친다. 유년학교를 졸업한 뒤 육군고등실업학교에 진학했으며, 이후 린츠의 상업학교에 들어갔으나 1년 반 만에 그만두었다.

18세 때 릴케는 법과대학에 진학하기 위해 대학 입학시험 준비를 하고 있었다. 이때 사촌누나의 소개로 만난 발레리 폰 다피트-론펠트라는 소녀와 사랑에 빠졌는데, 릴케가 발레리에게 시와 편지로 사랑 고백을 하면서 시인의 길에 들어섰다는 것은 매우 유명한 이야기이다. 발레리의 외삼촌은 체코에 유럽 상징주의를 소개한 신낭만주의 시인 율리우스 제이에르였으며, 발레리 역시 문학 활동을 하고 있었던 것도 그에게 큰 영향을 미쳤다. 릴케는 여러 문학잡지에 시를 써서 보냈으며, 이듬해에는 발레리의 후원으로 첫 번째 시집《삶과 노래》를 자비 출판했다.

20세 때 프라하 대학에 입학해 문학사, 예술사, 철학 등을 공부하기 시작했고, 이듬해 뮌헨 대학으로 옮겨 예술사, 미학, 진화론 등을 공부하다가 베를린 대학에 들어가 수학했다. 릴케는 프라하 대학에 입학한 해부터 본격적으로 시 활동을 했으며, 그해 보헤미아의 민간 설화를 모티프로 한 두 번째 시집《가신에게 바치는 제물》을 펴내고, 정기 간행물〈치커리-민중에게 바치는 노래〉를 약 1년간 펴냈다.

뮌헨 대학 시절에 릴케는 인생과 작품 세계에 막대한 영향을 미치게 될 여인을 만난다. 14세 연상의 유부녀였던 러시아 여인 루 안드레아스 살로메이다. 루 살로메는 저명한 에세이스트로, 릴케는 그녀를 알기 전부터 그녀의 에세이에 감명을 받고 익명으로 수 통의 편지를 쓴 바 있었다. 그녀와 젊은 시인은 곧 연인 관계로 발전했으며, 점차 루는 릴케에게 연인이자 어머니이며 정신적 지주의 역할을 하게 된다. 두 사람은 평생 소울 메이트의 관계를 유지했다. 릴케는 그녀의 권유에 따라 '라이너'라는 독일식 이름을 쓰기 시작했고, 우아하고 유려한 루의 필체를 따라 그때까지 흘려 쓰던 필체를 고쳤다. 그녀와의 관계 덕분에 릴케의 시 세계는 더욱 완숙해졌다.

릴케의 정신적 지주였던 루 살로메

1898년에는 베를린, 이탈리아, 피렌체 등지를 여행하면서 예술 일반론 격인 《피렌체 일기》와 많은 시를 썼다. 이는 자신의 예술적 역량을 루에게 인정받고 싶어서 한 시도였다. 또한 1899년과 1900년 두 차례 루와 함께 러시아 여행을 다녀오면서 러시아의 예술과 역사, 언어를 공부하고 러시아를 영혼의 고향으로 삼게 된다. 이때 톨스토이를 만나 이야기를 나누기도 한다. 루와의 만남과 여행에서 얻은 영감으로 초기 대표작 《기도 시집》, 《형상 시집》 등이 탄생했고, 릴케 문학의 본격적인 궤적이 그려지기 시작했다.

두 번째 러시아 여행을 다녀온 후 릴케는 친구 하인리히 포겔러를 찾아 독일 북부의 화가촌을 방문했는데, 그곳에서 여류 조각가 클라라 베스트호프를 알게 된다. 이듬해 릴케는 클라라와 결혼했고, 두 사람 사이에서는 외동딸 루트 릴케가 태어났다. 릴케는 클라라와의 결혼으로 그때까지의 떠돌이 생활을 청산하고 안정적인 가정을 꾸리고 싶어 했던 듯하다.

그러나 릴케의 노력은 얼마 가지 않았다. 1902년, 릴케는 로댕의 전기 《로댕론》을 쓰고자 파리로 갔고, 이후부터 가족과 떨어져 살다가 이따금씩 함께 시간을 보내는 생활을 한다. 릴케는 약 4년간 로댕의 집에서 기거하면서 그의 비서를 했는데, 이때 로댕, 세잔 등의 조형미술 작품의 영향을 받아 그때까지의 명상적이고 낭만적이던 시 쓰기에서 탈피해 '사물시'라는 새로운 창작 기법을 사용하기 시작했다. 사물시란 주관적인 감정을 읊는 것이 아니라 일상적 사물을 관찰하고 그것을 객관적으로 서술하고 해석하여 언어를 통해 조형화하는 창작 기법인데, 이를 통해 존재하는 대상에 내재된 궁극적인 형태를 언어로 표현하고자 한 것이었다. 이 기법으로 쓰인 시들은 후일《신시집》으로 출간된다.

또한 장편소설《말테의 수기》도 이 시기에 구상하였다. 탐미주의적 성향을 지닌 덴마크의 젊은 귀족 시인 말테가 파리의 고독한 생활을 쓴 수기 형식의 소설로, 몽타주 기법, 수기, 소설 기법 등 다양한 산문 기법이 혼합되어 있다. 단선적 줄거리에 기반을 둔 리얼리즘 소설에서 탈피해 다수의 주제를 평행적으로 진행시키고 있어 줄거리와 주제가 다양하고 복잡하게 얽혀 있는데, 이는 20세기 모더니즘 소설의 형태를 띤다고 할 수 있다.

1906년, 릴케는 로댕과 갈등을 겪고 로댕의 집에서 나왔다. 그는 주로 파리에 체류하면서 독일, 이탈리아, 북아프리카 등지를 여행하고 글을 썼다. 로마 체류 중에는 요절한 시인 볼프 그라프 폰 칼크로이트를 위한〈진혼곡〉과 여류화가 파울라 모더존-베커를 위한〈진혼곡〉을 썼으며, 1912년에는 두이노에 머물면서《두이노의 비가》를 썼다. 1913년에는 루와 함께 뮌헨에서 프로이트를 만나고, 정신분석학회에 참여했다(루는 프로이트의 무의식 실험 사진에 등장하기도 한다).

제1차 세계대전이 발발하자 오스트리아군에 징집된 릴케는 1916년 1월부터 6월까지 복무했으며, 제대 후에는 뮌헨에서 지냈다. 이 시기에 그의 작품들은 대중적으로 많은 사랑을 받았고, 릴케는 스위스로 강연 여행을 떠나기도 한다.

1921년, 베르너 라인하르트가 스위스 론 계곡의 뮈조트 성을 제공하여 그곳에 정착하고 작업실을 꾸며 여생을 보냈다. 이 무렵 건강이 급격히 나빠졌으며, 1923년경부터는 백혈병 증세가 나타나 요양소와 뮈조트 성을 오가며 지냈다. 그러면서도 시 쓰기를 계속하여 《오르페우스에게 부치는 소네트》, 《과수원》 등을 썼는데, 특히 《과수원》은 프랑스어로 쓴 시라는 데서 새로운 도전이라 할 수 있다. 또한 발레리의 시와 산문들을 번역하기도 했다. 1926년 12월 29일, 백혈병으로 스위스의 발몽 요양소에서 쓸쓸히 숨을 거두었으며, 유언에 따라 라롱의 교회 묘지에 안장되었다(정원에서 장미를 꺾다가 장미 가시에 찔리는 바람에 패혈증에 걸려 죽었다는 시적인 일화가 있으나 이것이 죽음의 직접적인 원인은 아니었다). 묘비에는 그가 직접 쓴 시가 새겨졌다.

장미여, 오, 순수한 모순이여
그리도 많은 눈꺼풀 아래에서
누구의 잠도 아닌 잠이여.

070

알을 깨고 새로운 세계를 열다

헤르만 헤세

Hermann Hesse(1877. 7. 2~1962. 8. 9)

❙ 독일
❙ 성장에 대한 통렬한 성찰과 인간의 내면에 공존하는 양면성을 다룬 작품을 선보였으며, 동양의 철학 사상에도 깊은 관심을 보였다.
❙ 1946년 노벨 문학상 수상
❙ 《수레바퀴 아래서》, 《데미안》, 《유리알 유희》 등

새는 알에서 나오려고 싸운다. 알은 곧 세계이다. 태어나려고 하는 자는 하나의 세계를 파괴하지 않으면 안 된다.

이것은 《데미안》의 한 구절로, 세계에서 가장 유명한 소설 구절 중 하나라고 할 수 있다. 《데미안》의 작가 헤르만 헤세는 '성장에 대한 대담하고 관통하는 듯한 묘사, 휴머니즘적 이상과 고도의 스타일에 대한 전범이 되는, 영감을 불러일으키는 글쓰기'라는 한림원의 노벨 문학상 수여 사유처럼, 청춘의 고뇌와 휴머니즘을 표현한 대표적인 작가이다.

헤르만 헤세는 1877년 7월 2일 남부 독일 뷔르템베르크 칼프에서 태어

났다. 아버지 요하네스 헤세는 개신교 목사였고, 어머니 마리 군데르트는 슈투트가르트의 유서 깊은 신학자 집안 출신이었다. 마리 군데르트는 두 번째 결혼이었는데, 인도에서 태어나 독일에서 교육을 받고, 영국인 선교사와 결혼해 인도에서 생활하다 남편이 죽은 후 칼프로 돌아왔다. 그 후 의학 공부를 하고, 칼프의 실업고등학교에서 영어를 가르치는 등 진취적인 여성이었다. 어머니 마리는 헤르만에게 평생의 여성상으로 막대한 영향을 미친다.

헤르만 헤세

헤세가 4세 때 아버지가 바젤로 발령받으면서 가족과 함께 이주해 약 5년간 그곳에서 살았다. 기운이 넘치는 악동이었던 그는 7세 때 바젤의 선교사들이 운영하는 기숙사제 초등학교에 들어갔으나 잘 적응하지 못했다. 그러나 부모는 그의 기질을 억누르는 학교에 만족해했다고 한다. 9세 때 외할머니를 잃고 쓸쓸해하던 외할아버지의 요청으로 가족은 다시 칼프로 이주했다. 헤르만은 조용한 작은 시골 마을 칼프에서 뛰놀고, 신학자로서 거대한 서가를 가지고 있던 외할아버지의 집을 드나들며 자랐다. 외할아버지와 서가는 헤르만에게 많은 영향을 미쳤고, 후일의 작품에도 이따금 자전적 요소로 등장하곤 한다.

13세 때 라틴어 학교에 입학했고, 이듬해 마울브론의 신학교에 들어갔는데, 역시 속박이 심한 기숙학교 생활에 잘 적응하지 못했다. 그는 이때 어린 나이였음에도 "시인 말고는 그 어떤 것도 되고 싶지 않다."라고 결심했다고 한다. 신학교 생활을 하면서 헤세는 방황을 거듭했다. 탈출 소동을 벌이고, 신경쇠약에 걸리고, 자살 시도까지 한 것이다. 결국 학교를 그만두고 집에 있다가 다시 고등학교에 들어갔으나 1년도 지나지 않아 그만두고, 공장 견습공, 서점 직원 등 여러 직업을 전전했다.

서점에서 일하면서 그는 책의 세계에 빠져들었고, 특히 낭만주의 문학에 심취했다. 여가 시간에 시와 글을 썼으며, 1899년 22세 때 첫 시집《낭만적인 노래》를 자비 출판했다. 또한 같은 해에 헤세와 서신을 나누던 헬레네 보이크트의 남편 오이겐 디더리히스라는 출판업자에 의해 산문집《자정 이후의 한 시간》이 출판되었고, 릴케의 호평을 받았다. 그러나 두 권의 책은 거의 판매가 되지 않았다. 이후 헤세는 바젤로 옮겨가 고서점에서 일하면서 시를 발표했다. 1904년에는 장편소설《페터 카멘친트》가 출간되면서 작가로서 성공을 거둔다. 이 작품은 문학적 재능을 갖춘 청년 페터가 도회지의 대학으로 진학했다가 도시 문명의 허위를 깨닫고 자연의 삶을 찾아 다시 돌아온다는 성장소설이다. 젊은 시절 헤세의 모습이 투영되어 있으며, 그의 많은 작품에서 나타나는 개인의 개성과 현실과의 균형 찾기, 자연에 대한 동경, 젊은 예술가의 고뇌 등이 그려져 있다.

1904년, 헤세는 9세 연상의 피아니스트 마리아 베르누이와 결혼했고, 스위스 접경 지역의 가이엔호펜이라는 작은 마을에 정착했다. 이곳에서 헤세는 장편소설《수레바퀴 아래서》,《게르트루트》를 비롯해 단편소설, 시, 에세이 등을 쓰며 활발히 작품 활동을 했다.《수레바퀴 아래서》에서는 학교 생활에 적응하지 못한 고독한 소년의,《게르트루트》에서는 예술가의 내면을 탐구하는 등 초기 작품에서는 역시 자전적인 요소가 강하게 드러난다.

헤르만 헤세가 사용하던 타자기

가이엔호펜에서 헤세는 마리아와의 사이에서 아들 셋을 낳고 안락하고 평화로운 나날을 보낸다. 그러나 헤세는 그 안락한 생활에 권태를 느끼고 만족하지 못해 방황을 거듭했다. 헤세는 책임감 있는 가장과 괴팍한 작가로서의 삶 양쪽을 오갔고, 남편의 계속 바뀌는 태도에 지친 마리아와의 사이도 점점 벌어졌다. 1911년, 헤세는 친구인 화가 슈투르체네거와 함께 인도와 스리랑카 등지를 여행했고, 여행에서 돌아온 후 셋째 아들이 태어났음에도 다시 유럽 여행을 떠났다. 결혼 생활은 완전히 파탄이 났고, 그는 이런 상황을《로스할데》라는 작품에 그렸다. 그는 예술가에게 과연 결혼 생활을 할 자질이 있는가라는 문제의식에서 이 글을 썼다고 밝혔다. 또한 인도 여행은《싯다르타》에 반영되었다.

1914년 8월, 독일이 러시아와의 전쟁을 선포했다. 전 세계가 전쟁의 포

1919년 독일에서 발행된 《데미안》 초판 표지

화에 휩싸였으며, 민족주의, 군국주의가 독일을 휩쓸었다. 인도주의자, 평화주의자였던 헤세로서는 이런 식의 극단적인 애국주의에 동조할 수 없었고, 독일 국민에게 평화를 호소하는 글을 스위스 〈신취리히 신문〉에 발표했다. 그러나 이 평화주의적 반전론反戰論을 받아들이지 못한 독일인들에게 매국노, 반역자라는 비난을 받았다. 전쟁 기간에는 독일에서 헤세의 글을 발표할 통로가 일체 막혔고, 그는 스위스로 건너가 전쟁포로 구호소에서 일을 도왔다.

이 시기에 아버지의 죽음과 아들의 투병, 아내의 정신병 등 고난이 이어졌고, 헤세는 신경쇠약에 걸려 카를 융의 제자 J. B. 랑 박사에게 정신분석을 받았다. 이때의 경험은 그의 작풍에도 많은 변화를 주었고, 그 변화는 1919년 대표작《데미안》으로 나타난다. 소년의 고뇌와 자기 인식을 탐구하는 과정을 그린 이 성장소설은 제1차 세계대전 후 혼란과 우울에 빠진 독일 국민에게 큰 영향을 끼치며 유럽 전역에서 베스트셀러가 되었다. 독일에서 글을 발표할 수 없었던 헤세는 당초 이 작품을 '에밀 싱클레어'라는 필명으로 발표했다가 이 작품이 신인 작가에게 수여하는 폰타네상을 수상하게 되자 진짜 작가가 자신임을 밝히고 상을 반환했다.

헤세는 전쟁이 끝난 후 가족을 떠나 스위스 남부 루가노 호반의 작은 마을 몬타뇰라에서 지냈다. 이곳에서 〈클라인과 바그너〉, 〈클링조어의 마지막 여름〉, 《싯다르타》 등을 썼다. 《싯다르타》는 한 청년이 자기실현을 하는 철학적 과정을 그린 작품으로, 동서양의 철학이 결합되어 있다.

수채화를 그리기 시작한 것도 이 무렵부터였다. 1920년에 첫 개인 전시회를 연 이후 파리, 마드리드, 뉴욕, 도쿄, 몬트리올, 함부르크 등에서 전시회를 열었고, 제2차 세계대전으로 생활에 위협을 받던 시기에는 그림을 팔아 생계를 꾸리기도 했다.

몬타뇰라에 있는 헤르만 헤세 박물관

1923년, 아내 마리아와 이혼하고 루트 벵어와 두 번째 결혼을 했으나 이 결혼 생활도 4년 만에 끝이 났다. 1931년에 니논 돌빈과 세 번째 결혼을 한 후 헤세는 비로소 안정적인 결혼 생활을 영위하게 된다.

종전 이후부터 제2차 세계대전이 발발할 때까지 헤세는 물질 과잉의 현대 문명사회에 대한 비판적 견지를 담은 초현실주의 작품《황야의 늑대》, 두 인물의 교류를 통해 지성과 감정, 종교와 예술 등의 대립을 다룬《나르치스와 골드문트》(《지와 사랑》)를 썼다.

제2차 세계대전이 발발하고 히틀러의 광란이 독일을 비롯한 유럽 전역을 잠식하자 헤세는 인간의 정신적 산물을 적극적으로 보존하는 유토피아를 그린 장편소설《유리알 유희》를 쓰면서 견뎠다. 이 작품은 1943년 스위스에서 출간되었고, 독일에서는 전쟁이 끝나고 나서야 출간되었다. 철학, 역사, 수학, 음악, 문학, 논리학 등 광범위한 지적 유희를 토대로 한 이 작품은 유럽 지식인들의 열광적인 지지를 받았으며, 헤세의 노벨 문학상 수상에 기여했다.

전쟁이 끝난 후에도 헤세는 전후 독일, 냉전 체제에 대한 공포심을 조장하는 정부에 대한 비판을 계속했고, 이에 불만을 품은 사람들로부터 수많은 협박 편지를 받았다. 그러나 헤세는 어떤 정치적 입장도 표방하지 않았고, 몬타놀라의 집에서 칩거 생활을 했다. 새로운 작품은 더 이상 쓰지 않았지만 지난 50년간 발표했던 시들을 모아 시 전집을 냈으며, 서평 등을 통해 새로운 젊은 작가들을 발굴했다.

1962년 8월 9일, 뇌출혈로 사망했다.

071

근대에서 현대로의 접점에 서다

E. M. 포스터

Edward Morgan Forster(1879. 1. 1~1970. 6. 7)

| 영국
| 20세기 영국을 대표하는 작가로 대영제국의 몰락과 영국 사회의 모순을 온건하고 섬세한 필치로 묘사하며 평단과 대중으로부터 큰 호평을 받았다.
| 《전망 좋은 방》, 《하워즈 엔드》, 《인도로 가는 길》 등

E. M. 포스터는 20세기 영국을 대표하는 작가이자 비평가이다. 근대에서 현대로 이행하는 접점에서 영국 전통과 외래문화의 충돌, 대영제국의 몰락과 영국 사회의 모순 및 한계, 계급 사이의 갈등을 표현했다. 동성애와 같은 파격적 소재를 다루기도 했으며, 영국 사회의 모순을 드러냈음에도 온건하고 산뜻하며 섬세한 외피로 대중과 평단 양쪽의 지지를 받은 드문 작가였다. 91세라는 긴

E. M. 포스터

생애를 살면서 중년 이후에는 소설 집필을 중단하고 사회 활동에 전념하여 소설가로서는 6편의 장편소설과 몇 편의 단편을 남겼을 뿐이다. 그럼에도 헨리 제임스와 조지프 콘래드에서 D. H. 로렌스로 이어지는 영국 소설의 위대한 전통의 계보에서 D. H. 로렌스가 탄생할 수 있게 한 인물로 평가받는다.

에드워드 모건 포스터는 1879년 1월 1일 영국 런던에서 태어났다. 아버지 에드워드 모건 루엘린 포스터는 건축가로, 그가 두 살이 되기 전에 폐결핵으로 사망했다. 어머니 앨리스 클라라 위첼로는 가난한 중산층 집안 출신으로, 어려서 아버지를 잃고 에드워드 모건 루엘린 포스터의 이모인 매리앤 손턴의 후원을 받으며 자랐다. 남편이 죽자 앨리스는 시누이들을 비롯해 매리앤 손턴과 함께 아들을 길렀다. 에드워드는 빅토리아 시대 중류층 가정에서 심성이 여린 어머니와 고모들의 과잉보호를 받으며 당대의 미덕인 성실함과 겸손함, 예의, 분별력을 배우며 자랐다. 그러면서 그는 영국 중산층의 특징 중 하나가 감정, 열정에 대한 두려움임을 깨달았다. 이런 성장 배경은 후일 그의 작품의 한 축이 된다.

8세 때 이모할머니인 매리앤 손턴이 사망하면서 조카 손자인 그에게 유산을 남겼고, 이 유산으로 포스터는 후일 작가로서 자립할 경제적 기반을 갖추게 되었다. 11세 때 예비학교인 이스트본의 켄트하우스에서 기숙사 생활을 했으며, 14세 때는 턴브리지 학교로 통학했다. 학창 시절은 끔찍했다. 내성적이고 조숙했던 그는 기숙학교에서 향수병에 시달렸으며, 성추행을 당하기도 하고, 중산층 아이들의 속물적인 성격과 억압적인 교사들에게 환멸을 느끼면서 학교생활에 잘 적응하지 못했다. 또한 학우들에게 괴롭힘까지 당했다. 후일 그는 이때를 일컬어 가장 불행했던 시기였다고 말했으며, 영국 사립학교 체제를 비판하는 글을 쓰기도 했다. 19세 때 어머니와 함께 이사한 턴브리지 웰스 지역 역시 중산층들이 모여 살던 교외 지역인데, 그는 이곳을 학교와 마찬가지로 폐쇄적이고 억압적이며 속물적인 사회로 보았다. 그러면서 중산층에 대한 날카로운 관찰을 보이고 사회 비판적 면모를 띄게 된다. 이 턴브리지 학교는 《기나긴 여행》에 등장하는 소스턴 학교로, 턴브리지 웰스는 《천사들도 발 딛기 꺼리는 곳》, 《기나긴 여행》 등에 등장하는 소스턴 마을의 모델이 된다.

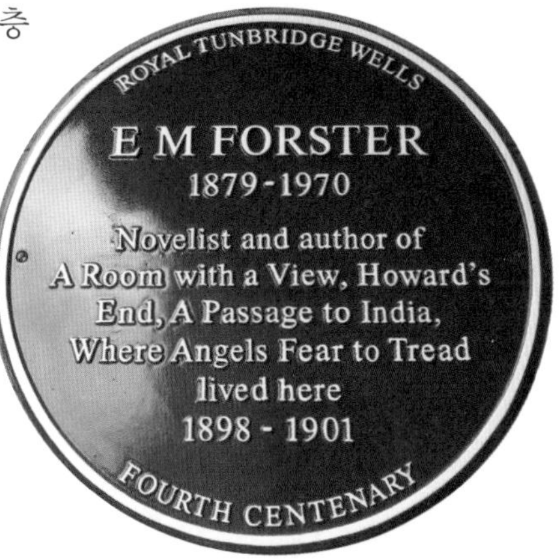

로열 턴브리지 웰스에 있는 포스터 기념 현판

17세 때에는 케임브리지 대학 킹스 칼리지에 들어가 고전을 공부했다. 포스터는 이 시기에 휴 메러디스와 친밀하게 지내면서 기독교 신앙을 버렸고, 그를 따라 4학년 때 역사를 전공하고 케임브리지 대학 내 동아리인 '사도회Apostle'에 들어갔다. 이곳에서 버트런드 러셀, 앨프리드 노스 화이트헤드, 블룸즈버리 그룹 로저 프라이, 레너드 울프 등을 만나 교류했다. 케임브리지 시절 그는 지적, 정신적으로 해방감을 느꼈으며, 사도회 그룹과 교류하면서 소설가가 되기로 결심했다.

22세 때 고전과 역사에서 우등으로 졸업시험을 통과하고, 어머니와 함께 유럽 여행길에 올랐다. 특히 밀라노를 거쳐 피렌체에서 한 달여간 머물렀는데, 이때 머물렀던 호텔과 경험을 토대로 《전망 좋은 방》을 착상했다. 이탈리아 전역을 다니면서 그는 자신의 정체성을 찾아가는 과정, 그 안의 내적 긴장감, 내적 자아의 해방 등을 탐구하게 되었으며, 이는 그의 소설에 있어 주요 주제가 된다. 포스터는 오랜 작가 생활 을 하면서 지속적으로 해외를 여행하고 외국에서 체류했는데, 이런 경험들을 자신의 작품의 기초로 삼곤 했다.

이탈리아 여행 중에는 목신 판이 14살의 영국 소년을 방문하는 이야기를 통해 소년과 주변인들이 느낀 감정의 대립을 다룬 첫 단편소설 〈공포 이야기〉를 썼다.

1년여간의 여행 끝에 영국으로 돌아온 후에는 런던 노동자대학에서 라틴어를 가르치다가 이듬해 다시 그리스, 이탈리아 등지를 여행했다. 이 시기에 휴 메러디스와 애인 사이가 되었으나 메러디스는 다른 사람과 1906년 결혼한다. 이 무렵부터 포스터는 자살 충동에 시달렸으며, 옥스퍼드 대학 유학생인 인도 청년 사이드 로스 마수드에게 동성애적 감정을 느낀다.

24세 때인 1903년, 포스터는 케임브리지 친구들과 함께 월간지 〈인디펜던트 리뷰〉를 창간하고, 에세이 〈매콜니아 상점들〉을 게재하면서 작가로 데뷔했다. 이듬해 이 잡지에 단편 〈목신을 만난 이야기〉를 발표했다. 그는 잡지 편집 및 산문 게재, 케임브리지 대학 문화 강연 등을 하면서 장편소설 집필에 착수했다. 이듬해 첫 장편《천사들도 발 딛기 꺼리는 곳》이 출간되었고, 호평을 받으며 성공리에 작가로서의 행보를 시작했다. 이어서 장편소설《기나긴 여행》(1907),《전망 좋은 방》(1908),《하워즈 엔드》(1910), 단편집《천국의 합승마차》(1911)를 발표했다.

1908년,《전망 좋은 방》을 출간한 이후부터 그는 활발하게 문학 평론들을 발표하기 시작했으며, 블룸즈버리 그룹의 일원으로 활동했다. 특히 버지니아 울프와 친밀하게 지냈는데, 포스터가 그녀의 첫 소설《출항》에 대한 서평을 쓴 것으로도 유명하다. 1910년에 출간된《하워즈 엔드》는 포스터의 대표작이자 그에게 큰 성공을 가져다 준 작품이다. 그 스스로도 가장 최고의 작품으로 꼽았으며, 여성판 교양소설의 걸작으로 일컬어진다. 지성적이고 인습에 구애받지 않는 슐레겔 가의 자매들과 보수적이고 세속적인 윌콕스 가 사람들의 대립과 화해를 묘사하면서, 에드워드 시대의 사회 변화와 현대 사회에서 희생된 가치관에 대한 치유를 시도한 아름다운 작품이다. 포스터의 여타 작품들처럼 탁월한 인물 묘사, 실제적이면서 아름다운 대화, 인간의 감정과 오만, 분노, 오해, 위선이 낳을 수 있는 재앙이 사실적으로 묘사되어 있다.

1912년에 인도 여행을 떠났으며, 마수드와 재회하고 인도를 주제로 한 소설을 착상하기 시작했다. 이 작업은《모리스》의 집필과 제1차 세계대전의 발발로 잠시 중단된다. 제1차 세계대전 중 그는 적십자사의 일원으로 이집트 알렉산드리아로 가서 일했으며, 〈이집션 메일〉 등의 이집트 잡지에 글을 기고하기도 한다. 제1차 세계대전이 끝난 후에도 신문 서평과 에세이 작업에 몰두했으나 그는 자신의 창작력이 고갈되었다고 느꼈다. 이에 포스터는 두 번째로 인도를 방문하여 자료 조사를 한 뒤 1924년, 15년여 만에 장편소설《인도로 가는 길》을 펴냈다. 영국 식민 지배하에 있던 인도 갠지스 강 언덕을 배경으로, 인도인과 영국인 사이에 벌어지는 인종 대립 문제를 보여 주면서 인간 상호 간의 이해를 탐구하고 있다. 이 작품으로 포스터는 20세기 위대한 소설가로 자리매김했으나 이후 더는 소설을 쓰지 않았다. 그동안 발표했던 단편들은 1928년 소설집《영원의 순간》으로, 동성애를 다룬《모리스》가 그의 사후인 1971년 발표되었을 뿐이다.

46세 이후로 소설 쓰기를 그만두고 그는 소설 비평과 이론 확립에 힘썼는데, 그의 강연을 모아 묶은《소설의 양상》은 소설 비평론의 주요 저작으로 꼽힌다. 래드클리프 홀의 동성애 소설《고독의 우물》, D. H. 로렌스의《채털리 부인의 연인》 등이 음란물 판정을 받고 판매 금지 조치를 받았을 때 문학적 표현의 자유를 쟁취하기 위해 항의했으며, 1920년대 후반에는

치스윅에 있는 포스터의 집

국제 펜클럽 회장을 지냈다. 1930년대 중반 파시즘이 대두되자 제2차 세계 대전 이후까지 정치 활동에 투신했다. 1946년에는 모교의 명예교수가 되어 케임브리지에서 지내며 강연했다. 또한 시민 자유를 위한 국민평의회NCCL 의장으로 영국의 자유주의 법제 확립에 많은 영향을 미쳤으며, 그의 정치적 사상을 담은 《민주주의에 만세 이창》을 출간하기도 했다. 1951년 명예 훈위를 받았으며, 1969년에는 메리트 훈장을 받았다.

1964년 85세 때 뇌일혈로 쓰러진 이후 병원 생활을 반복하다가 1970년 킹스 칼리지에 있는 자신의 연구실에서 쓰러져 6월 7일 자택에서 사망했다. 사후 장편소설 《모리스》, 소설집 《다가오는 생애》, 미완성 작품 《북극의 여름》, 《비망록》 등이 출간되었다.

상징주의와 초현실주의의 가교

기욤 아폴리네르

Guillaume Apollinaire(1880. 8. 26~1918. 11. 9)

- 프랑스
- 초현실주의의 선구자로 20세기 초 프랑스 문학과 예술의 새로운 흐름을 주도했다.
- 〈미라보 다리〉, 《알코올》 등

아폴리네르는 프랑스의 시인이자 비평가로, 현대시의 두 주류인 상징주의와 초현실주의 사이의 가교 역할을 하면서 20세기 초의 시대정신을 가장 충실하게 구현한 예술가로 일컬어진다. 시인으로서는 현대시의 모든 개념과 방법, 형식을 갖추었다고 평가되며, 미술 평론가로서도 입체파, 아프리카 미술, 초현실주의 등 20세기 초 모든 전위 미술 이론을 확립하는 데 큰 영향을 끼쳤다. 제1차 세계대전 전후 프랑스 문단 및 예술계에서 모더니즘 운동의 선구자로 일컬어지며, 초현실주의라는 말 역시 1917년 아폴리네르가 사용하면서 시작되었다.

기욤 알버트 블라디미르 알렉산드르 아폴리네르 드 코스트로비츠키는

기욤 아폴리네르

1880년 8월 26일 이탈리아 로마에서 태어났는데, 아버지의 이름은 밝혀져 있지 않다. 어머니는 폴란드인 귀족인 안젤리카 드 코스트로비츠키로, 16세 때 그를 사생아로 낳았다. 아폴리네르의 동생 알베르는 그녀가 24세 때 태어났는데, 알베르의 아버지 역시 밝혀져 있지 않다. 아폴리네르의 아버지가 이탈리아인 장교라는 설과 이탈리아 교황청 고위 성직자라는 설 등이 있으나 밝혀진 바는 없다.

유년 시절을 니스와 모나코에서 보냈으며, 7세 때 모나코에서 가톨릭 교단이 운영하는 생 샤를르 학교를 다니다 니스에서 중등학교를 다녔다. 학창 시절 학업 성적은 우수했으나 모범생은 아니었다. 호탕하고 정열적이며 적극적인 성격으로 술과 도박, 친구들과 함께 놀러다니는 것을 좋아했다. 또한 문학을 좋아했는데, 특히 고전보다는 현대 작품들을 좋아했으며, 이 시기부터 기욤 마카브르 혹은 기욤 아폴리네르라는 이름으로 시를 쓰기 시작했다.

20세 때 시인이 되기로 하고 파리로 갔다고 하는데, 재혼과 이혼을 거듭하던 어머니 안젤리카가 아들들을 데리고 모나코에서 파리로 갔기 때문이라고도 한다. 안젤리카는 기욤이 어린 시절에도 두 아들을 팽개쳐 두고 유럽 여행을 다니거나 도박을 하려고 여러 곳을 옮겨 다니며 살았다. 또한 이혼 후에는 재정적으로 매우 어려워 파리에서 궁핍한 나날을 보내야만 했다. 그렇지만 활발했던 두 아들은 각자 나름대로 재미있게 지내다가 어머니와 합류하곤 했다.

파리에서 아폴리네르는 생계를 위해 공무원이나 은행원이 되고자 했으나 외국인에 학력도 부족해 여의치 않자 소설 대필, 막노농꾼, 개인금융금고 사무원 등의 일을 전전했다. 그런 한편 계속해서 여자들의 뒤꽁무니를 좇아다니고 연시와 소설을 썼으며, 문인들이 많이 모이는 카페를 들락거렸다. 22세 무렵부터는 계속해서 문예 비평문을 잡지에 기고했으며, 이듬해 문예지 〈펜〉에 시 두 편이 게재되면서 문학 활동을 시작했다. 아폴리네르는 활동 초기부터 많은 시들을 쓰고 발표했으나 처음에는 시인보다 미술비평가로서 더욱 두드러지는 활동을 했다. 그는 피카소, 브라크, 앙리 루소 등이 시도하는 새로운 미술 경향을 알아보고, 아프리카 조각을 소개하고 입체파 회화의 시대가 열릴 것을 예견하는 등 미술계 전반의 전위운동을 주도했다.

아폴리네르는 27세 때인 1907년 피카소의 소개로 여류화가 마리 로랑생을 만나는데, 그녀는 아폴리네르의 개인적, 예술적 삶에 많은 영향을 미친다. 이전에도 영국 여인 애니에게 결혼해 주지 않으면 납치하겠다고 협박하는 소동을 벌일 정도로 열정적인 성격이었던 아폴리네르는 로랑생에게도 한눈에 반해 "그녀 이상으로 사랑할 여인은 없다."라고 단언하기까지 했다. 그녀에 대한 연심으로 시적 재능도 개화하여 1913년 시인으로서 문명文名을 알리게 될 시집 《알코올》의 기반이 되는 시를 쓰기 시작한다.

1909년, 소설집 《타락한 마술사》를 앙드레 드랭의 목판화를 삽입해 펴냈으며, 1910년에는 소설집 《이교도 회사》를, 1911년에는 《동물 시집》을

앙리 루소가 그린 아폴리네르와 로랑생

펴냈다. 그런 한편 미술 평론가 및 문학 평론가로서 다양한 잡지에 평론을 발표했으며, 필명으로 가십 기사와 에로 소설을 쓰기도 했다. 또한 그의 편집에 비평이 덧붙여진《사드 후작 작품집》이 출간되면서 사드 작품의 문학적 가치에 대한 재평가가 일어난다.

1911년, 모나리자 도난 사건이 일어났을 때, 아폴리네르의 집에서 더부살이하던 제리 피에레라는 친구가 자신이 모나리자를 절도했으며, 루브르 박물관에서 훔쳐 온 다른 몇 가지 소장품들을 아폴리네르의 집에 숨겨 두고 있다는 글을 발표하는 사건이 일어난다. 아폴리네르는 사건 직후 자신의 집에 숨겨져 있던 미술품들을 루브르 측에 돌려주었으나 결국 모나리자 절도 혐의 및 장물 소지죄로 상테 감옥에 수감되었다. 일주일 만에 예술가 친구들의 탄원으로 풀려났지만, 이후에도 그는 계속 외설 작가, 불법 체류자(죽기 2년 전에야 프랑스인으로 귀화할 수 있었다)라는 언론의 비난에서 벗어나지 못했다. 마리 로랑생과의 관계도 악화되었으며, 그녀와 이별하면서 쓴 시가 한국인에게 친숙한 〈미라보 다리〉이다.

1913년 4월, 입체파 이론의 기반이 되는 미술 비평서 《입체파 화가들》을 펴냈으며, 〈미래주의의 반전통-종합선언〉이라는 미래주의 선언문을 발표했다. 그러면서 입체파 미술 및 미래주의 미술의 근본 원리를 시에 적용하기 시작했다. 대화 형식, 동시성 구현, 구두점 삭제 등 다양한 시적 표현 형식을 실험한 것이다. 그리하여 20세기 현대 도시 문명의 삶을 입체파, 미래주의, 초현실주의 등의 다양한 형식으로 실험한 시집 《알코올》이 탄생했다. 대담한 분석과 구성, 대상을 사실주의적 질서에서 해방시킨 새롭고 참신한 조형造形, 그만의 독특한 도회적인 서정을 담은 이 시집은 전위 예술가들에게 큰 반향을 일으키며 20세기 새로운 시형의 포문을 열었다.

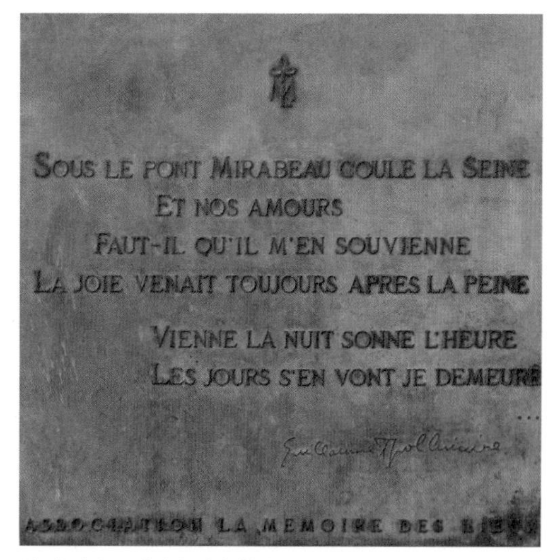

센 강 미라보 다리에 걸린 현판 〈미라보 다리〉의 한 구절이 적혀 있다.

1914년, 제1차 세계대전이 발발하자 아폴리네르는 총동원령에 따라 12월 5일 군에 입대했다.

전쟁 기간에도 아폴리네르의 창작열은 불타올랐는데, 여기에는 두 여인이 자리하고 있다. 먼저 그는 입대하기 몇 달 전 한 화가의 집에서 루이즈 드 콜리니 샤티옹(루Lou로 알려져 있다)이라는 부인을 만나 또다시 첫눈에 반했고, 정열적인 연시와 편지를 수백 통 썼다(연애 관계가 끝난 후에도 아폴리네르는 그녀와 계속 서신을 교류하고 시를 지어 바쳤다). 이 시들은 1918년 출간된 《상형시

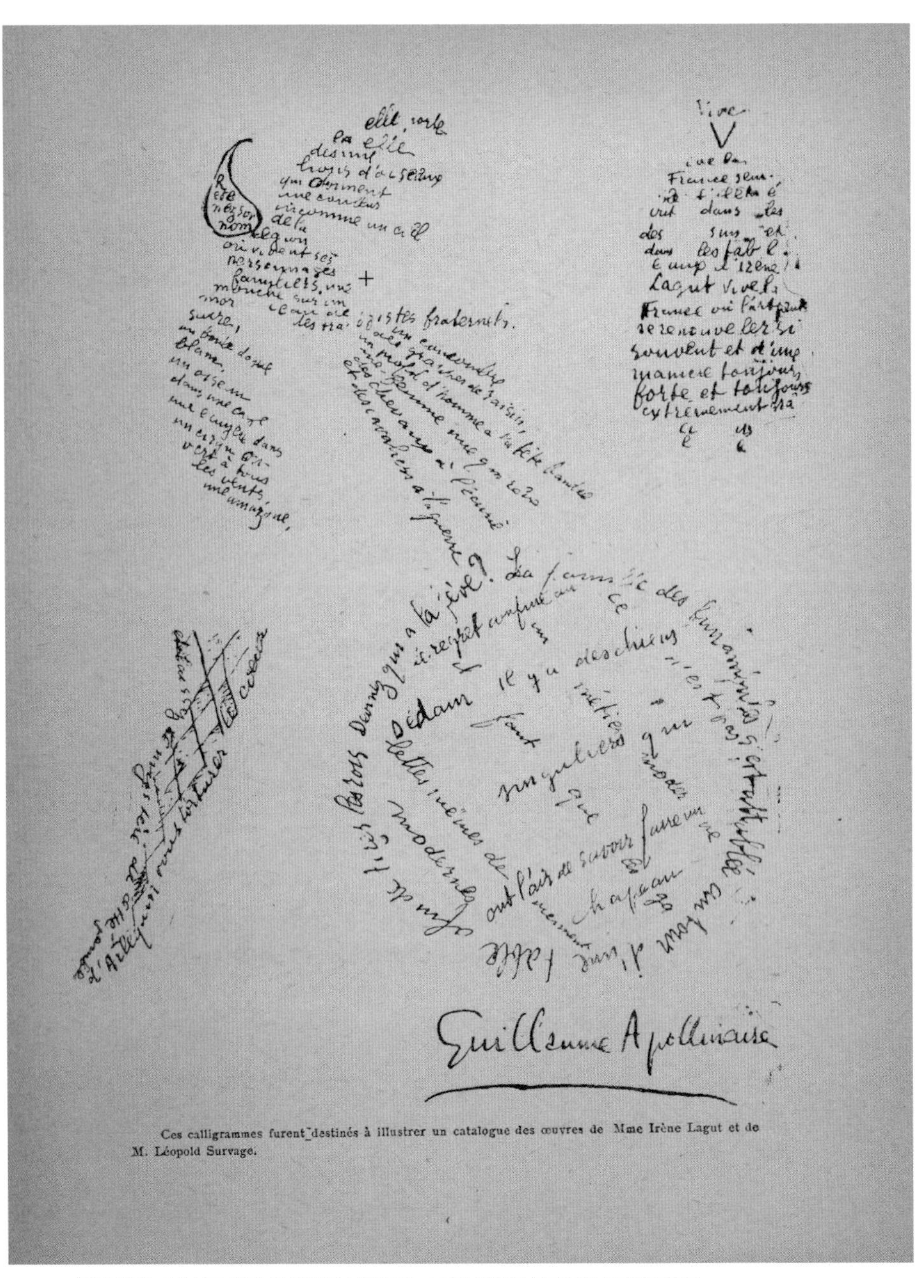

《상형시집》에 수록된 형태 시 일부분 글자들이 크기와 형태를 달리하여 도형화되었다.

집(칼리그람)》에 일부 수록되었으며, 아폴리네르 사후《루에게 바치는 시》로 편찬되었다. 또 편지들은《아폴리네르 서간문》으로 편찬되었다. 그러나 루와의 관계는 1914년 연말 무렵 허무하게 끝난다. 다음으로 1915년 1월, 아폴리네르는 휴가를 맞아 잠시 귀환하던 중 기차에서 만난 마들렌 파제라는 여인과 사랑에 빠진다. 그녀와 급속도로 가까워져 약혼까지 했으며, 역시 마들렌느에게도 수십 편의 시와 편지를 바친다. 현재 마들렌에게 바친 시 23편이 전한다.

1916년 3월 17일 아폴리네르는 전투에서 머리에 포탄 파편을 맞고 수술하기에 이른다. 이 부상으로 그는 무공훈장을 받고 제대했다. 파리로 돌아온 그는 상징주의적 소설집《살해된 시인》을 발표했으며, 희곡〈티레시아스의 유방〉을 상연했다. 아폴리네르는 이 희곡을 일컬어 '초현실주의 작품'이라고 했는데, 초현실주의라는 용어가 쓰인 것은 이때가 처음이었다. 또한〈새로운 정신과 시인들〉이라는 강연을 통해 랭보, 막스 자코브, 상드라르 등의 시인을 소개하고 모더니즘 시 이론의 초석을 놓는다.

1918년 4월, 아폴리네르는 주제에 따라 글꼴이나 문장 모양, 행간 등을 시각적으로 조절하여 문장을 도형화하면서 시 형식의 혁신을 시도한《상형시집》을 발표했다. 그해 5월에는〈아름다운 빨강머리 여인〉을 쓰게 한 자클린 콜브와 결혼했으며, 11월 9일 사망했다. 스페인 독감으로 인한 폐충혈이 사인이었으나 포탄 파편에 맞은 후유증으로 건강이 악화되어 있던 것도 큰 원인으로 꼽힌다. 시신은 페르 라세즈 공동묘지에 묻혔다.

중국 문학의 아버지

루쉰

魯迅(1881. 9. 25~1936. 10. 19)

- 중국
- 중국 현대 문학의 출발점이자 현대 사상계를 이끌며 중국 문학의 기초를 바꾸었다.
- 〈광인일기〉, 《아Q정전》 등

"위대한 사상가요, 혁명가요, 중국 문학의 아버지이다."

중화인민공화국을 세운 혁명가 마오쩌둥의 한마디에는 루쉰에 대한 중국인의 평가가 모두 담겨 있다. 루쉰은 중국 현대 문학의 출발점으로 여겨지는 작가이자, 중국 문화혁명의 지도자로 중국 현대 사상계를 이끈 인물이다. 또한 마오쩌둥을 위한 사상적 기반을 마련했다고 평가되며, 중국 공산당으로부터 국가적 영웅으로 칭송받고 있다.

루쉰은 1881년 9월 25일 중국 저장성 샤오싱현에서 태어났다. 본명은 저우수런周樹人, 자는 위차이豫才이며, 루쉰은 어머니의 성을 따서 지은 필명이다. 그 밖에도 탕쓰唐俟, 링페이令飛, 펑즈위豊之餘, 허자간何家幹 등 수많은 필명을 사용했다. 지주 집안에서 태어나 유복한 유년 시절을 보냈으나 13세 때 할아버지가 과거시험의 부정부패에 연루된 일로 투옥되고 집안이 멸문의 위기에 처했다. 이때 루쉰의 가족만이 미리 외삼촌 집으로 피하여 가까스로 화를 면했다. 할아버지의 목숨을 구하고자 아버지가 많은 재산을 팔면서 가세가 기울어졌는데, 루쉰이 16세 때 아버지마저 화병과 고생으로 병고를 치르다 죽고 가문이 완전히 몰락했다.

광저우 도서관 앞에 세워진 루쉰과 쉬광핑 동상

루쉰이 태어난 시기는 청나라 말기로, 그는 어린 시절 동네 서당인 삼미서옥에 다니면서 사서오경을 공부했다. 그러나 아버지가 병석에 누우면서 학업은커녕 집안의 가장 노릇을 해야 했고, 고생이 시작되었다. 18세 때 난징 지방에 학비를 내지 않아도 되는 학당이 있다는 말을 듣고 상경하여 강남수사학당에 들어갔다. 이후 강남육사학당 부설 광무철로학당에 진학하여 당시 유신개혁의 영향을 받아 신학문을 배웠다.

22세 때 학당을 졸업하고 국비유학생으로 선발되어 일본 유학길에 올랐으며, 유학생 준비학교인 도쿄 홍문학원을 거쳐 센다이 의학전문학교에 들어갔다. 루쉰은 청나라가 봉건제도에서 벗어나지 못해 제국주의 국가들의 침략을 받게 되었다고 생각하고 봉건적 구습을 타파해야 할 것으로 여겼다. 중국 유학생 중 가장 먼저 변발을 자를 정도였으며, 의대에 진학한 일 역시 중국 전통 의학보다 체계적이고 과학적인 신학문인 서양 의학을 공부하려던 것이었다. 그러나 강의 도중 러일 전쟁에서 승리한 일본군이 중국인을 처형하는 영상을 보고 분노하여 학교를 중퇴했다. 그는 이때 중국인 포로들이 처형당하는 동포 중국인을 무감하게 바라보던 광경에 큰 충격을 받고, 학문이나 제도를 바꾸는 것보다 민중의 의식을 바꿔야 국가가 개혁된다는 생각에 도달했다고 한다(이때의 경험은 후일 〈약〉, 《아Q정전》 등에 묘사되기도 한다). 이후 루쉰은 도쿄에 머물면서 민족의식 개조를 위한 문학 활동을 하기 시작했다. 그는 의식 있는 유학생 동료들과 세계의 정세와 혁명노선을 논의했으며, 혁명단체인 광복회의 기관지 〈민보〉의 주필로 활동하는 한편, 러시아를 비롯한 동구권 문학 작품들을 번역하여 펴냈다. 또한 망명 중이던 혁명가이자 명망 높은 유학자 장빙린에게 학문을 배우며, 편향된 서구식 발전 모델이 아닌 중국의 실정에 맞는 제도를 찾아내고자 노력했다.

1908년, 어머니의 병환으로 고향에 돌아온 그는 어머니의 뜻에 따라 홍문학원 시절 얼굴도 보지 못하고 정혼했던 주안이라는 여성과 혼례를 치렀다. 결혼 후 루쉰은 홀로 항주로 가서 양급사범학당에서 화학과 생리위생학을 가르치며, 박물학을 번역했다. 이듬해 샤오싱부 중학교 교감으로 취임했으며, 이듬해에는 산회초급사범학교 교장에 취임했다.

그해 10월 신해혁명이 일어나 청나라가 멸망하고 중화민국 정부가 수립되었다. 루쉰은 난징 정부의 교육부 직원이 되어 일하다가 몇 달 후 수도가 베이징으로 천도되자 교육부의 이동에 따라 베이징으로 갔다. 그는 교육부의 일도 잘 맞지 않았고, 신정부의 정책에 대해서도 찬동하지 않았지만, 가장으로서 가족들의 생계를 책임져야 하는 처지였다. 그는 일하는 틈틈이 금석탁본을 수집하고 고서 연구를 하면서 시간을 견뎌 나갔다.

1918년 문학혁명을 계기로, 문예지 〈신청년〉에 루쉰이라는 필명으로 단편소설 〈광인일기〉를 발표했다. 주위 사람들이 자기를 잡아먹으려 한다는 강박적 피해망상에 사로잡힌 광인의 입을 통해 중국의 봉건적 가족제도와 예교, 유교적 도덕관의 비인간성을 고발하고 있다. 파격적인 시각, 구어체 문장, 유교적 구습에 대한 비판을 담은 문학혁명의 대표적 작품이자 중국 최초의 근대소설이다.

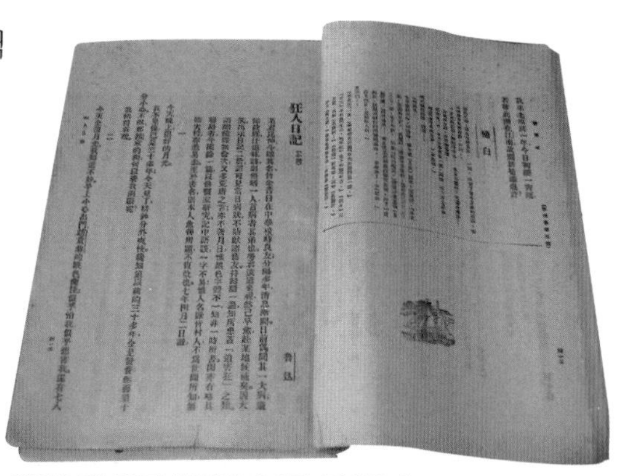
狂人日記

1918년 5월 5일자 〈신청년〉에 실린 〈광인일기〉

이어서 역시 루쉰이라는 필명으로 단편소설 〈공을기〉, 〈약〉, 〈행복한 가정〉, 〈형제〉, 〈이혼〉 등을 발표하면서 문학혁명이 제창하는 바를 표현했다. 특히 1921년에 발표한 장편소설 《아Q정전》은 당대 중국의 현실을 집약한 것으로, 루쉰을 세계적인 작가로 자리매김하게 했다. 신해혁명 전후 농촌을 배경으로, 최하층의 날품팔이 아Q가 혁명당원을 자처하지만 결국 도둑으로 몰려 허무하게 총살당하는 모습을 희화적으로 표현하고 있다. 신해혁명의 좌절과 평범한 중국 사람들의 정신 구조를 아Q를 통해 보여 줌으로써 중국 구사회의 병폐를 적나라하게 제시한 작품이다.

1920년에는 베이징 대학에서 중국 소설가에 대한 강의를 했으며, 1923년에는 베이징 여자사범대학에서 교편을 잡았다. 그런 한편 친동생이자 역시 문학가였던 저우쭤런과 〈어사사語絲社〉를 발간하고 청년문학자, 미명사未

루쉰의 장례 행렬 관을 덮은 흰 베에 민족혼이라는 글씨가 새겨져 있다.

名社를 조직해 반제국주의, 반봉건주의 운동, 신문화 운동을 이어 갔다. 그러던 중 1925년 교장 양인위가 학생운동을 탄압하면서 베이징 양 군벌을 끌어들이자 학생운동의 전면에 나섰다. 그리고 베이징 내 대학 인사들을 모아 양인위의 퇴임을 주장하고 강제 해산된 베이징 여자사범대학의 문을 다시 열었다. 루쉰은 이 일로 군벌들에게 위험인물로 지목당한다.

그리고 1926년 3월 18일, 베이징에서 시민과 학생들이 제국 열강에 맞서 싸우자는 투쟁을 시작했고, 정부는 이들을 폭도로 규정하고 학살을 자행했다. 루쉰은 이 3·18사건으로 베이징을 떠나야 했고, 이후 아모이 대학, 광둥 중산 대학에서 교편을 잡다가 상하이로 가서 조계사에 숨어 지내기도 한다. 상하이에서 그는 제자이자 연인이었던 쉬광핑과 함께 지내면서 이곳으로 피신 온 문인들과 함께 혁명 활동을 하는 한편, 집필과 번역 작업에도 몰두했다. 루나차르스키의《예술론》,《문예와 비평》, 플레하노프의《예술론》, 고리키의 작품을 비롯한 러시아 근대 단편 문학 등이 그것이다. 1930년에는 좌익작가연맹의 결성과 발전에도 지도적 활동을 했다.

1931년, 일본이 만주를 점령하는 만주사변이 일어났다. 일본은 청나라의 마지막 황제 푸이를 꼭두각시로 세우고 만주국을 설립했으며, 혁명 인사들에 대한 대대적인 탄압에 나섰다. 국민당 정부의 탄압도 심화되었다. 루쉰은 중국민권보호동맹을 조직해 체포된 혁명 인사들에 대한 구명운동을 하고, 중국인의 권익을 보장하라는 취지의 활동을 해 나갔다. 그런 한편 만주사변 이후 대두된 민족 문학, 예술지상주의 문학을 통렬하게 비판했다.

국민당에게 수배당하고 암살 위협에 시달리며 수년간 도피 생활을 하는 와중에 중국 혁명을 위한 집필 활동과 혁명운동 등에 투신하면서 루쉰의 건강은 점점 악화되었다. 1936년 이후 건강이 급속도로 나빠진 루쉰은 폐병과 천식이 악화되어 그해 10월 19일 사망했다. 병석에 누운 그는 거동도, 말하는 것도 불편할 지경이었음에도 집필 작업을 멈추지 않았다고 한다. 그의 관을 덮은 흰 베에는 '민족혼'이라는 글씨가 쓰여 있었다.

루쉰이 현대 중국 문학에 끼친 영향에 비해 그가 발표한 작품은 매우 적다. 중편소설 1편, 단편소설 32편이 전부로, 번역한 작품(1938년 출간된 루쉰 전집 20권 중 절반가량이 번역 작품일 정도였다)보다 적다. 그러나 그가 문학을 통해 표현하고 이끌어 낸 중국의 민족혼과 문학혁명의 이론들은 중국 문학의 기조를 바꾸었다. 루쉰은 문학과 사상을 통해 사회의 모든 허위의식을 배격하고, 봉건적 사회 속에서 '나'라는 개인을 잃고 살아가던 중국 민족에게 인간성과 개인성을 자각시켰다. 루쉰 사후 중국의 문학계와 사상계는 그의 사상 대부분을 받아들이며 발전한다.

074

페미니즘과 모더니즘의 선구자

버지니아 울프

Virginia Woolf(1882. 1. 25～1941. 3. 28)

❙ 영국

❙ 의식의 흐름 기법을 시도한 작가로 철저한 남성 중심 사회였던 빅토리아 시대에 당당히 문학가로서 명성을 떨쳤다.

❙ 《댈러웨이 부인》, 《등대로》 등

버지니아 울프

버지니아 울프는 영국의 소설가로, 페미니즘과 모더니즘의 선구자로 꼽힌다. 그녀는 여성의 교육 및 사회 진출이 제한되던 빅토리아 시대에 남성 중심의 문명사회를 비판하고, 사회적, 경제적, 자아의 측면에서 여성의 독립을 주장했다. 또한 '의식의 흐름' 기법을 탄생시키고 완성한 작가 중 하나이기도 하다. 또한 버지니아 울프의 페미니즘적 메시지는 물론, 그녀의 명성 그 자체로 말미암아 여성의 지위에 대한,

특히 문학사적인 측면에서 여성의 지위가 새로이 조명되게 되었다.

버지니아 울프의 본명은 아델린 버지니아 스티븐이며, 1882년 1월 25일 영국 런던의 하이드 파크 게이트 22번지에서 레슬리 스티븐과 줄리아 덕워스 사이에서 태어났다. 아버지 레슬리 스티븐은 빅토리아 시대 영국의 저명한 문예 비평가로《영국 인명사전》및 잡지 〈콘힐〉의 편집장을 지냈다. 레슬리와 줄리아는 둘 다 재혼이었는데, 재혼할 당시 각자의 자녀들을 둔 상태였고, 두 사람 사이에서 자녀들이 태어나면서 10여 명의 대가족을 이루었다. 버지니아는 두 사람 사이의 셋째 아이였다.

어머니 줄리아에게 안겨 있는 버지니아

어린 시절 버지니아는 부유한 환경에서 가정교사와 함께 공부하고, 아버지의 방대한 서재를 이용하는 학구적인 분위기에서 문학적 소양을 갖추고 자랐다. 그러나 레슬리 스티븐은 가부장적인 아버지여서, 딸들은 최소한의 교육만 받고 현모양처가 되면 된다고 생각했기 때문에 그녀의 교육을 적극적으로 후원하지는 않았다. 남자 형제들이 케임브리지 대학을 다니는 동안 버지니아는 아버지의 서재에서 닥치는 대로 책을 읽으며 독학으로 자신만의 지식 세계를 쌓아 올렸다.

보통 버지니아 울프라고 하면 예민하고 우울한 얼굴의 여류 작가, 헌신적인 남편을 저버리고 평생 우울증에 시달리다 자살로 생애를 마감한 작가를 떠올린다. 예민한 성격과 우울증은 아버지 쪽의 유전인 듯도 한데, 레슬리는 첫 번째 아내와 사별하고 우울증과 신경쇠약으로 두문불출했으며, 두 번째 아내 줄리아가 죽었을 때는 더욱 심각해져 딸들에 대한 집착으로까지 발전했다. 버지니아는 13세 때 헌신적이고 천사 같던 어머니가 세상을 떠나면서 신경쇠약 증세를 보이기 시작했고, 이후 애증 관계에 있던 아버지가 세상을 떠나자 두 번째 정신착란 증세를 보여 투신자살을 기도하는 등 평생 정신질환으로 괴로워했다. 또한 어머니 사후 자전적인 고백에 따르면 유년 시절 의붓오빠들에게 성추행을 당했다고도 하는데, 이 사건과 아버지에게 억눌린 경험이 남성 혐오 증세와 후일의 동성애적 성향에 영향을 미쳤다고 여겨지기도 한다.

아버지의 죽음 이후 버지니아는 언니, 오빠와 함께 런던의 블룸즈버리로 이사했다. 1899년부터 오빠 토비를 중심으로 케임브리지 출신의 젊은 지식인들이 모여 지적 토론을 하던 '한밤중의 모임'이 이곳에서 열리기 시작했는데, 이 그룹은 후일 '블룸즈버리 그룹'이라고 불린다. 버지니아는 이들을 접대하면서 그룹의 일원이 되어 미학, 철학적 문제들에 대해 토론했으며, 지적으로 많은 영향을 받았다. 그리고 〈가디언〉 지와 〈타임스〉 지 등에 무명으로 서평을 실으면서 작가로서의 행보를 시작했다.

1912년에는 블룸즈버리 그룹의 일원이었던 평론가 레너드 울프와 결혼했다. 오빠 토비가 죽고 정서적으로 밀착 관계를 맺고 있던 언니 바네사가 결혼하여 가정을 꾸리자 한 선택이었다. 그녀는 레너드 울프에게서 매력을 느끼지 못했다. 언니 바네사에게 보낸 편지에 '스물아홉 살이 되고 결혼도 하지 않았고, 아이도 없고, 정신질환을 앓고 있고, 작가도 아니다'라고 쓴 것을 보면 일종의 위기의식이 그녀를 위협했던 것으로 보인다.

두 사람의 결혼 생활은 일반적인 부부의 모습과는 매우 달랐다. 버지니아는 남녀 관계를 거부했으며, 자신만의 시간을 보내는 걸 중요시 여겼다. 또 결혼 생활 내내 수차례 자살을 기도했다. 그럼에도 레너드는 버지니아가 죽을 때까지 30여 년간 아내의 정신질환과 자살 기도 등을 감내하며 그녀를 보살폈고, 불편함 없이 작품 생활을 할 수 있도록 호가스 출판사를 설립하여 버지니아의 작품들을 출간하는 등 헌신했다.

결혼한 이듬해 버지니아는《출항》의 원고를 완성했다. 그러나 신경쇠약 증세와 건강 문제로 요양소에 들어갔고, 그곳에 있은 지 두 달 만에 자살을 기도했다. 1914년, 레너드는 버지니아의 건강을 위해 리치먼드 교외로 이사하고 버지니아를 데리고 왔다. 이 집이 호가스 하우스이다. 이곳에서 레너드는 1917년 버지니아의 기분 전환을 위해 인쇄기를 사서 작게 출판업을 시작했는데, 이것이 오늘날의 호가스 출판사이다. 이후 버지니아 울프의 대표작들을 비롯해 캐서린 맨스필드, T. S. 엘리엇 등 유수의 작품들을 출간하면서 호가스 출판사는 오늘날 영국의 저명한 출판사 중 하나가 되었다.

1915년, 버지니아 울프의 첫 작품《출항》이 출간되었다.《출항》을 쓰기 시작한 지 9년 만이었다. 1919년에는 두 번째 작품《밤과 낮》이 출간되었다. 이 두 작품은 일반적인 소설 형식을 따르고 있으며, 이때까지도 버지니아 울프는 자신의 소설을 쓰는 방식을 계속 모색하는 중이었다. 그녀는 점차 실험적인 기법의 소설들을 습작했고, 1919년에는 자신의 소설실험에 대한 주의가 담긴 문학 비평 에세이《현대소설론》을 펴내면서 모더니즘 소설에 대한 이론 및 울프의 비평 원칙을 확립해 나가기 시작한다.

1922년에는 호가스 출판사에서《제이콥의 방》을 펴냈다. 버지니아 울프를 유명하게 만든 실험적 소설의 첫 작품으로, 형식과 내용 모두 기존 소설 작품에서 완전히 탈피한 새로운 소설이었다. 이 작품은 주인공이 주위 사람들에게 주는 인상과 주위 사람들에게서 받은 인상을 통해 대도시의 원자화된 인간들의 생활과 존재, 일상의 덧없음을 그리고 있다. 이런 독특한 기법은 1925년에 출간된《댈러웨이 부인》에서 완숙의 경지에 이른다. 그녀는 1924년에 출간된 비평서《베넷 씨와 브라운 부인》에서는 새로운 실험적 소설이 갖추어야 할 요소를 논하는 한편, '모더니즘 수법을 구사하여 여성적 가치관을 보이겠다'라는 페미니즘 문학 노선을 확립했는데,《댈러웨이 부인》은 이에 대한 실행인 셈이라 할 수 있다.《댈러웨이 부인》이 비평가와 대중을 모두 사로잡으면서 울프는 작가로서 명성을 확립했고, 특히 페미니즘 운동가로서 목소리를 많이 내게 되었다. 1929년 출간된《자기만의 방》은 케임브리지 대학 뉴넘 칼리지에서 했던 강연을 토대로 한 에세이로, 역사적으로 여성을 배제해 온 남성 중심 사회를 풍자적으로 비판하고 여성이 독립을 위해 갖추어야 할 것들을 역설하고 있다. 이후에도 버지니아 울프는 꾸준히 여성의 직업이나 독립과 관련하여 지속적으로 강연들을 했다.

1927년에는 의식의 흐름 기법을 사용하여 시간과 진실에 대한 새로운 관념을 제시한《등대로》를 발표하면서 페미나 문학상을 수상했다. 1928년에는 이 기법을 보다 발전시킨《올랜도》를 발표했는데, 장난삼아 쓴 것이라고 한다. 1931년에 출간된《파도》는 소설이라기보다 시에 가까운 작품으로, 이기적인 자아 때문에 이타적인 이상의 세계가 붕괴되는 과정을 묘사하고, 자아를 탈피함으로써 삶의 덧없음을 초월해 나갈 수 있다는 그녀의 사상이 담겨 있다.

1937년에는《세월》, 1938년에는《3기니》를 출간했다. 특히《3기니》는《자기만의 방》과 함께 1970년대 이후 페미니즘 비평의 고전으로 재평가되면서, 버지니아 울프에 대한 연구가 활발해지는 계기가 되었다.

버지니아 울프는 생전에도 작가, 여성운동가로 엄청난 명성을 얻었으나 그녀 자신의 개인적 삶은 힘겨웠다. 예민한 성격에 평생 불안 증세와 신경

버지니아가 말년을 보냈던 몽크 하우스의 침실

쇠약에 시달렸는데, 여기에는 남편의 끝없는 사랑과 헌신도 아무런 도움이 되지 못했다. 1941년 2월 마지막 작품 《막간》을 탈고한 후 우울증이 심해진 버지니아는 3월 28일 남편에게 편지를 한 통 써 두고 산책을 나갔다.

> 여보, 나는 내가 다시 미치고 있다는 것을 느낍니다. 나는 우리가 또다시 그러한 지독한 시간을 극복할 수는 없을 거라고 생각합니다. (중략) 누군가 나를 구할 수 있었다면, 그것은 당신이었을 겁니다. 당신의 호의에 대한 확신 이외의 다른 모든 것이 나를 떠났습니다. 나는 당신의 인생을 더 이상 망치고 싶지 않습니다. 나는 어떤 두 사람도 우리들보다 더 행복할 수 있으리라고 상상할 수도 없습니다.

이 편지를 마지막으로 울프는 우즈 강에 투신해 자살했다.

075

문학의 모든 것을 재구성한 실험가

제임스 조이스

James Augustine Aloysius Joyce
(1882. 2. 2~1941. 1. 13)

| 아일랜드
| 의식의 흐름 기법을 사용해 인간 내면의 미묘한 심리 갈등을 묘사하여 20세기 심리소설에 영향을 미쳤다.
| 《더블린 사람들》, 《젊은 예술가의 초상》, 《율리시스》 등

제임스 조이스는 20세기 모더니즘 문학을 이끈 아일랜드 출신의 소설가이다. 미술에 있어서 피카소, 시에 있어서 T. S. 엘리엇이 그랬듯이, 제임스 조이스는 문학의 형식과 내용 모두를 재구성함으로써 문학을 근본적으로 바꿔 놓았다. 따라서 현대소설은 조이스 이전과 이후로 나뉜다고도 말할 수 있다.

제임스 오거스틴 앨로이시어스 조이스는 1882년 2월 2일 아일랜드 더블린 남쪽 교외에 있는 라스 가에서 존 스태니슬로스 조이스와 메리 제인 머레이 사이에서 태어났다. 두 사람은 15남매를 낳았는데, 자녀 중 10명만이 살아남았으며, 조이스는 그중 장남이었다. 세금 징수원이었던 아버지는 가부장적이고 다소 예민한 성격으로 정서적으로 불안정한 사람이었고, 어머니는 아이들을 끔찍이 사랑했지만 과보호적인 성향을 지니고 있었다.

제임스 조이스

조이스는 6세 때 가톨릭 예수회가 운영하는 사립 기숙사학교인 클롱고우스 우드 칼리지에 들어가 초등교육을 받았으나, 11세 때 아버지가 실직하면서 학교를 다니지 못하게 되었다. 2년 후 예수회 학교에 들어가 공부했으며, 학업 성적이 우수하고, 글쓰기에 큰 재능을 보였다. 문학을 좋아하고 섬세한 성격이었지만, 쾌활하고 활동적인 면모도 있었으며, 신체 능력도 뛰어나 친구들과 함께 하는 구기 종목에서도 두각을 드러냈다.

그러나 가세가 계속 기울어 네 번이나 이사를 다녔고, 아버지는 알코올 중독에 빠져 가족에게 폭력을 휘두르는 등 가정은 나락으로 떨어졌다. 조이스는 모범생의 모습과 방황하는 10대 청소년의 면모, 양 극단을 오갔으며, 가정환경이 불우해질수록 신앙에 매달리는 어머니를 보고 기독교 신앙에 회의가 생겼다. 또한 방황하는 자신의 모습에 대한 죄책감에 시달리는데, 이런 면모는 후일 《젊은 예술가의 초상》의 주인공 디덜러스의 내면을 통해 표현된다.

이런 형편에서도 조이스는 아일랜드 전국 학생 작문 경시대회에서 우수상과 장학금을 받았고, 1900년 유니버시티 칼리지에 입학할 수 있었다. 이곳에서 영어, 이탈리아어, 프랑스어 및 문학과 역사학을 공부했으며, 2년 후 문학사 학위를 받고 졸업했다. 졸업 후 의학을 공부하고자 프랑스 파리로 갔는데, 곧 의학 공부에 회의를 느끼고 약 1년 동안 파리에서 영어 교사를 하고, 더블린의 〈데일리 익스프레스〉 등에 서평을 발표하면서 지냈다. 이듬해 4월 어머니가 위독하다는 소식을 듣고 더블린으로 돌아왔다.

8월에 어머니가 세상을 떠난 후 그는 학교 강사나 가정교사를 하는 틈틈이 아일랜드인의 면면과 생활 모습을 스케치하기 시작했다. 짧은 산문, 대화, 사건에 대한 스케치들을 토대로 '에피파니'라는 문학 기법을 발전시켜 나가는데, 이 기법은 조이스의 글쓰기에 있어 바탕을 이룬다. 에피파니는 평범한 말이나 행동에 갑자기 나타나는 사물의 본질에 대한 정신적 계시를 의미하는데, 조이스는 예술가란 '경험이라는 일상적 빵을 영속적인 생명력을 가진 빛으로 바꾸는 상상력의 사제'라고 여겼다. 에피파니 기법은 《율리시스》와 《피네건의 경야》에서 형상화되며, 이로써 조이스는 사실주의와 상징주의라는 20세기 문학의 두 줄기에서 균형을 맞추었다.

1904년, 〈예술가의 초상〉이라는 에세이를 잡지에 게재하고자 했으나 거절당하자 이를 자전적 소설인 〈스티븐 히어로〉로 고쳐 쓰기 시작했다. 이 작품은 사후인 1944년에야 출간된다. 또한 《더블린 사람들》의 모태가 되는 몇몇 단편소설들을 발표했다.

한편 이해에 그는 더블린의 한 호텔에서 종업원으로 일하던 20세의 노라 바니클을 만난다. 두 사람은 몇 달 후 동거에 들어갔으며, 아들 조지와 딸 루시아를 슬하에 두고 살다가 1931년에야 정식으로 결혼식을 올렸다.

이듬해부터 그는 《더블린 사람들》을 출판해 줄 출판업자를 찾아다니기 시작했다. 이 작품은 더블린 중산층의 욕망과 환멸을 유년층부터 장년층에 이르기까지 여러 사람들의 스케치를 통해 묘사한 단편 15개가 유기적으로 연결된 소설이다. 더블린 사회를 '마비paralysis'로 그리고 있는 이 단편들은 연재 당시부터 더블린 사람들의 거센 항의와 삭제 요구, 소송 제기 위협 등에 시달렸다. 또한 출판 계약 결렬, 출간 지연 등 다양한 이유로 9년 만인 1914년에야 출판될 수 있었다.

더블린 도슨 거리에 있는 《율리시스》 기념판

이 기간 동안 조이스는 더블린을 떠나 파리, 취리히, 트리에스테, 로마 등을 전전하면서 은행 직원, 영어 개인교사 등을 하며 근근이 먹고 살았다. 더블린에는 소설 출간 교섭을 위해 이따금 들렀으며, 〈에고이스트〉 지에 《젊은 예술가의 초상》을 연재하고, 《율리시스》를 구상했으며, 희곡 〈망명자들〉을 썼다.

1915년에는 제1차 세계대전을 피해 취리히로 이주했다. 이듬해 《젊은 예술가의 초상》을 런던 에고이스트 출판사에서 출간했으며, 시카고의 〈포이트리〉 지에 시 8편을 게재하는 등 시도 썼다. 에고이스트의 편집장 해리엇 쇼 위버가 이해부터 그의 주요 후원자가 되어 생활도 점차 안정되었다. 그의 대표작이자 20세기 모더니즘 문학의 대표작인 《율리시스》 역시 뉴욕의

〈리틀 리뷰〉와 〈에고이스트〉 지에 연재되었다. 또한 이 시기부터 눈병에 시달리기 시작했다.

《율리시스》는 마르셀 프루스트의 《잃어버린 시간을 찾아서》와 함께 19세기까지의 소설 개념을 타파한 작품으로 일컬어진다. 중년의 신사 레오폴트 블룸, 그의 아내 매리온, 종일 더블린 거리를 거니는 젊은 예술가 스티븐 디덜러스, 세 사람을 중심으로 하루 동안 더블린에서 일어나는 일을 묘사한 작품으로, 의식의 흐름이라는 심리주의적 서술 기법으로 주인공들의 내적 상태를 생생하게 표현하고 있다. 이때 에피파니는 의식의 확대 과정을 주제로 구현시키는 기법으로 사용된다. 방뇨, 수음, 사디즘, 성교, 자살 등 연재 당시 외설 논란으로 출판이 금지되었으며, 가톨릭의 상징과 구절들을 희화화하고 풍자하여 신성 모독 혐의까지 받았다. 때문에 연재 중단 및 출간 거부 등을 겪다가 1922년 파리에서 셰익스피어 앤드 컴퍼니를 운영하던 미국 여성 실비아 비치의 노력으로 프랑스에서 먼저 출간되었다. 이후 프랑스판 밀수본이 영국 시장에서 은밀히 거래되다가 미국에서는 1934년, 영국에서는 1936년에 출간되었다.

마지막 작품인 《피네건의 경야》는 1923년경부터 집필하기 시작한 것으로, 의식의 흐름 기법이 한층 더 복잡하고 심도 깊게 사용된, 한층 진일보한 실험적 작품이다. 조이스는 인간의 꿈속에 관념과 감정, 음절 들이 나타나는, 일관적이지 않은 무의식적인 계기들을 기록하고자 의도했다고 한다. 때문에 이 작품은 17개 국어를 혼용하고, 단어와 문법, 맥락을 모두 파괴한 새로운 형식으로 쓰여 있다. 또한 단일 플롯이 있기는 하지만 주요 하위 플롯들이 다수 존재하는데, 그 사이에 질서를 규정하기도 힘들다. 따라서 세계에서 가장 난해한 작품으로도 꼽힌다. 시인이자 비평가인 에즈라 파운드는 "신성한 환상이나 최신 임질 약이 아니고서야 이 온통 빙빙 도는

1920년 셰익스피어 앤드 컴퍼니에서 마주 앉아 이야기하는 조이스와 실비아

완곡어법을 따라잡을 수 없다."라고 썼으며, 소설가 H. G. 웰스는 "이 재담과 공상과 섬광들을 감상하려면 몇천 시간이 필요하다."라고 말했다. 이 작품은 1939년에 출간되었으나 독자들로부터 외면당하고 평론가들로부터도 난해하다는 평가만을 받았을 뿐이다.

말년의 조이스는 녹내장과 류머티즘, 관절염으로 고생했으며, 딸 루시아의 정신분열증으로 엄청난 심리적 고통을 겪었다. 그는 루시아의 병을 치료하고자 백방으로 노력했고, 무수한 돈을 퍼부었는데, 심리학자 칼 융은 루시아의 상태를 진단하고 '맥락 없는 말과 관념들을 결합시키는 조이스의 작가적 광증이 만들어 낸' 것이라고 말하기도 했다. 이런 일들로 조이스는 술에 빠져들고 무기력증과 우울증, 신경쇠약을 겪었으며, 이런 힘든 상황에서

더블린에 있는 제임스 조이스 박물관

노라는 두 번이나 그를 떠났다가 다시 돌아왔다. 조이스는 1941년 1월 13일 십이지장 수술 후 합병증으로 스위스 취리히에서 사망했다.

076

인간의 불안과 소외를 독창적인 세계로 조명하다

프란츠 카프카

Franz Kafka(1883. 7. 3~1924. 6. 3)

Ⅰ 체코
Ⅰ 인간 존재의 불안과 위기를 특유의 정서로 표현한 현대 실존주의 문학의 대표 작가이다.
Ⅰ 〈시골 의사〉, 〈변신〉 등

어느 날 아침 그레고르 잠자가 불안한 꿈에서 깨어나 보니 자신이 흉측한 벌레로 변해 있었다.

프란츠 카프카

20세기 인간의 불안과 소외를 다룬 대표적 소설로, 기이하고 혼란스러우며 환상성으로 가득 찬 〈변신〉의 첫 문장이다. 이 작품의 저자 프란츠 카프카는 20세기의 실존적 위기와 존재의 불안을 표현한 실존주의 문학의 대표적인 작가이다. 엘리아스 카네티는 그를 일컬

1916년 독일에서 발행된 〈변신〉 표지

어 '20세기를 가장 순수하게 표현한 작가'라고 칭송했으며, 릴케는 "카프카의 작품 가운데 나와 관계가 없거나 나를 놀라게 하지 않는 구절은 없다."라고 표현했다. 카프카는 41세의 짧은 생애를 살면서 많은 작품을 쓰지는 않았지만, 불안과 절망에 빠진 인간의 근원적인 경험을 묘사하는 데 있어 자신만의 독창적인 세계를 창조해 낸 작가였다. 그의 이름에 빗댄 '카프카스럽다kafkaesk'라는 단어는 '기이하고 부조리하며 위협적인' 감정을 지칭하는 표현으로 자리 잡았다.

프란츠 카프카는 1883년 7월 3일 체코 프라하 구시가지에 있는 게토 지역에서 태어났다. 유대인이었던 아버지 헤르만 카프카와 어머니 율리 뢰비는 상업에 종사했다. 프란츠는 6남매 중 장남이었으며, 남동생 둘은 영아기에 사망하고, 여동생 세 명과는 친밀하게 지냈는데, 이들은 후일 아우슈비츠 수용소에서 사망한다.

유년 시절에는 바쁜 부모님을 대신해 유모나 가정부가 그를 돌보았으며, 그는 아버지를 명령하는 사람으로 생각해 어려워하고 그 앞에서 늘 주눅들어 있었다고 한다. 6세 때 신분 상승을 추구하던 아버지 때문에 당시 프라하 상류층 자녀들이 다니던 독일계 소년학교에 들어갔다. 당시 프라하는 오스트리아-헝가리 제국의 영역으로, 이곳에서 상류층이란 보헤미아 출신 독일인들이었고, 이 학교 출신 다수가 헝가리 제국에서 공직 생활을 영위하고 있었기 때문이다. 이 때문에 카프카는 독일어를 사용하는 유대인으로 자랐고, 독일 사회에도, 유대계 사회에도 완전히 동화될 수 없는 이방인으로 존재하게 되었다고 후일 회상했다.

4년 후 소년학교를 졸업하고 독일계 인문학교인 김나지움에 진학했는데, 이곳에서 루돌프 일로비, 후고 베르크만, 에발트 펠릭스 프리브람 등의 친구들을 만난다. 8년 동안 김나지움에서 생활하면서 카프카는 라틴어와 그리스어, 고전 철학과 문학을 배웠으며, 친구들과 교류하면서 사회주의, 시오니즘, 니체 등 다양한 지식을 습득한다. 또한 이 시기부터 문학 습작을 시작했다.

학창 시절 카프카는 훌쩍 큰 키, 가냘픈 체구의 소년으로, 단정하고 수수하며 현실과 한 발짝 거리를 두고 있는 인상의 모범생이었다고 한다. 사람들의 이목을 끌지 않았으며, 학업 성적도 특출 나지는 않았지만 늘 중상위권을 유지했고, 출석은 의무감을 가지고 꼬박꼬박 했다. 부모님에게 순종적이었던 카프카는 대학 진학 시기가 오자 독문학을 전공하고 싶어 했으나, 부모님에 대한 의무와 아버지에 대한 공포 때문에 프라하 대학 법학부에 진학했다.

그러나 문학에 대한 열망을 포기하지 못한 그는 대학 시절 문학 강연회나 낭독회에 자주 참가하고, 많은 문학 작품을 읽으며 습작을 해 나갔다. 막스 브로트, 오스카 바움, 펠릭스 벨치와 교류하고, 프라하의 유대계 문인 그룹인 '프라하 서클'을 만들어 활동하기도 한다. 특히 막스 브로트는 카프카의 가장 친한 친구로, 카프카 사후 그의 유언 집행자로 지명되었고, 오늘날

프라하 황금소로에 있는 카프카의 집

카프카의 작품들이 세상에 빛을 보게 한 인물이다. 카프카의 작품들은 그가 살아 있을 때 출간된 것이 드물며, 심지어 자신이 죽은 후 모든 작품을 폐기하라고 유언했으나 막스 브로트는 이 유언을 지키지 않았다.

또한 카프카는 자신이 살던 프라하 지역을 거의 떠나지 않았는데, 고교 때부터 대학 시절 동안 중부 모라비아 지방의 시골 마을에 몇 차례 여행을 다녀온 것이 전부였다. 이때의 경험들은 〈시골 의사〉 같은 작품들에 반영된다.

23세 때 법학 박사학위를 받고, 그해 가을부터 1년간 프라하 법원에서 법률 시보로 일했다. 이듬해에는 이탈리아계 보험회사인 아시쿠라치오니 제네랄리에 취직했는데, 직장 생활이 너무 고되어 글을 쓸 시간도 없었고, 스스로 일에서 아무 보람을 찾지 못해 이 일을 '밥벌이 수단'이라 지칭할 정도였다. 그는 다른 직업을 계속 알아보았고, 9개월 만에 보험회사를 그만두고 프라하에 있는 노동자 재해 보험공사에 취직했다. 이곳에서 그는 상사와 동료들의 인정을 받은 유능한 직원이었으며, 유머 감각 있고 지적인 좋은 청년이라는 평을 받으며, 1922년 건강을 이유로 퇴직할 때까지 근무했다.

카프카는 보험공사에 근무하면서 부당한 고용주들의 행위로 고통받는 노동자들의 현실을 보고 현실 세계를 재인식하고, 관료주의에 부정적인 견해를 띠게 된다. 또한 사회주의 대중 집회에 이따금 참석하기도 했으며, 유대교 전통과 소수민족 문학에 관심을 가지게 되었다. 1910년에는 법률 고문으로 승진하는 등 직장 생활은 평탄했으나, '이 기구는 음침한 관료들의 소굴이다'라며 관료 세계에 회의를 품었고, 문학을 유일한 탈출구로 여겼다. 그는 겉으로 보이는 모습과 달리 우울증과 절망감에 빠져 지냈으며, 글쓰기만을 유일한 욕구이자 기쁨의 원천으로 삼았다.

이 무렵부터 잡지 〈히페리온〉에 단편소설들을 발표했으며, 꾸준히 일기를 쓰기 시작했다. 1912년에는 연재했던 단편소설들을《관찰》이라는 소설집으로 출간했고, 단편소설 〈선고〉를 통해 작가로서의 재능을 어느 정도 알리게 되었다.

또한 이해에 카프카는 막스 브로트의 소개로 펠리체 바우어란 여성을 만났다. 그녀와는 약 5년간 관계를 지속하면서, 두 차례 약혼과 파혼을 거듭하다 결국 파경을 맞는다. 펠리체는 녹음기 회사의 속기사로, 명랑하고 현실적인 성격으로 직장에서 성공을 거둔 여성이었다. 때문에 카프카는 펠리체와 가정을 꾸린다면 혼자만의 시간을 잃을 것은 물론, 세속적인 생활에 물들게 될 것이라고 생각했고, 이것이 문학 생활에 위협이 되리라 우려했다고 한다.

카프카는 '내 내면적 삶을 서술하는 것의 의미는 다른 모든 것들의 의미를 부차적인 것으로 만든다'라고 일기에 썼을 정도로, 문학에 큰 의미를 부여했다. 그러나 그는 글쓰기를 '끄적거리는 짓'이라고 부를 만큼 자신의 삶에서 별 것 아닌 위치에 있다는 식의 표현도 종종 했다. 생전에 출간된 작품이 많지 않은 것은 이런 이중적인 태도 때문으로 보기도 한다.

펠리체와의 파혼에는 1917년 당시로서는 불치병이었던 폐결핵 선고를 받은 것도 큰 원인이 되었다. 이때부터 그는 직장 생활을 하다가 몇 달씩 요양을 반복했으며, 요양 생활 중에는 계속 글을 썼다. 신경쇠약 증세와 우울중에 시달리다 1922년 7월에 회사를 그만두고 연금으로 요양 생활을 계속했다. 1923년에도 병세는 계속 악화되었는데, 요양차 떠난 여행지에서 유대계 폴란드인 도라 디아만트를 만나고, 그녀의 헌신적인 보살핌을 받았다. 죽기 몇 달 전에는 도라와 함께 베를린에 집을 얻어 동거했으며, 폐결핵이 후두까지 전이되어 1924년 4월에 요양소에 들어갔다. 그리고 그해 6월 3일 호프만 요양소에서 41세의 나이로 숨을 거두었다.

카프카의 작품은 많지 않다. 생전에 발표된 작품은 〈시골의사〉, 〈변신〉, 〈관찰〉과 같은 단편소설 몇 편뿐이고, 장편소설 《성》, 《실종자》(1927년에 《아메리카》라는 제목으로 출간된 바 있다), 미완의 유고인 《심판》은 사후 브로트에 의해 출간되었다. 그 밖에 일기와 《아버지에게 보내는 편지》 정도가 카프카가 쓴 작품의 전부이다. 하지만 그의 문체와 작품이 지닌 특유의 분위기는 현대 문학의 한 가지 모습으로 자리 잡았고, 그의 기묘한 악몽은 오늘날까지 독자들에게 큰 인상을 남기고 있다.

077

성에 대한 진지한 탐구

D. H. 로렌스

David Herbert Lawrence
(1885. 9. 11～1930. 3. 2)

| 영국
| 성의 본질과 의의를 예리한 시선과 대담한 표현으로 파헤쳐 문학과 예술 표현에 새로운 지평을 열었다.
| 《채털리 부인의 연인》, 《아들과 연인》 등

D. H. 로렌스는 20세기 영국의 대표적인 소설가로, 성性의 본질과 의의를 노골적이고 대담하게 파헤친 인물이다. 그의 작품들은 당대에는 음란물로 외설 논쟁에 시달리고, 검열, 삭제, 출간 금지 등 수많은 시련을 겪었으며, 그의 사후 오랜 시간이 흐른 뒤에야 무삭제본이 출간될 정도였다. 본국인 영국에서 1913년작 《아들과 연인》은 1992년에야 무삭제본이 출간되었으며, 1915년작 《무지개》는 출간 즉

D. H. 로렌스

시 판매 금지 조치를 받았고, 1928년작《채털리 부인의 연인》은 아예 출간이 금지되어 이탈리아에서 초판이 출판되었다가 1960년에야 출간될 수 있었다. 이 일련의 작품들은 외설 시비로 말미암아 오늘날까지 에로티시즘의 고전 정도로만 여기는 사람이 많다. 하지만 D. H. 로렌스의 작품들은 결혼 제도와 계층 문제의 본질을 '성적 억압'으로 상정하고, 성의 해방을 통해 생명력을 되찾음으로써 현대 문명의 비극을 극복해 나갈 수 있다는 관점에서 쓴 현대 문명 비평서라 할 수 있다. 로렌스 이전의 어떤 작가도 인간의 성적 본성을 깊이 있게 탐구하지도, 이를 자연과 사회, 이성과 감정 사이의 대립으로 완전히 극화하지도 못했다.

데이비드 허버트 로렌스는 1885년 9월 11일 영국 중부 노팅엄셔 주의 탄광 지대인 이스트우드에서 태어났다. 광부였던 아버지 데이비드 허버트 리처즈 로렌스는 당시 하층 노동자의 표본 같은 인물로, 건장하고 쾌활하고 좋은 아버지였으나 무학에 문맹으로 교양과는 거리가 멀었다. 반면 어머니 리디아 비어절은 청교도 집안 출신의 전직 교사로, 세련된 교양과 유머 감각을 갖춘 데다 지적 수준이 매우 높은 인물이었다. 그녀는 남편의 잘생긴 외모에 끌려 결혼한 자신의 선택을 후회했으며, 남편의 무식을 경멸했고, 아이들에게 모든 사랑과 욕망을 집중했다. D. H. 로렌스는 이들 사이에서 3남 2녀 중 넷째로 태어나, 계층과 교양 수준이 다른 부모의 갈등 속에 어머니의 집중된 애정을 받고 자랐다. 탄광촌 사택에서 광부들의 험하고 가난한 생활에 갈등하고 좌절하는 어머니를 목격한 경험으로 D. H. 로렌스는 계층 대립과 여성 및 어머니의 욕망에 큰 관심을 가지게 된다. 또한 셋째 형 어니스트가 죽으면서 어머니의 자식 사랑이 로렌스에게 집중된 경험은 어머니에 대한 집착으로 이어지는데, 이 때문에 그의 작품과 인생 전반의 경향성을 오이디푸스 콤플렉스로 설명하기도 한다.

어머니 리디아는 자식들이 남편처럼 노동자로 살기를 원치 않았기 때문에 교육열이 매우 높았고, 아이들을 중산층 자녀들이 다니는 학교에 보냈다. 로렌스는 보베일 공립초등학교를 거쳐 노팅엄 고등학교를 다녔는데, 학창 시절 중산층 아이들과 지내면서 오히려 자신이 하층민임을 뼈저리게 깨달았다고 한다. 고등학교 졸업 후 잠시 의료기구 공장 사무원으로 일하다가 노팅엄 대학 교사 양성 과정을 수료했다.

이스트우드에 있는 로렌스 생가

대학 시절에 그는 틈틈이 단편소설과 희곡 등을 습작했으며, 첫 장편소설인 《흰 공작》(1911년 출간)을 썼다. 1908년에 교사 자격을 취득하고 런던 남부의 데이비슨 로우드 학교에서 교편을 잡았으며, 습작 활동도 계속해 이듬해 〈잉글리시 리뷰〉 지에 시를 게재하면서 작가로서의 삶을 시작했다.

이 시기에 로렌스는 그의 인생 전반을 지배할 몇 가지 사건들에 맞닥뜨린다. 어머니의 죽음과 아내 프리다 위클리와의 만남이다. 16세 때 로렌스는 어머니 친구의 딸인 제시 체임버스라는 여자를 만나 오랜 연애를 하다 1910년에 헤어졌는데, 그 직후 예전부터 알고 지내던 루이 버로우즈와 갑작스럽게 약혼했다. 여기에 대해서는 어머니에 대한 애정을 여성과의 연애로 치환하는 과정에서 감정의 혼란을 겪는 와중에, 연애가 파탄 나자 급격하게 대체물을 찾은 것으로 해석되기도 한다. 그해 말 어머니가 세상을 떠나자 로렌스는 심한 충격을 받았으며, 1년여 후 갑작스럽게 루이 버로우즈와 파혼했다. 버로우즈와 파혼한 지 몇 달 지나지 않아 로렌스는 5세 연상의 프리다 위클리와 다시 사랑에 빠졌다. 프리다는 로렌스의 프랑스어 교수였던 어니스트 위클리의 부인이었다. 두 사람은 독일, 이탈리아로 사랑의 도피를 감행한 끝에 1914년 프리다가 이혼하면서 정식으로 부부가 되었다.

1913년 첫 시집《연시와 그 밖의 시들》과 두 번째 장편소설《아들과 연인》을 펴냈다.《아들과 연인》은 노팅엄셔의 전원과 광산촌을 배경으로, 주인공 폴 모렐과 어머니의 근친상간적인 집착 관계, 그 과정에서 일어나는 폴의 자아 및 심리 분열, 유부녀 크레일라 도즈와의 잘못된 성적 관계와 절망을 다룬다. 자전적 요소가 강하며 이를 통해 계급, 가족, 남녀의 갈등, 산업화와 하층 노동자의 가난한 삶, 결혼으로 인한 여성의 속박과 지위 하락 등 당대 문제들을 다루었다. 출판사에서는 로렌스와 상의하지 않고 노골적으로 성애를 묘사한 곳을 상당 부분 삭제하고 출간했고, 이 작품은 이로부터 80년 후에야 온전한 모습을 세상에 드러내게 된다.《아들과 연인》을 발표하고 로렌스는 재능 있는 소설가로 평단과 대중의 인정을 받았다.

제1차 세계대전 동안 로렌스는 아내 프리다가 독일인이라는 이유로 스파이 혐의를 받는 등 고초를 겪지만, 프리다와의 결혼 생활로 정서적 안정을 얻고 대표작들을 집필했다. 1914년 말에는 단편집《프로이센 장교》를 출간했으며, E. M. 포스터, 올더스 헉슬리, 버트런드 러셀 등과 교유하면서 사상적, 문학적으로 영향을 받았다. 1915년에는 장편소설《무지개》를 발표했는데, 근대화가 시작된 중부의 시골을 배경으로, 농장을 경영하는 브랑윈 가의 삼대에 걸친 이야기이다. 세대 간의 갈등, 계급 이동, 신여성, 미성년과 여성의 성, 여성 동성애 문제 등을 다루고 있으며, 파격적이고 대담한 성애 묘사로 발간 즉시 판매 금지 처분을 받았다. 그는 영국 전역과 이탈리아를 방랑하면서 《무지개》에서 다룬 남녀의 역학 관계와 그 변화, 윤리 문제를 더욱 깊이 파헤친 《사랑하는 여인들》을 썼으며, 서서히 어머니의 영향력에서 벗어나기 시작했다.

전쟁이 끝난 후 그는 영국을 떠나기로 하고 미국, 이탈리아 등지로 거처를 옮겼으며, 1920년대를 통틀어 유럽과 미국 곳곳을 방랑했다. 미국에서 로렌스는 《무지개》와 《사랑하는 여인들》을 출간해 호평을 받았으나 런던에서는 외설 작가로 공격받는 상황이 계속됐다. 스리랑카와 오스트레일리아를 여행하고 와서 그는 《캥거루》, 《아론의 지팡이》 등을 썼으며, 멕시코 여행을 하면서 아스텍 문명에 매료되어 《날개 달린 뱀》을 썼다. 또한 소설 외에도 《미국 고전 문학의 연구》, 《정신분석과 무의식》, 《무의식의 환상》, 《역사 위대한 떨림》과 같은 학술 서적들과 《바다와 사르데냐》 같은 여행기도 썼다.

1925년, 폐결핵 판정을 받은 그는 이탈리아 사르데냐 지방에 정착해 요양을 하면서 대표작 《채털리 부인의 연인》을 집필하기 시작했다. 영국 중부의 탄광 마을을 배경으로, 전쟁으로 불구가 된 남편을 둔 여인이 산지기와 사랑에 빠지는 과정을 그린 작품이다. 로렌스는 육체를 인간다움의 본질로 여겼으며, 산업 사회와 현대 문명은 육체의 죽음을 야기한다고 보았다. 이런 관점에서 성행위는 그에게 있어 인간과 인간 사이의 교류와 접촉, 애정, 생의 본질을 깨닫게 하는 수단이다. 때문에 그는 성행위가 외설로 보이지 않도록 최대한 꾸밈없이 썼지만, 이 작품은 최고의 외설 시비에 휘말렸으며 오랜 재판 끝에 그의 사후 30여 년이나 지나서야 영국에서 출판이 가능했다. 외설 논란에 휘말려 그 의미가 퇴색되었지만, 이 작품은 본질적으로 서구 문명에 대한 비판에서 출발하고 있으며, 인간의 가장 내밀한 영

뉴멕시코에 있는 로렌스 기념 예배당

역인 성을 공개된 영역으로 끌어들이면서 문학과 예술 표현의 새로운 경지를 개척한 작품이다.

《채털리 부인의 연인》 이후 건강이 급격히 악화되었음에도 단편집《말을 타고 가버린 여인》과《시선집》을 출간했으며, 런던에서 회화전을 열기도 한다. 그러나 내무성이 전시회를 중단시키고 일부 그림을 압수했다.

1929년 말 병세가 악화되어 이듬해 2월 프랑스 남부 방스의 요양원으로 옮겨 갔으며, 그해 3월 2일 사망하여 방스의 공동묘지에 매장되었다. 1935년, 유언에 따라 유해가 화장되어 미국 뉴멕시코 타오스의 목장에 매장되었으며, 그곳에는 현재 로렌스 기념 예배당이 세워져 있다.

078

시인의 시인

에즈라 파운드

Ezra Pound(1885. 10. 30~1972. 11. 1)

- 미국
- 이미지즘과 보르티시즘 기법을 도입해 20세기 초반의 모더니즘 시 분야를 이끌었다.
- 《칸토스》, 《피사 칸토스》 등

에즈라 파운드는 초기 모더니즘 시운동의 선구자 중 한 사람으로, 20세기 가장 영향력 있는 미국 시인 중 한 사람이다. 20세기 영미 시에 끼친 막강한 영향으로, '시인의 시인'으로도 불린다. 이미지즘Imagism과 보티시즘(Vorticism, 소용돌이주의)이라는 새로운 기법을 시에 도입한 혁신적인 시인이자, 20세기 초 미국 문단에서 영향력 있는 비평가로서 제임스 조이스와 T. S. 엘리엇, 예이츠, 프루스트 등 많은 작가들의 천재성을 알아보고 소개하여 미국과 영국 문학을 잇는 가교 역할도 했다.

에즈라 웨스턴 루미스 파운드는 1885년 10월 30일 미국 아이다호 헤일리에서 호머 루미스 파운드와 이사벨 웨스턴의 외아들로 태어났다. 파운드와

에즈라 파운드

웨스턴 집안은 17세기에 영국에서 미국으로 이주했으며, 미국 독립전쟁에 참가한 유서 깊은 가문이었다. 어린 시절 파운드는 외할머니가 읽어 주는 《가계사》를 듣고 크게 감명을 받았다고 한다. 할아버지 태디우스 파운드는 철도 건설업자이자 상원의원, 위스콘신 주지사까지 역임한 인물로 상공업계와 정치계에 막강한 힘을 가지고 있었고, 아버지 호머는 조폐국에서 일했다. 에즈라 파운드는 이런 집안에 자부심을 가지고 자랐다. 15세 때 어머니, 이모와 함께 석 달간 유럽을 여행했는데, 특히 이탈리아의 찬란한 문화유산을 보고 압도되어 시인이 되기로 결심했다고 한다.

16세 때 펜실베이니아 대학에 입학했고, 학창 시절부터 공부보다는 문학, 특히 시 쓰기에 몰두하고, 펜싱, 연극, 고전 영문학 등에 열중해 교수들에게 괴팍한 문제아, 자유주의자로 이름을 날렸다. 21세 때 로망어로 석사 학위를 받고 대학원 연구원에 임명되었는데, 파운드는 연구원에 임명되어 받은 연구비와 월급을 털어 유럽 여행을 다녀오기까지 한다. 1907년 귀국한 후 이로 인해 낙제를 하는 바람에 연구비 지급이 중단되자 그해 여름에 인디애나 주의 워버시 대학에서 스페인어와 프랑스어 전임 강사로 일했다. 그러나 몇 개월 지나지 않은 이듬해 1월 떠돌이 여인을 기숙사에서 재웠다가 스캔들에 휘말려 해고되었고, 아버지에게 자금을 지원받아 다시 한 번

이탈리아로 떠났다.

파운드는 베네치아에 머물면서 시를 쓰고 여러 잡지사에 투고했으나 거절당하고, 몇몇 직업을 전전하다가 첫 시집《꺼진 촛불》을 자비로 출판했다. 그해 말 파운드는 런던으로 옮겨가 런던에서 시인 클럽과 개인 문학 클럽을 드나들면서 많은 시인, 소설가, 비평가 등을 만났다. 그중에는 조지 버나드 쇼와 신문학 운동을 이끌었던 T. E. 흄, 당시 사교계를 풍미했던 올리비아 셰익스피어 부인 등이 있었다. 파운드는 후일 올리비아 셰익스피어의 딸 도로시 셰익스피어와 결혼한다.

이듬해 런던의 엘킨 메튜스 출판사와 계약을 맺고 시집《페르소나》를 출판했다.《페르소나》가 어느 정도 성공을 거두어 파운드는 시인으로 자리 잡게 되었으며, 당시 유력 문학 잡지 〈잉글리시 리뷰〉에 시를 싣게 된다.

또한 T. E. 흄을 비롯한 작가들과 함께 신문학 운동에 관한 이론을 구축하기 시작했다. 파운드는 상징주의와 같은 애매한 표현을 싫어했으며, 언어를 조각과 같이 구상적具象的으로 구사할 것을 주장했다. 그는 주관적이든 객관적이든 감각할 수 있는 이미지에 의존하여 대상을 직접적으로 설명해야 한다고 여겼으며, 표현에 도움이 되지 않는 언어를 사용해서는 안 된다고 생각했다. 이런 새로운 시 운동이 이미지즘이다. 파운드는 1911년경부터 〈신세계〉 지에 이런 논지의 논설들을 기고하고, 자신의 이론이 반영된 시들을 발표했다. 1912년에는 미국의 〈포이트리〉 지를 통해 작품을 발표했고, 이 잡지의 편집인, 해외 특파원으로 일하면서 많은 영국 시인들을 미국에 소개하기도 했다. 1917년 〈포이트리〉 지와 관계를 끊고 나서는 〈리틀 리뷰〉 지, 1920년부터는 〈다이알〉 지와 함께 일했다.

또한 신문학 운동을 전개하고 비평가로 활동하면서 파운드는 많은 작가들을 발굴하고 지원했다. 헤밍웨이는 "(파운드는 친구들을) 잡지에 소개해 주

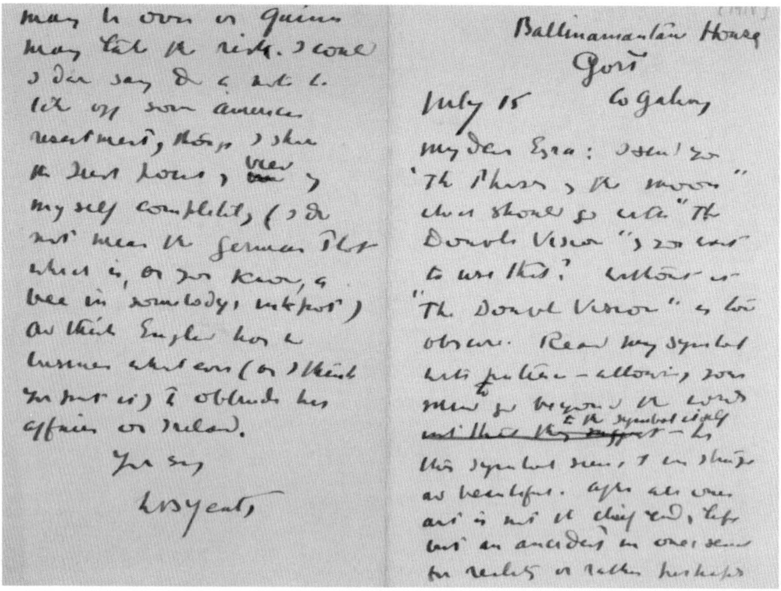
Ballinamantan House
Gort
July 15 Co Galway
My dear Ezra:
W B Yeats

예이츠가 파운드에게 보낸 편지

고, 감옥에서 꺼내 주고, 돈을 꾸어 주고, 연주회를 알선해 주었다. 병원비를 지불해 주고 자살하지 못하도록 설득하기도 했다."라고 말했다. 이런 친구 중 가장 유명한 인물은 T. S. 엘리엇과 예이츠일 것이다. 파운드는 이들의 생활비를 지원했으며, 첫 작품집을 낼 때도 많은 도움을 주었다. 그는 '시대를 앞서 나가는 시인들의 생활을 지원해 주고, 그들의 예술을 문명 세계로부터 인정받게 하는 안내자'가 자신의 역할이라고 여겼다. T. S. 엘리엇은 그에 대해 "인정을 받지 못하는 재능 있는 젊은 작가들에게 그만큼 친절할 수 있는 사람은 없다."라고 말하기도 했다.

제1차 세계대전을 거치면서 파운드는 당대 다른 작가들과 마찬가지로 미국과 현대 문명사회에 비판의식을 가졌고, 이에 대한 생각을 다양한 잡지에 기고하면서 문학적 저널리즘 활동을 활발히 했다.

세계대전이 끝난 후에는 고대 로마의 시인 프로페르티우스의 작품을 번안한《섹스투스 프로페르티우스에게 바치는 경의》를 발표했다. 이 작품은 프로페르티우스와 로마 제국을 통해 1917년의 대영제국을 논평한 것으로, 그는 자신의 의도를 알지 못한 많은 비평가들, 특히 고전학자들로부터 오역이라는 엄청난 비난을 들어야만 했다. 그 후 시집《휴 셀윈 모벌리》를 펴냈는데, 영국 문단 문화를 세밀하게 복원해 놓은 초상이라는 평을 받으며, 20세기 가장 위대한 시 중 하나로 꼽히고 있다. 이 작품들은 파운드가 제1차 세계대전을 거치면서 겪은 일들과 심상을 형상화한 것이라 할 수 있다.

무엇보다도 파운드의 가장 큰 위업은 1917년부터 집필하기 시작하여 평생에 걸쳐 쓴 모더니즘적 심상서사시《칸토스》이다. 첫 편은 1921년에 발표 되었으며, 죽기 2년 전인 1969년에야 비로소 마무리되었다. 이 시편들은 오디세우스, 단테, 공자를 비롯해 미 대통령 존 애덤스, 이탈리아 용병 지기스몬트 말라테스타에 이르기까지 다양한 시대와 문화적 배경에 속한 신화, 역사, 문학, 문화 등을 인유하고 있는 난해한 작품이다. 파운드는 이 작품을 일컬어 '역사를 내포하고 있는 시'라고 했는데, 제1차 세계대전 후 기존의 가치와 공동체가 붕괴되고 인간의 정체성을 잃어 가던 혼돈의 세계에서 분열된 삶을 통합시키고 역사를 다시 쓰고자 한 시도로 여겨진다. 이상적인 공동체의 확립, 그중에서도 진정한 예술이 가능한 사회를 추구한 파운드의 모습이 담겨 있는 작품이라 할 수 있다.

파운드는 1922년 런던을 떠나 이탈리아로 갔고, 제2차 세계대전이 일어나자 무솔리니를 지지하고 친파시즘 라디오 방송을 했다. 그는 미국 은행가들의 탐욕이야말로 미국이 전쟁에 참전한 이유라고 생각했고, 라디오 방송을 통해 공공연하게 미국을 비방했다. 이 때문에 전후 1946년 전범으로 체포되었는데, 정신병 판정을 받아 가까스로 사형을 면하고 워싱턴의 세

산 미켈레 섬에 있는 파운드 무덤

인트 엘리자베스 정신병원에 수감되었다. 그런 와중에도 《칸토스》의 집필을 계속하여 수감 중이던 1948년 《피사 칸토스》를 발표했다. 이 작품은 볼링겐상을 수상하며, 정치적, 문학적 소동을 야기했다. 정신병원에서 파운드는 《피사 칸토스》 집필뿐만 아니라 《중용》, 《대학》, 《시경》, 《소포클레스: 트라키스의 여인들》을 번역했다.

파운드는 1958년에 방면되었는데, T. S. 엘리엇, 어니스트 헤밍웨이, 로버트 프로스트 등 친구들의 탄원이 작용한 덕분이었다. 그러나 풀려난 뒤에도 파운드는 이탈리아로 가서 "미국은 하나의 정신병원이다."라고 비난했다. 파운드는 이탈리아 알프스 근처에 머무르면서 스위스, 아일랜드, 파리, 뉴욕 등으로 친지들을 방문하며 지냈다. 1969년에는 자신이 선집한 《파운드 칸토스 선집》를 펴냈으며, 〈칸토스 CX−CXVII〉도 발표했다. 1972년 11월 1일 베네치아에서 숨을 거두었다.

079

현대시를 이끈 시대의 대변인

T. S. 엘리엇

Thomas Stearns Eliot(1888. 9. 26~1965. 1. 4)

- 미국에서 태어나 영국에서 활동
- 20세기 모더니즘을 이끈 대표적인 시인으로 염세적인 정서와 새로운 방식의 시적 기교로 독창적인 시 세계를 펼쳐 나갔다.
- 1948년 노벨 문학상 수상
- 〈황무지〉, 〈사중주〉, 〈칵테일 파티〉 등

T. S. 엘리엇은 영국의 시인이자 극작가로, 20세기 시와 비평 분야에 혁명을 일으킨 인물이다. 1922년 그의 시 〈황무지〉가 출판되었을 때, 이 작품은 '새로운 시'의 동의어로 여겨졌고, 그 '새로운 시'의 의미가 '모더니즘'을 지칭하게 되었을 때는 모더니즘 시의 대표작으로 꼽히며 현대시를 지배했다.

토마스 스턴스 엘리엇은 1888년 9월 26일 미국 미주리 주의 세인트 루이스에서 태어났다. 아버지 헨리 웨어 엘리엇은 사업가였으며, 어머니 샬럿 챔프 스턴스는 시인이었다. 엘리엇이 태어났을 때 부부는 40대였고, 엘리엇 위로 4명의 누나가 있었다. 시인이었던 어머니가 아이들 양육보다 문학이나 자선 활동과 같은 사회 활동에 열정적이었던 탓에 늦둥이였던 토마스

T. S. 엘리엇

는 유모의 손에서 자랐다. 그러나 어머니는 아들 토마스가 자라면서 조숙하고 남다른 지적 능력이 있음을 알아차리고, 어린 아들에게 역사와 문학, 철학 등의 책을 읽히고 시를 쓰도록 독려했다. 모자는 문학이라는 공통점으로 묶여 있었고, 토마스는 평생 어머니와 편지를 나누고, 어머니에게 시를 바치는 등 돈독한 관계를 맺었다. 또한 시인으로서 명성을 얻은 후에는 인정받지 못한 시인이었던 어머니의 시극 《사보나롤라》에 서문을 붙여 출간해 주기도 했다.

쥘 라포르그
1860~1887년. 프랑스 상징주의 시인이자 데카당의 대표적인 시인으로, 권태, 고독감, 염세주의적이고 환상적인 시를 썼으며, 아폴리네르 등이 주창한 근대시 운동에 많은 영향을 미쳤다.

유년 시절에는 세인트 루이스의 스미스 아카데미와 뉴잉글랜드의 밀턴 아카데미에서 공부했으며, 1906년 하버드 대학에 입학해 철학과 불문학을 전공했다. 4년의 학부 과정을 3년에 마쳤으며, 이때 프랑스 상징주의, 특히 라포르그에 심취했다. 졸업 후 1년 만에 하버드 대학원에서 철학 석사 학위를 취득했으며, 이후에는 프랑스의 소르본 대학, 독일의 마르부르크필리프스 대학을 거쳐 영국 옥스퍼드 대학에서 수학했다. 프랑스어, 독일어, 산스크리트어, 인도 철학, 독일 철학, 그리스 철학 등을 공부했으며, 아르튀르 랭보 등 프랑스 상징주의 시인들로부터 영향을 받으면서 시를 쓰기 시작했다.

1915년, 시인이자 비평가인 에즈라 파운드의 추천으로 〈포이트리〉 지에 〈앨프리드 프루프록의 연가〉(이후 〈프루프록의 연가〉)를 발표하면서 등단했다. 〈프루프록의 연가〉는 노년의 화자 프루프록의 내적 독백을 통해 현대 문명의 잔인성과 메마른 관계 속에서 벌어지는 자아의 상실과 회복을 위한 자아 성찰을 그린 작품이다. 엘리엇은 비평가로서 '객관적 상관물'의 개념을 공식화시켰는데, 객관적 상관물이란 '어떤 특정한 정서를 나타낼 때 공식이 되는 일련의 사물, 정황, 사건'으로, 정서를 표현하는 수단을 의미한다. 이런 시적 방법론과 시인으로서의 주요 관심사와 정서는 초기 시인 〈프루프록의 연가〉에서부터 이후의 시들에 일관적으로 드러난다.

엘리엇은 1915년 비비언 헤이우드와 결혼했으며, 런던에서 교직 생활을 하면서 서평을 잠시 쓰다가 이듬해 로이드 은행에 입사했다. 그는 약 9년간 은행원으로 일하면서 시를 쓰고, 〈에고이스트〉 지의 부편집장을 맡기도 했다. 〈프루프록의 연가〉를 보고 '최초의 현대적 작품'이라고 일컬었던 에즈라 파운드는 엘리엇이 시에만 몰두하기를 바랐고, 그를 후원하는 인물들을 모아 생활을 후원하려고 했다. 그러나 엘리엇은 은행 일과 시작詩作을 병행하는 생활에 나름대로 만족해했다. 내성적이고 까다로운 성격에 신경쇠약 증상까지 있던 엘리엇에게 이 두 생활을 양립하는 것은, 그 나름대로 현실 생활과 문학 생활 사이의 균형을 맞추는 일이기도 했던 것이다.

1922년 10월 엘리엇은 계간지 〈크라이테리언〉을 창간하고 편집을 담당했으며, 이 잡지에 〈황무지〉를 발표했다. 433행의 이 장시는 제1차 세계대전 후 정신적으로 황폐화된 유럽을 황무지로 상징화한 것으로, 라틴어, 희랍어, 산스크리트어 등 6개 언어를 사용하고, 셰익스피어, 단테, 보들레르 등 고전 시구에 대한 암시와 인용을 비롯해 J. S. 프레이저의《황금가지》와 J. L. 웨스턴의《제의에서 로망스까지》등에서 나타나는 제의, 성배 전설 및 신화와 종교적 관점, 성경 등을 토대로 한 수많은 상징으로 뒤덮여 있다. 역

시극
시극은 poetic drama로, 극시로 번역되는 dramatic poetry와는 구별된다.

사와 문명을 새롭게 해석하고 이미지화하여 자신만의 독창적인 세계로 재편성하는 엘리엇의 작품 세계가 확립된 작품이다. 또한 엘리엇은 낭만성을 제거하고 철저하게, 병적일 만큼의 정확성과 논리성, 지적인 태도를 지니고 언어와 다양한 자료를 구성하는 방식으로 시를 썼는데, 이는 그의 비평론적 태도이기도 하며, 이후의 소설, 희곡, 예술 비평의 주요 방식이 된다.

〈황무지〉가 발표되었을 당시 평론가들은 시의 난해함과 새로움에 당혹해 마지않았으나, 젊은이들은 오히려 엘리엇의 시에 담긴 염세적인 정서와 새로운 시적 기교에 열광했으며, 현대의 정신을 형상화했다는 점에서 엘리엇을 '시대의 대변인'으로 추앙했다.

1925년에 엘리엇은 로이드 은행을 그만두고, 파버 앤드 파버 출판사의 이사로 일했다. 1927년에는 영국 국교회로 개종하고 영국으로 귀화했다. 그리고 영국 국교도로서의 종교적 시각을 투영한 작품들을 쓰기 시작했다. 〈재의 수요일〉(1930), 〈사중주〉(1943) 등이 그것이다.

또한 엘리엇은 이 시기부터 무대 상연을 고려한 시극을 쓰기 시작했는데, 이 시들은 시극으로 불리는 새로운 장르가 된다. 〈바위〉(1934), 〈대성당의 살인〉(1935), 〈칵테일 파티〉(1950) 등이 대표적이며, 이 작품들은 연극으로도 공연되었다.

비평 분야에서도 엘리엇은 완전히 새로운 방향을 제시함으로써 당대의 문학적 취향을 재규정했다. 예술에 있어 낭만성을 배제하고 고도의 지적 사유를 좇으며, 존 던과 같은 형이상학파 시인들을 칭송한 그의 비평론은 빅토리아 시대 낭만주의 문학의 모호성과 도덕주의에서 벗어나 새로운 현대 고전주의의 비평 체계를 수립했다. 비평집으로는 《단테론》(1929), 《시의 효용과 비평의 효용》(1933), 《고금 평론집》(1936) 등이 대표적이다.

1939년 제2차 세계대전이 발발하자 엘리엇은 우울증에 시달렸고, 계속 글을 쓸 수 있을지를 걱정했다. 당시 그는 시극에 힘을 쏟고 있었는데, 전쟁이 발발하면서 시극 〈가족의 재회〉가 무대에 오르지 못하게 되었고, 전쟁 때문에 한 치 앞을 내다볼 수 없다는 회의감에 빠져 있었다. 전후의 혼란스런 상황, 정신질환 성향이 있던 아내와 불화 끝에 결별을 한 것도 원인 중 하나였다. 무엇보다 그를 힘들게 한 것은 30년 전부터 지녀온 유럽 문명에 대한 회의, 미래에 대한 염세적인 관점이었다. 이런 상황에서 그는 계속 시를 써 나갔고, 말년의 걸작 〈사중주〉는 그렇게 탄생했다. 그리고 전쟁 후 그는 엄청난 명성을 누리며 행복한 말년을 보내게 된다.

1950년 영국에서 발행된 〈칵테일 파티〉 초판 표지

1948년, 노벨 문학상을 수상했으며, 그해 영국의 문화훈장인 메리트 훈장을 받으면서 시인으로서의 명성은 절정에 달했다. 그의 시극들은 계속 무대에 올려졌고, 특히 말년의 대표작 〈칵테일 파티〉가 브로드웨이에서 200회 이상 공연 기록을 세우는 등 엄청난 성공을 거두기도 한다. 1947년 아내 비비언이 세상을 떠난 뒤, 1957년에는 8년간 비서로 일하던 29세의 발레리 플레처와 재혼했다.

1965년 1월 4일, 영국 런던의 자택에서 사망했으며, 유해는 고향 이스트 코커의 성 마이클 교회에 안장되었다. 2년 후 영국 정부는 웨스트민스터 사원 시인의 구역에 엘리엇의 기념석을 놓았다.

080

미국 현대 연극의 아버지

유진 오닐

Eugene Gladstone O'Neill
(1888. 10. 16~1953. 11. 27)

- 미국
- 개인의 비극과 삶의 불편한 진실을 다룬 극작가로 미국의 근대극 확립에 크게 공헌했다.
- 1936년 노벨 문학상 수상
- 〈느릅나무 아래의 욕망〉, 〈안나 크리스티〉, 〈얼음장수의 왕림〉 등

미국의 위대한 극작가 테네시 윌리엄스는 유진 오닐을 일컬어 '미국 연극을 탄생시킨 인물'이라고 했다. 오늘날의 미국 문학을 제대로 평가하려면 소설이나 시뿐만 아니라 유진 오닐, 아서 밀러, 테네시 윌리엄스 등 위대한 극작가들 역시 고려해야 한다. 길지 않은 미국 문학의 전통에서 희곡을 통해 미국 문학이 할 수 있는 성취를 한 단계 끌어올렸기 때문이다.

유진 오닐은 개인적인 인생의 비극, 삶의 불편한 현실들을 주제로 택하고, 표현주의적인 연기를 도입함으로써 미국 연극의 성격을 바꾸고, 상업적으로 소멸해 가던 연극 무대를 진지한 인간 탐구의 장으로 탈바꿈시킨 극작가로 평가받는다. 이런 기여로 미국 극작가 최초로 노벨 문학상을 받

았으며, 퓰리처상을 4회나 수상한 기록을 세우기도 했다. 연극 평론가 조지 진 네이선은 오닐에 대해 '진실로 위대한 유일한 미국 극작가'라고 찬사를 보내기도 한다.

유진 오닐

유진 글래드스톤 오닐의 탄생과 성장, 죽음은 극작가로서의 성공을 예견하듯 매우 연극적인 환경에서 이루어졌다. 그는 1888년 10월 16일 미국 브로드웨이의 바렛 하우스라는 가족용 호텔 방에서 태어났다. 아버지 제임스 오닐은 아일랜드 태생으로 배우를 하고자 젊어서 미국에 온 인물로, 셋째 아들인 유진이 태어났을 무렵에는 순회 극단을 따라 전국을 떠돌아다니고 있었다. 아일랜드계인 어머니 메리 앨라 퀸란은 남편을 따라다니며 무대 옆에서 아들 제이미와 유진 형제를 돌보았다고 한다.

오닐은 7세 때 마운트 세인트 빈센트의 수녀원 기숙학교에 들어간 이후 가톨릭 학교 드 라 살르 아카데미, 베츠 기숙학교 등을 거치며 공부했다. 그는 학교 및 친구들에 잘 적응하지 못하고 혼자 책을 읽거나 큰형 제이미에게 보낼 편지를 쓰면서 대부분의 시간을 보냈다고 한다. 또한 가톨릭계 학교의 엄격한 생활에 반발하면서 종교와 인습에 거부 반응을 보이게 되었다.

18세 때 프린스턴 대학에 입학했지만 1년 만에 학업을 그만두었고, 술과 여자를 쫓아다녔다. 그리고 선원으로 일하거나 부랑자로 지내는 등 여기저기 떠돌아다니다가 21세 여름에 캐서린 젠킨스라는 여성과 결혼했다. 그러나 결혼한 지 얼마 지나지 않아 그는 일확천금을 꿈꾸며 아내를 두고 금광지대인 온두라스로 떠났는데, 일확천금은커녕 말라리아에 걸리고 거지꼴이 되어 이듬해 집으로 돌아왔다. 그사이 유진 오닐 2세가 태어나 있었으나 아들 역시 그의 발목을 붙잡지는 못했다(아들의 얼굴을 12세가 될 때까지 보지 못했다고 한다). 이후에도 오닐은 선원으로 남미와 남아프리카, 영국 등지로 출항했다. 뉴욕으로 귀항한 이후에도 집으로 돌아오지 않고 허드슨 강 하류의 싸구려 여인숙에서 잡부로 일하며 술을 마시고 글을 쓰면서 보냈다. 이때 체험한 밑바닥 인생은 후일 〈안나 크리스티〉, 〈얼음장수의 왕림〉 등에 반영된다. 이런 생활을 하다 24세 때인 1912년, 그는 알코올 중독에 빠져 자살을 기도했다.

1912년 말에 결국 결핵에 걸린 그는 6개월 동안 요양소에서 지내게 되었는데, 이 시기가 전환점이 되었다. 이곳에서 오닐은 짧은 단막극들을 쓰기 시작하며 본격적으로 극작을 했고, 1913년에는 무려 단막극 11편과 장막극 2편을 창작했다. 이듬해 이 중 5편을 묶어 첫 희곡집 《갈증, 기타 단막극들》을 자비로 펴냈다. 후일 노벨 문학상 수상 연설에서 그는 이렇게 말했다.

"1913년 겨울 나는 스트린드베리(스웨덴의 극작가)를 읽게 되었고, 처음으로 현대극이 어떤 것인지 알게 되었다. 그리고 처음으로 극작가가 되고 싶은 충동을 느꼈다."

방황하던 시절에 경제적으로 도움을 주지 않았던 아버지는 아들이 마음을 잡고 극작가가 된 데 기뻐하며 도움을 주었고, 첫 번째 희곡집을 출판하는 데 재정적으로 보탬이 되어 주었다. 오닐은 이후 뉴욕의 싸구려 여인숙에 자리 잡고, 하버드 대학의 조지 피어스 베이커 교수의 연극 교실인 47 워크숍에 출강하면서 극작을 공부했다. 그리고 《갈증, 기타 단막극들》의 비평을 쓴 클레이튼 해밀튼의 "자네가 잘 아는 인생을 쓰게."라는 충고를 받아들여, 자신이 가장 잘 아는 생활, 즉 바다의 삶에 대해 써 보기로 한다. 그리하여 〈카디프를 향해 동쪽으로〉가 완성되었고, 이 작품은 1916년 오닐과 지인 연극인들이 출자해 만든 프로빈스타운 극단 무대에 올려졌다. 이후 몇 작품을 계속해서 프로빈스타운 극단 무대에 올렸고, 1920년 〈지평선 너머〉를 브로드웨이에서 상연하면서 뉴욕 무대에 진출했다. 이 작품은 그에게 첫 퓰리처상을 안겨 주었고, 그는 극작가로서 명성을 떨치게 되었다.

초기에 오닐은 인생의 단편들을 묘사하고, 보통 사람들의 망상이나 강박관념에 초점을 맞춘 작품들을 썼지만, 뉴욕에 진출한 이후 점점 실험적인 작품들을 만들어 내기 시작했다. 현대인의 심리적 좌절을 묘사한 〈안나 크리스티〉, 〈느릅나무 아래의 욕망〉, 니체와 프로이트, 칼 융 등 정신분석학 이론에 영향을 받은 표현주의 계열의 〈황제 존스〉, 〈털복숭이 원숭이〉, 가면을 이용한 상징주의적 작품 〈위대한 신 브라운〉, 현대 연극에서 유례를 찾기 힘든 내면의 독백을 통해 대규모 성격 분석을 시도한 〈기묘한 막간극〉 등 다양한 표현 양식을 실험했다. 이 작품들에서 그는 상징주의, 가면, 내적 독백, 코러스, 사실주의, 표현주의적 기법 등 다양한 현대극의 방법론을 제시했다.

1920년대에 극작가로서 오닐의 명성은 절정에 달한다. 그는 〈안나 크리스티〉로 1922년 두 번째 퓰리처상을 수상했으며, 이듬해 국립 예술원 회원으로 선출되고 희곡 분야 금메달을 받았다. 1925년에는 《유진 오닐 전집》이 출간되었으며, 1926년에는 연극에 끼친 탁월한 공로를 인정하여 예일 대학에서 명예 문학박사 학위를 받았다. 1928년에는 〈기묘한 막간극〉으로 세 번째 퓰리처상을 수상했다.

극작가로서의 완숙기에 도달한 오닐은 그리스의 비극 엘렉트라의 주제를 현대로 옮겨 운명에 짓눌리는 인간의 욕망과 애증을 정신분석적으로 묘

댄빌에 있는 오닐의 집필실

사한 〈상복이 어울리는 엘렉트라〉 3부작을 완성한다. 총 9시간이 걸리는 이 기념비적인 대작은 아이스킬로스의 〈오레스테이아〉의 가족 이야기를 남북전쟁 이후 뉴잉글랜드로 무대를 옮겨, 가족 내의 사랑과 지배에 관한 프로이트적인 억압을 탐색하는 작품이다.

1936년에는 노벨 문학상을 수상했으며, 이때까지가 오닐의 인생에 있어 절정기였다. 1939년부터 오닐은 신장염과 전립선염으로 건강이 악화되었고, 1942년에는 파킨슨병 판정을 받았다. 그는 병 때문에 우울증에 빠졌고, 손이 마비되면서 점차 극 작업을 하지 못하게 되었다. 그럼에도 1939년 〈얼음장수의 왕림〉, 1940년 〈밤으로의 긴 여로〉, 1942년 〈휴이〉를 완성했다. 자전적인 작품인 〈밤으로의 긴 여로〉는 오닐 사후인 1956년 무대에 올려져

오닐과 그의 네 번째 부인 카로타

퓰리처상을 수상했는데, 이 작품을 읽은 아들 유진 오닐 2세가 지나치게 적나라하게 가족사가 묘사되어 있다는 이유로 아버지에게 사후 25년간 발표하지 말아 줄 것을 부탁했기 때문이라고 한다. 유지가 있었음에도 사후 바로 무대에 올려진 이유는 이미 오닐 2세가 죽은 뒤였기 때문이었다.

오닐의 말년은 불행했다. 파킨슨병으로 인한 마비 증세와 우울증에 시달렸으며, 글을 쓰지 못할 지경이 되면서 더욱 자신의 처지를 비관하게 되었다. 오랜 세월을 함께 보낸 네 번째 부인 카로타 몬터레이와도 불화를 겪었으며, 큰아들 유진 오닐 2세를 자살로 잃었고, 딸 오나가 반대를 무릅쓰고 18세 연상의 희극배우 찰리 채플린과 결혼하자 절연했다. 손자 유진 오닐 3세도 유아 급사증으로 잃었다.

1953년 11월 27일, 오닐은 급성 패혈증으로 고열에 시달리다 보스턴의 한 호텔에서 쓸쓸하게 사망했다. 그는 죽을 때 "빌어먹을 호텔 방에서 태어나 호텔 방에서 죽는군." 하고 말했다고 한다. 장례식은 유언에 따라 간소하게 치러졌으며, 주치의, 간호사, 아내 카로타만이 참석했다고 한다.

081

추리소설의 여왕

애거서 크리스티

Agatha Christie(1890. 9. 15~1976. 1. 12)

Ⅰ 영국

Ⅰ 80여 편의 스릴 넘치는 추리소설을 발표하여 추리소설의 여왕이라 불린다.

Ⅰ 《ABC 살인사건》, 《벙어리 목격자》, 《그리고 아무도 없었다》, 《0시를 향하여》, 《살인을 예고합니다》 등

애거서 크리스티는 영국을 대표하는 추리소설 작가로, 미스터리의 여왕으로 불린다. 그녀의 작품들은 추리소설의 고전으로 자리 잡았으며, 오늘날까지도 높은 인기를 누리며 영화, 연극, 뮤지컬 등으로 끊임없이 재생산되고 있다. 치밀한 구성, 독자의 주의를 다른 곳으로 이끄는 수법, 반전과 독창적인 아이디어, 인간 성격을 기반으로 한 갈등 구조, 주변 인물 관찰을 토대로 하는 추리 기법 등을 특징으로 하는 그녀의 작품들에서 현대 추리소설의 모든 설정을 발견할 수 있다고 여겨진다.

'애거서 크리스티'라는 필명으로 약 80여 편의 소설들을 썼으며, 그 밖에도 '메리 웨스트매콧'이라는 필명으로 연애소설을 쓰고, 희곡, 어린이 소설

등도 썼다. 크리스티가 창조한 탐정 포와로와 미스 마플은 세계에서 가장 사랑받는 탐정들이지만, 그들이 등장하지 않는 작품들도 많다. 크리스티의 작품들은 103개 언어로 번역되었으며, 영어권에서만 10억 부 이상, 전 세계적으로 40억 부 이상 판매되면서 기네스북에 올랐다.

토키 토르 수도원에 있는 크리스티 기념 현판

애거서 크리스티의 본명은 애거서 메리 클라리사 밀러로, 1890년 9월 15일 영국의 데번 주 토키에서 태어났다. 아버지 프레드릭 앨버 밀러는 미국인 사업가이며, 어머니 클라라 보머는 영국 귀족이다. 3남매 중 막내였는데, 언니와 오빠는 그녀보다 10살 이상 위로 나이 터울이 많아 기숙학교 생활을 했고, 크리스티는 나이 많은 유모와 어머니의 보살핌 아래 숲과 정원이 있는 빅토리아 양식의 저택 애슈필드에서 행복한 유년 시절을 보냈다. 이 애슈필드 저택과 그곳에서의 유년 시절은 후일 그녀의 작품에 많은 영향을 미친다.

6세 무렵 아버지의 사업 실패와 건강 악화로 남프랑스 지역으로 잠시 떠났다. 이곳에서는 어머니의 교육관에 따라 집에서 어머니에게 직접 프랑스어와 고전, 피아노와 만돌린 등 여러 교육을 받았다. 독서를 좋아하던 크리스티는 어린 시절 주로 언니의 책들을 읽으며 지냈는데, 그중에는 코난 도일의 셜록 홈스 시리즈도 있었다. 또한 어린 시절부터 유모, 어머니와 어울려 (그녀가 탐정 놀이라고 칭한) 수수께끼 풀이를 즐겨 했다.

11세 때 아버지를 여의고부터 집안 형편이 기울었으나 할아버지의 유산과 결혼한 언니의 도움으로 애슈필드 저택을 유지할 수 있었다. 이 무렵부터 시와 단편소설을 습작하고 잡지들에 투고하기 시작했으며, 음악가로 성공하고 싶어 했다. 12세 때 토키의 미스 가이어 여학교에서 춤과 음악, 독일어 등을 배웠으나 잘 적응하지 못했다. 16세 때에는 성악과 피아노를 배우고자 프랑스 파리로 가서 마드모아젤 샤버네, 마로니에 부부, 미스 드라이든 등 일류 음악가들을 사사했다. 하지만 무대 공포증이 있었고, 전문 피아니스트로 성공하기에는 재능이 미흡하다는 말에 음악가의 꿈을 포기했다.

20세 때 런던으로 돌아왔는데, 어머니 클라라가 중병에 걸려 요양차 카이로로 떠나기로 한다. 여행을 다녀온 후 카이로 여행에서 체험한 것을 토대로 소설을 써서 이웃에 살던 소설가 이든 필포츠에게 보여 주었는데, 그에게 좋은 평을 듣고 추리소설 작가라는 새로운 꿈을 꾸기 시작했다.

1914년 제1차 세계대전이 일어나자 크리스티는 자원봉사 간호사로 육군병원 약국에서 일했는데, 이때 얻은 각종 약 지식을 후일 작품에 많이 활용했다. 그해 말 크리스티는 영국 육군 항공대 소속 아치볼드 크리스티 대령과 결혼했으나 결혼 생활은 순탄하지 않았다. 남편이 세계대전에 참전하여 군대를 따라 이동이 잦자 그 시기에 그녀는 추리소설을 쓰기 시작했고, 탐정 에르퀼 포와로가 등장하는《스타일스 저택의 괴사건》을 완성했다. 이 작품은 출판사에게 계속 거절당하다 1920년에 출간되었다. 이후《비밀결사》,《골프장 살인사건》,《포와로 사건집》 등을 연이어 발표하면서 미스터리 작가로서의 입지를 다졌으며, 1926년 크리스티 최고의 걸작으로 꼽히는《애크로이드 살인사건》을 출간하면서 큰 성공을 거두었다.

신문을 든 남편 아치볼드와 크리스티

하지만 이 시기에 크리스티의 개인적 삶은 불행했다. 어머니의 죽음, 남편의 외도와 의처증에 시달리던 크리스티는 1926년 12월 3일, 저녁 식사를 마치고 드라이브를 하겠다고 나간 뒤 실종되었다. 이튿날 그녀의 차와 소지품만이 발견되자, 약 10일 동안 경찰들을 비롯해 마을 사람들, 팬까지 몰려들어 무려 1만 5천 명이라는 대인원이 수색에 나섰다. 10일 후 크리스티는 헤로게이트의 스완 하이드로패틱(지금의 올드 스완 호텔)에서 발견되었는데, 그녀가 실종 이튿날부터 그곳에서 가명으로 숙박하고 있었다는 것이 드러나면서 논란에 휩싸였다. 크리스티는 당시의 일을 전혀 기억하지 못한다고 했고, 세간에서는 작품 홍보 혹은 남편에게 경고하려는 목적에 의도적으로 벌인 일이라는 설이 돌았으나 그녀는 이때의 일을 끝내 함구했다.

1928년, 아치볼드와의 사이에서 외동딸 로절린드를 낳았으며, 그해 남편과 이혼했다. 이혼 후 크리스티는 홀로 중동 지방으로 여행을 떠났으며, 고고학에 흥미를 느끼게 되었다. 이 여행 중 메소포타미아에서 그녀는 고고학자 맥스 맬로원을 만났고, 오리엔트 특급 열차를 타고 영국으로 돌아오는 며칠 동안 그와 사랑에 빠져 1930년 재혼했다. 당시 크리스티는 40세, 맬로원은 26세였다. 이후 크리스티는 맬로원이 발굴 조사를 위해 세계 곳곳을 다닐 때 동행하고 고고학을 습득했으며, 이 경험을 바탕으로 《오리엔트 특급 살인》, 《메소포타미아 살인사건》, 《나일 강의 죽음》 등이 탄생했다. 또한 고고학 답사에 관한 논픽션 《와서 사는 법을 말하라》 등도 썼다. 그런 한편 이 시기부터 메리 웨스트매콧이라는 필명으로 《봄에는 없는 것》 등 몇 편의 연애소설을 쓰기도 했다.

올드 스완 호텔 1926년 실종되었던 크리스티가 발견된 장소로 당시 이 사건은 세간의 이목을 집중시켰다.

1930년, 콜린스 사에서 〈크라임 클럽〉이라는 추리소설 총서를 간행하기 시작했으며, 크리스티는 존 로드, 필립 맥도널드 등과 함께 이 총서에 참여했다. 그러면서 할머니 숙녀 탐정 미스 마플이 등장하는 첫 작품《목사관 살인사건》이 탄생했다.

이후 크리스티는 미스터리의 여왕이라 불리면서《ABC 살인사건》,《벙어리 목격자》,《그리고 아무도 없었다》,《0시를 향하여》,《살인을 예고합니다》 등 수십 편의 추리소설을 꾸준히 발표했다. 1947년에는 메리 여왕이 80회 생일을 맞이해 BBC 방송국 특집극으로 크리스티의 극을 듣고 싶다고 요청하여 방송극 〈쥐덫〉을 집필했다. 〈쥐덫〉은 1952년 크리스티의 각색으로 앰버서더 극장에서 초연된 이후 오늘날까지 하루도 빠지지 않고 공연되면서 사상 최장기 공연으로 기네스북에 올랐다. 〈쥐덫〉을 시작으로 크리스티는 1950년대에 〈검찰 측 증인〉 등을 각색해 연극 무대에 올렸으며, 〈거미줄〉, 〈초대받지 못한 손님〉 등 희곡 작품을 꾸준히 발표하면서 영국과 미국에서 추리연극의 시대를 열었다.

1967년 여성 최초로 영국 추리협회 회장이 되었고, 1971년 추리소설에 대한 공로로 엘리자베스 여왕으로부터 대영제국 훈장 2등급을 받고 '데임 애거서 크리스티'로 불리게 되었다. 1976년 1월 12일, 런던 근교 월링포드의 자택에서 85세로 사망했는데, 〈쥐덫〉의 제작자 피터 손더스는 '버킹검 궁, 국회의사당, 런던 탑과 함께 영국을 대표하는 존재'라고 조의를 표했다. 사후 1년 뒤에 직접 쓴《자서전》이 출간되었다.

이광수

조선 말기에 이르러 개화와 근대화가 이루어지면서 이전 서사 문학과는 다른 새로운 소설 형식이 등장했다. 주로 근대적인 사상과 문물 도입, 이에 따른 풍속 변화 등 당대 시대상을 바탕으로 장면 묘사가 보다 확장되고, 사건 전개에 있어 우연성이 보다 줄어들며, 평면적 인물상과 대립 구도에서 벗어나기 시작한 새로운 형태의 소설들이 등장하는데, 이를 '신소설'이라고 부른다. 이인직의 〈혈의 누〉, 이해조의 〈자유종〉, 최찬식의 〈추월색〉 등이 대표적이다. 여기서 더욱 발전한 형태로, 근대적인 문제의식을 가지고 인물의 심리 묘사와 자아의 발견에 주목하며 소설 구조와 개연성, 사실주의 수법 측면에서 '근대성'을 갖춘 이광수의 《무정》에서부터 한국 근대소설이 시작되었다고 여겨진다.

이광수는 1892년 평안북도 정주의 한 소작농 집안에서 태어났다. 5세 때 한글과 천자문을 익히고 8세 때 동네 서당에서 사서삼경을 배울 정도로 총명했으나 11세 때 콜레라로 부모를 여의고 어렵게 성장했다. 12세 때 천도교의 박찬명 대령 집에서 서기를 맡아 보다가 이듬해 일진회 유학생으로 선발되어 일본 유학길에 올랐다. 대성중학과 메이지 학원에서 공부하고 1910년에 돌아와 정주 오산학교에서 교편을 잡았다. 그해 언문일치 단편소설 〈무정〉을 〈대한흥학보〉에 발표하면서 꾸준히 소설을 집필했다. 1914년 미국 유학길에 올랐으나 제1차 세계대전이 터지면서 가지 못했다. 이듬해 다시 일본으로 가서 와세다 대학에서 공부했으며, 〈매일신보〉 지에 계몽적 논설을 꾸준히 발표했다. 1917년에는 〈매일신보〉에 한국 최초의 근대 장편소설 《무정》을 연재하면서 소설 형식의 새로운 지평을 열었으며, 〈청춘〉 지에 한국 최초의 단편소설로 일컬어지는 〈소년의 비애〉, 〈어린 벗에게〉 등을 발표했다.

1918년, 도쿄에서 이루어진 2·8 독립선언서를 작성하고 이를 전달하고자 상하이로 건너가 도산 안창호, 여운형 등을 만나 독립운동에 투신했으며, 임시정부에서 발간하는 독립신문사 사장을 맡기도 했다. 하지만 1921년에 아내와 이혼하는 계기가 된 애인 허영숙의 종용으로 독립운동을 접고 귀국했다. 허영숙과 결혼한 뒤 경성학교와 경신학교에서 교편을 잡다가 1923년 동아일보사에 입사하여, 1930년대에 〈동아일보〉 편집장, 조선일보사 부사장 등을 거치면서 언론인으로 활발하게 활동했다. 그런 한편 소설가로도 꾸준히 활동해 《재생再生》, 《마의태자》, 《단종애사》, 《흙》, 《이순신》, 《이차돈의 죽음》 등 수많은 작품을 썼다.

1937년, 수양동우회 사건으로 투옥되어 반 년간 투옥되었는데, 이 시기부터 친일로 돌아서서 '가야마 미쓰로'로 창씨개명을 하고, 친일 어용단체인 조선문인협회 회장으로 활동하면서 오늘날에는 변절한 지식인의 대명사로 꼽히게 되었다.

광복 후 반민법으로 구속되어 잠시 투옥 생활을 했으며, 6·25 전쟁 때 납북되었다. 그 후 행적은 알려지지 않았는데, 최근에 1950년 만포에서 병사한 것이 확인되었다.

082

동양을 사랑한 작가

펄 벅

Pearl Sydenstricker Buck(1892. 6. 26~1973. 3. 6)

- 미국
- 중국에서 보낸 유년 시절의 경험을 바탕으로 중국 서민들의 생활을 주로 그려 냈다.
- 1938년 노벨 문학상 수상
- 《동풍 서풍》, 《대지》

펄 벅

펄 벅은 미국의 여류 소설가로, 사회 인권운동가이자 아시아 지역 전문학자로도 활동했다. 중국, 한국, 일본 등 아시아 나라들을 배경으로 한 작품들을 통해 동양인의 정신을 서구에 소개하는 한편, 아시아 각국을 방문하여 여성과 아이의 인권 보호를 위한 자선 사업을 펼쳤다. 중화민국이 출범하던 시기 혼란한 중국을 배경으로 빈농 왕룽 일가 3대의 삶을 그린 대하소설 《대지》 3부작으로 '인종의 장벽을 뛰어넘어 인류 상호 간의 일체감을 일으켰다'라는 평가를 받으며 1938년 노벨 문학상을 수상했는데, 미국 여류 작가로는 최초의 수상이었다.

힐스버러에 있는 펄 벅 생가

펄 벅의 본명은 펄 시던스트라이커로, 1892년 6월 26일 미국 웨스트버지니아 주 힐스버러에서 태어났다. 아버지 앤드류 시던스트라이커와 어머니 캐리는 남부 장로교 출신 선교사로, 중국에서 선교 활동을 하던 중 휴가를 받아 미국에 돌아왔을 때 펄을 낳았다. 펄이 생후 3개월이 되었을 때 부부는 중국으로 돌아갔고, 펄은 18세 때부터 4년간 미국에서 대학을 다닌 것 외에 약 40년을 중국에서 보냈다.

펄은 어머니와 유모 왕씨의 손에서 자랐으며, 초등교육은 중국인 초등학교에서, 중고등교육은 미국인이 운영하는 미스 쥬웰스 학교에서 받았다. 이런 경험은 후일 그녀가 서구 사회에 동양의 모습을 진실하게 전달하면서 인종 간 이해를 도모하고, 비서구권 지역 및 소수자들에 대한 자선 사업을 펴 나가는 데 많은 영향을 미친다. 그녀의 유년 시절은 청조 말기에 해당하며, 제국주의 열강의 침략이 본격화된 시기였다. 때문에 그녀는 중국의 역사를 한 몸에 체험하며 자랐으며, 8세 때에는 의화단 운동이 일어나 베이징에서 백인들이 살해당하고 있을 때 이웃들이 보호해 주어 구사일생으로 살아나는 경험도 한다. 영어보다 중국어를 먼저 습득하고, 한학과 동양식 예절을 배우며 중국인 사이에서 자란 그녀는 그제야 자신이 중국 아이가 아닌 이방인임을 깨달았다고 한다. 그러나 미국에서 역시 자신이 미국인도 아님을 느끼고, 스스로를 영원한 국외자적 신세라고 여기게 된다.

대학교육을 미국에서 마쳐야 한다는 어머니의 뜻에 따라 18세 때 미국으로 건너가 랜돌프 매콘 여자 대학을 다녔으며, 졸업 후 다시 중국으로 돌아왔다. 25세 때 미국에서 온 농업경제학자 존 로싱 벅과 사랑에 빠져 부모의 반대를 무릅쓰고 결혼했으나 결혼 생활은 행복하지 않았다. 그녀는 일에 열중하고 가정은 어머니에게만 맡겼던 아버지에 대해 반발심이 있었는데, 남편에게서 아버지의 모습을 발견하고 실망했기 때문이다. 또한 두 딸 중 큰딸 캐럴이 중증의 정신지체와 자폐증을 앓았는데, 그녀가 캐럴을 고치고자 백방으로 노력하는 동안, 남편은 자신의 일에만 몰두했다.

게다가 당시 중국은 역사상 가장 혼란한 시기를 겪으며, 내란과 일본군 침략 등으로 외국인이 살기에 위험한 곳이 되어 가고 있었다. 특히 1927년 국민군이 난징을 침략했을 때 백인이었던 그녀는 목숨의 위협을 느끼면서 다시 한 번 이방인인 자신의 처지를 깨달았다. 이런 고통과 혼란을 극복하고자 그녀는 소설을 쓰기 시작했으며, 미국과 중국 어디에도 집이 없는, (그녀 자신의 표현에 따르면) '문화적 이중 초점'은 그녀 소설의 주요 테마가 되었다.

그런 한편 펄 벅은 난징 대학에서 영문학을 가르치면서 미국의 〈포럼〉, 〈애틀랜틱 먼슬리〉, 〈네이션〉 지 등 여러 잡지에 중국 문화에 대한 논문들과 중국을 배경으로 한 단편소설들을 발표했으며, 1926년 〈중국과 서양〉이라는 논문으로 롤러 메신저상을 받았다.

1930년, 펄 벅은 동서양 문명의 갈등을 다룬 첫 소설 《동풍 서풍》을 발표했으며, 이듬해 중국 빈농 왕룽의 삶을 다룬 대하소설 《대지》를 출간하면서 평론가들의 찬사는 물론, 엄청난 대중적 인기를 끌게 된다. 그해 《대지》는 21주 연속 베스트셀러를 기록하고 30여 개국에서 번역 출간되었으며,

이듬해 퓰리처상을 수상했다. 연이어 왕룽의 죽음 후 중국의 역사 변동에 따라 각기 지주, 상인, 공산주의자로 살아가는 세 아들의 이야기를 다룬 《아들들》, 왕룽의 손자 왕위안을 중심으로 혼란기 중국에서 정체성의 혼돈을 겪는 중국 청년들의 모습을 조명한 《분열된 일가》를 펴내면서 대지 3부작을 완결지었다. 인도주의적 관점에서 혼돈의 시기를 사는 중국 민중의 삶과 정서를 사실적으로 그려 낸 이 대하드라마는 국경과 시대를 초월해 독자들에게 깊은 감동을 주었으며, 펄 벅에게 1938년 노벨 문학상을 안겼다.

1938년 노벨 문학상을 수상하는 펄 벅

1932년, 펄 벅은 코넬 대학의 초청으로 중국 문화 연구를 위해 미국으로 건너갔으며, 《수호전》 영역, 《만인이 모두 형제》, 《대지의 어머니》, 《어머니의 초상》, 《싸우는 사도》 등 활발하게 집필 활동을 했다. 1935년에는 존 로싱 벅과 이혼한 후 《동풍 서풍》을 발행한 뉴욕 존 데이 출판사 사장 리처드 월시와 재혼했다. 1941년, 남편 리처드 월시와 함께 동서협회를 설립하고, 〈아시아〉 지를 발행하는 등 아시아와 미국의 비교 문화 연구 및 문화 교류의 가교 역할을 했다. 또한 제2차 세계대전 중 미국이 일본계 미국인들을 억류하자 이에 강력히 항의하는 등 미국 내 소수 민족의 권익을 보호하기 위해 노력했다.

소설가로 명성을 얻은 이후 무엇보다 그녀가 가장 주력해 활동한 분야는 장애 아동 복지에 관한 것이다. 그녀는 지속적으로 한국, 일본, 중국 등을 방문하여 정신장애나 신체장애, 인종 등으로 차별받는 아이들을 돕는 자선 사업을 하는 한편, 아시아인 장애 아동이 입양에서 차별을 받자 1950년 웰컴 하우스를 설립해 아시아인 및 혼혈인 고아들을 보살피고 미국 가정 내 아시아인 장애 아동 입양을 촉진하는 활동을 했다. 그녀 자신 역시 7명의 혼혈 및 아시아 아동을 입양했다. 그리고 자신의 큰딸 캐럴에 대한 이야기를 담은《자라지 않는 아이》를 출간하면서 미국 내에서 정신질환 문제를 수면 위로 부각시키는 한편, 정신질환자를 대하는 미국인의 태도를 변화시켰다. 1964년에는 펄 벅 재단을 설립해 아시아 10개국에 아동 의료 및 교육 사업을 시행했다.

아동 인권뿐 아니라 미국 내 유색인종의 인권운동도 활발하게 했는데, 유색인종 권익 향상을 위한 전국 연합 NAACP의 일원으로 기고문을 작성하고 연설 활동을 했으며, 미국 내 인종 차별 문제에 대해 에슬란다 로브슨과 대담한《미국의 주장》을 펴냈다. 이런 활동으로 말미암아 매카시즘 광풍이 몰아치던 1930년대 중반 이후 펄 벅은 FBI의 지속적 감시 대상이 되기도 했다.

펄 벅은 사회 활동으로 바쁜 와중에도 왕성한 창작력을 자랑하며 수많은 작품들을 펴냈는데, 소설과 수필, 평론, 동화 등 다양한 분야에서 약 60종의 책을 출판했다. 후기 작품 중 대표적인 것들로는《서태후》,《북경에서 온 편지》등과 같이 중국을 배경으로 한 작품들 외에도 핵무기 사용을 비판한《아침을 지배하라》, 구한말부터 대한제국을 거쳐 제2차 세계대전 시기를 배경으로 김씨 일가의 삶을 다룬《갈대는 바람에 시달려도》등이 있다.

펄 벅은 미국 내에서 가장 낮게 평가된 작가 중 한 사람이다. 펄 벅이 노벨 문학상을 수상한 당시에도, 이를 두고 미국 비평가들은 그녀가 작품을 몇 편 발표하지도 않았으며, 미국 작가로 분류하기도 힘들다고 빈정거리면서 큰 관심을 두지 않았을 정도였다. 펄 벅은 미국인이 아시아를 피상적으로 생각하던 당시, 서구 열강의 침략 속에 정치적, 역사적 격변기에 놓인 아시아 나라의 삶을 직접 체험하고, 작품을 통해 서구인의 동양에 대한인식 변화를 촉구하고, 미국 내 유색인종과 장애인의 인권을 향상시키고자 노력했다. 그러나 중년 이후《대지》를 넘어서는 작품을 발표하지 못하면서 과대평가된 작가로 꼽히는 한편, 저돌적인 사회활동가로 인식되었다. 때문에 1950년대 이후부터 작가로서는 더욱 박한 평가를 받게 되었다. 게다가 말년에는 두 번째 남편과 사별한 뒤 40살 연하의 춤 선생 테드 헤리스에게 빠져 애인의 재단 자본금 횡령을 묵인하는 등의 실수를 해 오점을 남기기도 한다.

1973년, 담낭염 수술 후 버몬트의 자택에서 요양하던 중인 3월 6일 사망했으며, 1992년 탄생 100주년을 맞아 문학가로서 펄 벅을 새롭게 조명하려는 움직임이 미국에서 일어나면서 다시 새롭게 평가를 받고 있다.

083

현실을 비판하고 미래를 예측한 작가

올더스 헉슬리

Aldous Leonard Huxley(1894. 7. 26~1963. 11. 22)

| 영국
| 과학 문명이 발달된 사회를 예측하고 그 위험성을 감지하여 오만한 문명에 대한 경고와 도덕적 비판을 가한 작가이다.
| 《아일랜드》, 《멋진 신세계》, 《크롬 옐로》, 《어릿광대 춤》 등

올더스 헉슬리는 영국의 소설가이자 비평가로, 해박한 지식을 바탕으로 한 현란한 지적 대화와 냉소주의, 미래 문명 예측 및 도덕적 비판주의가 혼합된 실험성 강한 작품을 썼다. 철학, 과학, 심리학의 문제를 포괄적으로 다루며, 동양 사상적 견지에서 인간과 우주에 대한 관념 철학을 전개한 사상가이기도 하다. 오늘날까지 대중적으로 인기를 끄는 작품에는 《아일랜드》, 《멋진 신세계》 등이 있는데, 이 작품들은 과학 문명이 고도로 발달된 사회를 예측하고, 과학의 진보, 인간성의 상실을 경고하고 있다.

올더스 레너드 헉슬리는 1894년 7월 26일 영국 서리 주 고달밍에서 레너드 헉슬리와 줄리아 프랜시스 아널드 사이에서 태어났다. 올더스 헉슬리는 백과사전적 지식을 바탕으로 현실 세계 비판과 미래 예측을 한 박학다식한 작가로 널리 알려져 있는데, 그 근원은 집안 배경에서 연유한다고도 할 수 있다. 헉슬리 가문은 영국에서 유명한 학자 집안이다. 올더스의 할아버지 토마스 헨리는 19세기의 대표적인 생물학자로, '다윈의 불도그'로 불릴 만큼 유명한 진화론자였다. 둘째 할아버지 제임스 역시 의사이자 정신병리학자였고, 아버지 레너드는 학교 교감이자 작가였다. 형 줄리언 소렐은 현대 영국의 대표적인 생물학자로 초대 유네스코 사무총장을 역임하며, 사촌동생 앤드루 역시 생리학자로 노벨상을 수상한다. 어머니 줄리아도 시인이자 여학교를 세운 교육자였는데, 외증조부 토마스 아널드 역시 명망 높은 교육자였고, 외숙인 매튜 아널드는 19세기 대표적인 문예 비평가였다.

올더스 헉슬리

따라서 헉슬리는 당시 웬만한 집안이 따라오지 못할 서가와 실험실을 갖춘 집에서, 생물학과 의학에 큰 관심을 가지고 자랐다. 유년 시절에는 멀번의 힐사이드 학교를 다니다 14세 때 이튼 칼리지에 입학해 생물학을 전공했다. 이어서 옥스퍼드에 진학해 의사가 되고자 했으나 선천적으로 몸이 약한 데다 각막염 수술을 하면서 시력을 거의 잃어 2년 만에 학교를 그만두었다. 시력 문제는 이후 헉슬리를 평생 괴롭힌다.

학교를 그만둔 후 집에서 점자 교육을 받았으며, 점차 시력을 회복해 20세 때 옥스퍼드 대학 영문학과에 진학했다. 옥스퍼드에서 그는 역사, 철학, 종교 등 다방면에 관심을 두고 공부했다. 그중 특히 신비주의에 관심이 컸는데, 이는 14세 때 어머니의 죽음을 겪으며 큰 충격을 받고, '인간의 운명과 세계와의 관계'에 대해 고민하기 시작했기 때문이라고 한다.

옥스퍼드 졸업 후 헉슬리는 잠시 육군성에서 근무하고, 이튼 칼리지에서 교편도 잡으면서 시집《불타는 수레바퀴》,《청춘의 패배》 등을 펴냈다. 첫 소설은 17세 때 썼다고 하는데 발표된 바가 없으며, 소설가로의 길을 진지하게 모색한 것은 20대 초반부터라고 한다. 1921년 소설《크롬 옐로》, 1923년 소설《어릿광대 춤》을 발표하면서 작가로서 사회적 지위를 확립했다. 헉슬리는 이 작품들에서 제1차 세계대전 이후 혼란한 세태를 분석하고, 박식하고 염세적인, 방향성을 잃은 인물들의 모습을 통해 현대 문명사회 지식인들의 불안과 회의를 풍자했다.

이때까지 헉슬리는 〈아테니엄〉 지의 편집자를 지내는 한편, 다양한 문학 잡지에 평론과 서평을 기고하고, 레미 드 구르몽, 장 드 보세르의 작품을 번역하면서 생활을 유지했는데, 두 작품이 성공하고 경제적 안정을 얻으면서 전업 작가의 길에 들어섰다. 이 시기에 교류하던 T. S. 엘리엇이 소설을 쓰는 게 좋겠다고 권유한 것도 한 가지 계기가 되었다고 한다.

작가로서 성공한 후 헉슬리는 아내 마리아 니스와 함께 이탈리아로 이주하여 1930년대까지 집필을 계속했다.《크롬 옐로》의 세계관을 확장, 변형한《하찮은 이야기》와《영원의 철학》, 초기 대표작 중 하나인《연애 대위법》 등의 소설을 비롯해《인간 연구》,《원하는 것을 해라》 등의 평론집을 펴냈다.《연애 대위법》은 20세기 지식인들을 풍자적으로 묘사한 작품으로, 영화의 몽타주 기법을 사용한 실험적인 필법이 두드러진다. 또한 이 작품에서는 19세기 빅토리아 시대 상류층의 허례허식과 위선, 사고방식을 비판하고, 과학과 문학, 진보와 발전의 허구성에 대한 다양한 토론을 전개하는데, 문예 비평가로서 헉슬리의 면모를 잘 보여 준다. 헉슬리는 이로써 20세기 대표적인 지식인이자 소설가로서의 위치를 확립했다.

1925년에는 아내와 함께 인도와 인도차이나를 여행했는데, 동양의 신비주의 사상에 관심이 많았기 때문이었다. 헉슬리는 동양 사상적 관점, 즉 조화와 합일의 관점에서 우주와 세계, 인간의 관계를 파악하고, 과도하게 발달한 문명 속에서 진행되는 비인간화 경향의 해결책을 여기에서 찾았다.

이 시기 헉슬리는 D. H. 로렌스 부부와 각별한 친분을 나누었다. 로렌스는 근대 문명에 대한 비판 의식에 있어 같은 견지를 가지고 있던 스승이자 동조자였다. 헉슬리는《로렌스 서한집》을 직접 편집하고 서문을 써서 출간했으며, 로렌스의《채털리 부인의 연인》은 아내 마리아가 정서하여 타이핑했다고도 한다. 또한 1930년 로렌스의 임종이 가까워졌을 때 헉슬리는 그가 있던 프랑스 방스 지역에 머물며 그의 곁을 지켰다고 한다. 헉슬리의 허무주의, 염세주의적 관점, 도덕주의자의 입장에서 인간 혐오자로 불릴 만큼의 인간성 비판과 풍자적 작품 세계는 로렌스의 죽음으로 더욱 심화되었다고 여겨지기도 한다.

1929년에는 H. G. 웰스, 아놀드 베네트 등과 함께 문학잡지 〈리얼리스트〉를 창간했으며, 1932년에는《멋진 신세계》를 펴냈다.《멋진 신세계》는 과학 기술 문명의 오용이 극대화되어 인간성이 말살된 세계를 보여 주고, 진보주의에 대한 맹신과 전체주의를 경고하는 작품이다. 헉슬리는 당초 이 작품을 공상과학소설이라기보다는 문명 비판론적 견지에서 집필했는데, 지나치게 진일보한 미래 세계는 당시 관점에서 허황되어 보일 정도여서 이 작품이 발표되었을 때 일각에서는 그를 정신병자 취급했다고 한다. 그러나 그가 예측한 미래 사회의 기본 구조는 오늘날 많은 SF 작품들의 모태가 되었으며, 이 작품 속에 등장하는 인공수정, 수면학습 등은 현재에 이르러 그리 허황된 이야기가 아닐 정도로 현실화되기도 했다. 《멋진 신세계》는 20세기 대표적인 과학소설이자 문명비판소설, 조지 오웰의 《1984》와 예브게니 자마친의 《우리들》과 더불어 세계 3대 디스토피아 소설로 꼽힌다.

1930년대 유럽 정세가 혼란스러워지면서 헉슬리는 전체주의를 배격하고 전쟁에 반대하는 입장에서 자연주의적 생활론을 피력하는 《가자에서 눈이 멀어》, 폭력에 반대하는 입장에서 정치, 전쟁, 경제, 종교, 윤리 등을 다루고 도덕주의를 설파한 《목적과 수단》 등을 발표했다.

1937년에 미국으로 이주하여 로스앤젤레스 근교에 목장을 구입해 정착했으며, 불교와 힌두교, 가톨릭 신비주의, 중국 도교에 심취했다. 이런 사색의 결과로 탄생한 작품들이 《많은 여름을 보내고》, 《시간은 멈추어야 한다》, 《만년 철학》, 《루던의 악마들》 등이다.

헉슬리 말년의 대표작은 1949년에 쓴 《원숭이의 본질》로, 제3차 세계대전 이후, 즉 핵전쟁으로 황폐화된 세계에서 원숭이 같은 모습으로 살아가는 인류를 그리고 있다. 제2차 세계대전을 겪으면서 헉슬리는 평화운동에 더욱 몰두했으며, 욕망과 집착에서 벗어나는 방편으로 신비주의, 금욕주의에 매달렸다. 그러면서 약물로 인한 환각 상태를 체험하고 요가에 몰두했다. 이런 체험을 통해 감각이 어떻게 작용하는지 과학적으로 조사 분석해 《인식의 문》, 《하늘과 지옥》 등을 펴내기도 한다. 1955년 아내가 암으로 사망한 이후에는 의학과 인류학을 공부하고, 페루의 아마존 원주민들을 연구하고, 심리치료에도 관심을 보이는 등 학문 연구에 계속해서 힘을 썼다. 이런 연구 결과들은 《에덴이여 안녕》, 《문학과 과학》, 《당신은 표적이 아니다》 등으로 탄생했다.

죽기 몇 년 전에는 미국, 유럽 등지에서 강연 활동을 하고, 사후 세계와 텔레파시에 관심을 가졌다. 1963년 11월 22일 미국 할리우드의 자택에서 구강암으로 세상을 떠났다. 같은 날 미 대통령 J. K. 케네디가 저격당하면서 그의 죽음은 생전의 유명세에 비해 큰 주목을 받지 못했다.

084

재즈 시대를 대표하는 아이콘

스콧 피츠제럴드

Francis Scott Key Fitzgerald
(1896. 9. 24~1940. 12. 21)

- 미국
- 재즈 시대를 배경으로 무너져 가는 미국과 로스트 제너레이션의 모습을 그려 냈다.
- 《위대한 개츠비》, 《밤은 부드러워》 등

스콧 피츠제럴드는 양차 세계대전 사이의 시기, 그중에서도 1920년대 화려하고도 향락적인 재즈 시대를 배경으로 무너져 가는 미국의 모습과 '로스트 제너레이션'의 무절제와 환멸을 그린 작가다. 어니스트 헤밍웨이, 윌리엄 포크너 등과 함께 20세기 초 미국 문학을 대표하는 작가로, 작품과 생애, 스타일 모든 면에서 재즈 시대를 대표하는 하나의 아이콘이 된 인물이다. 미국의 소설가이자 비평가 라이오넬 트릴링은 피츠제럴드의 작품에 대해 '개인의 야망과 영웅주의 그리고 자신이 지닌 어떤 이상에 운명을 건 인생에 관한 낭만적 환상'이라고 표현했는데, 이 말은 비단 작품뿐만 아니라 피츠제럴드의 생애 모두를 설명한다고 해도 무리가 없다.

스콧 피츠제럴드

프랜시스 스콧 키 피츠제럴드는 1896년 9월 24일 미국 미네소타 주 세인트폴에서 태어났다. 2세 때 아버지 에드워드 피츠제럴드가 가구 사업에서 실패해 뉴욕으로 이주하여 세일즈맨으로 일하면서 생계를 유지했다. 어머니는 부유한 상인의 딸로 가족의 경제적인 부분을 친정에 의존했으며, 아들이 필요한 것이라면 무엇이든 들어주고 충족시켜 주며 응석받이로 키웠다. 12세 때 세인트폴로 돌아가 세인트폴 아카데미에 다니다가 외가의 도움으로 15세 때 뉴저지 주의 가톨릭 기숙학교인 뉴먼 학교를 거쳐 18세 때 프린스턴 대학에 진학했다.

어렸을 때부터 글쓰기를 좋아했던 그는 세인트폴 아카데미 시절 교지에 첫 단편소설 〈나우 앤드 덴〉을 발표했고, 뉴먼 학교 시절에도 교지에 단편소설을 세 편 발표했다. 대학 시절에는 연극 모임인 트라이앵글 클럽에 참가해 뮤지컬 코미디용 시극을 썼고, 후일 비평가가 되는 에드먼드 윌슨과 시인이 되는 존 필 비숍을 만나 교류하며 활발하게 문학에 대한 의견을 나누고 습작을 했다. 또한 이 시기에 은행가의 딸 지니브러 킹을 만났는데, 신분 및 경제적 차이로 헤어졌다. 성장기에 재력 있는 외가의 도움을 받고 자란 경험과 이때의 실연 등으로 그는 물질에 대한 갈망과 그에 대한 저열함을 동시에 느끼는 모순적인 성격이 된다.

학업에는 관심이 없고 문학과 연극에만 몰두하다 결국 낙제 위기에 처한 피츠제럴드는 졸업을 미루고자 4학년 때 질병을 이유로 휴학했다. 그러던 중 제1차 세계대전이 발발하자 참전했다. 하지만 곧 그는 군대에 염증을 느끼고 병영에서 틈틈이 소설을 썼는데, 이 작품이《낙원의 이쪽》이다.

1922년 미국에서 발행된《재즈 시대의 이야기들》표지

1918년, 피츠제럴드는 앨라배마 주에서 군 복무를 하던 중 앨라배마 주 판사의 딸인 젤다 세이어와 사랑에 빠졌다. 그러나 그녀와 결혼을 하려면 경제적인 부분이 충족되어야만 했기에, 그는 돈벌이를 할 방편을 알아본다. 1919년에 제대한 피츠제럴드는 잡지에 소설들을 발표하고,《낙원의 이쪽》을 출간할 출판사를 알아보았다. 그런 한편 뉴욕 시의 배런콜리어 광고 회사에서도 근무했다. 그럼에도 젤다는 불확실한 미래를 이유로 파혼을 요구했다. 하지만 그해 말 피츠제럴드는 스크리브너 사와《낙원의 이쪽》출간 계약을 맺었으며, 이후〈새터데이 이브닝 포스트〉에 단편소설들을 꾸준히 발표할 기회를 얻게 되었다.

이듬해 1월에 젤다와 다시 약혼했으며, 3월에《낙원의 이쪽》이 출간되었고, 4월에 결혼했다.《낙원의 이쪽》은 20세기 초 새롭게 등장한 세대, 즉 로스트 제너레이션을 그린 자전적 교양소설로 비평가와 독자들로부터 열광적인 반응을 얻으며 베스트셀러에 올랐고, 피츠제럴드는 재즈 시대와 로스트 제너레이션의 대변자로 하루아침에 스타가 되었다. 이어 9월에는 단편집《말괄량이 아가씨들과 철학자들》, 1922년에는 두 번째 장편소설《저주받은 아름다운 것들》과 단편집《재즈 시대의 이야기들》이 출간되면서 작가로서의 명성과 부를 누리게 되었다.

자신이 추구했던 부를 손에 쥔 피츠제럴드는 아내 젤다와 함께 향락적인 사교 생활에 빠져 방탕한 나날을 보낸다. 1924년부터는 파리와 로마 등을 오가며 사치스럽게 살았는데, 타고난 외모와 문학적 재능을 지닌 두 사람은 곧 사교계의 명사 커플로 유명세를 떨쳤다. 파리에서는 거트루드 스타인, 어니스트 헤밍웨이, 토머스 울프, T. S. 엘리엇 등과 교류하면서 작가로서의 활동 역시 활발히 했으나, 사치스런 생활을 유지하고자 확실히 팔릴 만한 단편소설들을 쓰는 데 재능을 낭비했다. 개인적 삶도 불행했는데, 알코올 중독, 아내의 바람기, 작가로 성공하고 싶었던 젤다의 질투로 말미암은 부부 갈등 등 아내와의 불화가 반복됐기 때문이다. 헤밍웨이는 피츠제럴드의 재능을 젤다가 좀먹고 있다고 여기고 젤다와 헤어지지 않으면 친구 관계를 끊겠다고 말할 정도였다.

피츠제럴드의 부인이자 소설가인 젤다 피츠제럴드

1925년 4월, 피츠제럴드는 장편소설《위대한 개츠비》를 완성했다. 피츠제럴드가 지니브러 킹, 젤다 세이어 등에게 경제적, 신분적 이유로 거절당했던 경험이 녹아 있는 작품인데, 1920년대 대공황 이전 호황기를 누리던 미국의 물질 만능주의 속에서 전후의 공허와 환멸로부터 도피하고자 향락에 빠진 로스트 제너레이션의 혼란을 예리하게 포착하고 있다. 피츠제럴드 자신 역시 이 작품이 자신의 최고작이라고 믿어 의심치 않았으며, 헤밍웨이는 "이토록 좋은 작품을 쓸 수 있다면, 앞으로 이보다 더 뛰어난 작품을 얼마든지 쓸 수 있다."라며 젤다와의 관계로 망쳐 버린 작가로서의 재능을 비꼼과 동시에 작품에 대해 찬사를 보냈다. T. S. 엘리엇은 '헨리 제임스 이후 미국 소설이 내디딘 첫걸음'이라고, 거트루드 스타인은 '(피츠제럴드는) 이 소설로 동시대를 창조했다'라고 극찬했다. 그러나 이 작품은 데뷔작 《낙원의 이쪽》의 절반도 팔리지 않았고, 오히려 그가 죽은 후 재조명되어 전 세계적인 베스트셀러가 되었다.

1927년에는 세 번째 단편집 《모든 슬픈 젊은이들》을 출간했으나 이 작품 역시 부진을 면치 못했다. 부진한 작품 판매, 방탕한 생활로 경제적 어려움에 시달리던 피츠제럴드는 1927년부터 할리우드 영화사에서 일하기 시작했다. 경제고와 예전 같지 않은 명성, 대본 수입으로 유지되는 생활에 대한 불만 등으로 피츠제럴드는 계속 술에 의존했으며, 여배우 로이스 모런과 바람을 피우기도 했다. 1930년 젤다가 신경쇠약 증세를 보이자 두 사람은 치료를 위해 잠시 스위스로 떠났는데, 피츠제럴드는 이때의 경험을 토대로 정신질환을 앓고 있던 대부호의 딸과 결혼한 젊은 정신과 의사를 주인공으로 한 장편소설 《밤은 부드러워》를 썼다. 그러나 이 작품 역시 좋은 반응을 얻지 못했고, 젤다와 함께 미국으로 돌아온 이후 할리우드 영화사에서 대본을 집필하는 일로 생계를 꾸려 나갔다.

1940년 12월 21일, 피츠제럴드는 알코올 중독으로 인한 심장마비로 사망했다. 45세의 젊은 나이였다. 할리우드를 배경으로 한 소설 《마지막 거물》을 집필하던 중이었는데, 이 작품은 1941년 친구 에드먼드 윌슨에 의해 피츠제럴드의 유작으로 세상에 나오게 되었다.

085

미국 남부를 대표하는 작가

윌리엄 포크너

William Cuthbert Faulkner(1897. 9. 25~1962. 7. 6)

- 미국
- 미국적 민속 전통의 기반 위에 유럽의 실험주의를 절묘하게 배합하여 미국 모더니즘 소설의 형성에 기여했다.
- 1949년 노벨 문학상 수상
- 《음향과 분노》, 《성역》 등

'현대 미국 소설에 강력하고도 유례를 찾아볼 수 없는 기여를 한' 공로로 1949년 노벨 문학상 위원회는 윌리엄 포크너를 수상자로 선정했다. 포크너는 현대 미국 문학에서 가장 영향력 있는 작가 중 한 사람이다. 시와 소설을 쓰고 때로 그림도 그렸으나, 그를 오늘날 미국 문학의 한 봉우리가 될 수 있게 만들어 준 것은 그의 장편소설들이다. 포크너의 작품들은 미국 남부 문학의 전통을 이어받았으며, 방언과 미국적 민속 전통의 기반 위에 모더니즘 및 상징주의 기법, 유럽의 실험주의를 절묘하게 배합하여 미국 모더니즘 소설의 형성과 발전에 기여했다. 그러나 작가 생활을 하는 동안 그리 대접받지 못했으며, 노벨 문학상을 받은 이후에야 주목받기 시작했다.

윌리엄 포크너

윌리엄 커스버트 포크너는 1897년 9월 25일 미시시피 주의 뉴 앨버니에서 태어났다. 남부의 유서 깊은 명문가 출신으로, 아버지 머리 포크너는 증조부 때부터 시작한 철도 사업을 이어받았다. 그의 이름은 남북전쟁에 참전했던 할아버지 윌리엄 클라크와 아버지 모드 커스버트의 이름에서 하나씩 따왔다. 원래 가문의 성은 'Falkner'였으나 후일 영국 공군에 입대하면서 'Faulkner'로 쓰기 시작했다.

5세가 될 무렵 가족이 미시시피 지역 옥스퍼드로 이주했으며, 이곳에서 성장하고 생애 대부분을 보냈다. 어린 시절 흑인 유모 매미와 외할머니로부터 가문의 이야기 및 남북전쟁의 영웅담들을 들으며 자랐다. 어린 포크너는 남북전쟁의 영웅이자 정치가, 철도 사업가, 소설가이기도 했던 증조부 윌리엄 클라크 포크너를 우상으로 여겼으며, 이 이야기들은 그가 자란 남부의 생활 방식 및 사회 변화와 함께 작품 근간을 이루는 주요한 요소가 된다.

포크너는 어린 시절부터 독서광이었으며, 그림 그리기를 좋아했다. 학창 시절에는 모든 과목에서 성적이 우수하고 품행이 바른 모범생이었으나 실제로는 문학과 그림, 자기 자신 외의 주변에는 관심이 없는 학생이었다고 한다. 이런 불일치는 그를 힘들게 했고, 결국 고등학교를 중퇴하고 할아버지가 운영하는 퍼스트 내셔널 은행에 들어가 회계사로 일했다. 이 무렵부터 영국의 시인 앨저넌 스윈번과 에드워드 하우스만의 영향이 느껴지는 시를 쓰기 시작했고, 프랑스 상징주의 시인들과 발자크에 몰두했다.

1918년, 제1차 세계대전에 참전하고자 육군에 지원했으나 키가 작아 좌절되었고, 잠시 무기 회사에서 회계사로 일하다 뉴욕에서 영국 공군 사관생으로 입대했다. 그러나 훈련을 받던 중에 제1차 세계대전이 끝나면서 제대해 옥스퍼드로 돌아왔다. 이후 몇 년간 서점 직원, 우체국 국장 등으로 일하면서 주로 시를 쓰는 생활을 했다. 최초로 발표한 시는 1919년 〈뉴 리퍼블릭〉 지에 게재된 〈목신의 오후〉인데, 프랑스 상징주의 시의 영향을 많이 받은 작품이었다.

포크너의 습작 시기에 가장 큰 영향을 준 경험은 1925년 뉴올리언스에 머물 무렵 작가 셔우드 앤더슨과 사귀면서 다양한 성격의 문인들과 교류한 일이다. 셔우드는 그가 이듬해 첫 소설 《병사의 보수》를 출판하는 데 큰 도움을 주었으며, 또한 남부 지방을 작품 소재로 활용하라고 조언한 인물이다.

포크너는 꾸준히 《모기》, 《흙속의 깃발(사토리스)》 등의 소설을 발표했으며, 1929년에는 후일 그의 최고 걸작으로 꼽힐 《음향과 분노》를 발표했다. 비연속적인 시간 구조, 복수의 서사 시점, 암시적이고도 복잡한 문체 등 실험적인 서술 기법과 시각적인 언어 사용이 두드러지며, 후일 20세기 현대 문학의 지형을 바꾸었다고 평가되는 작품이다. 그러나 발표 당시에는 큰 반향을 일으키지 못했다.

그해 그는 첫사랑이었던 에스텔 올덤이 이혼하자 그녀와 결혼하여 옥스퍼드 외곽에 정착했으며, 미시시피 대학 발전소에 취직했다.

1930년에는 〈에밀리에게 바치는 장미〉가 〈포룸〉에 실리면서, 〈아메리

미시시피 주 옥스퍼드에 있는 포크너의 집

칸 머큐리〉, 〈새터데이 이브닝 포스트〉, 〈하퍼스〉 등 유수의 잡지들에도 단편소설을 발표했고, 《내가 죽어 누워 있을 때》를 출판했다. 이듬해에는 포크너를 문제 작가로 주목받게 한 《성역》을 출판했는데, 후일 노벨상을 받기 전까지 그가 유일하게 주목받은 작품이기도 하다. 출판인 해리슨 스미스는 "이걸 출판하면 난 감옥에 갈 거야."라고 말하면서 대폭 수정을 요청한 바 있는데, 그럼에도 여대생을 강간하고 매춘에 이용하는 기본 줄거리를 중심으로, 죄악에 대한 불감증에 빠진 현대 사회를 비판한 이 작품은 '미국 사디즘의 최고의 예'라는 평을 받으며 논란을 불러일으켰다.

이 작품이 주목받고 영화화되면서 포크너는 이후 20여 년간 할리우드에서 영화 시나리오 작가, 각색 작가로 일한다. 그러면서도 장편소설 작업을 계속했고, 《8월의 빛》, 《압살롬 압살롬》, 《정복되지 않은 사람들》, 《야생 종려나무》, 시집 《어린 가지》 등을 출간했다. 그의 작품들은 앙드레 말로, 사르트르 등 프랑스 비평가들에게는 호평을 받았지만, 자국인 미국 비평가들의 입에 오르내리게 된 것은 작품 활동을 한 지 약 15년이 지난 후인

1940년경부터였다. 그리고 1946년, 비평가 맬컴 카울리가 서문과 해설을 붙여 낸《포터블 포크너》선집이 출간되면서 대중의 관심을 받기 시작했다. 1949년에 노벨 문학상을 수상했고, 1951년에는 프랑스에서 문인 자격으로 레종 도뇌르 훈장을 수여받으면서 그의 명성은 절정에 이른다.

스놉스 3부작 (Snopes Trilogy)
1부《촌락》(1940), 2부《마을》(1957), 3부《저택》(1959)으로 구성된다. 남북전쟁에서 제2차 세계대전에 이르는 동안 남부 귀족 사회의 몰락과 스놉스 가문으로 대변되는 신흥 계급이 대두하는 과정을 그린 작품들이다.

1955년에는《우화》로 퓰리처상을 수상했으며, 이듬해《성역》의 여주인공 템플에 관한 이야기를 담은《어느 수녀를 위한 진혼곡》이 알베르 카뮈 각색으로 프랑스에서 연극 무대에 오른다. 스놉스 3부작 중 1부로 1940년 출간된《촌락》과《어느 수녀를 위한 진혼곡》,《음향과 분노》등의 작품들도 미국에서 연이어 영화화된다.

1957년부터 포크너는 버지니아 대학에서 상주 작가로 지내면서 강의를 하고 글을 쓰며 안정적으로 생활했다. 세계적 명성을 얻은 작가로서 활발하게 활동하기보다 소박하고 전원적인 삶을 택해 조용하게 살았다. 1962년 7월 6일 심장마비로 숨을 거두었고, 다음 날 세인트 피터스 공동묘지의 포크너 가족 묘지에 안장되었다. 마지막 소설인《약탈》은 출간된 지 이듬해인 1963년 퓰리처상을 수상했다.

포크너는 일련의 작품들을 통해 미국 남부 사회의 변천사를 연대기적으로 묘사했다. 그가 살던 시대는 남북전쟁이 끝난 후 전통적인 가치가 급속히 붕괴되던 때로, 전통적인 생활방식 및 관점과 새 시대의 유물들이 혼재하던 때였다. 전형적인 남부 명문가에서 자란 포크너는 양쪽을 모두 경험했으며, 이런 삶 속에서 남부의 정체성을 포착하고자 노력했다. 그의 소설 대부분은 요크나파토파 군과 제퍼슨 읍이라는 가공의 장소를 중심으로 이루어지는데, 이곳들은 그가 자란 미시시피 지역과 옥스퍼드 지역을 소설에 맞춰 변형한 곳이다. 이 가공의 지역을 무대로 19세기 말부터 20세기 중반에 걸쳐 과거 몇 세대 동안 서로 연결된 허구의 가족들을 통해 남부 사회의 모순, 즉 뿌리 깊은 인종 차별이나 상류 사회의 부도덕, 도덕 불감증, 방종과 타락, 계층 갈등과 분열 등을 고발했다.

남부 문학의 전통을 따르며 남부 사회를 이런 방식으로 다룬 작가는 포크너만이 아니지만, 누구도 포크너만큼 서사적이고 신화적인 작품을 창조하지는 못했다. 포크너의 작품은 남부 지역을 배경으로 하면서도 미국이라는 땅의 역사를 다양한 민족을 통해 새로이 구성한, 하나의 거대하고 신화적인 서사시라 할 만하다. 그런 한편 "윌리엄 포크너 만큼 자신의 마음과 영혼을 문자 언어에 쏟아부은 사람은 없다."라는 미국 남부 출신 작가 유도라 웰티의 말처럼 포크너는 영어라는 언어 자체를 다양한 방식으로 실험하고 활용했으며, 연대기적 서사 속에서도 다양한 시점과 비연속적인 시간 구조를 채택함으로써 소설의 내러티브 방식 자체를 실험했다. 이런 그의 시도는 이후 미국 문학의 지형을 완전히 바꾸어 놓았다.

086

집단 창작 방식을 고안하다

베르톨트 브레히트

Bertolt Brecht(1898. 2. 10~1956. 8. 14)

- 독일
- 제작자, 배우, 작가들이 연극 창작의 전 단계에 참여하는 공동 작업 방식을 창안하여 기존 연극의 개념을 해체하고자 노력했다.
- 〈바알〉, 〈밤에 치는 북〉, 〈서푼짜리 오페라〉 등

브레히트는 독일의 극작가로, 서사극의 창시자이다. 연극이나 영화를 묘사할 때 흔히 '브레히트적'이라는 표현을 사용하곤 할 정도로 그는 연극 전반에 막대한 영향을 끼쳤다.

오이겐 베르톨트 프리드리히 브레히트는 1898년 2월 10일 독일 바이에른 아우크스부르크에서 태어났다. 아버지 베르톨트 프리드리히 브레히트는 제지공장 노동자였고, 어머니 소피는 평범한 주부였다. 노동자들이 사는 구역의 작은 셋집에서 동생 발터와 함께 자랐으며, 12세 무렵부터 어머니가 유방암을 앓으면서 부모의 보살핌을 거의 받지 못했다. 6세 때 맨발 수도회가 운영하는 학교에 다녔으며, 10세 때 왕립 실업고등학교에 들어가

베르톨트 브레히트

19세에 졸업했다.

가정 형편상 공부나 독서를 할 여건이 되지 않았던 브레히트는 학교에 들어가고 나서야 문학을 접했다. 15세 무렵에 작가가 되겠다는 꿈을 품은 그는 친구들과 문학 동아리를 만들고 학생 잡지인 〈에른테〉를 창간, 발행했다. 이 활동을 하면서 그는 친구들과 함께 아이디어를 논하고, 각자 자기만의 방식으로 아이디어를 발전시켜 나가는 등 협업과 분업 방식으로 글을 쓰는 집단 창작 방식을 고안해 냈다. 이런 방식은 이후 브레히트의 작업 방식 중 하나로 정착한다. 또한 브레히트는 이때 문학 소년들인 친구들과 토론하면서 문학에 내포된 허구성과 문학에 경도된 삶의 허구성에 대해 비판의식을 갖고, 문학 역시 현실에 기반을 둔 실제적인 것이 되어야 한다고 생각하기 시작했다. 한편 1914년 제1차 세계대전이 발발했을 때 브레히트는 아우크스부르크 지역 신문에 애국적인 글들을 기고하기도 한다.

고등학교를 졸업한 뒤 친구 대부분이 군에 자원입대했으나 그는 입대를 연기하고 뮌헨 대학교에 들어가 철학부와 의학부에 적을 두었다. 그러나 이 시절에는 학과 수업보다 연극과 수업과 연극 세미나에 주로 들락거렸다. 1918년에는 징집 대신 보충역으로 차출되어 세 달간 아우크스부르크의 병원에서 위생병으로 복무했다.

이 시기에 그는 랭보 등을 모델로 한 아나키스트적 태도의 천재 시인을 다룬 첫 장편희곡 〈바알〉을 썼고, 1918년의 혁명에 등을 돌리는 제대한 귀향병의 이야기 〈밤에 치는 북〉, 크리스토퍼 말로의 작품을 번안한 〈에드워드 2세의 생애〉 등의 희곡도 썼다. 이 작품들에는 반부르주아적, 반전주의적 태도가 강하게 드러난다.

또한 이 시기에 그는 세 명의 여인을 만나 세 아들을 두었다. 1916년부터 만난 파울라 반홀처와는 그녀 집안의 반대로 결혼할 수 없었으나, 그녀와의 사이에서 아들을 하나 두었다. 1920년경 알게 된 성악가 마리안네 초프와는 그녀가 임신을 하면서 1923년 결혼해 아들 하나를 두었고, 1927년에 이혼했다. 파울라는 1924년 그와의 사이에서 낳은 아들을 데리고 다른 남자와 결혼했다. 마리안네와 이혼 후 브레히트는 여배우 헬레네 바이겔과의 사이에서 아들 하나를 더 두었으며, 그녀와는 1928년 결혼한다.

1920년대 초 〈바알〉, 〈밤에 치는 북〉 등이 상연되었고, 1922년 〈밤에 치는 북〉이 클라이스트상을 수상하면서 브레히트는 독일 연극계에 혜성처럼 등장했다. 이 공연을 보고 비평가 헤르베르트 예링은 "스물네 살의 시인 브레히트는 하룻밤 사이에 독일의 문학적 면모를 바꿔 놓았다. 그와 함께 새로운 어조, 새로운 멜로디, 새로운 비전이 나타났다."라고 평했다.

연이어 발표한 〈남자는 남자다〉, 〈도시의 정글〉, 〈가정용 설교집〉 등을 통해 브레히트는 독일 연극계의 총아로 떠올랐다. 그러면서 그는 학창 시절 고안했던 공동 작업 체제를 시도했는데, 대본을 작업하기 전 단계부터 무대 제작자, 배우, 작곡가 등과 함께 하나의 작품을 만들어 나가는 방식이다. 그는 협력자들과 대화를 나누면서 극본 작업 및 무대 제반 요소들을 구성했으며, 비서였던 엘리자베스 하우프트만, 마가레테 스테판 등과는 직접적으로 대본 작업을 함께 하기도 했다. 공동 작업 방식은 브레히트 작품에서 매우 중요한 방식이다.

DIE
DREIGROSCHENOPER
(THE BEGGAR'S OPERA)

Ein Stück mit Musik in einem Vorspiel
und acht Bildern nach dem Englischen des John Gay
Übersetzt von Elisabeth Hauptmann

Deutsche Bearbeitung von
BERT BRECHT

Musik von
KURT WEILL

Die Uraufführung fand am 31. August 1928 im
Theater am Schiffbauerdamm in Berlin statt.

[illegible]

Den Bühnen gegenüber als Manuskript gedruckt.

FELIX BLOCH ERBEN
BERLIN-WILMERSDORF I
NIKOLSBURGERPLATZ 3
UNIVERSAL-EDITION WIEN — LEIPZIG
Nr. [illegible]

1928년 독일에서 발행된 〈서푼짜리 오페라〉 각본집

또한 브레히트는 기존 연극의 개념을 해체했다. 관객이 무대 위의 연극에 몰입하고 현실을 도피하는 방식, 즉 일종의 환각법을 배제한 것이다. 그는 관객이 자신들이 보고 있는 것이 연극임을, 허구임을 의식하며 관람할 수 있도록 했다. 무대 장치를 최소화하고, 노래를 활용했으며, 영사기를 사용하는 등 무대 위에서 다양한 도구를 활용하여 의미를 전달했다. 또한 배우가 무대 위에서 관객들과 토론을 벌이거나, 연극 같지 않은 연극을 공연하여 무대와 거리를 두게 하는 방식 등 다양한 방식을 창안했다. 이런 방식을 활용하기 위해서라도 공동 작업 방식은 필요했다.

공동 작업 방식은 연극 기법에 많은 변화를 일으켰으며, 음악극이라는 새로운 장르가 탄생하는 기반이 되기도 한다. 그중 대표적인 작품은 1928년에 상연한 음악극 〈서푼짜리 오페라〉이다. 존 게이의 〈거지 오페라〉를 번안한 것으로, 런던 암흑가를 배경으로 노상강도단의 두목 매키 매서가 런던의 구걸 사업을 독점한 '거지들의 친구' 두목 제레미아 피첨의 외동딸을 꾀어내면서 벌어지는 사건이다. 줄거리는 비교적 단순한데, 브레히트는 이 작품의 서사를 쿠르트 바일이 작곡한 노래를 중심으로 진행시켰다. 배우가 노래를 하는 동안 다른 사건들은 진행이 멈추고, 때로 사건 진행과 관계

없는 노래가 나타나기도 한다. 이는 감정 이입과 동일시에 따른 카타르시스라는 종래 연극의 전통을 깨고, 연극과 관객 사이에 거리 두기를 시도했던 브레히트의 서사극 이론을 무대 위에서 실연하는 방식 중 하나이기도 하다. 이 새로운 형식의 '음악이 있는 극 작품'은 대성공을 거두었으며, 이후 노래와 음악을 활용한 음악극 장르가 창안되었다.

1920년대 후반 브레히트는 마르크스주의에 경도되어 교화를 목적으로 한 교육극들, 고리키의 작품을 각색한 〈어머니〉, 〈도살장의 성 요한나〉 등을 썼다. 1930년대 브레히트는 반나치 운동에 적극 가담했으며, 1933년 히틀러가 정권을 잡으면서 망명길에 올라 스칸디나비아, 덴마크로 갔다가 할리우드로 건너가서 영화 제작에 참여했다. 독일 당국은 그의 시민권을 취소하고, 그의 책을 불태웠으며, 그의 작품에 대한 상연 금지 조치를 내렸다.

덴마크에 머무는 동안에도 《스벤보르거 시집》으로 출판되는 많은 시를 썼으며, 연극 비평 등을 통해 자신의 서사극 이론을 발전시켜 나갔다. 희곡 작업도 계속했는데, 대표적인 작품이 30년 전쟁을 배경으로 한 〈억척어멈과 그 자식들〉, 〈갈릴레이의 생애〉, 전쟁 전 중국을 배경으로 한 우화극인 〈사천四川의 선인〉, 시카고를 배경으로 히틀러의 권력 장악을 비유적으로 그린 〈저지할 수 없는 아르투로 우이의 득세〉 등을 썼다. 당대 독일 사회의 문제를 드러내고 나치 정권에 대한 반대가 뚜렷이 드러나는 작품들이다. 또한 마르크스주의자로서 프롤레타리아를 교화하겠다는 목적으로 쓴 작품들이기도 한데, 이런 방식은 당대에도, 후대에도 비판받고 있는 부분이기도 하다.

전쟁이 끝난 후 미국에서 반미활동위원회의 공산당 처단이 시작되자 1948년 미국을 떠나 스위스로 갔다. 그곳에서 〈안티고네〉, 〈파리 코뮌의 나날〉을 썼으며, 자신의 연극론을 《소사고 원리》라는 책으로 집필했다. 이후 동독의 초청을 받아 동베를린에 자리를 잡고 아내 헬레네 바이겔과 함

시프바우어담 극장 브레히트는 베를리너 앙상블 극단을 창설한 후 첫 작품을 이곳에서 올렸다.

께 베를리너 앙상블을 결성하여, 망명 중에 쓴 작품들과 고전을 개작한 〈가정교사〉, 〈북과 나팔〉 등을 연출했다.

그는 반미활동위원회 청문회에서 자신은 마르크스주의자가 맞지만, 공산당의 강령에 복종하는 사회주의 리얼리즘에는 비판적이며 공산당에 입당한 적이 없다고 주장했다. 그러나 이 때문에 서유럽 지역에서 한때 배척받았으며, 국내에서도 그의 작품들은 1988년까지 상연이 금지되었다. 또한 1954년에는 모스크바로부터 국제 스탈린 평화상을 수상하기도 했다.

만년에도 베를리너 앙상블을 중심으로 활발하게 작품 활동을 했으며, 1956년 8월 14일 심장마비로 사망했다. 평소 바람대로 도로테엔 공동묘지의 헤겔 묘 건너편에 안장되었다.

087

일본 문학의 전통을 현대어로 재탄생시키다

가와바타 야스나리

川端康成(1899. 6. 14~1972. 4. 16)

- 일본
- 고대 일본 문학의 전통적인 미에 전위적인 묘사를 더하여 독자적인 문학 세계를 펼쳤다.
- 1968년 노벨 문학상 수상
- 《설국》, 《수정환상》, 《서정가》, 《금수》 등

가와바타 야스나리는 1968년 타고르에 이어 동양에서 두 번째로 노벨 문학상을 수상했으며, 일본 최초의 노벨 문학상 수상자이다. 젊은 시절 다양한 전위 문학적 시도를 한 끝에 이를 일본의 전통적인 미와 결부시켜 고대 일본 문학의 전통을 현대어로 재탄생시켰다는 평을 받는다. 완성도 높은 내러티브, 극도의 미학적 표현, 고독과 죽음에 대한 관념과 우수에 젖은 서정미로 독자적

가와바타 야스나리

인 문학 세계를 구축했다. 노벨 문학상을 수상한 대표작《설국》은 가와바타 야스나리 미의식의 최고봉이자 일본 미의식의 정수로 일컬어진다.

가와바타 야스나리는 1899년 6월 14일 오사카에서 7개월의 미숙아로 태어났다. 아버지 가와바타 에키지는 의사였는데, 지병인 폐병으로 그가 두 살 때 사망했다. 네 살 때는 어머니마저 병으로 여의고 할아버지 댁에 맡겨졌으나, 일곱 살 때는 할머니를, 열다섯 살 때는 할아버지를 잃었다. 다른 친척 집에 맡겨졌던 다섯 살 위의 누나 역시 그가 열 살 때 죽었던 터라 가와바타는 천애 고아가 되었다. 이런 사별의 경험들로 인한 상실, 부모로부터 물려받은 병약한 체질, 사춘기 시절 고아가 되어 실질적, 심정적으로 '집'을 잃은 경험은 가와바타에게 고독과 상실의 그늘을 드리웠고, 이는 그의 성격과 작품 세계 전반에 막대한 영향을 미쳤다. 후일 그는 〈고아 근성, 은혜를 입는 자의 타성〉이라는 글을 통해 자신의 어린 시절과 성격 형성의 관계에 대해 언급하기도 한다.

가와바타는 오사카 히가시무라에서 도요카와 보통고등소학교, 오사카 부립 이바라키 중학교 등을 거쳐 제일고등학교 문과에 들어갔다. 학업 성적은 학창 시절 내내 우수했으며, 소학교를 졸업할 무렵부터 문학에 빠져들었다. 특히 도스토옙스키, 체호프, 다니자키 준이치로 등 국내외 작가들의 소설은 물론,《겐지 이야기》,《마쿠라노소시》 같은 고대 작품들에 이르기까지 가리지 않고 많은 작품들을 탐독했다고 한다. 중학교 2학년 무렵부터 신체시와 단편소설 등을 썼지만 작문 성적은 신통치 않았다. 또한 제대로 기억도 하지 못하는 아버지이지만, 조부모로부터 아버지가 한시와 문인화에 조예가 깊었다는 이야기를 듣고 아버지에 대한 동경의 마음을 품었다. 그리하여 이 시기에 작가가 되겠다고 결심하고는 아버지의 호인 '고쿠도谷堂'를 사용하기도 한다.

1920년에 도쿄 제국대학 영문과에 입학하고, 이듬해 국문과로 전과했다. 대학에 다니던 시절 가와바타는 16세의 소녀와 사랑에 빠져 약혼했는데, 이 약혼은 결국 그가 파혼을 당하면서 비극으로 끝났다. 천애 고아로 자란 외로움과 어머니 없이 자란 모성의 결핍으로 성급하게 결정한 탓이었다. 이 일로 그는 오랫동안 우울함과 절망에 빠져 지내게 된다.

1924년에 대학을 졸업하고, 그해 교류하던 신진 문인들과 함께 동인지 〈문예시대文芸時代〉를 창간했다. 그리고 이 잡지에 자전적인 소설 〈16세의 일기〉를 발표했는데, 그가 중학생 시절 할아버지가 죽는 과정을 목격하고 쓴 일기를 토대로 한 작품이다. 이 작품에는 할아버지가 죽어 가는 모습을 하루하루 지켜보는 소년(그)의 모습이 묘사되어 있는데, 소년은 그 과정을 일기에 적으면서 종래 화가가 되기로 했던 꿈을 버리고 소설가가 되기로 결심한다.

그의 문학 세계의 기저를 이루고 있는 허무주의, 즉 니힐리즘은 성장기에 수많은 혈육을 잃은 경험에 근거를 두고 있다고 할 수 있다. 그러나 서양의 니힐리즘이 파괴적인 허무함인 데 반해, 가와바타는 영속적인 자연 속에서 인간이 이룩한 모든 것은 찰나의 것일 뿐이지만, 소멸과 허무 그 너머에 생에 대한 긍정이 존재한다고 여겼다. 그는 인간 및 자연의 모든 대상이 소멸 직전 찰나의 아름다움을 뿜어내는 모습을 섬세하고 미려한 언어로 표현했는데, 가와바타식의 이런 관점을 동양적 니힐리즘이라고 칭한다.

1926년, 《이즈의 무희》를 발표하면서 가와바타는 작가로서의 입지를 굳혔다. 고등학교 1학년인 화자가 고아인 자신의 뒤틀린 성격과 우울증을 떨치려고 이즈로 여행을 떠났다가 극단 무희인 가오루와 사랑을 나누게 된다는 이야기로, 청춘의 방황과 설렘, 가와바타 특유의 비애와 허무주의가 서정적인 필치로 쓰인 작품이다. 그는 현실 세계를 감각적이고 주관적으로 인

이바라키 현에 있는 가와바타 야스나리 박물관

식함으로써 새롭게(전위적으로) 묘사하는 신감각파의 대표적인 작가로 꼽히는데, 그런 한편으로 사실주의적 필치를 견지함으로써 이들과 차별되었다.

만주사변과 태평양 전쟁 동안에는 허무주의적인 경향이 특히 강하게 배어 있는《수정환상水晶幻想》,《서정가抒情歌》,《금수禽獸》 등의 작품들을 발표했다. 이 작품들에는 전쟁으로 인간성이 상실되는 장을 목격하고, 절망과 고뇌 속에 삶의 의미를 찾아 방황하던 가와바타의 모습이 담겨 있다. 그러나 그는《설국》을 기점으로 점차 허무주의에서 벗어나 인간 본연의 생명력에 대해 탐구하기 시작한다.

《설국》은 가와바타 문학의 절정이자, 일본 고전 문학이 추구하는 전통적 정서를 정통으로 계승했다고 여겨지며, 가와바타를 일본 현대 문학의 대표적인 작가로 자리매김하게 해 준 작품이다. 1935년부터 1947년까지 여러 잡지에 실린 단편을 모은 것으로, 섬세하고 감각적인 문장, 극도의 탐미적인

1946년 가마쿠라 자택에서 집필 중인 가와바타

묘사와 서정적인 아름다움의 극치를 보여 준다고 평가된다. "국경의 긴 터널을 빠져나오자, 눈의 고장이었다."라는 유명한 첫 문장으로 시작하는《설국》은, 시마무라라는 도쿄 남자가 설국의 한 온천장에서 관능적이고 매혹적인 게이샤 고마코에게 끌려 그곳을 찾아가는 이야기가 중심이다. 공허함과 우울함에 시달리는 시마무라는 고마코와의 관계를 제대로 발전시키지 못하고, 고마코가 있는 온천장에서 부엌일을 하는 요코에게도 끌리면서 삼각관계를 만든다. 줄거리보다는 자연 배경과 인물에 대한 묘사가 중심이며,

허무주의적인 시마무라와 순수하고 열정적인 고마코와 요코의 대립을 통해 삶과 인간 본성, 인간 행위의 즉시성과 찰나성, 자연의 무한함과 인간 행위의 유한성에 대해 이야기하고 있다. 특히 시마무라의 시점에서 묘사되는 모습들, 곧 근대화로 손상되지 않은 있는 그대로의 자연을 간직한 설국의 풍취, 아름답고 관능적인 고마코, 맑고 순수한 요코의 모습 등은 농밀하고 섬세하기 이를 데 없는, 언어로 표현할 수 있는 아름다움의 극치를 보여 준다.

가와바타는 《설국》 이후에도 활발하게 작품을 집필하며 《천우학千羽鶴》으로 예술원상을, 《산소리》로 예술원상과 노마 문예상을 수상하는 등 대표작들을 잇달아 발표했다. 한편으로 1957년 국제펜클럽 대회에서는 주최국 회장으로 이를 도쿄에서 성공적으로 개최하는 등 국제 사회에 일본 문학과 문화를 알리기 위한 사회적 활동에도 참가했다.

1968년, 《설국》으로 가와바타 야스나리는 노벨 문학상이라는 작가에게 수여되는 최고의 영예를 맛보았다. 그러나 노벨 문학상을 수상한 지 3년 6개월 만인 1972년 4월, 별장에서 가스관을 입에 물고 자살로 돌연 생을 마감했다. 향년 73세였다. 유서도 없었고, 자살할 당시 책상에는 집필 중인 원고와 뚜껑이 열린 만년필이 놓여 있었다고도 한다. 죽기 직전까지 자살에 대한 어떤 징조도 없었고, 평소 자살에 대해 부정적인 견해를 표명했기 때문에 그의 죽음은 많은 이들을 놀라게 했다. 제자인 미시마 유키오의 죽음이 영향을 미쳤다고도 하며, 일생 주류 문단에 속하지 않던 반역 정신의 발로라고도 말해지는 등 자살 이유에 대해 많은 설이 난무한다.

088

불필요한 수식을 빼다

어니스트 헤밍웨이

Ernest Miller Hemingway(1899. 7. 21~1961. 7. 2)

| 미국
| 제1차 세계대전 때 종군한 경험을 바탕으로, 전후 미국 사회에 만연했던 허무주의와 환멸을 특유의 건조하고 간결한 문체로 묘사하였다.
| 1954년 노벨 문학상 수상
| 《무기여 잘 있어라》, 《노인과 바다》, 《누구를 위하여 종을 울리나》 등

어니스트 헤밍웨이는 20세기 미국의 대표적인 소설가로, 전쟁 영웅이자 기자, 사냥꾼 등 자신의 경험을 바탕으로 20세기 초 로스트 제너레이션의 허무주의와 환멸, 상처받은 영혼을 묘사했다. 일체의 수식을 배제한 간결하고 건조한 문체로 사실만을 서술하는 글쓰기 방식이 특징이며, 1954년 노벨 문학상 위원회는 '독보적인 내러티브 기술과 현대 문학의 스타일에 큰 영향을 미친' 공로로 그에게 상을 안겼다. 《노인과 바다》, 《무기여 잘 있어라》, 《누구를 위하여 종을 울리나》 등은 우리나라에서 매우 인기 있는 작품들이기도 하다.

어니스트 헤밍웨이는 1899년 7월 21일 미국 일리노이 주 오크파크에서

어니스트 헤밍웨이

태어났다. 아버지 클래런스 에드먼드 헤밍웨이는 의사였으며, 어머니 그레이스 홀 헤밍웨이는 성악가였다. 오크파크는 부유한 백인, 특히 청교도들이 많이 사는 교외 지역으로, 변화가 없고 안락한 마을이었다. 6남매 중 둘째로 태어난 헤밍웨이는 전형적인 부유층 백인 가정에서 남매들과 함께 어울리며 풍족한 유년 시절을 보냈다. 방학이면 아버지를 따라 미시간 주 여기저기로 사냥과 낚시 여행을 다니곤 했다. 또한 아이들에게 헌신적이고 예술가적 기질이 풍부했던 어머니는 아이들에게 문학과 음악을 비롯해 뜨개질이나 수예 등도 직접 가르쳤는데, 헤밍웨이는 어머니에게 첼로를 배워 지역 오케스트라에서 연주하기도 했다. 그러나 아이들을 지나치게 과보호하던 어머니를 부담스러워해서 종종 마찰을 빚기도 했다. 이런 성장 과정은 후일 닉 애덤스라는 주인공이 등장하는, 소위 '닉 애덤스 단편'으로 불리는 여러 단편소설들에 반영된다. 헤밍웨이는 초등학교 시절부터 많은 문학 작품들을 접하고 습작을 하며 뛰어난 재능을 보였는데, 후일 그가 대작가로 성장한 후 어머니 그레이스는 "초등학교 시절에 쓴 글들이 더 낫다."라고 할 정도였다고 한다.

1917년에 오크파크 고등학교를 졸업한 헤밍웨이는 대학 입학을 포기하고 〈캔자스시티 스타〉 신문에 기자로 취직했다. 신문사에 입사한 데는 고교 시절부터 저널리즘에 관심을 가졌던 이유도 있었지만, 어머니의 품에서 벗어나고 싶었던 마음이 더 컸다고 한다.

이듬해 제1차 세계대전의 포화로 미국까지 전시 상태에 돌입했다. 헤밍웨이는 신문기자를 그만두고 미 육군에 자원입대했으나 왼쪽 눈의 시력 장애로 입대를 거부당했다. 그럼에도 전쟁에 참여하고 싶었던 그는 적십자 부대의 구급차 운전병으로 입대해 이탈리아 전선에 투입되었다. 그러나 3주 만에 이탈리아 북부 포살타 디 피아베에서 총상을 입고 6개월간 병원에 입원했다가 제대하고 미국으로 돌아왔다. 이 일로 그는 이탈리아 정부로부터 무공훈장을 받았다. 그리고 병원에서 자신을 간호해 준 6세 연상의 간호장교 아그네스 폰 쿠로스키와 사랑에 빠져 그녀에게 청혼했으나 거절당하고 마음에 깊은 상처를 입었다. 이때의 경험은 후일 《무기여 잘 있어라》에 반영된다.

1919년 1월에 미국으로 돌아온 헤밍웨이는 미국인으로서는 최초로 제1차 세계대전에서 부상을 입었다는 이유로 전쟁 영웅 대접을 받으면서, 한동안 보험금으로 빈둥거리며 지냈다. 그러던 중 어머니와의 불화로 집을 떠나고자 1920년 캐나다 토론토로 건너가 〈토론토 스타〉 지의 기자로 일하기 시작했다. 이듬해에는 8세 연상의 해들리 리처드슨과 결혼하고, 〈토론토 스타〉와 〈스타 위클리〉의 해외 특파원으로 파리에 갔다. 그는 셔우드 앤더슨, 에즈라 파운드, 스콧 피츠제럴드, 거트루드 스타인 등 파리에서 머물던 미국인 작가들과 교류하며 문학 수업을 했다. 그런 한편으로 터키 스미르나에 가서 그리스-터키 전쟁을 취재하는 등 기자 활동도 열성적으로 했다. 그러나 점차 소설 집필에 몰두하면서 기자를 그만두었다. 기자 생활을 통해 그는 자신의 특징적인 문체, 소위 하드보일드 문체라고 불리는 짧고 명

로스트 제너레이션
로스트 제너레이션이란 소설가 거트루드 스타인이 당시 젊은이들을 가리키며 "자네들은 로스트 제너레이션(길 잃은 세대)이야."라고 한 말을 이 작품 서두에서 인용하면서 정착되었다.

료하며 건조한 문체 방식을 확립했는데, 스스로도 "신문사의 기사 작성 매뉴얼은 최고의 글쓰기 규칙이라 할 만하다."라고 말했다. 이 시기에 해들리와의 사이에서 큰아들 잭을 얻었다.

1923년 《세 편의 단편과 열 편의 시》, 1924년 단편집 《우리들의 시대에서》를 파리에서 출간했으며, 1925년 《우리들의 시대에서》가 미국에서 출간되었다. 1926년 헤밍웨이는 스콧 피츠제럴드의 소개로 미국 출판사 스크리브너와 인연을 맺게 되었으며, 그해 《봄의 격류》와 첫 장편소설 《해는 또다시 떠오른다》를 연이어 펴냈다. 이후 헤밍웨이의 모든 작품은 스크리브너에서 출간된다.

《해는 또다시 떠오른다》는 제1차 세계대전에 참전했다가 부상을 당해 심리적 상처를 받은 신문기자 제이크 반즈를 중심으로, 전쟁 후 허무주의와 환멸에 빠진 당대 젊은이들, 곧 로스트 제너레이션의 정신적 풍조를 헤밍웨이 특유의 문장으로 그린 작품이다. 수사여구가 없는 간결하고 명료한 헤밍웨이식 문장은 당대 여타 소설들과 비교했을 때 매우 혁신적인 것이었다. 헤밍웨이는 글을 쓰고 퇴고 과정을 거치면서 계속해서 문장을 줄여 나가는 방식을 취했는데, 그는 자신의 글쓰기 방식을 빙산에 비유하면서 "보이는 것의 8분의 7은 물밑에 있다."라고 했다.

이 작품은 출간 후 젊은이들의 열렬한 공감을 불러일으키며 로스트 제너레이션의 바이블로 여겨졌다. 헤밍웨이 역시 제1차 세계대전을 겪은 로스트 제너레이션으로, 자신을 비롯한 전후 세대들이 느낀 환멸과 두려움을 소설 속에 옮겨 놓았다. 그의 소설들은 대부분 허무 속에 몸부림치고 실존의 의미를 찾아 헤매며 위험한 선택을 하는 주인공들을 그리고 있는데, 헤밍웨이 역시 허무주의와 반복적인 우울증에 시달리면서 몇 차례 이혼을 겪

1927년 스페인 팜플로나 근처 투우장에서 헤밍웨이

고, 종군기자로서, 사냥꾼으로서 모험을 좇으며 생을 이어 갔다.

1927년 4월, 헤밍웨이는 해들리와 이혼하고 한 달 후에 연인 관계였던 파리 〈보그〉 지 부편집장이었던 폴린 파이퍼와 재혼했다. 폴린은 헤밍웨이보다 4세 연상에 재력가의 딸이었고, 헤밍웨이가 글 쓰는 생활을 하는 데 부족함이 없도록 받쳐 주었다. 이듬해에는 폴린과 함께 파리를 떠나 미국의 휴양 도시인 플로리다 주 키웨스트로 이주했다. 이곳과 스페인, 파리의 집을 오갔지만, 약 12년간 대부분을 키웨스트에 머물면서 주요 작품들을 구상했다. 또한 폴린과의 사이에서 두 아들 패트릭과 그레고리 핸콕을 두었다.

그런 한편 1928년에는 존경하던 아버지의 죽음을 겪었다. 부동산 투자에 실패하고 건강이 악화되면서 우울증에 빠져 권총 자살을 한 것이다. 그는 아버지의 죽음에 대해 어머니에게 책임의 일부가 있다고 비난했으며, 그 자신도 한동안 우울증에 빠졌다.

1929년, 대표작《무기여 잘 있어라》를 출간하면서 즉시 상업적, 비평적으로 큰 성공을 거두었다. 그는 이 시기에 집필 외에도 사파리 사냥, 낚시 여행 등을 다니면서 유유자적 지내거나 기자로서 활발하게 활동했다. 1930년대에는 스페인을 오가면서 투우에 심취해 투우에 관한 논픽션《오후의 죽음》을 썼고, 아프리카 사파리 사냥을 다녀와서 논픽션《아프리카의 푸른 언덕》을 썼다. 또한 1937년에는 북아메리카 신문연맹의 통신 특파원으로 스페인 내전을 직접 취재했으며, 사회소설《유산자와 무산자》, 영화 대본〈스페인의 땅〉등을 썼다. 이 무렵 재즈 시대가 끝나면서 스콧 피츠제럴드의 명성이 사그라졌고, 헤밍웨이는 현존하는 미국 최고의 작가 자리에 올라 있었다.

1939년, 헤밍웨이는 폴린과 별거했으며, 쿠바의 아바나 지역에 농장을 사서 이주했다. 1940년, 스페인 내전을 취재할 당시 만났던 기자 마사 겔혼과 세 번째 결혼을 했으며, 같은 해에 스페인 내전을 소재로 한《누구를 위하여 종을 울리나》를 출간하면서 다시 한 번 큰 성공을 거두었다.

제2차 세계대전이 발발하자 헤밍웨이는 미 해군에 자원했다. 그는 독일 잠수함 수색 작전에 참여하기도 하고,〈콜리어〉지 등 신문과 잡지의 해외 특파원으로 유럽 전쟁을 취했다. 노르망디 상륙 작전, 독일의 파리 입성과 후퇴 등도 취재했다. 늘 군인이 되기를 꿈꾸었던 헤밍웨이는 이때 기자 신분으로 의용대를 조직해 지휘관처럼 하고 다녔는데, 이것이 문제가 되어 계급 사칭 혐의로 연합군의 군법회의에 회부되기도 했다.

1945년에는 마사와 이혼하고 이듬해 기자 메리 웰시와 네 번째 결혼을 했으며, 전쟁이 끝난 후에 쿠바의 농장과 미국 아이다호 주 케첨에 저택을 구입하여 두 곳을 오가며 살았다. 1950년에는 10년 만에《강 건너 숲 속으로》를 발표했는데, 이 작품은 비평가들은 물론, 독자에게도 혹평을 받았다. 헤밍웨이는 이 때문에 우울증을 겪으며 술과 낚시에 빠져들었다.

네 번째 부인 메리 웰시와 헤밍웨이

1952년, 《노인과 바다》가 출간되면서 다시 평단과 독자들로부터 폭발적인 반응을 이끌어 냈는데, 이 작품이 게재된 〈라이프〉 지 1952년 9월호는 이틀 만에 530만 부가 팔릴 정도였다고 한다. 《노인과 바다》는 1953년 퓰리처상을, 1954년에는 노벨 문학상을 안겨주었다.

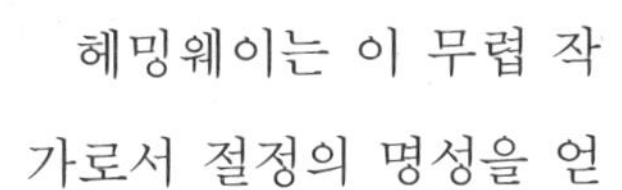
헤밍웨이는 이 무렵 작가로서 절정의 명성을 얻고 전설이 되고 있었지만, 그의 심리 상태는 불안정했다. 우울증과 알코올 중독, 과대망상으로 병원에 드나들었고, 전기충격요법까지 받았으며, 글조차 쓸 수 없었다. 이를 극복하고자 아프리카로 사파리 사냥을 떠나기도 했는데, 이때 비행기 사고를 당해 건강까지 악화되었다. 결국 우울증으로 자살 충동에 시달리던 그는 1961년 7월 2일 장총을 입에 물고 자살했다. 사후 유작 《움직이는 축제일》, 《해류 속의 섬들》, 《닉 애덤스 이야기》, 《88편의 시》, 《에덴 동산》, 《헤밍웨이 단편선집》 및 허구적 자서전 《여명의 진실》 등이 출간되었다.

089

현대 환상 문학의 대가

호르헤 루이스 보르헤스

Jorge Luis Borges(1899. 8. 24~1986. 6. 14)

❙ 아르헨티나
❙ 간결하고 건조한 문체와 환상적 사실주의로 라틴 문학의 대표 작가가 되었으며 이후 포스트모더니즘 문학에 큰 영향을 끼쳤다.
❙ 《불한당들의 세계사》, 《끝없이 두 갈래로 갈라지는 길들이 있는 정원》, 《알렙》 등

호르헤 루이스 보르헤스

보르헤스는 아르헨티나의 시인이자 소설가로, 소설과 시, 형이상학, 신화 등 다양한 분야를 넘나드는 문학 작품을 통해 마술적 사실주의를 구축하면서 포스트모더니즘 문학에 많은 영향을 미쳤다.

호르헤 프란시스코 이시도르 루이스 보르헤스는 1899년 8월 24일 아르헨티나 부에노스아이레스에서 태어났다. 아버지 호르헤 기예르모 보르헤스는 변호사

이자 심리학 교수로, 영국계 집안 태생이었다. 때문에 보르헤스는 어린 시절 스페인어보다 영어를 먼저 배우고 영어권 소설들을 읽으며 자랐다. 아버지와 가정교사들에게 교육받았으며, 6세 때 작가가 되기로 결심했다고 할 만큼 조숙했다. 일찍부터 문학, 철학, 그리스-로마 신화에 관심이 많았고, 7세 때 영어로 그리스 신화 개관을 작성했으며, 8세 때 첫 단편소설을 썼고, 9세 때 오스카 와일드의 《행복한 왕자》를 스페인어로 번역하여 신문 〈나라〉에 발표했다.

15세 때 아버지의 눈 치료 때문에 가족 모두 스위스 제네바로 이주했는데, 이곳에서 장 칼뱅 중등학교에 다니며 프랑스어, 독일어, 라틴어를 공부했다.

19세 때 스페인으로 옮겨갔으며, 본격적으로 시 작품을 발표했다. 그는 기예르모 데 토레스와 함께 잡지 〈울트라〉를 중심으로 스페인 아방가르드 문예운동인 울트라이스모(Ultraísmo, 극단주의) 운동을 주도했다. 울트라이스모 운동은 당시 이탈리아, 독일, 프랑스 등지에서 일어나고 있던 다다이즘, 초현실주의 등과 같이 전통적인 모더니즘을 비판하고 인간의 감성과 감각의 세계를 중시하는 운동이다.

22세 때 가족과 함께 부에노스아이레스로 돌아온 보르헤스는 시와 에세이 작품을 발표하는 한편, 문예지 〈프리즘〉, 〈프로아〉 등을 창간해 아르헨티나 문단에 울트라이스모를 소개했다. 보르헤스는 스페인에서 영향을 받은 극단적 간결미와 압축미를 강조하는 성향에다 부에노스아이레스의 활기차고 다문화적인 분위기, 탱고, 속어시 등에서 영향을 받은 토속적인 감성과 속어를 결합시키면서 자신만의 문학 세계를 개화시켰다. 24세 때 첫 시집 《시, 부에노스아이레스의 열기》를 펴낸 이후 시집 《앞의 달》, 《산 마르틴 노트》, 에세이집 《심문들》, 《내 기다림의 크기》, 《아르헨티나인의 언

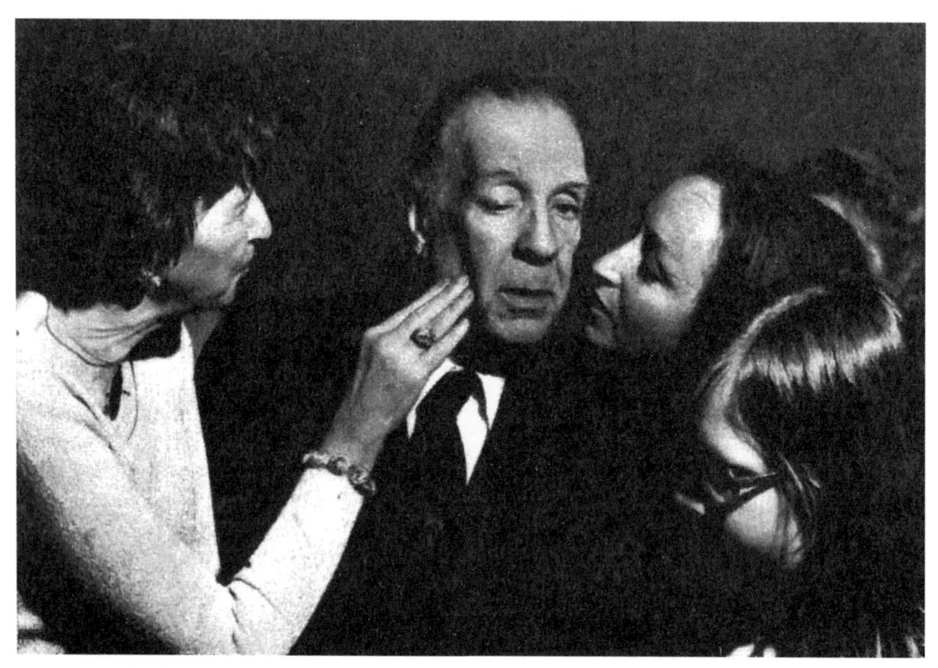

팬에게 둘러싸인 보르헤스

어》 등을 잇달아 발표하면서 주목받는 시인이자 에세이스트로 명성을 쌓았다.

1931년, 보르헤스는 아돌프 카사레스 등과 함께 문예지 〈수르〉에 참여하면서 서구적 문학 경향과 아르헨티나의 향토성을 결합하는 운동을 전개했다. 그는 민족주의의 배타성을 비판하면서 국지성을 극복하는 세계주의를 주창했다. 그러면서 1930년대에는 소설 실험을 시도했으며, 1935년 첫 소설집《불한당들의 세계사》를 펴냈다.

작가로서 명성을 얻기는 했으나 이 시기에 아버지의 건강이 악화되면서 가세가 기울자 보르헤스는 생계를 꾸려야 하는 처지가 되어 1937년부터 시립 미겔 카네 도서관에서 수석 사서로 일하기 시작했다. 1938년에는 아버지가 사망하는 불행을 겪은 데다, 계단을 오르던 중 열려 있던 창문에 머리를 부딪쳐 다쳤는데, 이 상처가 패혈증으로 번지면서 한 달 넘게 병상 생활을 했다. 또한 보르헤스의 아버지는 유전적인 이유로 시력이 약화되다 실명했는데, 보르헤스 역시 이런 유전적인 요인에 더해 지나친 독서로 이 무렵 시력이 많이 약화되어 있었다. 말년에 이르러서는 완전히 시력을 잃어 후기 작품들은 구술을 통해 비서에게 정서시켰다.

보르헤스는 병상 생활을 하면서 본격적으로 단편소설들을 창작했다. 상처의 후유증이 지나치게 커서 자신이 앞으로 시를 계속 쓸 수 있을지 의심하며 소설 〈피에르 메나르, 돈 키호테의 저자〉를 쓰는 한편, 그의 대표작으로 꼽히는 소설집 《끝없이 두 갈래로 갈라지는 길들이 있는 정원》(1941, 후일 몇몇 단편을 추가해 《픽션들》로 출간된다), 《알렙》(1949)에 수록되는 작품들 대다수를 썼다. 이 작품들은 '발생하지 않은 것들에 대한 계시'로 탄생했다고 하는데, 이는 그에게 있어 이성적으로 통제 가능한 일시적 착란 상태를 일컫는다. 그는 패혈증으로 인한 환각을 겪으면서 자신의 정신질환을 의심했으며, 일시적으로 말을 못하게 되는 등의 일을 겪었는데, 이런 상태에 영향을 받았다고 한다. 일시적 착란 상태의 특징인 시공간의 무한한 확장과 이에 따른 심리적 공황 상태를 겪으면서, 마술적 사실주의라 불리는 무한하고 환상적이며 모든 시공간 및 관념의 경계가 허물어진 세계라는 독특한 보르헤스 문학이 탄생한 것이다.

1946년, 보르헤스는 당시 대통령이었던 후안 페론의 집권을 반대하는 지식인들의 시위와 시국 선언문 작성에 참여했다. 후안 페론은 1943년 쿠데타를 일으켜 군사 정부를 세우고 아르헨티나 정치를 장악했으며, 3년 후인 1946년 대통령에 당선된 인물이다. 이 일로 보르헤스는 도서관을 사임하고, 강연과 저술 활동으로 생계를 꾸려 나간다. 1949년에는 누이와 어머니가 페론 집권 반대 시위에 참여했다가 투옥되기도 한다. 이런 정치 상황 속에서도 보르헤스는 1950년에는 아르헨티나 문인협회 회장으로 뽑혔다.

1955년, 독재정치로 경제가 파탄나자 군사 혁명이 일어나 페론이 국외 추방되었다. 페론이 실각한 후 보르헤스는 아르헨티나 국립도서관 관장으로 임명되었으며, 부에노스아이레스 대학 영문학 교수직을 맡게 되었다. 그는 이 무렵 거의 실명 상태에 이르렀는데, 국립도서관장으로서 80만 권의 책을 관리하게 되었음에도 책을 읽지 못하게 된 자신의 처지에 대해 '책과 밤을 동시에 주신 신의 경이로운 아이러니'라며 '꿈속의 도서관에서 읽을 것'이라는 시를 쓰기도 한다.

보르헤스는 어머니와 친구들의 도움으로 독서 및 집필 활동을 할 수 있었으나, 1950년대 후반부터는 강연에 집중했고, 산문 집필이 어려워져 주로 시를 쓰기 시작했다. 1960년대에 발표된 〈창조가〉, 〈가상의 존재들에 대한 책〉 등은 산문과 운문의 구별을 거의 없앤 작품들이다.

1961년에는 사뮈엘 베케트와 공동으로 국제 출판인 협회상인 포멘터상을 받았으며, 1960년대 서구 사회에 라틴 아메리카의 마술적 사실주의 문학이 붐을 일으키자 그 선구자이자 대표적인 인물로 국제적인 명성을 얻었다. 1967년 어린 시절부터 친구로 지낸 엘사 아스테트 밀란과 결혼했으나 1970년 이혼했으며, 1986년 오랫동안 비서를 지낸 일본계 아르헨티나인 마리아 고다마와 결혼했다.

1973년, 국민들의 향수로 페론이 재집권하면서 보르헤스는 도서관장 자리에서 물러나 이후 유럽, 미국 등지로 강연을 다녔다. 1980년에는 세르반테스 문학상을 받았다.

보르헤스는 시와 산문 사이의 경계를 없애고, 소설의 본질은 허구임을 직시하고 현실 도피로서가 아닌 진정한 현실로서의 환상 문학, 즉 마술적 사실주의라는 소설의 새로운 가능성을 제시하는 등 다양한 소설적 실험을 하여 20세기 포스트모더니즘 철학 및 문학에 많은 영향을 미쳤다. 보르헤스는 포스트모더니즘 문학의 상징적 인물로 꼽히지만, 노벨 문학상만은 받지 못했다. 이에 대해 일각에서는 보르헤스가 노벨 문학상을 받지 못한 것은 그의 불명예가 아니라 노벨 문학상의 불명예라고 말하기도 한다.

1985년, 스위스에 강연을 갔다가 병 때문에 제네바에 정착했으며, 이듬해 6월 14일 간암으로 사망했다.

090

지상의 어린 왕자

앙투안 드 생텍쥐페리

Antoine Marie-Roger de Saint-Exupéry
(1900. 6. 29~1944. 7. 31)

❙ 프랑스
❙ 자신의 체험을 토대로 비행소설 장르를 개척하였으며, 삶에 대한 형이상학적인 공상과 고독이 빚어낸 작품들로 전 세계의 사랑을 받았다.
❙ 《야간 비행》, 《전투 조종사》, 《어린 왕자》 등

생텍쥐페리는 프랑스의 비행사이자 소설가로, 시적이고 형이상학적인 아름다움이 담긴 글과 인간과 세계에 대한 고양된 인식으로 '고독한 몽상가', '지상의 어린 왕자'로 불리며 전 세계적으로 널리 사랑받는 작가이다.

앙투안 드 생텍쥐페리는 1900년 6월 29일 프랑스 리옹 시에서 태어났다. 아버지는 장 드 생텍쥐페리 백작이고, 어머니는 프로방스 지방 귀족인 마리 부아이에 드 퐁스콜롱브이다. 4세 때 아버지가 괴한의 습격으로 사망하자 어머니를 따라가 외가인 샤를 드 퐁스콜롱브의 라몰 성에서 자라났다. 음악가이자 화가였던 어머니 마리는 감수성이 예민하고 사색적인 소년이었던 앙투안의 문학적 성향을 북돋아 주었고, 앙투안은 어린 시절부터 평

생 어머니와 깊은 유대를 맺고 살았다.

8세 때 리옹의 몽 생 바르테레미 학교에서 초등교육을 받았으며, 이듬해 친할아버지가 앙투안의 가족들을 불러들이면서 망스로 이주해 예수회 소속인 생트 크루아 중등학교를 다녔다. 학창 시절에는 다소 엉뚱하고 주의가 산만한 학생이었으며, 학교 수업에 전혀 관심이 없었다고 한다. 당시 그에게 가장 큰 즐거움은 가족들과 함께하는 바캉스였다고 하는데, 5남매 중 셋째였던 앙투안은 누이들과 남동생들, 어머니와 어울려 화목한 가정생활을 누렸다. 때문에 15세 때 남동생 프랑수아가 죽자 그는 큰 상처를 입었다. 동생과 마지막으로 나눈 대화와 이때 죽음의 의미에 대해 고민한 상념들은 20여 년 후 회고록, 30여 년 후《전투 조종사》를 통해 나타난다.

유년 시절 생텍쥐페리에게 가장 중요한 경험은 12세 때 집 근처에 있던 앙베리외 비행장을 들락거리면서 한 첫 비행이었다. 그는 이때의 경험을 평생 잊지 못하고 비행을 자신의 업으로 택하게 된다.

15세 때 스위스 프리부르에 위치한 마리아회 학교에 입학하여 고등교육을 받았으며, 17세 때 대학 입학자격고사에 합격하여 파리로 왔다. 그러나 해군사관학교에 들어가고 싶었던 앙투안은 두 차례 시험을 보았으나 실패하고, 20세 때 파리 예술대학에 입학하여 건축학을 공부했다. 이 때문에 학교에 마음을 붙이지 못하고 방랑하다 군에 입대했다. 스트라스부르의 제2 전투기 연대에서 군 복무를 시작했으며, 비행기 조종사 자격증을 취득해 모로코 카사블랑카에 비행사로 파견된다. 그는 후일 군대 생활은 지루했지만 카사블랑카에서 '시정 넘치는 삶'을 살았다고 말했다. 그곳에서 2년 만에 비행 사고를 당해 두개골 골절상을 입으면서 소위로 의가사제대를 했지만, 이후에도 계속 비행에 대한 열정을 놓지 못했다.

제대 후 파리에서 생활하면서 앙투안은 군 입대 전에 만난 루이즈 드 빌모랭과 약혼했으며, 그녀와 결혼하고자 민간 조종사라는 꿈을 포기하고 부아롱의 기와 공장에 들어가고, 소렐 자동차 회사의 판매 대리인으로 일하는 등 직업 생활을 전전했다. 생텍쥐페리는 그녀에 대한 사랑으로 자신의 길을 포기하고 방황을 거듭했으나, 사교계의 명사이자 여류 작가였던 빌모랭과 몽상적이고 까다로운 생텍쥐페리는 애초에 잘 맞지 않는 짝이었다. 두 사람은 2년 만에 파국을 맞는다.

의기소침한 상태에서 생텍쥐페리는 시와 산문 습작을 하면서 출판계 인사들과 접촉한다. 그리고 1926년 〈은빛 배〉 지에 중편소설 〈비행사〉를 발표한다. 편집장 장 프레보는 생텍쥐페리의 '섬세한 묘사력'에 찬탄을 보냈으나, 당시 생텍쥐페리는 글보다는 돈이 될 만한 일을 찾아다녔다. 그는 프랑스 항공에 입사하여 관광객들을 태우고 다니는 비행선을 조종하며 돈벌이를 잠시 하다가, 에어프랑스의 전신인 라테코에르 항공사에서 기술자로 일을 시작했다. 그곳에서 그는《야간 비행》속 모델들인 디디에 도라, 기요메 등과 친분을 나눈다.

얼마 지나지 않아 생텍쥐페리는 우편 비행사로 일했고, 3년 후에는 아르헨티나 아에로포스탈 항공사에서 항로 개발 책임자로 임명되어 새로운 항로 개척에 나선다. 생텍쥐페리는 사고를 당한 비행사들을 구조하러 가기도 하고, 비행기 고장 때문에 아프리카 다카르 사막에 체류하기도 했으며, 1930년에는 절친한 동료 기요메가 안데스 산맥 횡단 중에 실종되자 구조 작업에 나선다. 비행사로서의 경험들은 1929년《남방 우편기》, 1931년《야간 비행》, 1939년《인간의 대지》에 생생하게 반영되어 있다.

《남방 우편기》를 출간하면서 생텍쥐페리는 문학적 성취를 인정받았으며, 그해 시민 항공 부문 레종 도뇌르 훈장을 수여받았다. 또한《야간 비행》으로는 페미나 문학상을 수상했으며, 이 작품은 미국에서 번역 출간되고

생텍쥐페리가 직접 그린 《어린 왕자》 삽화

클라크 케이블 주연의 영화로도 만들어져 큰 인기를 끈다.

생텍쥐페리는 1931년 과테말라 출신 작가 엔리케 고메즈 카리요의 미망인이던 콘수엘로 순신과 결혼했다. 그는 그녀에게 헌신적인 애정을 바쳤으나 이전 약혼자 빌모랭보다 더 까다롭고 변덕스러운 콘수엘로와의 결혼 생활은 파란만장하기 그지없었다. 콘수엘로는 예쁜 외모에 유머 감각과 예술가적 기질이 풍부했으며, 주변 사람들을 자기 마음대로 휘두르는 데 일가견이 있는 여성이었다고 한다. 앙리 장송은 "이 새는 제자리에 얌전히 있지 않는다. 생텍스라는 거대한 곰, 그 큰 곰 위에 제멋대로 올라타곤 했다."라고 표현하기도 한다. 《어린 왕자》에서 장미꽃과 사막여우의 일화는 생텍쥐페리와 그녀와의 관계를 나타낸다고 한다.

이후 몇 년간 그는 작품을 집필하면서도 이따금 비행 일을 했으며, 사고도 여러 번 당했다. 1932년에는 시범 운행 중 추락 사고를 겪었으며, 1935년에는 에어프랑스 소속으로 사이공에 갔다가 리비아 사막에 추락하여 5일 만에 구조되었다. 1938년에는 푸에고 섬 항로의 시험 비행을 하고 돌아오던 중에 과테말라에 불시착해 중상을 입었다. 그런 한편 〈파리 수아르〉 지의 해외 특파원으로도 활동했는데, 1935년에는 모스크바, 1937년에는 스페인 내전을 취재하기도 했다.

1939년 2월, 《인간의 대지》가 출간되었다. 이 작품은 출간 직후 베스트셀러가 되었으며 아카데미 프랑세즈 그랑프리를 수상했다. 그해 제2차 세계대전이 발발하자 생텍쥐페리는 9월에 입대하여 이듬해까지 정찰비행대 소속으로 활약했다. 이 전쟁으로 기요메를 포함한 동료들이 모두 사망하면서 생텍쥐페리는 전쟁의 비극을 온몸으로 체험한다. 그는 "기요메가 죽었다. 오늘 저녁 내겐 더 이상 친구가 없는 듯하다."라고 당시의 절망적인 심경을 표현했다. 이 시기에 그는 《성채》를 쓰는 데 집중했는데, 농담 삼아 '유작'이라고 말하던 이 작품은 실제로 미완성 유작으로 남는다. 1941년에는 전쟁 복무 경험을 토대로 《전투 조종사》를 집필했으며, 이 작품은 이듬해 《아라스 비행》이라는 제명으로 미국에서도 거의 동시 출간되었다. 이 책은 출간 즉시 매진될 정도로 베스트셀러에 올랐으나, 작품 속 유대인 비행사 이스라엘에 대한 긍정적인 묘사가 문제가 되어 프랑스에서는 판매 중단 조치를 받았다.

1943년에는 《어느 인질에게 보내는 편지》와 《어린 왕자》가 출간되었다. 《어린 왕자》는 생텍쥐페리의 고뇌와 형이상학적 관념들이 집결된 작품으로, 그의 마음 깊은 곳에 품고 있던 어린 소년을 표현한 작품이라고 일컬어지기도 한다. 어른을 위한 이 매혹적인 동화는 오늘날까지 160개국에서 번

1997년 프랑스에서 발행된 생텍쥐페리와 어린 왕자가 새겨진 지폐

역 출간되었으며, 누적 판매부수가 1천억 부에 달하면서, 《성경》과 칼 마르크스의 《자본론》 다음으로 전 세계적 베스트셀러가 되었다.

독일과 연합군의 전쟁이 한창이던 1943년, 생텍쥐페리는 3월에 연합군 진영에 합류하여 훈련을 받고 6월에 지휘관으로 임명되어 알제리로 갔다. 이듬해 5월 이탈리아 사르데냐 알게로에 주둔하던 233정찰대에 복귀하여 임무를 수행했고, 그해 7월 31일 마지막 정찰 비행을 떠나 실종되었다. 당시 시신도, 비행기의 잔해도 찾지 못했으며, 실종 자체에 대해서도 자살이거나 의도적 실종이라는 등 다양한 설이 대두되었다. 일각에서는 지상에 내려온 '어린 왕자'가 비행기를 타고 '자신의 별'로 돌아갔다고 말하기도 했다.

지난 2000년 프랑스 마르세유 근해에서 생텍쥐페리와 함께 실종되었던 P38 항공기의 잔해가 발견되었고, 2004년 추가로 수중에서 잔해가 발견되면서 생텍쥐페리의 죽음은 공식적으로 확인되었다.

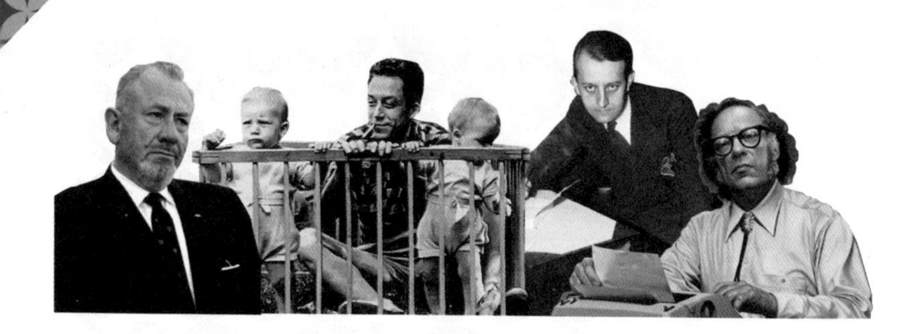

생 년

1901
앙드레 말로

1902
존 스타인벡

1904
파블로 네루다

1905
장 폴 사르트르

1906
사뮈엘 베케트

1911
윌리엄 골딩

1913
알베르 카뮈

1918
알렉산드르 솔제니친

1920
아이작 아시모프

1927
가브리엘 가르시아 마르케스

1914
제1차 세계대전 발발

1918
제1차 세계대전 종식

1929
미국 대공황

사 건

20세기 이후

1933
말로,
《인간의 조건》 출간

1939
제2차 세계대전 발발

1942
카뮈, 《이방인》 발표

1943
사르트르,
《존재와 무》 발표

1945
제2차 세계대전 종식

1953
베케트, 〈고도를
기다리며〉 초연

1954
골딩,
《파리 대왕》 출간

1962
스타인벡,
《에덴의 동쪽》으로
노벨 문학상 수상

1982
마르케스,
《백 년 동안의 고독》으로
노벨 문학상 수상

091

행동하는 지식인

앙드레 말로

André Malraux(1901. 11. 3~1976. 11. 23)

| 프랑스

| 반식민운동과 중국 혁명운동, 반나치스 운동에 참여하여 지성과 행동의 결합을 추구한 행동주의 작가이다.

| 《희망》, 《왕도》, 《인간의 조건》, 《예술심리학》 등

앙드레 말로는 프랑스의 소설가이자 반식민운동과 중국 혁명운동, 반나치스 운동에 참여한 혁명가, 정치가이기도 하다. 《인간의 조건》, 《희망》, 《왕도》, 《예술심리학》 등이 대표적인 저술로, 말로는 자신의 행동 원리를 작품을 통해 표방하면서, 프랑스 '행동의 문학'의 표본으로 꼽힌다.

앙드레 말로는 1901년 11월 3일 파리에서 태어났다. 아버지 페르낭 말로는 은행가로, 프티 부르주아 계층에 속했다. 아버지의 여성 편력 때문에 부모는 그가 4세 때 별거를 시작했고, 앙드레는 어머니를 따라 파리 교외의 봉디에서 작은 식료품 가게를 운영하는 외가에서 자라났다. 독서와 몽상으로 하루를 보내는 등 유년 시절을 고독하게 보낸 그는 "내가 아는 작가 대부분은 자신의 유년 시절을 사랑하지만, 나는 너무도 싫다."라고 말할 만큼 자신의 성장 과정에 대해 밝히기를 꺼렸다.

앙드레 말로

17세 때 콩도르세 고등학교를 졸업한 후 대학 입학자격고사에 실패했는데, 재도전하지 않고 아예 대학 입학을 포기했다. 이후 2년간 독학했다고 하는데, 어떤 공부를 어느 정도로 했는지 잘 알려져 있지 않다. 19세 때 말로는 라 코네상스(La Connaissance, 지식)라는 책방 겸 출판사를 들락거리면서 고서적을 수집하고, 주인인 르네 루이 두아용이 창간한 잡지 〈라 코네상스〉에 참여했다. 이 잡지에 〈입체파 시의 기원〉이라는 상징주의에 관한 첫 비평을 실었으며, 이후에도 〈악시옹〉이라는 좌파 성향의 비평지에 비평을 게재하면서 문인으로서 첫발을 내디뎠다. 또한 이런 활동과 라 코네상스를 통해 문인, 예술가 들과 교제했다.

1921년, 클라라 골드슈미트와 결혼하고 이탈리아 등 유럽 각지를 여행했다. 또한 이 무렵에 말로는 동양 고미술품을 주로 관리하는 기메 미술관과 루브르 박물관 등지에서 동양학 관련 강의를 듣고, 산스크리트어를 공부할 정도로 동양 고미술 연구에 관심이 컸다. 1923년, 아내 클라라와 함께 북라오스 고고학 조사단에 참가하여 프랑스령 인도차이나에 가기도 했다. 이곳에서 그는 조사단과 헤어져 독자적으로 크메르 문화 유적을 발굴했는데,

그 과정에서 신상 부조 몇 점을 떼어 내어 도굴 혐의로 체포되었다. 그는 징역 3년형을 받았으나 클라라가 파리로 먼저 돌아가 백방으로 노력한 끝에 앙드레 지드, 마르탱 뒤 가르, 앙드레 브르통, 가스통 갈리마르 등의 지식인들이 구명에 힘을 보태 간신히 석방되었다.

판결이 내려지는 동안 말로는 서구 제국주의가 동양에 무슨 짓을 했는지 깨닫게 된다. 석방 후인 1925년 1월, 말로는 자신의 석방에 도움을 주었던 변호사 폴 모냉과 함께 사이공에서 〈랭도쉰느(L'Indochine, 인도차이나)〉를 창간하고, 인도차이나 현지에서 민족주의자들의 독립운동을 도우면서 반제국주의 투쟁을 시작했다. 또한 중국 공산당과도 관계를 맺으면서, 공산당과 연계하고 있던 국민당 정권에 협력했다고도 하는데, 이 부분은 명확하게 밝혀져 있지 않다(당시 그의 홍콩행은 활자를 사기 위한 것으로 광둥 혁명, 상하이 쿠데타와는 무관하다고도 한다). 〈랭도쉰느〉는 결국 정부의 탄압으로 11월 폐간되었으나 인접한 중국의 민족 해방운동에 영향을 끼쳤다.

1926년, 귀국한 말로는 〈중국 청년으로부터의 편지〉(그해 단행본으로 보완되어 《서양의 유혹》으로 출간되었다)를 〈누벨 르뷔 프랑세즈〉에 발표했다. 한 중국인과 프랑스인이 주고받은 서간 형식을 취한 문명론적 작품으로, 인도차이나에서 느낀 서유럽 지성의 한계를 문제 삼고 있는 작품이다. 1928년에는 광둥 혁명을 배경으로 한 소설 《정복자》를 출간하여 그해 최고의 책, 최고의 베스트셀러로 일컬어지며 대중적 인기와 평단의 찬사를 동시에 얻었다. 1930년에는 크메르 유적을 찾으면서 겪은 자신의 모험담을 모티프로 한 두 번째 소설 《왕도》를 출간했으며, 이 작품으로 앵테랄리에상을 받았다.

그리고 1933년 《인간의 조건》이 출간된다. 이 작품은 1927년, 장제스가 공산당을 이용해 상하이에서 북방 군벌을 몰아낸 직후 공산당을 축출한 상하이 쿠데타를 배경으로 한다. 말로 설명하기 어렵지만 견딜 수 없는, 인간이 가진 근원적인 고뇌와 허무 속에서 각자의 방식으로 '인간 조건'에서 벗어나고자 하는 인간 군상을 독립적으로 그리고 있다. 예컨대 테러리스트 첸은 자신의 목숨을 던져 장제스를 죽이려 하고, 카토는 혁명에, 메이는 연애에, 지조르는 아편에 취하는 것이다. 이 작품으로 말로는 공쿠르상을 수상하면서 문단에서 확고하게 지위를 굳혔으며, 행동주의의 대표적인 작가로 꼽히게 되었다. 죽음을 다루는 방식이나 숙명론적 사상, 선과 우주 합일 사상 등에서 이 작품은 동양적 색채를 짙게 띠고 있는데, 이를 통해 말로가 동양 문화에 대해 꾸준히 관심을 보였으며, 1931년 클라라와 함께 중국과 일본을 다녀온 데서 많은 영향을 받았음을 알 수 있다.

1933년 1월 30일, 독일에서 히틀러의 국가사회당이 집권에 성공하자 말로는 3월, 젊은 공산주의자들의 모임인 작가예술인연맹에서 독일 파시스트에 대항하고 전쟁을 막고자 모든 수단을 불사해야 한다고 선언했다. 이듬해에는 혁명 작가로 초청받아 모스크바를 방문했으며, 독일 공산주의자들의 수용소 생활을 다룬 《모멸의 시대》를 출간하기도 한다.

1936년, 스페인 내전이 일어나자 그는 클라라와 함께 스페인으로 간다. 공화파에 가담해 국제의용군 항공대 비행대장으로 참전했는데, 르포르타주 문학의 걸작으로 칭송받는 《희망》은 이때의 경험을 토대로 쓰인 것이다.

1939년에 독소불가침 조약이 체결되자 말로는 공산당과 절연하였으며, 1940년 5월에 독일이 프랑스를 침공하자 전차병으로 참전했다. 6월에는 독일군에 포로로 억류되었으나 동생 로랑의 도움으로 4개월 만에 탈출해 남부 자유 지역에 머물렀다. 이곳에서 사르트르, 보부아르, 클로드 부르데 등과 교류하고, 《천사와의 싸움》(《알텐부르크의 호두나무》 제1부, 이후 집필 중단), 《절대의 악마》, 《예술심리학》 등을 집필했다. 또한 이 시기에 애인인 조제

팡테옹에 있는 말로 무덤

트 클로티와의 사이에서 아들 피에르 고티에와 뱅상을 낳았다.

1942년 무렵부터 레지스탕스 운동에 참여했으며, 1944년에는 알자스-로렌 부대의 지휘를 맡는 등 적극적으로 가담했다. 부상을 입고 독일군에 체포되기도 했으나 처형 직전 독일군이 후퇴하면서 극적으로 목숨을 구했다. 그러나 둘째 동생 클로드는 레지스탕스 운동 중 독일군에 체포되어 처형되는 비극을 겪는다(이듬해 레지스탕스 운동에 헌신하던 동생 로랑 역시 나치 수용소에서 처형당한다). 또한 그해 애인 클로티가 갑작스러운 사고로 사망했다.

알자스 전선에서 드골의 신임을 받게 된 말로는 1945년 종전 후 드골이 집권하면서 정치가의 길로 들어선다. 드골 내각에서 정보상으로 활동했으며, 1946년 드골 퇴진과 함께 정계에서 물러났다. 프랑스국민연합 창당 때 선전부장으로 활동하는 한편, 〈정신의 자유〉 지를 창간했고, 갈리마르 사의 〈형태의 세계〉 시리즈를 기획했다. 또한 〈르 라상블르망〉에 사설을 쓰고, 《예술심리학》을 출간하는 등 집필 및 예술 연구 활동 역시 활발히 했다. 1958년 드골이 알제리 문제로 다시 정계에 복귀하자 이듬해 제5공화국에서 문화부장관으로 임명되었으며, 1969년 3월 드골이 하야하면서 정계에서 은퇴했다. 이후 베리에르 르 뷔송에 은거하면서 집필 활동을 계속했다. 1967년 자서전인 《반회고록》 제1부를, 1971년에는 드골에 대한 회고집 《쓰러진 떡갈나무》 등을 발표했다. 1974년 뉴델리에서 네루 평화상을 받았다.

1976년 11월 23일, 폐병으로 파리 교외의 앙리 모로 병원에서 숨을 거두었다. 당초 장례는 개인장으로 치러졌으나 루브르에서 국가적 추모 행사가 거행되었으며, 1996년 사후 20주년을 맞이하여 유해가 국립묘지인 팡테옹으로 이장되었다.

092

위기의 시대를 사실적으로 묘사하다

존 스타인벡

John Ernst Steinbeck(1902. 2. 27~1968. 12. 20)

- 미국
- 대공황 이후 사회 전반에 만연했던 허무주의와 냉소주의를 경계하여 사회의 구조적 문제를 근본적으로 진단한 리얼리즘의 대표 작가이다.
- 1962년 노벨 문학상 수상
- 《분노의 포도》, 《에덴의 동쪽》, 《생쥐와 인간》 등

존 스타인벡은 1930년대 대공황 시대 노동자의 삶을 생생하게 묘사한 사회주의 리얼리즘의 대표 작가이다. 20세기 미국 사회소설의 고전으로 평가받는《분노의 포도》로 퓰리처상을 수상했으며, 1962년 노벨 문학상을 수상했다. 많은 작품들을 통해 그는 지배-억압-착취라는 당대 미국 사회 노동자들의 모습을 사실적으로 묘사하면서, 근본적으로 사회가 강요하는 삶의 구조적 문제가 개인을 파괴해 나가는 과정을 그려 냈다. 그러나 1920년대 로스트 제너레이션의 허무주의와 냉소주의에 빠지지 않고 인간의 생명력에 대한 신뢰를 보여 주는 점이 스타인벡의 특징이라 할 수 있다.

존 스타인벡은 1902년 2월 27일 미국 캘리포니아 주 살리나스에서 태어

났다. 그의 집안은 독일계 이민자 집안으로, 할아버지 대에 미국에 정착하여 '그로슈타인벡'이라는 독일식 성을 미국식인 '스타인벡'으로 바꾸었다. 아버지 존 어니스트 스타인벡 3세는 군청의 출납계원으로 일했고, 어머니 올리브 해밀턴은 아일랜드계 미국인으로 초등학교 교사였다. 그는 어머니의 영향으로 어린 시절부터 독서를 많이 하며 자랐는데, 특히 성경, 밀튼의 《실낙원》, 토머스 맬러리의 《아서 왕의 죽음》 같은 작품들을 좋아했다고 한다.

존 스타인벡

17세 때 살리나스 고등학교를 졸업하고, 스탠퍼드 대학 영문학과에 진학했으나 가정 형편이 어려워 목장, 도로 공사 현장, 목화밭, 설탕 공장 등에서 노동자로 일하며 학교를 다녔다. 그러나 결국 졸업하지 못하고 1925년 중퇴했다. 그 후 일자리를 찾고자 화물열차를 타고 뉴욕으로 상경했으며, 일간지 〈아메리칸〉의 기자로 일했으나 얼마 지나지 않아 주관적인 기사를 쓴다는 이유로 해고당했다. 그는 막노동을 전전하다가 1928년 고향 캘리포니아로 돌아왔다.

스타인벡은 타호 호수에서 안내인 겸 관리인으로 일했는데, 조용하고 한적한 생활 속에서 본격적으로 소설을 집필하기 시작했다. 이듬해 영국 해적을 주인공으로 한 낭만적 서사인 《황금의 잔》을 펴냈으나 아무 주목도

받지 못했다. 1930년에는 첫 번째 아내 캐롤 헤닝을 만나 결혼했고, 친구와 함께 플라스틱 마네킹 공장을 시작했으나 6개월 만에 돈만 날리고 아내와 함께 아버지에게 얹혀사는 신세가 되었다.

그는 별다른 생계 활동 없이 글쓰기에 전념했으며, 캘리포니아를 소재로 하여 토지에 집착하는 농민을 그린 두 번째 소설 《천국의 목장》을 펴낸다. 이 역시 아무 반향도 일으키지 못했으나 이 소설은 이후 오랫동안 그가 다루게 될 소설적 제재를 함축하고 있다는 데 의미가 있다. 이듬해에는 가뭄 때문에 스스로 희생물이 되는 이교도 농민의 모습을 다룬 《미지의 신에게》를 펴냈다.

1935년, 미국 노동자식 유머와 아서 왕 전설을 혼합하여 멕시코 출신 불법 이민자 문제를 다룬 《토르티야 평원》에 이르러서야 비로소 비평가와 대중의 주목을 끌기 시작했고, 1936년 노동자들의 파업 문제를 다룬 《승산 없는 싸움》으로 베스트셀러 작가가 되었다. 이 작품부터 1937년 《생쥐와 인간》, 1939년 《분노의 포도》에 이르기까지 그는 아메리칸 드림을 꿈꾸며 불공정한 노동 조건에 시달리는 이민 노동자들의 문제를 그려 냈다.

《생쥐와 인간》의 제목은 스코틀랜드 시인 로버트 번스의 시 〈생쥐에게〉에서 한 소절을 따온 것이다. 캘리포니아 목장을 배경으로 팔푼이 거한 레니와 작고 성깔 있는 조지라는 이주 노동자의 비극적인 우정을 통해 아메리칸 드림의 허구성과 비극을 보여 주는 작품이다. 발표한 그해에 스타인벡이 3막짜리 희극으로 각색해 재출간하여 뉴욕에서 상연되었으며, 스타인벡에게 뉴욕 연극 평론가상, 미국 희극 비평가상을 안겨 주는 등 엄청난 성공을 거두었다.

《분노의 포도》는 오클라호마 주 더스트보울에서 쫓겨나 캘리포니아로 이주한 한 농민 일가가 무자비한 농업경제 정책 탓에 계속 착취당하는 모습을 보여 주는 작품으로, 앞의 두 작품에서보다 더 발전된 주제 의식과 비참하고 극복 불가능한 상황 속에서도 생명력을 잃지 않는 인간에 대한 신뢰를 나타냈다. 스타인벡은 후일 노벨 문학상 수상 소감에서 "인간의 정신과 능력이 위대할 수 있다는 가능성을 전적으로 믿지 않는 사람은 작가가 될 수 없다고 생각한다."라고 밝혔는데, 이는 스타인벡 작품의 근간을 가장 잘 드러내는 말이기도 하다. 사회와 인간의 문제를 신랄하게 비판하는 한편, 인간과 사회에 대한 희망을 잃지 않는 스타인벡의 태도는 1920년대 허무주의와 절망, 회의주의를 전파했던 로스트 제너레이션과 대조적으로 대중에게 인간에 대한 희망적 메시지를 전달했다. 그 결과《분노의 포도》는 양차 세계대전 사이에 마거릿 미첼의《바람과 함께 사라지다》와 함께 대중적, 비평적으로 가장 큰 성공을 거둔 작품이 되었다. 그해 퓰리처상을 수상했으며, 이듬해 존 포드 감독에 의해 동명의 영화로 만들어졌다. 그리고 이 영화의 성공으로《생쥐와 인간》 역시 그해에 루이스 마일스톤 감독이 동명의 영화로 만들었다.《분노의 포도》는 오늘날까지도《톰 아저씨의 오두막》과 더불어 위기의 시대를 사실적으로 묘사한 미국 사회소설의 고전으로 꼽힌다. 그러나 당시 자본가 계층에게는 위험한 계급의식을 고취하는 불온소설로 인식되기도 했다.

1939년 미국에서 발행된《분노의 포도》 초판 표지

제2차 세계대전 중에는 나치에게 점령당한 노르웨이의 작은 마을을 그린《달이 지다》를 발표했으며, 〈뉴욕 헤럴드 트리뷴〉 지의 종군 기자로 유럽에 머물렀다. 전쟁이 끝난 후 1947년에도 〈뉴욕 헤럴드 트리뷴〉과 계약을 맺고 사진가 로버트 카파와 함께 소련 취재길에 오르기도 한다.

한편 전쟁이 끝난 후에는 이전보다 한결 느슨하고 유머러스하며 감상적인 작품들을 발표했는데, 《통조림 공장 골목》, 《진주》, 〈제멋대로 가는 버스〉 등이 대표적이다. 또한 《진주》, 《붉은 조랑말》 등의 작품들이 영화화될 때 직접 대본을 썼으며, 〈잊힌 마을〉, 〈비바 자파타〉와 같은 영화 대본을 쓰기도 했다.

다양한 활동을 하고 많은 작품을 썼지만, 이 시기에 스타인벡은 작가로서의 입지가 약해졌고, 사생활은 파란만장했다. 그는 1943년 첫 번째 아내 헤닝과 이혼하고, 뮤지컬 배우 그윈돌린 콩거와 두 번째 결혼을 했는데, 1950년에는 그윈돌린 콩거와도 이혼하고 일레인 스코트와 세 번째 결혼을 했다. 그리고 비교적 가벼운 내용의 대중적인 작품들을 발표하면서 '《분노의 포도》가 최초의 걸작이자 마지막 걸작'이라는 비아냥을 들을 만큼 작가로서의 재능을 의심받기도 한다.

이런 소문을 불식시키기 위해서인지 그는 1950년대 이후 《밝게 타오르다》, 《에덴의 동쪽》, 《불만의 겨울》 등 굵직굵직한 작품들을 선보였으나, 그 어느 작품도 《분노의 포도》를 넘어서지는 못했다. 그의 대표작 중 하나로 꼽히는 《에덴의 동쪽》은 성서에 나오는 카인과 아벨 이야기에서 모티프를 따온 작품으로, 캘리포니아 살리나스에서 농장을 경영하는 이주민 트래스크 집안의 3대에 걸친 사랑과 증오, 복수와 화해를 그린 작품이다. 이 작품에서도 스타인벡의 다른 작품에서처럼 많은 부분 자전적 요소가 드러난다. 스타인벡은 《에덴의 동쪽》에 대해 '자신의 뿌리이자 미국의 뿌리를 찾는 작업'이라고 칭하며 '자신의 최고 작품'이 될 것이라고 호언했으나 미국 내에서의 반응은 미진했다(그러나 유럽에서는 많은 관심을 끌면서 제임스 딘 주연의 동명 영화로 만들어지기도 했다). 1961년 발표한 《불만의 겨울》로 1962년 노벨 문학상을 받았으나, 이 수상에 대해서도 《불만의 겨울》이라는 작품에 대한 것이 아니라 《분노의 포도》로 이룬 업적이 높은 평가를 받았기 때문으로 여겨질 정도로 작품성을 인정받지 못했다. 때문에 노벨 문학상 수상 당시 그의 수상 자격(즉 해당 작품의 문학적 성취)이 많은 논란을 일으키기도 했다.

말년에는 〈뉴스데이〉 지의 종군 기자로 베트남 전쟁에 참여하고, 저널리스트로서 자성의 목소리를 높였다. 1968년 12월 20일, 뉴욕 자택에서 심장마비로 사망했다.

093

칠레가 사랑한 민중 시인

파블로 네루다

Pablo Neruda(1904. 7. 12~1973. 9. 23)

- 칠레
- 정치적인 색채를 띤 시를 비롯해 아름다운 사랑과 일상을 노래한 서정시, 남미의 역사를 소재로 한 서사시 등 다양한 시 양상을 보였다.
- 1971년 노벨 문학상 수상
- 《스무 편의 사랑 시와 한 편의 절망의 노래》 등

파블로 네루다는 칠레의 민중 시인으로 불리며, 국가적 영웅으로 칭송받는 시인이다. 세상에 대한 따뜻한 시선으로 사랑과 일상에 대해 노래하여, '사랑의 시인', '자연의 시인'으로 불리기도 한다. 그런 한편 극단적인 좌우 이데올로기의 대립으로 정치, 경제적 상황이 불안했던 칠레에서 적극적으로 정치 활동에 투신해 동시대 라틴 아메리카에서 가장 큰 영향을 발휘한 작가이기도 하다. 1971년, '라틴 아메리카 대륙의 운명과 희망을 생생하고 설득력 있게 전달'한 공로로 노벨 문학상 수상자로 지명되었다.

파블로 네루다의 본명은 리카르도 엘리에세르 네프탈리 레예스 바소알토로, 1904년 7월 12일 칠레 중부의 파랄에서 태어났다. 아버지 호세 델 카

1971년 노벨 문학상을 수상하는 파블로 네루다

르멘 레예스 모랄레스는 철도원이었고, 어머니 네프탈리 바소알토 오파소는 교사였다. 파블로는 네프탈리가 39세의 늦은 나이에 낳은 아이였는데, 그 때문인지 네프탈리는 분만 후 몸을 회복하지 못하고 두 달여 만에 산욕열로 사망했다. 얼마 후 아버지는 아들을 데리고 테무코로 이사하고 재혼했는데, 새어머니는 억압적이고 거친 아버지의 손에서 그를 따뜻하게 보살펴 주었다. 그의 첫 시는 '사랑하는 엄마'에게 드리는 시였다.

6세 때 테무코에서 마을 남자 초등학교에 들어갔는데, 학생 대부분은 유럽 이민자들이었다. 왜소하고 깡마르고, 조용한 네루다는 남자아이들 틈에서 잘 지내지 못했고, 혼자 동떨어져 책을 읽고 주변 곤충과 자연 풍경을 관찰하며 지냈다. 이 시기에 함께 공부하던 친구 헤라르도 세겔은 칠레 최초의 공산주의 지식인 중 한 사람이 된다. 또한 이 학교에 교장으로 부임한 시인 가브리엘라 미스트랄로부터 톨스토이, 체호프, 도스토옙스키 같은 러시아 작가들을 비롯해 프랑스 상징주의자들, 특히 베를렌의 시를 접하는 기회를 갖는다. 미스트랄은 1945년 노벨 문학상을 수상하게 된다.

11세 때부터 시를 쓰기 시작했으며, 13세 때 일간지 〈라 마냐나〉에 기고문을 보내고, 각종 학생 잡지에 시를 발표했다. 16세 때부터는 문예지 〈셀바 아우스트랄〉에 '파블로 네루다'라는 필명으로 글을 쓰기 시작했다. 네루다는 어린 시절부터 흠모했던 체코의 시인 '얀 네루다'에서 따온 것이다. 필명을 선택한 것은 아들이 시 쓰는 것을 싫어했던 아버지 때문이었다. 42세 때부터는 파블로 네루다를 아예 법적인 이름으로 사용했다.

1921년, 테무코를 떠나 산티아고 칠레 대학에 들어간 네루다는 사범대학에서 프랑스어 교사가 될 준비를 했다. 또 그해에는 학생잡지 〈클라리다드〉에 정치 칼럼과 시를 쓰기 시작했고, 1923년에는 첫 시집 《황혼의 노래》를 자비 출판했다. 이듬해인 1924년에는 《스무 편의 사랑 시와 한 편의 절망의 노래》를 펴냈는데, 이 시집은 우아함과 애수 어린 서정으로 대중적으로 큰 성공을 거두었으며, 20세의 네루다를 가브리엘라 미스트랄, 비센테 우이도브로와 함께 칠레 최고 시인의 반열에 올려 준 작품이다. 후일 전 세계적인 고전이 되었으며, 한국에서도 네루다의 명성을 드높인 작품이다.

1920년대 칠레는 정치, 경제적으로 불안정했다. 네루다는 졸업 후에 잠시 방황하다가 1927년 외교 공관에 취직해 미얀마 랑군 주재 명예영사로 임명되어 칠레를 떠났다. 그 후 스리랑카, 싱가포르, 스페인 등에서 영사 생활을 하면서 자본주의와 식민 질서 아래에서 억압당하는 민중에게 관심을 갖게 된다. 특히 스페인에서 내전을 경험하면서 희생당하는 민중을 직접 목도하고, 절친했던 가르시아 로르카의 처형을 보고 충격을 받은 뒤 공산주의 운동에 적극적으로 투신하게 되었다. 이때 반프랑코 운동, 반파시스트 운동에 참여했다가 파면되었다.

이 시기에 겪은 절망과 억압받는 민중의 고통에 대한 관심, 낯선 외국 생활의 고독 등은《지상의 거처》,《내 가슴 속의 스페인》등에 표현되었다.

1938년, 네루다는 스페인 망명객들을 이끌고 칠레로 돌아왔다가 거부당하고 멕시코로 갔다. 멕시코에서 그는 라틴 아메리카의 억압과 박탈의 역사에 대해 탐구하고,《마추픽추의 산정》을 썼는데, 이는 후일 라틴 아메리카의 역사, 이념, 사상을 포괄한 서사시《모든 이를 위한 노래》로 발전한다.

1945년, 네루다는 칠레로 귀국하여 사면받고, 공산당에 가입해 상원의원에 당선되었다. 당시 칠레는 경제가 악화되어 실업률이 증가하고, 노동자들이 길거리에 나앉는 등 어려운 상황이었다. 네루다는 변호사 출신으로서 인민전선을 결정하고 사회 정의를 주장하는 가브리엘 곤살레스 비델라를 지지하고 선거운동에도 동참했다. 비델라는 1946년 대통령에 취임하고 급진 좌파 연합 연립 내각을 조직하였다. 그러나 곧 대통령에 당선되기 전 공산당과 맺었던 협약을 깨뜨렸다. 조직적인 파업과 시위가 경제에 악역향을 미친다고 보고, 이를 주도하던 공산당 지도자들을 대대적으로 탄압한 것이다. 네루다는 비델라 정권에 맞서면서 1948년 상원에서 대통령을 탄핵하는〈나는 고발한다〉라는 연설을 하기에 이른다. 비델라 정부는 네루다를 국가원수 모독죄로 수배하고, 네루다는 수배를 피해 칠레를 탈출했다. 이후 아시아, 유럽, 미국 등지를 전전하다가 3년 만인 1952년 정권이 교체되면서 귀국했다.

귀국 후 칠레 정부는 네루다에 대한 모든 혐의를 사면해 주었으며, 그는 이슬라 네그라에 정착해 작품 활동에 매진했다. 이 시기부터 네루다는 비로소 안정을 되찾고, 아내 마틸데 우르티아와 행복한 나날을 보낼 수 있었다. 그래서인지 이 시기에 쓴 작품들은 일상적이고 소박한 것에 대해 노래하는 것들이 대부분이다. 대표적으로 《소박한 것들에 바치는 송가頌歌》는 주변의 평범한 사람들부터 양파, 커피잔, 사전, 돌멩이 같은 주변 사물을 따뜻하고 정감 어린 시선으로 노래하고 있는 송시 모음집이다. 이 작품집을 통해 그는 삶의 기본을 이루는 요소들로 세상을 바라보고, 민중의 일상 언어로 쓰는 소박한 시의 세계를 보여 주었다.

1960년대 칠레에서 좌우 이데올로기 대립이 재점화되면서 그는 다시 시를 쓰던 생활에서 정치의 장으로 나오게 되었다. 1969년 칠레 공산당위원회는 네루다를 대통령 후보로 지명했으나, 그는 이듬해 좌파 후보 단일화를 위해 사퇴했다. 그 결과 오랜 친구이자 사상적 동지였던 살바도르 아옌데가 대통령에 당선되었으며, 1970년 아옌데 정권에서 프랑스 대사로 임명되어 세계 여행길에 올랐다.

시인이자 정치가로서 네루다의 명성은 국제적으로 드높았으며, 1971년 노벨 문학상 수상으로 절정에 이르렀다. 그러나 1972년 여행 도중 암이 발견되어 대사직을 사임하고, 이슬라 네그라로 돌아왔다.

칠레는 미국 등 외세의 정치, 경제적 압박 및 좌파 연합 내부의 갈등 등으로 계속 혼란스러웠다. 급기야 1973년 9월 11일, 피노체트가 쿠데타를 일으켜 아옌데가 피살되고, 군사 정권이 들어섰다. 네루다는 이 소식을 듣고 충격을 받아 병상에서 일어나지 못하고, 9월 23일 세상을 떠났다. 여기에 대해서는 네루다가 위독해져 구급차를 불렀으나 군사 정권이 구급차를 보내지 못하게 막았기 때문이라는 설도 있다. 생전에 네루다는 이슬라 네그라의 자택에 묻히고 싶어 했으나 군부는 이를 무시하고 그를 산티아고 공동묘지에 안장했다. 시인의 유해는 20년이 지나 국민 정부가 들어서면서 이슬라 네그라의 집 앞으로 돌아올 수 있었다.

094

실존주의 철학의 선언

장 폴 사르트르

Jean Paul Charles Aymard Sartre
(1905. 6. 21~1980. 4. 15)

- 프랑스
- 인간의 존재 의미에 대한 철학적인 사색과 관찰로 당대 유럽의 사상계를 주도한 실존주의 작가이다.
- 1964년 노벨 문학상 수상 거부
- 《구토》, 《존재와 무》 등

장 폴 사르트르

장 폴 사르트르는 프랑스의 실존주의 철학자이자 작가이다. 제2차 세계대전 이후 유럽 사상계를 주도했으며, 소설, 희곡, 철학 논문, 문학 비평서, 철학서 등 다양한 형태로 자신의 사상을 표현했다.

장 폴 샤를 아이마르 사르트르는 1905년 6월 21일 파리에서 태어났다. 아버지 장 바티스트 사르트르는 해군 장교였고, 어머니 안네 마리 슈바이처는 노벨 평화상을 받은 슈바이처 박사의 사촌이다.

2세 때 아버지가 죽은 뒤 어머니가 그를 데리고 친정으로 돌아가 어머니와 외조부모 슬하에서 자랐다. 초등교육은 받지 않았으나 책에 둘러싸여 많은 책을 읽었으며, 이 시기에 작가가 되기로 마음먹었다고 한다.

12세 때 어머니가 사업가 조제프 망시와 재혼하면서 함께 라 로셸로 이사하여 그곳에서 중등학교를 다녔다. 17세 때 대학 입학자격고사에 합격했으며, 명문 대학인 에콜 노르말 쉬페리외르(국립 고등사범학교) 준비과정 2년을 보낸 뒤 에콜 노르말 쉬페리외르에 진학하여 수석으로 졸업했다. 준비과정 시기에 철학을 전공하기로 마음먹었으며, 폴 니장과 함께 동인지를 만들어 첫 소설 〈병자의 천사〉를 발표했다. 폴 니장을 비롯해 에콜 노르말 쉬페리외르에서 만난 레몽 아롱, 메를로 퐁티, 시몬 드 보부아르 등은 그의 사상에 많은 영향을 끼친다.

특히《제2의 성》,《위기의 여자》 등을 쓴 프랑스의 대표적인 페미니즘 철학자 시몬 드 보부아르와는 이 시기부터 교제를 시작하여 평생의 동반자가 된다. 두 사람은 서로의 독립성을 중시하고자 결혼이라는 제도에 얽매이지 않고 부부 관계를 유지하는 계약결혼을 처음 시작한 것으로도 유명하다. 두 사람의 계약결혼은 당시 도덕주의자들을 분노하게 했고, 평생 구설에 올랐다. 그러나 두 사람은 계약결혼 상태를 50년간 유지했다. 두 사람 사이에는 수많은 위기가 있었으나 이 관계는 사르트르가 죽을 때까지 이어졌고, 보부아르는 사르트르 사후 인터뷰에서 "사르트르의 죽음이 우리를 갈라놓았다. 우리의 삶이 그토록 오랫동안 조화롭게 하나였다는 사실이 그저 아름다울 뿐이다."라고 말했다. 또한 사르트르는《철들 무렵》에서, 보부아르는《초대받은 여자》에서 계약결혼을 형상화하기도 한다.

사르트르와 보부아르

사르트르가 대학을 졸업하던 1929년은 많은 일이 일어난 해였다. 미국의 경제 대공황으로 증시가 붕괴되었고, 우파가 프랑스 정권을 장악했으며, 유럽이 제2차 세계대전으로 나아가던 시기였다. 또한 그해는 사르트르와 보부아르가 계약결혼 관계를 맺은 해이기도 하다. 그 직후 사르트르는 군에 입대했고, 18개월의 병역을 마친 후에는 3년간 르 아브르 중등학교에서 교편을 잡았다. 이곳은 후일《구토》의 무대가 된다.

1933년, 사르트르는 현상학에 심취하여 후설과 하이데거 철학을 연구하기 위해 베를린으로 떠났다. 1년간의 유학을 마친 뒤 다시 르 아브르 중등학교를 거쳐 파리 파스퇴르 중등학교에서 교편을 잡았다. 그리고 이때의 연구를 바탕으로 철학 논문《자아의 극복》,《상상력》 등을 썼다.《상상력》에서 그는 고대부터 후설에 이르기까지 주요 서양 철학 사상 속에서 상상력과 이미지가 어떤 위치를 차지하고 있는지 고찰하고 이미지론을 정립했다. 이는 대학 시절에 쓴 의식의 본질에 관한 철학 논문이 바탕이 되어 있는 것이기도 하다. 1938년에는 현상학적, 실존주의적 입장에서 존재론을 표현한 장편소설《구토》를 발표했다. '실존주의 철학의 선언서'라고 일컬어지는 철학서이자 '안티로망'의 선구 격인 소설로, 소설과 철학의 경계를 허문 한편, 양쪽에서 높은 평가를 받고 있다는 점에서 유례없는 작품이다. 부빌의 항구도시를 배경으로 32세의 연구원 로캉탱은 일상적 행위에 직면할 때마다 세상과 자신의 관계를 정립하고, 그 안에서 공허하고 압도적인 실재에 짓눌려 있는 자신을 인식한다.

"모든 것이 근거가 없다. 이 정원도, 이 도시도 그리고 나 자신도. 이것을 깨닫게 되면 가슴이 메스꺼워지고 모든 것이 붕 뜬 상태가 된다. 이것은 구역질이다."

즉 구토는 자기 자신의 존재를 포함해 사물의 우연성을 비정립적으로 포착할 때 체험하는 철학적 구토로서, '실존은 본질에 앞선다'라는 사르트르의 개념을 바탕으로 한다. 이런 개념은 5년 후 철학서《존재와 무》에서 보다 발전되어 정립된다.《구토》는 발표된 후 카뮈와 블랑쇼 등의 찬사를 받으며 공쿠르상 후보에 올랐다.

1939년, 제2차 세계대전이 발발하자 군에 징집되었고, 1940년 6월에 파리가 독일군에게 점령되자 전쟁 포로가 되었다. 그러나 1941년 수용소를 탈출하여 파리로 왔다. 이후 교사로 일하는 한편, 보부아르, 메를로 퐁티와 함께 '사회주의와 자유'라는 집단을 결성해 레지스탕스 운동을 벌였으며, 활발하게 저술 활동도 했다. 전쟁 기간에 사르트르는 이때 벌어진 굵직한 사건들을 '자유의 길' 3부작인《철들 무렵》과《유예》등을 통해 다루었다.

제2차 세계대전 동안 발표한 가장 중요한 작품은 1943년의《존재와 무》이다. 무신론적 실존주의 입장에서 존재론을 정립한 저작으로, 사르트르의 중심 사상이자 제2차 세계대전 이후의 사상계를 대표하는 저작물로 꼽힌다.

전쟁이 끝난 후에는 메를로 퐁티 등과 함께〈현대〉지를 창간하여 전후 문학적 지도자로 활동했다. 이 시기에 사르트르는 지식인, 문학인의 사회 참여를 주장하는 방향으로 바뀌었는데, 이는 전쟁 체험과 레지스탕스 활동 등이 일으킨 변모라 할 수 있다. 사르트르는《실존주의는 휴머니즘이다》,《문학이란 무엇인가》등을 통해 문학의 사회 참여에 대해 주장했으며, 전후 기자로 활동하기도 했다.

이 시기의 사상을 형상화한 작업은 소설보다 주로 희곡으로 나타났는데, 전쟁 중에 발표한〈파리 떼〉,〈닫힌 문〉, 전후에 발표한〈무덤 없는 사자死者〉,〈더럽혀진 손〉,〈악마와 신〉,〈알토나의 유폐자들〉등이 그것이다.

1950년대에 사르트르는 공산당에 가입하지는 않았지만, 전후 냉전 상황에서 공산주의를 지지했으며, 적극적으로 정치에 참여했다. 그러면서 실존주의 그룹,〈현대〉지의 중심인물들과 사이가 벌어지기 시작했다. 1952년, 사르트르가〈현대〉지에〈공산주의와 자유〉라는 글을 발표하면서부터 카

뒤, 메를로 퐁티 등과 완전히 등을 돌리게 되었다.

여기에 대해서는 개인주의적인 실존주의에 의한 사회 참여에 있어 한계에 부딪힌(후일 이를 인정했다) 사르트르가 사상과 행위에서 자기모순을 겪었기 때문이기도 했다. 사르트르는 1950년대부터 1980년대까지 적극적으로 공산주의에 동조하는 모습을 보이면서, 때에 따라 일관성 없는 모순된 행위 및 애매하고 관념론적인 주장을 많이 했다.

1956년경부터 사르트르는 프랑스 공산주의자들과 거리를 두었는데, 현대의 공산주의(마르크스주의)가 동맥경화에 빠져 있음을 깨닫고, 실존주의 철학의 입장에서 공산주의를 재구성해야 한다고 여겼기 때문이다. 이런 주장은《변증법적 이성비판》으로 집약된다.

1960년대에는 베트남전에 대한 저항, 알제리 독립 지지, 소르본 학생운동, 공산주의운동, 반미운동 등에 가담하면서 활발히 활동했다. 1964년에는 노벨 문학상을 수상했으나 이마저도 정치적 저항의 표시로 수상을 거부했다. 1970년대 초에 알랭 제스마르와 베니 레비 중심의 마오이즘 집단에 가담하고, 마오이즘 기관지인 〈인민의 대의〉를 펴냈다. 또한 극좌파 일간지 〈해방(리베라시옹)〉에도 참여했다. 1973년에 건강 악화로 실명했고, 1977년에는 급기야 걷지도 못하는 상태가 되었지만, 사르트르는 계속해서 공식적인 사회 활동을 했다. 여기에는 레비의 도움이 컸다. 말년의 활동으로 사르트르의 명성은 더욱 치솟았고, 동시에 수많은 비난에 직면하기도 했다. 죽기 직전까지 사회 활동을 하고 글을 쓰다가 1980년 4월 15일 사망했다.

095

현대 부조리극의 창시자

사뮈엘 베케트

Samuel Barclay Beckett(1906. 4. 13~1989. 12. 22)

- 아일랜드에서 태어나 프랑스에서 활동
- 인간의 삶에 대한 부조리를 독특한 문체와 방식을 통해 극적으로 표현했다.
- 1969년 노벨 문학상 수상
- 〈고도를 기다리며〉, 《와트》 등

사뮈엘 베케트

사뮈엘 베케트는 아일랜드 출신의 시인이자 소설가, 극작가로, 현대 연극에 가장 큰 영향을 미친 극작가 중 한 사람이다. 사뮈엘 베케트라는 이름은 들어 본 적이 없어도 그가 쓴 〈고도를 기다리며〉는 연극을 보았든 보지 않았든 귀에 익숙한 제목일 것이다. 인간의 삶을 단순한 기다림으로 정의하고, 그 속에서 나타나는 인간 존재의 부조리함을 의미 없는 대사와 단편적으로 축소된 인물, 배경, 내러티브 등을 통해 보여 준 것으로, 오늘날 현대 연극의 대명사로 통용된다. 이 작품으로 베케트는 "새로운 형식의 소설과 희곡으로 현대인의 빈곤을 변형하여 표현, 승화시켰다."라는 평을 받으며 1969년 노벨 문학상을 수상했다.

사뮈엘 버클리 베케트는 1906년 4월 13일 아일랜드 더블린 근교의 폭스로크에서 태어났다. 집안은 부유한 영국계 아일랜드 출신의 개신교 집안으로, 전형적인 중산층 가정이었다. 더블린의 얼스포트 학교, 에니스킬렌의 포토라 로열 학교, 더블린의 트리니티 칼리지 등에서 공부했다. 고교 시절 성적이 우수했고, 크리켓, 수영, 럭비 등 스포츠에도 탁월했으며, 대학 시절에는 크리켓 대표를 했다. 또한 대학에서 프랑스어와 이탈리아어를 전공하고 교직 과정을 이수했으며, 졸업 후 파리 에콜 노르말 쉬페리외르에서 2년간 영어를 가르쳤다. 이때까지만 해도 문학에 관심을 두지 않았으나, 에콜 노르말 쉬페리외르 재직 때 제임스 조이스와 교류하면서 시를 쓰기 시작했고, 랭보의 시 등을 번역하기도 했다. 에세이와 평론도 썼다.

1931년에 트리니티 칼리지에서 교편을 잡았으나 4학기 만에 그만두고 런던, 독일, 프랑스 등지를 떠돌아다니는 생활을 했다. 1933년에는 아버지가 심장병으로 세상을 뜨면서 실의에 빠져 방황하다가, 런던에서 2년간 정신 치료를 받았다. 이 시기에 융의 이론에 심취했는데, 이는 후일 작품에 많은 영향을 미친다. 그러는 사이 틈틈이 소설을 쓰기도 하고, 절친한 사이인 제임스 조이스의 《피네건의 경야》를 프랑스어로 번역하기도 한다.

1937년, 베케트는 자신의 떠돌이 같은 생활을 못마땅해한 어머니와 결별한 뒤 파리 몽파르나스에 정착했다. 파리에서 예술가들과 교류하며 자유롭게 지내고 본격적으로 글을 쓰는 생활을 했으며, 1938년 장편소설 《머피》를 발표했다. 그러나 이 시기에는 큰 주목을 받지 못했다.

그가 부조리 철학에 깊은 관심을 갖고 자신만의 스타일을 확립하게 된 것은 파리에서 '묻지 마 범죄'를 당한 이후부터다. 1938년 1월 6일, 베케트는 친구들과 영화를 보고 나오던 중에 낯선 청년이 난데없이 휘두르는 칼에 맞았다. 법정에서 범인에게 범죄 이유를 묻자 "나도 모르겠다."라고 진술한 것을 듣고, 베케트는 인생의 무작위성과 부조리에 대해 숙고하게 되었다고 한다.

제2차 세계대전 당시에는 레지스탕스 활동을 했으며, 독일 점령기에는 프랑스 남부의 뤼시옹에서 농장 일꾼으로 지냈다. 이때 함께 레지스탕스 활동을 하던 쉬잔 데셰보 뒤 메닐과 동거했으며, 두 사람은 1961년에 결혼했다. 이들은 서로를 독립적인 존재로 존중하면서 평생의 동지 같은 관계로 살았다. 전쟁이 끝난 후에는 고향 더블린으로 돌아가 잠시 일자리를 찾았으나 문학을 하고자 다시 파리로 돌아왔다. 전쟁 전까지 제임스 조이스의 영향을 받은 작품들을 습작했으나, 이 시기부터 좀 더 간결한 문체와 스타일로 부조리 철학을 표현하는 작품들을 발표하기 시작했다.

1945년, 독일 점령기에 농장 노동자로 일하면서 장편소설 《와트》를 쓰기 시작했고(1953년 발표), 이후 파리로 돌아와 박탈과 상실, 부조리함이라는 주제 의식에 천착하면서 장편소설 《몰로이》, 《말론 죽다》, 《이름 붙이기 어려운 것들》 3부작, 희곡 〈고도를 기다리며〉 등 많은 작품을 썼다. 이 중 《몰로이》가 비평가들에게 좋은 평을 받고, 상업적인 성공까지 거두면서 명성을 얻었으며, 1953년에는 〈고도를 기다리며〉가 몽파르나스 바빌론 소극장에서 초연되면서 엄청난 성공을 거두었다.

〈고도를 기다리며〉는 2막으로 된 비희극으로, 별다른 무대 장치도, 특별한 줄거리도, 극적인 사건도 없는 작품이다. 앙상한 나무 한 그루만이 서 있는 황량한 무대를 배경으로 서로를 '디디'와 '고고'라고 부르는 두 남자가 '고도'를 기다리고 있다. 고도의 존재는 불명확하며, 이 두 사람의 배경이나 정

〈고도를 기다리며〉를 연기하는 배우들

체 역시 밝혀지지 않고, 심지어 두 사람이 어떻게 그 나무 아래서 만났는지도 알 수 없다. 두 사람은 서로 연관이 없는 다양한 이야기들을 나누고 행동하며 시간을 보내고, 주인과 노예가 잠시 등장했다 사라지고, 소년을 통해 고도가 그날은 오지 않음을 알린다. 다음 날도 마찬가지 상황이 이어지고, 두 사람은 왠지 그곳을 떠나지 못하고 오지 않는 고도를 기다리며 그곳에 있다.

처음에 이 작품은 많은 연출가와 배우들에게 거절당하여 누구도 성공을 예측하지 못했다. 그러나 공연 다음 날 〈피가로〉 지는 '광대들에 의해 공연된 파스칼의 명상록'이라는 평가를 받았고, 관객들 역시 기존 사실주의극을 전복시킨 참신함에 열광했다. 고도의 의미에 대해서 각자가 처한 상황에 따라 해석이 분분하며, 고도가 과연 올 것인지, 각 등장인물, 그들의 말과 행위, 무대 소품의 의미까지 많은 해석이 가능한 작품이다. 미국의 연출가 알랭 슈나이더가 고도의 의미를 묻자, 베케트는 "내가 그걸 알았더라면 작품 속에 썼을 것이다."라고 말하기도 했다. 또한 수많은 비평가들의 논쟁에 대해 "이 작품에서 철학이나 사상을 찾을 생각을 하지 마라. 그저 즐겨라."라고 말했다.

포토벨로 거리에 있는 베케트의 벽화

〈고도를 기다리며〉 이후 부조리극에 대한 대중의 관심이 높아졌으며, 베케트는 이 작품으로 현대 부조리극의 창시자라고 일컬어지게 되었다. 또한 이후로 그는 장편소설보다는 희곡 작업에 주력해 〈결판〉, 〈크라프의 마지막 테이프〉, 〈행복한 날들〉 등 실험적인 작품을 연달아 발표하면서 현대 실험극에 있어 그의 위상을 다시 확인하게 했다. 1970년대와 1980년대에는 라디오 및 텔레비전 극본, 희곡, 산문과 같은 작업을 천천히 해 나갔으며, 베를린, 파리, 런던 등지에서 공연되는 자신의 작품을 직접 연출하기도 했다.

베케트는 예술가 친구들 몇몇과 교유할 뿐 대중적인 관심에서 멀어지고자 노력한 인물이었다. 파리 근교의 산속 작업실에서 은둔하듯이 살았고, 이따금 카페에서 친밀한 지인들과 담소를 나누고 홀로 연극이나 영화를 보러 다녔다. 자신의 극이 상연될 때는 리허설 현장에 자주 참석했으나 공연이 시작되면 모습을 감추었다. 이런 행사들에는 쉬잔이 대신 참석하곤 했다. 인터뷰도 지인이 아니면 극히 제한했으며, 자기 작품의 의미에 대해 묻는 말에는 대답하지 않았다. 노벨 문학상을 수상했을 때 역시 수상식에 참석하지 않았고, 일체의 인터뷰도 거절했다.

베케트는 기본적으로 염세주의자였으며, 절망적인 세계에 대한 희망을 제시하지 않았다. 그러나 허무주의자나 비관주의자는 아니었다. 그는 부조리한 인생을 견뎌 내듯이 살아야 한다고 여겼고, 이런 태도는 작품에도 여실히 반영되어 있다. 그의 작품 속 주인공들은 현실을, 오늘을 살고 있으며, 과거 역시 현실에서 해석될 뿐이다. 또한 완전한 절망만으로 작품을 끝맺지도 않았다.

한편 베케트는 금욕적이고 엄격한 수도자 같은 이미지로 유명한데, 그 이미지처럼 평생 여자 문제나 기타 다른 어떤 스캔들도 일으키지 않았다. 1989년 7월, 평생의 동지였던 쉬잔이 사망한 이후 모든 일을 중단하고 칩거했다가 5개월 후인 1989년 12월 22일에 그 뒤를 따르듯 사망했다.

096

인간의 야만성을 통찰한 작가

윌리엄 골딩

William Golding(1911. 9. 19~1993. 6. 19)

- 영국
- 소설가이자 시인으로 참혹한 전장의 모습을 목격하고 인간의 본성을 통찰했다.
- 1983년 노벨 문학상 수상
- 《파리 대왕》, 《첨탑》 등

윌리엄 골딩은 영국의 소설가로, 문명과 관습의 겉껍질을 벗겨 낸 극한 상황에 처한 인간들의 행동 변화를 보여 줌으로써 인간의 본성, 특히 인간 야만성의 일면을 통찰하여 1983년 노벨 문학상을 수상했다.

윌리엄 골딩

윌리엄 골딩은 1911년 9월 19일 영국 콘월의 항구도시 뉴키에서 태어났다. 아버지 알렉 골딩은 중등학교 과학 교사였으며, 어머니 밀드레드는 여성 참정권운동을 지지하는 진보적 여성이었다. 급진주의적 성향을 지니고 과학적 세계관을 추구하던 부모의 영향을 많이 받았으며, 어린 시절에는 과학자를 꿈꾸었다. 형과 함께 아버지가 교사로 재직하던 말보로 문법학교를 다녔고, 19세 때 옥스퍼드 대학 브레이스노스 칼리지에 입학해 자연과학을 공부하다가 2년 후 어린 시절부터 좋아했던 글을 쓰고자 하는 열망에 전공을 영문학으로 바꾸었다.

졸업 후에 대학 재학 중 쓴 시 29편을 묶은 첫 시집 《시집》을 출간했지만, 이후로 오랫동안 교사 생활을 하느라 본격적인 작가 생활은 한참 후에야 시작되었다. 이 시집에 대해 골딩은 자신은 출간할 생각이 없었으며 친구가 출판사에 원고를 보내 출간되었는데, 독자나 비평가 누구에게서도 어떤 반응을 얻지 못했다고 이야기했다. 그리고 자신 역시 한 권도 가지고 있지 않다고 했다.

24세 때부터 솔즈베리의 비숍 워즈워스 학교에서 영문학과 철학을 가르쳤으며, 28세 때 화학자 앤 브룩필드와 결혼해 두 아들을 두었다.

제2차 세계대전이 발발하자 골딩은 영국 해군에 입대해 비스마르크 작전, 노르망디 상륙 작전 등에 참여했다. 전쟁이 끝난 후에 다시 교편을 잡은 한편, 본격적으로 소설을 쓰기 시작했다. 전쟁에 참전하기 전까지 골딩은 과학을, 특히 인간의 이성과 합리성을 신봉했으나, 전쟁터에서 수많은 죽음과 인간의 비합리성을 목격하고 자신의 이상적인 신념들을 버리게 되었다고 한다.

골딩이 43세 때인 1954년, 수십 곳의 출판사에서 거절당한 끝에 파버 앤드 파버 사에서 《파리 대왕》이 출간되었다. 파리 대왕은 히브리어 '바알세불Beelzebub'을 영역한 것으로, '곤충의 왕'을 의미하며, 부패, 타락, 공포를 상징한다. 비행기 추락으로 외딴 섬에 고립된 소년들이 극한 상황에서 문명의 관습에서 벗어나 원시적인 야만 상태로 퇴행해 가는 모습을 묘사한

《파리 대왕》은 강렬한 설정과 이야기, 풍부한 상상력으로 순식간에 독자들을 사로잡았다. 이 작품에서 골딩은 인간의 야만적 본능이 선한 의지를 넘어서는 모습을 묘사하고 인간 문명에 회의적인 시각을 나타냈다. 이런 주제 의식은 이후의 작품들에서도 반복적으로 나타난다.

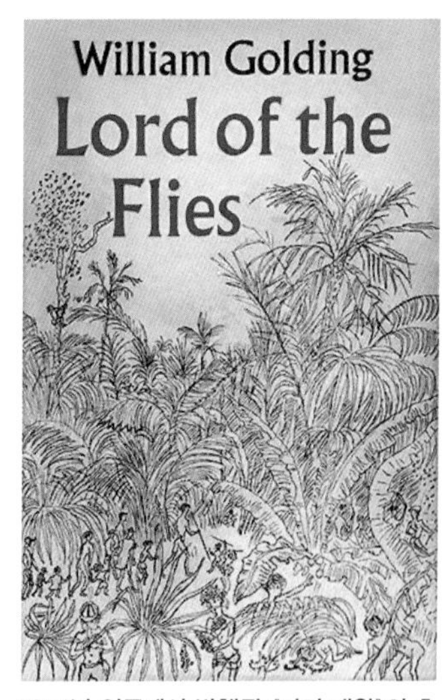

1954년 영국에서 발행된 《파리 대왕》의 초판 표지

골딩은 당대 대부분의 작가들과 달리 당면한 현실의 문제보다는 인간 본질, 실존주의적 문제에 천착했다. 인간은 문명과 사회라는 가면 아래 선천적인 잔인함과 이기심을 감추고 있으며, 소설가는 보이지 않는 신체적 질병을 겉으로 드러내 진단하고 각성시킴으로써 그것을 통제할 수 있게 해야 한다고 생각했다. 그는 제2차 세계대전을 겪은 세대가 '벌이 꿀을 만들어 내듯이 인간이 악을 만들어 낸다는 사실'을 깨닫지 못한다면 인류의 진보에 큰 결함이 될 것이라고 말하면서, 이를 독자들에게 각성시키고 교화하는 것이 소설의 목적이라고 여겼다.

연이어 《후계자들》, 《핀처 마틴》, 《자유낙하》 등을 발표했다. 《후계자들》은 네안데르탈인의 눈으로 인류의 탄생을 추적하는 형식으로, 네안데르탈인이 현생 인류의 조상 호모 사피엔스에 의해 폭력적으로 멸망당하는 모습을 그린다. 《핀처 마틴》은 전함이 폭격당해 망망대해를 떠돌다가 무인도에 표류한 해군 장교가 익사 상태에서 보이는 인간의 극한 생존 욕망을 그리고 있으며, 《자유낙하》에서는 한 화가가 순수한 소년으로서의 자신이 (죄를 지은) 성인으로서의 자신에 이르기까지를 회고하는 형식을 통해 인간

1983년 노벨 문학상을 수상하는 윌리엄 골딩

이성의 한계, 자유의지의 한계를 탐구한다.

골딩의 작품들은 대체로 장편소설치고는 짧은 길이지만, 그 속에 담긴 상징과 우의, 밀도 있는 문체 탓에 읽기가 쉽다고는 할 수 없다. 이 때문인지 《파리 대왕》 이후의 작품들은 대중으로부터 대단한 반응을 얻어내지 못했다. 그러나 제2차 세계대전을 겪은 청년층으로부터는 많은 지지를 받았다.

작가로서 입지가 굳어지자 1961년 골딩은 학교를 그만두고 작가로 전업했다. 그해 미국 버지니아 주 홀린스 칼리지의 초청으로 약 1년간 방문 작가로 보내며 집필에 전념했다. 1년 후 아내와 함께 솔즈베리로 돌아와 정착했으며, 1964년에《첨탑》을 발표했다.《첨탑》은 중세 시대 대성당 첨탑 건설에 있어 한 고위 성직자의 이기심을 둘러싸고 일어나는 일들을 그린 작품으로, 골딩은 이 작품에서도 역시 인간이 본질적으로 이기적이고 악하다는 전제 아래 극한 상황 속에 놓인 인간의 모습을 환상적이면서도 박진감 넘치게 묘사했다. 1967년에는 1920년대 가상의 소읍을 배경으로, 한 소년의 성장을 통해 계급의 문제, 인간의 욕망과 위선을 다룬 자전적 소설《피라미드》를 발표했다.

1980년대에 걸쳐 골딩은 '땅 끝까지' 3부작《통과 제의》,《밀집 지대》,《심층의 불》을 펴냈으며,《움직이는 표적》,《종이인간》 두 편의 수필집을 발표했다. 특히《종이인간》은 노벨 문학상 수상 전에 쓰여 수상 이듬해인 1984년에 출간되었는데, 유명인사와 도덕적 진공 상태에 대한 고발과 비판이 담긴 작품으로 골딩의 문학계에 대한 환멸을 반영한 것으로 여겨진다.

1983년에 '사실적이고 명쾌한 설화 예술과 다양하고도 보편적인 사회 통념을 통해 오늘날의 인간 조건을 조명한' 공로로 노벨 문학상을 수상했으며, 1988년 영국 왕실로부터 기사 작위를 받았다. 말년에도 활발하게 집필 활동을 했으며, 마지막 장편소설《이중의 혀》는 미완성으로 남겨졌다가 사후 3년이 지난 뒤에 발표되었다. 1993년 6월 19일, 심부전증으로 사망했다.

097

절망의 철학자

알베르 카뮈

Albert Camus(1913. 11. 7~1960. 1. 4)

- 프랑스
- 실존주의 철학자이자 소설가, 극작가로 인간이 처한 실존과 정의의 문제를 제기했다.
- 1957년 노벨 문학상 수상
- 《이방인》, 《페스트》, 《시지프 신화》, 《결혼》, 〈칼리굴라〉 등

알베르 카뮈는 사르트르와 함께 프랑스의 대표적인 실존주의 철학자 중 한 사람이자 소설가, 극작가이다. 당대 지식인과 청년층의 열렬한 지지를 받으며 제2차 세계대전 이후 유럽의 문단과 사상계를 지배했다. 47세의 나이에 갑작스런 자동차 사고로 사망했고, 활동 기간은 짧았으나 프랑스에서 볼테르 이후 가장 큰 영향을 미친 지식인 중 한 사람으로 꼽힌다. 그러나 스스로를 "실존주의가 끝난 데서 나는 시작했다."라고 밝히며 실존주의자임을 부정했다.

알베르 카뮈는 1913년 11월 7일 프랑스령 알제리 몬도비에서 태어났다. 아버지 뤼시앵 카뮈는 알제리에서 군 복무 중이던 프랑스계 알제리 이민자

로, 그가 태어난 이듬해 제1차 세계대전 중 마른 전투에서 사망했다. 어머니 카트린 생테스는 스페인인으로 문맹에다 청각장애인이었고, 청소부를 하며 자식들을 키웠다. 카뮈는 알제리의 벨쿠르라는 노동자 거주 지역의 작은 셋집에서 할머니, 어머니, 형, 두 명의 외삼촌들과 함께 가난하게 자랐다. 카뮈는 몇몇 회고담과 짧은 기행문 등에서 어린 시절을 이렇게 회상한 바 있다.

알베르 카뮈

> 한 아이가 생각난다. 빈민가의 그 지역, 그 집에서 살고 있던 아이. 집은 2층이었고, 층계엔 불도 꺼져 있었다. (중략) 몸은 그 집을 속속들이 알고 있다. 두 다리는 계단 높이를 정확하게 알고 있지만, 손은 난간을 잡길 두려워하며 떨고 있다. 바퀴벌레 때문에.

알제리에서 초등, 중등, 고등 과정을 마쳤으며, 알제 대학에 입학했다. 폐결핵으로 대학은 2년 만에 중퇴했지만, 이곳에서 평생의 스승이 되는 철학자 장 그르니에를 만났다. 후일 그는 장 그르니에게《안과 겉》,《반항적 인간》을 헌정하고, 그의 권유로 공산당에 가입하기도 한다.

가난한 고학생이었던 카뮈는 대학 시절부터 많은 일을 했고, 대학 중퇴 이후에도 잠시 요양을 했을 뿐, 알제 여기저기에서 가정교사, 자동차 수리

카뮈와 그의 쌍둥이 자녀들

공, 시청 직원 등 다양한 직업을 전전했다. 중등학교 시절부터 앙드레 지드, 앙드레 말로, 프루스트 등의 작품들을 탐독했으며, 연극에도 관심이 많아 '노동자들의 극장'이라는 아마추어 극단을 창단하고 극본을 쓰고 직접 연기도 했다.

1934년, 부유한 집안의 아름다운 여성 시몬 이에와 결혼했으나 서로의 불륜과 시몬의 모르핀 중독으로 2년 만에 이혼했다. 그 후 1940년에 수학자이자 피아니스트인 프랑신 포르와 재혼해 쌍둥이를 낳았다. 카뮈는 그녀를 사랑했지만 결혼 생활은 행복하지 않았다. 그는 실질적으로 결혼제도에 반대하는 입장이었던 데다 몇 차례 불륜까지 저지른 것이다.

1934년, 카뮈는 공산당에 가입했으나 공산당 활동에서 다소 회의를 느꼈던 듯하다. 스스로 1년여 만에 공산당에서 탈퇴했다고 주장하는데, 실제로는 공산당과 알제리 인민당 사이에 불화가 생기면서 제명당했다고도 한다.

공산당 탈퇴 후에도 카뮈는 좌익 성향의 〈알제 레퓌블리캥(알제리 공화당)〉 지의 기자로 일하면서 문화 기사와 르포를 썼으며, 1942년에는 파리로 가서 프랑스 레지스탕스 조직 콩바Combat에 합류해 레지스탕스 기관지인 〈투쟁〉에 참여했다. 1943년 연합군에 의해 파리가 해방된 뒤에도 계속 신문기사를 하면서 세계대전 관련 기사를 보도했으며, 히로시마 원폭 투하에 대한 반대 논설을 기고하기도 했다.

카뮈는 대학 중퇴 후부터 몇 편의 짧은 산문을 잡지에 발표하며 계속 글을 썼다. 1937년《안과 겉》을 출간하면서 본격적으로 집필 활동에 뛰어들었고,《결혼》, 〈칼리굴라〉,《이방인》,《시지프 신화》,《페스트》를 완성해 차례대로 하나씩 세상에 발표하였다. 이 시기에 사르트르의 저서들을 접한 그는 실존의 비극성을 나타내고자 지나치게 인간의 추함을 강조한다면서 사르트르의 실존주의에 반대 의견을 표한다. 그럼에도 레지스탕스 활동 당시 만난 사르트르와는 학문적 동반자로서 10년 가까이 우정을 지속했다.

1942년,《이방인》을 발표하면서 카뮈는 일약 문단의 총아로 떠올랐다. 이듬해《시지프 신화》를 출간하고 '절망의 철학자'로 불리면서 철학적 작가로 이름을 날리게 되었다. 1945년에는 〈칼리굴라〉를 상연하여 대성공을 거두었다.

이때까지 일련의 저작들에서 나타나는 카뮈의 사상은 일명 '부조리의 철학'으로 불리며, 전후 가장 큰 영향력을 끼친 실존주의 사상으로 꼽힌다. 그러나 카뮈는 스스로를 실존주의자가 아니라고 부정했으며, 부조리의 철학자로 여겨지는 것도 꺼려했다. 때문에 《시지프 신화》를 출판한 이후에는 점차 부조리주의에서 관심이 멀어졌다.

1942년 프랑스에서 발행된 《이방인》 초판 표지

부조리주의란 인간 존재를 부조리의 산물로 보는 데서 출발하는데, 작가들마다 이를 확립하는 방식이 조금씩 다르다. 카뮈의 부조리에 관한 개념은 첫 에세이집 《안과 겉》에서부터 극명히 드러나며, 부조리한 현실 세계에서 의미를 찾지 못하고 결국 세계와 자신의 삶에서까지 소외된 철저한 이방인 뫼르소를 내세운 《이방인》에서 이미 지화된다. 《시지프 신화》에서는 부질없는 일임을 알면서도 계속해서 부조리에 반항하며 살아가는 인간의 숙명을 그려 보임으로써 '부조리에 대한 반항과 의욕'을 철학적, 이론적으로 전개해 나가는데, 이 저술에 카뮈의 실존적, 부조리에 관한 주제가 집약되어 있다. 이후 〈칼리굴라〉에서 카뮈는 부조리한 인간의 조건에서 벗어나 자유를 획득하는 과정에서 일어나는 비극을 보여 주고, 세계의 무의미함을 깨닫는 것은 인간의 책임과 도덕성에 관한 종말이 아니라 시작임을 주장한다.

전쟁이 끝난 후 카뮈는 사르트르, 르네 샤르, 말로, 케슬러, 메를로 퐁티 등과 친분을 나누며 사상을 토론했고, 뉴욕을 방문해 문명의 위기에 관한 강연을 하는 등 활발하게 활동했다. 《페스트》 역시 공전의 히트를 기록했으며, 비평가들로부터도 엄청난 찬사를 받았다. 카뮈는 《페스트》를 직접

〈계엄령〉이라는 희곡으로 각색하여 무대에 올리기도 한다.

1949년, 카뮈는 폐결핵이 재발하여 2년간 칩거했으며, 1951년에는《반항하는 인간》을 출간하면서 이후 1년간 이 책에서 다룬 주제를 두고 사르트르와 논쟁을 벌이다 끝내 결별하였다. 이 책은《시지프 신화》와 함께 카뮈의 철학적 성찰을 체계화시킨 대표적인 작품으로, 폭력과 테러(반항의 역사)를 역사적, 철학적, 정치적 맥락에서 살피며, 이런 세계에서 인간이 무엇을 할 수 있는가를 탐구하고 있다.

1950년대 카뮈는《시사평론》을 쓰면서 청년층과 지식인층의 절대적인 인기를 끌었다.《여름》,《전락》,《적지와 왕국》 등을 펴내고,〈계엄령〉,〈칼리굴라〉 등 자신의 희곡을 비롯해 포크너의《어느 수녀를 위한 진혼곡》이나《동 쥐앙》, 도스토옙스키의《악령》 등을 각색하여 무대에 올렸다.

이 시기에 그는 인권운동에 가장 큰 관심을 보였다. 유엔이 프랑코 장군 치하의 스페인이 유엔에 가입하는 것을 받아들이자 유네스코 임원직을 사임했고, 알제리 독립전쟁이 발발하자〈렉스프레스〉지의 기자 활동을 재개하여 알제리 문제를 다뤘다. 또한 소비에트 연방과 폴란드의 노동자 파업 분쇄, 소비에트 연방의 헝가리 혁명 무력 진압 등에 앞장서 반대했다. 사형반대운동에도 참여했다. 1957년에는 노벨 문학상을 수상했는데, 프랑스인으로 9번째 수상이자 최연소 수상이었다.

1959년, 카뮈는 쓰다가 중단했던《최초의 인간》을 다시 쓰기 시작했지만, 이 작품은 끝내 미완성 유작으로 남았다. 1960년 1월 4일, 교통사고를 당해 갑작스럽게 사망했기 때문이다. 그는 크리스마스 휴가를 보내고 친구 미셸 갈리마르의 차를 타고 집으로 향하다 눈길에 차가 미끄러져 나무에 부딪히는 사고로 즉사했는데, 이 사건에 대해 소비에트 첩보당국KGB의 암살이라는 설이 제기되기도 했다.

098

러시아의 양심

알렉산드르 솔제니친

Aleksandr Isayevich Solzhenitsyn
(1918. 12. 11~2008. 8. 3)

- 러시아
- 인간의 존엄성을 박탈하는 옛 소련 체제의 폭력과 폭압을 비판하고 윤리와 정의를 추구했다.
- 1970년 노벨 문학상 수상
- 《제1원》, 《수용소군도》 등

솔제니친은 구소련의 소설가이자 역사가로, 공산 정권 치하 구소련의 인권 탄압 실상을 폭로하면서 반역죄로 추방되었다. '러시아의 양심'이라고 불리며, 러시아 문학의 전통을 계승하는 한편, 윤리와 정의를 추구하는 문학적 노력을 한 공로로 1970년 노벨 문학상을 수상했다.

알렉산드르 솔제니친은 1918년 12월 11일 러시아 캅카스 키슬로보트스크에서 태어났다. 아버지는 그가 태어나기 6개월 전에 사망했으나, 카자크 혈통의 지식인 집안에서 태어난 데다 어머니 역시 인텔리 여성으로 많은 교육을 받으며 자랐다. 그가 태어난 당시는 볼셰비키 혁명이 일어난 이듬해로, 솔제니친은 소비에트식 사회주의 교육을 받으며 레닌주의자로 성장했다. 로스토프의 10년제 중등학교를 거쳐 로스토프 대학에서 물리와 수학을 전공했으며, 학창 시절에 대학 동창 나탈리야 레슈토프스카야와 결혼했다.

알렉산드르 솔제니친

1941년에 대학을 졸업한 뒤 로스토프 근처의 시골 학교에서 잠시 교사 생활을 하다가 제2차 세계대전이 한창이던 당시 군에 입대했다. 포병장교학교를 거쳐 포병 중대장으로 동프로이센 전선에서 복무했으며, 전공을 세워 조국전쟁 제2급 훈장 및 붉은별 훈장을 받고 대령으로 진급했다. 그러나 1945년 친구에게 보낸 편지에 스탈린에 대한 비방성 발언이 쓰여 있다는 이유로 체포되어 8년형을 선고받고 시베리아 강제노동수용소에 보내졌다. 수용소에서 그는 수학과 물리학 학위를 받은 전문인 죄수로서 5년간은 샤라시야 과학 연구소에서 일했으며, 이후 3년은 북카자흐스탄 탄광 지대 강제노동수용소에서 힘겨운 수용소 생활을 했다. 이 경험은 후일 그의 작품의 주요 소재가 된다.

1953년, 35세의 솔제니친은 수용소에서 석방되었으나 강제추방당하고, 카자흐스탄 코크체레크 마을에서 거주 제한 조치를 받았다. 이때 암 진단을 받고 타슈켄트의 한 병원에 입원했는데, 병원에서 장편소설 《제1원》을 썼다(이 소설은 1968년 서방에서 출간된다). 또한 이때의 병원 생활은 《암 병동》의 주요 소재 및 배경이 된다.

영문판《이반 데니소비치의 하루》 표지

3년 후에야 솔제니친은 복권되어 러시아 중부의 시골 마을 랴잔에 정착 허가를 받았으며, 랴잔 중학교에서 물리와 수학을 가르치며 비밀리에 집필을 계속했다. 또한 오랜 유형과 추방 생활로 헤어져 있던 아내와도 다시 만나 가정을 꾸렸다. 이때 쓴 작품이《이반 데니소비치의 하루》로, 1962년 소련 문예지 〈노비 미르〉에 발표되었다. 강제노동수용소에 수감된 한 수감자의 일상을 담담하고 사실적으로 묘사한 작품으로, 최초로 스탈린 시대 수용소의 실상을 파헤치고 인간의 존엄성에 대해 담담하게 호소하고 있다. 그때까지 금기시되던 소련 체제를 적나라하게 보여 주는 한편, 소비에트 체제 성립 후 19세기 러시아 문학 전통을 잇는 작품이라는 평가를 받으며 발표되자마자 소련은 물론, 전 세계적으로 주목받았다.

1963년에는 〈크레체토프카 역에서 생긴 일〉, 〈마트료나의 집〉, 〈공공을 위해서는〉 등 계속해서 체제 비판적인 작품들을 발표했다. 또한 이때부터 공식적인 작품 출간의 길이 막히자 솔제니친은 공개적으로 사전 검열 제도 폐지를 주장하는 한편, 자신의 작품을 지하 출판을 통해 자비로 출간해 암암리에 유통시켰다. 이런 과정을 통해 소련 국민들에게 그의 작품이 알려졌으며, 서방으로 전파되어 해외에서 출간, 호평을 받게 된다. 해외에서 작품이 출간됨에 따라 솔제니친은 소련 작가동맹에서 제명당하기도 한다.

1964년, 솔제니친은 흐루시초프가 실각 후 문화 탄압 정책의 일환으로 경찰 당국에 반체제 인사로 낙인찍혔다. 그해《암 병동》이 출간 금지 조치를 받았으며, 이듬해에는《제1원》을 비롯한 원고 전체가 KGB에 압수당하는 등 시련을 겪었다. 솔제니친은 그런 와중에도 《수용소군도》를 썼다. 1968년에 서방에서 《암 병동》과 《제1원》이 출간되었으며, 1970년 솔제니친은 노벨 문학상을 수상하기에 이른다. 그러나 스웨덴 스톡홀름에서 열리는 시상식에 참가했다가 귀국 금지 조치를 받을 것이 우려되어 시상식에 참가하지 못했다.

솔제니친의 작품들은 스탈린 시대에 강화된 검열과 감시, 정치 탄압 과정, 감옥과 노동수용소의 실상을 역사적, 문학적으로 기록한 한편, 스탈린 시대로부터의 탈피를 촉구한다. 그의 저작들은 그 자신의 체험임과 동시에 주변 인물들의 개인적 증언들을 토대로 한 것으로, 역사 기록의 성격이 매우 강하다.

1974년, 솔제니친은 파리에서 《수용소군도》를 출간했다. 이에 소련 당국은 솔제니친에게서 시민권을 박탈하고 반역죄로 서독으로 추방했다. 추방당하는 날 그는 공산주의 체제에 맞설 것을 촉구하는 에세이 〈거짓 없이 살아라〉를 썼다고 한다. 이후 23년간 그는 독일, 스위스를 거쳐 미국에서 망명 생활을 했다.

망명 기간에 솔제니친은 수많은 강연, 방송 출연, 글을 통해 공산주의적 전체주의에 강경 대항해야 함을 주장하는 한편, 소련 체제에 대한 서방의 잘못된 이해로 생길 수 있는 위험을 경고하고, 서방의 물신주의와 냉전 시대에 대한 책임 회피를 지적했다. 때문에 미국 내 국수주의자들에게 공격을 받기도 했다. 서방과 소련 간의 정치적 변동기, 즉 긴장 완화기에는 이것이 본질적으로 의미하는 바에 대한 각성을 촉구했으며, 지속적으로 전체주의 체제와 인권 탄압에 대항해야 한다고 말했다.

또한 망명 생활을 하고 있음에도, 소련에 서구의 체제를 이식하는 것보다 (러시아 정교도의 입장에서) 도덕적, 윤리적 가치를 일깨우는 것이 우선이며,

템플턴상
(The Templeton Prize)
미국의 사업가 템플턴이 노벨상에 종교 분야가 없는 것을 보고 제정한 상으로, 종교 활동 증진에 기여한 인물에게 수여된다.

러시아 정교의 가치를 원천으로 하는 인본주의적 체제를 수립할 것을 촉구했다. 이런 노력으로 1983년에 템플턴상을 수상한다.

1990년, 미하일 고르바초프가 집권하면서 시민권이 복원되었으며, 이듬해 반역 혐의를 벗었다. 1994년에 소련 연방이 붕괴되자 망명 생활을 마치고 본국으로 돌아갔는데, 이때 공항에는 그의 귀환을 환영하는 인파가 약 2천여 명이나 모였을 정도였다.

이후 솔제니친은 모스크바 교외에 거주하면서 강연과 집필 활동을 활발히 했다. 특히 솔제니친은 귀국길에 러시아의 경제난과 정부 부패 등을 목격하고 큰 충격을 받았다. 그는 이를 도덕적, 윤리적 토대 없이 무조건적으로 서구 자본주의를 이식한 병폐로 여기고, 보리스 옐친 대통령을 비난하고 정치 개혁을 촉구했다. 1998년 성 안드레이 훈장이 수여되었을 때는 이런 연유로 수여를 거부했다.

그는 1997년에 베를린 장벽이 무너지고 글라스노스트(개방) 시대가 도래했을 때도 전체주의를 경계했으며, 푸틴 집권 이후에도 지속적으로 정치적인 목소리를 냈다. 말년에는《러시아 유대인의 역사》등의 역사서를 집필했다. 2007년 러시아 국가문화공로상을 받았으며, 2008년 8월 3일에 심장마비로 사망했다.

099

로봇공학의 역사를 열다

아이작 아시모프

Isaac Asimov(1920. 1. 2~1992. 4. 6)

- 러시아에서 태어나 미국에서 활동
- 과학소설에서 성공을 거두고, 현대 로봇공학의 발전에 기여했다.
- 〈파운데이션〉 시리즈 등

아이작 아시모프

아이작 아시모프는 러시아 출신 미국 생화학자이자 과학 저널리스트, SF소설가이다. 아서 C. 클라크, 로버트 하인라인과 함께 SF 3대 거장으로 꼽히며, 500여 편에 이르는 과학소설과 일반인을 위한 과학 저술들을 집필했다. 천문학, 생물학, 화학, 물리학, 역사, 지리, 신화, 종교, 심리학 등 듀이 십진분류법의 모든 분류 항목에 해당하는 책을 썼으며, 유머러스하고 쉬운 해설로 과학을 대중화시키는 데 크게 기여했다.

SF소설가의 모습을 형상화한 아시모프 일러스트

특히 SF소설가로서의 그는 로봇이 보편화된 미래 사회를 무대로 한 작품이나 광대한 우주를 배경으로 한 미래사未來史 SF를 주로 썼다. 무엇보다 아시모프는 로봇 공학이라는 용어를 창조한 인물로, 인간과 유사하게 생긴 로봇의 개념을 비롯해 로봇 공학의 개념과 원칙, 의미를 정의했다. 오늘날 할리우드 SF영화 속의 로봇에 관한 기본 설정들은 모두 아시모프에게서 비롯되었을 뿐만 아니라 현대 로봇 공학의 발전에도 많은 영향을 미쳤다.

아이작 아시모프의 러시아식 이름은 아사크 주다 오지모프이며, 1920년 1월 2일 구소련 페트로비치에서 태어났다. 아버지 유다 오지모프와 어머니 안나 레이첼은 유대계 러시아인이었으며, 아이작은 두 사람 사이에 태어난 3남매 중 장남이다. 아이작이 3세 때 가족은 미국으로 이민을 갔으며, 뉴욕 브루클린에서 자랐다. 아이작은 5세 때까지 아버지로부터 정통파 유대교도 방식의 교육을 받았으며, 이디시어와 영어만 배웠을 뿐 러시아어는 배우지 못했다.

뉴욕 시 공립학교를 거쳐 콜롬비아 대학 부속 세스 로 주니어 칼리지를 졸업하고, 콜롬비아 대학에서 화학을 전공하여 석사 및 박사 학위를 받았다. 19세 때 SF잡지 〈어스타운딩 SF〉에 단편소설 〈베스타 표류〉와 〈추세〉를 발표하면서 작가로서 첫 발을 내디딘 이후 학위 과정 중에도 활발하게 작품을 발표하면서 인정받는 SF작가로 자리 잡았다.

아시모프가 SF소설에 관심을 가진 것은 초등학생 때로, 아버지가 운영하던 사탕 가게 옆 상점에 진열된 SF펄프 잡지들을 읽으면서 부터라고 한다. 아버지가 이런 유의 잡지를 쓰레기라고 여겨 읽지 못하게 하자 어린 아시모프는 이 잡지가 과학소설 Science Fiction을 다룬 것이며, 과학이라는 단어가 들어가므로 유익한 것이라고 항변했다고 한다. 그는 11세 때부터 과학소설을 썼으며, 18세 때부터 이 작품들을 과학소설 잡지에 투고하기 시작했다. 이때 〈어스타운딩 SF〉의 편집자로 있던 존 W. 캠벨의 눈에 뜨였고, 그에게 많은 조언을 받는 한편, 평생의 우정을 나누게 된다. 아시모프는 20대와 30대에 SF 명작들을 많이 발표했는데, 대부분의 작품들을 시작할 때 자신의 구상을 캠벨과 의논했다고 한다. 한 인터뷰에서 그가 캠벨의 도움이 없었다면 지금의 자신은 없을 것이라고 말하자, 캠벨은 이렇게 대답했다고 한다.

로봇공학의 3원칙
후일에는 이 원칙 자체도 확장, 변용되었다. 예컨대 인간이 쓰는 모든 도구에 대한 3원칙 등이 등장하기도 한다.

"나는 수많은 작가들에게 내 나름의 조언을 했다. 하지만 모두가 아시모프가 된 것은 아니다."

아시모프가 로봇소설의 근간을 만든 것도 캠벨의 조언 덕분이었다. 1940년 12월 23일, 아시모프는 캠벨과 로봇소설에 대해 이야기를 나누던 중 그에게 '로봇이 지켜야 하는 3원칙'을 설정한다면 구성이 더욱 탄탄해질 것이라는 이야기를 듣고, 오늘날까지 로봇소설들에 원칙적으로 적용되는 '로봇공학의 3원칙'을 만들어 낸다.

제1원칙 - 로봇은 인간에게 위해를 가해서는 안 되며, 인간이 위험한 상황에 처했을 때 방관해서도 안 된다.

제2원칙 - 제1원칙에 위배되지 않는 한 로봇은 인간의 명령에 복종해야 한다.

제3원칙 - 1과 2의 원칙에 위배되지 않는 한 로봇은 자신의 존재를 보호해야 한다.

영문판 〈파운데이션〉 시리즈 표지

특히 제1원칙은 과학 기술의 발달이 가져올 폐해를 미연에 방지하기 위한 원칙으로 무엇보다 중요하게 여겨진다. 인공지능 테크놀로지가 발달하고 이 원칙이 제시된 이후로 50여 년이 지나서야 이의 근간이 되는 윤리적 문제들이 현실화되고 있다는 점은 주목할 만하다.

아시모프는 이 원칙을 토대로 약 25편의 로봇소설을 창작했는데, 대표적인 작품으로 할리우드 영화로 만들어져 대중에게 친숙한 〈바이센테니얼 맨〉, 〈아이 로봇〉 등이 있다. 또한 이때 아시모프가 만들어 낸 로봇공학이라는 단어는 사전에 새로운 어휘로 등재되는 한편, 로봇공학이라는 하나의 과학 분야를 만들어 내기에 이른다.

1951년, 《파운데이션》이 출간되면서, SF역사상 가장 위대한 작품이자 아시모프의 대표 걸작 〈파운데이션〉 시리즈가 시작되었다. 《파운데이션과 제국》, 《제2의 파운데이션》, 《파운데이션의 끝》, 《파운데이션과 지구》, 《파운데이션의 서막》, 《파운데이션을 향하여》 등 총 7부작으로 1992년에야 완결된 이 시리즈는 국가와 인류의 미래를 예측하는 '심리 역사학' 분야를 최초로 선보인 작품이다. 에드워드 기번의 《로마 제국 쇠망사》 중 '문명의 성쇠는 일정하고 지속적인 패턴을 따른다'라는 논제를 과학 내에서 적용한, 은하계 우주 국가의 흥망성쇠와 정치 변동을 다룬 작품이다. 2008년 노벨 경제학상 수상자 폴 크루그먼은 《파운데이션》을 읽고 '우리 사회의 나아갈 방향을 예측, 대비하고 더 나은 방향을 제시하는' 심리 역사학을 전공하고 싶었으나 현실에 없는 분야라 유사 분야인 경제학을 전공했다고 밝혔다. 세계적으로 가장 큰 SF시장과 가장 큰 팬덤을 보유한 미국에서도 SF는 하위문화로 취급받고 있지만(SF 평론가 할란 앨리슨은 SF라는 말 자체에 '싸구려 소설' 이미지가 있음을 인정하는 발언을 했다), 아시모프와 그의 작품들만은 미국 지식인들에게도 많은 영향을 미쳤음을 시사하는 발언이 아닐 수 없다.

제2차 세계대전 기간에 아시모프는 3년간 미 해군 조선소 연구원으로 일했으며, 연구소 근무를 마친 뒤에는 9개월간 육군으로 버지니아와 하와이에서 복무했다. 제대 후 박사 학위를 받고 보스턴 대학 생화학 교수로 일하다가 1955년 집필에 전념하고자 사직서를 냈다. 그러자 대학에서는 과학자로서의 그의 명성과 공로를 인정하여 종신교수 직책을 제안했다.

이후 아시모프는 SF는 20대에 충분히 썼다고 말하면서 새로운 분야를 개척하기 시작했고, 천문학, 생물학, 화학, 물리학 등 다양한 분야의 대중과학서를 쓰고 과학 강연을 했다. 그는 점차 집필 분야를 확장하여 역사, 지리, 신화, 종교, 심리학 등 온갖 종류의 대중교양서들을 집필하면서 논픽션 작가로도 독보적인 경지에 올랐다. 그러다 1980년대 들어 《파운데이션의 끝》을 쓰면서 중단했던 〈파운데이션〉 시리즈를 다시 시작하고, 다시 왕성하게 SF 작품을 집필했다. 이 시기에 그는 로봇소설과 파운데이션의 세계관을 통합한 작품들을 발표하면서 SF 분야에 새로운 전범을 만들어 냈다.

20대에는 최고의 과학소설가로, 30대 후반부터는 최고의 교양과학 저술가로 이름을 날리면서 아시모프는 SF 분야뿐만 아니라 대중교양서와 과학 일반에 지대한 영향을 미쳤다.

1992년, 《파운데이션을 향하여》를 마지막으로 남기고, 4월 6일 뉴욕 자택에서 심장질환으로 사망했다.

100

라틴 아메리카를 그린 현대 문학가

가브리엘 가르시아 마르케스

Gabriel Garcia Márquez(1927. 3. 6~2014. 4. 17)

- 콜롬비아
- 라틴 아메리카 대륙의 역사와 민중의 삶을 마술적 사실주의 기법을 이용해 그렸다.
- 1982년 노벨 문학상 수상
- 〈아무도 대령에게 편지하지 않았다〉, 《백 년 동안의 고독》 등

마르케스는 콜롬비아의 작가이자 저널리스트로, 라틴 아메리카의 민담과 미신, 콜롬비아 역사, 국제 정치 문제 등을 중심 제재로 삼아 사실과 환상의 경계를 허물어뜨린 마술적 사실주의 작품을 썼다. 그의 작품들은 라틴 아메리카 문학 전통에 모더니즘적 경향이 통합되면서, 현실과 환상, 역사와 설화, 객관성과 주관성이 황당하리만치 뒤섞여 초현실적인 분위기를 자아낸다. 그 가운데 라틴 아메리카 질곡의 역사와 현실, 민중의 삶을 날카롭게 비판, 풍자하면서 평단과 대중 양쪽의 극찬을 받고 높은 인기를 누린 몇 안 되는 현대 문학가가 되었다. 1982년 노벨 문학상을 수상했다.

가브리엘 호세 드 라 콩코르디아 가르시아 마르케스는 1927년 3월 6일

콜롬비아 북부 해안 마을 아라카타카에서 태어났다. 12남매 중 장남이었던 그는 어려운 집안 형편 때문에 8세에 할아버지가 돌아가실 때까지 외조부모의 집에서 자랐다. 어린 시절에는 조용하고 내성적이어서 집안에서 고독하게 자랐는데, 이때 외할머니로부터 지역 민담과 전설, 미신적 이야기 등을 많이 들었다. 이때 들은 민담과 미신은 후일 마르케스 작품의 토양이 되었다.

가브리엘 가르시아 마르케스

그의 할아버지는 1899년 발발한 콜롬비아 내전(천일 전쟁)에 참전했던 퇴역 군인으로, 마르케스는 "할아버지가 돌아가신 이후 인생에 흥미로운 일은 전혀 없었다."라고 말할 만큼 할아버지를 존경하고 사랑했다. 할아버지는 〈아무도 대령에게 편지하지 않았다〉와 《백 년 동안의 고독》에 등장하는 주요 인물의 모델이 된다.

8세 때 수도 보고타 근교의 시파키라 국립중등학교에 들어갔으며, 19세 때 콜롬비아 국립대학에서 법률과 언론을 공부하다 1948년 내전(보고타소)이 일어나면서 공부를 중단하고 카르타헤나 대학교로 옮겨 갔다. 하지만 자유당과 보수당의 갈등이 다시 극심해지면서 정치적으로 혼란한 상황이 오자 학업을 중단하고 가족과 함께 바랑키야로 이사했다.

마르케스는 콜롬비아 국립대학 시절 야당 성향의 일간지 〈엘 에스펙타도르〉에 첫 소설 〈세 번째 체념〉을 발표한 이후, 이 지면에 꾸준히 작품을 발표하면서 문학가로서 성장했다. 또한 카르타헤나 대학 시절에는 지역 일간지 〈엘 우니베르살〉에 '셉티무스'라는 필명으로 칼럼을 기고하고, 바

1967년 콜롬비아에서 발행된 《백 년 동안의 고독》 초판 표지

랑키야로 이주한 후에도 지역 일간지 〈엘 에랄도〉에 칼럼을 기고하면서 저널리스트로서 활동한다.

1954년부터 〈엘 에스펙타도르〉의 기자로 활동하면서 본격적으로 문학가와 기자 생활을 병행했다. 이 시기에 콜롬비아의 정치적 혼란과 내전, 정부군의 시민 학살 등을 목격한 경험 역시 작품의 중심 제재가 된다. 이듬해 첫 번째 장편소설 《낙엽》을 펴냈으며, 그해 정부에 반대하는 논조의 기사를 실으면서 유럽 특파원으로 파견됐다. 그는 파리, 로마, 베네수엘라, 뉴욕 등지를 떠돌아다니면서 콜롬비아의 정치 부패, 장기 집권 음모, 정치적 탄압 등을 비판하는 칼럼을 지속적으로 기고한다.

1958년에는 메르세데스 바르차와 결혼했고, 그녀와의 사이에서 두 아들을 두었다. 또한 그해에 마르케스는 국가를 위해 치열하게 싸웠지만 잊히고 만 퇴역 군인의 이야기를 다룬 중편소설 〈아무도 대령에게 편지하지 않았다〉를 발표했으며, 《마마 그란데의 장례식》에 수록되는 다수의 단편을 이 시기에 썼다. 이듬해 보고타로 돌아가 국영 통신사 프렌사 라티나에서 일하다가 2년 후 뉴욕 지국 부지국장으로 발령이 나자 사직하고 멕시코로 건너갔다.

멕시코에서 마르케스는 영화 시나리오 일을 하면서 생계를 꾸리고 소설을 썼다. 장편소설 《불행한 시간》, 소설집 《마마 그란데의 장례식》 등을 발표했으며, 1967년에는 대표작 《백 년 동안의 고독》을 펴냈다.

《백 년 동안의 고독》은 마콘도라는 가공의 지역을 배경으로 부엔디아 일족의 역사를 통해 20세기 전반 콜롬비아의 혼란한 정치 상황을 그린 작품이다. 특히 라틴 아메리카의 미신, 신화, 전설 등을 차용한 기괴하고 환상적인 세계를 바탕으로 민중의 삶과 라틴 아메리카의 혼란한 정세를 사실주의적 수법으로 그리고 풍자하면서, 신화적, 초현실적인 분위기를 형성한다. 라틴 아메리카 사람이라면 누구나 자기 자신을 비롯해 친족의 모습을 그 안에서 찾아볼 수 있다고 하며 라틴 아메리카의 창세기創世記라고도 일컬어지는 작품이다.

마콘도
마콘도는 1955년 발표한 그의 첫 장편소설《낙엽》에서부터 배경으로 사용된다.

또한 이 작품은 37개 언어로 번역되어 전 세계적으로 3천만 부가 팔릴 정도로 높은 인기를 누리며, 라틴 아메리카 문학과 문화에 대한 세계적 관심을 불러일으켰다. 라틴 아메리카 토착 신화가 지닌 환상성과 사실주의적 수법을 결합시킨《백 년 동안의 고독》은 마술적 사실주의의 대표작으로 꼽히면서 마르케스는 1982년 노벨 문학상을 수상하기에 이른다.

마르케스는 1967년 스페인으로 이주했다가 1975년에 멕시코로 돌아왔다. 이 시기에 그는 라틴 아메리카의 정치 혼란을 중심 제재로 삼은 초현실적인 소설들을 계속 쓰는 한편, 마리오 바르가스 요사와 함께 문학 비평서《라틴 아메리카 문학》을 썼다.

1970년대에는 소설집《순박한 에렌디라와 포악한 할머니의 믿을 수 없이 슬픈 이야기》,《파란 개의 눈》,《칠레, 쿠데타와 미국 놈들》,《족장의 가을》 등을 펴내며 활발하게 활동했고, 1981년에는 또 다른 대표작이자 마르케스 자신이 최고의 작품으로 꼽는《예고된 죽음의 연대기》를 펴냈다. 소년 시절 겪은 실화를 모티프로, 라틴 아메리카 소도시에서 벌어지는 명예 살인 사건을 통해 인간의 운명을 초현실적으로 묘사한 이 작품은 라틴 아메리카 지역에서만 200만 부 이상이 팔리는 엄청난 인기를 누렸다.

1982년 노벨 문학상을 수상한 뒤에도 《콜레라 시대의 사랑》, 《미로 속의 장군》, 《사랑과 다른 악마들》 등의 소설과 시나리오, 희곡 작품 등을 발표했으며, 2002년 3부작으로 예정된 자서전의 1부 《인생을 이야기하기 위해 살다》를 출간했다. 2004년에는 마지막 소설 《내 슬픈 창녀들의 추억》을 펴냈다.

1999년에 임파선암 진단을 받은 뒤 치료 과정에서 두뇌 활동이 둔화되어 말년에는 집필이 어려웠다고 하며, 그해 콜롬비아로 돌아와 주간지 〈엘 캄비오〉를 인수해 활동했다.

2014년 3월 말, 폐렴과 요로 감염 등의 증세로 입원한 후 건강 상태가 악화되어 2014년 4월 17일 사망했다.